그리스도처럼

Text Copyright © 2008 by John R. W. Stott
Originally published in English under the titles *John Stott at Keswick* and *The Last Word*.
This Korean edition is translated and published by permission of The Literary Executors of John R. W. Stott through rMaeng2, Seoul, Republic of Korea.
This Korean Edition Copyright © 2013 by Poiema.

그리스도처럼

존 스토트
이은진 옮김

포이에마

일러두기

본문에 인용한 성경은 대한성서공회에서 펴낸 개역개정판을 따랐다. 새번역을 인용할 때는 따로 표기하였으며, 저자가 영어성경의 번역을 비교하여 설명하는 경우에는 옮긴이가 직접 번역했다.

그리스도처럼

존 스토트 지음 | 이은진 옮김

1판 1쇄 인쇄 2013. 11. 25. | 1판 1쇄 발행 2013. 11. 29. | **발행처** 포이에마 | **발행인** 김도완 | **등록번호** 제300-2006-190호 | **등록일자** 2006. 10. 16. | 서울특별시 종로구 가회동 17 우편번호110-260 | 마케팅부 02)3668-3246, 편집부 02)730-8648, 팩시밀리 02)745-4827

이 한국어판의 저작권은 알맹2 에이전시를 통하여 저작권자와 독점 계약한 포이에마에 있습니다. 신 저작권법에 의하여 한국 내에서 보호받는 저작물이므로 무단 전재와 무단 복제를 금합니다.

값은 뒤표지에 있습니다. ISBN 978-89-97760-61-9 03230 | 독자의견 전화 02)730-8648 | 이메일 masterpiece@poiema.co.kr | 좋은 독자가 좋은 책을 만듭니다. | 포이에마는 독자 여러분의 의견에 항상 귀를 기울이고 있습니다.

이 도서의 국립중앙도서관 출판시도서목록(CIP)은 서지정보유통지원시스템 홈페이지(http://seoji.nl.go.kr)와 국가자료공동목록시스템(http://www.nl.go.kr/kolisnet)에서 이용하실 수 있습니다. (CIP제어번호: CIP2013024514)

• 표지 사진은 저작권자를 찾지 못했습니다. 저작권자가 출판사에 연락을 주시면 정식 사용 허락을 받고 사용료를 지불하겠습니다.

"그리스도처럼 되는 것,
이것이 바로 하나님이 영원 전에
우리에게 정하신 목적입니다."

■ 차례

추천의 글 8
서문 13

🌼 **1965**
의롭다 하심을 받은 자들의 특권 로마서 5-8장 ——15
하나님과의 화평 19 | 그리스도와의 연합 39 | 율법으로부터의 해방 70 |
성령 안의 생활 101

🌼 **1969**
위기 시의 하나님의 복음 디모데후서 1-4장 ——129
복음을 지킬 의무 133 | 복음을 위해 고난받을 의무 157 | 복음에 계속 거할
의무 183 | 복음을 전파할 의무 206

🌼 **1969**
그리스도의 쉬운 멍에 마태복음 11:28-30 ——229

🌼 **1972**
그리스도가 그리신 그리스도인의 초상 마태복음 5-7장 ——245
그리스도인의 성품 247 | 그리스도인의 의 273 | 그리스도인의 야망 299 |
그리스도인의 관계 327

1972
신자 안에 계신 성령 `에베소서 1:3` ——357

1975
하나님의 새 사회 `에베소서 1-6장` ——375
새 생명 377 | 새 사회 404 | 새 기준 429 | 새 관계 460

1978
복음과 교회 `데살로니가전서 1-5장` ——487
그리스도인의 복음 전도 489 | 그리스도인의 사역 506 | 그리스도인의 기준 522 | 그리스도인의 공동체 535

1978
예수 그리스도의 주되심 `로마서 14장` ——551

2000
그리스도인 지도자로 부르심 `고린도전서 1-4장` ——563
교회의 이중성 565 | 약함을 통한 능력 584 | 성령과 성경 603 | 삼위일체와 교회 623 | 사역의 본 642

2007
더 그리스도처럼 `존 스토트의 고별 설교` ——661

■ 추천의글

존 스토트는 1978년 케직사경회에서 '복음과 교회'라는 주제로 설교합니다. 그는 복음과 교회가 분리되지 않은 진정한 복음 교회가 이 시대에 필요하다고 역설합니다. 복음 교회란 바로 예수 그리스도의 복음을 받을 뿐만 아니라, 그 복음을 증거하고 구체적으로 삶에서 실천하는 교회입니다. 벌써 45년이 지났지만 우리 시대에도 여전히 힘 있는 메시지입니다. 예나 지금이나 복음이 필요하고 복음을 살아내는 교회가 필요하기 때문입니다.

케직은 영국 중부의 작은 마을로, 매해 여름마다 사경회가 열립니다. 바로 유서 깊은 부흥운동인 케직사경회입니다. 영국 교회가 영적 침체기에 접어들었다고 하지만, 청년층으로부터 노년층에 이르기까지 아직도 1만 명이 넘는 사람들이 모여든다고 합니다.

1875년, 성공회 목사 배터스비T. D. Harford-Battersby가 천막집회로 시작했으니까, 벌써 140년이 다 되어갑니다. 그동안 핸들리 모울Handley Moule과 홉킨스Evan Henry Hopkins가 거쳐 갔으며, 미국의 복음주의자 무디D. L. Moody와 토레이R. A. Torrey, 피어슨A. T. Pierson도 케직사경회의 영향을 받았습니다. 무디의 부흥운동이나 우리나라의 평양대부흥운동도 케직사경회의 영향을 간접적으로 받았다고 평가받습니다.

무엇보다 케직사경회는 하나님 말씀에 기초한 성결과 헌신의 삶과 그리스도 안에서 하나 됨을 강조합니다. 첫째, 그리스도의 주되심, 둘째, 삶의 변화, 셋째, 복음전도와 선교, 넷째, 제자도, 다섯째, 연합과 일치 등 다섯 가지 목표를 천명하고 지금도 초교파적인 말씀 축제를 이어가고 있다고 합니다.

바로 이 케직사경회의 주강사 중의 한 사람이 바로 존 스토트였습니다. 이 책은 존 스토트가 케직사경회에서 설교한 글들을 엮은 책입니다. 1965년부터 2000년까지 케직에서 했던 9편의 강해설교와, 2007년 86세의 나이로 은퇴하면서 했던 고별 설교를 묶고 있습니다. 그는 평생을 복음으로 진검승부했던 사람입니다. 교회를 사랑했으며 평생 그리스도를 닮아가려고 했던 사람입니다. 신학적인 지식을 풍부히 지녔으면서도 대중적인 설교가이자 성경연구가였습니다.

존 스토트는 사람들이 복음을 싫어하는 이유를 세 가지로 답했습니다.

첫째는 복음이 영생을 거저 주기 때문입니다. 구원을 얻기 위해 할 수 있는 일이 아무것도 없다는 데 사람들은 불만을 품습니다. 둘째, 복음은 예수 그리스도 안에만 구원이 있다고 선포하기 때문입니다. 다원주의가 만연한 포스트모던 시대에, 이런 복음과 구원관은 배타적이라고 손가락질 받고 사람들을 품지 못한다고 호도되기 십상입니다.

셋째, 복음은 거룩함을 요구합니다. 높은 도덕 수준은 구원의 근거가 아니고 구원의 증거로, 예수 그리스도께서는 높은 도덕 수준을 제시하십니다. 하지만 사람들은 이를 싫어한다는 것입니다.

예나 지금이나 복음을 싫어하는 이유는 그 세 가지에서 벗어나지 않는 것 같습니다. 이 책에 나온 설교가 변증적 설교이고, 결국은 복음을 불신하는 시대에 복음을 다룬 설교라 한다면, 그가 겨냥한 청중은 다음에서 크게 벗어나지 않을 것입니다. 그래서 이 책의 정독을 다음과 같은 영적인 고민을 하는 사람들에게 권하려 합니다.

첫째, 아직도 십자가의 은혜가 믿어지지 않는 사람, 아직도 구원을 위해서 가야 할 길이 멀다고 여기는 사람들, 하나님나라에 들어가기 위해서 아직도 내가 해야 할 일이 있다고 생각하는 사람들, 내 열심과 헌신이 구원을 결정하게 될 것이라 생각하는 사람들은 꼭 이 책을 보십시오. 구원을 위해 내가 기여한 일이라고는 내 죄밖에 없다는 사실에 감격하게 될 것입니다.

둘째, 아직도 복음이 배타적이라고 생각하는 사람, 아직도 예수 그리스도를 통한 구원이 믿기지 않는 그리스도인들, 이웃 종교를 곁눈질하고 인류가 집대성한 사상을 넘나드는 데는 탁월하면서도 그리스도에 몰두해보지 않은 사람이 있다면 이 책을 보십시오. 예수 그리스도를 우리의 주라 고백하는 것이 얼마나 많은 사람을 품을 수 있는지, 그리스도에게 집중하는 것이 그 무엇보다도 유익하다는 데 감사하게 될 것입니다.

셋째, 아직도 구원에 이르는 믿음과 믿음의 증거인 행위를 분리하려는 사람들, 아직도 제자도를 강조하는 복음이 답답하다고 여겨지는 사람들, 교회 안에서 거룩하다는 사람에 환멸을 느낀 사람들도, 역사를 통해 드러난 교회의 폭력성에 답답했던 사람들도 이 책을 보십시오. 복음을 사는 그리스도인이 얼마나 자유한지, 그리고 얼마나 거룩한지 알게 될 것입니다.

존 스토트는 그의 설교 안에서 자기 이야기를 하는 것을 좋아하지 않았습니다. 개인적인 경험이나 예화 중심적으로 이야기하기보다는 성경 본문을 세밀하게 살펴 복음의 논리를 잡아내고 짜임새 있게 주제를 풀어나가고 있습니다.

현란한 화술이나 대중적인 수사법을 구사하기보다 단단한 성경적인 논리에 기초해 복음을 변증합니다. 그래서 2천 년 전 소피스트들의 수사학이 빛을 발하던 그레코로만 세계에서, 어리석고 미련한 방식으로 복음을 증거했던 바울을 떠올리게 합니다. 스토트는 성경을 하나하나 풀어내는 사경회 설교답게 복음을 증거하는 데 심혈을 기울였고 메시지를 명료하게 간추렸습니다. 그의 문장은 군더더기가 없고, 그의 메시지는 항시 그렇듯 복음의 정수를 길어 올립니다. 간명하고 담백하며 힘이 있습니다. 그렇게 할 수 있었던 것은 그가 틀림없이 복음의 능력을 확신하며 성령의 도우심을 구했기 때문일 것입니다. 그의 말대로 "성령은 우리가 논증하는 진리를 이용해 사람들을 그리스도에게 인도"하시는 분이십니다. 대중을 압도하는 말의 지혜가 필요한 것이 아니라, 성령의 능력으로 나타날 말씀을 기대하고 있기 때문입니다.

오늘 우리 그리스도인들에게 위기감이 감돌고 있습니다. 지금이 하나님의 말씀을 들고서 세상의 가치관과 정면으로 진검승부할 때입니다. 하나님의 말씀에 대한 열정으로 복음을 품위 있게 풀어낸 존 스토트의 이 책이 도움이 되기를 바라며, 우리 영혼을 관통하는 복음의 지혜와 능력이 우리 속에 가득하기를 소망합니다.

김지철
소망교회 담임목사

서문

케직 미니스트리는 100년이 넘는 긴 세월 동안 매해 사경회를 열어 그리스도인들에게 성경을 가르쳐왔습니다. 많은 설교자가 케직사경회를 다녀갔습니다. 그중에서도 존 스토트는 20세기 하반기에 케직사경회를 대표하는 설교자였습니다. 이에 우리는 존 스토트가 케직사경회에서 청중들과 나누었던 강해 설교를 한 권으로 묶어 출간하게 되었습니다. 이 중에는 절판되어 더 이상 만나보기 어려운 원고도 포함되어 있습니다.

이 설교집은 존 스토트가 공직에서 은퇴할 무렵 출간되었고 현재까지도 많은 그리스도인이 "선한 일을 행할 능력을 갖추도록"(딤후 3:17) 돕는 데 이바지하고 있습니다. 수많은 이들에게 존경과 사랑을 받아온 존 스토트의 설교를 새로운 독자들에게 소개할 수 있어 기쁩니다.

데이비드 브래들리
케직 미니스트리 대표

의롭다 하심을 받은 자들의 특권

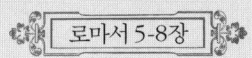
로마서 5-8장

1965

John Stott

로마서 5-8장은 신약성경을 통틀어 가장 위대하고 영예로운 장입니다. 앞에 나오는 1-4장에서 사도 바울은 칭의의 필요성과 방법에 대해 설명했습니다. 우리 인간이 공의로운 하나님 앞에 모두 죄인임을 밝히고, 그런 우리가 오직 은혜에 의하여 믿음으로 말미암아 그리스도 안에서 구원을 얻음으로써 의롭다 하심을 받았노라고 말합니다. 그렇게 칭의의 필요성과 방법을 밝힌 다음 이제 바울은 칭의의 열매와 결과에 대해 이야기하려 합니다. 하나님께 의롭다 하심을 받은 자들이 현재와 미래에 어떤 특권을 누리는지 자세히 들려주려는 것입니다.

　바울이 지금 하려는 이야기는 아주 중요한 이야기입니다. 우리 중에는 복음이 칭의에 관한 이야기라고만 생각하고 거룩한 삶이나 하늘나라와는 상관이 없는 것처럼 행동하는 이들이 너무나 많기 때문입니다. 우리는 그리스도를 통해 하나님 앞에 나아간 것으로 이미 목적지에 도착한 것처럼 생각합니다. 마치 우리가 막다른 길에 이르러서 더는 앞으로 걸어갈 길이 없는 것처럼 행동합니다. 그러나 절대 그렇지 않습니다! 사도 바울은 "그러므로 우리가 믿음으로 의롭다 하심을 받았으니"라는 구절로 로마서 5장의 문을 열자마자 바로 칭의의 결과가 무엇인지 이야기합니다.

로마서 5-8장은 의롭다 하심을 받은 신자들이 누리는 엄청난 특권, 다시 말해 우리가 그리스도의 것인 한 우리의 것이 되어 지금부터 영원까지 누리게 될 풍요로운 유산에 대해 설명합니다. 이 특권을 저는 첫째, 하나님과의 화평(롬 5장), 둘째, 그리스도와의 연합(롬 6장), 셋째, 율법으로부터의 해방(롬 7장), 넷째, 성령 안의 생활(롬 8장)이라고 부르려 합니다.

하나님과의 화평
로마서 5장

로마서 5장은 정확히 두 부분으로 나뉩니다. 1절부터 11절까지는 칭의의 열매를 요약하고, 12절부터 21절까지는 칭의의 중재자에 대해 설명합니다. 그 중재자는 바로 두 번째 아담이자 자신의 의로운 행위로 말미암아 우리로 하여금 의롭다 하심을 받게 한 한 사람, 곧 예수 그리스도입니다.

칭의의 열매 1-11절

1절과 2절에서 칭의의 열매는 세 문장으로 압축됩니다.

- 1절: 우리 주 예수 그리스도로 말미암아 하나님과 화평을 누리게 되었다.
- 2절 상: 그로 말미암아 우리가 믿음으로 서 있는 이 은혜에 들어 감을 얻었다.
- 2절 하: 하나님의 영광을 바라고 즐거워한다.

여기에서 칭의의 주요 열매는 우리가 현재 누리고 있는 '하나님과의 화평', 우리가 현재 서 있는 '은혜', 그리고 우리가 바라고 소원하는 '영광'입니다.

좀 더 엄밀히 살펴보면 이 열매는 우리의 구원을 나타내는 세 시제 혹은 세 단계와 연결되어 있습니다.

'하나님과의 화평'은 칭의의 즉각적인 효과를 말합니다. 이전에 우리는 하나님의 원수(10절)였으나 하나님이 우리를 용서하신 덕분에 옛 원한이 모두 청산되었습니다. 그리고 이제 우리는 우리 주 예수 그리스도를 통하여 하나님과 화평을 누리고 있습니다. 이것은 칭의의 즉각적인 효과입니다. 그런가 하면 '우리가 서 있는 은혜'는 칭의의 계속적인 효과를 말합니다. 우리는 하나님의 은혜 안에 들어가도록 허락을 받았습니다. 그리하여 이제 그 은혜 안에 서 있습니다. 그리고 우리가 바라는 '하나님의 영광'은 칭의의 궁극적인 효과를 말합니다. 여기에서 '하나님의 영광'은 하늘나라를 의미합니다. 하늘나라에서 하나님은 자신을 온전히 드러내실 것이고(하나님이 드러내시는 것이 곧 영광입니다), 우리는 하나님의 영광을 보고 그 영광에 함께 참여할 것이기 때문입니다. 마지막으로, '소망'은 이런 사실에 대한 우리의 절대적 확신과 기대를 가리킵니다. 우리가 이런 영광을 누릴 수 있다는 소망은 실로 확실합니다. 필립스J. B. Philips가 이 구절을 번역할 때 '행복한 확실성'이라는 표현을 사용하고, 우리가 일반적인 감사기도를 드릴 때 '은혜의 수단과 영광의 소망'을 갖게 하심에 감사하는 것도 이 때문입니다.

로마서 5장 1-2절에는 하나님 앞에서 그리스도인이 누리는 삶, 즉 화평과 은혜와 영광이 아름답게 균형을 이루고 있습니다. (이웃과의 관계에서 지켜야 할 의무에 대해서는 아직 이야기하지 않습니다.) 이것들이 바로 칭의의 열매입니다. '화평'이라는 말 앞에서 우리는 지금은 사라지고 없는 과거의 원한을 돌아봅니다. '은혜'라는 말 앞에서 우리는 우리에게 은총을 베풀고 은혜 안에서 화목하게 하신 아버지 하나님을 바라봅니다. '영광'이라는 말 앞에서 우리는 우리의 소망인 하나님의 영광을 바라보고 그 영광을 깊이 숙고하면서 마지막 종말을 바라봅니다.

그러나 의롭다 하심을 받았다고 해서 하늘나라로 가는 좁은 길에 이끼와 앵초만 융단처럼 푹신하게 깔리는 것은 아닙니다. 그 길에는 날카로운 가시나무와 가시덤불도 함께 자랍니다. 그래서 바울은 "다만 이뿐 아니라 우리가 환난 중에도 즐거워하나니"(3절)라고 말합니다. 여기서 말하는 환난은 엄밀히 말해서 병이나 고통, 슬픔, 사별의 아픔이 아니라 하나님을 믿지 않는 적대적인 세상이 주는 시련을 의미합니다.

영광으로 가는 길에는 언제나 이런 환난이 있습니다. 부활하신 주님께서 구약성경에 따라 "그리스도가 이런 고난을 받고 자기의 영광에 들어가야 할 것이 아니냐"라고 하신 것도 이 때문입니다. 베드로 역시 베드로전서에서 예수님의 이 말씀을 여러 번 인용했습니다. 그리고 사도 바울도 로마서 8장 17절에서 "우리가 그와 함께 영광을 받기 위하여 고난도 함께 받아야 할 것이니라"라고 말합니다.

그러나 우리가 지금 겪는 고난과 앞으로 누릴 영광을 이해할 때 주의할 것이 있습니다. 우리는 고난을 영광으로 가는 유일한 길로 여기고, 나중에 누릴 영광을 고대하면서 이를 악물고 고난을 참는 것이 아닙니다. 우리는 영광과 고난을 함께 '즐거워'합니다. 하나님의 영광을 바라고 즐거워할(2절) 뿐만 아니라 환난 중에도 즐거워하는(3절) 것입니다. 이렇듯 2-3절은 우리가 영광뿐 아니라 환난 중에도 기뻐한다는 사실을 분명히 밝히고 있습니다. 지금 겪는 고난과 미래에 누릴 영광은 모두 그리스도인이 기뻐하고 즐거워하는 대상입니다.

어떻게 이런 일이 가능할까요? 어떻게 환난 중에 즐거워하고, 우리에게 고통을 안겨주는 고난을 기뻐할 수 있을까요? 사도 바울은 3-5절에서 역설적이기 짝이 없는 앞 구절을 설명합니다. 우리가 즐거워하는 이유는 고난 자체 때문이 아니라 고난이 가져다주는 유익 때문입니다. 우리는 고통을 즐기는 마조히스트도 아니고, 이를 악물고 욕망을 참는 금욕주의자도 아닙니다. 우리는 그리스도인입니다. 은혜로우신 하나님이 우리가 겪는 고난 속에서 계획을 가지고 일하고 계심을 아는 사람들입니다. 우리가 고난을 즐거워하는 것은 고난이 '낳는' 열매 때문입니다. 그렇다면 과연 고난은 어떤 열매를 낳을까요? 시련은 우리에게 어떤 유익을 안겨주는 것일까요?

사도 바울은 고난의 열매를 세 단계로 나누어 말합니다.

1단계: 환난은 인내를 낳습니다(3절). 우리가 고난에 처할 때 필요한 인내력이 바로 고난을 통해 나옵니다. 감염을 통해 사람의 몸에 항체가 생기는 것과 같습니다. 고난이 없다면 우리는 인내력을 기를 수 없습니다. 고난이 없다면 인내해야 할 일이 없을 테니 말입니다.

2단계: 인내는 연단, 즉 단련된 인격을 낳습니다(4절). '연단'에 해당하는 헬라어 '도키메*dokime*'는 시련을 통해 단련된 사람의 성숙한 인격이나 검증을 받은 물건의 품질을 뜻합니다. 이를테면 다윗의 입장에서 볼 때 블레셋과의 전투에서 사울이 다윗에게 준 갑옷은 검증이 안 된 물건이었습니다. 갑옷을 걸쳐본 다윗이 자기에게는 맞지 않는다며 입지 않겠다고 한 것도 이런 연유였습니다. 그런데 고난을 이겨내고 승리한 사람들에게는 성숙한 인격이 있습니다. "환난은 인내력을 낳고, 인내력은 단련된 인격을 낳"기(4절, 새번역) 때문입니다.

  3단계: 연단, 즉 단련된 인격은 소망을 낳습니다(4절). 여기에서 소망은 앞으로 누릴 영광에 대한 확신을 가리킵니다. 고난을 인내하며 인격이 성숙해지면서 우리는 앞으로 영광을 누리게 되리라는 소망을 얻습니다. 여기에서 바울은 우리의 성장, 즉 그리스도인의 성숙한 인격이 하나님이 우리 안에서 일하고 계신 증거라는 사실을 말하고 싶어 합니다. 그리고 고난을 통해 우리를 단련하시는 하나님은 우리를 틀림없이 영광으로 인도하신다고 말합니다. 이렇게 사도 바울은 떼려야 뗄 수 없는 환난과 영광의 관계를 다시금 언급합니다. 하나님의 영광을 바라며 즐거워하는 우리가 영광뿐 아니라 환난까지도 즐거워하는 이유는 환난이 (인내력을 낳고 인내력이 단련된 인격을 낳음으로써) 소망을 낳기 때문입니다. 영광에 이르게 될 거라는 소망이 환난을 통해 나오기 때문에 우리는 영광뿐 아니라 환난도 즐거워하는 것입니다. 궁극적으로 누리게 될 영광만이 아니라 그 영광에 이르도록 우리를 인도하는 수단까지도 즐거워하는 것입니다.

  그러나 이런 소망이 간절한 바람에 불과한 것이 아니라 실재한다는 사실을 우리는 어떻게 알 수 있을까요? 바울은 "소망이 우리를 부끄럽게 하지 아니"한다(5절)고 단호하게 말합니다. 이 희망은 우리를 실망시키지 않습니다(5절, 새번역). 바울은 '실망시키지 않을 것'이라고 말꼬리를 흐리지 않고 '실망시키지 않는다'고 분명히 말합니다. 즉, 이 소망은 헛된 소망이 아니라 진실한 소망입니다. 그렇다면 우리는 어떻게 이런 확신을 가질 수 있을까요? 5절 뒷부분에서 바울은 이 질문에 이렇게 답합니다. "하나님께서 우리에게 주신 성령을 통하여 그의 사랑을 우리 마음속에 부어주셨기 때문입니다"(새번역). 성령을 우리에게 주시고 성령을 통하여 하나님의 사랑을 우리 마음속에 부어주신 일은 앞으로 이뤄질 일이 아니라 이미 일어난 일입니다. 우리가 하나님의 영광에 이르게 되리라는 소망은 하나님의 사랑이라는 탄탄한 토대에 뿌리를 두고 있습니다. 하나님이 우리 마음에 부어주신 사랑 때문에 우리는 우리가 영광에 이르도록 하나님이 우리를 안전하게 인도하고 계시다는 사실을 알고, 우리가 끝까지 인내할 것으로 믿습니다. 그리고 이런 확신에는 확실한 근거가 있습니다. 우선 하나님이 환난을 통해 우리의 인격을 단련하시기 때문입니다. 또한 지금 우리를 거룩하게 연단하시는 하나님이 틀림없이 우리를 영화롭게 하실 것이기 때문입니다. 그러나 무엇보다 우리가 이렇게 확신하는 이유는 하나님의 사랑이 우리를 실망시키지 않을 것이기 때문입니다.

여기에서 핵심은 우리가 하나님의 영광을 바라보고 그 영광에 참여하게 되리라는 소망을 품고 있다는 사실입니다. 그리스도인으로서 우리는 우리가 품고 있는 이 소망이 확실한 소망임을 믿습니다. 이 소망은 결코 "우리를 부끄럽게 하지 않습니다." 절대로 우리를 실망시키지 않습니다. 우리는 하나님이 우리를 사랑하시고 절대로 우리를 실망시키거나 부끄럽게 하지 않으실 것을 알기에 하나님의 영광에 이르는 소망도 이뤄질 것을 압니다.

그런데 하나님이 우리를 사랑하신다는 것을 우리는 어떻게 알 수 있을까요? 그것은 우리가 하나님의 사랑을 경험했기 때문입니다. "우리에게 주신 성령으로 말미암아 하나님의 사랑이 우리 마음에 부은 바 됨이니"(5절). 하나님은 모든 신자에게 성령을 선물로 주셨습니다. 이 성령이 하는 일 중 하나가 하나님의 사랑을 우리 마음에 붓고, 우리 마음이 하나님의 사랑에 가득 잠기게 해서, 하나님이 우리를 사랑하신다는 사실을 우리로 생생히 알게 하는 것입니다. 똑같은 진리를 8장에서는 성령이 친히 우리의 영과 더불어 우리가 하나님의 자녀인 것과 하나님이 우리를 사랑하는 우리의 아버지이심을 증언한다고 표현합니다. 그런데 여기서 우리는 5장 5절에 나타난 동사의 시제 변화에 주목할 필요가 있습니다. 하나님이 우리에게 성령을 주신 것은 과거에 일어난 사건(부정과거형)이고, 하나님의 사랑이 우리 마음에 부어진 것은 과거의 일이기는 하나 그 결과가 지금까지도 계속 이어지고 있는 사건(완료형)입니다. 하나님은 우리가 그리스도를 믿고 신자가 될 때 성령을 주셨습니다. 그리고 동시에 성령이 우리 마음에 하나님의 사랑을 부어주셨습니다. 그리고 지금도 계속해서 우리 마음에 하나님의 사랑을 부어주고 계십니다. 그래서 한번 성령을 받으면 우리 마음에 하나님의 사랑이 계속해서 부어집니다.

이제 앞에서 다룬 내용을 간단히 정리해보겠습니다. 칭의를 통해 우리는 과거의 원한을 청산하고 하나님과 화평을 누리게 되었고, 지금 서 있는 은혜의 자리에 나아오게 되었으며, 하나님의 영광에 이르리라는 확실한 소망을 갖게 되었습니다. 이 소망은 우리가 환난을 인내할 때 하나님이 단련시키시는 우리의 인격을 통해 나오지만, 이 소망이 확실하다는 사실을 굳게 믿을 수 있는 것은 성령이 우리에게 부어주시는 하나님의 사랑 때문입니다. 다시 말해서 칭의(그 자체로는 순간적인 행위이자 그리스도 안에서 우리를 의롭다고 칭하시는 하나님의 법적 판결)는 우리가 지금 누리는 '은혜'와 결국에 누리게 될 '영광'이라는 단어로 집약되는 하나님과의 영속적인 관계로 우리를 안내합니다. 우리가 지금 서 있는 곳은 은혜이며, 궁극적으로 누리게 될 것은 영광입니다. 그리고 우리는 성령이 우리 마음에 부어주시는 하나님의 사랑에 기대어 이 영광을 소망합니다.

이제 칭의의 열매를 좀 더 자세히 설명하는 6-11절로 넘어가보겠습니다. 1-5절에서 바울은 우리가 겪는 환난을 고리 삼아 화평과 소망, 칭의와 영화를 연결시켰습니다. 6-11절에서도 바울은 똑같은 과정을 반복하는데, 이번에는 그리스도의 고난과 죽음을 연결 고리로 사용합니다.

바울이 예수님의 죽음에 대해 어떻게 설명하는지 살펴보겠습니다. 바울은 그리스도가 자격이 전혀 없는 자들을 위해 죽었다고 말합니다. 그리고 6-11절에서 이 사실을 계속 강조합니다. 바울이 우리를 묘사하는 단어는 전혀 호의적이지 않습니다. 먼저 바울은 우리를 '연약한'(6절) 존재라고 부릅니다. 자신을 구원할 능력이 우리에게 없기 때문입니다. 두 번째로 우리가 '경건하지 않은'(6절) 사람이라고 말합니다. 우리가 하나님의 권위에 반기를 들고 있기 때문입니다. 세 번째로 바울은 우리가 '죄인'(8절)이라고 말합니다. 우리 모두 자신의 행위로 의로운 자가 되는 데 실패했기 때문입니다. 우리 중에 자신의 노력으로 의인이 될 수 있는 사람은 아무도 없습니다. 마지막으로 바울은 우리가 '원수'(10절)라고 말합니다. 하나님과 우리 사이에 적대감이 존재하기 때문입니다. 이렇듯 죄에 빠진 인간을 묘사하는 바울의 표현은 실로 두렵고 충격적입니다! 우리는 실패자요 반역자이며 하나님의 원수이자 자기 자신을 구원할 힘이 없는 연약한 자들입니다. 그런데 예수 그리스도는 바로 그런 우리를 위해 죽으셨습니다!

행실이 올바른 의인을 위해 죽기도 쉽지 않고, 성품이 온화한 선인을 위해 용감히 죽는 경우도 흔치 않습니다(7절). 그런데 하나님은 죄인들을 위해 그리스도를 죽게 하심으로써 우리를 얼마나 사랑하는지 보여주셨습니다. 하나님이 우리에게 확증한 사랑은 다른 이의 사랑이 아니라 바로 하나님 자신의 사랑입니다. 바로 그 사랑을 행실이 올바르거나 성품이 온화한 선한 사람을 위해서가 아니라 볼품없고 가치 없고 자격도 없는 죄인들을 위해서 드러내셨습니다.

바울은 이런 배경을 토대로 9절부터 11절까지 논리를 이어나갑니다. 이때 바울이 논리를 전개하는 방식을 보면 좀 더 약한 논거에서 한층 더 강한 논거를 이끌어내는 방식, 즉 이전의 논거를 바탕으로 새로운 사실에 도달하는 방식을 취합니다. 바울은 구원의 두 단계인 칭의와 영화를 대비시키고, 어떻게 칭의가 영화를 보증하는지 보여줍니다. 바울이 현재와 미래에 일어난다고 말하는 구원의 두 단계에 대해 좀 더 자세히 살펴보도록 하겠습니다.

우선, 바울은 칭의와 영화를 대비시킵니다. 9절에서 바울은 "그러면 이제 우리가 그의 피로 말미암아 의롭다 하심을 받았으니 더욱 그로 말미암아 진노하심에서 구원을 받을 것이니"라고 말합니다. 현재 우리에게 주어진 칭의와 심판 날에 하나님의 진노하심에서 구원받을 미래의 구원이 여기에서 선명한 대비를 이룹니다. 의롭다 하심을 받은 덕분에 하나님의 '정죄'하심에서 이미 구원을 받은 우리는 더욱 그로 말미암아 하나님의 '진노'하심에서도 구원을 받을 것입니다.

그다음에 바울은 칭의와 영화가 어떻게 이루어지는지를 대비시켜 보여줍니다. 10절에서 바울은 "곧 우리가 원수 되었을 때에 그의 아들의 죽으심으로 말미암아 하나님과 화목하게 되었은즉 화목하게 된 자로서는 더욱 그의 살아나심으로 말미암아 구원을 받을 것이니라"라고 말합니다. 여기에서는 '그의 아들의 죽으심'과 '그의 살아나심'이 분명한 대조를 이룹니다. 즉, 그리스도의 죽으심으로 이 땅에서 시작된 것이 그리스도의 살아나심으로 하늘나라에서 완성되는 것입니다. 이 진리를 가장 잘 보여주는 구절이 8장 34절입니다. "누가 정죄하리요. 죽으실 뿐 아니라 다시 살아나신 이는 그리스도 예수시니 그는 하나님 우편에 계신 자요 우리를 위하여 간구하시는 자시니라." 죽으심으로 성취한 것을 살아나심으로 완성한 그리스도가 하나님 우편에서 우리를 위하여 간구하는데, 누가 우리를 정죄하겠습니까?

마지막으로, 바울은 칭의와 영화를 받은 사람들을 대비시켜 보여줍니다. 다시 10절로 돌아가 보겠습니다. 우리가 하나님의 원수였을 때 하나님의 아들의 죽으심으로 말미암아 우리는 하나님과 화목하게 되었습니다. 그리고 하나님과 화목하게 되었으니 이제 그리스도의 살아나심으로 구원을 얻게 될 것입니다. 원수였던 우리와 화목을 이루신 하나님이 화목하게 된 우리를 구원하지 않으실 리가 있겠습니까!

다시 말해서 바울은 우리가 완전하고 최종적인 구원을 상속받으리라고 주장하고 있습니다. 도중에 내팽개쳐지지 않고 끝까지 보호를 받아 영화로워질 거라고 말하는 것입니다. 바울의 이런 주장은 감상적인 낙관론이 아니라 명백한 논리에 근거한 것입니다. 우리가 원수였을 때조차 아들의 죽음으로 화목을 이루셨던 하나님이라면 이제 화목하게 된 우리를 아들의 살아나심으로 진노하심에서 더욱 구원하지 않으시겠습니까? 원수인 우리를 위해 크나큰 대가를 치르신 하나님이 이제는 친구가 된 우리를 위해 훨씬 더 쉽고 가벼운 대가를 치르지 않으실 리가 없습니다.

그뿐만이 아닙니다(11절). 그리스도인의 삶은 그저 의롭다 하심을 받은 옛날을 되돌아보고 영화롭게 될 날을 소망하는 것이 전부가 아닙니다. 그리스도인의 삶은 과거와 미래로만 채워지지 않습니다. 그리스도인에게는 바로 지금 살아야 할 삶이 있습니다. 그래서 우리는 "우리 주 예수 그리스도로 말미암아 하나님 안에서 또한 즐거워"합니다. 우리는 소망 안에서 즐거워합니다. 또한 고난 속에서도 즐거워합니다. 그러나 무엇보다 우리는 하나님 안에서 즐거워합니다. 예수 그리스도로 말미암아 하나님 안에서 즐거워하는 것입니다. 예수 그리스도로 말미암아 우리는 하나님과 화평을 누립니다(1절). 예수 그리스도로 말미암아 우리는 지금 우리가 서 있는 은혜의 자리에 나아오게 되었습니다(2절). 그리스도의 보혈로 말미암아 우리는 하나님과 더불어 화목하게 되었고, 그리스도의 살아나심으로 말미암아 구원을 받을 것입니다(9절). 그리스도로 말미암아 우리는 화평을 얻었습니다. 이 화평을 우리가 현재 누리고 있는 것입니다. 그래서 우리는 우리를 위해 값을 매길 수 없는 축복을 얻어내신 그리스도로 말미암아 하나님 안에서 즐거워합니다.

5장 전반부에 해당하는 1-11절을 다시 한 번 정리해보겠습니다.

5절을 기점으로 두 단락으로 나눠지는 전반부에서 사도 바울은 칭의에서 영화로, 즉 하나님이 우리를 위해 이미 행하신 일에서 우리를 위해 지금도 하고 계신 일로 논지를 전개시킵니다. 믿음으로 의롭다 하심을 받은 우리가 하나님의 영광을 바라며 즐거워한다(1-2절)고 말한 바울은, 이제 그리스도의 보혈로 의롭다 하심을 받은 우리가 진노하심에서 구원을 받을 것(9-10절)이라고 말합니다. 이렇듯 바울은 5장 전반부에서 우리의 현재적인 구원부터 최종적인 구원까지, 즉 칭의부터 영화까지를 이야기합니다.

또한 하나님의 사랑에 대해 말하고, 그 사랑 위에 최종적인 구원의 확실한 토대를 세웁니다(5, 8절 참고). 우리가 죽어서 천국에 가고 최종적으로 구원을 받을 것이라고 감히 말할 수 있는 이유는 우리 자신이 의인이어서도 아니고 스스로 의롭다고 과신하기 때문도 아닙니다. 오로지 하나님의 변함없는 사랑을 믿기 때문입니다. 하나님의 사랑이 우리를 절대로 실망시키지 않을 것이라는 사실을 믿기 때문에 그렇게 말할 수 있는 것입니다.

또한 5장 전반부는 하나님이 우리를 사랑하신다는 사실을 우리가 믿게 되는 근거를 제시합니다. 여기에는 객관적 근거와 주관적 근거가 있습니다. 객관적 근거는 역사 속에서 찾을 수 있는데, 아들의 죽음이 그 근거입니다(8절). 반면에 주관적 근거는 우리의 경험 안에서 찾을 수 있는데, 성령의 선물이 그 근거입니다(5절). 8절에서 바울은 하나님이 십자가에서 자신의 사랑을 확증하셨다고 말합니다(이 사건이 과거에 일어난 사건임에도 헬라어 성경에서는 현재 시제를 사용하고 있다는 사실에 주목해야 합니다). 5절에서는 하나님이 우리 마음속에 하나님의 사랑을 부어주셨다고 말합니다. 그래서 우리는 하나님이 우리를 사랑하신다는 사실을 압니다. 우리는 십자가를 묵상할 때 이 사실을 이성적으로 이해합니다. 하나님은 '불의한' 우리 인간을 위해 '의로운' 아들을 주셨습니다. 또한 우리는 성령이 하나님의 사랑을 우리 마음에 부어줄 때 하나님이 우리를 사랑하신다는 사실을 직관적으로 느낍니다.

그런데 사도 바울은 우리가 이성적으로, 직관적으로 알게 된 이 지식을 최종적인 구원에 대한 확신과 연결시킵니다. "이 희망은 우리를 실망시키지 않습니다"(5절, 새번역). 즉, 우리는 최종적인 구원을 기대하고 바라는 우리의 소망이 실현되리라고 믿습니다. 확실한 근거가 있기 때문입니다. 이 소망은 결코 우리를 속이거나 실망시키지 않을 것입니다. 우리는 이 사실을 어떻게 압니까? "하나님께서 우리에게 주신 성령을 통하여 그의 사랑을 우리 마음속에 부어주셨기 때문"입니다. 다시 8-10절을 보겠습니다. 하나님의 진노하심에서 구원을 받을 것이라는 사실을 우리는 어떻게 압니까? 그것은 우리가 아직 죄인이었을 때 하나님의 아들이 우리를 위하여 죽으심으로 하나님께서 우리에 대한 자기의 사랑을 확증하셨기 때문입니다.

자신의 구원에 대하여 의심하는 사람이 있습니까? 의롭다 하심을 받긴 했지만, 마지막에 최종적인 구원을 받을지 확신이 없는 사람이 있습니까? 그런 사람들을 위해 저는 최종적인 영화가 칭의의 열매라는 사실을 다시 한 번 강조하고자 합니다. "의롭다 하신 그들을 또한 영화롭게 하셨느니라"(8:30). 당신을 사랑하시는 하나님을 믿으십시오! 십자가를 바라보십시오. 하나님이 당신을 위해 자신의 사랑을 확증하신 십자가를 받아들이십시오! 그리고 성령을 통해 하나님의 사랑을 당신 마음속에 부어달라고 기도하십시오! 그러면 음울하게 드리웠던 의심의 검은 구름과 두려움이 사라질 것입니다! 하나님의 변함없는 사랑이 의심과 두려움을 모두 집어삼킬 것입니다.

칭의의 중재자 12-21절

이제 칭의의 열매(1-11절)에서 칭의의 중재자(12-21절)에게로 눈을 돌려보겠습니다. 첫 번째 단락에서 바울은 하나님의 아들의 죽음으로 말미암아 신자들이 누리는 하나님과의 화평과 최종적인 구원에 대해 설명했습니다. 그런데 그런 설명은 즉시 한 가지 질문을 이끌어냅니다. "그런데 한 사람의 죽음이 어떻게 그토록 많은 사람에게 그런 축복을 가져다줄 수 있는가?" 윈스턴 처칠은 제2차 세계대전 당시 사망한 영국 공군 조종사들을 기리며 "인류의 전쟁사에서 이렇게 많은 사람이 이처럼 소수의 사람에게 빚을 진 적은 없었다"라는 유명한 말을 남겼습니다. 그런데 예수 그리스도로 말미암은 구원은 그와는 비교도 안 될 정도로 많은 사람이 단 한 사람에게 말로 다할 수 없는 빚을 진 경우입니다! 어떻게 이런 일이 있을 수 있을까요? 사도 바울은 아담과 예수 그리스도 사이의 유사점을 들어 이 질문에 답합니다. (아담의 역사성에 관한 가장 중요한 논증은 과학적인 것이 아니라 신학적인 것입니다. 그리스도인이 아담의 역사성을 믿는 이유는 그가 구약성경에 등장하기 때문이 아니라 신약성경이 그를 역사적 인물로 받아들이기 때문입니다.) 아담과 예수 그리스도는 '한' 사람의 행위가 '많은' 사람에게 (좋게든 나쁘게든) 영향을 끼칠 수 있다는 사실을 증명합니다.

12-14절에서 바울은 아담에게 초점을 맞춥니다. "한 사람으로 말미암아 죄가 세상에 들어오고 죄로 말미암아 사망이 들어왔나니 이와 같이 모든 사람이 죄를 지었으므로 사망이 모든 사람에게 이르렀느니라"(12절). 이 구절은 그리스도 이전의 인류 역사를 세 단계로 요약합니다. (1) 한 사람으로 말미암아 죄가 세상에 들어왔다. (2) 죄로 말미암아 사망이 세상에 들어왔는데, 죄에 대한 형벌이 사망이기 때문이다. (3) 모든 사람이 죄를 지었으므로 사망이 모든 사람에게 이르렀다. 이 세 단계를 간략히 요약하면 다음과 같습니다. 죄―사망―보편적 사망. 즉, 지금처럼 사망이 모든 사람에게 보편적으로 이르게 된 것은 한 사람이 지은 원죄 때문입니다.

바울은 한 사람이 죄를 지어서 사망이 모든 사람에게 이르는 과정을 13-14절에서 더 자세히 설명합니다. 오늘날 사망이 모든 사람에게 이른 것은 모든 사람이 아담과 '같은' 죄를 지었기 때문이 아니라 모든 사람이 아담 '안에서' 죄를 지었기 때문입니다. 바울은 아담부터 모세까지, 다시 말해 인간이 타락한 때부터 모세가 율법을 받기 전까지 일어난 일을 근거로 이것이 명백한 사실이라고 말합니다. 이 기간에 사람들은 분명히 죄를 지었습니다. 하지만 그들이 지은 죄는 죄로 여겨지지 않았습니다. 율법이 없을 때에는 죄를 죄로 여기지 않았기 때문입니다. 그럼에도 그들은 죽었습니다. 실제로 "아담으로부터 모세까지 아담의 범죄와 같은 죄를 짓지 아니한 자들까지도 사망이 왕 노릇 하였나니"(14절). 그래서 바울은 그들이 고의적으로 아담과 같은 죄를 지었기 때문에 죽은 것이 아니라고, 즉 그들이 죽은 이유는 그들이 지은 죄 때문이 아니라고 말합니다. 그들이 죽은 이유는 전 인류가 인류의 대표자인 아담 안에 포함되었기 때문입니다. 오늘날 우리가 죽는 이유는 우리가 아담 '안에서' 죄를 지었기 때문입니다.

그런데 14절 끝에서 사도 바울은 아담을 '오실 자의 모형'이라고 부릅니다. 그리고 아담과 그리스도를 비교하는 말로 15절을 시작합니다. 이 매혹적인 비유를 통해 바울은 아담과 그리스도의 유사점과 차이점을 동시에 드러냅니다. 한 사람의 행동이 많은 사람에게 영향을 끼친다는 점에서 둘은 유사점을 보입니다. 그러나 한 사람, 즉 아담과 그리스도가 한 행동의 동기와 성질, 영향은 각기 다릅니다. 행동에 이른 동기도 다르고, 행동의 성질도 다르고, 그로 말미암은 결과도 다르다는 말입니다.

(a) 동기(15절 상). 15절에서 바울은 '범죄'와 '선물'을 대비시킵니다. '범죄'는 죄된 행동이요 탈선인 반면에 '선물'은 은혜로운 행동입니다. 아담의 행동은 자기 생각대로 하는 '자기주장'이었던 반면, 그리스도의 행동은 '자기희생'이자 거저 베푸는, 분에 넘치는 호의였습니다.

(b) 행동이 미치는 영향(15절 하-17절). 아담과 그리스도의 행동이 불러온 정반대 결과에 대해서는 15절 뒷부분만 보아도 충분히 예상할 수 있습니다. 한 사람의 범죄로 말미암아 많은 사람에게 사망이라는 엄중한 형벌이 주어진 반면에 하나님의 은혜와

예수 그리스도 한 사람의 행위로 말미암아 많은 사람이 선물을 받았습니다. 6장 23절에 따르면 이 선물은 바로 '영생'입니다. 이렇게 15절에서 사망과 생명을 대비시킨 바울은 16절과 17절에서 아담과 그리스도가 한 행동의 정반대 결과를 좀 더 자세히 설명합니다. "심판은 한 사람으로 말미암아 정죄에 이르렀으나 은사는 많은 범죄로 말미암아 의롭다 하심에 이름이니라. 한 사람의 범죄로 말미암아 사망이 그 한 사람을 통하여 왕 노릇 하였은즉 더욱 은혜와 의의 선물을 넘치게 받는 자들은 한 분 예수 그리스도를 통하여 생명 안에서 왕 노릇 하리로다"(16-17절).

이렇듯 아담과 그리스도의 행동은 아주 대조적인 영향을 끼쳤습니다. 아담의 범죄로 말미암아 많은 사람이 정죄함을 받은 반면, 그리스도의 행동으로 말미암아 많은 사람이 의롭다 하심을 받게 되었습니다. 사망이 왕 노릇 하게 된 것은 아담의 죄 때문이고, 신자가 생명 안에서 왕 노릇 하게 된 것은 그리스도가 행하신 일 때문입니다. 이보다 더 완벽한 대비가 있을 수 있을까요! 정죄와 칭의, 사망과 생명이 실로 완벽한 대비를 이루고 있습니다.

그런데 여기서 우리는 사도 바울이 생명과 사망을 정확히 어떻게 대비시키는지에 주목해야 합니다. 왕 노릇 하던 사망의 자리를 단순히 생명이 대신하는 것이 아닙니다. 사도 바울이 17절에서 말한 대로 왕 노릇 하는 것은 생명이 아니라 우리이기 때문입니다. 바울은 분명히 우리가 생명 안에서 왕 노릇 한다고 말합니다. 이전에는 사망이 우리의 왕이었고, 우리는 사망이 폭정을 펼치는 전체주의 국가의 신민이자 노예였습니다. 국가 자체를 바꾸지 않는 한 우리는 여전히 노예이고 신민일 수밖에 없습니다. 그런데 이제 더 이상 우리는 노예나 신민이 아닙니다. 사망이 통치하는 나라에서 구출되어 그 나라와 하나님의 모든 대적을 통치하게 되었기 때문입니다. 이제 우리는 신민 노릇을 그만두고 그리스도의 왕권을 함께 누리는 왕이 되었습니다.

    (c) 두 행동의 성질(18-19절). 앞에서 바울은 아담과 예수 그리스도가 행한 동기도 다르고 그 행위의 결과도 다르다고 이야기했습니다. 그런 뒤 바울은 두 사람이 실행에 옮긴 행동의 성질을 비교함으로써 두 행위 자체를 대비시킵니다. 똑같은 대조법을 쓰면서도 18절과 19절에서는 특별히 아담과 예수 그리스도가 한 행위 자체를 강조하고 있는 셈입니다. 18절에 따르면 한 사람의 '범죄'로 말미암아 모든 사람에게 정죄가 이르렀고, 한 사람의 '의로운 행위'로 말미암아 그리스도 안에서 모든 사람이 의롭다 하심을 받아 생명에 이르렀습니다. 아담의 '범죄'는 율법을 지키지 못한 실패였으나 그리스도의 '의로운 행위'는 율법의 완성이었습니다.

19절에 따르면 한 사람의 불순종으로 말미암아 많은 사람이 죄인이 되었고, 한 사람의 순종으로 말미암아 많은 사람이 의롭다 하심을 받았습니다. 아담은 하나님의 뜻을 거역했고, 그래서 의에서 멀어졌습니다. 반면에 예수 그리스도는 하나님의 뜻에 순종했고, 그래서 모든 의를 이루셨습니다(마 3:15; 빌 2:8 참고). 앞에 나온 구절들을 다시 살펴봄으로써 우리는 아담과 예수 그리스도의 중요하고도 뚜렷한 차이가 무엇인지 알게 됩니다. 행동의 동기 면에서 아담은 자기 자신을 내세웠으나 예수 그리스도는 자기 자신을 희생했습니다. 행동의 성질 면에서 아담은 율법을 거역했으나 그리스도는 율법을 완수했습니다. 행동의 영향 면에서 아담의 범죄는 정죄와 사망을 불러왔으나 그리스도의 의로운 행위는 칭의와 생명을 가져왔습니다.

그러므로 우리가 정죄를 받느냐 의롭다 하심을 받느냐, 생명을 얻느냐 사망에 이르느냐는 우리가 어떤 인류에 속해 있느냐에 달려 있습니다. 즉, 아담으로 시작된 옛 인류에 속하느냐 그리스도로 시작된 새로운 인류에 속하느냐에 달려 있다는 말입니다. 그리고 결국 이것은 우리가 아담 및 그리스도와 어떤 관계를 맺고 있느냐에 달려 있습니다. 모든 인간은 아담 안에 있습니다. 우리는 '태어날 때부터' 아담에게 속해 있기 때문입니다. 그러나 모든 사람이 그리스도 안에 있는 것은 아닙니다. 우리는 '믿음으로' 그리스도 안에 거하기 때문입니다. 아담 안에서 우리는 태어날 때부터 정죄를 받고 사망에 이릅니다. 그러나 우리가 믿음으로 그리스도 안에 거하면, 의롭다 하심을 받고 생명을 얻습니다.

이로써 우리는 우리가 처음 논의를 시작했던 의롭다 하심을 받은 자들의 특권으로 되돌아왔습니다. 이 특권들은 모두 예수 그리스도 안에서, 그리고 예수 그리스도를 통해서만 우리의 소유가 될 수 있기 때문입니다. 우리는 "우리 주 예수 그리스도로 말미암아 하나님과 화평을"(1절) 누리고, "그로 말미암아 우리가 믿음으로 서 있는 이 은혜에 들어감을 얻었으며 하나님의 영광을 바라고 즐거워"(2절)할 수 있게 되었습니다. 의롭다 하심을 받은 자들이 누리는 특권, 즉 화평과 은혜와 영광은 아담 안에 있는 자들이 아니라 그리스도 안에 있는 자들에게만 주어진 것입니다.

그리스도와의 연합
로마서 6장

지금 우리는 로마서 5-8장에 나타난 의롭다 하심을 받은 자의 특권에 대해 살펴보고 있습니다. 우리가 그리스도 안에 거할 때 우리는 놀라운 특권을 받습니다. 지난 시간에 살펴보았듯이 첫 번째 특권은 하나님과의 화평입니다. 칭의를 통해 우리는 하나님과 영속적인 관계를 누리게 됩니다. 이 관계는 우리가 지금 누리는 '은혜'와 최종적으로 누리게 될 '영광'으로 요약할 수 있습니다. 오늘 우리가 6장에서 살펴볼 두 번째 특권은 그리스도와의 연합입니다.

로마서 6장 전반부의 주제는 그리스도의 죽음과 부활이 역사적으로 중요한 사실이자 교리인 동시에 모든 그리스도인이 인격적으로 경험하는 사건이라는 것입니다. 그리스도인은 그리스도의 죽음과 부활 안에서 그리스도와 하나가 됩니다. 그래서 그리스도와 함께 죽고 그리스도와 함께 다시 살아난 그리스도인이 예전처럼 죄 가운데 산다는 것은 상상도 할 수 없는 일입니다.

로마서 6장은 1절부터 14절까지, 그리고 15절부터 23절까지 두 부분이 병렬 구조를 이루고 있습니다. 사도 바울은 6장에서 그리스도인이 죄 안에 거하는 것은 있을 수 없다는 사실을 상세히 설명합니다.

전반부와 후반부가 같은 주제를 다루고 있는데도 두 부분으로 나뉘는 것은 논의를 전개하는 방식이 다르기 때문입니다. 1절부터 14절까지는 그리스도와 신자의 연합에 대해 자세히 설명하고, 15절부터 23절까지는 우리가 하나님의 종이 되었다는 사실을 밝힙니다.

이것이 그리스도인으로서 우리의 위치입니다. 우리는 그리스도와 연합한 자이자 하나님의 종입니다. 그리스도인의 거룩함에 대한 논의는 바로 이 두 사실에 근거를 두고 있습니다.

그리스도와 신자의 연합 1-14절

그러면 먼저 그리스도와의 연합을 다루는 전반부를 살펴보겠습니다. 바울은 1절에서 "그런즉 우리가 무슨 말을 하리요. 은혜를 더하게 하려고 죄에 거하겠느냐?"라고 묻습니다. 5장 마지막 두 절에서 "죄가 더한 곳에 은혜가 더욱 넘쳤"다는 이야기를 듣고, 그리스도인이 된 지금도 예전처럼 이 말이 똑같이 적용되는지 많은 사람이 궁금해 할 것으로 예상하고 던진 질문입니다. 그중에는 이렇게 생각하는 사람도 있지 않겠습니까? '나는 하나님의 은혜로 값없이 의롭다 하심을 받았다. 지금 다시 죄를 지어도 은혜로 용서를 받을 것이다. 그리고 내가 죄를 지으면 지을수록 나를 용서하시기 위해 하나님이 은혜를 베푸실 기회가 더 많아질 것이다. 그러니 은혜가 더욱 넘치게 하려면 내가 계속해서 죄 안에 거해야 하는 게 아닐까?'

당시에 오직 은혜에 의하여 믿음으로 말미암아 의롭다 하심을 받는다는 복음, 즉 값없는 은혜의 교리가 사람들로 하여금 반율법주의 또는 도덕률 폐기론에 빠지게 하고, 계속해서 죄 안에 거하도록 사람들을 부추긴다고 비판하는 자들이 실제로 있었습니다. 당시 많은 사람이 바울이 전하는 복음에 반대했습니다. 그리고 지금도 이런 무지한 논쟁이 자주 벌어지고 있습니다.

칭의의 교리에 이의를 제기하는 비판론자들에게 바울은 격분하여 대꾸합니다. "은혜를 더하게 하려고 죄에 거하겠느냐? 그럴 수 없느니라." 결코 그럴 수 없다고 단호히 부정한 다음 바울은 비판론자들의 질문에 또 다른 질문으로 응수합니다. "죄에 대해서 죽은 우리가 어찌 그 가운데 더 살리요?"(2절) 다시 말해 바울은 믿음으로 의롭다 하심을 받는다는 교리에 반대하는 자들이 근본적으로 이 교리를 오해하고 있을 뿐 아니라 그리스도인이 된다는 것이 무슨 뜻인지조차 모른다고 지적하고 있는 셈입니다. 그리스도인의 삶은 죄에 대해서 죽음으로써 시작됩니다. 그러므로 오직 은혜에 의하여 믿음으로 말미암아 의롭다 하심을 받았으니 앞으로도 얼마든지 죄 가운데 살 자유가 우리에게 있지 않느냐고 묻는 것은 너무나 터무니없는 이야기입니다. 무언가에 대해서 죽었다면, 어떻게 그것 안에서 계속 살 수 있겠습니까?

사실 개역표준성경RSV과 새영어성경NEB은 이 구절을 "**How can we** continue in sin(어떻게 우리가 죄 가운데 그대로 살 수 있겠는가)"라고 번역해서 마치 바울이 우리가 죄 가운데 그대로 사는 건 불가능하다고 주장하는 것처럼 오해할 여지를 두고 있습니다. 그러나 헬라어 성경에서 해당 동사는 단순미래 시제로 쓰였습니다. 이 구절을 문자 그대로 번역하면 "우리는 (예전에) 죄에 대하여 죽었다. 그런데 우리가 어떻게 (앞으로) 죄 가운데서 살겠는가?"가 됩니다. 사도 바울이 강조하고 있는 것은 죄 가운데 사는 것이 문자 그대로 불가능하다는 말이 아니라 도덕적으로 모순된다는 이야기입니다. 그래서 J. B. 필립스는 이 구절을 이렇게 번역했습니다. "죄에 대하여 죽었던 우리가 어떻게 잠시라도 죄 가운데서 살 수 있단 말인가?"

그러면 여러분은 이즈음에서 이런 질문이 떠오를 것입니다. '우리가 죄에 대해서 죽었다니, 어떻게 죽었단 말인가? 죄에 대해 죽었다는 말의 의미는 무엇인가?' 우리가 무언가에 대해서 죽었다면 그것 안에서 계속 살 수 없는 것은 당연합니다. 그런데 우리가 죄에 대하여 죽었다는 말은 대체 무슨 뜻일까요? 언제 어떻게 그런 일이 일어났다는 말일까요? 사도 바울은 뒤에 나오는 구절들을 통해 이 말의 의미를 자세히 설명해나갑니다. 그래서 저는 이 자리에서 반박의 여지가 없는 바울의 설명을 다섯 단계로 나누어 하나씩 펼쳐 보이려 합니다.

첫 번째 단계. 그리스도인의 세례는 '그리스도 안에서의' 세례입니다. 3절에서 바울은 "무릇 그리스도 예수와 합하여 세례를 받은 우리"라고 말합니다. 직역하면 "그리스도 예수 안에서 세례를 받은 우리"라는 뜻입니다. 그리스도인의 세례는 그리스도 안에서의 세례입니다. 그리스도인이 죄를 지어도 좋으냐고 묻는 사람들은 그리스도인이 무엇인지, 그리고 그리스도인의 세례가 무엇인지 전혀 알지 못한다는 사실을 무심코 드러내는 것이나 다름없습니다. 그리스도인은 단순히 의롭다 하심을 받은 신자가 아닙니다. 그리스도인은 개인적으로 예수 그리스도와 연합한 자입니다. 그리고 세례는 그리스도와의 연합을 의미합니다.

물론 세례에는 다른 의미도 담겨 있습니다. 죄를 씻는다는 의미도 있고 성령을 선물로 받는다는 의미도 있습니다. 그러나 본질적으로 세례는 그리스도와 하나가 되는 것을 의미합니다. 그리고 '세례를 주다_to baptize_'라는 동사에는 언제나 전치사 '안에서_into_'가 따라붙습니다. 제자들에게 복음을 전하라는 사명을 맡기실 때도 주님은 우리가 성부와 성자와 성령의 이름 '안에서' 세례를 준다고 말씀하셨습니다.

사도행전에서 사마리아와 에베소의 신자들은 주 예수의 이름 안에서 세례를 받았습니다. 갈라디아서 3장 27절에는 "그리스도 안에서 세례를 받은 자"라는 구절이 나옵니다(개역개정에서는 "그리스도와 합하기 위하여 세례를 받은 자"로 번역했다-옮긴이). 로마서 6장의 구절처럼 하나같이 "그리스도 안에서 세례를 받았다"고 표현합니다.

신약성경에서 세례는 감격적인 성례로 묘사됩니다. 세례는 하나님이 우리의 죄를 씻으시고 성령을 선물로 주시는 의식일 뿐 아니라 우리를 예수 그리스도에게 인도하고 그리스도 안에 거하게 하시는 사건입니다. 세례를 통해 알 수 있듯이, 그리스도인의 삶의 본질은 하나님이 순전한 은혜로 우리를 예수 그리스도에게 인도하여 그 안에 거하게 하시고 그리스도에게 접붙이시는 데 있습니다. 그렇다고 세례라는 의식 자체가 우리를 그리스도와 연합시킨다는 말은 아닙니다. 오직 믿음으로 의롭다 하심을 받는다고 주장하던 바울이 돌연 입장을 바꾸어 세례가 구원의 수단이라고 주장할 리는 만무합니다. 그리스도 예수 안에서 세례를 받아 그리스도와 하나가 된다는 말의 의미는 눈에 보이지 않는 믿음을 통해 효력이 발생한 그리스도와 신자의 연합이 세례를 통해 가시적으로 드러난다는 뜻입니다.

이렇듯 사도 바울은 그리스도인이 되는 것은 곧 그리스도와 연합하는 것이라고 주장합니다. 그리고 예수 그리스도와의 연합은 세례를 통해 가시적으로 드러납니다. 이것이 첫 번째 단계입니다. 간단합니다. 세례는 그리스도 안에 거하는 것, 즉 그리스도와 연합하는 것입니다.

두 번째 단계. 그리스도 안에서의 세례는 그리스도의 죽음과 부활 안에서의 세례입니다. 6장 3-5절을 읽어보겠습니다. "무릇 그리스도 예수와 합하여(예수 안에서) 세례를 받은 우리는 그의 죽으심과 합하여(죽음 안에서) 세례를 받은 줄을 알지 못하느냐. 그러므로 우리가 그의 죽으심과 합하여(죽음 안에서) 세례를 받음으로 그와 함께 장사되었나니 이는 아버지의 영광으로 말미암아 그리스도를 죽은 자 가운데서 살리심과 같이 우리로 또한 새 생명 가운데서 행하게 하려 함이라. 만일 우리가 그의 죽으심과 같은 모양으로 연합한 자가 되었으면 또한 그의 부활과 같은 모양으로 연합한 자도 되리라." 이 구절을 요약하면 그리스도 안에서의 세례는 곧 그의 죽음과 부활 안에서의 세례라는 말입니다.

6장 3-5절은 세례가 상징하는 바를 한 편의 그림처럼 보여줍니다. 개울에서 누군가 세례를 베풀고 있습니다. 세례를 받는 사람이 물속으로 들어갑니다. 몸을 완전히 담그느냐 일부분만 담그느냐는 중요하지 않습니다. 중요한 것은 물속으로 들어감으로써 그가 장사되었다가 다시 살아난다는 점입니다. 세례는 세례를 받는 자의 죽음과 장사, 그리고 새 생명을 얻어 부활하는 과정을 극적으로 보여줍니다.

C. J. 본C. J. Vaughan이 말한 대로 "우리가 받는 세례는 일종의 장례

식"입니다. 여러분이 받은 세례가 장례식이라는 생각을 해본 적이 있습니까? 그렇습니다. 세례는 일종의 장례식이자 무덤에서 부활하는 의식입니다.

이것이 사도 바울이 말하는 두 번째 단계입니다. 내적으로는 믿음으로, 외적으로는 세례를 통해 우리는 예수 그리스도의 죽음과 부활 안에서 그와 연합합니다. 우리는 이것을 모호하고 막연하게 생각해서는 안 됩니다. 아주 특별한 의미로 받아들여야 합니다. 우리가 연합하는 분은 죽었다가 다시 살아나신 그리스도 예수이십니다. 그러므로 믿음과 세례로 그리스도인이 되었다면, 우리는 좋든 싫든 예수님의 죽음과 부활을 실제로 함께한 것입니다. 이것이 두 번째 단계입니다. 그리스도 안에서의 세례는 그의 죽음과 부활 안에서의 세례입니다.

세 번째 단계. 그리스도의 죽음은 '죄에 대한 죽음'이었고 그의 부활은 '하나님께 대한 부활'이었습니다. "우리가 알거니와 우리의 옛 사람이 예수와 함께 십자가에 못 박힌 것은 죄의 몸이 죽어 다시는 우리가 죄에게 종노릇 하지 아니하려 함이니 이는 죽은 자가 죄에서 벗어나 의롭다 하심을 얻었음이라. 만일 우리가 그리스도와 함께 죽었으면 또한 그와 함께 살 줄을 믿노니 이는 그리스도께서 죽은 자 가운데서 살아나셨으매 다시 죽지 아니하시고 사망이 다시 그를 주장하지 못할 줄을 앎이로라. 그가 죽으심은 죄에 대하여 '단번에' 죽으심이요 그가 살아 계심은 하나님께 대하여 살아 계심이니"(6-10절).

10절을 다시 한 번 읽어보겠습니다. "그가 죽으심은 죄에 대하여 … 죽으심이요 그가 살아 계심은 하나님께 대하여 살아 계심이니." 이 구절은 우리와 하나가 된 그리스도의 죽음과 부활을 우리가 어떻게 바라보아야 하는지 알려줍니다. 우리는 그리스도가 죽으신 것은 죄에 대하여 죽으신 것이고, 그가 부활하신 것은 하나님께 대하여 부활하신 것으로 생각해야 합니다.

그렇다면 과연 죄에 대하여 죽었다는 것은 무슨 뜻일까요? 그리스도가 죽으셨고(10절), 그래서 우리도 그분과 함께 죽었다는 것은 과연 무슨 뜻일까요? 사도 바울은 분명히 2절에서 우리가 '죄에 대하여 죽은 우리'라고 말하고, 11절에서 다시 "너희도 너희 자신을 죄에 대하여는 죽은 자"로 여기라고 말합니다. 그렇다면 죄에 대하여 죽는 것은 과연 어떤 것일까요? 지금부터 나는 여러분에게 이 죽음이 의미하지 않는 바에 대해 먼저 이야기하려 합니다. 솔직히 이런 방식을 별로 좋아하지는 않지만, 여기에서는 정확한 의미를 밝히기 전에 먼저 잘못된 생각들을 제거할 필요가 있기 때문입니다. 로마서 6장에 나오는 '죄에 대한 죽음'의 의미를 놓고 복음주의 진영 안에서 통용되는 견해가 하나 있습니다. 그런데 조금만 면밀히 살펴보면, 근거가 전혀 없을 뿐 아니라 사람들에게 환멸과 자기기만, 나아가 절망을 안겨줄 위험이 다분한 견해임을 쉽게 알 수 있습니다.

이 구절에 대한 통속적인 해석은 다음과 같습니다. "육체가 죽음에 이를 때 여러분의 오감은 작동을 멈춘다. 여러분은 더 이상 만질 수도 볼 수도 냄새를 맡을 수도 없다. 자극을 느끼거나 자극에 반응할 수 있는 힘을 모두 잃는다. 이를 통해 유추해볼 때 죄에 대하여 죽는다는 것은 죄에 대하여 무감각해진다는 뜻이다. 시체가 신체 자극에 반응을 보이지 않는 것처럼 죄에 대하여 반응을 보이지 않게 되는 것이다." 때로는 이렇게 설명하기도 합니다. "여러분이 길을 걷다가 배수로에 가만히 엎드려 있는 개나 고양이를 보았다고 치자. 그냥 보기만 해서는 그 고양이가 살아 있는지 죽었는지 알지 못한다. 그러나 고양이를 발로 툭 차보면 생사 여부를 바로 알 수 있다. 살아 있다면 즉시 반응을 보일 테니 말이다. 살아 있는 고양이라면 벌떡 일어나서 생기와 활력이 넘치는 움직임을 보일 것이다. 그러나 죽었다면 아무 반응도 나타나지 않을 것이다. 아무 반응 없이 그대로 누워 있는 게 당연하다."

이 견해에 따르면 우리가 죄에 대하여 죽었다는 것은 곧 우리가 죄에 대하여 반응하지 않게 되었다는 뜻입니다. 마치 죽은 사람처럼, 앞에서 묘사한 죽은 개나 고양이처럼 되는 것입니다. 그래서 유혹이 찾아와도 자극을 느끼거나 자극에 반응하지 못합니다. 우리는 죽었습니다. 신비하고도 불가사의한 방식으로 우리의 옛 본성이 실제로 십자가에 못 박혔기 때문입니다. 다시 말해 그리스도가 우리의 죄책뿐 아니라 우리의 육신(타락한 본성)까지 짊어지셨기 때문입니다. 그래서 우리의 육신 역시 십자가에 못 박혀 죽었습니다. 이 때문에 통속적인 견해를 지지하는 사람들은 이에 반하는 증거가 아무리 많이 나와도 그와는 상관없이 우리의 육신이 죽었다고 생각하는 것이 그리스도인의 의무라고 주장합니다.

이 견해를 지지하는 몇 가지 예를 들어보겠습니다. 안타깝게도 J. B. 필립스가 이 견해를 지지합니다. 필립스는 우리가 "죄의 매력과 세력에 대하여 죽어서" 죄에 반응하지 않는다고 말합니다. C. J. 본도 이렇게 말합니다. "죽은 사람은 죄를 지을 수 없고 당신은 죽었다. 이미 죽은 사람이 그러하듯이 죄에 대하여 죽은 당신은 죄에 대해 어떠한 감정이나 감각도 느끼지 못하고 죄에 흔들리지도 않는다."H. P. 리던H. P. Liddon은 이렇게 썼습니다. "짐작건대 이것은 그리스도인들이 죄에 대하여 무감각해지는 것을 의미한다. 죽은 사람은 인간의 감각기관으로 감지할 수 있는 대상이 눈앞에 있어도 아무것도 감지하지 못하는 것처럼 말이다." 물론 이런 통속적 견해에 거세게 반대하는 사람들이 있습니다. 저 역시 이런 견해에 반대합니다. 사실 조금만 주의 깊게 살펴보면 그리스도와 그리스도인이 죄에 대하여 죽었다는 뜻이 결코 이런 의미가 아니라는 것을 알 수 있습니다.

지금부터 세심하게 이 구절들을 살펴보겠습니다. 이 단락에서 '죄에 대하여 죽었다'는 표현은 총 세 번 나옵니다. 2절과 11절에서는 그리스도인을 가리켜서, 10절에서는 그리스도를 가리켜서 '죄에 대하여 죽었다'고 이야기합니다. "그가 죽으심은 죄에 대하여 단번에 죽으심이요"(10절). 같은 문맥에서 동일한 구절이 나올 때는 똑같은 의미로 해석하는 것이 성경 해석의 기본 원칙입니다. 그러므로 우리는 죄에 대한 죽음의 의미를 설명할 때 그리스도는 물론이고 그리스도인에게 적용해도 맞는 의미를 찾아야 합니다. 죄에 대한 죽음이 무엇을 뜻하든지 간에 그리스도가 죄에 대하여 죽었다는 의미와 우리가 죄에 대하여 죽었다는 의미는 같은 뜻이어야 한다는 말입니다.

그럼 이제 그리스도와 그리스도의 죽음에 대해 생각해보겠습니다. 그리스도가 죄에 대하여 죽으셨다는 10절은 무슨 뜻일까요? 이 말이 그리스도가 죄에 대하여 반응하지 못하게 되었다는 의미일 수는 없습니다. 그렇게 되면 그리스도가 예전에는 죄에 대해 반응했다는 뜻이 되기 때문입니다. 우리 주 예수 그리스도가 한때는 죄에 대해 매우 왕성하게 반응하셨던 탓에 죄에 대해 죽으실 필요가 있었다는 말인가요? 절대로 그렇지 않습니다. 그건 말도 안 되는 생각이고 결코 용납할 수 없는 이야기입니다.

이제 눈을 돌려서 우리 자신에 대해, 그리고 죄에 대한 우리의 죽음에 대해 생각해보겠습니다. 대답해보십시오. 우리가 죄에 대하여 죽었다는 말이 우리의 옛 본성이 죄에 반응하지 않게 되었다는 의미입니까? 그렇지 않습니다. 성경 해석의 중요한 원칙이 또 하나 있는데, 그것은 바로 말씀을 문맥 속에서 해석해야 한다는 점입니다. 개개의 구절은 전체 맥락 안에서 해석하고, 특별한 구절은 일반적인 맥락에 비추어 해석해야 합니다. 그러면 성경은 일반적으로 우리의 옛 본성에 대해 무어라고 가르칩니까? 성경은 우리의 옛 본성이 여전히 살아 있으며 거듭난 신자들 안에서 활동하고 있다고 가르칩니다. 그리고 우리가 죄에 대하여 죽었다고 말하는 이 문맥 역시 그와 동일한 사실을 가르치고 있습니다. 12절과 13절에서 사도 바울은 "너희는 죄가 너희 죽을 몸을 지배하지 못하게 하여", "너희 지체를 … 죄에게 내주지 말고"라고 말합니다. 만일 우리가 죄에 대하여 죽어서 이제 죄에 반응하지 않고 있다면, 이런 경고를 할 이유가 하나도 없습니다.

사실 로마서 뒷부분에도 똑같은 경고가 나옵니다. 로마서 8장에서 사도 바울은 우리에게 육신의 일을 생각하지 말고, 육신을 따라 살지 말라고 권면합니다. 그리고 13장 14절에서는 정욕을 채우려고 육신의 일을 도모하지 말라고 말합니다. 만일 육신이 죽었고 아무 정욕이 없다면 이런 경고를 하는 것 자체가 쓸데없는 일입니다. 게다가 '죄에 대한 죽음'을 둘러싼 통속적 해석이 적절하지 않다는 사실은 그리스도인의 경험이 이미 증명하고 있는 바입니다.

여기에서 우리는 사도 바울이 특별히 더 거룩한 소수의 그리스도인에게 말하고 있는 것이 아니라는 사실에 주목해야 합니다. 바울은 그리스도를 믿고 세례를 받아 그리스도와 하나가 된 모든 그리스도인에게 이야기하고 있습니다. 2-3절에서 바울은 "죄에 대하여 죽은 우리가 어찌 그 가운데 더 살리요. 무릇 그리스도 예수와 합하여 세례를 받은 우리는 그의 죽으심과 합하여 세례를 받은 줄을 알지 못하느냐"라고 말합니다. 여기에서 바울이 말하는 '우리'는 일부 그리스도인이 아니라 모든 그리스도인을 말합니다. 그러므로 죄에 대한 죽음이 무슨 뜻이든 간에 그것은 모든 그리스도인에게 공통으로 적용됩니다.

그러면 대답해보십시오. 세례를 받은 모든 신자가 죄에 대하여 죽었다는 말이 내적으로 죄에 반응하지 않게 되었다는 뜻이겠습니까? 여러분은 자신이 죄에 대하여 무감각해졌다고 생각하십니까? 죄의 유혹 앞에 자신은 아무런 흔들림이 없다고 생각하십니까? 그렇지 않습니다. 성경과 역사, 우리의 경험을 돌이켜봐도 결코 그렇지 않다는 사실을 확인할 수 있습니다. 죄의 유혹 앞에 흔들림이 없기는커녕 타락하고 부패한 우리의 본성은 지금도 원기 왕성하게 활동하고 있습니다. 사도 바울이 우리에게 정욕에 굴복하지 말라고 거듭 경고하는 이유도 그 때문입니다. 또한 하나님이 우리에게 성령을 선물로 주신 이유도 정욕을 억누르고 통제하게 하기 위함입니다. 육신의 정욕이 이미 죽었다면, 그런 목적을 위해 성령을 주실 필요가 뭐가 있겠습니까?

통속적인 견해가 위험한 진짜 이유가 있습니다. 자신이 죄에 대하여 죽어서 죄의 유혹에 반응하지 않게 되었다고 알고 있다가 현실에서 육신의 정욕이 죽지 않았다는 사실을 확인하게 되면, 사람들은 성경 해석과 실제 경험 사이에서 어쩔 줄 몰라 합니다. 그러면 어떤 사람들은 하나님의 말씀이 과연 확실한가 하고 의심하기 시작합니다. 그리고 또 어떤 사람들은 자신이 믿는 성경 해석을 계속 지지하기 위해서 자신의 경험을 정직하게 인정하지 않으려 들 것입니다.

통속적인 견해에 대한 반론을 요약하면 다음과 같습니다. 그리스도가 죄에 대하여 죽었다는 말은 죄의 유혹에 무감각해졌다는 뜻이 아닙니다. 그리스도는 죄에 대하여 왕성하게 반응하셨던 적도 없고 그런 의미에서 죄에 대하여 죽으실 필요가 없으셨기 때문입니다. 그리고 그리스도인들이 죄에 대하여 죽었다는 말 역시 죄의 유혹에 무감각해졌다는 뜻이 아닙니다. 우리는 여전히 죄에 대한 욕구가 왕성하기 때문입니다. 그래서 성경은 우리에게 정욕을 누르고 죽이라고 자주 권면합니다. 만일 죄를 짓고 싶어 하는 정욕이 이미 죽었다면, 우리에게 정욕을 죽이라고 경고할 필요가 있겠습니까?

혹시 제가 통속적이라고 지적한 이런 견해를 따르는 이가 있어서 저의 말에 상처를 받았다면 유감입니다. 그러나 성경에서 말하는 정확한 견해를 받아들이면, 저는 여러분이 그리스도인으로서 차원이 다른 삶에 발을 내딛고 새로운 자유를 맛보게 될 것으로 확신합니다. 그렇다면 그리스도가 죄에 대하여 죽으셨고 우리도 그리스도 안에서 죄에 대하여 죽었다는 말은 무슨 뜻일까요? 그리스도와 모든 그리스도인에게 똑같이 적용할 수 있는 바른 해석은 무엇일까요? 죽은 사람의 특징을 살펴보는 대신 죽음에 대한 성경의 가르침을 살펴보면 답을 금방 알 수 있습니다. 사실 통속적 견해에 담겨 있는 위험천만한 오해들은 모두 죽은 사람에 빗대어 해당 구절을 해석하려는 시도에서 비롯되었습니다.

성경에서 말하는 죽음은 육체적인 의미에서의 죽음보다는 도덕적이고 법적인 의미에서의 죽음입니다. 성경은 죽음을 시체처럼 미동 없이 누워 있는 상태가 아니라 죄에 대한 엄중하고 정당한 형벌이라고 설명합니다. 성경은 죄와 죽음을 함께 거론할 때마다 죄에 대한 형벌로 죽음을 언급합니다. 이것이 성경이 말하는 죄와 죽음의 관계입니다. 죄와 죽음의 이러한 관계는 하나님이 "네가 먹는 날에는 반드시 죽으리라"라고 말씀하신 창세기 2장부터 둘째 사망이라는 죄인들의 끔찍한 운명을 이야기하는 요한계시록 뒷부분에 이르기까지 성경 전체를 통해 한결같이 이어집니다.

성경은 죄와 죽음을 범법 행위와 그 대가에 비유합니다. 로마 사람들에게 보낸 바울의 편지에서도 죄와 죽음의 관계는 그대로 적용됩니다. 1장 32절에서 바울은 죄를 짓는 자는 죽어 마땅하다는 것이 하나님의 공정한 법도라고 이야기합니다. 그리고 6장 23절에서도 "죄의 삯은 사망이요"라고 말합니다.

이것이 죽는 것과 죽음을 이해하는 방식입니다. 죽음은 죄의 유혹에 무감각해진 상태가 아니라 죄에 대한 응분의 대가를 뜻합니다. 그리스도와 그리스도인이 죄에 대하여 죽었다고 말할 때의 죽음도 바로 이런 뜻입니다. 사도 바울은 그리스도를 가리켜 "그가 죽으심은 죄에 대하여 단번에 죽으심이요"(10절)라고 말합니다. 이것이 의미하는 바는 오직 하나입니다. 그리스도가 죄에 대하여 죽으셨다는 것은 그가 죄의 형벌을 담당하셨다는 뜻입니다. 그리스도는 순결하고 신성한 자신의 인격 안에 우리의 죄를 짊어지시고 우리의 죄 때문에 죽으셨습니다. 그리스도는 우리의 죄와 죄에 대한 응분의 대가를 담당하셨습니다. 예수님이 죽으셨던 죽음은 우리가 지은 죄의 삯이었습니다. 그분은 죄의 삯을 치르셨습니다. 죄의 형벌을 담당하시고 죄의 대가를 받아들이셨습니다. 무엇보다 그리스도는 단번에 죄의 삯을 치르셨습니다. 그래서 그리스도가 더 이상 치러야 할 죄의 삯은 남아 있지 않습니다. 그리고 그리스도는 자신의 속죄가 충분하다는 것을 증명하기 위해 죽은 자들 가운데서 살아나셨고, 지금 하나님께 대하여 영원히 살아 계십니다. 이것이 그리스도가 죄에 대하여 죽으셨다는 뜻입니다.

그리고 이것이 여러분과 내가 그리스도와 연합한 자가 되어 죄에 대하여 죽었다는 뜻입니다. 우리가 죄에 대하여 죽었다는 말은 그리스도와 하나가 되어 그분과 함께 죄의 형벌을 담당했다는 뜻입니다. 그 결과 우리의 옛 삶은 끝나고 새 삶이 시작되었습니다.

이제 다시 6절로 돌아가 보겠습니다. 여기에서 우리는 6절이 세 부분으로 이루어져 있다는 사실에 주목해야 합니다. "(1) 우리의 옛 사람이 그리스도와 함께 십자가에 달려 죽은 것은, (2) 죄의 몸을 멸하여서, (3) 우리가 다시는 죄의 노예가 되지 않게 하려는 것임을 우리는 압니다"(새번역). 무슨 말인지 이해하시겠습니까? 처음 사건이 일어난 목적은 뒤에 나오는 두 가지 사건을 위해서였습니다. 이처럼 6절은 첫 번째, 두 번째, 세 번째 단계로 명확히 구분됩니다.

여기에서 하나님이 원하시는 마지막 최종 단계는 우리가 다시는 죄의 노예가 되지 않는 것입니다. 그런데 죄에게 붙들려서 종 노릇 하는 것은 다름 아닌 우리의 마음의 정욕입니다. 즉 죄의 속박에서 벗어나야 할 대상이 마음의 정욕이라는 말입니다. 그러면 어떻게 해야 죄의 속박에서 벗어날 수 있을까요? 바로 앞부분에 답이 있습니다. 죄의 속박에서 벗어나기 전에 우리는 먼저 죄의 몸을 멸해야 합니다. 여기서 죄의 몸은 인간의 몸을 말하는 것이 아닙니다. 인간의 몸은 나쁜 것이 아닙니다. 문제는 몸 안에 들어 있는 타락한 본성입니다. 그래서 새영어성경은 '죄의 몸body of sin'을 '죄된 자아sinful self'라고 번역했습니다. 우리의 옛 사람이 그리스도와 함께 십자가에 못 박힌 이유는 우리가 다시는 죄의 노예가 되지 않도록 죄된 자아를 멸하기 위해서입니다.

그런데 여기에서 주의할 것이 있습니다! "죄의 몸을 멸하여서"라는 구절에서 '멸하다'에 해당하는 헬라어 동사 '카타르게오katargeo'는 "마귀를 멸하시며"(히 2:14)라는 구절에도 똑같이 사용되었습니다. 그런데 이 동사는 본래 '없애다, 멸종시키다'라는 뜻이 아니라 '무찌르다, 쓸모없게 만들다'라는 뜻입니다. 없애버린다는 의미가 아니라 힘을 빼앗는다는 의미로 쓰입니다. 마귀가 없어지지 않은 것처럼 우리의 옛 본성도 없어지지 않았습니다. 하나님의 목적은 마귀와 우리의 옛 본성의 지배를 깨뜨려서 이것들이 힘을 쓰지 못하게 하는 것입니다.

이제 뒤에 나오는 두 단계가 무슨 뜻인지 이해하셨습니까? 최종 단계는 우리가 다시는 죄에게 종 노릇 하지 않게 하는 것입니다. 이 목적을 이루고자 하나님은 죄된 본성이 힘을 쓰지 못하게 만드십니다. 그러면 어떻게 이런 일이 일어날까요? 역시 바로 앞부분에 답이 있습니다. 이 일이 가능한 이유는 옛 사람이 십자가에 못 박혔기 때문입니다. 알다시피 우리의 옛 사람이 그리스도와 함께 십자가에 못 박힌 것은 우리의 죄된 본성이 힘을 쓰지 못하게 만들어서 우리가 다시는 죄의 종이 되지 않게 하려는 것입니다.

그러면 옛 사람이란 무엇일까요? 옛 사람은 옛 본성을 가리키지 않습니다. 죄의 몸이 옛 본성을 의미하므로 옛 사람은 옛 본성일 수가 없습니다. 옛 사람과 옛 본성은 같은 것이 아니기 때문입니다. 그렇지 않다면 6절 자체가 말이 안 됩니다. 옛 사람은 거듭나지 않은 옛 본성이 아니라 우리가 거듭나기 전에 살던 옛 삶입니다. 그래서 새영어성경에서는 옛 사람을 '예전의 우리the man we once were'라고 부릅니다. 즉 옛 사람은 나의 자아 중에서 저급한 자아가 아니라 나의 예전 자아인 것입니다. 그래서 개역표준성경은 옛 사람을 '나의 옛 자아my old self'라고 번역하고 있습니다.

그러므로 그리스도와 함께 십자가에 못 박힌 것은 옛 본성, 즉 나의 일부가 아니라 거듭나기 전의 나의 전부를 가리킵니다. 나의 옛 사람은 거듭나기 전에 내가 살았던 삶이자 거듭나기 전의 나의 자아입니다. 이 부분을 명확히 짚고 넘어가야 하는 이유는 6장 전체를 놓고 볼 때 '우리의 옛 사람이 예수와 함께 십자가에 못 박'혔다는 6절 말씀과 우리가 '죄에 대하여 죽'었다는 2절 말씀이 결국 같은 말이기 때문입니다.

이제 다시 우리가 순차적으로 살펴보았던 6절의 세 단계로 되돌아가겠습니다. 우리의 옛 사람은 그리스도와 함께 십자가에 못 박혔습니다. 즉 '우리'는 그리스도와 함께 십자가에 못 박혔습니다. 우리는 믿음과 세례로 그리스도와 하나가 되었고, 그리하여 죄에 대하여 죽으신 그리스도의 죽음에 함께하게 되었습니다. 우리가 그리스도와 함께 십자가에 못 박힌 것은 죄된 본성이 힘을 쓰지 못하게 만들어서 더 이상 죄에 종 노릇 하지 않기 위함입니다.

지금까지의 설명을 잘 이해했다면 여러분은 아마도 이렇게 물을 것입니다. "그리스도와 함께 십자가에 못 박히고, 죄의 형벌을 담당한다는 의미에서 죄에 대하여 죽는 것이 어떻게 우리가 옛 본성을 극복하고, 죄에 종 노릇 하던 상태에서 벗어나게 하는가?" 바로 7절에 답이 있습니다. "죽은 자가 죄에서 벗어나 의롭다 하심을 얻었"기 때문입니다. 흠정역과 개역표준성경은 7절에 쓰인 헬라어 단어 '디카이오오$_{dikaioo}$'를 'freed'로 번역해서 "죽은 사람이 죄의 세력에서 해방되었다"고 의역했는데 이는 적절치 못한 번역입니다. '디카이오오'라는 단어는 신약성경에 25번, 로마서에만 15번 나오는데, 언제나 '의롭다 함을 얻다'라는 뜻으로 쓰입니다. 그러므로 "죽은 자가 죄에서 (벗어나) 의롭다 하심을 얻었다"라고 번역하는 것이 옳습니다.

이 부분을 제대로 이해하기를 바랍니다. 우리가 죄에서 의롭다 하심을 얻는 유일한 길은 죄의 삯을 치르는 것밖에 없습니다. 죄의 형벌을 받지 않고는 죄에서 벗어날 다른 도리가 없습니다. 미국에서 법률이 집행되는 방식을 생각하면 이해하기 쉽습니다. 범죄를 저지르고 금고형을 선고받은 사람이 떳떳해지려면(의롭다 함을 얻으려면) 어떻게 해야 할까요? 방법은 한 가지뿐입니다. 감옥에 가서 자신이 저지른 죗값을 치러야 합니다. 그러고 나면 더 이상 경찰이나 법이나 치안 판사를 두려워할 이유가 없습니다. 이미 범법 행위에 대한 죗값을 치렀으므로 이제는 그 어떤 법 조항도 그에게 불리한 판결을 내릴 수 없기 때문입니다. 그는 선고받은 형기를 모두 마쳤습니다. 죗값을 모두 치렀습니다. 그리하여 이제 자신이 지은 죄에서 의롭다 함을 얻었습니다.

죄의 삯이 사망일 때도 동일한 원리가 적용됩니다. 죗값을 치르는 것 말고는 죄에서 벗어나 의롭다 함을 얻을 방법이 없습니다. "그런데 이 경우에는 죄의 삯을 치르는 것이 죄에서 벗어나는 방법이 아니지 않는가?" 여러분은 이렇게 말할지도 모릅니다. 우리가 지금 이 땅의 사형제도에 대해 이야기하고 있는 거라면 여러분의 말이 옳습니다. 살인을 저지른 자가 사형을 당하면 이 땅에서 그의 삶은 끝나버리니 말입니다. 사형수는 형기를 마치고 세상에 나와 떳떳하게 사는 것이 불가능합니다. 그런데 그리스도인이 의롭다 하심을 얻는 과정에는 놀랍게도 죽음 이후에 부활이 기다립니다. 그래서 우리는 사망이라는 죄의 삯을 치르고 부활하여 의롭다 하심을 얻은 자의 삶을 살 수가 있습니다.

우리의 죄는 죽어 마땅한 죄입니다. 그래서 우리는 예수 그리스도와 함께 십자가에서 죽었습니다. 우리 자신이 스스로 죄의 삯을 치르려 했다면 이 땅에서의 생이 완전히 끝나고 말았을 텐데, 우리를 대신하여 그리스도가 죽으셨고 우리는 믿음과 세례로 그의 죽으심과 연합했습니다. 그리고 그리스도와 함께 다시 살아나서 의롭다 하심을 받은 신자로 살게 되었습니다. 우리에게 주어진 이 삶은 완전히 새로운 삶입니다. 옛 삶은 끝났습니다. 우리는 옛 삶에 대하여 죽었습니다. 죽음으로 죄의 삯을 치렀고 이로써 우리는 의롭다 하심을 얻었습니다.

죗값을 이미 치렀으니 이제 율법도 우리에게 뭐라 할 수 없습니다.

이제 7-10절을 읽어보겠습니다. "이는 죽은 자가 죄에서 벗어나 의롭다 하심을 얻었음이라. 만일 우리가 그리스도와 함께 죽었으면 또한 그와 함께 살 줄을 믿노니 이는 그리스도께서 죽은 자 가운데서 살아나셨으매 다시 죽지 아니하시고 사망이 다시 그를 주장하지 못할 줄을 앎이로라. 그가 죽으심은 죄에 대하여 단번에 죽으심이요 그가 살아 계심은 하나님께 대하여 살아 계심이니."

존 존스라는 나이 많은 그리스도인이 자신의 인생을 돌아봅니다. 그가 걸어온 길은 거듭나기 전과 후로 나뉩니다. 거듭나기 전의 존 존스는 옛 사람이고 거듭난 후의 존 존스는 새 사람입니다. 옛 사람과 새 사람은 존 존스의 옛 본성과 새 본성을 가리키는 것이 아니라 거듭남을 기준으로 구분되는 옛 삶과 새 삶을 가리킵니다. 회심하고 세례를 받을 때 옛 사람 존 존스는 그리스도와 함께 죽음으로써 죄의 삯을 치렀습니다. 그리고 그때 새 사람 존 존스가 하나님께 대하여 새 삶을 살기 위하여 죽음에서 부활했습니다.

새 사람 존 존스는 모든 신자를 가리킵니다. 여러분과 저는 새로 태어난 존 존스입니다. 그리스도 안에서 우리의 옛 사람이 죽는 방법은 하나뿐입니다. 그리스도와 함께 십자가에 못 박히는 것입니다. 믿음과 세례를 통해 우리는 그리스도의 죽음 안에서 그리스도와 연합했습니다. 그리스도가 죄에 대하여 죽으신 죽음이 우리의 죽음이 되었고 그 혜택이 우리에게 전가되었습니다. 이렇듯 우리는 그리스도와 함께 죄에 대하여 죽음으로써 우리의 죄에서 의롭다 하심을 얻었습니다. 그리고 그리스도와 함께 부활함으로써 우리는 하나님께 의롭다 하심을 받고 지금 이렇게 살아 있습니다. 우리의 옛 삶은 우리가 치러야 할 응분의 대가였던 죽음과 함께 끝났습니다. 그러나 그리스도와 함께 부활함으로써 우리는 하나님을 위하여 새 삶을 살고 있습니다.

꽤 길게 세 번째 단계를 설명했습니다. 앞에서 배운 것들을 다시 한 번 정리해보겠습니다. 첫째, 그리스도인의 세례는 그리스도 안에서의 세례입니다. 둘째, 그리스도 안에서의 세례는 그리스도의 죽으심과 부활 안에서의 세례입니다. 셋째, 그리스도의 죽으심은 죄에 대한 죽으심이고, 그리스도의 부활은 하나님께 대한 부활입니다. 그러면 이제 네 번째 단계를 살펴보겠습니다. 네 번째 단계는 우리 자신을 죄에 대하여는 죽은 자요, 그리스도 예수 안에서 하나님께 대하여는 살아 있는 자로 여기는 것입니다.

우리는 죄에 대하여는 죽은 자요 하나님께 대하여는 살아 있는 자입니다. 우리는 믿음과 세례를 통해 그리스도의 죽음과 부활 안에서 그리스도와 연합했습니다. 그러므로 그리스도의 죽음이 죄에 대한 죽음이라면, 우리 역시 죄에 대하여 죽은 것입니다. 그리스도의 부활이 하나님께 대한 부활인 까닭에 우리 역시 하나님께 대하여 부활했습니다. 우리는 우리를 그런 사람으로 여겨야 합니다. 믿는 척하라는 말이 아닙니다. 그렇게 여긴다는 것은 믿는 척하는 것과 다릅니다. 실은 믿기지 않는데 애써 믿으려고 믿음을 쥐어짜는 것과도 다릅니다. 그렇게 여기라는 말은 우리의 옛 본성이 죽지 않았다는 것을 잘 알면서 마치 옛 본성이 죽은 것처럼 가장하라는 말이 아닙니다. 그렇게 여긴다는 것은 죄의 삯을 치르고 옛 삶을 끝냄으로써 우리의 옛 자아가 죽었다는 것을 깨닫는 것을 말합니다. 우리는 우리 자신을 죄에 대하여는 죽은 자요 그리스도 예수 안에서 하나님께 대하여는 살아 있는 자로 여깁니다. 개역표준성경은 이 부분을 '우리 자신을 ~로 간주하라consider ourselves'라고 번역했고, 새영어성경은 '우리 자신을 ~로 여기라regard ourselves'라고 번역했는데, 후자가 좀 더 나은 번역이라 할 수 있습니다.

옛 삶이 끝났다는 사실을 깨닫고, 원한이 해소되고, 빚이 청산되고, 법이 충족되면, 우리는 더 이상 예전처럼 살고 싶어 하지 않습니다. 옛 삶은 끝났습니다. 우리의 인생을 다룬 전기傳記가 두 권으로 기록된다고 생각하면 이해하기 쉽습니다. 1권은 옛 사람, 옛 자아, 거듭나기 전의 우리 이야기이고, 2권은 새 사람, 새 자아, 그리스도 안에서 새 피조물이 되고 난 후의 우리 이야기입니다. 1권은 옛 사람의 사법적 죽음으로 끝이 납니다. 우리는 죄인이었습니다. 죽는 게 마땅했습니다. 그래서 죽었습니다. 우리의 대속자이신 그리스도 안에서 응분의 대가를 받았고 그리스도와 함께 새 사람이 되었습니다. 2권은 우리의 부활로 시작됩니다. 우리의 옛 삶은 끝났고 하나님께 대한 새 삶이 시작되었습니다.

바울은 이렇게 우리 자신을 죄에 대하여는 죽은 자요 그리스도 예수 안에서 하나님께 대하여는 살아 있는 자로 여기라고 말합니다. 그런 척하라는 게 아니라 그러하다는 사실을 깨달으라는 말입니다. 우리가 죄에 대하여는 죽은 자요 그리스도 예수 안에서 하나님께 대하여는 살아 있는 자라는 것은 엄연한 사실이고, 우리는 그 사실을 이해해야 합니다. 머리로 이 사실을 생각하고 확실히 이해할 때까지 묵상해야 합니다. 그리고 자신에게 이렇게 말해야 합니다. "여기를 봐, 1권은 끝났어. 넌 이제 2권을 살고 있어. 1권으로 다시 돌아가는 것은 상상도 할 수 없는 일이야." 불가능한 일이 아니라 상상조차 할 수 없는 일입니다. 결혼한 여자가 결혼 전과 똑같이 살 수 있겠습니까? 물론 그럴 수 있습니다. 불가능한 일은 아닙니다. 그러나 그녀는 왼손가락에 낀 결혼반지를 보고 남편과 하나가 되었고 새 삶이 시작되었다는 사실을 떠올릴 것입니다. 그래서 자신이 어떤 사람인지 기억하고 그에 걸맞은 삶을 살려고 할 것입니다.

거듭난 그리스도인이 죄 가운데 거하던 예전처럼 살 수 있겠습니까? 물론 그럴 수 있습니다. 불가능한 일은 아닙니다. 그러나 그는 그리스도의 죽음과 부활 안에서 그리스도와 연합했음을 보여주는 세례를 떠올리고 그에 걸맞은 삶을 살려고 할 것입니다. 그러므로 우리는 우리 자신이 누구인지 계속 상기할 필요가 있습니다. 그리고 마귀가 "어서 해! 죄를 지어도 괜찮아. 하나님이 용서해주실 거야!"라고 우리 귀에 속삭일 때, 그 말에 솔깃해서 하나님의 은혜를 이용하고 싶은 마음이 들 때 이렇게 말해야 합니다. "그럴 수 없다. 나는 죄에 대하여 죽었다. 그러니 더 이상 죄 가운데서 살 수 없다. 1권은 끝났다. 나는 2권을 살고 있다. 다시 1권으로 돌아갈 수 없다."

다시 말해서 사도 바울은 그리스도인이 죄 가운데 사는 것이 불가능하다고 말하는 게 아니라 그렇게 사는 것은 지극히 모순된 일이라고 말하는 것입니다. 바울은 몹시 화가 나서 되묻습니다. "어떻게 우리가 계속 죄 가운데 살 수 있단 말인가? 죄에 대하여 죽은 우리가 어떻게 그 가운데서 살 수 있단 말인가?" 죄에 대하여 죽은 것과 죄 가운데 사는 것은 논리적으로 모순됩니다.

거룩한 삶을 사는 비결은 '생각'에 있습니다. "우리의 옛 사람이 예수와 함께 십자가에 못 박힌 것"(6절)을 아는 것, 그리스도 안에서의 세례가 그리스도의 죽음과 부활 안에서의 세례라는 것(3절)을 아는 것, 우리 자신을 죄에 대하여는 죽은 자요 그리스도 예수 안에서 하나님께 대하여는 살아 있는 자로 여기고 그 사실을 머리로 깨닫는 것(11절)이 거룩한 삶을 사는 비결입니다. 우리 자신이 이런 존재임을 알고, 묵상하고, 또한 그러한 자로 여기십시오. 우리가 그리스도와 함께 죽었고 부활했다는 사실과 그 의미를 머리로 이해하고 나면 옛 삶으로 돌아가는 것은 상상조차 할 수 없습니다.

성인이 어린 시절로 돌아갈 생각을 하거나 결혼한 남자가 총각 때로 돌아갈 생각을 하거나 석방된 사람이 감방으로 돌아갈 생각을 해서는 안 되는 것처럼, 거듭난 그리스도인은 옛 삶으로 돌아갈 생각을 해서는 안 됩니다. 예수 그리스도와 연합함으로써 그는 신분이 완전히 바뀌었습니다. 그리스도를 향한 믿음과 세례가 우리로 하여금 옛 삶과 연을 끊게 만듭니다. 돌아갈 수 없도록 옛 삶을 완전히 끊어내고 새 삶에 전념하게 만듭니다. 마치 두 방 사이에 있는 문처럼 우리와 옛 삶 사이에 세례가 버티고 서 있습니다. 세례가 한쪽 방문을 닫고 다른 쪽 방문을 열었습니다. 우리는 죽었습니다. 그리고 부활했습니다. 죄에 대하여 죽은 우리가 어떻게 다시 죄 가운데 살 수 있겠습니까? 이것이 네 번째 단계입니다.

다시 한 번 복습해보겠습니다. 첫째, 세례는 그리스도 안에서의 세례입니다. 둘째, 그리스도 안에서의 세례는 그리스도의 죽음과 부활 안에서의 세례입니다. 셋째, 그리스도의 죽음은 죄에 대한 죽음이고 그리스도의 부활은 하나님께 대한 부활입니다. 넷째, 그러므로 나는 그리스도와 함께 죽은 나의 죽음이 죄에 대한 죽음이었고 그리스도와 함께 다시 살아난 나의 부활이 하나님께 대한 부활임을 압니다. 그러면 이제 마지막으로 다섯 번째 단계를 살펴보겠습니다. 다섯째, 그러므로 우리는 죽은 자 가운데서 다시 살아난 자같이 죄가 우리 죽을 몸을 지배하지 못하게 하고 우리 지체를 하나님께 드려야 합니다.

"죽은 자 가운데서 다시 살아난 자같이." 중요한 구절입니다. 12-14절에서는 "~하지 말라"는 금지문과 "~하라"는 권면이 대구를 이루고 있습니다. 먼저 "죄가 너희 죽을 몸을 지배하지 못하게 하여"(12절), "너희 지체를 불의의 무기로 죄에게 내주지 말고"(13절)라는 구절이 나옵니다. 죄가 너희를 지배하지 못하게 하라, 죄가 불의한 목적으로 너희 지체를 사용하지 못하게 하라, 죄가 너희 왕이 되지 못하게 하라, 죄가 너희 주인이 되지 못하게 하라. 이것이 사도 바울이 우리에게 하지 말라고 금하는 내용입니다.

그 대신에 사도 바울은 우리에게 이렇게 권합니다. "너희 자신을 죽은 자 가운데서 다시 살아난 자같이 하나님께 드리며"(13절). 우리는 죄의 형벌을 짊어지고 죄에 대하여 죽었습니다. 그리고 죽은 자 가운데서 다시 살아났습니다. 그러니 이제 우리 자신을 하나님께 드리고 우리 지체를 의의 무기로 하나님께 드려야 합니다. 다시 말해, 죄가 우리 왕이 되지 못하게 하고, 하나님이 우리 왕이 되어 우리를 다스리게 하라는 얘기입니다. 죄가 우리 주인이 되지 못하게 하고 죄가 멋대로 우리를 사용하지 못하게 하고, 하나님이 우리 주인이 되게 하고 하나님의 뜻대로 사용하시도록 우리를 내어드리라는 말입니다.

바울은 왜 이런 권면을 하는 것일까요? 우리 자신을 죄가 아니라 하나님께 드려야 하는 이유는 무엇일까요? 그 이유는 우리가 죄에 대하여 죽었고 하나님께 대하여 살아 있기 때문입니다. 그래서 우리는 우리 자신을 죄에 내줄 수 없고 하나님께 드려야 합니다. 저항할 수 없는 논리가 차근차근 이어지는 것이 보입니까? 우리는 죽은 자 가운데서 다시 살아난 자들입니다. 그런 까닭에 우리는 더 이상 율법 아래 있지 않고 은혜 아래 있습니다. 은혜로우신 하나님이 그리스도 안에서 여러분을 의롭다 칭해주셨습니다. 그리스도 안에서 죄의 삯이 치러졌고 율법의 요구가 충족되었습니다. 이제는 죄도 율법도 여러분에게 이래라저래라 하지 못합니다. 여러분은 죄와 율법의 압제에서 구출되었습니다. 여러분은 당적이 바뀌었습니다. 이제 새로운 신분을 갖게 되었습니다. 이제 더 이상 율법의 포로가 아닙니다. 여러분은 이제 하나님의 자녀이고 하나님의 은혜 아래 있는 것입니다.

우리는 율법 아래 있지 않고 은혜 아래 있습니다. 칭의 교리에 반대하는 자들은 이 교리가 거듭난 신자들이 계속 죄 가운데 거하는 구실이 된다고 생각하지만, 걱정과 달리 칭의 교리는 계속 죄 가운데 거하도록 우리를 부추기기는커녕 세상과 육신과 마귀로부터 우리를 멀어지게 합니다. 은혜 덕분에 우리는 옛 삶을 기록한 1권을 끝내고 새 삶으로 채워질 2권을 시작했기 때문입니다. 우리는 옛 삶으로 되돌아갈 수 없습니다. 하나님의 은혜로 죽은 자 가운데서 살아난 우리가 어떻게 이미 죽은 옛 삶으로 돌아가겠습니까.

여기까지가 6장 전반부에 나오는 이야기입니다. 이제 후반부에 대해 잠시 살펴보려 합니다. 전반부를 이렇게 자세히 설명한 이유는 내용이 어렵기도 하고, 또 이 내용을 잘 이해하지 못해서 당황하고 혼란스러워하는 사람들이 많기 때문입니다.

하나님의 종이 된 우리 15-23절

후반부에 해당하는 15절부터 23절까지는 하나님의 종에 관한 이야기입니다. 주목할 점은 후반부가 전반부와 똑같은 방식으로 시작된다는 점입니다. 사도 바울은 15절에서 이렇게 묻습니다. "그런즉 어찌하리요. 우리가 법 아래에 있지 아니하고 은혜 아래에 있으니 죄를 지으리요?" 1절에서 던졌던 "그런즉 우리가 무슨 말을 하리요. 은혜를 더하게 하려고 죄에 거하겠느냐?"라는 질문과 일맥상통합니다. 질문 뒤에 나오는 답변도 똑같습니다. "그럴 수 없느니라." 바울은 결코 그럴 수 없다고 힘주어 말합니다. 그리고 답변을 부연하기 위해 또 다른 질문을 던집니다. "무릇 그리스도 예수와 합하여 세례를 받은 우리는 그의 죽으심과 합하여 세례를 받은 줄을 알지 못하느냐"(3절). "너희 자신을 종으로 내주어 누구에게 순종하든지 그 순종함을 받는 자의 종이 되는 줄을 너희가 알지 못하느냐. 혹은 죄의 종으로 사망에 이르고 혹은 순종의 종으로 의에 이르느니라"(16절).

이제 이 병렬 구조를 명확히 정리해보겠습니다. 전반부와 후반부가 아름답게 대칭을 이루고 있습니다. 1-14절에서 우리는 믿음과 세례로 우리가 그리스도와 연합했고, 그래서 죄에 대하여는 죽었고 하나님께 대하여는 살아 있다는 사실을 배웠습니다. 그리고 15-23절에서는 우리 자신을 내어줌으로써 우리가 하나님의 종이 되어 하나님께 순종하게 된다는 사실을 배웁니다. 16절에서 바울은 일단 주인을 선택하면 주인에게 순종할 수밖에 없다고 말합니다. 그러므로 자신을 죄에 내주면 우리는 죄의 종으로 사망에 이르고, 하나님께 드리면 순종의 종으로 의에 이릅니다.

이어지는 구절에서 바울은 죄의 종과 하나님의 종의 시작과 발전 과정, 결말을 대비시켜 보여줍니다.

죄의 종과 하나님의 종은 시작부터 대조를 이룹니다(17-18절). "너희가 본래 죄의 종이더니." 헬라어 원문에서 이 문장은 미완료 시제로 쓰였습니다. 이는 우리가 본래 죄의 종이고 줄곧 종의 종으로 살아왔음을 의미합니다. 그런데 그다음에 이어지는 "너희에게 전하여 준 바 교훈의 본을 마음으로 순종하여"라는 문장은 부정과거 시제로 쓰였습니다. 여기에서 "너희에게 전하여 준 바 교훈의 본"이란 복음을 말합니다. 복음이 여러분에게 전해졌을 때 여러분이 "마음으로 순종"했다는 말입니다.

그러면 우리는 처음에 어떻게 죄의 종과 하나님의 종이 되었을까요? 우리는 태어날 때부터 죄의 종이었습니다. 처음부터 죄의 종으로 태어났습니다. 이에 비해 하나님의 종이라는 신분은 은혜를 힘입어 복음에 순종했을 때 처음 갖게 되었습니다. 이렇듯 죄의 종과 하나님의 종은 발단부터가 다릅니다.

또한 죄의 종과 하나님의 종은 발전 과정도 다릅니다. 사도 바울은 죄의 종과 하나님의 종의 발전 과정을 열매로 표현합니다. "너희 육신이 연약하므로 내가 사람의 예대로 말하노니 전에 너희가 너희 지체를 부정과 불법에 내주어 불법에 이른 것 같이 이제는 너희 지체를 의에게 종으로 내주어 거룩함에 이르라"(19절).

다시 말해서 죄의 종은 도덕적으로 퇴보하는 암울한 과정을 거치는 데 비해 하나님의 종은 도덕적으로 거룩해지는 영광스러운 과정을 거칩니다. 모든 종은 발전합니다. 한쪽은 점점 더 좋아지고 한쪽은 점점 더 나빠집니다.

발전 과정을 거치고 나면 결말이 기다리고 있습니다. "너희가 죄의 종이 되었을 때에는 … 그 마지막이 사망임이라. 그러나 이제는 너희가 죄로부터 해방되고 하나님께 종이 되어 거룩함에 이르는 열매를 맺었으니 그 마지막은 영생이라"(20-22절). 바울은 이 내용을 23절에서 다시 한 번 요약합니다. 우리가 응당 치러야 할 죄의 삯은 사망이지만, 하나님이 아무런 자격도 없는 우리에게 영생이라는 은사를 주셨다고 말입니다.

여기에 정반대의 삶이 있습니다. 하나는 옛 사람의 삶이고 또 하나는 새 사람의 삶입니다. 이 둘은 누군가의 종이기도 합니다. 우리는 본래 죄의 종이었습니다. 그런데 하나님의 은혜로 하나님의 종이 되었습니다. 죄의 종은 아무리 열심히 일해도 손에 쥐는 것 없이 도덕적 퇴보만 거듭하다가 마지막에는 사망에 이릅니다. 반대로 하나님의 종은 거룩함에 이르는 소중한 열매를 맺고 마지막에는 영생을 얻습니다.

이렇듯 사도 바울은 6장 후반부에서 우리가 하나님께 자신을 내어드림으로써 하나님의 종이 된다는 사실과 종은 주인에게 순종해야 한다는 사실을 강조합니다.

"우리가 여전히 죄 가운데 머물러 있어야 하겠습니까?" 6장 전반부와 후반부는 모두 이 질문과 함께 시작되었습니다. 이 질문은 바울이 우리에게 묻는 질문이자 바울을 반대하던 자들이 칭의 교리에 의혹을 제기하려고 던진 질문이기도 합니다. 또한 복음을 대적하는 원수들이 끊임없이 제기해온 질문이고, 복음을 반대하는 가장 큰 원수인 사탄이 여러분과 저의 귀에 속삭이는 말입니다. "은혜를 넘치게 하려면 계속 죄 가운데 거해야 하지 않을까? 하나님이 너를 용서해주시려고 은혜를 베푸실 테니 말이야. 너는 은혜 아래 있어. 그러니 어서 다시 죄를 지어도 돼. 하나님이 용서하실 거야."

복음을 대적하는 사탄은 우리에게 매일 이렇게 속삭입니다. 그때 여러분은 뭐라고 대답하십니까? 저는 여러분이 사도 바울처럼 벌컥 화를 내며 "결코 그럴 수 없다!"고 답하기를 바랍니다. 그리고 이렇게 대답해야 하는 이유를 확실히 이해하기 바랍니다. 우리에게는 사탄의 속삭임을 뿌리칠 확실한 이유가 있습니다.

그 이유는 우리의 신분과 관련이 깊습니다. 우리는 그리스도와 연합한 자이고 하나님의 종입니다. 우리는 눈에 보이는 세례를 통해 그리스도와 연합되었고, 믿음으로 자신을 하나님께 내어드림으로써 하나님의 종이 되었습니다. 세례를 강조하든 믿음을 강조하든 핵심은 같습니다. 이 모든 것은 우리가 거듭난 결과입니다. 거듭남을 통해 우리는 그리스도와 연합했고 하나님의 종이 되어 하나님께 순종하며 살게 되었습니다.

따라서 하나님의 은혜를 이용해 계속해서 죄 가운데 거한다는 생각은 말도 안 되는 것입니다. 용납할 수 없는 일입니다. 우리는 이 사실을 자신에게 계속 주지시켜야 합니다. 3년 전 케직사경회에서 설교할 때도 나는 여러분에게 자신과의 대화가 이상한 것이 아니라고 말한 바 있습니다. 이상한 행동이 아니라 오히려 성숙한 그리스도인의 표징입니다! 물론 이때 중요한 것은 자신과 무슨 이야기를 하느냐입니다.

우리는 자신에게 이렇게 이야기해야 합니다. "너는 그리스도와 하나가 되었어. 죄에 대하여 죽었고 하나님을 섬기기 위해 다시 살아났어. 너는 하나님의 종이야. 그러므로 하나님께 순종해야 해. 설마 이 사실을 모르는 건 아니지?" 마음속에서 다음과 같은 대답이 우러나올 때까지 질문을 멈추지 마십시오. "아니, 잘 알고 있어. 그러므로 이제 나는 하나님의 은혜를 의지하여 종의 신분에 어울리는 삶을 살 거야."

율법으로부터의 해방
로마서 7장

우리는 지금 '의롭다 하심을 얻은 자의 특권'이라는 주제로 로마서 5-8장을 살펴보고 있습니다. 5장에서 살펴본 첫 번째 특권을 우리는 하나님과의 화평이라 불렀습니다. 6장에서 살펴본 두 번째 특권은 그리스도와의 연합이었습니다. 그리고 이제 7장에서 살펴볼 세 번째 특권은 율법으로부터의 해방입니다.

어쩌면 이렇게 반론을 제기하고 싶은 이들도 있을 것입니다. '어떻게 율법으로부터의 해방을 그리스도인의 특권으로 여길 수 있는가? 여기에서 율법은 하나님의 율법이고 유대인들이 가장 소중히 여기는 재산이 아닌가?' 그렇습니다. 로마서 9장 4절에서 사도 바울도 이스라엘 백성이 받은 특별한 은총의 하나로 율법을 언급하고 있습니다. 율법을 경멸하는 투로 얘기하거나 율법으로부터 해방되는 것을 그리스도인의 특권으로 묘사하는 것이 유대인들에게는 신성모독으로 들릴 것입니다. 바리새인들이 예수님에게 화를 냈던 이유도 예수님이 율법을 어기는 자라고 생각했기 때문입니다. 성전에서 유대인들이 바울을 죽이려고 달려든 이유 역시 바울이 "각처에서 우리 백성과 율법과 이곳을 비방하여 모든 사람을 가르"친다고 생각했기 때문입니다.

그러면 바울은 율법을 어떻게 바라보고 있을까요? 로마서 6장에서 바울은 두 번이나 "너희가 법 아래에 있지 아니하고 은혜 아래에 있"다(14, 15절)고 말합니다. 바울의 편지를 읽는 사람들에게 '너희가 율법 아래 있지 않다'는 말은 실로 충격이었을 것입니다. 바울은 대체 무슨 뜻으로 이런 말을 했을까요? 하나님의 거룩한 율법이 폐지되었다는 말입니까? 그리스도인들은 하나님의 율법을 무시해도 괜찮습니까, 아니면 율법이 여전히 그리스도인의 삶 속에서 중요한 자리를 차지하고 있습니까? 바울의 시대에는 이런 의문을 품은 사람이 아주 많았습니다. 그러나 여기에서 기억해야 할 점은 이런 의문이 비단 바울이 살던 시대에만 적용되는 것이 아니라는 점입니다. 예나 지금이나 모세가 받은 율법이 하나님의 율법이라는 사실은 변함없기 때문입니다. 그리고 우리가 사려 깊은 그리스도인이라면, 하나님의 율법이 오늘날 우리 그리스도인의 삶에서 어떤 자리를 차지하고 있는지 알아야 합니다.

게다가 근래에는 신도덕주의 논쟁을 둘러싸고 이 주제에 대한 관심이 다시금 높아지고 있습니다. 신도덕주의란 일종의 20세기판 반율법주의이고, 반율법주의자란 율법에 반대하는 사람이기 때문입니다. 결국 신도덕주의자는 20세기형 반율법주의자라 할 수 있습니다. 그들은 그리스도인의 삶에서 율법이 완전히 폐지되었다고 말합니다. 그리스도인은 율법과 아무 상관이 없고 율법은 그리스도인과 아무 관계가 없다고 말입니다. 이것이 신도덕주의자들이 주장하는 바입니다.

그러므로 우리는 로마서 7장에서 사도 바울이 제시한 다소 복잡한 주장이 우리가 처한 현 상황과 관련하여 어떤 의미가 있는지 확인해보겠습니다.

본론으로 들어가기 전에 율법을 대하는 세 가지 다른 입장에 대해 먼저 살펴보는 것이 7장을 이해하는 데 도움이 될 것 같습니다. 첫 번째는 율법주의자의 입장이고, 두 번째는 반율법주의자, 세 번째는 율법을 지키는 신자의 입장입니다.

우선 율법주의자들은 율법에 매여 있는 사람들입니다. 그들은 자신이 율법을 얼마나 잘 지키느냐에 따라 하나님과의 관계가 달라진다고 생각합니다. 율법을 지킴으로써 의롭게 되기를 바라는 까닭에 그들에게 율법은 엄격하고 융통성 없는 감독관과 같습니다. 바울의 표현대로라면 그들은 '법 아래' 있는 사람들입니다.

둘째, 자유사상가라 부르기도 하는 반율법주의자들은 극단적으로 정반대의 입장을 취합니다. 그들은 율법을 전적으로 거부할 뿐 아니라 도덕적이고 영적인 문제들이 대부분 율법 때문에 생겨났다고 비난합니다.

셋째, 율법을 지키는 신자들은 이 둘 사이에서 균형을 유지합니다. 저는 우리가 이 세 번째 부류에 속하기를 바랍니다. 로마서 8장 3절 "율법이 육신으로 말미암아 '연약하여' 할 수 없는 그것을 하나님은 하시나니"라는 구절에 나와 있듯이 율법은 우리를 의롭게 하지도 못하고 거룩하게 하지도 못합니다. 우리에게는 율법을 지킬 능력이 없기 때문입니다. 율법을 지키는 신자들은 율법에 이런 약점이 있다는 것을 알고 있습니다. 그럼에도 율법을 즐거워합니다. 하나님의 뜻을 보여주는 율법을 사랑하고, 자기 안에 거하시는 성령의 능력을 힘입어 율법을 지키려고 애씁니다.

세 가지 입장을 간단히 요약하면 이렇습니다. 율법주의자들은 율법을 두려워하고 율법의 노예가 되어 살아갑니다. 반율법주의자들은 율법을 싫어하고 율법을 거부합니다. 반면에 율법을 지키는 신자들은 율법을 사랑하고 율법을 지키려고 애씁니다.

사도 바울은 로마서 7장에서 이 세 부류를 직간접적으로 묘사하고 있습니다. 사람들이 율법을 대하는 태도를 세 가지로 나누어 설명하는 것은 아니지만, 잘 살펴보면 어슴푸레하게나마 세 부류의 특징을 확인할 수 있습니다. 7장에서 바울은 율법주의자와 반율법주의자의 논거를 뒤집고, 율법을 지키는 신자들의 갈등과 승리에 대해 이야기합니다.

7장 전체를 위에서 내려다보면 이런 그림이 나옵니다. 먼저 1-6절에서 바울은 율법이 더 이상 우리를 지배하지 못한다고 단언합니다. 그리스도가 십자가에 못 박히심으로써 우리는 율법의 압제로부터 해방되었습니다. 우리 그리스도인은 율법이나 율법 조문에 매이지 않습니다. 오로지 성령의 능력 안에서 예수 그리스도에게 매일 뿐입니다. 이것이 바울이 율법주의자들에게 던지는 메시지입니다.

그런 다음 7-13절에서 바울은 율법을 폐지하고 싶어 하는 사람들이 내뱉는 부당하기 짝이 없는 비판에 맞서 율법을 변호합니다. 그들은 우리가 죄를 짓고 사망에 이르게 된 것이 율법 탓이라고 말합니다. 우리 인간이 죄와 사망의 비참한 상태에 처하게 된 것이 모두 율법 때문이라고 말입니다. 그러나 바울은 우리가 하나님의 율법 때문에 죄를 짓고 사망에 이르게 된 것이 아니라고 말합니다. 그러면서 문제의 원인을 우리의 육신에서 찾습니다. 우리의 죄된 본성이 문제라는 것입니다. 바울에 따르면 율법 자체는 선한 것입니다(12, 13절). 문제는 선한 것이 거하지 않는 우리의 육신에 있습니다(18절). 여기에서 우리는 '선한' 것으로 언급된 대상에 주목해야 합니다. 율법은 선합니다. 선한 것이 전혀 없는 것은 우리의 육신입니다. 그러므로 우리는 율법을 탓할 수 없습니다. 하나님의 율법을 비난할 수 없습니다. 문제는 우리의 육신, 즉 죄된 본성에 있습니다. 이것이 바로 율법을 탓하면서 율법을 폐지하고 싶어 하는 반율법주의자들에게 바울이 전하는 메시지입니다.

그런 다음 7장 14절부터 8장 4절에 이르기까지 바울은 신자들이 겪는 내적 갈등과 승리의 비결에 대해 이야기합니다. 신자들은 마음과 육신 사이에서 갈등합니다. 7장 25절에서 바울은 '내 자신'이 두 주인을 섬긴다는 말로 이 갈등을 요약하고 있습니다. "내 자신이 마음으로는 하나님의 법을 육신으로는 죄의 법을 섬기노라." 그리스도인으로서 나는 하나님의 법을 사랑하고 마음으로 하나님의 법을 따르고 싶어 하고… 하나님의 법을 섬기기 원합니다. 그러나 그리스도인임에도 불구하고 나 혼자서는 무력하기 짝이 없는 죄의 포로이자 죄의 종일 수밖에 없습니다. 그래서 나는 율법을 지키지 못합니다. 왜 그럴까요? "육신을 따르지 않고 그 영을 따라 행하는 우리에게 율법의 요구(의, 義)가 이루어지게"(8:4) 하기 위해서입니다. 바꿔 말하면, 그리스도인임에도 우리가 혼자서는 할 수 없는 일을 성령이 우리로 하여금 할 수 있게 하신다는 말입니다. 이것이 바로 율법을 지키는 신자들에게 바울이 전하는 메시지입니다.

여기에서 우리는 사도 바울이 율법에 대해 각기 다른 태도를 취하는 세 부류에게 강조하고 있는 바가 무엇인지 이해해야 합니다. 율법에 얽매여 있는 율법주의자들에게 바울은 율법의 속박으로부터 우리를 해방시키기 위해 그리스도가 죽으셨다는 사실을 강조합니다. 그런가 하면 율법을 탓하는 반율법주의자들에게는 우리를 생명에 이르게 해야 할 율법이 원래 목적에서 실패하여 도리어 우리를 죄와 사망에 이르게 한 주요 원인은 우리의 육신에 있다고 강조합니다. 그리고 율법을 사랑하고 율법을 지키려고 애쓰는 신자들에게는 우리 안에서 율법이 요구하는 의를 이루고자 하나님이 우리 안에 거하게 하신 성령의 능력을 강조합니다.

이제 저는 7장 1절부터 8장 4절까지를 세 부분으로 나누고 다음과 같은 주제로 하나씩 살펴보려 합니다. 먼저 율법의 '엄격함'이라는 주제로 7장 1절부터 6절까지를 살펴볼 것입니다. 율법을 자신의 주인으로 여기고 율법으로부터 해방되었다는 사실을 깨닫지 못하는 율법주의자들이 두려워하는 것이 바로 율법의 엄격함이기 때문입니다. 이어서 율법의 '약점'이라는 주제로 7장 7절부터 13절까지를 살펴볼 것입니다. 반율법주의자들이 잘못 알고 있는 것이 바로 율법의 약점이기 때문입니다. 반율법주의자들은 율법 자체에 약점이 있다고 생각하지만, 사실 율법의 약점은 율법 자체에 있는 것이 아니라 육신, 즉 우리의 죄된 본성에 있습니다. 마지막으로 율법의 '의'라는 주제로 7장 14절부터 8장 4절까지를 살펴볼 것입니다. 성령의 인도를 받으며 율법을 지키는 신자들 안에 이뤄지는 것이 바로 율법의 의이기 때문입니다.

율법의 엄격함 1-6절

먼저, 율법의 엄격함에 대해 살펴보겠습니다. "형제들아, 내가 법 아는 자들에게 말하노니 너희는 그 법이 사람이 살 동안만 그를 주관하는 줄 알지 못하느냐"(1절). 여기에서 '주관하다'에 해당하는 헬라어 동사 '퀴리유오_kurieuo_'는 마가복음 10장 42절 "이방인의 집권자들이 그들을 임의로 주관하고"에도 똑같이 사용되었는데, '상대방을 지배하다' 또는 '상대방 위에 군림하다'라는 의미를 지니고 있습니다. 바울이 1절에서 말하려는 요지는 이 땅에서 사람들을 이롭게 하기 위해 법이 만들어졌다는 것입니다. 따라서 법은 사람이 살아 있는 동안에만 구속력을 갖습니다.

사도 바울은 이 일반 원칙을 설명하기 위해 '죽음이 두 사람을 갈라놓을 때까지' 두 사람 사이의 계약이 유효한 결혼을 예로 듭니다. 바울은 우리가 살아 있는 동안에만 법이 구속력을 갖는다는 원칙을 제대로 보여주는 아주 멋진 예가 결혼이라고 말합니다. 죽음이 두 사람을 갈라놓을 때까지 두 사람은 혼인 관계를 통해 서로에게 묶여 있습니다. 그러나 배우자가 죽으면 남겨진 사람은 다시 결혼해도 됩니다. "남편 있는 여인이 그 남편 생전에는 법으로 그에게 매인 바 되나 만일 그 남편이 죽으면 남편의 법에서 벗어나느니라. 그러므로 만일 그 남편 생전에 다른 남자에게 가면 음녀라. 그러나 만일 남편이 죽으면 그 법에서 자유롭게 되나니 다른 남자에게 갈지라도 음녀가 되지 아니하느니라"(2-3절).

바울은 두 가지 예를 들고 있습니다. 둘 다 결혼한 여자입니다. 처음에 거론된 여자는 남편을 두고 다른 남자와 사는 바람에 "간통이라는 오명을 씁니다"(J. B. 필립스). 그런데 그다음에 언급된 여자는 다른 남자와 결혼하고도 음녀라는 오명을 쓰지 않습니다. 무엇이 다른 것일까요? 왜 어떤 사람은 재혼한 것 때문에 음녀가 되고 어떤 사람은 재혼하고도 음녀가 되지 않습니까? 답은 간단합니다. 배우자의 죽음으로 첫 번째 결혼이 끝났을 때에만 두 번째 결혼이 정당하기 때문입니다. 죽음이 예전 혼인 관계를 지배하던 법으로부터 그 여자를 해방시키고 다시 결혼할 수 있게 해준 것입니다.

법이 살아 있는 사람에게만 구속력을 갖는다는 원칙을 결혼이라는 예를 들어 알기 쉽게 설명한 뒤 바울은 4-6절에서 이 원칙을 그리스도인에게 적용시킵니다. 죽음으로 혼인 관계가 종료되듯이 우리가 죄에 매여 있던 관계도 죽음으로 끝났다는 것입니다. "그러므로 내 형제들아, 너희도 그리스도의 몸으로 말미암아 율법에 대하여 죽임을 당하였으니 이는 다른 이 곧 죽은 자 가운데서 살아나신 이(예수 그리스도)에게 가서 우리가 하나님을 위하여 열매를 맺게 하려 함이라"(4절). 물론 십자가에서 죽임을 당한 것은 그리스도의 몸입니다. 그리고 앞에서 살펴보았듯이 믿음으로 예수 그리스도와 연합함으로써 우리는 그리스도의 죽으심에 함께하게 되었습니다. 그리고 이렇게 죽임을 당함으로써 우리는 법이 통치하던 세상에서 완전히 벗어나게 되었습니다. 우리는 법이 우리 죄에 부과한 끔찍한 형벌을 그리스도를 통해 감당했습니다. 이렇게 그리스도의 죽음으로 법의 요구가 충족된 까닭에 우리는 이제 법 아래 있지 않고 은혜 아래 있습니다.

남편과 아내의 관계에서 한 사람이 죽으면 나머지 한 사람은 다시 결혼할 수 있게 됩니다. 그리스도인의 삶에서도 마찬가지입니다. 그리스도 안에서 우리가 죽음으로써 우리는 다시 결혼할 수 있게 되었습니다. 우리는 율법과 결혼하여 율법에 매여 있었습니다. 그런데 그리스도의 몸으로 말미암아 죽임을 당함으로써 이제 다른 이와 결혼할 수 있게 되었습니다. 이제 우리는 그리스도와 결혼했고 그리스도와 하나가 되었습니다.

사도 바울은 7장 1-4절을 통해 우리가 그리스도인이 될 때 율법과 맺고 있던 관계는 물론이고 충성의 대상까지 완전히 바뀐다는 사실을 분명히 밝히고 있습니다. 6장 끝부분에서 두 부류의 종을 대비시켰던 바울은 7장 첫 부분에서 두 번의 결혼에 대해 이야기합니다. 첫 번째 결혼은 죽음으로 끝이 났고, 그 결과 두 번째 결혼이 허용되었습니다. 말하자면 우리는 율법과 결혼했었습니다. 혼인 관계가 지속되는 한 율법을 지켜야 하는 의무도 지속됩니다. 그러나 죽음으로 율법과의 혼인 관계가 끝남으로써 이제 우리는 그리스도와 결혼할 수 있게 되었습니다. 우리가 예수 그리스도와 결혼했다는 말은 그리스도와의 연합이 주는 친밀감을 아주 잘 표현한 말입니다.

이제 5-6절로 넘어갑시다. 첫 번째 결혼과 두 번째 결혼, 그리고 결혼의 결과를 대비시켜 설명한 뒤 바울은 이제 두 번의 결혼에서 율법이 어떤 위치를 차지하는지 대비시켜 보여줍니다. 이 부분을 주의 깊게 살펴볼 필요가 있습니다. "우리가 육신에 있을 때", 즉 옛 삶을 살 때에는 율법이 죄의 정욕이 생기게 하는 수단이 되었습니다. "율법으로 말미암는 죄의 정욕이" 우리로 하여금 사망에 이르게 했습니다. 그러나 "이제는 우리가 얽매였던 것에 대하여 죽었으므로 율법에서 벗어났"습니다(6절). 그렇습니다. 우리는 율법에서 벗어났습니다. 그렇다면 그다음에는 어떻게 될까요? 여기에서 우리가 특별히 주의를 기울여야 할 부분은 율법으로부터 해방되었다고 해서 우리 멋대로 해도 좋다는 뜻은 아니라는 점입니다. 결코 그렇지 않습니다. 율법으로부터의 해방은 방종이 아니라 다른 종류의 구속을 의미합니다. '율법에서 벗어났으니' 이러므로 우리가 무엇을 할 수 있게 되었습니까? 마음껏 죄를 지을 수 있게 된 것이 아니라 '섬길' 수 있게 되었습니다. 새롭게 하나님의 종이 된 그리스도인들은 '율법 조문의 묵은 것'으로가 아니라 '영의 새로운 것으로' 하나님을 섬기게 됩니다.

고린도후서 3장과 갈라디아서 내용을 알고 있다면, 여러분은 바울이 지금 옛 언약과 새 언약의 차이를 비유적으로 설명하고 있다는 것을 알아챘을 것입니다. 옛 언약은 '율법 조문', 즉 돌판에 쓴 율법 조항이었습니다. 그러나 새 언약인 복음은 '영', 즉 눈에 보이는 돌판이 아니라 우리 마음판에 율법을 쓰시는 성령입니다. 그렇게 우리는 하나님의 종이 되었습니다. 새로운 구속이 시작된 것입니다.

논의를 마무리하기 전에 "율법이 여전히 그리스도인을 구속하고 있는가?"라는 질문으로 돌아가 생각해보겠습니다. 여러분이 이 질문에 어떻게 대답할지 정말 궁금합니다. 답을 말하자면, 그렇기도 하고 그렇지 않기도 합니다. 하나님께 용납을 받느냐 못 받느냐를 결정하는 의미에서 묻는 거라면, 율법은 그리스도인을 얽어매지 못합니다. 하나님께 용납을 받는 것은 우리가 율법을 얼마나 잘 지키느냐에 달린 것이 아닙니다. 그리스도가 죽음을 통해 율법의 요구를 만족시켰기 때문에 하나님이 우리를 받아주신 것입니다. 우리는 율법으로부터 해방되었습니다. 율법은 이제 우리의 주인이 아니므로 더 이상 우리에게 어떠한 요구도 할 수 없습니다.

그런데 율법이 여전히 그리스도인을 구속하고 있는 것도 사실이란 말입니까? 그렇습니다. 우리에게 주어진 새 삶이 섬기는 삶이라는 점에서 보면 그렇습니다. 우리는 여전히 섬기는 존재입니다. 율법으로부터 해방되었지만 우리는 여전히 종입니다. 그런데 섬김의 동기와 방법이 바뀌었습니다. 우리가 섬기는 이유는 무엇일까요? 이 점에 대해 이야기해보겠습니다. 섬김의 의미에서 우리가 율법에 매여 있는 이유는 무엇일까요? 율법이 우리의 주인이고 우리가 율법을 '지켜야 하기' 때문이 아니라 그리스도가 우리의 남편이고 우리가 율법을 지키고 싶어 하기 때문입니다. 율법을 지킴으로써 구원을 얻을 수 있기 때문이 아니라 구원을 받고 나면 율법을 지키고 싶어지기 때문입니다.

율법은 말합니다. "이것을 행하라, 그러면 네가 살 것이다." 복음은 말합니다. "너는 살아 있다. 그러니 이것을 행하라." 율법을 지키는 동기 자체가 바뀐 것입니다.

그러면 우리는 어떻게 섬겨야 할까요? "우리가 영의 새로운 것으로 섬길 것이요 율법 조문의 묵은 것으로 아니할지니라." 외형적으로 드러난 율법 조문을 지킴으로써가 아니라 우리 안에 거하시는 성령께 우리 자신을 내어줌으로써 섬깁니다. 요약하자면 우리는 여전히 종입니다. 그리스도인의 삶은 또 다른 의미에서 여전히 속박된 삶입니다. 그러나 우리가 섬기는 주인은 율법이 아니라 그리스도입니다. 그리고 우리는 율법 조문을 통해서가 아니라 성령을 통해서 그리스도를 섬깁니다. 그리스도인의 삶은 우리 안에 거하시는 성령의 능력으로, 죽은 자 가운데서 살아나신 그리스도를 섬기는 것입니다.

율법의 약점 7-13절

이제 율법의 약점에 대해 살펴볼 차례입니다. 5절에서 바울은 우리가 죄와 죽음의 비참한 상태에 처하게 된 것이 마치 율법 때문인 것처럼 말합니다. "우리가 육신에 있을 때에는 율법으로 말미암는 죄의 정욕이 우리 지체 중에 역사하여 우리로 사망을 위하여 열매를 맺게 하였더니." 마치 율법 때문에 우리가 죄를 짓고 죽음에 이르게 되었다는 말 같습니다. 이렇듯 자기 입으로 율법을 탓하는 것 같던 바울이 여기에서는 다시 율법을 비판하는 사람들에게 맞서 율법을 변호합니다. 7절에서 바울이 던진 질문에 주목하십시오. "그런즉 우리가 무슨 말을 하리요. 율법이 죄냐?" 바울은 "우리가 죄를 짓는 게 율법 탓인가?"라고 묻고 있습니다. 그리고 13절에서는 이렇게 묻습니다. "선한 것이 내게 사망이 되었느냐?" 여기서 선한 것은 율법을 의미합니다. 그러므로 바울은 이렇게 묻고 있는 것입니다. "내가 죄를 짓고 사망에 이르게 된 것이 하나님의 율법 탓인가?"

그러면 이제 바울이 던진 두 가지 질문과 바울의 대답에 대해 살펴보겠습니다. 첫째, 율법이 죄입니까? 죄가 율법 탓일까요? 바울은 단호하게 대답합니다. "그럴 수 없느니라." 그리고 이어서 율법과 죄가 어떤 관계인지 설명해나갑니다. 바울은 율법은 죄를 만들어내지 않는다고 말합니다. 여러분이 죄인이라면 그것은 율법의 잘못이 아닙니다. 죄와 율법의 관계는 세 가지로 요약됩니다.

(1) 율법은 죄를 드러냅니다. "율법으로 말미암지 않고는 내가 죄를 알지 못하였으니 곧 율법이 탐내지 말라 하지 아니하였더라면 내가 탐심을 알지 못하였으리라"(7절). 이렇듯 율법은 죄를 드러냅니다.

(2) 율법은 죄를 도발합니다. 5절에서 이미 말한 것처럼 율법은 죄를 드러내기만 하는 것이 아니라 실제로 죄를 자극합니다. 8절에 나오는 '기회를 타다'라는 표현은 본래 군대에서 공격 작전을 개시할 발판을 마련할 때 쓰는 군사 용어입니다. 이렇듯 죄는 계명을 가지고 틈을 타서, 즉 우리 안에서 발판을 마련해서 우리를 도발합니다. 율법이 실제로 이런 일을 합니다. 우리가 죄를 짓도록 율법이 우리를 도발하는 것입니다.

율법이 죄를 도발하는 것은 일상에서 흔히 있는 일입니다. 며칠 전 케직사경회에 오는 길에 M1이나 M6 도로를 따라 차를 몰고 왔다면, 여러분은 '여기서부터 서행하시오'라는 교통 표지판을 보았을 것입니다. 그 표지판을 보고 여러분은 즉각 어떤 생각이 들었습니까? 제가 틀리지 않다면 아마도 여러분 대부분은 "내가 왜 그래야 돼?"라는 생각을 했을 것입니다. 이것이 율법이 우리를 도발할 때 나오는 반응입니다. 또 다른 예를 들어보겠습니다. '사유지이니 들어오지 마시오'라는 출입금지 팻말을 볼 때 우리는 순간적으로 하지 말라는 행동이 하고 싶어집니다. 법령과 금지 규정이 우리로 하여금 정반대의 행위를 하도록 도발하기 때문입니다. 사도 바울은 바로 그 점을 간파했습니다. "죄가 기회를 타서 계명으로 말미암아 내 속에서 온갖 탐심을 이루었나니"(8절).

이렇게 율법은 죄를 드러내고 죄를 도발합니다.

(3) 나아가 율법은 죄를 정죄합니다. "율법이 없으면 죄가 죽은 것임이라. 전에 율법을 깨닫지 못했을 때에는 내가 살았더니 계명이 이르매 죄는 살아나고 나는 죽었도다"(8-9절). 이는 곧 우리가 율법의 심판을 받게 되었다는 말입니다. "생명에 이르게 할 그 계명이 내게 대하여 도리어 사망에 이르게 하는 것이 되었도다. 죄가 기회를 타서 계명으로 말미암아 나를 속이고 그것으로 나를 죽였는지라"(10-11절).

여기에서 사도 바울은 자신의 초기 경험을 끌어와 설명합니다. 어린 시절, 율법의 요구가 무엇인지 모르고 '율법이 없던' 그때에 바울은 영적으로 살아 있었습니다. 그런데 열세 살 성년이 되자 율법을 지켜야 할 의무가 생겼고, 9절에 나온 대로 '계명이 이르매' 유대인 소년 바울에게는 '계명의 아들'이라는 이름이 붙었습니다. 그리하여 계명의 아들이 되고 율법 준수의 의무를 짊어지게 되자 죄는 살아나고 바울은 율법의 심판을 받아 죽었습니다. "이것을 행하면 네가 살리라"라고 생명을 약속했던 바로 그 율법이 바울에게 영적인 죽음을 가져왔습니다.

율법은 이처럼 엄청난 결과를 불러옵니다. 율법은 죄를 드러내고, 죄를 도발하고, 죄를 정죄합니다. 그러나 율법 자체가 나쁜 것은 아닙니다. 율법 자체가 사람으로 하여금 죄를 짓게 하는 것은 아닙니다. 사람들로 하여금 죄를 짓게 하는 것은 우리의 죄된 본성입니다. 죄된 본성이 사람들로 하여금 죄를 짓게 하고 파멸의 길을 걷게 합니다. 그러나 "율법은 거룩하고 계명도 거룩하고 의로우며 선"합니다(12절). 그러므로 "율법이 죄냐?"라는 질문에 바울은 "그럴 수 없느니라"라고 대답합니다. 우리가 죄를 짓는 것은 율법 때문이 아니라 우리의 죄된 본성 때문입니다.

이제 두 번째 질문으로 넘어가겠습니다. 율법이 사망을 불러왔습니까? "선한 것(율법의 선한 계명)이 내게 사망이 되었느냐?"(13절) 이 말을 바꿔 말하면, "그 선한 것이 나에게 죽음을 안겨주었다는 말인가?"라는 뜻입니다. 율법이 한 손으로는 생명을 주고 다른 한 손으로는 죽음을 안겨주었는가? 내가 죽은 것이 율법의 잘못인가? 사도 바울은 이 질문에 대해서도 "그럴 수 없느니라"라고 대답합니다. 율법의 심판 아래 내게 죽음이 찾아온 것은 율법의 잘못이 아니라 나의 죄 때문입니다. "오직 죄가 죄로 드러나기 위하여 선한 그것으로 말미암아 나를 죽게 만들었으니"(13절).

이제 이 점에 대해 알아보도록 하겠습니다. 한 남자가 법을 위반하여 어떤 범죄를 저지르다가 현행범으로 붙잡혔습니다. 그다음에는 무슨 일이 벌어질까요? 그는 체포되어 재판에 회부되었고 유죄가 입증되어 금고형을 선고받았습니다. 감방에 갇혀 지내다 보니 그는 자신을 감옥에 가둔 법을 비난하고 싶어집니다. 법이 그에게 유죄 판결을 내리고 형을 선고한 것은 분명한 사실입니다. 그러나 범죄를 저지른 일을 두고 생각해보면 그는 누구도 탓할 수 없습니다. 그가 지금 감옥에 갇혀 있는 이유는 바로 자신이 죄를 저질렀기 때문입니다. 물론 법이 그에게 유죄를 선고한 것은 맞지만, 그렇다고 법을 탓할 수는 없습니다. 그가 탓할 사람은 자기 자신뿐입니다. 그래서 바울은 율법에게는 아무 잘못이 없다고 밝힙니다. 율법은 죄를 드러내고, 죄를 도발하고, 죄를 정죄합니다. 그러나 우리가 저지른 죄나 우리에게 이른 죽음에 대하여 율법에 책임을 물을 수는 없습니다.

F. F. 브루스F. F. Bruce 교수는 "원흉은 죄다"라고 말합니다. 문제를 일으킨 장본인은 우리 안에 있는 죄이지 율법이 아닙니다. 그러므로 율법이 문제라고 말하는 반율법주의자들의 말은 완전히 틀렸습니다. 우리의 진짜 문제는 율법이 아니라 죄입니다. 이로서 우리는 율법이 우리를 구원하지 못하는 이유가 내재하는 죄, 즉 우리의 육신 또는 타락한 본성 때문임을 알게 되었습니다. 율법이 우리를 구원하지 못하는 이유는 우리가 율법을 지키지 못하기 때문입니다. 그리고 우리가 율법을 지키지 못하는 이유는 내재하는 죄, 다시 말하면 우리의 육신 때문입니다. 이것이 바로 율법의 약점입니다.

율법의 의 7:14-8:4

이제 마지막 세 번째로 7장 14절부터 8장 4절에 나타난 율법의 의에 대해 살펴보겠습니다. 앞에서 우리는 그리스도의 죽음으로 말미암아 우리가 율법의 엄격한 요구로부터 해방되었고, 그래서 이제 더 이상 법 아래 있지 않다는 사실을 살펴보았습니다. 또한 율법의 약점이 율법 자체에 있는 것이 아니라 우리 육신에 있다는 사실도 확인했습니다. 다음 주제는 율법의 '의'입니다. 이제부터 그리스도인이 어떻게 마음으로 율법을 기뻐하고 내주하시는 성령의 능력으로 율법을 온전히 지키는지 살펴볼 것이기 때문입니다.

그런데 말씀을 자세히 살펴보기 전에 주목해야 할 중요한 질문이 하나 있습니다. 먼저 14절로 시작되는 단락을 보면 두 가지 변화가 눈에 띌 것입니다. 첫 번째는 동사의 시제 변화입니다. 7절부터 13절까지는 동사들이 대부분 과거시제로 쓰였습니다. 대부분 부정과거 시제로 쓰여서 바울의 예전 경험을 가리키는 것처럼 보입니다. "내가 살았더니 … 죄는 살아나고 나는 죽었도다"(9절). "죄가 … 나를 죽였는지라"(11절). "선한 것이 내게 사망이 되었느냐. 그럴 수 없느니라. 오직 죄가 … 나를 죽게 만들었으니"(13절). 모두 과거시제로 쓰였습니다.

그런데 이어지는 14절에서는 동사가 현재시제로 나오고 바울의 현재 경험을 가리키는 것처럼 보입니다. "나는 육신에 속하여"(14절). "내가 원하는 것은 행하지 아니하고 도리어 미워하는 것을 행함이라"(15절). 모두 현재시제입니다. 이렇듯 14절부터는 시제가 부정과거에서 현재로 바뀝니다.

앞 구절과 달라진 것은 시제만이 아닙니다. 상황도 변했습니다. 앞에 나오는 구절에서 바울은 계명을 이용해 죄가 어떻게 살아났고 어떻게 자신을 죽였는지 설명했습니다. 그러나 14절로 시작되는 단락에서는 자신이 죄와 계속 격렬하게 갈등을 빚고 있다고 묘사합니다. 그 싸움은 지금도 활발하게 진행 중입니다.

이런 두 가지 변화를 통해 우리는 7-13절에서 묘사하는 바가 바울이 그리스도인이 되기 전의 삶이고, 14절 이후에 나오는 내용은 그리스도인으로서의 삶이라는 것을 짐작할 수 있습니다. 그런데 그리스 교부들을 필두로 일부 주석자들은 이런 견해를 받아들이지 않습니다. 그들은 바울과 같이 성숙한 신자는 말할 것도 없고 어떻게 신자가 그렇게 죄와 격렬한 갈등을 겪고 실제로 그 싸움에서 지고 있는 자신의 경험을 이야기할 수 있느냐고 되묻습니다. 그들은 그런 모습을 상상하지 못합니다. 그래서 뒤에 나오는 내용 역시 그리스도인이 되기 전에 바울이 겪었던 갈등을 묘사하는 것이라고 주장합니다. 그러나 개혁주의자들은 뒤에 나오는 내용이 그리스도인으로서의 바울의 자화상이 분명하다고 확신합니다. 그러므로 이제 나는 여러분에게 뒷부분에 나오는 바울의 자화상의 두 가지 특성에 대해 이야기하려 합니다.

첫 번째는 바울이 자기 자신을 바라보는 견해이고, 두 번째는 율법을 바라보는 견해입니다. 바울은 자기 자신을 어떻게 생각하고 있습니까? 바울은 이렇게 고백합니다. "내 속 곧 내 육신에 선한 것이 거하지 아니하는 줄을 아노니"(18절). "오호라, 나는 곤고한 사람이로다"(24절). 그리하여 바울은 구원을 부르짖습니다. 성숙한 그리스도인 외에 누가 자기 자신에 대해 이런 생각을 하고 이런 말을 하겠습니까? 불신자들은 자기 의로 가득 차 있습니다. 그들은 자신이 '비참한 존재'이며 '곤고한 사람'인 것을 알지 못합니다. 성숙하지 못한 신자들 역시 자신감이 넘칩니다. 그래서 그들은 "이 사망의 몸에서 누가 나를 건져내랴"라고 한탄하지 않습니다.

자기를 혐오하고 자신에게 절망하는 위치에 도달하는 사람은 성숙한 그리스도인뿐입니다. 자기 육신에 "선한 것이 거하지 아니하는"줄을 분명히 아는 사람은 성숙한 신자들뿐입니다. 자신의 곤고함을 알고 구원을 호소하는 이도 성숙한 신자들뿐입니다. 이것이 바울이 생각하는 자신의 모습입니다.

그러면 율법에 대해서는 어떤 생각을 품고 있을까요? 바울은 하나님의 율법을 '선한 것'이라고 부릅니다. "내가 이로써 율법이 선한 것을 시인하노니"(16절). 19절에서도 바울은 율법이 선하다고 말합니다. "내가 원하는 바 선은 행하지 아니하고." 이것이 율법입니다. 바울은 율법이 선하다는 사실을 인정하고 선을 행하기를 간절히 바랍니다. 그리고 22절에서 다시 바울은 "내 속사람으로는 하나님의 법을 즐거워하되"라고 말합니다. 이런 말들이 불신자가 하는 말이 아니라는 것은 너무나 분명한 사실입니다. 율법을 대하는 불신자의 태도는 8장 7절에 잘 나와 있습니다. 육신, 즉 구원받지 못한 인간의 본성은 하나님의 법에 적대감을 품습니다. 육신에 속한 생각은 하나님의 법에 굴복하지 않을 뿐 아니라 굴복할 수도 없습니다. 그런데 여기에서 바울은 자신이 하나님의 법에 적대감을 품기는커녕 하나님의 법을 정말로 사랑한다고 말합니다. 이것은 결코 불신자가 할 수 있는 말이 아닙니다. 여기에서 바울이 적대감을 품는 대상은 율법이 아니라 '악한 것'입니다. 바울은 자신이 악을 싫어하고, 선을 사랑하고 즐거워한다고 말합니다.

바울이 자기 자신과 율법을 바라보는 시각을 통해 우리는 7장 뒷부분에 나오는 '나'가 성숙한 그리스도인이라는 사실을 추론할 수 있습니다. 그는 죄된 육신과 하나님의 거룩한 율법에 대해 분명하고 올바른 시각을 지니고 있는 신자입니다. 그는 자신의 육신에 선한 것이 거하지 않는 줄도 알고, 하나님의 율법이 선하다는 것도 압니다. 이런 시각은 "율법은 신령한 줄 알거니와 나는 육신에 속하여" 있다는 14절 말씀에 잘 요약되어 있습니다.

"율법은 신령하다"라는 구절에 주목하기를 바랍니다. 우리는 율법과 성령이 서로 대립한다고 생각해서는 안 됩니다. 성령이 우리 마음판에 율법을 쓰시는데, 어찌 율법과 성령이 서로 모순될 수 있겠습니까. 바울이 내주하시는 성령과 대비시키는 것은 율법 자체가 아니라 율법 조문, 즉 외형적인 법 조항으로 간주되는 율법입니다. 하나님의 율법이 신령한 줄 알고 자신이 육신에 속하여 있다는 것을 아는 사람은 모두 상당히 성숙한 그리스도인입니다.

이즈음에서 여러분은 이렇게 물을 것입니다. "그런데 왜 바울은 자신의 경험을 갈등 차원에서만 말하지 않고 싸움에서 패한다고까지 이야기하는가? 왜 선을 행하고 싶다고 말하는 데서 그치지 않고 선을 행하지 않는다고, 심지어 선을 행할 수 없다고까지 이야기하는가?" 간단히 대답하면 이렇습니다. 앞에 나오는 7-13절에서 바울은 그리스도인이 되기 전에 자신이 율법을 지킬 수 없었다고 말합니다. 그리고 14절부터 시작되는 이 단락에서 바울은 그리스도인이 되고서도 혼자서는 여전히 율법을 지킬 수 없다고 말합니다. 바울은 불신자였을 때와 달리 율법이 선하다는 사실을 인정합니다. 그리고 역시 불신자였을 때와 달리 율법을 즐거워하고 진심으로 율법을 지키고 싶어 합니다. 그러나 육신, 즉 회심하기 전에 그를 죄와 죽음으로 이끈 원흉인 타락한 본성이 회심한 후에도 여전히 발목을 잡고 있습니다. 그래서 성령의 능력으로 타락한 본성을 굴복시키지 않는 한 실패할 수밖에 없습니다. 바울이 8장에서 성령 안에서의 삶을 이야기하는 것도 그 때문입니다. 거듭난 뒤에도 우리 육신이 무력하고 악하다는 사실을 정직하고 겸손하게 인정하는 것이야말로 거룩한 삶으로 나아가는 첫걸음입니다.

우리 중에는 자기 자신을 지나치게 과대평가하는 바람에 거룩한 삶으로 나아가지 못하는 이들이 더러 있습니다. 그들은 자신의 비참한 상태를 보고 깊이 절망하는 자리에 나아가지 않습니다. "오호라, 나는 곤고한 사람이로다. 이 사망의 몸에서 누가 나를 건져내랴"라고 소리치지 않습니다. 바꿔 말하면, 자기 자신에게 절망함으로써만 우리는 성령의 능력을 의지할 수 있습니다. 자기 자신에게 절망하지 않고는 성령을 믿고 의지하는 단계로 나아가지 못합니다. 바울은 지금 자신에게 절망하고 있습니다.

그래서 7절부터 13절까지 이어지는 첫 번째 단락과 14절 이후에 나오는 두 번째 단락은 우리가 신자든 불신자든, 우리가 거듭났든 거듭나지 않았든 내재하는 죄가 문제의 원흉이며, 율법이 연약하여 우리를 돕지 못하는 것도 내재하는 죄, 즉 우리의 육신 때문이라는 점을 강조합니다.

그럼 이제 본격적으로 14절부터 20절까지의 말씀을 살펴보도록 하겠습니다. 바울은 이 단락에서 정확히 똑같은 말을 두 번 반복합니다. 물론 그 이유는 강조하기 위해서입니다. 앞부분은 14절부터 17절까지이고, 뒷부분은 18절부터 20절까지입니다. 두 부분이 병렬 구조를 이루고 있으므로 이 단락을 잘 이해하려면 둘을 함께 살펴보아야 합니다.

(1) 각 부분은 우리의 상태를 솔직히 인정하는 것으로 시작됩니다. 우리가 어떤 존재이고 우리가 무엇을 알고 있는지 솔직히 인정합니다. "우리가 율법은 신령한 줄 알거니와 나는 육신에 속하여"(14절). 이것이 우리가 아는 우리 모습입니다. 우리는 여전히 육신에 속해 있고 "죄 아래에 팔렸"습니다. 우리는 '죄에 팔린 노예'입니다. 이것이

그리스도인임에도 불구하고 정직한 우리의 모습입니다. 육욕이 우리 속에서 우리를 괴롭히는데, 우리에게는 육욕과 싸워 이길 힘이 없습니다. 우리는 육욕의 노예입니다. 마지못해 끌려 다니며 안간힘으로 저항하는 노예입니다. 이것이 우리가 아는 우리의 속 모습입니다.

이제 18절로 넘어가보겠습니다. 역시 "~줄을 아노니"라는 구절로 앞부분과 병렬 구조를 이루고 있습니다. "우리가 … 알거니와 나는 육신에 속하여"(14절). "내 속 곧 내 육신에 선한 것이 거하지 아니하는 줄을 아노니"(18절). 여러분은 자기 자신이 이런 존재임을 알고 있습니까? 혹시 여러분이 거룩한 삶으로 나아가지 못하는 이유가 자기 자신이 이런 존재라는 사실을 모르고 있기 때문은 아닙니까? 여러분이 이런 존재라는 사실을 성령이 여러분에게 보여주었습니까? 나는 여전히 육신에 속해 있고 내 안에는 선한 것이 거하지 않는다고, 이것이 내가 아는 나라고 여러분은 말할 수 있습니까? 그리스도인임에도 불구하고 나를 혼자 내버려두면 육욕에 사로잡혀 육신의 노예가 되고 만다고 정직하게 고백할 수 있습니까? 이처럼 이 단락은 앞부분과 뒷부분이 우리의 상태를 솔직히 인정하는 동일한 고백으로 시작됩니다.

(2) 그다음에는 그로 인해 벌어진 갈등을 생생히 묘사하는 문장이 이어집니다. "내가 행하는 것을 내가 알지 못하노니"(15절). 이 말은 곧 내 뜻에 반하는 일, 그리스도인으로서 내가 동의하지 않는 일을 내가 한다는 말입니다. 그래서 바울은 이어서 이렇게 말합니다. "내가 원하는 것은 행하지 아니하고 도리어 미워하는 것을 행함이라." 그리스도인으로서 우리는 그런 일을 하고 싶지 않습니다. 그런데 우리는 정작 우리가 몹시 싫어하는 일을 합니다. 그리하여 죄에 빠집니

다. 뒷부분에도 같은 내용이 나옵니다. "원함은 내게 있으나 선을 행하는 것은 없노라"(18절). 우리에게는 옳은 일을 하려는 의지가 있습니다. 그런데 그 의지를 실행하지는 못합니다. 그리하여 우리는 "원하는 바 선은 행하지 아니하고 도리어 원하지 아니하는 바 악을 행"합니다(19절).

저는 이것이 그리스도인이 된 신자가 겪는 갈등이라는 점을 여러분에게 다시 한 번 강조하고 싶습니다. 이것은 하나님의 뜻을 알고, 하나님의 뜻을 사랑하고, 하나님의 뜻대로 살기를 간절히 원하는 사람이 겪는 갈등입니다. 그러나 성령을 따라 행하지 않는 한 그는 하나님의 뜻을 행할 수 없습니다. 그는 자신의 육신 때문에 자기가 원하는 일을 할 수 없다는 사실을 깨닫습니다. 그의 온 마음과 생각과 의지는 하나님의 뜻과 하나님의 율법을 따르고 싶어 합니다. 그는 선을 행하기 간절히 원하고, 거룩한 증오를 품고 악한 것을 미워합니다. 그러므로 그가 죄를 짓는다면, 그것은 그의 마음과 생각과 의지에 어긋나는 일입니다. 삶의 모든 대의를 거스르는 일입니다. 이런 갈등이 그리스도인 안에서 벌어집니다.

이렇게 앞부분과 뒷부분은 공통적으로 내가 어떤 존재인지를 솔직히 인정하는 고백으로 시작되어 그로 말미암은 갈등 묘사로 이어집니다. 그리고 (3) 각 부분은 한 가지 결론으로 끝을 맺습니다. 여기에서 바울은 성령의 도움을 받지 않으면 그리스도인이 선을 행할 수 없는 이유를 설명하면서 앞부분과 뒷부분 다 같은 표현을 사용하고 있습니다. "만일 내가 원하지 아니하는 그것을 행하면"(16, 20절). 한마디로 요약하면, 지금 내 상황은 '원하지만 할 수 없는' 상태입니다. 그런데 율법이 선하다는 사실에 내가 동의했으므로 만일 내가 못된 짓을 하면 그것은 절대로 율법의 잘못이 아닙니다. 또한 내가 자발적으로 하는 것이 아니라 내 의지와 반대로 일어나는 일이므로 그 일을 하는 주체는 내가 아닙니다. "그것을 행하는 자가 내가 아니요 내 속에 거하는 죄니라"(17절). 20절에도 정확히 같은 표현이 나옵니다. "만일 내가 원하지 아니하는 그것을 하면 이를 행하는 자는 내가 아니요 내 속에 거하는 죄니라."

14절부터 17절까지, 18절부터 20절까지 병렬 구조로 되어 있는 본문 내용을 간략히 정리하면 다음과 같습니다. 도입부에는 우리의 상태에 대한 정직한 고백이 나옵니다. 나는 육신에 속해 있고 내 육신에는 선한 것이 거하지 않습니다. 그래서 나를 혼자 내버려두면 나는 육욕에 사로잡히고 맙니다. 나는 내가 이런 존재라는 것을 알고 있습니다. 그다음에는 그로 말미암는 갈등이 묘사됩니다. 내가 원하는 것은 행하지 못하고 도리어 미워하는 것을 행합니다. 마지막으로 바울은 이런 결론을 내립니다. 내 행동이 그리스도인으로서의 내 의지와 반대된다면, 그 이유는 내 속에 거하는 죄 때문입니다.

이처럼 바울은 선한 것이 거하지 않는 육신의 악함을 드러냄으로써 성령만이 우리를 이 사망의 몸에서 건져낼 수 있다는 사실을 밝힙니다.

그리하여 21-25절에서 사도 바울은 논의를 한 단계 발전시킵니다. 지금껏 자신의 상태와 현재 겪는 갈등을 있는 그대로 서술했던 바울은 이제 어찌 보면 철학적이기도 한 일반 법칙의 관점에서 자신의 상태와 갈등을 분석합니다. 이 법칙은 21절에 처음 등장합니다. "내가 한 법을 깨달았노니." 바꿔 말하면, 나의 경험으로부터 철학적 결론을 이끌어냈다는 말입니다. 그가 내린 결론은 다음과 같습니다. "선을 행하기 원하는 나에게 악이 함께 있는 것이로다."

이 일반 법칙은 두 가지 법칙으로 나뉘는데, 23절에 나온 것처럼 두 법칙이 서로 대립합니다. 하나는 내 마음의 법이고, 다른 하나는 죄의 법입니다. 내 마음의 법은 내 속사람으로 하나님의 법을 즐거워하는 것입니다. 그러나 내 지체 속에서 다른 법이 내 마음의 법과 싸워 내 지체 속에 있는 죄의 법으로 나를 사로잡습니다. 여기에서 내 마음의 법은 하나님의 법을 정말로 사랑하는 내 속사람과 내 마음과 의지 안에 있는 세력입니다. 반면에 죄의 법은 내 지체와 내 육신 안에 있는 세력으로서 이 법은 하나님의 법을 싫어합니다. 그래서 두 법이 갈등을 일으킵니다. 이것이 바로 그리스도인들의 경험 철학입니다. 나는 원하는 선은 행하지 않고 도리어 원하지 않는 악을 행합니다. 이런 경험 철학 뒤에는 갈등을 일으키는 두 법, 즉 내 마음의 법과 죄의 법, 더 간단히 말하면 내 마음의 법과 내 육신의 법이 있습니다. 내 마음은 내가 행하고 싶어 하는 것이고, 내 육신은 옛 본성입니다.

실제로 모든 그리스도인이 끊임없이 격렬하게 이런 갈등을 겪습니다. 그의 마음은 하나님의 법을 진심으로 기뻐하고 하나님의 법에 따라 살기 원하지만, 그의 육신은 하나님의 법에 적대감을 품고 하나님의 법에 굴복하지 않습니다.

그리고 이런 갈등을 겪으면서 우리는 얼핏 보면 모순되는 것처럼 보이는 소리를 반복적으로 부르짖습니다. 처음에는 "오호라, 나는 곤고한 사람이로다. 이 사망의 몸에서 누가 나를 건져내랴"(24절)라고 탄식합니다. 그러고 나서 "우리 주 예수 그리스도로 말미암아 하나님께 감사하리로다"(25절)라고 외칩니다. 처음에 나온 소리는 절망의 외침이고, 다음에 나온 소리는 승리의 외침입니다. 둘 다 성숙한 신자가 외치는 소리입니다. 고백건대 저는 매일 "오호라, 나는 곤고한 사람이로다. 이 사망의 몸에서 누가 나를 건져내랴"라고 소리칩니다. 내적으로 부패한 내 본성을 그리스도인으로서 한탄하고 누군가 나를 해방시켜주길 갈망하기 때문입니다. 그러나 기억하십시오. 여기에서 해방은 단순히 자제력 향상을 이야기하는 게 아닙니다. 내가 바라는 것은 사망의 몸에서 해방되는 것입니다. 즉, 나는 마지막 날에 내 몸이 속량되기를 고대하고 있습니다.

여러분은 이 육신에서 해방되기를 바라지 않습니까? 그리스도인으로서 내재하는 죄와 부패로부터 벗어나기를 바라지 않습니까? 육신에서 벗어나기를 바란다면, 이렇게 소리치기 마련입니다. "오호라, 나는 곤고한 사람이로다. 이 사망의 몸에서 누가 나를 건져내랴." 그러나 여러분은 예수 그리스도가 우리의 유일한 구원자이신 것을 알기에 탄식에서 멈추지 않고 "하나님께 감사하리로다!" 하고 외칠 것입니다.

예수 그리스도는 성령을 통해 여러분을 사망의 몸에서 건져내실 수 있는 유일한 분이고, 마지막 날 부활의 때에 우리에게 새 몸을 주실 분입니다. 그리고 그리스도가 새 몸을 주시면 우리는 내재하는 죄와 부패가 없는 몸을 갖게 될 것입니다.

나는 그리스도인들이 영구적으로 절망의 외침에서 벗어나 승리의 외침으로 나아간다고 생각하지 않습니다. 그리스도인은 늘 사망의 몸에서 건져달라고 외치고, 늘 자신의 구원자 안에서 기뻐 소리칩니다.

내재하는 죄의 위력을 인식할 때마다 우리는 절망 속에서 소리치고 승리 속에서 기뻐합니다.

마지막 절에서 바울은 이중의 노예 상태를 아주 명쾌하게 요약합니다. "그런즉 내 자신이 마음으로는 하나님의 법을 육신으로는 죄의 법을 섬기노라"(25절). 우리는 우리가 마음과 영혼으로 하나님의 법을 섬긴다고 말할지 모르지만, 성령이 우리의 육신을 굴복시키지 않으면 죄의 법을 섬기고 만다는 말입니다.

우리가 하나님의 법을 섬기느냐 죄의 법을 섬기느냐는 우리의 마음이 우위를 차지하느냐 우리의 육신이 우위를 차지하느냐에 달려 있습니다. 그러면 마음은 어떻게 육신을 지배할 수 있을까요? 이 질문은 성령의 은혜로운 사역(8:1-4)으로 우리를 안내합니다.

우리는 로마서 7장에서 8장으로 넘어가는 이 부분에서 이야기가 어떻게 진행되는지 주목해야 합니다. 로마서 7장 끝부분에 나온 갈등은 우리 마음과 육신의 갈등이었습니다. 우리가 하고 싶어 하는 것과 우리가 할 수 없는 것 사이에 갈등이 있었습니다. 그런데 로마서 8장 첫 부분에 나오는 갈등은 성령과 육신 사이의 갈등입니다. 우리 마음과 육신 사이에 갈등이 일어나는 것이 아니라 성령과 육신 사이에 갈등이 일어납니다. 성령이 우리를 구하러 오셔서 우리에게 주셨던 새 마음과 동맹을 맺고 육신을 굴복시키는 것입니다.

똑같은 갈등이지만 전혀 다르게 보입니다. 갈등으로 말미암은 결과가 다르기 때문입니다. 7장 22절에 따르면 신자는 하나님의 법을 기뻐하지만, 내재하는 죄 때문에 혼자서는 하나님의 법을 지킬 수 없습니다. 그런데 8장 4절에 따르면 그는 하나님의 법을 기뻐할 뿐 아니라 내주시는 성령 때문에 하나님의 법을 실제로 지킵니다.

8장 1-2절에서 사도 바울은 한발 뒤로 물러나 우리가 그리스도 예수 안에서 받은 구원의 놀라운 축복 두 가지를 보여줌으로써 그리스도인의 상태를 조망합니다. 1-2절에는 공통적으로 '그리스도 예수 안에'라는 표현이 나옵니다. "그리스도 예수 안에 있는 자에게는 결코 정죄함이 없나니"(1절). "그리스도 예수 안에 있는 생명의 성령(생명을 누리게 하는 성령)의 법이 죄와 사망의 법에서 너를 해방하였음이라"(2절). 그래서 그리스도 예수 안에 있는 사람들이 받은 구원에는 정죄함으로부터의 해방과 죄의 법 및 죄의 속박으로부터의 해방이 모두 포함됩니다.

그런데 어떻게 우리가 이런 이중의 구원을 받게 된 것일까요? 이 질문에 대한 답은 3절과 4절에 나와 있습니다. 바울은 1-2절에서 그리스도 예수 안에 있는 자에게는 정죄함도 없고 죄의 속박도 없다면서 구원의 범위에 대해 이야기했습니다. 그리고 이제 3-4절에서는 구원의 방법에 대해 이야기합니다. 하나님은 어떻게 우리에게 이런 구원이 이뤄지게 하셨을까요? 3절을 주목하십시오. "율법이 육신으로 말미암아 연약하여 할 수 없는 그것을 하나님은 하시나니." 우리는 이미 앞에서 육신 때문에 율법이 연약해졌다는 사실을 확인했습니다. 우리가 율법을 지키지 않는 까닭에 율법은 우리를 거룩하게 하지도 못하고 의롭다 함을 얻게 하지도 못합니다. 그러나 하나님은 하셨습니다. 하나님은 율법이 할 수 없는 그 일을 하셨습니다. 어떻게 하신 것일까요? 하나님은 그 일을 자기 아들(3절)과 성령(4절)을 통해 하셨습니다. 육신의 모양으로 보내신 아들을 십자가에 못 박으심으로써 하나님은 우리를 의롭다 하시고, 내주하시는 성령의 능력을 통해 우리를 거룩하게 하십니다. 하나님은 죄를 없애시려고 자기 아들을 죄 있는 육신의 모양, 즉 진짜 육신이지만 죄가 없는 육신으로 보내셔서 그 육신을 속죄 제물로 삼아 죄를 정하셨습니다. 잠시 생각해보십시오. 하나님은 죄가 없는 그리스도의 육신에다 우리의 죄로 죄를 만들어서 죄의 선고를 내리셨습니다. 그리스도 예수 안에 있는 우리에게 정죄함이 없는 이유는 하나님이 죄는 없지만 우리의 죄를 전가받은 예수 그리스도의 육신을 속죄 제물로 삼아 이미 우리의 죄를 정죄하셨기 때문입니다. 이렇게 하나님은 자기 아들을 통해 우리를 정죄함으로부터 해방하셨습니다.

나아가 하나님은 "육신을 따르지 않고 그 영을 따라 행하는 우리에게 율법의 요구가 이루어지게"(4절) 하려고 성령을 통해 죄와 사망의 법에서 우리를 구원하셨습니다. 4절 말씀은 거룩함과 관련된 중요한 사실 몇 가지를 우리에게 가르칩니다. 첫째, 그리스도의 성육신과 죽으심의 목적이 우리의 '거룩'이라는 사실입니다. 하나님이 자기 아들을 보내신 이유는 우리를 의롭다 하시기 위해서만이 아니라 우리 안에서 율법이 요구하는 의를 이루기 위해서, 다시 말해 우리가 율법을 지키게 하기 위해서입니다. 둘째, 율법이 요구하는 의가 거룩이라는 사실입니다. 그런 의미에서 8장 4절 말씀은 반율법주의자들과 신도덕주의자들의 마음을 불편하게 하는 성경 구절이 분명합니다. 그리스도인의 삶에서 율법을 폐지하기는커녕 우리 안에서 율법이 요구하는 의를 이루는 것이 하나님의 목적이라니 말입니다. 셋째, 거룩은 성령의 사역입니다. 우리가 성령을 따라 행할 때에만 우리 안에 율법이 요구하는 의가 이뤄집니다.

로마서 7장에서 바울은 우리가 육신 때문에 율법을 지키지 못한다는 한 가지 주제에 천착했습니다. 그런데 8장 4절에서는 우리가 육신을 따라 행하지 않고 육신을 제압할 수 있는 성령을 따라 행하면 율법을 지킬 수 있다고 말합니다. 그리고 이것이 그리스도인의 거룩에 관한 진실입니다. 그리스도인이 거룩해져야 하는 이유는 우리를 거룩하게 하려고 그리스도가 죽으셨기 때문입니다. 율법이 요구하는 의가 거룩이고, 성령의 능력을 통해 우리는 거룩해질 수 있습니다.

7장 1절부터 8장 4절에 이르는 길고 복잡한 구절들을 돌이켜보겠습니다. 저는 여기에 '율법으로부터의 해방'이라는 제목을 붙였습니다. '율법의 성취'라는 제목도 어울릴 것 같습니다. 7장 1절부터 8장 4절에서 가르치고 있는 것이 두 가지를 다 포괄하고 있으니 말입니다. 실제로 그리스도인이 율법으로부터 해방되었다는 말로 7장 1절을 시작한 바울은 율법을 지켜야 할 그리스도인의 의무를 이야기하며 "우리에게 율법의 요구가 이루어지게 하려 하심이니라"라는 말로 8장 4절을 마무리하고 있습니다. 게다가 우리가 율법으로부터 해방된 것도, 율법을 지켜야 할 의무가 우리에게 생긴 것도 모두 그리스도가 십자가에서 죽으신 덕분에 가능해진 일입니다.

그러나 어떤 이들은 이렇게 말합니다. "그건 말도 안 되는 모순이다. 어떻게 율법으로부터 해방됨과 동시에 율법을 지켜야 할 의무를 진다는 말인가?" 저는 여러분이 이 질문에 대답할 수 있기를 바랍니다. 이 역설은 의외로 쉽게 풀립니다. 하나님은 우리를 받아들이시기 위해 우리를 율법으로부터 해방시키셨습니다. 그런데 우리가 율법을 지켜야 할 의무를 지는 것은 거룩해지기 위해서입니다. 율법이 더 이상 우리를 구속하지 못하는 것은 칭의의 영역에서이고, 율법이 여전히 우리를 구속하고 우리가 성령의 능력 안에서 율법을 지키려고 애쓰는 것은 행동의 기준으로입니다.

성령 안의 생활
로마서 8장

 오늘은 마지막으로 로마서 8장을 살펴볼 차례입니다. 지금까지 우리는 '의롭다 하심을 받은 자들의 특권'이라는 주제로 하나님과의 화평, 그리스도와의 연합, 율법으로부터의 해방에 대해 살펴보았습니다. 그리고 이제 네 번째 특권인 성령 안의 생활에 대해 살펴보려고 합니다.
 세 번에 걸쳐 살펴본 5-7장에서는 성령이 그다지 중요한 존재로 부각되지 않았습니다. 6장에서는 언급조차 되지 않았고, 5장에서는 '하나님의 사랑을 우리 마음속에 부어주시는 존재'로 5절에 딱 한 번 언급된 것이 전부입니다. 7장에서도 "우리가 영의 새로운 것으로 섬길 것이요 율법 조문의 묵은 것으로 아니할지니라"(6절)라는 구절에 딱 한 번 나옵니다. 그런데 8장에서는 성령이 전면에 부각됩니다. 그리스도인, 즉 의롭다 하심을 받은 신자의 삶은 본질적으로 성령 안에서의 삶입니다. 성령을 통해 생기를 얻고, 성령에 의해 지탱되고, 성령의 지도를 받고, 성령에 의해 풍요롭게 되는 삶이 그리스도인의 삶입니다.
 바울은 로마서 8장에서 성령의 사역을 네 가지로 나누어 설명합니다. 첫 번째는 우리의 육신, 즉 인간의 타락한 본성과 관련하여, 두 번째는 우리가 하나님의 자녀가 되는 것과 관련하여, 세 번째는 몸의 속량을 비롯해 우리가 마지막 날에 받을 유업과 관련하여, 네 번째는 우리의 연약함을 인정해야 하는 기도와 관련하여 성령의 사역을 설명합니다. 이 네 영역에서 성령의 은혜 사역은 다음과 같이 요약될 수 있습니다. 첫째, 성령은 우리의 육신을 굴복시킨다(5-13절). 둘째, 성령은 우리가 하나님의 자녀인 것을 증언한다(14-17절). 셋째, 성령은 우리가 받을 유업을 보증한다(18-25절). 넷째, 성령은 기도할 때 우리의 연약함을 돕는다(26-27절). 바울은 이러한 성령의 사역을 조명한 다음 누구도 하나님의 뜻을 꺾을 수 없으니 하나님이 택하신 자들은 실로 안전하다(28-39절)고 단언하며 8장을 마무리합니다. 그러면 이제 성령의 사역을 하나씩 살펴보겠습니다.

성령은 우리의 육신을 굴복시킨다 5-13절

우선, 성령은 우리의 육신을 굴복시킵니다. 4절에서 바울은 우리가 육신을 따라 행하지 않고 성령을 따라 행할 때, 즉 성령의 인도를 따르고 성령에게 주도권을 넘길 때에만 율법이 요구하는 의가 우리 안에서 이루어질 수 있다고 말한 바 있습니다. 그 이유는 우리 마음과 관계가 있습니다. 마음은 행동을 좌우합니다. 어떤 인생관을 갖느냐에 따라 행동이 결정되게 마련입니다. "무릇 그 마음의 생각이 어떠하면 그의 사람됨도 그러하니"(잠 23:7, 새번역) 그 행동도 그러합니다.

궁극적으로 행동을 좌우하는 것은 생각입니다. 성령을 따라 행할 때에만 우리가 율법을 지킬 수 있는 이유도 이 때문입니다. 그래서 사도 바울은 이렇게 말합니다. "육신을 따르는 자는 육신의 일을, 영을 따르는 자는 영의 일을 생각하나니"(5절).

육신의 일 또는 영의 일을 생각한다는 것은 육신의 일 또는 영의 일이 마음을 가득 채우고 있다는 뜻입니다. 이는 곧 우리 뇌리를 사로잡고 있는 생각, 우리를 움직이는 야망, 우리가 몰두하고 있는 관심사의 문제입니다. 시간과 돈, 에너지를 어디에 쓰고 있는가, 밥 먹는 것도 잊을 정도로 열중하고 있는 게 무엇인가의 문제입니다. 바꿔 말하면 어디에 마음을 쏟고 있는가의 문제입니다. 바울은 6절에서 서로 다른 두 인생관이 어떤 결과를 불러오는지 설명합니다. "육신의 생각은 사망이요." 바울은 나중에 죽게 될 것이라고 말하지 않습니다. 바로 지금 사망이라고 말합니다. 육신의 생각은 우리를 죄로 인도하고 하나님에게서 끊어지게 하기 때문입니다. 하나님에게서 끊어지는 것이 우리에게는 곧 사망이기 때문입니다.

"영의 생각은 생명과 평안이니." 이 또한 미래 이야기가 아니라 현재 이야기입니다. 영의 일에 대한 생각은 우리를 거룩한 삶으로 인도하고 하나님과 친밀한 교제를 이어가게 하기 때문입니다. 또한 영의 생각은 우리에게 평안이 됩니다. 생명이 되시는 하나님과 화평을 이룸으로써 우리 내면에 평화가 찾아오기 때문입니다. 거룩한 삶으로 나아가는 길이 곧 생명과 평안을 누리는 길임을 사람들이 확실히 안다면, 강한 열의와 열정으로 거룩함을 추구하지 않을까요. 영의 생각은 생명과 평안입니다. 영의 일을 생각하지 않고 생명과 평안을 누릴 방법은 없습니다.

　반면에 육신의 일에 대한 생각은 사망과 전쟁을 부릅니다. "육신의 생각은 하나님과 원수가 되나니 이는 하나님의 법에 굴복하지 아니할 뿐 아니라 할 수도 없음이라. 육신에 있는 자들은 하나님을 기쁘시게 할 수 없느니라"(7-8절). 하나님을 기쁘게 하는 방법은 하나님의 법에 굴복하고 하나님의 법을 지키는 것뿐입니다. 따라서 육의 일을 생각하는 자들은 하나님을 기쁘게 할 수 없습니다. 이처럼 육신의 생각은 하나님의 법과 원수가 되고 하나님의 법에 굴복하지 않습니다. 반면에 영의 생각은 하나님의 법과 친구가 되고 하나님의 법을 즐거워합니다.

　여기 육신에 속한 사람과 영에 속한 사람, 두 부류의 인간이 있습니다. 이들은 '육신의 생각'과 '영의 생각'이라 불리는 서로 다른 사고방식을 가지고 있습니다. 이런 사고방식은 각각 '육신을 따르는 행동'과 '영을 따르는 행동'으로 나타납니다. 그리고 이렇게 서로 다른 행동 양식은 다시 사망과 생명이라는 각기 다른 영적 상태로 사람들을 안내합니다. 육신에 속하여 육신의 일을 생각하고 육신을 따라 살면, 우리는 죽습니다. 그러나 영에 속하여 영의 일을 생각하고 영을 따라 살면, 우리는 삽니다. 우리가 어디에 속한 사람이냐가 사고방식을 결정하고, 사고방식은 행동 양식을 결정합니다. 그리고 행동 양식은 우리와 하나님과의 관계, 즉 사망과 생명을 결정합니다.

　이처럼 생각 하나가 많은 것을 좌우합니다. 우리 마음이 어디에 가 있는지, 무슨 생각으로 가득 차 있는지, 무엇에 집중하고 어디에 에너지를 쏟고 있는지가 정말 중요합니다. 여기까지는 일반적인 이야기였습니다. 바울은 8장 서두에서 육신에 있는 자들은 하나님을 기쁘게 할 수 없다고 일반적인 이야기를 풀어놓았습니다. 그러다 바울은 어느 순간 편지 수신인에게 직접 이야기하기 시작합니다. "만일 너희 속에 하나님의 영이 거하시면 너희가 육신에 있지 아니하고 영에 있나니 누구든지 그리스도의 영이 없으면 그리스도의 사람이 아니라"(9절).

본론에서 약간 벗어난 이야기지만, 9절에 나오는 특정 표현에 동의어가 사용되었다는 사실도 알아둘 필요가 있습니다. 우선 '하나님의 영'과 '그리스도의 영'이라는 표현이 나옵니다. 어떤 이들은 하나님의 영과 그리스도의 영이 다르다고 말하는데 그렇지 않습니다. 하나님의 영과 그리스도의 영은 똑같이 성령을 가리킵니다. 두 번째로 '영이 거하다'와 '영이 있다'라는 표현도 같은 뜻을 지닌 표현입니다. 바라보는 시각에 따라 다르게 표현되었을 뿐입니다. 세 번째로 '우리 안에 하나님의 영이 거하다'(9절)와 '그리스도께서 너희 안에 계시다'(10절)라는 표현도 같은 뜻으로 쓰인 것입니다.

그러나 이런 사실과 별개로 9절은 아주 중요한 구절입니다. 모든 불신자와 구별되는 진정한 그리스도인의 특징을 분명히 밝히고 있기 때문입니다. 그리스도인의 독특한 특징은 성령이 그 속에 거하신다는 것입니다. 사도 바울은 7장에서 두 번이나 '내 속에 거하는 죄'(17, 20절)에 대해 이야기했습니다. 그랬던 바울이 지금은 '내 안에 거하시는 성령'에 대해 이야기합니다. 내재하는 죄는 아담의 후손들이 모두 짊어지고 있는 운명입니다. 그러나 하나님의 자녀들에게는 놀라운 특권이 있습니다. 즉, 내재하는 죄를 굴복시키고 통제하는 성령이 신자 안에 거하십니다. 그래서 그리스도의 영이 없는 사람은 모두 그리스도의 사람이 아닙니다.

바울은 그다음 10-11절에서 우리 안에 성령이 거하심으로 말미암아 생기는 놀라운 결과에 대해 이야기합니다. 그런데 10절과 11절 모두 '~라면'이라는 비슷한 표현이 눈에 띕니다. "그리스도께서 너희 안에 계시면"(10절). "예수를 죽은 자 가운데서 살리신 이의 영이 너희 안에 거하시면"(11절). 바울은 지금 성령이 우리 안에 거하시면 생기는 결과를 이야기하려 합니다. 하나님의 영이 우리 안에 거하실 때 생기는 결과를 한 단어로 표현하면 바로 생명입니다. 하나님의 영이 우리 안에 거하신 덕분에 우리의 영이 지금 살아 있습니다. 그리고 마지막에는 우리 몸도 살아날 것입니다. 성령은 생명의 영이기 때문입니다. 성령은 생명을 주시는 분입니다. 그래서 바울은 "또 그리스도께서 너희 안에 계시면 몸은 죄로 말미암아 죽은 것이나 영은 의로 말미암아 살아 있는 것이니라"(10절)라고 말합니다. 즉, 우리의 몸은 언젠가 죽을 몸이고 죽어가고 있지만, 우리의 영은 살아 있다는 말입니다. 성령이 우리 영에 생명을 주시기 때문입니다. 아담의 죄 때문에 우리의 육체는 죽지만, 그리스도의 의 때문에 우리의 영은 삽니다. 그리스도의 영이 우리 안에 거하고 우리에게 생명을 주기 때문입니다. 우리의 영은 살아 있습니다. 반면에 우리의 몸은 언젠가 죽을 운명이고 죽어가고 있습니다. 하지만 마지막 날에는 우리의 몸도 살아날 것입니다.

바울은 이렇게 말합니다. "예수를 죽은 자 가운데서 살리신 이의 영이 너희 안에 거하시면 그리스도 예수를 죽은 자 가운데서 살리신 이가 너희 안에 거하시는 그의 영으로 말미암아 너희 죽을 몸도 살리시리라"(11절). 하나님이 우리의 몸을 살리실 것입니다. 왜일까요? 우리 안에 거하시고 우리의 몸을 깨끗하게 하시는 성령 때문입니다. 그러면 하나님은 어떻게 우리를 살리실까요? 역시 우리 안에 거하시는 성령을 통해서입니다. 우리의 영에 생기를 불어넣으신 분도 성령이고, 우리 몸에 생기를 불어넣으실 분도 성령입니다.

그래서 사도 바울은 그리스도인에게 이렇게 권면합니다. "그러므로 형제들아, 우리가 빚진 자로되 육신에게 져서 육신대로 살 것이 아니니"(12절). 바울은 말을 마치려다 말고 중간에 멈춥니다. 만약 바울이 이 문장을 제대로 마무리했다면 이렇게 말하지 않았을까요? "우리가 빚진 자로되 육신에게 져서 육신대로 살 것이 아니라, 성령에게 빚을 지고 성령을 따라 살아야 할 것이요." 성령에게 빚졌다는 생각은 흥미롭고 설득력 있는 생각입니다. 성령에게 빚을 졌다는 말은 우리가 거룩하게 살아야 할 의무가 있다는 뜻입니다. 그리스도인의 신분과 특권에 부끄럽지 않게 살아야 한다는 말입니다. 그리스도인의 신분과 특권에 어긋나는 일은 아무것도 하지 말아야 한다는 말입니다. 성령 안에서 살고 있다면, 우리에게는 성령을 따라 살아야 할 의무가 있습니다.

지금 하는 이야기를 여러분이 제대로 이해하고 있는지 모르겠습니다. 이렇게 설명하면 이해하기 쉬울 것입니다. 성령이 생명을 주시는 분이고 그런 성령이 우리 안에 거하신다면, 우리는 도저히 육신을 따라 살 수 없습니다. 그 길에는 사망이 있기 때문입니다. 게다가 존재와 행동 양식 사이에 이런 모순이 생기는 것은 상상도 할 수 없는 일입니다. 생명을 소유한 우리가 죽음을 자초하다니 말이 됩니까. 우리는 살아 있습니다! 우리의 영은 살아 있습니다! 성령이 우리에게 생명을 주셨습니다. 그러므로 우리는 성령에게 빚진 자입니다. 따라서 성령이 주시는 생명과 모순되는 것은 성령의 능력으로 모두 죽여야 합니다. 영의 생명을 위협하는 몸의 행실을 죽여야 한다는 말입니다. 몸의 행실이 죽을 때에만 성령이 우리에게 주신 생명을 계속 누릴 수 있기 때문입니다.

바울은 이어서 두 가지 길을 이야기합니다. "너희가 육신대로 살면 반드시 죽을 것이로되 영으로써 몸의 행실을 죽이면 살리니"(13절). 육신대로 살면서 옛 본성이 활개 치게 놔두면, 우리는 죽을 것입니다. 그러나 몸의 행실을 누르고 죽이면, 살 것입니다. 우리는 생명과 사망의 길 중에서 하나를 선택해야 합니다. 그러나 여기에서 바울이 하려는 말은 둘 중 하나를 선택하라는 게 아닙니다. 무엇을 선택해야 할지는 너무나 확실합니다. 우리는 빚진 자들이고 옳은 선택을 할 의무가 있기 때문입니다. 성령이 우리 영에 생명을 주셨다면, 우리는 성령이 주신 생명을 계속 보존하기 위해 몸의 행실을 죽여야 마땅합니다.

이제 앞에서 다룬 내용을 복습하면서 사도 바울이 어떻게 논지를 전개하고 있는지 확인해보겠습니다. 우선 바울은 이 세상에 두 부류의 사람이 있다는 사실을 기초로 논지를 전개합니다. 한 부류는 육신에 속한 사람, 즉 거듭나지 않은 사람이고, 다른 한 부류는 영에 속한 사람, 즉 거듭난 사람이며 성령이 내주하시는 사람입니다. 그리고 지금 바울은 로마에 있는 그리스도인들에게 편지를 쓰고 있습니다. 따라서 본문에 나오는 '너희'는 당연히 로마에 있는 그리스도인들을 가리킵니다. 저는 바울이 오늘 이곳에 있다면 여러분에게도 말했으리라 확신합니다. "너희 속에 하나님의 영이 거하시면 너희가 육신에 있지 아니하고 영에 있나니 누구든지 그리스도의 영이 없으면 그리스도의 사람이 아니라. 또 그리스도께서 너희 안에 계시면 몸은 죄로 말미암아 죽은 것이나 영은 의로 말미암아 살아 있는 것이니라"(9-10절).

이 구절을 통해 우리는 모든 그리스도인에 관한 두 가지 확실한 사실을 알게 됩니다. 첫째, 우리 안에는 성령이 거하십니다. 둘째, 그로 말미암아 우리의 영은 살아 있습니다. 내주하시는 성령이 우리에게 생기를 불어넣으셨습니다. 그러므로 우리는 빚진 자들입니다. 우리는 영이 살아 있는 존재들이므로 육신이 아니라 성령께 빚진 자들입니다. 따라서 우리는 성령이 내주하는 사람으로서 그에 걸맞은 사람이 되고 그에 합당한 행동을 할 의무가 있습니다. 우리 안에 있는 영의 생명이 잘 자라도록 영양을 공급하는 한편 영의 생명을 해치는 일은 하지 말아야 합니다.

좀 더 분명히 이야기하면 이렇습니다. 거룩한 사람이 되어 성령에게 진 빚을 갚으려 할 때 우리는 두 가지 과정에 참여하게 됩니다. 신학 용어로 말하자면 죄죽임mortification과 영적 갈망aspiration의 과정입니다. 전자는 육신을 대하는 태도를 가리키고, 후자는 영을 대하는 태도를 가리킵니다. 우리는 육신, 즉 몸의 행실을 죽여야 합니다. 이것이 죄죽임입니다. 또한 우리는 영의 일을 생각해야 합니다. 이것이 영적 갈망입니다. 몸의 행실을 죽이는 죄죽임은 우리가 알고 있는 잘못된 습관을 단호히 거부하는 것을 의미합니다. 매일 회개하고 알고 있는 모든 죄와 습관, 관습, 관계, 생각에서 돌이키는 것입니다. 보는 것을 통해 유혹이 찾아오면 눈을 빼어 내버리고, 손이 하는 일을 통해 유혹이 스며들면 손을 찍어 내버리고, 발이 찾아가는 곳에서 유혹이 손짓하면 발을 찍어 내버리는 것이 죄죽임입니다. 우리가 육신을 대할 때 취해야 할 태도는 죄죽임뿐입니다. 우리는 육신의 행실을 죽여야 합니다.

한편 영적 갈망이란, 진실하고 정직한 것, 정의롭고 순수한 것, 훌륭하고 평판이 좋은 것에 생각과 에너지와 포부를 집중하는 것을 가리킵니다. 영의 일을 생각하기 위해 기도와 성경 읽기 및 묵상, 친교, 예배, 성찬 등 은혜의 수단을 잘 활용하는 것도 영적 갈망에 포함됩니다. 이러한 것들은 모두 영의 일을 생각하는 것과 관련된 일입니다.

그런데 특이하게도 죄죽임과 영적 갈망을 언급하는 동사가 모두 현재시제로 쓰였습니다. 죄를 죽이고 영적인 일을 갈망하는 태도는 우리가 이 땅에서 사는 동안 끈기 있게 견지해야 할 태도이기 때문입니다. 우리는 계속해서 몸의 행실을 죽여야 합니다. 바꿔 말하면, 자기 십자가를 지고 예수님을 따라야 합니다. 몸의 행실을 죽이라는 말과 자기 십자가를 지고 예수님을 따르라는 말은 같은 말입니다. 우리는 이렇게 몸의 행실을 죽이는 한편 날마다 영의 일을 생각해야 합니다. 죄죽임과 영적 갈망은 진정한 의미에서 우리가 생명을 보존하는 비결입니다. 죄죽임과 영적 갈망 없이는 참된 생명도 없습니다. 몸의 행실을 죽여야 우리가 삽니다. 그리고 영의 일을 생각해야 생명과 평안을 얻습니다.

우리가 이렇게 성령의 능력 안에서 육신의 행실을 죽이고 영의 일을 생각할 때 성령도 우리 육신을 굴복시키십니다. 이것이 성령의 첫 번째 사역입니다.

성령은 우리가 하나님의 자녀임을 증언한다 14-17절

성령의 두 번째 은혜 사역은 우리가 하나님의 자녀임을 증언하는 것입니다. 이 단락에서도 바울은 성령의 사역을 계속해서 강조함과 동시에 우리 그리스도인이 얻은 지위에 대해 설명하는데, 생명이란 용어보다는 자녀 됨이란 말로 그 지위를 제시합니다. 바울은 영으로써 몸의 행실을 죽이면 살리니"(13절)라고 말하고 바로 이어서 "하나님의 영으로 인도함을 받는 사람은 곧 하나님의 아들이라"(14절)고 말합니다. 두 문장은 긴밀하게 연결되어 있습니다. 두 문장이 모두 성령의 활동을 말하지만, 13절이 우리에게 생명을 주시는 성령에 관한 이야기라면, 14절은 우리가 하나님의 자녀임을 증언하시는 성령에 관한 이야기입니다.

자녀 됨은 하나님과 우리의 친밀한 관계를 보여주는 표현입니다! 아버지 하나님에게 나아가 하나님과 교제하는 것은 자녀가 누리는 특권입니다. 물론 모든 인간이 하나님의 자녀라는 것은 아닙니다. 바울은 의도적으로 하나님의 자녀를 '하나님의 영으로 인도함을 받는 사람', '성령의 능력으로 의의 좁은 길을 걸어가는 사람'으로 한정하고 있습니다. 하나님의 영으로 인도함을 받는 것과 하나님의 자녀가 되는 것은 같은 것입니다. 하나님의 영으로 인도함을 받는 사람은 모두 하나님의 자녀입니다. 그리고 하나님의 자녀는 모두 하나님의 영의 인도를 받습니다.

바울은 15절에서 이 사실을 더 분명히 합니다. 우리는 회심할 때 성령을 받았습니다. 그런데 우리가 받은 성령은 종의 영이 아니라 양자의 영, 즉 우리를 자녀로 삼으시는 영입니다. 예수를 믿을 때 하나님이 우리에게 주신 성령은 우리를 종으로 삼지 않고 자녀로 삼습니다. 성령은 우리로 하여금 두려움에 떨던 노예 시절을 다시 떠올리게 하지 않습니다. 성령은 우리에게 자녀라는 새로운 신분을 주고, 우리가 자녀로서 아버지 하나님께 나아갈 수 있게 만듭니다. 또한 성령은 우리가 하나님의 자녀인 것을 확증합니다. 개역표준성경은 15절 뒷부분에 나오는 '아버지'라는 단어를 다음과 같이 보충 설명합니다. "우리가 아빠 아버지〔아버지라는 호칭은 우리 주 예수 그리스도가 하나님에게 은밀히 기도할 때 사용하셨던 호칭입니다〕라고 부르짖을 때 성령이 친히 우리의 영과 더불어 우리가 하나님의 자녀인 것을 증언하시나니"(15-16절). 저는 이것이 바른 번역이라고 생각합니다. 우리가 기도할 때 성령이 우리 안에서 우리가 하나님의 자녀임을 증언하신다는 사실을 잘 보여주기 때문입니다. 그래서 우리는 기도하며 하나님께 나아갈 때 우리가 하나님의 자녀임을 실감합니다.

사실입니다. 성령은 우리가 기도할 때, 즉 우리 영이 하나님과 교통할 때 우리가 하나님의 자녀임을 우리의 영과 더불어 증언하십니다. 바울은 이어서 이렇게 말합니다. "자녀이면 또한 상속자 곧 하나님의 상속자요 그리스도와 함께 한 상속자니 우리가 그와 함께 영광을 받기 위하여 고난도 함께 받아야 할 것이니라"(17절).

5장에서도 이야기했듯이 고난은 영광에 이르는 길입니다. '그〔그리스도〕와 함께'라는 구절에 주목하십시오. 그리스도인의 모든 삶은 그리스도와 밀접히 연관되어 있습니다. 하나님의 아들이라는 그리스도의 신분을 공유했듯이 우리는 그리스도의 영광스런 유산도 공유할 것입니다. 그러나 우리가 그리스도의 영광을 함께 받으려면, 그리스도의 고난도 함께 받아야 합니다. 우리는 그리스도의 고난을 함께 받고, 하나님의 아들이라는 그리스도의 신분을 공유하고, 그리스도의 영광을 함께 누립니다. 즉 우리는 그리스도와 연합한 자입니다.

성령은 우리가 받을 유업을 보증한다 18-25절

이렇듯 성령은 우리의 육신을 굴복시키고, 우리가 하나님의 자녀인 것을 증언하시며, 우리가 장차 받을 유업을 보증하십니다. 18-25절에서 사도 바울은 17절 끝에서 언급한 바 있는 현재의 고난과 미래의 영광을 대조시킵니다. 바울은 장차 우리에게 나타날 영광이 현재 겪는 고난보다 훨씬 크기 때문에 현재의 고난과 미래의 영광을 비교할 수 없다고 말합니다. 그리고 나서 어떻게 모든 피조물과 새로운 피조물인 교회가 현재의 고난과 매래의 영광에 함께 참여하는지 보여줍니다. 두 피조물은 지금 함께 고난을 받고, 궁극에 가서는 영광도 함께 받을 것입니다. 인간에게 임한 저주를 피조 세계가 함께 나누었듯이 (창 3장) 지금 피조 세계는 인간이 받는 고난을 함께 받고 있으며, 장차 인간이 받을 영광도 함께 누리게 될 것입니다. 피조물이 하나님의 아들들이 나타나기를 고대하는 이유는 그때 비로소 피조 세계가 구원받기 때문입니다. "피조물이 고대하는 바는 하나님의 아들들이 나타나는 것이니"(19절).

그럼 이제 19-22절에 등장하는 '피조물'에 대해 살펴보겠습니다.

흠정역은 이를 'creation(피조물)'이라고 번역했고, 새영어성경은 'created universe(피조 세계)'라고 번역했습니다. 여기에서 우리는 피조물이 현재 겪고 있는 고난을 바울이 어떻게 묘사하고 있는지에 주목해야 합니다. 피조물은 허무한 데 굴복하는 존재(20절)지만, 이는 자기 뜻이 아니라 굴복하게 하시는 하나님의 뜻에 따른 것입니다. 또한 피조물은 썩어짐의 종 노릇을 하고 있으며(21절), 고통 속에 신음하며 고생하고(22절) 있습니다.

그러면 피조물을 묘사하는 단어를 잠시 살펴보겠습니다. 먼저 '허무'라는 단어가 나옵니다. C. J. 본은 전도서 전체가 "전도자가 이르되 헛되고 헛되며 헛되고 헛되니 모든 것이 헛되도다"라는 1장 2절에 대한 주석이다"라고 말한 바 있습니다. 그런데 로마서 8장 20절에 나오는 '허무'가 바로 전도서에 쓰인 '헛되다'와 같은 단어입니다. 모든 피조물이 허무한 데 굴복해왔습니다. 그런데 바울은 피조물이 허무한 데 굴복하는 행위를 "썩어짐의 종 노릇"(21절)이라고 설명합니다. 이는 피조 세계가 계속해서 퇴화하는 과정을 보여주는 표현입니다. 그리고 이 과정에는 고통이 따릅니다.

허무, 썩어짐, 고통. 사도 바울은 이런 단어를 써가며 피조 세계가 겪는 고통을 묘사합니다. 그러나 이 고통은 한시적일 뿐입니다. 현재 겪는 고통이 장차 영광으로 바뀔 것이기 때문입니다. "피조물이 허무에 굴복했지만, 그것은 자의로 그렇게 한 것이 아니라, 굴복하게 하신 그분이 그렇게 하신 것입니다. 그러나 소망은 남아 있습니다"(20절, 새번역). 그 소망은 바로 "피조물도 썩어짐의 종 노릇 한 데서 해방되어 하나님의 자녀들의 영광의 자유에 이르는 것"(21절)입니다. 종 노릇이 자유로, 썩어짐이 썩지 않는 영광으로 바뀔 것이라는 소망입니다.

그리하여 우리가 그리스도의 영광을 함께 누리듯이 피조 세계도 우리가 누리는 영광을 함께 누리게 됩니다. 사도 바울은 피조물의 신음과 고통을 '해산의 고통'(22절, 새번역)에 비유합니다. 다시 말해서, 피조 세계가 겪는 고통은 아무 의미나 목적이 없는 고통이 아니라는 말입니다. 피조 세계가 겪는 고통은 새로운 질서가 탄생할 때 반드시 거치는 고통입니다.

다음으로 하나님의 새로운 피조물인 '교회'에 대해 살펴볼 차례입니다. 바울은 조금 전에 이렇게 말했습니다. "모든 피조물이 이제까지 함께 신음하며, 함께 해산의 고통을 겪고 있다는 것을, 우리는 압니다"(22절, 새번역). 그리고 나서 바울은 화제를 돌립니다. "그뿐 아니라 또한 우리 곧 성령의 처음 익은 열매를 받은 우리까지도 속으로 탄식하여 양자 될 것 곧 우리 몸의 속량을 기다리느니라"(23절). 겉으로가 아니라 '속으로' 탄식하고 있습니다. 그렇다면 우리가 피조물과 함께 속으로 탄식하는 이유는 무엇일까요? 교회가 겪는 현재의 고통이란 무엇을 가리킬까요? 아마 박해를 생각하는 사람이 많을 것입니다. 하지만 속으로 탄식하는 진짜 이유는 우리가 절반만 구원받은 존재라는 사실 때문입니다!

여러분은 이 사실을 알고 있습니까? 여러분 가운데 온전하게 구원받은 사람은 아무도 없습니다. 우리는 절반만 구원받았습니다! 우리의 영은 온전히 구원받았지만, 우리의 몸은 아직 구원받지 못했습니다. 그런 의미에서 우리는 절반만 구원받은 상태입니다. 그러므로 우리를 신음하게 하는 것은 바로 구원받지 못한 우리의 몸입니다. 우리의 몸은 연약하고 쉽게 망가지고 언젠가는 죽을 수밖에 없는 운명으로 피곤과 질병과 고통과 죽음의 지배를 받습니다. 사도 바울이 고린도후서 5장 2절에서 "우리가 여기 있어 탄식하며"라고 한 말도 언젠가 죽을 수밖에 없는 우리의 몸을 염두에 둔 말입니다. 그뿐만이 아닙니다. 언젠가 죽을 수밖에 없는 우리의 몸에는 타락한 본성이 깃들어 있습니다. 우리가 사도 바울과 같이 "오호라, 나는 곤고한 사람이로다. 이 사망의 몸에서 누가 나를 건져내랴" 하고 탄식하는 이유는 우리 속에 거하는 죄 때문입니다. 고통스러운 탄식이 밖으로 터져 나온 것입니다.

이제 바울이 말하는 탄식의 성질이 분명해졌습니다. 우리가 탄식하는 이유는 연약한 육체와 타락한 본성 때문입니다. 그래서 우리는 장차 나타날 영광을 간절히 기다립니다. 사도 바울은 이 영광을 '우리 몸의 속량'이라고 부릅니다. 마지막 날에 우리가 연약한 육체와 내재하는 죄라는 이중의 짐을 벗고 새로운 몸을 입게 될 것이기 때문입니다. 속량받은 우리의 몸은 꿈에도 생각지 못한 능력을 가질 뿐 아니라 더 이상 죄가 거하지 않는 몸으로 변화됩니다.

그런데 우리가 장차 받을 영광은 몸의 속량만이 아닙니다. '자녀됨' 역시 장차 우리가 받을 영광입니다. 바울이 23절에서 사용한 헬라어 단어는 15절에서 사용한 것과 같은 단어입니다. 어떤 의미에서 우리는 이미 자녀가 되었습니다. 그러나 또 어떤 의미에서는 자녀가 되기를 기다리는 중입니다. 하나님의 자녀로서 지금 우리가 누리는 신분도 영광임에 틀림없지만, 현재의 신분은 불완전한 게 사실입니다. 우리는 몸으로나 인격으로나 아직 하나님의 아들의 형상과 일치하지 않습니다. 게다가 지금은 자녀의 신분을 인정받아 하나님의 자녀로 공표된 상태도 아닙니다. 하지만 마지막 날에는 하나님의 자녀로 인정받고 공표되어 하나님의 아들들로 나타날 것(19절)입니다.

우리는 장차 이렇게 영광스러운 유업을 받게 될 것으로 확신합니다. 이미 '성령의 처음 익은 열매'(23절)를 받았기 때문입니다. 물론 우리는 아직 하나님의 자녀임을 완전히 공인받지 못했고 몸의 속량도 받지 못했습니다. 그러나 하나님은 우리에게 앞으로 받을 모든 유업에 대한 보증으로 성령을 주셨습니다. 우리 안에 거하시는 성령은 장차 우리가 받을 유업을 단순히 보증하실 뿐 아니라 우리로 그 유업을 미리 맛보게 하십니다. 성령은 '영광의 영'이기 때문입니다.

우리의 이해를 돕기 위해 바울은 종종 상업적인 비유를 사용합니다. 상업 거래를 할 때는 흔히 나중에 잔금을 완납할 것을 보증하는 의미로 '계약금'이나 첫 납입금 또는 착수금을 지불하는데, 고린도후서에서 바울은 바로 이런 '계약금'의 의미로 하나님이 우리에게 성령을 주셨다고 말합니다. 그리고 지금 우리가 살펴보고 있는 23절에서는 농사에 비유하여 장차 수확할 온전한 수확물을 보증하는 '첫 열매'로 성령을 주셨다고 말합니다. 그래서 성령은 양자의 영으로서 우리를 하나님의 자녀로 삼고 우리가 하나님의 자녀임을 증언할 뿐 아니라 우리의 몸이 속량될 때 하나님의 아들들로 나타남으로써 우리가 온전히 하나님의 자녀로 공인되고 공표될 것임을 약속하는 보증이 되십니다. 바울은 24-25절에서 우리가 소망으로 구원을 얻었다면서 이 사실을 더욱 강조합니다. 물론 우리는 구원받았습니다. 그러나 절반만 구원받았습니다. 우리는 우리 영뿐 아니라 몸까지 온전히 구원받을 것이라는 소망으로 구원받았습니다. 이 소망은 눈에 보이지 않습니다. 우리는 아직 이 소망을 보지 못합니다. 그러나 우리는 의연히 인내하며 이 소망을 기다립니다.

성령은 기도할 때 우리의 연약함을 돕는다 26-27절

이렇듯 성령은 우리 육신을 굴복시키고, 우리가 하나님의 자녀임을 증언하고, 우리가 장차 받을 유업을 보증하십니다. 그러나 이것이 다가 아닙니다. 성령은 기도할 때 우리의 연약함을 도우십니다. 사도 바울은 "이와 같이"로 시작되는 26-27절에서 성령을 무려 네 번이나 언급합니다. 성령은 우리의 연약함을 도우십니다. 사도 바울이 여기에서 특별히 염두에 두었던 '연약함'은 마땅히 기도할 바를 알지 못하는 무지입니다. 무엇을 위해 기도해야 마땅한지 우리는 잘 알지 못합니다. 그래서 성령이 우리의 연약함을 도우십니다.

기도할 때 우리의 연약함을 도우시는 성령의 사역을 간과하는 이들이 너무 많습니다. 하지만 성경은 분명히 우리가 성자를 통해서뿐 아니라 성령을 통해서 성부 하나님께 나아간다고 가르칩니다. 성자의 중재만큼이나 성령의 영감도 필요합니다. 그런데 사도 바울은 여기에서 우리가 기도할 때 성령이 하는 일을 좀 더 구체적으로 밝힙니다. 무슨 말로 어떻게 기도해야 할지 모를 때 우리는 말없이 탄식만 내뱉곤 합니다. E. F. 케반E. F. Kevan이 말한 대로 "갈망이 너무 강하면 오히려 아무 말도 하지 못할 때가 있습니다." 또한 언젠가 죽을 수밖에 없는 우리의 존재 또는 우리 속에 거하는 죄가 너무 버거워서 아무 말 못하고 탄식만 하기도 합니다.

이렇듯 우리는 말할 수 없는 깊은 한숨으로 탄식할 때가 있습니다. J. B. 필립스의 표현을 빌리자면 '표현할 길이 없는 고통스러운 열망'이 우리 안에 있을 때가 있습니다. 그럴 때 고통스러운 열망을 반드시 말로 표현해야 한다는 생각에 깊은 한숨으로 탄식하는 행위를 멸시해서는 안 됩니다. 오히려 우리가 이와 같이 말로 표현할 수 없는 갈망 때문에 한숨을 토할 때 성령이 우리를 위하여 탄식하시고 탄원하십니다. 따라서 우리는 말로 표현하지 못하고 한숨과 탄식으로 기도하는 것을 부끄러워할 필요가 없습니다. 우리가 아무 말 못하고 한숨만 토해도 아버지 하나님은 다 알아들으십니다. 마음을 살피시는 하나님은 우리의 마음과 생각을 아시고, 성령이 항상 하나님의 뜻에 따라 기도하는 까닭에 영의 생각이 어떠한지 아시기 때문입니다. 그래서 하늘에 계신 성부 하나님은 우리 마음속에서 성령이 하시는 기도에 응답하십니다.

> 말로 표현되든 표현되지 않든
> 기도는 영혼의 간절한 열망이며
> 가슴속에서 보이지 않게
> 흔들리는 불꽃의 움직임이라
>
> 기도는 흐르는 눈물이고
> 탄식의 무거운 짐을 나르는 것

> 하나님밖에 아무도 곁에 없을 때
> 눈을 들어 하나님만 바라보는 행위라

이렇듯 성령은 우리 육신을 복종시키고, 우리가 하나님의 자녀임을 증언하고, 우리가 받을 유업을 보증하고, 기도 가운데 우리의 연약함을 도우십니다. 이런 사실을 근거로 바울은 최고의 절정으로 우리를 안내합니다. 8장 28-39절에서 사도 바울은 신약성경 어디에서도 찾아볼 수 없는 최고의 절정으로 치닫습니다.

이 단락에서 바울은 특별히 성령을 언급하지는 않습니다. 대신에 하나님과의 화평, 그리스도와의 연합, 율법으로부터의 자유, 성령 안에서의 삶 등 의롭다 하심을 받은 자들의 특권을 묘사함으로써 영원 전부터 영원 후까지, 하나님의 예지와 예정부터 누구도 우리를 하나님에게서 떼어놓지 못하게 하시는 하나님의 사랑에 이르기까지 우리를 향한 하나님의 뜻을 개관해나갑니다. 그 가운데 변하지 않고 거부할 수도 없으며 아무도 꺾을 수 없는 하나님의 뜻이 절정을 이룹니다. 나아가 바울은 하나님의 뜻 안에서 하나님의 백성들은 영원히 안전하다고 힘주어 말합니다.

사도 바울은 보잘것없는 우리의 머리로는 다 이해하기 어려운 거대하고 장엄한 진리를 설명하고자 부인할 수 없는 사실 다섯 가지를 설명합니다. 그리고 그의 주장에 반대하는 사람들에게 다섯 차례 질문을 던짐으로써 논지를 더 명확히 합니다.

그럼 먼저 바울이 단언하는 다섯 가지 사실에 대해 살펴보겠습니다. 바울은 마음에 걱정과 근심이 가득한 우리에게 이렇게 약속합니다. "하나님을 사랑하는 자 곧 그의 뜻대로 부르심을 입은 자들에게는 모든 것이 합력하여 선을 이루느니라"(28절). 여기에서 합력하여 선을 이루는 주체는 '모든 것'이 아니라 '하나님'입니다. 모든 것이 저절로 선을 이뤄가는 게 아닙니다. 앞에서 살펴보았던 고통과 탄식을 포함하여 모든 것이 합력하여 선을 이루게 하시는 분은 하나님입니다. 그리고 하나님은 하나님을 사랑하는 자, '그의 뜻대로 부르심을 입은 자들'에게 모든 것이 합력하여 선을 이루게 하십니다.

바울은 29-30절에서 하나님의 뜻대로 부르셨다는 말과 하나님이 모든 것으로 합력하여 선을 이루게 하신다는 말의 의미를 설명합니다. 즉 하나님이 구원 과정에서 모든 것이 합력하여 선을 이루게 하시려고 마음먹은 때부터 신자들이 영원한 영광에 들어가기까지를 예지, 예정, 소명, 칭의, 영화로 나누어 설명합니다.

첫째, 하나님은 미리 아셨고, 둘째, 하나님은 예정하셨습니다. 예지와 예정의 차이는 하나님이 뜻을 정하기 전에 마음속으로 먼저 선택하셨다는 데 있습니다. 하나님의 결정이 있기 전에 하나님의 선택이 있었습니다. 지금 이 시간에 예정의 신비를 다 파헤칠 수는 없지만, C. J. 본이 예정을 설명할 때 했던 말을 잠시 인용하고자 합니다. 현명하고 올바른 해설이니 주의 깊게 들어보시기 바랍니다. "궁극적으로 구원받은 모든 사람은 구원의 첫 단계부터 마지막 단계에 이르기까지 자신이 받은 구원이 전적으로 하나님의 은총과 일하심 덕분이라고 여겨야 마땅하다. 인간의 공로는 철저히 배제된다. 구원받은 뒤에 신자가 순종함으로 자신이 받은 구원을 입증하기 훨씬 이전, 심지어 그가 예수 그리스도를 믿음으로 구원에 이르기 훨씬 이전, 즉 영원 전부터 자신의 모든 사역을 내다보시고 미리 정하신 하나님이 자발적으로 은총을 베푸시는 데서부터 구원은 시작되었다."

여기에서 우리는 하나님이 예정하신 목적이 누군가를 편애하기 위해서가 아니라는 데 주목해야 합니다. 하나님이 예정하신 목적은 우리로 거룩해지고 그리스도를 닮아가게 하기 위해서입니다. 하나님은 우리가 아들의 형상을 닮아가도록 예정하셨습니다. 그래서 부인할 수 없는 세 번째 사실은 하나님이 우리를 부르셨다는 것입니다. 그다음에 하나님은 부르신 우리를 의롭다 하셨습니다. 부르심은 영원한 예정을 역사적으로 완성한 것입니다. 그러므로 하나님이 부르신 이들은 믿음으로 부르심에 반응합니다. 그러면 하나님은 그리스도 안에서 그들을 받아들이시고 의롭다 하십니다.

마지막 다섯 번째로, 하나님은 그들을 새로운 몸으로 부활시키고 새로운 세상인 하늘나라에 이르게 하심으로써 영화롭게 하십니다. 성화의 과정이 빠졌지만, F. F. 브루스 교수가 지적했듯이, "성화는 시작된 영화이며 영화는 완성된 성화"입니다. 그래서 바울은 과거에 일어난 네 단계를 과거시제로 표현한 것과 똑같이 영화도 부정과거 시제로 표현하고 있습니다. 이를테면 영화는 예언적 과거인 셈입니다.

바울은 예지, 예정, 소명, 칭의, 영화가 부인할 수 없는 사실이라고 단언합니다. 이 다섯 과정은 튼튼한 고리로 연결된 쇠사슬처럼 서로 연결되어 있습니다. 하나님이 미리 아신 자들을 미리 정하셨고, 미리 정하신 그들을 또한 부르시고, 부르신 그들을 또한 의롭다 하시고, 의롭다 하신 그들을 또한 영화롭게 하셨습니다. 하나님은 영원한 예지와 예정에서 출발해 역사적인 부르심과 성화를 거쳐 하늘나라에서 그들을 영화롭게 하시는 마지막 단계에 이르기까지 한 단계씩 착실히 나아가십니다.

바울은 다섯 단계로 이뤄진 구원 과정에 이의를 제기하는 이들에게 묻습니다. "그런즉 이 일에 대하여 우리가 무슨 말 하리요?" 사실 바울은 지금 "방금 얘기한 다섯 가지 사실을 감안할 때 우리는 어떤 결론을 내릴 수 있겠는가?" 하고 묻고 있는 것입니다.

바울은 질문 형식을 빌려 논지를 더 명확히 밝힙니다. "만일 하나님이 우리를 위하시면 누가 우리를 대적하리요"(31절). "자기 아들을 아끼지 아니하시고 우리 모든 사람을 위하여 내주신 이가 어찌 그 아들과 함께 모든 것을 우리에게 주시지 아니하겠느냐"(32절). "누가 능히 하나님께서 택하신 자들을 고발하리요"(33절). "누가 정죄하리요"(34절). "누가 우리를 그리스도의 사랑에서 끊으리요"(35절).

사도 바울은 지금 하늘이나 땅이나 지옥에 있는 모든 피조물에게 이 질문에 한번 대답해보라고, 이러한 사실을 부인할 수 있으면 부인해보라고 자신 있게 도전하고 있는 것입니다. 물론 이 질문에 답할 수 있는 사람은 아무도 없습니다. 구원받은 하나님의 백성들을 해할 수 있는 것은 아무것도 없기 때문입니다.

바울의 질문을 이해하려면 우리는 먼저 각 질문에 반박하는 대답이 하나도 없는 이유를 알아야 합니다. 아무도 바울이 던진 질문에 반박하지 못하는 이유는 바울의 주장이 확고한 진리에 근거하고 있기 때문입니다. 명시적으로든 암시적으로든 각 질문 앞에는 '만일 ~하면'이라는 문구가 붙어 있습니다. 31절에 나온 첫 번째 질문, "만일 하나님이 우리를 위하시면 누가 우리를 대적하리요"만 보아도 제가 하는 말뜻을 이해할 것입니다.

만일 바울이 '~라면'이라는 단서 없이 "누가 우리를 대적하리요?"라고 물었다면, 수많은 대답이 쏟아졌을 것입니다. 우리를 대적하는 자들은 사방에 널렸습니다. 무시무시한 원수들이 우리 곁에 있습니다. 믿지 않는 자들도 우리를 대적하는 세력 중의 하나입니다. 우리 속에 거하는 죄 역시 우리를 괴롭히는 세력입니다. 죽음도 우리를 대적하고, 사망의 권세를 잡은 마귀도 우리를 대적합니다. 사실 이 세상과 우리의 육신과 마귀는 우리가 상대하기 벅찰 정도로 강합니다. 그러나 바울은 "누가 우리를 대적하리요?"라고 묻지 않습니다. 하나님이 우리를 위하시면, 미리 아시고 미리 정하시고 의롭다 하시고 영화롭게 하신 그 하나님이 우리를 위하시면, 누가 우리를 대적하리요 하고 묻습니다. 아무도 이 주장에 반박하지 못합니다. 물론 이 세상과 우리의 육신과 마귀가 여전히 우리를 대적하지만, 하나님이 우리 편인 한 그들은 결코 우리를 이길 수 없습니다.

이제 두 번째 질문으로 넘어가겠습니다. "자기 아들을 아끼지 아니하시고 우리 모든 사람을 위하여 내주신 이가 어찌 그 아들과 함께 모든 것을 우리에게 주시지 아니하겠느냐"(32절). 이번에도 바울이 단순히 "하나님이 우리에게 모든 것을 주시지 아니하겠느냐?" 하고 물었다면, 우리는 쭈뼛거리며 대답을 우물거렸을 것입니다. 우리에게는 필요한 것이 많은데, 그중에는 엄청난 것도 있고 손에 넣기 어려운 것도 있기 때문입니다. 그러니 어떻게 하나님이 우리의 필요를 모두 다 채워주실 것이라고 확신할 수 있겠습니까? 그런데 바울은 우리 안에서 자꾸만 고개를 드는 이런 의심을 한방에 날리며 질문을 던집니다.

"하나님이 우리에게 모든 것을 주시지 않겠느냐?"라는 질문 속에 나오는 하나님은 우리에게 아들을 주신 바로 그 하나님이기 때문입니다. 새영어성경은 32절을 이렇게 번역합니다. "자기 아들을 아끼지 않으시고 우리 모두를 위하여 내주신 분이 어찌 이 선물과 함께 다른 모든 것을 우리에게 아낌없이 주지 않으시겠는가?" 하나님이 우리가 말로 형언할 수 없는 그리스도를 선물로 주셨다면, 그보다 훨씬 못한 선물들, 우리가 형언할 수 있는 선물들을 주시지 않을 리가 있겠습니까? 하나님이 얼마나 너그러운 분인지는 십자가가 증명하고 있습니다.

그다음에 바울은 세 번째로 묻습니다. "누가 능히 하나님께서 택하신 자들을 고발하리요"(33절). 주석자들이 지적한 대로 이 질문은 우리를 법정으로 안내합니다. 바울은 지금 예수 그리스도가 우리를 변호하는 변호인이라면, 누가 우리를 기소해도 소용없다고 말하고 있습니다. 재판관이신 하나님이 이미 우리를 의롭다 하셨는데, 누가 우리를 기소하겠느냐고 되묻고 있는 것입니다. 이번에도 단순히 "누가 능히 우리를 고발하리요?"라고만 물었다면, 대답할 말이 많았을 것입니다. 우선 나의 양심이 나를 고발합니다. 그렇지 않습니까? 마귀도 우리를 고발합니다. 오죽하면 마귀를 가리켜 '중상하는 자', '비방하는 자', '형제들을 참소하는 자'라고 부르겠습니까. 그러나 바울은 마귀가 아무리 우리를 참소해도 결코 성공하지 못한다고 말하고 있습니다. 마귀는 우리를 해하지 못합니다. 마귀의 참소는 방패를 뚫지 못하는 화살처럼 땅에 떨어지고 맙니다. 우리는 하나님이 택하시고 의롭다 하신 자들이기 때문입니다. 하나님이 우리를 의롭다 하셨으니 아무도 우리를 고발하지 못합니다.

"누가 정죄하리요"(34절). 물론 우리를 정죄하려는 자들은 많습니다. 때로는 우리 마음이 우리를 정죄합니다. 요한일서 3장에도 "우리마음이 혹 우리를 책망할 일이 있어도"(20절), "우리 마음이 우리를 책망할 것이 없으면"(21절)이라는 표현이 나옵니다. 마음뿐 아니라 우리를 비판하는 자들과 원수들도 우리를 정죄하려 애씁니다. 무저갱에 있는 마귀들도 우리를 정죄하려 애씁니다. 그러나 그들이 우리를 정죄해도 아무 소용없습니다. 그리스도가 우리 죄를 위해 죽으셨기 때문입니다. 그리스도가 아니었다면 우리를 정죄했을 바로 그 죄를 위해 그리스도가 죽으셨습니다. 그리고 자신의 죽음이 우리를 위한 대속의 죽음이라는 것을 입증하고자 죽은 자들 가운데서 살아나셨습니다. 그리고 지금은 하나님 우편에 앉아서 우리를 변호하고 우리를 위해 탄원하십니다.

우리의 구원자로서 십자가에서 죽으시고 부활하셔서 하나님 우편에 앉아 계신 그리스도가 우리를 위해 탄원하시는 우리의 변호인이십니다. 그래서 우리는 구원자 그리스도와 함께 자신 있게 말할 수 있습니다. "그러므로 이제 그리스도 예수 안에 있는 자에게는 결코 정죄함이 없"다고 말입니다.

마지막으로 다섯 번째 질문이 남았습니다. "누가 우리를 그리스도의 사랑에서 끊으리요"(35절). 이 질문을 던지면서 바울은 사람들이 대꾸할 만한 대답을 하나씩 꺼냅니다. 우리를 그리스도의 사랑에서 끊을 수 있다고 생각할 만한 대적들을 모두 거론합니다. "환난이나 곤고나 박해나 기근이나 적신이나 위험이나 칼이랴." 환난과 곤고와 박해는 하나님을 믿지 않는 세상이 가하는 압력을 가리키고, 기근과 적신은 먹을 것과 입을 것이 부족한 상태를 말합니다. 예수님은 하늘에 계신 아버지가 우리를 먹이고 입히신다고 약속하셨습니다. 그러므로 먹을 것과 입을 것이 마땅치 않은 상황에 처하면, 사람들은 하나님이 우리를 돌보지 않는 증거라고 여길 것입니다. 그다음에 나오는 위험과 칼은 실제적인 시험을 가리킵니다. 우리는 목숨을 위협받는 상황에 처할 수도 있고 우리를 대적하는 자들에게 실제로 죽임을 당할 수도 있습니다. 그래서 성경은 하나님의 백성들이 "종일 주를 위하여 죽임을 당"한다(시 44:22)고 경고합니다. 이처럼 하나님의 백성들은 도살당할 양같이 끊임없는 죽음의 위험에 노출되어 있습니다.

이것들은 분명히 실재하는 대적들입니다. 우리 곁에 있는 고통스럽고 위험천만한 고난입니다. 그렇다고 그것들이 우리를 그리스도의 사랑에서 끊을 수 있을까요? 그럴 수 없습니다. 사도 바울은 우리가 그리스도의 사랑에서 끊어지기는커녕 바로 이런 고난 속에서 참고 인내하는 가운데 우리가 넉넉히 이긴다고 말합니다(37절). 헬라어 성경에는 이 문장이 한 단어로 쓰여 있습니다. '넉넉히 이기다'라는 뜻을 지닌 '휘페르니코멘*hupernikomen*'이라는 단어입니다. 우리는 십자가에서 우리를 향한 자신의 사랑을 확증하신 하나님으로 말미암아 넉넉히 이깁니다. 그러므로 환난도 곤고도 박해도 기근도 적신도 위험도 칼도 우리를 그리스도의 사랑에서 끊을 수 없습니다. "우리를 사랑하시는 이로 말미암아"라는 짧은 구절은 우리에게 이렇게 속삭입니다. "그리스도가 고난을 당하심으로 우리를 향한 그분의 사랑을 입증하셨으니 우리가 당하는 고난이 우리를 그리스도의 사랑에서 끊을 수 없다."

이런 사실을 모두 밝히고 나서 바울은 절정을 향해 나아갑니다. "내가 확신하노니 사망이나 생명이나 천사들이나 권세자들이나 현재 일이나 장래 일이나 능력이나 높음이나 깊음이나 다른 어떤 피조물이라도 우리를 우리 주 그리스도 예수 안에 있는 하나님의 사랑에서 끊을 수 없으리라"(38-39절).

하나님의 사랑은 그리스도의 죽음 안에서 역사적으로 드러났습니다. 그리고 그리스도의 영을 통해 우리 마음에 하나님의 사랑이 부어졌습니다! 그러므로 여러분은 인생에서 온갖 고통과 당혹스러운 일을 만나도 하나님의 사랑을 확신하는 가운데 살고 그분의 사랑 가운데 죽을 수 있기를 바랍니다!

위기 시의
하나님의 복음

디모데후서 1-4장

1969

John Stott

핸들리 모울 주교는 디모데후서 주석을 쓰면서 눈이 뿌옇게 흐려지지 않고는 이 서신을 제대로 이해할 수 없다고 고백했습니다. 맞는 말입니다. 디모데후서는 그만큼 감동적인 서신입니다.

　나이 지긋한 바울의 모습을 상상해보십시오. 바울은 지금 쇠약한 몸으로 어둡고 습한 지하 감옥에 갇혀 있습니다. 죽지 않고는 이 감옥에서 벗어날 길이 없습니다. 사도로서 바울은 할 수 있는 모든 일을 다 했습니다. "선한 싸움을 싸우고 나의 달려갈 길을 마치고 믿음을 지켰으니"(4:7)라고 고백할 수 있을 정도로 복음을 위해 온 힘을 쏟았습니다.

　그런데 지금 바울은 한 가지 생각으로 마음이 무겁습니다. '내가 이대로 세상을 떠나면 기독교 신앙은 어찌 될까?' 디모데에게 두 번째 편지를 쓰면서 바울은 줄곧 이 문제로 씨름합니다. 다음 세대에게 불순물이 섞이지 않은 순수한 신앙을 물려주려면 어찌해야 할까요? 이에 바울은 디모데에게 온 힘을 다해 신앙을 지키고, 충성된 사람들에게 그 신앙을 전해서 그들이 또 다른 사람들을 가르칠 수 있게 하라고 신신당부합니다.

현대 교회 역시 이 편지에서 전하는 바울의 메시지에 시급히 귀를 기울여야 합니다. 주위를 둘러보면 복음을 붙잡은 손을 놓치고 더듬거리다 완전히 놓아버릴 위기에 처한 교회를 쉽게 볼 수 있습니다. 우리에게는 젊은 디모데와 같은 새로운 세대가 필요합니다. 복음의 부탁한 것을 지킬 사람들, 복음을 선포하기로 결심하고 복음을 위해 기꺼이 고난을 받을 사람들, 때가 되면 그들의 뒤를 이을 다음 세대에 오염되지 않은 순수한 복음을 전달해줄 사람들이 필요합니다.

복음을 지킬 의무
디모데후서 1장

디모데후서를 공부하기 전에 먼저 확인하고 넘어가야 할 내용이 몇 가지 있습니다.

첫째, 디모데후서는 정말로 바울이 디모데에게 쓴 편지입니다. 역사적, 교회적, 신학적, 문학적 근거를 제시하며 디모데후서가 바울의 저술이 아니라고 주장하는 이들이 더러 있지만, 그들이 하는 주장은 디모데후서가 바울이 쓴 편지가 맞다는 증거를 뒤엎기에는 내외적으로 근거가 부족합니다. 저는 디모데후서가 바울의 서신이라는 점에 논란의 여지가 없다고 생각합니다. 거듭 말하건대, 디모데후서는 바울이 디모데에게 쓴 편지입니다.

둘째, 이 편지를 쓸 무렵 바울은 로마 감옥에 갇힌 죄수였습니다. 지금 바울은 누가가 사도행전에서 말했던 것처럼 셋집에서 비교적 자유롭고 편안한 생활을 누리는 중이 아닙니다. 예상대로 가택 연금은 풀렸습니다. 하지만 그 대신 바울은 지하 감옥에 갇혔습니다. 윌리엄 핸드릭슨William Hendrickson의 표현대로 "천장에 난 구멍으로 빛과 공기가 간신히 들어오는 음침한 지하 감옥"에 갇히고 말았습니다. 전승에 따르면 바울을 가둔 감옥은 마메르티네Mamertine 감옥입니다. 체포되어 수감된 것만도 이번이 두 번째입니다. 이제 죽지 않고 감옥에서 나갈 방법은 없어 보입니다.

그래서 바울은 자신이 곧 처형당할 것을 직감하며 이 편지를 쓰고 있습니다. 디모데후서는 바울이 디모데에게 개인적으로 보낸 편지이지만, 어찌 보면 교회에 남기는 마지막 유언이기도 합니다.

셋째, 편지 수신자인 디모데는 자기 능력으로 감당하기에는 너무나 버거운 중책을 맡고 있었습니다. 15년 넘게 디모데는 바울의 선교 사역에 동행했고, 복음을 전하는 하나님의 일꾼으로 바울이 신뢰하던 인물입니다. 이 당시 디모데는 에베소에서 교회 지도자로서 책임을 맡고 있었습니다. 그런데 사도 바울은 순교를 앞두고 디모데에게 지금보다 훨씬 더 무거운 책임을 맡기려 합니다. 그러나 솔직히 말해서 그렇게 막중한 책임을 맡기에 디모데는 한참 부족해 보입니다.

무엇보다 중책을 맡기에 디모데는 너무 어렸습니다. 디모데의 나이를 정확히 가늠할 길은 없지만, 30대 중반이었던 것으로 짐작됩니다. 비교적 어린 나이였습니다. 그래서 바울은 디모데에게 보낸 첫 번째 편지에 "누구든지 네 연소함을 업신여기지 못하게 하라"(4:12)고 충고했고, 일이 년 뒤에 쓴 두 번째 편지에는 "청년의 정욕을 피하라"(2:22)고 당부했습니다. 이처럼 중책을 맡기에 디모데는 나이가 너무 어렸습니다.

디모데는 병약했습니다. 디모데에게 보낸 첫 번째 편지에서 바울은 디모데가 자주 걸리는 병에 대해 언급하면서 위장과 자주 나는 병을 위해 물만 마시지 말고 포도주를 조금씩 쓰라고 조언합니다.

또한 그는 기질적으로 소심했습니다. 디모데가 요즘 사람이라면,

우리는 아마 그를 두고 내성적이라고 이야기했을 것입니다. 어려운 일을 맡으면 주눅이 먼저 들었습니다. 그래서 바울은 고린도 교회 교인들에게 편지를 쓰면서 "디모데가 이르거든 너희는 조심하여 그로 두려움이 없이 너희 가운데 있게 하라"(고전 16:10), 그리고 "누구든지 그를 멸시하지 말라"(11절)고 당부했습니다.

나이도 어리고 몸도 약하고 성격도 내성적인 사람, 그게 디모데였습니다. 그런데도 디모데는 예수 그리스도를 섬기는 자로 부름을 받아 고된 중책을 떠맡았습니다. 혹시 지금 여러분 중에 디모데처럼 나이도 어리고 몸도 약하고 수줍음까지 많은데 교회를 섬기는 중책을 맡고 있는 사람이 있습니까? 사실 교회 안에는 디모데 같은 사람들이 아주 많습니다. 디모데후서에는 이렇게 소심한 디모데들에게 주는 특별한 메시지가 담겨 있습니다.

넷째, 바울이 디모데에게 편지를 쓰면서 몰두하고 있는 것은 복음, 즉 하나님이 그에게 계시하고 맡기신 진리입니다. 알다시피 사실상 바울의 복음 사역은 끝났습니다. 감옥에 갇혀 있는 바울은 이제 곧 순교자가 될 것입니다. 그럼 바울이 죽고 나면 어떻게 될까요? '내가 죽고 나면 복음은 어떻게 될까?' 지하 감옥에서 하루하루 쇠약해지는 바울의 머릿속엔 온통 이 생각뿐이었습니다. 그래서 바울은 디모데에게 편지를 쓰면서 이 문제를 이야기합니다. 디모데에게 '이제 네가 복음을 위임받았으니 네가 복음을 책임질 차례'라고 상기시킵니다. 그래서 바울은 넉 장으로 이루어진 디모데후서에서 복음에 대한 의무를 강조합니다.

먼저 1장에서는 복음을 지킬 의무, 2장에서는 복음을 위해 고난을 받을 의무, 3장에서는 복음에 계속 거할 의무, 4장에서는 복음을 전파할 의무에 대해 각각 이야기합니다.

디모데후서를 시작하면서 바울은 이 편지의 작성자인 자신과 수신자인 디모데를 소개합니다. 특히 두 사람이 어떻게 해서 지금 이 자리까지 오게 되었는지를 들려줍니다. 그리고 이를 통해 하나님의 섭리에 대해, 하나님이 어떻게 사람을 자신이 원하는 모습으로 빚어가시는지에 대해 한 줄기 빛을 비춰줍니다.

먼저 바울에 대한 소개를 살펴보겠습니다. "하나님의 뜻으로 말미암아 그리스도 예수 안에 있는 생명의 약속대로 그리스도 예수의 사도 된 바울은"(1절). 지금 이 자리에서 예수님이 열두 제자를 어떻게 뽑고 어떻게 그들에게 사도라는 칭호를 주었는지 설명할 생각은 없습니다. 예수님은 열두 제자를 뽑고 그들과 함께 계시면서 그들이 예수님의 말씀을 듣고 예수님의 사역을 목격할 수 있는 독보적인 기회를 주셨습니다. 그리고 그렇게 보고 들은 것을 다른 사람들에게 증언할 수 있게 하셨습니다. 또한 진리의 성령이 오시면 예수님이 그들에게 가르친 모든 것을 생각나게 하고, 그 이상의 것들을 가르치고, 하나님이 드러내기 원하시는 모든 진리 가운데로 그들을 인도하실 거라고 약속하셨습니다.

바울은 이렇게 예수님이 택한 사도라는 집단에 자신이 나중에 추가되었다고 주장합니다. 다메섹으로 가는 길에서 부활하신 주님을 처음 뵈었고 사도로 임명을 받았다고 말합니다. 바울은 자신이 받은 사도직의 기원과 목적을 이렇게 밝힙니다.

(a) 사도직의 기원. 무엇보다 바울은 하나님의 뜻에 따라 사도가

되었습니다. "하나님의 뜻으로 말미암아 그리스도 예수 안에 있는 생명의 약속대로 그리스도 예수의 사도 된 바울은." 바울은 고린도전후서와 두 편의 옥중서신인 에베소서와 골로새서의 서두에서 거의 똑같은 단어를 사용합니다. 실제로 바울은 열세 개의 편지 중 아홉 개에서 자신이 사도가 된 것이 '하나님의 뜻', 또는 '하나님의 부르심', '하나님의 명령'이라고 말합니다. 바울은 사도로서 사역을 시작할 때부터 마칠 때까지 자신을 예수 그리스도의 사도로 임명한 이가 교회도 아니고 어떤 사람이나 집단도 아니고 스스로 사도가 된 것도 아니라는 확신을 품고 있었습니다. 자기가 사도가 된 것은 어디까지나 전능하신 하나님의 뜻 때문이라고 확신했습니다. 하나님의 뜻대로 예수 그리스도를 통해 자신을 역사적으로 부르신 것이라고 말입니다. 바울은 그렇게 사도가 되었습니다.

(b) 사도직의 목적. 또한 바울은 "그리스도 예수 안에 있는 생명의 약속대로" 사도가 되었습니다. 다시 말해서 하나님이 바울을 사도로 세우신 것은 그를 통해 복음을 체계화하고 복음을 전하게 하기 위해서였습니다. 복음은 하나님이 죽어가는 죄인들에게 예수 그리스도 안에서 생명을 주기로 약속하셨다는 복된 소식입니다. 복음은 사람들에게 현재와 미래에 참되고 영원한 생명을 줍니다. 복음은 이 생명이 예수 그리스도 안에 있다고 선언합니다. 이 예수는 사망을 폐하고 복음으로 생명과 썩지 아니할 것을 드러내신 분입니다(10절). 나아가 복음은 예수 그리스도 안에 있는 모든 자에게 생명을 약속합니다.

바울은 이렇듯 자신을 예수 그리스도의 사도로 소개하면서 자신이 사도가 된 것은 하나님의 뜻에 의한 것이고, 하나님이 그를 사도로 세우신 목적은 '그리스도 예수 안에 있는 생명의 약속'인 하나님의 복음을 선포하게 하기 위해서라고 말합니다.

그런 다음 바울은 디모데를 '사랑하는 아들'이라고 부릅니다. 바울이 디모데를 이렇게 부르는 이유는 그가 디모데를 그리스도에게 인도했고, 그리하여 복음 안에서 디모데의 아버지가 되었기 때문입니다. 바울은 디모데에게 '은혜와 평강'이라는 통상적인 인사말을 건네지만, 첫 번째 편지와 마찬가지로 두 번째 편지에서도 '긍휼'을 덧붙입니다. 은혜가 자격 없는 사람들에게 값없이 주는 것이라면, 긍휼은 약하고 무력한 자들에게 베푸는 것이고, 평강은 안식이 없는 자들에게 주는 것입니다. 그리고 은혜와 긍휼과 평강이라는 세 물줄기는 '하나님 아버지와 그리스도 예수 우리 주'라는 하나의 샘에서 흘러나옵니다.

이어서 바울은 "내가 밤낮 간구하는 가운데 쉬지 않고 너를 생각하여 청결한 양심으로 조상적부터 섬겨오는 하나님께 감사하노라"(3절)라고 지극히 개인적인 고백을 합니다. 여기에서 우리가 주목해야 할 부분은 '밤낮 너를 생각하며 하나님께 감사한다'는 구절입니다. 바울이 이처럼 밤낮 디모데를 생각하며 하나님께 감사하는 이유는 무엇일까요? 그 이유는 디모데를 지금 이 자리까지 인도하신 이가 하나님이라는 사실을 알기 때문입니다. 하나님이 지금의 디모데를 빚으셨기에 바울은 디모데를 생각할 때마다 하나님께 감사를 드립니다.

그렇다면 현재의 모습에 이르기까지 디모데에게 영향을 끼친 요소는 어떤 것들이 있을까요? 바울은 여기에서 지금의 디모데를 만드는 데 영향을 끼친 네 가지 요소를 직간접적으로 언급합니다.

(a) 부모의 양육. 5절에서 바울은 디모데의 외할머니 로이스와 어머니 유니게를 언급한 다음 그들 속에 있던 믿음이 "네 속에도 있는 줄을 확신하노라"라고 말합니다. 옳은 말입니다. 인간이란 모름지기 부모의 영향을 가장 많이 받게 마련입니다. 우리 각자의 모습을 형성하는 데 가장 크게 영향을 끼치는 것이 혈통과 가족입니다. 훌륭한 전기들이 곧바로 주인공의 이야기를 시작하지 않고 부모와 조부모의 이야기부터 하는 것도 이 때문입니다.

디모데는 경건한 가정에서 자랐습니다. 사도행전 16장 1절을 통해 알 수 있듯이 디모데의 아버지는 헬라인입니다. 아마도 불신자였을 것입니다. 그러나 그의 어머니 유니게는 유대인이고 예수를 믿어 그리스도인이 된 인물입니다. 그리고 어떤 과정을 거쳤는지 자세히 알 수는 없지만, 외할머니 로이스가 유니게보다 먼저 회심했습니다. 두 여인은 디모데가 회심하기도 전에 그를 성경으로 양육했습니다. 그래서 디모데는 어려서부터 성경을 알았습니다(3:15).

이처럼 디모데에게 첫 번째로 영향을 끼친 것은 부모의 양육이었습니다. 디모데의 어머니와 외할머니는 신실한 신자였고 디모데가 어렸을 때부터 그에게 성경을 가르쳤습니다. 디모데처럼 기독교 가정에서 태어나고 자란 사람들은 모두 하나님께 크나큰 복을 받은 줄을 알아야 합니다.

(b) 영적 교제. 디모데에게 두 번째로 영향을 끼친 것은 신실한 자들과의 교제였습니다. 부모 다음으로 영향을 많이 끼치는 사람이 친구입니다. 특히 우리를 가르치는 선생과 친구가 되는 경우에는 그에게 더욱더 많은 영향을 받습니다. 디모데에게는 바울이라는 탁월한

선생이자 친구가 있었습니다. 바울은 디모데의 영적 아버지였습니다. 우리는 어떤 이를 그리스도에게 인도하고 나서 마치 제 할 일을 다했다는 양 두 손을 놓곤 합니다. 그러나 바울은 디모데를 그리스도에게 인도하고 난 뒤에도 그를 내팽개치지 않았습니다. 3-5절에서 반복하고 있듯이 바울은 쉬지 않고 디모데를 생각했습니다. "내가 … 쉬지 않고 너를 생각하여"(3절), "네 눈물을 생각하여"(4절), "네 속에 거짓이 없는 믿음이 있음을 생각함이라"(5절). 그냥 생각하는 데서 끝난 게 아닙니다. 바울은 10년이 넘는 시간 동안 선교 여행에 디모데를 데리고 다녔습니다. 디모데와 헤어질 때 바울은 눈물을 참을 수가 없었습니다. 그리고 디모데가 흘리던 눈물을 기억하면서 디모데를 그리워했습니다. 핸들리 모울 주교는 '보기 원하다'에 해당하는 헬라어 에피포돈*epipothon*을 '향수병과 같은 그리움'이라고 번역했는데, 그만큼 바울은 밤낮 디모데를 그리워했습니다. 그러면서 쉬지 않고 디모데를 위해 기도했고, 이따금 디모데에게 편지를 써서 조언과 격려를 아끼지 않았습니다. 동료 의식이 깃든 이런 우정과 편지와 기도는 디모데에게 강력한 영향을 끼쳐서 그의 삶과 사역을 떠받치고 굳건히 세워 주었습니다.

(c) 특별한 재능. 바울은 디모데에게 그리스도인다운 성품을 심어 주고자 하나님이 사용하신 간접적인 수단, 즉 부모와 친구에 대해 언급한 다음 하나님이 직접 그에게 주신 은사에 대해 이야기합니다. "그러므로 내가 나의 안수함으로 네 속에 있는 하나님의 은사를 다시 불일듯 하게 하기 위하여 너로 생각하게 하노니"(6절). 하나님이 디모데에게 주신 은혜의 선물(*charisma*, 카리스마)이 무엇인지는 나와 있지

않기 때문에 디모데가 어떤 은사를 받았는지는 정확히 알 수 없습니다. 그렇지만 어렴풋이 짐작해볼 수는 있습니다. 디모데후서 1장 6절과 디모데전서 4장 14절에 나와 있듯이, 바울과 몇몇 장로들이 디모데에게 안수할 때 은사가 임한 것만은 확실합니다. 즉 이 은사는 디모데가 안수를 받고 교회 지도자로 임명될 때 주어졌습니다. 그러므로 이 은사는 사역과 관련된 은사였을 것입니다. 어쩌면 바울이 말하는 은사는 디모데에게 안수함으로써 그에게 위임한 사역 자체를 말하는 것인지도 모릅니다. 사역이야말로 의심할 여지없는 카리스마, 즉 하나님의 은혜의 선물이기 때문입니다.

혹은 바울이 뒤에 "너는 말씀을 전파하라. 때를 얻든지 못 얻든지 항상 힘쓰라. 범사에 오래 참음과 가르침으로 경책하며 경계하며 권하라"(4:5)라고 촉구하는 것으로 보아 어쩌면 복음 전도자의 은사를 가리키는 것일 수도 있습니다. 또는 바울이 곧이어 성령을 언급하는 것으로 보아 디모데가 안수를 받을 때 그 직무를 감당하기에 적합한 사람이 되도록 특별한 성령의 기름부음이 있었던 일을 상기하는 것일 수도 있습니다. 이런 의미에서 저는 알프레드 플러머Alfred Plummer가 지적한 대로 디모데가 받은 은사를 "그리스도의 사역자가 되는 데 필요한 권위와 능력"으로 이해하는 것이 가장 적절하다고 생각합니다. 이로써 우리는 한 사람이 현재의 모습을 갖추기까지 부모와 친구들에게만 영향을 받는 것이 아니라 하나님이 그를 어떤 사역으로 부르시고 그 사역을 위해 어떤 자연적, 영적 은사를 부어주시는가에도 크게 영향을 받는다는 사실을 알게 되었습니다.

(d) 개인 훈련. 자연적인 것이든 영적인 것이든 하나님이 주시는

은사는 모두 개발하고 사용해야 합니다. 우리에게는 은사를 개발하고 사용할 책임이 있습니다. 그래서 바울은 디모데에게 은사를 가볍게 여기지 말라고 말하는가 하면(딤전 4:14), 하나님의 은사에 다시 불을 붙이라고 충고합니다. "네 속에 있는 하나님의 은사를 다시 불일 듯하게 하기 위하여 너로 생각하게 하노니"(딤후 1:6). 여기에서 바울은 은사를 불에 비유하는데, 신약성경에서 '불일 듯하게 하다'에 해당하는 헬라어 동사 '아나조퓌레오*anazopureo*'가 나오는 구절은 여기뿐입니다. 바울의 말뜻은 디모데가 불을 꺼뜨렸기 때문에 사그라지는 불에 부채질을 해서 다시 불꽃을 일으켜야 한다는 의미가 아닙니다. 그보다는 살아 있는 불이 계속 활활 타오르게 관리하라는 권면으로 보아야 합니다. '내적 불꽃이 일게 하라'(필립스 성경)는 뜻입니다. 애벗 스미스Abbott Smith가 사전에서 정의한 대로 '불일 듯하게 하라'는 바울의 권면은 "계속 활활 타오르게 하라"는 뜻으로 하나님이 주신 은사를 신실하게 사용하고, 은사가 끊임없이 새로워지도록 하나님께 기도하라는 의미입니다. 하나님이 우리에게 주신 영은 '두려워하는 영'이 아니라 '능력과 사랑과 절제하는 영'이기 때문입니다(7절). 그러므로 우리는 은사를 사용하기를 부끄러워할 필요가 없습니다. 하나님이 우리에게 주신 성령은 능력의 영이므로 우리는 우리가 맡은 사역을 담대하고 효과적으로 수행할 수 있습니다. 또한 그분은 사랑의 영이므로 우리는 하나님의 권위와 능력을 이용해 자기 목소리를 높이고 헛된 영광을 좇는 대신 다른 사람을 섬길 수 있습니다. 그리고 그분은 절제의 영이므로 우리는 공경하고 삼가는 자세로 하나님의 은사를 사용할 수 있습니다.

첫 번째 단락에서 우리는 무엇을 배울 수 있을까요? 디모데가 받은 영향 네 가지를 살펴보면서 가장 눈길이 가는 것은 하나님의 주권과 인간의 책임이 결합되어 있다는 사실입니다. 이렇게 설명하면 이해하기 쉬울 것입니다. 어머니와 외할머니는 디모데에게 성경을 가르치고 그가 회심하도록 인도했습니다. 바울은 디모데를 그리스도에게 인도하고, 그의 친구가 되고, 그를 위해서 기도하고, 그에게 편지를 쓰고, 권면을 아끼지 않았습니다. 그리고 하나님은 디모데가 안수를 받을 때 특별한 은사를 주셨습니다. 그럼에도 디모데는 자기 안에 있는 하나님의 은사가 계속 활활 타오르도록 스스로 노력해야 했습니다. 우리도 마찬가지입니다. 우리가 받은 은사가 많든 적든, 그 은사가 하나님이 직접 부어주신 것이든 부모와 친구, 선생을 통해 간접적으로 얻은 것이든 우리는 하나님의 은혜에 협력하고 내면의 불이 계속 타오르도록 스스로 훈련해야 합니다. 그러지 않으면 하나님이 원하시는 사람이 될 수도 없고 하나님이 우리에게 맡기신 사역을 온전히 감당할 수도 없습니다.

이제 8절로 넘어가겠습니다. 지금의 디모데를 있게 한 네 가지 요소를 살펴본 뒤 바울은 복음 진리로 눈을 돌려서 복음과 관련하여 디모데가 짊어져야 할 책임에 대해 이야기합니다. "그러므로 너는 … 부끄러워하지 말고 … 복음과 함께 고난을 받으라"(8절). 사역을 맡은 디모데가 해야 할 일은 부끄러워하는 것이 아니라 복음을 위해 고난을 받는 것입니다. 바꿔 말하면 바울은 사실 이렇게 말하고 있는 것입니다. "그래, 디모데야. 너는 나이도 어리고 몸도 약하고 성격도 소심할지 모른다. 부르심을 받은 과업 앞에 주눅이 들기도 하겠지. 그러나 명심해라. 하나님이 네게 은사를 주셨고, 하나님이 너를 지금 이 모습으로 빚으셨다. 그리고 하나님은 사역을 잘 감당할 수 있도록 너를 준비시키셨다. 그러니 하나님이 주신 은사를 사용하는 것을 부끄러워하지도 겁내지도 마라."

"그리스도를 증언하는 것을 부끄러워하지 마라." 모든 그리스도인은 그리스도를 증언하도록 부름 받았습니다. 그러므로 우리는 그리스도 때문에 어리석어질 준비가 되어 있어야 합니다.

"감옥에 갇힌 자 된 나를 부끄러워하지 마라." 바울이 이렇게 말한 이유는 여러분도 알다시피 그리스도는 자랑스러워하면서도 그리스도의 사람들은 부끄러워하고 그들과 어울리기를 꺼리고 난처해하는 일이 충분히 가능하기 때문입니다. 특히 그들이 바울처럼 감옥에 갇힌 죄수라면 특히 더할 것입니다.

"하나님의 능력을 따라 복음과 함께 고난을 받아라." 십자가에 못 박힌 그리스도의 복음은 아직도 누군가에게는 거리끼는 것이고 누군가에게는 미련한 것입니다.

지금도 그리스도인들은 종종 디모데처럼 이 세 가지 사실을 부끄러워하곤 합니다. 우리는 때로 증인이 되라고 부름을 받은 그리스도의 이름을 부끄러워합니다. 그리고 우리가 그리스도 안에 속한 탓에 어쩔 수 없이 어울리게 되는 그리스도의 사람들을 부끄러워하기도 합니다. 또한 전파할 임무를 맡은 그리스도의 복음을 부끄러워하기도 합니다. 이런 유혹이 실질적으로 강렬하게 우리 마음을 흔듭니다. 그러나 우리는 그러한 유혹에 저항해야 합니다.

그다음에 바울은 복음에 대해 자세히 이야기합니다. 이 복음은 디모데가 부끄러워하지 말고 그것을 위하여 고난을 받아야 하는 그리스도의 복음입니다. 보다시피 복음이라는 단어가 8절과 10-11절에 나옵니다. 먼저 바울은 9절과 10절에서 복음이 무엇인지 주요 특징을 설명합니다. 그런 다음 11-14절에서 복음에 대한 책임을 이야기합니다. 먼저 하나님의 복음이 나오고 그다음에 우리의 의무가 뒤따릅니다.

먼저 하나님의 복음에 대해 살펴보겠습니다. 8절 후반부에서 바울은 우리를 구원하신 하나님의 능력을 따라 복음을 위하여 자기 몫의 고난을 받으라고 말합니다. 구원을 이야기하지 않고 복음을 이야기하기란 불가능합니다. 복음은 곧 구원하시는 하나님의 능력이기 때문입니다. 어떤 이들은 교회에서 죄와 구원에 대해서는 이제 그만 이야기해야 할 때라고 말합니다. 그러나 죄와 구원에 대해 입을 닫아야 한다면, 교회는 문을 닫고 해산하는 편이 낫습니다. 구원이 없으면 복음도 없기 때문입니다. 복음은 구원에 관한 복된 소식입니다. "내가 온 백성에게 미칠 큰 기쁨의 좋은 소식을 너희에게 전하노라. 오늘 다윗의 동네에 너희를 위하여 구주가 나셨으니"(눅 2:10-11). 이것이 바로 복음입니다. 첫 번째 선교 여행에서 바울은 복음을 가리켜 '이 구원의 말씀'이라 칭했고, 에베소 사람들에게는 '너희의 구원의 복음'이라 말했습니다.

그러니 이제 바울이 구원을 어떻게 설명하는지 살펴보겠습니다. 바울은 구원이 무엇이고, 어디에서 오고, 어디에 근거를 두고 있는지 세 부분으로 나누어 이야기합니다.

(a) 구원의 특성. 구원이란 단순히 죄를 용서받는 것이 아닙니다.

저는 여러분이 이 사실을 명쾌하게 이해하기를 바랍니다. 구원과 용서는 서로 바꿔 쓰거나 대체할 수 있는 용어가 아닙니다. 구원은 용서보다 큰 개념입니다. 예를 들어 구원에는 거룩함이 포함됩니다. 사도 바울이 9절에서 "하나님이 우리를 구원하사"라는 말을 하기가 무섭게 바로 이어서 "거룩하신 소명으로 부르심은"이라고 덧붙이는 이유도 이 때문입니다. 그러므로 '거룩하신 소명으로 부르심'은 구원 계획에서 없어서는 안 될 부분입니다. 마찬가지로 그다음 절에 나오는 '썩지 아니할 것'도 구원에 포함됩니다. "이제는 우리 구주 그리스도 예수의 나타나심으로 말미암아 나타났으니 그는 사망을 폐하시고 복음으로써 생명과 썩지 아니할 것을 드러내신지라"(10절). 그러므로 우리는 용서와 거룩함과 썩지 아니함이 모두 구원 계획에 포함된다는 사실을 알아야 합니다.

구원이라는 단어는 훌륭한 단어입니다. 구원은 자기 백성을 의롭다 하고 거룩하게 하고 영화롭게 하려는 하나님의 포괄적인 계획을 표현하는 말입니다. 하나님은 먼저 그리스도를 통해 우리의 죄를 용서하고, 우리를 하나님이 보시기에 의로운 자로 받아들이고, 마침내 우리가 하늘나라에서 그리스도와 같이 될 때까지 성령을 통해 우리를 그리스도의 형상으로 차츰 변모시키십니다. 그런데 요즘은 복음주의 그리스도인들조차 구원을 단순한 죄 사함이라고 여기는 이들이 많습니다. 저는 여러분이 이렇게 협소한 개념에서 벗어나 구원의 의미를 제대로 이해하기를 간절히 바랍니다. 우리는 절대로 구원을 과소평가해서는 안 됩니다.

(b) 구원의 원천. 그렇다면 이 구원은 어디에서 오는 것일까요? 구

원의 강이 시작되는 원천을 찾으려면, 우리의 회심이나 시간이라는 개념을 뛰어넘어 영원 전으로 거슬러 올라가야 합니다. 바울은 9절에서 다음과 같이 말합니다. "하나님이 우리를 구원하사 거룩하신 소명으로 부르심은 우리의 행위대로 하심이 아니요 오직 자기의 뜻과 영원 전부터 그리스도 예수 안에서 우리에게 주신 은혜대로 하심이라." 헬라어 원문에 따르면 '영원한 시간 전부터', 즉 '세상이 창조되기 전부터', '시간이 시작되기 전부터', '영원부터' 하나님이 우리를 구원하기로 계획하셨다는 뜻입니다. 그러므로 우리는 우리의 공로나 선행 덕분에 구원받은 것이 아닙니다. 우리가 구원을 받은 것은 우리가 어떠한 선행도 하기 전에, 우리가 태어나기도 전에, 역사가 시작되기도 전에, 시간이 시작되기도 전에, 영원 속에서 하나님이 그리스도 안에서 우리에게 은혜를 베풀기로 뜻을 세우셨기 때문입니다.

물론 유한한 우리로서는 선택의 교리를 온전히 이해하기가 쉽지 않습니다. 하지만 선택의 교리는 지극히 성경적인 교리이며, 이 교리는 인간의 공로가 아니라 전적인 하나님의 은혜로 말미암아 구원이 시작되었다는 사실을 강조합니다. 시간 속에서 우리가 한 행위가 아니라 영원 전부터 있었던 하나님의 은혜로 말미암은 것입니다. 그러므로 선택의 교리 앞에서 우리는 한없이 겸손해지고 깊이 감사할 수밖에 없습니다. 구원받은 것을 두고 누구도 자신의 공로를 자랑할 수 없기 때문입니다. 또한 선택의 교리는 우리에게 확신과 평안을 안겨 줍니다. 이 교리를 통해 우리는 구원이 우리의 행위가 아니라 전적인 하나님의 뜻과 은혜에 달려 있다는 것을 알게 되기 때문입니다.

(c) 구원의 근거. 마지막으로 우리의 구원은 어디에 근거를 두고

있을까요? 구원은 예수 그리스도가 이 세상에 나타나셔서(10절) 행하신 일에 근거를 두고 있습니다. 하나님은 영원 전부터 그리스도 안에서 우리에게 은혜를 주셨고, 그 은혜는 우리 구주 예수 그리스도가 인간의 몸을 입고 이 세상에 오심으로써 역사적 시간 속에서 우리 앞에 나타나게 되었습니다. 그렇다면 그리스도는 이 세상에 오셔서 하나님의 은혜를 나타내셨을 때 무슨 일을 하신 것일까요? 그리스도는 "사망을 폐하시고 복음으로써 생명과 썩지 아니할 것을 드러내"셨습니다(11절).

첫째, 그리스도는 사망을 폐하셨습니다. 이 얼마나 영광스러운 일인가요! 저는 우리 모두가 이 말씀을 굳게 믿기를 바랍니다. 사망은 죄인에게 임하는 냉혹한 형벌, 즉 죄의 삯(롬 6:23)이므로 사망이라는 말은 죄로 말미암아 우리 인간이 처하게 된 곤경을 한마디로 요약해 주는 말입니다. 또한 그리스도가 폐하신 사망은 모든 형태의 사망을 가리킵니다. 그리스도는 영혼이 육체에서 분리되는 육체적 사망을 폐하셨고, 영혼이 하나님에게서 분리되는 영적 사망을 폐하셨고, 영혼과 육체가 지옥에 떨어져 영원히 하나님에게서 분리되는 영원한 사망을 폐하셨습니다. 세 가지 사망은 모두 죄로 말미암은 것입니다. 마땅히 받아야 할 죄의 삯입니다. 그런데 십자가에서 죄를 담당하심으로써 예수 그리스도가 사망을 모두 폐하셨습니다.

그러나 여기에서 사망을 폐했다는 말은 사망을 제거했다는 말이 아닙니다. 경험을 통해 알고 있듯이 죄인들은 여전히 자신의 죄와 허물로 말미암아 영적으로 죽어 있습니다. 또한 그리스도가 다시 오실 때 살아 있을 세대를 제외하고 모든 인간은 육체적으로 죽음을 맞습니다. 그리고 어떤 이들은 지옥에서 둘째 사망에 이를 것입니다. 이렇듯 사망은 여전히 실재합니다. 제거된 것이 아닙니다. 그러면 바울은 무슨 뜻으로 그리스도가 사망을 폐하셨다고 자신 있게 말한 것일까요? 그것은 곧 그리스도가 사망을 이기셨다는 말입니다. '폐하다'에 해당하는 헬라어 동사 '카타르게오*katargeo*'는 '쓸모없게 만들다' 또는 '무효로 만들다'라는 뜻입니다. 고린도전서 15장 55절에서 바울은 사망을 침이 뽑힌 전갈, 즉 아직 살아 움직이지만 침이 없어서 해를 끼칠 수 없는 전갈에 비유합니다. 그래서 새영어성경은 이 구절을 "그리스도가 사망의 권세를 깨뜨리셨다"라고 번역합니다. 한편 히브리서 2장 14절과 로마서 6장 6절에도 '카타르게오'라는 동사가 나오는데, 각각 마귀를 '멸하다'라는 구절과 우리의 타락한 본성을 '멸하다'라는 구절에서 사용되었습니다. 그러나 알다시피 마귀도 우리의 타락한 본성도 사망도 완전히 사라지지 않았습니다. 정확히 말하면 그리스도의 능력으로 마귀와 우리의 타락한 본성과 사망의 압제가 깨진 것입니다. 그래서 이제 우리는 그리스도 안에서 자유하게 되었습니다.

그리스도인들은 이제 죽음을 두려워하지 않습니다. 그리스도인에게 육체의 사망은 더 이상 무서운 괴물이 아닙니다. 그리스도인에게는 죽는 것이 이득입니다. 그리스도인에게 사망은 예수 안에서 자는 것일 뿐입니다. 예수님이 신자들에게 "영원히 죽지 아니하리니"라고 말씀하셨듯이 사망은 그리스도인에게 아무런 해도 끼치지 못합니다. 또한 그리스도인은 영원한 생명을 얻고 하나님과 교통함으로써 영적 사망을 극복했습니다. 나아가 그리스도 안에 있는 사람은 이미 사망에서 생명으로 옮겨졌기 때문에 둘째 사망의 해를 받지 않을 것입니다.

또한 그리스도는 "복음을 통해 생명과 썩지 아니할 것을 드러내"셨습니다. 이것은 긍정적인 대응입니다. 그리스도는 자신의 죽음과 부활을 통해 사망을 폐하셨습니다. 그리고 복음을 통해 자신이 하신 일을 세상에 드러내십니다. 그리스도는 사망을 정복하심으로써 우리에게 썩지 아니할 생명을 주셨다는 복된 소식을 널리 알리십니다.

여기서 잠시 생각해보십시오. 지금 우리에게 생명과 사망에 대해, 그리스도가 사망을 폐하시고 생명을 드러내신 사건에 대해 이야기하고 있는 사람이 누구인지 기억하십니까? 그는 바로 죽음을 눈앞에 둔 바울입니다. 바울은 이제 곧 사형 선고를 받을 몸입니다. 사형 집행인이 부르는 소리가 귓가에 울려 퍼지고 있습니다. 사형 집행인이 높이 치켜든 칼날이 햇빛에 번쩍이는 모습이 뇌리를 스칩니다. 그러나 죽음을 앞두고 바울은 "예수 그리스도가 사망을 폐하셨다"고 자신 있게 외칩니다. 이것이 바로 승리를 확신하는 그리스도인의 믿음입니다! 저는 그리스도의 승리에 대한 확신을 잃어버린 오늘날의 교회가 이 확신을 회복하기 바랍니다! 그리고 죽음이 무서워 감히 사망이라는 단어를 입에 담지도 못하는 세상 사람들을 위해 예수 그리스도가 사망을 폐하셨다는 복된 소식을 선포하기를 간절히 바랍니다! 또한 교회가 신자들의 묘비에 '평안히 잠들라'라고 쓰는 대신 '그리스도가 사망을 폐하셨다'라고 쓰기를 바랍니다.

복음 안에서 우리에게 주어진 예수 그리스도의 구원이란 바로 이런 것입니다. 구원의 특성은 사람을 그리스도의 형상으로 변화시키고 재창조하는 것이고, 구원의 원천은 영원 전부터 은혜를 베풀기로 계획하신 하나님의 뜻이고, 구원의 근거는 그리스도가 이 세상에 오셔서 사망을 폐하신 데 있습니다. 은혜를 베푸는 하나님의 뜻은 영원 전에 시작되어 이 땅에 오신 그리스도의 사역을 거쳐 우리가 그리스도와 함께 거하며 그리스도와 같이 될 영원 후까지 이어지니 그 범위가 실로 장대합니다. 지금 바울의 몸은 천장에 난 구멍으로 빛과 공기가 간신히 들어오는 좁고 음침한 지하 감옥에 갇혀 있습니다. 그러나 바울의 마음과 정신은 영원을 향해 날아오릅니다. 하나님의 복음을 붙들 때 여러분에게도 이런 일이 일어납니다.

복음에 대해서는 이쯤 정리하고 이제 우리가 져야 할 복음에 대한 책임에 대해 살펴보겠습니다. 11절부터 마지막 절까지 바울은 세 가지 의무를 언급합니다.

(a) 우리에게는 복음을 전파할 의무가 있습니다. 그리스도가 복음을 통해 생명과 썩지 아니할 것을 드러내셨다면, 우리는 이 복음을 전해야 합니다. 그게 당연하지 않겠습니까? 그래서 바울은 "내가 이 복음을 위하여 선포자와 사도와 교사로 세우심을 입었노라"(11절)라고 말합니다. 사도는 복음을 체계화하고, 선포자는 전령관들처럼 복음을 전하고, 교사는 사람들에게 복음을 체계적으로 가르칩니다. 지금 우리 주위에는 그리스도의 사도들은 없습니다. 복음은 사도들에 의해 체계화되었고, 체계화된 복음은 신약성경 안에서 교회에 전해졌습니다. 이렇듯 복음은 신약성경에 최종적 형태로 나타나 있습니다. 사도들이 신약성경 안에 체계화한 신앙은 시대와 장소를 막론하고 모든 교회에 규제력을 지닙니다. 신약성경에 체계화된 복음 외에 다른 복

음은 없습니다. 신약성경에 바탕을 둔 기독교 외에 다른 기독교는 없습니다. 이것이 사도들의 신앙입니다. 사도들은 복음을 체계화했습니다. 그리고 그 복음을 교회에 전해주었습니다.

오늘날에는 그리스도의 사도들이 존재하지 않으며, 실제로 복음을 선포하고 가르치는 사역으로 부르심을 받은 사람이 정해져 있습니다. 그러나 그리스도인이라면 누구나 복음의 증인이라는 사실을 잊어서는 안 됩니다. 복음을 전하는 것, 목청을 돋우어 복음 증언하기를 두려워하지 않는 것. 이것이 우리의 첫 번째 의무입니다.

(b) 두 번째 의무는 복음으로 말미암아 고난을 받는 것입니다. "이로 말미암아 내가 또 이 고난을 받되 부끄러워하지 아니함은"(12절). 그러면 우리는 왜 복음 때문에 고난을 받는 것일까요? 복음 안에 무엇이 담겨 있기에 사람들이 싫어하고 반대하는 것일까요? 복음 안에 담긴 무엇이 복음을 전하는 사람들로 하여금 고난을 받게 하는 것일까요? 그것은 바로 자신의 공로나 선량함 덕분에 구원받는 것이 아니라 하나님의 뜻과 은혜로 말미암아 구원받는다는 점 때문입니다. 사람들은 자격이 없는 사람들에게 복음이 거저 주어졌다는 사실에 반감을 품습니다. 거듭나지 않은 자연인은 자신의 죄와 죄책이 중대하고, 자기에게 스스로 구원할 능력이 없으며, 자신을 구원하려면 하나님의 은혜와 더불어 죄를 짊어지신 그리스도의 죽음이 반드시 필요하고, 그리하여 어쩔 수 없이 그리스도의 십자가에 신세를 져야 한다는 사실을 인정하기 싫어합니다. 그리스도가 십자가에 달리셨다는 것이 거리낌이 되는 것입니다. 그래서 많은 설교자가 십자가에 대해 입을 다물라는 유혹 앞에 무릎을 꿇습니다. 그들은 그리스도와 그분의 십자

가 대신 인간과 인간의 공로를 설교합니다. 그리스도의 십자가로 말미암아 박해를 받지 않기 위해서입니다.

십자가에 못 박힌 그리스도를 신실하게 선포하고도 반대와 박해를 피할 수 있는 사람은 아무도 없습니다. 케임브리지 대학에 다니던 시절에 하나님은 매우 인상적인 방식으로 복음을 싫어하는 인간의 마음에 대해 제게 가르치셨습니다. 당시 저는 제 방에서 같은 학교 친구와 이야기를 나누면서 그리스도 안에서 하나님이 선물로 주신 복음에 대해 설명하려고 애쓰고 있었습니다. 그때 그 친구의 반응을 저는 절대 잊지 못할 것입니다. 그는 성난 목소리로 고래고래 소리쳤습니다. "소름끼치게 싫어! 싫어! 싫다고!" 그 순간 하나님은 제게 인간의 마음을 이해하는 작은 통찰을 주셨습니다. 인간의 마음은 복음을 싫어합니다. 자격이 없는 사람에게 값없이 주어진다는 사실 때문에 복음을 싫어합니다. 이것이 우리가 복음으로 말미암아 고난을 당하는 이유입니다.

우리는 복음을 전하도록 부름 받았습니다. 그리고 복음으로 말미암아 고난을 받도록 부름 받았습니다.

(c) 또한 우리는 복음을 지키도록 부름을 받았습니다. "너는 그리스도 예수 안에 있는 믿음과 사랑으로써 내게 들은바 바른 말을 본받아 지키고 우리 안에 거하시는 성령으로 말미암아 네게 부탁한 아름다운 것을 지키라"(13-14절). 보다시피 바울은 우리에게 복음을 지키라는 명령을 두 번이나 반복하고 있습니다. 13절에서는 복음을 '바른 말'이라 칭합니다. 바른 말은 건강한 말입니다. 이 말은 바울이 특정한 양식과 개요를 가지고 디모데에게 했던 말이고 디모데가 따랐던

말입니다. 디모데는 바울에게 들은 말을 꼭 붙들고 있었습니다. "너는 그리스도 예수 안에 있는 믿음과 사랑으로써 내게 들은바 바른 말을 본받아 지키고."

그다음 14절에서는 복음을 '아름다운 것'이라 칭합니다. 흠정역은 이것을 '네게 맡겨둔 좋은 것'이라고 번역하고 개역표준성경은 '네게 의탁한 진리'라고 번역하는데, 결국 디모데에게 맡긴 복음을 뜻합니다. 그러므로 '바른 말', 즉 복음은 보물입니다. 좋고 고상하고 아름답고 소중한 보물로서 처음에는 주님이 바울에게 맡기셨던 것이고, 지금은 바울이 디모데에게 맡겨둔 것입니다. 따라서 디모데는 이 보물을 지켜야 합니다. '지키다'라는 동사는 본디 군사 용어입니다. 그러므로 디모데는 경찰 병력이 궁궐이나 보물을 지키듯 복음을 잃어버리지 않도록 지켜야 합니다. 디모데는 복음을 지키는 경비병이고, 복음은 잃어버리지 않도록 지켜야 할 소중한 보물입니다.

더욱이 디모데는 소아시아에서 있었던 일 때문에 더 끈기 있게 복음을 지켜야 하는 입장입니다. 바울은 "아시아에 있는 모든 사람이 나를 버린 일을 네가 아나니"(15절)라고 말합니다. 아마도 바울이 체포당하자 소아시아에서 그를 따르던 사람들이 그를 버렸던 모양입니다. 그들은 바울이 주장하는 사도의 권위를 부정했고, 마지막 절들에 예외로 언급되는 오네시보로를 제외하면 바울 곁에 남은 사람은 디모데뿐이었습니다.

그리하여 디모데는 바울에게 들은 바른 말을 본받아 지키고, 그가 부탁한 아름다운 것을 지켜야 할 막중한 책임을 지게 되었습니다. 모든 사람이 바울을 버렸으므로 그 일을 할 사람은 디모데밖에 없습니다. 따라서 디모데는 복음을 지키면서 홀로 서야 합니다. 그래서 바울은 바로 이어서 디모데를 안심시킵니다. 디모데가 혼자 힘으로 복음을 지켜내기를 바라기란 불가능합니다. 디모데는 '우리 안에 거하시는 성령'을 통해서만 그 일을 할 수 있습니다(14절). 12절에서도 바울은 이렇게 말합니다. "내가 믿는 자를 내가 알고 또한 내가 의탁한 것을 그날까지 그가 능히 지키실 줄을 확신함이라." 그런데 주의할 것이 있습니다. 12절에 나오는 동사(지키다)와 명사(의탁한 것)는 14절에 나오는 것과 정확히 일치합니다. 그러므로 여기에서 바울이 그리스도가 능히 지키실 거라고 확신하는 것, 즉 '내가 의탁한 것'은 내가 그리스도에게 의탁한 내 영혼이나 내 자신이 아니라 그리스도가 나에게 의탁한 복음입니다. 바울은 자기에게 복음을 부탁하신 분이 그리스도이지만, 그리스도 스스로 마지막 날까지 복음을 지키실 거라고 확신하고 있는 것입니다.

여기에 놀라운 위안이 있습니다. 궁극적으로 복음을 보증하고 안전하게 지키실 분은 하나님 자신입니다. 우리는 지금 복음이 교회와 세상에서 반대에 부딪히고 사도들이 체계화한 신약의 메시지가 조롱받는 모습을 보고 있습니다. 우리 세대가 선조들의 신앙을 버리면서 교회 안에서 배교가 늘어나는 것을 보고 있습니다. 그러나 두려워하지 마십시오. 하나님은 복음의 빛이 완전히 꺼지는 것을 절대로 허락하지 않으십니다. 물론 하나님이 연약하고 실수하기 쉬운 우리에게 복음을 맡기신 것은 사실입니다. 그리고 우리가 복음을 지키고 보호하기 위해 맡은 바 소임을 다해야 하는 것도 사실입니다. 그럼에도 하나님은 복음의 최종 수호자로서 자신이 교회에 맡기신 진리를 자신이 스스로 지키실 것입니다. 이런 사실을 우리가 아는 이유는 우리가 믿는 자를 우리가 알고, 그가 우리에게 의탁한 복음을 능히 지키실 줄을 확신하기 때문입니다.

이렇듯 복음은 영원 전부터 약속되었고, 역사 속에서 그리스도가 이루셨고, 오늘날 우리가 믿는 '구원의 좋은 소식'입니다. 그러므로 우선 우리는 복음을 널리 전해야 합니다. 그리고 그토록 신실하게 복음을 전하면, 복음으로 말미암아 우리는 고난을 받을 것입니다. 그러면 우리는 복음을 적당히 손질해서 사람들이 싫어하고 반대하는 것은 빼버리고 싶은 유혹을 받을지도 모릅니다. 그러나 우리는 복음을 지켜야 합니다. 어떤 대가를 치르더라도 복음을 순수하게 지키고 모든 부패에 맞서 복음을 보존해야 합니다. 신실하게 복음을 지키십시오. 적극적으로 복음을 전파하십시오. 용감하게 복음을 위해 고난을 받으십시오. 이것이 우리에게 주어진 세 가지 의무입니다.

복음을 위해 고난받을 의무
디모데후서 2장

사도 바울은 디모데후서 1장 마지막 절에서 아시아에 있는 모든 사람, 즉 디모데가 수고하며 지도해온 모든 사람이 바울을 버렸다고 말했습니다. 그들은 사도로서 바울의 권위와 메시지를 부정하고 바울에게 등을 돌렸습니다. 오네시보로의 식구들만 예외였습니다. 이렇게 변절이 보편화된 현 상황을 이야기하고 나서 바울은 다음과 같은 말로 2장의 문을 엽니다. "내 아들아, 그러므로 너는 그리스도 예수 안에 있는 은혜 가운데서 강하고."

아주 인상적인 권면이 아닐 수 없습니다. 바울은 디모데에게 강해지라고 충고합니다. 연약하고 소심한 디모데는 바울의 권위를 부정하는 바로 그 지역에서 교회 지도자로 부름을 받았습니다. 사실 사도 바울은 디모데에게 이렇게 말하고 있는 것이나 다름없습니다. "잘 들어라, 디모데야. 다른 사람들이 어떻게 생각하든 신경 쓸 것 없다. 다른 사람들이 뭐라고 말하든 어떻게 행동하든 마음 쓰지 마라. 너 자신이 너무나 연약하고 미약한 존재처럼 느껴져도 흔들리지 마라. 부디 굳세어라."

그런데 바울은 거기서 그치지 않고 '그리스도 예수 안에 있는 은혜

가운데서' 강해지라고 말합니다. 만일 바울이 디모데에게 그냥 '강해지라'고만 말했다면 어땠을까요? 아마도 터무니없고 공허하기 짝이 없는 말로 들렸을 것입니다. 디모데처럼 천성적으로 연약하고 수줍음 많은 사람의 어깨를 토닥이며 강해지라고 말하는 것은 달팽이에게 빨리 가라고 재촉하고 말에게 왜 새처럼 날지 못하느냐고 닦달하는 것이나 다름없습니다. 이를 알기에 바울은 그리스도 안에 있는 은혜 가운데서 강해지라고 말합니다. 바울은 금욕주의자처럼 참고 견디라고 디모데를 채찍질하는 게 아닙니다. 주먹을 불끈 쥐고 이를 악물고 버티라고 훈계하는 게 아닙니다. 지금 바울은 디모데에게 그리스도 예수 안에 있는 은혜 가운데서 강해지라고 권면하고 있습니다. 이는 곧 사역에 필요한 자원을 타고난 기질 속에서 찾지 말고 예수 그리스도의 은혜 안에서 찾으라는 말입니다.

한마디로 바울은 디모데에게 부름 받은 사역을 감당하기 위해서 그리스도의 은혜 안에서 강해지라고 권하고 있습니다. 그리고 이렇게 덧붙입니다. "또 네가 많은 증인 앞에서 내게 들은 바를 충성된 사람들에게 부탁하라. 그들이 또 다른 사람들을 가르칠 수 있으리라"(2절). 바울은 지금 감옥에서 마지막 재판을 기다리고 있습니다. 그리고 그 재판에서 사형 선고를 받을 것을 예상하면서 이 편지를 쓰고 있습니다. 그러므로 지금 바울의 가장 큰 관심사는 디모데를 비롯한 복음 사역자들이 복음 진리를 잘 지켜서 다음 세대에 제대로 전달할 수 있게 단속하는 것입니다.

디모데에게 하는 말로 짐작건대 바울은 복음 전달 과정을 네 단계로 이해하고 있습니다. 먼저 이 복음은 주님이 바울에게 의탁한 것입니다. 그래서 바울은 복음을 가리켜 그리스도가 내게 '의탁한 것'(1:12)이라 부릅니다. 그런데 지금 바울은 주님에게 받은 이 복음을 다시 디모데에게 맡깁니다. 그러면서 "네게 부탁한 아름다운 것을 지키라"(1:14)고 말합니다. 그리고 이제 디모데는 바울에게 받은 이 복음을 충성된 사람들에게 부탁합니다. 여기에서 충성된 사람들이란 아마도 복음 사역자들일 것입니다. 그들은 주로 말씀을 가르치는 일을 했습니다. 구약 시대에 유대교 장로들이 그랬던 것처럼 기독교 장로들은 전통을 보존하는 책임을 맡고 있었습니다. 마지막으로 디모데에게 복음을 부탁받은 사람들은 또 다른 사람들에게 복음을 가르칩니다. 따라서 그들은 가르치는 은사뿐 아니라 진실하고 충성스러운 성품을 함께 갖추어야 합니다.

주님이 바울에게, 바울이 디모데에게, 디모데가 '충성된 사람들'에게, 충성된 사람들이 '또 다른 사람들'에게 복음을 전달합니다. 사도적 계승이란 이렇듯 사도들에게서 이후 세대에게로 복음 진리가 오롯이 전달되는 것을 가리킵니다. 따라서 사도적 계승을 통해 후세에 전달되는 것은 성직의 권위나 질서가 아니라 '네게 부탁한 아름다운 것', 즉 성경에 대한 사도들의 믿음입니다. 이 믿음은 올림픽 성화처럼 손에서 손으로 전달되어 오늘날에 이르렀습니다.

여기까지가 2장 도입부에 해당합니다. 서론을 마무리하고 나서 바울은 이제 여섯 가지 비유를 들어 진리를 다른 사람에게 전달하는 복음 사역의 특성을 설명합니다. 바울은 먼저 복음 사역자를 병사, 운동선수, 농부에 비유합니다. 바울 서신을 읽어본 적 있는 사람들에게는 참으로 친숙한 비유들입니다. 바울은 다양한 문맥에서 이 세 가지 비유를 사용한 바 있습니다. 그런데 여기에서는 같은 비유를 가지고 이전과 사뭇 다른 이야기를 들려줍니다.

가장 먼저 등장하는 것은 훌륭한 병사에 관한 비유입니다. "너는 그리스도 예수의 좋은 병사로 나와 함께 고난을 받으라. 병사로 복무하는 자는 자기 생활에 얽매이는 자가 하나도 없나니 이는 병사로 모집한 자를 기쁘게 하려 함이라"(3-4절). 신약성경에는 그리스도인 병사 이야기가 여러 번 나옵니다. 그리스도인 병사가 참여하는 전투와 그가 입은 갑옷, 그가 사용하는 무기에 대한 이야기를 여러 곳에서 찾아볼 수 있습니다. 그런데 바울이 여기에서 그리스도 예수의 병사를 '좋은 병사'라 부르는 이유는 그가 헌신된 사람이기 때문입니다. 그는 기꺼이 고난을 받고 군복무에 온 마음과 힘을 집중함으로써 자기가 얼마나 헌신된 병사인지 증명합니다.

(a) 먼저 그는 기꺼이 고난을 받습니다. "너는 그리스도 예수의 좋은 병사로 나와 함께 고난을 받으라"(3절). 현역으로 복무 중인 병사들은 안전하고 편안한 생활을 꿈꾸지 않습니다. 그들은 역경과 위험과 고난을 당연하게 받아들입니다. 병영 생활을 하다 보면 역경과 고난과 위험을 수시로 경험하게 마련입니다. 복음에 충성하고 성실하게 진리를 전달하는 그리스도인도 마찬가지입니다. 그러므로 그리스도인은 사람들에게 반대와 박해와 조롱받는 것을 당연하게 생각해야 합니다. 사도들이 그랬던 것처럼 전투에 참여한 전우들과 함께 자기 몫의 반대와 박해와 조롱을 기꺼이 받아들여야 합니다.

(b) 또한 그는 맡은 바 사명에 마음과 힘을 집중합니다. 병사는 개인사에 얽매이지 않습니다. J. B. 필립스의 말대로 "병사는 사사로운

일에 얽매이지 않습니다." 좋은 병사는 상관을 기쁘게 하고 군복무에 집중하기 위해 군대 밖에서 일어나는 사사로운 일에 마음을 뺏기지 않습니다. 새영어성경의 번역대로라면 "병사는 자기 일신을 사령관의 처분에 맡겨야 합니다." 제2차 세계대전을 겪어본 세대라면, 사람들이 이해해야지 어쩌겠냐는 투로 "지금은 전쟁 중이잖아!"라고 말하던 시절을 기억할 것입니다. 지금 닥친 상황이 긴박하니 생활이 궁핍해도 참고 행동의 제약이 있어도 이해해야 한다는 의미입니다. 그리스도인이 처한 상황도 이와 다르지 않습니다.

물론 세상 속에서 살아가는 그리스도인이 가정과 직장, 지역사회에서 감당해야 하는 일상적인 의무들을 무작정 피할 수만은 없습니다. 사실 우리는 그리스도인으로서 이런 의무를 누구보다 성실하고 훌륭하게 수행해야 합니다. 따라서 바울의 말뜻은 세속적인 활동 자체를 하지 말라는 게 아니라 세속적인 활동에 얽매이지 말라는 것입니다. 세속적인 활동 자체는 무해할지 모르지만, 그런 활동들이 우리가 그리스도의 전투에 혼신의 힘을 쏟지 못하게 방해할 수 있기 때문입니다. 모든 그리스도인은 그리스도의 병사입니다. 문제가 생기면 뒷걸음치기 바쁜 디모데처럼 소심한 사람도 예외가 아닙니다. 그러므로 예수 그리스도의 좋은 병사가 되고 싶다면, 우리는 역경과 고난으로 점철된 본연의 임무에 전념하고 세상일에 얽매이지 않아야 합니다.

이어서 바울은 그리스도인을 운동 경기에 참가한 선수에 비유합니다. "경기하는 자가 법대로 경기하지 아니하면 승리자의 관을 얻지 못할 것이며"(5절). 운동선수가 자기 마음대로 힘과 기술을 과시해도 되는 대회는 없습니다. 모든 경기에는 규정이 있습니다. 또한 모든 대회에는 상이 걸려 있습니다. 그리스 경기에서 상은 은으로 만든 트로피가 아니라 월계수를 엮어 만든 월계관이었습니다. 제아무리 뛰어난 선수라도 규정에 따라 경기하지 않으면 월계관을 받지 못했습니다. "규정을 무시하면 월계관도 없다"는 것이 경기 원칙이었습니다. 그리스도인의 삶은 하나의 경주와 같습니다. 서로 경쟁하기 때문이 아니라 열심히 자신을 훈련하고 모든 무거운 것과 얽매이기 쉬운 것들을 벗어버리고 목표를 향해 달려간다는 의미에서, 특히 규정을 지키며 경기한다는 의미에서 경주와 같습니다.

우리는 그리스도인에게 주어진 경주를 하고 그리스도인으로서의 삶을 삽니다. 그런데 바울은 이 경주를 '노미모스$_{nomimos}$', 즉 규정을 지키면서 '법대로' 해야 한다고 말합니다. 신도덕주의자들은 그리스도가 율법을 폐하셨으므로 그리스도인은 더 이상 율법의 구속을 받지 않는다고 가르치지만, 신약성경은 그리스도인이 법을 준수하며 살고, 규칙을 지키고, 하나님의 법에 순종할 의무가 있다고 가르칩니다. 구원을 얻기 위해 법의 속박 아래 살 이유는 없지만, 법을 행동 지침으로 삼아 규칙을 준수할 의무까지 없어진 것은 아닙니다. 규칙을 준수하지 않으면 면류관을 받을 수 없습니다. 선수가 실력이 아무리 뛰어나도 규정을 지키지 않으면 월계관을 받지 못하는 것과 같습니다.

이어서 바울은 열심히 일하는 농부 이야기로 넘어갑니다. "수고하는 농부가 곡식을 먼저 받는 것이 마땅하니라"(6절). 운동선수가 정정당당히 경기에 임해야 하듯이 농부는 열심히 일해야 합니다. 농부는 힘들게 농사를 짓습니다. 농사를 잘 지으려면 열심히 일하는 수밖에 없습니다. 특히 기계화가 이뤄지지 않은 농촌에서 추수를 많이 하려면 기술도 좋아야 하지만 무엇보다 땀을 흘려야 합니다. 농부에게는 땅이 척박하고 기후가 나쁘고 일하기 싫다고 해서 집에 틀어박혀 게으름을 피울 여유가 없습니다. 계속 열심히 일해야 합니다. 쟁기를 잡은 이상 뒤를 돌아보아서는 안 됩니다. 바울은 그렇게 일해서 얻은 곡식을 수고한 농부가 가장 먼저 받는 게 당연하다고 말합니다. 농부에게는 곡식을 받을 자격이 충분합니다.

그렇다면 우리더러 열심히 일하는 농부가 되라고 말하면서 바울은 어떤 수확을 염두에 뒀던 것일까요? 여러 가지가 있겠지만, 여기서는 두 가지만 이야기하려 합니다.

(a) 첫 번째 수확은 거룩함입니다. 거룩함은 성령의 열매입니다. 이 말은 성령이 농부라는 뜻입니다. 그러나 우리도 이 일에 함께 참여합니다. 거룩함을 수확하려면 우리가 성령을 따라 행하고 성령을 위하여 심어야 합니다. 성령을 위하여 심는다는 말뜻은 우리의 습관과 생각과 야망을 바로잡아 그리스도인다운 삶을 훈련한다는 뜻입니다.

주변을 둘러보면 살면서 부딪히는 유혹을 이기지 못하거나 영적으로 전혀 성장하지 않는 자기 모습을 자각하고 당황하는 그리스도인이 꽤 많습니다. 케직사경회에 오는 사람들도 예외가 아닙니다. 여러분에게 묻고 싶습니다. 여러분이 거룩해지지 않는 이유가 혹시 게으름 때문은 아닙니까? 여러분이 농부로서 열심히 일하지 않은 탓은 아닙니까? 인격이라는 밭을 열심히 일구지 않았기 때문은 아닙니까? J. C. 라일J. C. Ryle이 《거룩Holiness》이라는 훌륭한 책에서 거듭 이야기했듯이, "고통이 없이는 유익도 없습니다." 수고하는 농부가 곡식을 먼저 받듯이 인격이라는 밭을 열심히 일군 그리스도인이 먼저 거룩해지는 것이 당연합니다.

(b) 두 번째 수확은 회심자를 얻는 것입니다. 예수님은 우리에게 "추수할 것이 많다"고 말씀하셨습니다. 물론 자라게 하시는 분은 하나님입니다. 그렇다고 우리가 게으름이나 피우며 노닥거릴 수는 없습니다. 하나님의 말씀이라는 좋은 씨앗을 뿌리는 일도 회심자를 수확하는 일도 힘이 드는 일입니다. 일꾼이 적을 때에는 특히 더 고될 수밖에 없습니다. 영혼을 얻는 일은 참으로 어렵습니다. 말을 잘한다고 되는 것도 아니고 어떤 공식이 있어서 이를 적용하기만 하면 되는 일도 아닙니다. 눈물과 땀과 피와 수고를 통해서만 가능한 일입니다. 자신을 희생하는 교제와 기도 속에서만 가능합니다. 그러니 수고하는 농부가 곡식을 먼저 받는 것이 마땅하지 않겠습니까.

지금까지 우리는 자기가 들은 복된 소식을 다른 사람들에게 전하려고 애쓰는 성실한 일꾼의 세 가지 자질을 살펴보았습니다. 그는 군 복무 중인 병사처럼 헌신적이고, 훌륭한 운동선수처럼 규칙을 잘 지키고, 좋은 농부처럼 땀 흘려 일합니다. 이런 자질이 없으면 그는 어떠한 결과도 기대할 수 없습니다. 병사가 군 생활에 헌신하지 않으면 전쟁에서 승리할 수 없고, 운동선수가 규정을 지키지 않으면 월계관을 받지 못하고, 농부가 힘들여 농사 짓지 않으면 아무것도 추수할 수 없는 것과 같습니다.

세 가지 비유를 언급한 다음 바울은 이렇게 말합니다. "내가 말하는 것을 생각해보라. 주께서 범사에 네게 총명을 주시리라"(7절). 이 말은 곧 "이 비유들이 이해가 되지 않으면, 곰곰이 숙고해보라. 그러면 주님이 비유를 이해할 수 있도록 도와주실 것이다"라는 뜻입니다. 이 비유를 이해하기 위해 디모데는 두 가지 과정을 거쳐야 합니다. 먼저 바울의 편지를 혼자서 생각해보는 과정이 필요합니다. 그다음에는 편지 내용을 이해할 수 있도록 주님이 디모데를 도와주시는 과정이 뒤따라야 합니다. 둘 다 꼭 필요한 과정입니다. 디모데가 하는 생각과 주님이 주시는 총명을 함께 언급하는 7절에는 아주 중요한 뜻이 담겨 있습니다. 사실 바울은 지금 이렇게 말하고 있는 셈입니다. "디모데야, 내가 말하는 것을 곰곰이 생각해봐라. 그러면 주님이 이해하게 해주실 것이다." 이 얼마나 오만한 말입니까! 바울이 사도적 영감과 권위를 매우 의식하고 있다는 사실을 보여주는 말입니다. 바울은 지금 디모데에게 자기가 가르친 내용을 부지런히 공부하라고 말합니다. 그리고 그렇게 열심히 공부하면 주님이 가르침을 이해할 수 있도록 도와주실 거라고 약속합니다. 바울은 사도로서 자신의 가르침이 공들여 연구할 가치가 있고, 주님만이 그 가르침을 해석할 수 있다고 거리낌 없이 말합니다. 바울은 자신의 가르침이 자기의 것이 아니라 하나님의 것이라고 굳게 믿었기 때문입니다.

바울은 이렇게 말합니다. "주님에게 총명을 받으려면, 내가 말하는 것을 곰곰이 생각해보아라." 즉 머리를 쓰라는 말입니다. 그런데 너무나 많은 그리스도인이 머리를 쓰지 않습니다! 그중에는 진지한 성경공부를 한 번도 해본 적이 없는 이들도 있습니다. 꽃을 하나 찾으면 그 위에 앉아 꿀을 쏙 빨아내는 벌처럼 성경구절 하나하나를 깊이 묵상하는 대신, 이 꽃 저 꽃 오가며 훨훨 나는 나비처럼 성의 없이 성경 여기저기를 왔다갔다하는 것이 고작입니다. 그러고는 무작정 주님이 이해시켜주시기를 바랍니다. 저는 그들에게 주님이 그러셔야 할 이유가 뭐냐고 묻고 싶습니다. 여러분이 성경에 기록된 말씀을 곰곰이 숙고할 때에만 주님이 그 말씀을 이해하게 해주신다는 사실을 잊지 마십시오.

그런가 하면 성경공부를 아주 잘하는 사람들도 있습니다. 그들은 부지런히 일하는 농부처럼 열심히 성경을 공부합니다. 머리를 써서 생각을 하고 성경 본문을 붙들고 씨름합니다. 성경 역본을 대조하고 주석과 용어 색인을 찾아봅니다. 서재에는 두꺼운 책이 천장에 닿을 듯 높이 쌓여 있습니다. 그러나 그들은 범사에 총명을 주시는 이가 오직 주님뿐이라는 사실을 잊어버렸습니다. 그러므로 여러분에게 부탁합니다. 부디 하나님이 결합하신 것을 나누지 마십시오. 성경을 이해하려면 반드시 생각과 기도가 균형 있게 결합되어야 합니다. 하나님의 말씀을 공부하기 위해 머리를 쓰는 한편 말씀을 이해할 수 있도록 총명을 달라고 주님께 기도해야 하는 것입니다.

이제 8-13절로 넘어갑시다. 지금까지 우리는 한 가지 주제를 살펴보았습니다. 이 주제를 한마디로 요약하면 "쉬운 것 중에 가치 있는 것은 아무것도 없다"가 될 것입니다. 뒤집어서 말하면, 가치 있는 것 중에 쉬운 것은 아무것도 없습니다. 어떤 병사나 운동선수나 농부도 땀 흘려 일하거나 고난을 감수하지 않고는 좋은 결과를 기대할 수 없습니다. 다음으로 바울은 고난과 노동이라는 동일한 주제를 가지고 축복의 조건을 이야기합니다. 그리고 그리스도의 경험(8절)과 자신의 경험(9-10절), 모든 신자의 경험(11-13절)을 총동원하여 앞에서 설명했던 논지를 한층 더 설득력 있게 풀어나갑니다.

(a) 그리스도의 경험. "예수 그리스도를 기억하라"(8절). 바울이 디모데에게 예수 그리스도를 기억하라고 말하는 것은 어찌 보면 쓸데없는 얘기입니다. 어떻게 디모데가 예수 그리스도를 잊을 수 있다는 말입니까? 그렇다면 바울은 무엇 때문에 디모데에게 예수 그리스도를 기억하라고 충고하는 것일까요? 아마도 예수 그리스도가 복음이기 때문일 것입니다. "내가 전한 복음대로 … 예수 그리스도를 기억하라." 예수 그리스도는 디모데가 충성된 사람들에게 부탁하고, 충성된 사람들이 또 다른 사람들에게 '부탁한 아름다운 것', 즉 복음의 핵심이자 원형입니다. 그러므로 디모데가 복음을 지키고 다른 사람들에게 복음을 전하려면 예수 그리스도를 기억해야 했습니다.

그런데 바울은 예수 그리스도를 '다윗의 씨로 죽은 자 가운데서 다시 살아나신' 분이라고 표현합니다. '다윗의 씨'이며 '죽은 자 가운데서 다시 살아나신 분'이라는 표현 안에는 복음이 아주 잘 묘사되어 있습니다. "다윗의 씨로 죽은 자 가운데서 다시 살아나신 예수 그리스도를 기억하라." 얼핏 보면 이상하게 들릴 수도 있습니다. 하지만 곰곰이 묵상해보면, 이 안에 그리스도의 탄생과 죽음, 부활, 승천이 모두 담겨 있다는 사실을 깨닫게 됩니다. 예수 그리스도가 행한 네 가지 구원 사역이 '다윗의 씨로 죽은 자 가운데서 다시 살아나신' 분이라는 짧은 구절에 모두 압축되어 있는 것입니다.

"다윗의 씨로." 예수님은 다윗의 자손으로 태어나셨습니다. "죽은 자 가운데서 다시 살아나신." 만일 예수님이 죽지 않았다면 다시 살아날 수도 없었을 것입니다. 예수님은 죽으셨습니다. 그리고 다시 살아나셨습니다. 그렇다면 예수님이 '다윗의 씨'로 태어났다고 말하는 이유는 무엇일까요? 그것은 예수님이 다윗의 왕좌에 앉으셨기 때문입니다. 그러면 언제 다윗의 왕좌에 앉으셨을까요? 바로 예수님이 하늘로 승천하셨을 때입니다. 이렇듯 바울은 이 짧은 구절을 통해 예수님의 탄생과 죽음, 부활, 승천을 언급하고 있습니다. 그뿐 아니라 바울은 '다윗의 씨'라는 표현을 통해 그리스도의 인성을, '죽은 자 가운데서 다시 살아나신 예수 그리스도'라는 표현을 통해 그리스도의 신성을 언급합니다. 예수님을 가리켜 '죽은 자들 가운데서 부활하사 능력으로 하나님의 아들'(롬 1:4)로 선포되신 분이라고 말하고 있기 때문입니다. 예수님의 인성과 신성이 이 짧은 구절과 그분의 구원 사역 안에 담겨 있습니다. 예수님은 죽으셨고 다시 살아나셨으므로 구원자이십니다. 그리고 다윗의 왕좌에 앉으셨기에 우리의 주님이자 왕이십니다. "다윗의 씨로 죽은 자 가운데서 다시 살아나신 예수 그리스도를 기억하라"라는 이 짧은 구절 속에 이처럼 많은 의미가 압축되어 있습니다.

그런데 디모데가 '다윗의 씨로 죽은 자 가운데서 다시 살아나신 예수 그리스도'를 기억해야 하는 이유가 또 하나 있습니다. 그 이유는 바로 생명에 이르는 길이 죽음이고 영광에 이르는 길이 고난이라는 원리를 예수 그리스도의 경험이 증명하기 때문입니다. 다시 살아나신 이가 누구입니까? 그는 죽으셨던 예수 그리스도입니다. 다윗의 왕좌에 앉아 통치하시는 분은 누구입니까? 그는 보잘것없는 인간의 몸을 입고 다윗의 씨로 태어나셨던 예수 그리스도입니다. 이렇게 '다윗의 씨로' '죽은 자 가운데서 다시 살아나신 예수'라는 짧은 구절을 통해 바울은 낮아지는 것이 높아지는 길이라는 사실을 강조합니다. "자기를 낮추는 자는 높아지리라"(눅 14:11). 이것이야말로 위대한 진리입니다. 사실 바울은 그리스도의 경험을 토대로 디모데에게 이렇게 말하고 있는 셈입니다. "그러므로 디모데야, 사역을 하다가 고통과 낮아짐과 고난을 피하고 싶은 마음이 생길 때는 예수 그리스도를 기억해라. 그리고 다시 생각해라!"

(b) 바울의 경험. "복음으로 말미암아 내가 죄인과 같이 매이는 데까지 고난을 받았으나 하나님의 말씀은 매이지 아니하니라. 그러므로 내가 택함 받은 자들을 위하여 모든 것을 참음은 그들도 그리스도 예수 안에 있는 구원을 영원한 영광과 함께 받게 하려 함이라"(9-10절). 바울은 복음을 위해 고난을 받고 있습니다. 감옥에 갇혀서 일반 범죄자처럼 족쇄를 차고 한없이 낮아지는 고통을 감내하고 있습니다. 그러나 비록 바울은 죄인과 같이 매였으나 하나님의 말씀은 매이지 않습니다. 바울은 감옥에 갇혀서도 여전히 편지를 쓸 수 있고, 만나는 사람들에게 복음을 전할 수 있습니다. "내가 죄인과 같이 매이는 데까지 고난을 받았으나 하나님의 말씀은 매이지 아니하니라." 바울이 고난을 받는다고 해서 복음의 효력이 쇠하는 것은 아닙니다. 저는 여러분이 이 구절을 아주 세심히 주시하기 바랍니다. 사실 바울의 고난과 복음의 효력 사이에는 인과관계가 형성되어 있습니다. "그러므로 내가 택함 받은 자들을 위하여 모든 것을 참음은 그들도 그리스도 예수 안에 있는 구원을 영원한 영광과 함께 받게 하려 함이라"(10절).

여기에 놀라운 진실이 있습니다. 바울이 고난을 받음으로써 다른 사람들이 구원을 받게 되었습니다. "내가 모든 것을 찾음은 그들도 구원을 받게 하려 함이라." 물론 어떤 의미에서도 우리가 받는 고난이 죄를 짊어지신 그리스도의 고난처럼 구속의 효력을 지닐 수는 없습니다. 택함 받은 자들은 복음을 통해 구원을 받습니다. 그리고 여러분은 복음을 위해 고난을 받지 않고는 복음을 전할 수 없습니다. 그러므로 우리가 복음을 위해 고난을 당하고 있다면, 그 고난의 진정한 의미는 복음을 통해 구원받는 다른 사람들의 구원에 이바지하는 데 있습니다.

바울은 이렇게 그리스도의 경험과 자신의 경험을 말하고 나서 그리스도인의 공통 경험에 대해 이야기합니다.

(c) 그리스도인의 공통 경험. 바울은 현대 그리스도인들에게 꽤 익숙한 다음과 같은 문구를 인용합니다.

> 우리가 주와 함께 죽었으면 또한 함께 살 것이요
> 참으면 또한 함께 왕 노릇 할 것이요
> 우리가 주를 부인하면 주도 우리를 부인하실 것이라.
> 우리는 미쁨이 없을지라도 주는 항상 미쁘시니
> 자기를 부인하실 수 없으시리라(11-13절).

보다시피 여기에는 두 쌍의 경구가 등장합니다. 전자는 고난을 견디며 신앙을 지킨 사람들에 관하여, 후자는 신앙을 잃어버린 사람들에 관하여 노래하고 있습니다. 전자는 우리에게 그리스도인의 삶이 죽고 참는 삶이라고 말합니다. 우리가 그리스도의 죽음에 참여하면 그분의 생명에 참여하게 될 것이라고 말입니다. 그리고 우리가 그리스도가 당하신 고난에 참여하고 그 고난을 견뎌내면 그리스도와 함께 왕 노릇 할 것이라고 말합니다. 죽음을 통해서만 생명에 이를 수 있고 고난을 통해서만 영광에 이를 수 있기 때문입니다. 그리고 바울은 이것이 비단 그리스도에게만 제한된 경험이 아니라 모든 그리스도인에게 해당하는 경험이라고 말합니다.

그런 다음 바울은 12절 후반과 13절에서 우리가 그리스도를 부인하고 믿음이 없음을 드러내는 끔찍한 경우를 이야기합니다. 바울은 마태복음 10장 33절에서 그리스도가 경고하셨던 대로 "우리가 주를 부인하면 주도 우리를 부인하실 것이라"고 말합니다. 그리고 이어서 "우리는 미쁨이 없을지라도 주는 항상 미쁘시니 자기를 부인하실 수 없으시리라"라고 덧붙입니다. 많은 주석가들은 이 부분을 '주님이 자신이 한 약속뿐 아니라 경고도 신실하게 지키실 것'이라는 뜻으로 해석합니다. 내 생각도 다르지 않습니다. 우리가 주님을 부인하면 주님도 우리를 부인하실 것입니다. 그렇지 않고 만일 미쁘신 주님이 자기를 부인하는 우리를 부인하지 않는다면, 주님은 자기 자신을 부인하는 꼴이 됩니다. 그러나 주님은 항상 미쁘시니 자기를 부인하실 수 없습니다.

이제 2장 전반부를 마무리할 시간입니다. 우리는 여기에서 아주 중요한 교훈을 하나 얻었습니다. "축복은 고통을 통해, 열매는 고역을 통해, 생명은 죽음을 통해, 영광은 고난을 통해 온다." 이 교훈은 그리스도인을 병사와 농부, 운동선수에 빗댄 세속적 비유와 그리스도 및 바울, 그리고 모든 그리스도인이 경험하는 영적 경험을 통해 깨달은 아주 값진 교훈입니다. 사실이 이러한데 우리가 그리스도인의 삶과 섬김이 쉽고 편안하기를 기대하는 게 과연 타당한 일일까요? 성경은 우리에게 그런 편안함을 기대하라고 말하지 않는데 말입니다. 오히려 성경은 반대로 말합니다. 십자가 없이는 왕관도 없고, 규칙을 준수하지 않으면 면류관도 없고, 고통이 없이는 유익도 없다고 반복해서 말합니다. 예수 그리스도가 비천한 인간의 몸을 입고 이 땅에 오셔서 죽음을 경험하고 부활하셔서 하늘에 오르신 것도 이 때문입니다. 택함 받은 자들이 예수 그리스도 안에서 구원을 얻게 하려고 바울이 사슬에 묶이고 감옥에 갇힌 것도 이 때문입니다. 병사들이 힘든 일을 견디고 운동선수가 훈련을 참아내고 농부들이 힘들여 땅을 일구는 것도 이 때문입니다. 그러므로 여러분에게 간곡히 부탁합니다. 그리스도인으로서 섬기며 사는 삶이 편안하리라고 기대하지 마십시오.

이제 2장 후반부를 살펴볼 차례입니다. 바울은 후반부에서도 그리스도의 일꾼을 세 가지에 비유합니다. 15절에서는 부끄러울 것이 없는 일꾼에, 21절에서는 귀히 쓰는 그릇에, 24절에서는 주의 종에 비유합니다. 적극적인 그리스도인은 주님의 일꾼이자 주님이 귀히 쓰는 그릇이고 주의 종입니다. 그렇다면 주님의 일꾼과 그릇과 종은 각각 어떤 특징이 있을까요? 먼저 '부끄러울 것이 없는 일꾼'(14-19절)에 대해 살펴보겠습니다. 잠시 14절을 건너뛰고 바로 15절로 넘어가면 이런 구절이 나옵니다. "너는 진리의 말씀을 옳게 분별하며 부끄러울 것이 없는 일꾼으로 인정된 자로 자신을 하나님 앞에 드리기를 힘쓰라." 이 구절을 통해 우리는 그리스도의 일꾼이 가르치는 일을 한다는 것을 알 수 있습니다. '진리의 말씀을 옳게 분별하며'라는 분명한 단서가 나오기 때문입니다. 또한 우리는 이 구절에서 두 부류의 교사가 있음을 알 수 있습니다. 시험을 통과해서 인정받은 교사와 그렇지 못한 교사가 있습니다. 전자는 부끄러울 게 없는 교사이고 후자는 부끄러워해야 마땅한 교사입니다. 또한 우리는 이 두 부류가 진리의 말씀을 다룰 때도 뚜렷이 구별된다는 것을 알 수 있습니다.

그래서 바울은 이 두 부류를 대비시켜 설명합니다. 디모데는 부끄러울 게 없는 일꾼으로 인정받은 좋은 일꾼입니다(15절). 그러나 후메내오와 빌레도는 하나님에게 인정받지 못하고, 부끄러워해야 할 이유가 많은 나쁜 일꾼입니다(17절). 바울은 좋은 일꾼과 나쁜 일꾼이 진리의 말씀을 어떻게 다루는지를 한눈에 보여주기 위해 두 가지 동사를 사용합니다. 좋은 일꾼은 말씀을 '옳게 분별합니다.' 그러나 나쁜 일꾼은 '그릇되었습니다.' 이제 이 점에 대해서 좀 더 살펴보도록 하겠습니다.

좋은 일꾼은 진리의 말씀을 옳게 분별합니다(15절). '옳게 분별하다'로 번역된 헬라어 동사 '오르도토메오$_{orthotomeo}$'를 문자적으로 번역하면 '곧게 자르다'라는 뜻입니다. 이 동사는 헬라어 성경에서도 흔히 볼 수 있는 단어가 아닙니다. 헬라어 성경에 딱 세 번 나오는데 잠언에 두 번, 그리고 지금 우리가 살펴보는 디모데후서에 나오는 게 전부입니다. 헬라어 성경 잠언 3장 6절을 보면 "주님께서 네가 가는 길을 곧게 하실 것이다"(새번역)라는 구절이 나옵니다. 그리고 11장 5절에 "완전한 자의 공의는 자기의 길을 곧게 하려니와"라는 표현이 나옵니다. 두 구절은 모두 진리의 말씀인 성경을 길에 비유합니다. 그 길은 고속도로처럼 쭉 뻗은 길입니다. 아른트 앤 그린그리히$_{Arndt\text{-}Gringrich}$ 헬라어 사전에서는 이 동사를 "곧은 방향으로 길을 자르는 것, 또는 수풀이 무성하거나 여러 가지 이유로 지나가기가 어려운 시골 마을을 가로질러 길을 잘라냄으로써 여행자들이 목적지로 곧장 갈 수 있도록 곧게 길을 내는 것"이라고 설명합니다. 지나가야 할 모퉁이도 급커브도 없고 오로지 곧게 뻗은 길만 있습니다.

어쩌면 이 비유는 도로를 만드는 데서가 아니라 땅을 경작하는 데서 나온 것인지도 모릅니다. 그래서 새영어성경은 15절을 "밭고랑을 곧게 내듯이 진리를 선포하며"라고 번역합니다. 이 말은 과연 무슨 뜻일까요? 여기에서 진리의 말씀은 성경, 즉 예수님이 바울에게 맡기셨고 바울이 디모데에게 부탁한 사도적 신앙을 가리킵니다. 그러므로 디모데는 이제 쭉 뻗은 길을 내기 위해 진리의 말씀을 곧게 잘라내야 했습니다. 이 말은 곧 정확하면서도 단순명료하게 성경을 해석해야 한다는 말입니다. 좋은 일꾼은 성경에 충실합니다. 그는 성경을 왜곡하지 않습니다. 좋은 일꾼은 앞서 가는 운전자가 뒤에 있는 사람들이 따라오기 쉽도록 샛길로 빠지지 않고 곧게 뻗은 고속도로만 타고 가듯 세심하게 성경을 해석합니다. 사람들이 따라오기 힘든 구불구불한 길로 빠지지 않고 어리석은 사람도 쉽게 따라올 수 있는 곧은 길을 만듭니다.

그렇다면 나쁜 일꾼은 어떨까요? 도로를 만들거나 땅을 경작하는 것에 견주어 좋은 일꾼을 묘사했던 바울은 이제 활 쏘는 것에 견주어 나쁜 일꾼을 묘사합니다. 여기에서 진리의 말씀은 건설 중인 도로나 경작 중인 밭고랑이 아니라 목표가 되는 과녁에 비유됩니다. 그 때문에 "진리에 관하여는 그들이 그릇되었도다"(18절)라는 표현에 '과녁을 벗어나다'라는 뜻을 지닌 동사 '아스토체오$_{astocheo}$'가 쓰였습니다. 과녁을 벗어나면 표적을 맞히지 못하는 게 당연합니다. 이 동사는 목회

서신에 세 번 등장합니다. 진리의 말씀을 가르치는 복음 사역자와 선교사, 그리고 아이들에게 성경을 가르치는 부모와 주일학교 교사들에게는 선택권이 있습니다. 활을 쏘아 과녁을 맞힐 수도 있고 과녁을 벗어날 수도 있습니다. 곧게 뻗은 길을 낼 수도 있고 구불구불한 길을 낼 수도 있습니다. 어느 쪽을 선택하느냐에 따라 많은 사람이 좋은 영향을 받을 수도 있고 나쁜 영향을 받을 수도 있습니다. 길을 곧게 내면, 다른 사람들이 그 길을 잘 따라올 수 있을 것입니다. 그러나 엉뚱한 방향으로 시위를 당기면, 시위를 떠난 화살이 과녁을 벗어나고 맙니다. 양궁 시합을 본 적 있는 사람이라면 그다음에 무슨 일이 일어나는지 잘 알 것입니다. 화살을 좇던 사람들의 시선이 화살을 따라 과녁을 벗어나고 맙니다. 교회 안에 거짓 교사들이 있을 때도 똑같은 일이 벌어집니다. 나머지 교인들이 그들을 따라 진리의 말씀에서 벗어나 잘못된 길을 가고 맙니다.

그렇다면 바울이 디모데에게 이런 경고를 하는 이유는 무엇일까요? 아시아에 잘못된 내용을 가르치는 사람들이 있었기 때문입니다. 그들은 예수 그리스도가 죽은 자들 가운데서 살아나셨듯이(8절) 그의 백성들도 부활할 것이라고 가르치지 않고 "부활이 이미 지나갔다"(18절)고 가르쳤습니다. 아마도 부활을 부인했던 이유는 그들이 영지주의자였기 때문일 것입니다. 그들은 육체가 악하다고 보았기에 육체의 부활은 꿈도 꾸지 않았습니다. 그래서 부활을 그노시스$_{gnosis}$, 즉 지식을 통해 육체로부터 해방되는 영적인 것으로 해석했습니다. 마치 오늘날 몇몇 사람들이 부활을 비신비화하는 것처럼 말입니다. 그들은 진리의 말씀을 '말다툼'(14절)과 '망령되고 헛된 말'(16절)로 바꾸었습니다. 안타깝게도 현대 교회에서도 이렇게 망령되고 헛된 말이 선포되고 있습니다. 망령되고 헛된 말이 얼마나 많이 떠도는지 모릅니다! 그래서 바울은 말다툼과 망령되고 헛된 말을 피하고, 진리의 말씀을 가르치고 곧게 뻗은 길을 내는 데 집중하라고 디모데에게, 그리고 디모데를 통해 에베소 교회 사람들에게 충고하고 있는 것입니다.

다섯 번째로 바울은 그리스도의 일꾼을 깨끗한 그릇에 비유합니다(20-22절). 그릇이 없는 집은 없으니 누구나 이 비유를 쉽게 이해할 수 있을 것입니다. 어느 집에나 여러 가지 그릇이 있습니다. 집이 크고 식구가 많을수록 그릇도 많고 다양합니다. 금이나 은으로 만든 그릇은 집주인이 아주 귀한 용도로 사용합니다. 그와 달리 나무나 흙과 같이 하찮은 재료로 만든 그릇은 부엌에서 편하게 사용합니다. 그런데 하나님의 집인 교회 안에도 이처럼 귀한 사람과 천한 사람이 있습니다. 디모데처럼 진실한 사람이 있는가 하면, 후메내오와 빌레도처럼 거짓된 사람이 있습니다. 당연히 하나님이 쓰시기에 합당한 사람은 자신의 삶과 섬김으로 순결을 입증한 사람입니다. 그리고 이렇게 하나님이 쓰시기에 합당한 사람이 되는 것, 온갖 좋은 일에 요긴하게 쓰려고 따로 구분해놓은 귀한 그릇이 되는 것이야말로 그리스도인이 가장 바라는 소망입니다.

이제 바울은 이 원리를 디모데와 모든 그리스도인에게 적용합니다. "그러므로 누구든지 이런 것에서 자기를 깨끗하게 하면 귀히 쓰는 그릇이 되어 거룩하고 주인의 쓰심에 합당하며 모든 선한 일에 준비함이 되리라"(21절). 여기서 '이런 것'이란 나무그릇이나 질그릇처럼 천하게 쓰는 그릇을 가리킵니다. 그렇지만 여러분은 이 구절을 해석할 때 조금 주의할 필요가 있습니다. 사람들 중에는 이 구절을 근거로 자신과 뜻이 다른 교회에 출석하는 사람들을 배척하는 이들이 있습니다. 그러나 이 문맥이 말하는 바는 그런 것이 아닙니다. 전후 문맥을 살펴보겠습니다. 이 구절 앞에는 "주의 이름을 부르는 자마다 불의에서 떠날지어다"(19절)라는 구절이 나오고, 뒤에는 "청년의 정욕을 피하고"(22절)라는 구절이 이어집니다. 다시 말해서 바울은 디모데에게 스스로 모든 불의에서 자신을 깨끗하게 지키되, 어떤 이들이 자신에게 부패한 영향을 끼친다면 악한 이들의 모임을 멀리하라고 말하고 있는 것입니다. 다시 말해 바울은 교리적 순결이 아니라 도덕적 순결에 대해 말하고 있습니다. 어찌 되었든 하나님에게 쓰임받는 그릇이 되려면 깨끗해야 합니다.

이제 22절로 넘어가겠습니다. 22절에는 소극적인 명령과 적극적인 명령이 대구를 이루고 있습니다. "또한 너는 청년의 정욕을 피하고 주를 깨끗한 마음으로 부르는 자들과 함께 의와 믿음과 사랑과 화평을 따르라." 이 구절은 매우 중요한 부분입니다. 바울은 말합니다. "너는 청년의 정욕을 피하라. 그리고 도덕적 품성을 따르라." '피하라'와 '따르라'라는 두 동사가 성격이 극명하게 다른 명사 뒤에 놓여 있습니다. '피하다'에 해당하는 헬라어 동사 '퓨고_pheugo_'는 문자적으로 '안전한 곳을 찾아 도망가다' 혹은 '달아나다, 탈출하다'라는 뜻입니다. 모세가 미디안 광야에서 바로를 피해 도망가거나 요셉과 마리아가 아기 예수를 데리고 헤롯의 진노를 피해 도망갈 때, 또는 삯꾼이 이리가 오는 것을 보고 양을 팽개치고 줄행랑칠 때처럼 물리적 위험으로부터 달아날 때도 이 동사를 씁니다. 그리고 영적 위험으로부터 달아날 때에도 비유적으로 이 동사를 사용합니다. 이를테면 죄인들에게 임박한 진노를 피하라고 충고할 때, 그리스도인에게 우상숭배와 부도덕함, 물질만능주의, 금전욕을 피하라고 권면할 때, 그리고 본문에서처럼 청년의 정욕을 피하라고 권면할 때에도 이 동사를 씁니다. 이뿐 아닙니다. 우리는 또한 마귀에게 저항하여 마귀가 우리를 피하게 해야 합니다. 잘못된 것으로 알고 있는 모든 것을 피해야 합니다. 그러기 위해서는 죄가 우리 영혼에 위험한 존재라는 사실을 인정해야 합니다. 죄와 타협하거나 합의하려고 해서는 안 됩니다. 눈앞에 있는 죄를 보고 미적거리거나 꾸물거려서도 안 됩니다. 가능한 한 빨리 죄에서 달아나야 합니다. 보디발의 아내가 유혹할 때 요셉이 그랬던 것처럼 뿌리치고 도망쳐야 합니다.

여기에서 청년의 정욕이란 단순히 성적 욕망만을 이야기하는 것이 아닙니다. 자기 의와 이기적인 야망을 비롯하여 청년의 정욕에는 여러 가지가 있습니다. 이런 것들은 모두 우리가 피해야 할 것들입니다. 그런데 정반대로 우리가 좇아야 할 것도 있습니다. '퓨고'가 무언가로부터 도망친다는 뜻인 데 반하여 '디오코$_{dioko}$'는 정반대로 '따라가다, 추구하다, 좇아가다'라는 뜻입니다. 전쟁터에서 적군을 뒤쫓거나 사냥터에서 사냥감을 뒤쫓을 때도 이 동사를 쓰고 도덕적 자질을 추구한다고 할 때도 이 동사를 씁니다.

정리하자면 바울은 우리에게 영적 위험을 피해 달아나는 한편 영적 선을 좇으라고 권면하고 있습니다. 영적 위험은 피하기 위해 달아나고, 영적 선은 얻기 위해 좇아가라고 말합니다. 성경 역시 우리에게 자신을 부인하고 그리스도를 따르라고 줄기차게 가르칩니다. 성경은 우리에게 옛 삶에 속한 모든 것을 벗어버리고 새 삶에 속한 것을 입으라고 가르칩니다. 이 땅에 속한 우리의 지체를 죽이고 하늘에 속한 것을 생각하라고 가르칩니다. 육체를 십자가에 못 박고 성령을 따라 행하라고 가르칩니다. 이것 말고 거룩해지는 다른 비결은 없습니다. 주인이 귀하게 쓰기에 합당한 그릇이 되는 방법은 이것뿐입니다. 실제로 성경은 분명하게 약속합니다. "그러므로 누구든지 이런 것에서 자기를 깨끗하게 하면 귀히 쓰는 그릇이 되어 거룩하고 주인의 쓰심에 합당하며 모든 선한 일에 준비함이 되리라." 따라서 귀하게 쓰는 그릇이 되어 약속을 유업으로 받으려면, 자기를 깨끗하게 하라는 조건을 먼저 충족시켜야 합니다.

이제 마지막으로 여섯 번째 비유인 주의 종에 대해 살펴보겠습니다(23-26절). 23절에서 사도 바울은 14절과 16절에서 지적했던 '말다툼'과 '망령되고 헛된 말'을 다시 언급하면서 이번에는 '어리석고 무식한 변론'이라는 표현을 사용합니다. 바울이 하는 말을 오해하지 마십시오. 바울은 지금 모든 논쟁을 피하라고 충고하는 것이 아닙니다. 하나님의 말씀이 위기에 처할 때 바울은 스스로 열정적인 변론가를 자처했습니다. 그리고 디모데와 디도에게도 열정적으로 복음을 변론하라고 충고했습니다. 예수 그리스도 역시 변론가였습니다. 예수님은 당시 종교 지도자들과 열띤 논쟁을 벌였습니다. 막상 닥치면 움츠러들 때가 많지만, 때로는 우리도 진리를 위해 논쟁에 뛰어들 의무가 있습니다.

그러므로 여기에서 바울이 피하라는 것은 논쟁 자체가 아니라 논쟁을 위한 논쟁입니다. 집착적으로 따지기를 좋아하는 기질, 사소한 문제를 물고 늘어지는 성향을 피하라는 애기입니다. 쓸데없는 말다툼은 싸움을 일으킬 뿐이니 피하는 게 상책입니다. 게다가 주의 종은 마땅히 다투지 아니하고 잘 참아야 하고(24절), 반대하는 사람을 온화하게 바로잡아주어야 합니다(25절). 그러므로 주의 종은 온유해야 합니다. 이사야 42장 3절에서 묘사하는 주의 종은 아주 온유해서 "상한 갈대를 꺾지 아니하며 꺼져가는 등불을 끄지 아니"합니다. 주의 종의 원형이신 예수 그리스도는 자신을 마음이 온유하고 겸손하다고 소개했습니다. 그러므로 주의 종은 논쟁을 할 때조차도 다정하고 잘 참고 온유해야 합니다. 우리가 그렇게 그리스도인다운 온유한 성품으로 복음을 전하면, 하나님께서 복음에 반대하는 자들을 회개시키셔서 진리를 깨닫게 하실 것입니다(25절). 그리고 마귀에게 사로잡혀서 그의 뜻을 좇던 그들이 정신을 차려서 그의 올무에서 벗어나게 하실 것입니다(26절).

'그의 뜻을 좇던', '그에게서 벗어나다'에서 언급하는 '그'를 누구로 보느냐에 따라 26절에 대한 해석이 분분한데, 짧은 시간에 그 차이를 모두 살펴보기는 어렵습니다. 다만 제가 주요 텍스트로 삼은 흠정역과 미국표준역성경은 '그'를 모두 마귀로 보고 이 구절을 "마귀에게 사로잡혀 마귀의 뜻을 좇던 그들이 정신을 차려서 마귀의 올무에서 벗어나게 하실 것"이라고 번역하고 있습니다. 그렇다면 이 구절은 복음 전도 사역과 교육 사역 현장의 이면을 들여다볼 수 있게 해주는 말씀입니다. 무대에 오른 사람과 청중에게는 보이지 않는 영적 전투가 무대 뒤에서 벌어지고 있습니다. "그들은 악마에게 사로잡혀서 악마의 뜻을 좇았지만, 정신을 차려서 그 악마의 올무에서 벗어날 것입니다"(새번역). 바울은 이 구절을 통해 기발한 올가미로 사냥감을 생포하는 사냥꾼처럼 영리하게 움직이는 마귀의 활동을 생생히 묘사합니다. 마귀는 올가미로 사냥감을 포획하는 사냥꾼입니다. 사냥꾼 마귀는 사냥감에게 약을 먹이거나 취하게 만들기도 합니다. '악마의 올무에서 벗어나다'에 해당하는 헬라어 '아나네포_ananepho_'는 문자적으로 한동안 마귀에게 취해 있다가 '맨 정신으로 돌아오다'라는 뜻입니다. 올무에 걸렸든 약에 취했든 마귀에게 사로잡힌 자들을 회개시키고 진리를 깨닫게 하여 구원하실 수 있는 분은 하나님뿐입니다. 그리고 하나님은 주의 종들이 복음에 반대하는 자들을 잘 가르칠 때뿐 아니라 가능한 한 싸움을 피하고 온화한 태도로 그들을 바로잡아줄 때에도 그들을 회개시키고 진리를 깨닫게 하여 구원하십니다.

이제 말씀을 마무리할 시간입니다. 본문에는 복음을 부탁받았을 뿐 아니라 사람들에게 이 복음을 전하도록 위임받은 그리스도의 일꾼들에게 보내는 분명한 메시지가 담겨 있습니다. 우리는 맡은 바 사명에 온전히 헌신하는 좋은 병사, 좋은 운동선수, 좋은 농부가 되어야 합니다. 진리의 말씀을 정확하고 단순명료하게 해석하여 부끄러울 것이 없는 일꾼이 되어야 합니다. 성품과 행실이 반듯해서 귀하게 쓰이는 그릇이 되어야 합니다. 그리고 마음이 온유한 주의 종이 되어야 합니다. 온 힘을 다해 일하고, 명료하게 가르치고, 깨끗하게 살고, 공손하게 말해야 합니다.

그래야만 하나님께서 귀히 쓰시는 그릇이 될 수 있습니다. 병사로서 농부로서 경주자로서 온전히 헌신해야만 좋은 결과를 기대할 수 있습니다. 진리의 말씀을 단순명료하고 정확하게 해석하고 과녁에서 벗어나지 않을 때에만 하나님께 인정받고 부끄러울 게 없는 사람이 될 수 있습니다. 천한 것들로부터 자기를 깨끗하게 할 때에만 하나님께서 귀하게 쓰시는 그릇이 될 수 있습니다. 하나님은 우리가 마음이 온유하여 다툼을 피하는 자가 될 때에만 복음에 반대하는 자들을 회개시키고 진리를 깨닫게 하십니다. 이처럼 복음을 위하여 고난을 받고 열심히 일하는 것이 그리스도인의 의무입니다.

바울이 디모데에게 "내 아들아, 그러므로 너는 그리스도 예수 안에 있는 은혜 가운데서 강하고"라는 권면으로 2장의 문을 연 것도 이 때문입니다.

복음에 계속 거할 의무
디모데후서 3장

디모데후서 1장이 복음을 지킬 의무에 대해, 2장이 복음을 위해 고난을 받을 의무에 대해 이야기한다면, 3장은 복음에 계속 거할 의무에 대해 이야기합니다.

사도 바울은 다음과 같은 말로 3장의 문을 엽니다. "너는 이것을 알라. 말세에 고통하는 때가 이르러"(1절). 이 말씀은 우리가 오늘 살펴볼 3장의 주제이기도 합니다. 1절에서 우리가 맨 처음 주목할 표현은 '말세에'라는 단어입니다. 얼핏 보면 말세는 미래의 어느 시점, 즉 종말이 이르기 직전을 가리키는 것처럼 보입니다. 그러나 성경에서는 말세라는 표현을 그렇게 사용하지 않습니다. 신약의 저자들이 사용한 '말세'라는 표현에는 구약이 약속했던 새 시대가 예수 그리스도와 함께 도래했다는 확신이 담겨 있습니다. 그들은 그리스도가 오시면서 옛 시대가 저물고 말세가 이른 것으로 보았습니다.

오순절 날 베드로가 '말세에' 하나님이 하나님의 영을 모든 사람에게 부어주실 것이라고 했던 요엘의 예언을 언급하고, 이 예언이 이루어졌다고 선포한 것도 이 때문입니다. "이는 곧 선지자 요엘을 통해 말씀하신 것이니 일렀으되 하나님이 말씀하시기를 말세에 내가 내 영을 모든 육체에 부어 주리니 너희의 자녀들은 예언할 것이요 너희의 젊은이들은 환상을 보고 너희의 늙은이들은 꿈을 꾸리라"(행 2:16-17). 요엘 선지자가 예언한 말세가 지금 이르렀다는 뜻이었습니다. 히브리서 1장 1-2절에도 "옛적에 선지자들을 통하여 여러 부분과 여러 모양으로 우리 조상들에게 말씀하신 하나님이 '이 모든 날 마지막에는' 아들을 통하여 우리에게 말씀하셨으니"라는 구절이 나옵니다.

따라서 디모데후서 3장에 나오는 내용은 미래가 아니라 현재에 관한 이야기입니다. 바울이 말하는 말세는 그리스도의 초림과 재림 사이의 기간을 가리킵니다. 여러분과 나는 초림과 재림 사이에 살고 있는 것입니다. 이처럼 말세는 앞으로 다가올 미래가 아니라 현재를 가리킵니다.

또한 말세는 아주 위험한 시기가 될 것입니다. 따라서 초림과 재림 사이에 사는 교회는 고통스럽고 위험한 시기가 닥쳐오리라는 것을 알아야 합니다. '위험한' 또는 '고통스러운'으로 번역되는 헬라어 형용사 '칼레포스$_{chalepos}$'는 문자적으로 '어려운, 힘든'이라는 뜻입니다. 육체적 또는 정신적 고통이 견디기 힘든 상황이나 주변 환경이 위험하고 위협적일 때 사용하는 단어입니다. 성난 파도와 야생 동물을 묘사할 때도 이 형용사를 씁니다. 마태는 예수님이 가다라 지방에 가셨을 때 무덤 사이에서 귀신 들린 자 둘이 나왔는데 어찌나 사나운지 아무도 그 길로 지나갈 수 없을 정도였다고 설명하면서 이 형용사를 사용했습니다.

말세에 이렇게 고통스럽고 위험한 시기가 찾아오는 이유는 사람들 때문입니다. 이들은 타락하고 악하고 본성이 삐뚤어지고 자기중심적이고, 하나님과 하나님의 법을 대적하고, 교회 안에 이단과 사악하고 죽은 종교를 퍼뜨리는 자들입니다.

바울은 3장 2절부터 9절까지 말세를 위험하게 만드는 이들의 특성을 면밀히 묘사합니다. 그들의 행실이 어떠하고 그들의 종교가 어떠한지, 사람들을 개종시키려고 그들이 얼마나 열심히 움직이는지 설명합니다.

(a) 그들의 비도덕적 행실. 2절부터 4절까지 이 사람들을 묘사하는 표현이 무려 열아홉 가지나 됩니다. 그러니 각각의 표현을 일일이 살펴보다 보면 조금 지루할지도 모릅니다. 하지만 처음과 마지막에 나오는 표현만큼은 주목할 필요가 있습니다. 바울은 맨 처음 그들을 자기를 사랑하는 자들로 묘사합니다. 그리고 마지막에는 하나님을 사랑하되 마땅히 사랑해야 할 만큼 사랑하지 않는 자들이라고 말합니다. 이들을 묘사하는 열아홉 가지 표현 중 네 가지가 사랑과 관련되어 있습니다. 문제는 사랑의 방향이 근본적으로 잘못되어 있다는 데 있습니다. 그들은 하나님을 사랑하되 하나님보다 자기를 더 사랑하고 돈을 더 사랑하고 쾌락을 더 사랑합니다. 이 사이에 열다섯 가지 표현이 더 나오는데 대부분 사람들과의 관계가 깨어진 모습을 묘사하고 있습니다.

처음 세 가지는 자기 사랑이 확대된 것입니다. 그들은 "자랑하며 교만하며 비방"합니다. 자만심이 가득하면 다른 사람들을 멸시하고 모욕하기 마련입니다. 그다음 2절 중반부터 나오는 다섯 가지는 가정생활, 특히 젊은이들이 부모를 대하는 태도와 관련이 있습니다. 그런데 여기 나오는 헬라어 단어 다섯 개에 모두 부정형 접두어가 붙어 있습니다. 아마도 바울은 태어날 때부터 지니고 있어야 마땅한 자질이 결여되어 있다는 사실을 강조하기 위해 이런 단어들을 사용한 것 같습니다. 그들은 성경이 공경하고 순종하라고 가르치는 '부모를 거역'합니다. 그리고 '감사하지 아니'합니다. 아주 기본적인 감사조차 표현하지 않습니다. 또한 그들은 '거룩하지 아니'합니다. 그런데 거룩하지 않다고 번역된 '아노시오이*anosioi*'라는 형용사는 부모를 공경하지 않는 자식을 가리킬 때도 사용하는 단어입니다.

또한 그들은 '무정'합니다. J. B. 필립스는 이 단어를 '보통 사람들에게서 보편적으로 찾아볼 수 있는 애정이 전혀 없는'이라고 번역했습니다. 나아가 그들은 '원통함을 풀지 아니'합니다. '원통함을 풀지 아니하며'에 해당하는 헬라어 형용사 '아스토르고이*astorgoi*'는 본래 '타협하지 않는'이라는 뜻으로 젊은이들이 반항심 때문에 협상 테이블에 앉으려고도 하지 않는 모습을 묘사할 때 사용하는 단어입니다. 성경은 자식이 부모에게 순종하고 감사하며 공경하고 사랑하며 대화를 통해 서로 타협점을 찾아가는 관계를 맺어야 한다고 가르칩니다. 하지만 말세를 위험하고 고통스럽게 만드는 이들에게는 이런 특성이 완전히 결여되어 있습니다.

나머지 일곱 가지 특성은 가족의 경계를 넘어 사회 구성원을 대하는 태도와 관련이 있습니다. 그들은 다른 사람을 '모함'하기를 좋아합니다. 추문을 퍼뜨리고 뒤에서 남을 헐뜯습니다. 또한 그들은 '절제하지 못'합니다. 자제력이 없다는 말입니다. 또한 그들은 '사납'습니다. 마치 흉포한 짐승처럼 길들지 않은 사람들입니다. 또한 그들은 '선한 것을 좋아하지 아니'합니다. 달리 말하면 선한 것을 알지 못하는 사람들입니다. 또한 그들은 '배신'을 잘합니다. 이 단어는 누가복음에서 배신자 유다를 묘사할 때 사용했던 단어입니다. 또한 그들은 말과 행동이 '조급'하고 '자만'심이 가득합니다. 한마디로 오만방자합니다!

이들은 이처럼 반사회적 행동을 일삼습니다. 부모에게 감사하거나 순종할 줄도 모르고 부모를 공경하지도 않고 무정하기 짝이 없습니다. 험담하기 좋아하고 절제력과 온유함, 충성심과 신중함이 없는 이런 행동은 모두 경건치 못하고 자기중심적인 성품에서 비롯된 것입니다. 성경은 마음을 다하고 목숨을 다하고 힘을 다하며 뜻을 다하여 하나님 사랑하기를 최우선으로 삼는 것이 하나님의 질서라고 가르칩니다. 그리고 이어서 이웃을 내 몸과 같이 사랑해야 한다고 가르칩니다. 하나님이 첫 번째고 이웃이 두 번째고 나는 맨 마지막입니다. 그런데 우리가 첫 번째와 세 번째 순서를 바꾸어 하나님이 있어야 할 자리에 자신을 두고, 하나님을 사랑하는 대신 자신을 사랑하는 사람이 되면, 그 사이에 있는 우리의 이웃이 고통을 받습니다.

바울이 이 사람들을 묘사하기 위해 사용한 열아홉 가지 형용사가 이 사실을 잘 보여줍니다. 말세에 위험하고 고통스러운 시기가 찾아오는 이유는 우리가 하나님 대신 우리 자신을 사랑하는 탓입니다. 철저히 자기중심적인 인물이 되어버린 탓입니다. 그리고 이 문제를 해결할 수 있는 것은 복음뿐입니다. 복음 안에 우리를 완전히 뒤집어엎고 새로 태어나게 하는 능력이 있기 때문입니다. 회심은 이기적인 자아를 버리는 것입니다. 마음과 생각과 삶의 방향을 실제로 바꾸는 것입니다. 회심은 본래 자기중심적이던 우리를 하나님 중심으로 바꾸어놓습니다. 그리고 회심을 통해 나의 자리와 하나님의 자리가 원래대로 바뀔 때 우리는 이웃을 내 몸과 같이 사랑하기 시작합니다. 하나님이 사랑하시는 세상을 사랑하기 시작하고, 하나님처럼 나누어주고 섬기고 싶어 합니다. 그래서 계속 도덕적으로 바른 행동을 합니다.

(b) 그들의 종교 의식. 하나님의 법을 지키지도 않고 문명사회의 기본예절조차 갖추지 못한 이런 사람들이 종교적일 수 있다는 사실에 충격을 받을 수도 있지만 사실입니다. 바울은 이런 사람들이 "경건의 모양은 있으나 경건의 능력은 부인"한다(5절)고 말합니다. 인류의 오랜 역사를 돌이켜보면 안타깝게도 종교와 도덕이 일치할 때보다 일치하지 않을 때가 더 많았습니다. 주전 7-8세기에 선지자들이 크게 책망하던 유다와 이스라엘 사람들처럼, 그리고 예수님이 비난하셨던 바리새인들처럼, 이들은 경건의 모양은 지키고 있으나 경건의 실체나 도덕의 능력에 대해서는 무지합니다. 그들은 일요일에 교회에 출석하고 찬송을 부르고 기도할 때 아멘으로 화답하고 헌금을 합니다. 겉으로는 지극히 경건한 사람처럼 보입니다. 그러나 겉모습은 경건해 보여도 그 안에 경건의 능력이 없습니다. 내면에 경건의 실체가 없습니다. 진실함이 없는 경건, 도덕이 빠진 종교, 행함이 없는 믿음에 불과합니다. 사도 바울이 디모데에게 "이 같은 자들에게서 돌아서라"고 말하는 것은 그래서입니다.

예수님은 스스로 세리와 죄인들의 친구가 되셨습니다. 그러므로 바울의 말은 죄인들과 아예 접촉을 피하라는 뜻이 아닙니다. 아예 죄인들과 접촉하지 않으려면, 고린도전서 5장에 나온 것처럼 세상 밖으로 나가는 수밖에 없습니다. 바울이 디모데에게 "이 같은 자들에게서 돌아서라"고 말할 때 염두에 둔 사람은 교회 안에 있는 종교적 죄인들입니다. 영국 국교회가 기도서에서 '대놓고 악한 삶을 사는 악명 높은 자들'이라 칭한 사람들입니다. 이런 사람들에게는 징계와 책망을 해야 마땅합니다. 그러고도 회개하지 않으면 출교해야 합니다.

(c) 포교를 향한 그들의 열정. 경건치 못한 자기 사랑과 악의로 가득 찬 사람들이 신앙을 고백할뿐더러 자기가 믿는 종교를 적극 전파한다니 실로 놀라운 일입니다. 그러나 이 또한 사실입니다. "그들 중에 남의 집에 가만히 들어가 어리석은 여자를 유인하는 자들이 있으니 그 여자는 죄를 중히 지고 여러 가지 욕심에 끌린 바 되어 항상 배우나 끝내 진리의 지식에 이를 수 없느니라"(6-7절). 바울은 이들의 이런 열정을 군사 작전에 비유하여 '유인'한다고 표현합니다. '유인하다'에 해당하는 '아이크말로튜오*aichmaloteuo*'라는 동사는 본래 전쟁에서 '포로로 잡다'라는 뜻입니다. 이들은 은밀하고 교묘하게 사람들에게 접근합니다. 정문보다는 뒷문을 이용해 슬그머니 들어가는 식입니다. 이들은 남자들이 일하러 나가고 없는 틈에 가만히 남의 집에 들어가서 약한 여자들을 집중 공략했습니다. 여러분도 알다시피 뱀이 처음에 유혹한 것도 아담이 아니라 하와였으니 엘리코트 주교의 말대로 "이런 술수는 인간의 타락만큼이나 오래된 것입니다."

바울이 여기에서 여자들을 약하다고 말하는 데는 두 가지 이유가 있습니다. 첫째, 그들은 도덕적으로 나약했습니다. 바울은 여자들이 죄를 중히 지고 여러 가지 욕심에 끌린 바 되었다고 말합니다. 둘째, 그들은 지적으로 약하고 불안하고 잘 속고 남을 쉽게 믿었습니다. 그래서 늘 배우기는 해도 진리를 깨닫는 데까지는 이르지 못했습니다. 아마도 이 자리에 있는 여성들은 바울이 하는 말에 동의하지 않을 것입니다. 그러나 이해하십시오. 바울은 지금 모든 여자를 가리켜 약하고 어리석다고 말하는 것이 아닙니다. 바울이 말하는 어리석은 여자란 마음과 의지가 약해서 말주변이 좋은 이단들에게 집중 공략을 당하는 여자를 가리킵니다. 의지와 지성이 약한 여자들은 집집마다 방문해 종교를 파는 장사꾼들에게 손쉬운 먹잇감이었습니다.

바울은 대표적인 거짓 교사로 유대 전승에 나오는 얀네와 얌브레를 예로 듭니다. 성경에는 두 사람의 이름이 안 나오지만, 아람어로 된 구약성경 타르굼에는 출애굽기 7장 11장에서 바로가 궁궐에 부른 마술사들 중 하나로 두 사람의 이름이 등장합니다. 바울이 그들을 두고 뭐라고 말하는지 주의해서 보십시오. 아주 흥미로우면서도 중요한 부분입니다. "얀네와 얌브레가 모세를 대적한 것같이 그들도 진리를 대적하니 이 사람들은 그 마음이 부패한 자요 믿음에 관하여는 버림받은 자들이라"(8절).

여기에서 주목할 것은 아시아의 거짓 교사들을 애굽 마술사들에 비유했다는 사실뿐만이 아닙니다. 바울은 자신을 모세에 비유하고 있습니다. 모세는 구약성경에 나오는 사람들 중 가장 위대한 인물입니다. 이전에도 이후에도 이스라엘에 모세와 같은 선지자는 다시 나타나지 않았습니다. 사람이 자기 친구에게 이야기하듯 하나님께서 얼굴과 얼굴을 마주 대고 말씀하시던 인물이 모세이기 때문입니다. 그런데도 바울은 주저하지 않고 하나님의 말씀을 말하고 가르쳐온 자신을 모세와 동등한 위치에 놓습니다. 얀네와 얌브레가 모세의 율법을 대적했듯 아시아에 있는 거짓 교사들이 바울의 복음을 대적하고 있다고 말합니다. 그것이 율법이든 복음이든, 모세의 가르침이든 바울의 가르침이든, 그들이 대적하고 있는 것은 다름 아닌 하나님의 진리이기 때문입니다.

그래서 바울은 그들을 배척합니다. 그들을 가리켜 '마음이 부패한 자'(8절)라고 말합니다. 아무리 그노시스(지식)를 운운해도 그들은 마음이 부패하고 믿음에 관하여는 거짓된 자들입니다. 바울은 '그들이 더 나아가지 못할 것'(9절)이라고 단언합니다. 거짓된 가르침이 한동안 악성 종양처럼 퍼져나갈 것은 자명한 사실입니다(2:17). 그러나 얀네와 얌브레의 어리석음이 만천하에 드러났던 것처럼 곧 '그들의 어리석음이 드러날 것'(9절)이므로 그들의 성공은 한시적일 뿐입니다.

지금까지 배운 내용을 정리해보겠습니다. 교회에 어려운 시기가 찾아오는 이유는 하나님이 곡식을 심으신 세상이라는 밭에 마귀가 와서 잡초를 뿌리고 갔기 때문입니다. 다시 말해서 마귀는 교회 안에 제5열을 심어 두고 공작 활동을 펼치고 있습니다. 제가 몸담고 있는 영국 국교회 신조 제26조를 인용하자면, "가시적 교회 안에는 늘 악이 선과 섞여 있으며, 때로는 악이 말씀과 성례 사역에서 막강한 힘을 발휘하기도" 합니다.

신앙을 고백하는 신자들의 공동체인 가시적 교회 안에는 부도덕한 성품으로 부도덕한 행동을 일삼는 사람들, 겉으로만 경건해 보이는 사람들, 부패한 마음과 거짓된 신앙을 지닌 사람들이 있습니다. 그들은 하나님과 이웃을 사랑하는 자가 아니라 자기 자신과 돈과 쾌락을 사랑하는 자들입니다. 경건의 모양은 갖추고 있으나 경건의 능력은 부인하는 자들입니다. 그들은 진리를 반대하고 틈을 타서 연약한 여자들에게 자신들의 사상을 퍼뜨립니다. 그들은 도덕적으로도 지적으로도 종교적으로도 삐뚤어진 사람들입니다. 그리고 저는 이 모습이 의외 진리를 둘러싼 기독교의 기준을 벗어나는 모든 생각과 의견을 관대히 허용해온 우리 사회의 초상이라고 생각합니다.

그렇다면 이런 상황에서 디모데는 어떻게 해야 할까요? 10절 말씀에 그 답이 나와 있습니다. "[너는] 나의 교훈과." 헬라어 원문을 정확히 옮기려면 이 문장 앞에 '그러나'라는 접속사를 붙여야 합니다. 그게 뭐 그리 큰 차이냐고 말할지도 모르지만, 아주 중요한 차이가 있습니다. 몇 절 뒤로 넘어가 14절을 보면 "그러나 너는"으로 시작되는 구절이 나오는데, 사실 헬라어 원문은 10절과 14절이 같은 단어로 시작됩니다. 사도 바울은 10절과 14절에서 두 번이나 이렇게 말하고 있는 것입니다. "디모데야, 그러나 너는 이런 사람들과 달라야 한다." 다시 말해 바울은 디모데에게 유행병처럼 번지는 이런 풍조에 물들지 말라고 충고하고 있습니다. 디모데는 유행에 휩쓸리지 말아야 했습니다. 바울이 앞에서 묘사한 사람들과는 완전히 다르게 살아야 했습니다.

모든 그리스도인은 세상과 다르게 살도록 부름 받았습니다. '거룩하게' 산다는 말이 지나치게 경건해 보여서 맘에 들지 않으면, '거룩하게'를 '다르게'로 바꾸어보십시오. 거룩하게 산다는 것은 결국 다르게 산다는 뜻입니다. '거룩한' 사람은 '구별된' 사람입니다. 그는 하나님에게 속한 사람으로서 세상으로부터 자신을 구별했습니다. 그는 세상의 기준이 아니라 하나님의 기준을 따릅니다. 그는 다릅니다. 우리는 바람이 불면 부는 대로 이리저리 흔들리는 갈대와는 다르게 살도록 부름 받은 그리스도인입니다. 그런데 오늘날 교회 안에는 갈대와 같은 사람이 수없이 많습니다. 그들은 북쪽에서 바람이 불면 남쪽으로 머리를 조아리고, 남쪽에서 바람이 불면 북쪽으로 머리를 조아립니다. 그때그때 유행하는 신학과 도덕 풍조에 무릎을 꿇습니다. 그들은 바람에 흔들리는 갈대입니다. 이 시대를 사는 우리에게 세상 풍조를 따르라는 압력이 실로 엄청나다는 사실은 저도 잘 알고 있습니다. 특히 강한 힘으로 밀고 들어오는 세상 풍조에 저항하지 못하고 유행에 휩쓸리는 젊은이들을 볼 때마다 나는 깊은 연민을 느낍니다.

육체적, 지적, 도덕적 압력이 기독교의 전통적인 시각과 기준에 직접 도전할 뿐 아니라 텔레비전과 매스미디어를 통해 가정과 교회에 파고든 세속주의 풍조가 은밀히 영향력을 행사하고 있습니다. 많은 사람들이 세상 풍조를 가정과 교회 안으로 가지고 들어옵니다. 때로는 자기가 무슨 짓을 하고 있는지도 모른 채 세상 풍조에 동조하기도 합니다. 그러나 성경은 우리에게 세상 풍조에 물들지 말라고 반복해서 경고합니다. 그리스도인은 바람에 나부끼는 갈대처럼 이리저리 흔들려서는 안 됩니다. 산속 급류를 온몸으로 맞으면서도 결코 굴하지 않는 바위처럼 견고해야 합니다. J. B. 필립스의 표현대로 "세상이 여러분을 자기 틀 안에 쑤셔 넣고 똑같이 찍어내게 해서는 안 됩니다" (롬 12:2).

이제 본문을 조금 더 자세히 살펴보겠습니다. 바울은 디모데에게 무엇을 바라는 걸까요? 그들과 달라야 한다는 말은 무슨 뜻일까요? 10절과 14절을 다시 한 번 주의 깊게 살펴보겠습니다. 디모데 주변에 있는 악한 사람들과 거짓 교사들에 대해 이야기하고 나서 바울은 10절에서 이렇게 말합니다. "〔그러나 너는〕 나의 교훈〔을 따랐다.〕" 이것이 디모데가 이제껏 해온 일입니다. 그다음 14절에서 바울은 이렇게 말합니다. "그러나 너는 배우고 확신한 일에 거하라." 이렇듯 바울은 디모데가 과거에 얼마나 충성스러웠는지 이야기하고 나서(10-13절) 앞으로도 계속 충성을 다하라고 권면합니다(14-17절). 그리고 여기에 디모데후서 3장의 요지를 요약해주는 동사가 나옵니다. 바울은 디모데에게 말합니다. "그대는 나의 가르침[을] 따르며'(10절). 그러니 앞으로도 "배우고 확신한 일에 [계속] 거하라"(14절). 바로 3장의 주제 '복음에 계속 거할 의무'에 대해 말하고 있는 것입니다.

그러면 먼저 과거에 대해 살펴보겠습니다. "그러나 그대는 나의 가르침과 행동과 의향과 믿음과 오래 참음과 사랑과 인내를 따르며, 안디옥과 이고니온과 루스드라에서 내가 겪은 박해와 고난을 함께 겪었습니다"(10-11절, 새번역). 여기에서 바울은 '따르며'라는 말로 디모데의 입장을 설명합니다. '따르다'에 해당하는 헬라어 동사 '파라콜루데오*parakoloutheo*'는 문자적으로 어떤 사람이 어디를 갈 때 그 사람을 따라가는 것을 의미합니다. 친구가 텐트에서 나가는 걸 보고 여러분이 그를 따라갈 때 쓰는 동사가 파라콜루데오입니다. 단순하게 앞에 가는 사람을 따라갈 때 이 단어를 씁니다. 그러나 비유적으로 이 동사는 '신실하게 따르다' 또는 '일반적으로 따르다'라는 의미로 쓰입니다. "네가 따르는 좋은 교훈으로 양육을 받으리라"(딤전 4:6)가 대표적인 예입니다.

따라서 디모데가 바울의 가르침을 따랐다는 말은 디모데가 바울의 충실한 제자였다는 뜻입니다. 디모데는 바울의 가르침을 이해하고 가르침대로 살기 위해 고통을 감내했습니다. 또한 바울의 생활방식을 관찰하고 그대로 따라 하려고 애썼습니다. 디모데는 생각으로도 믿음으로도 행동으로도 바울을 충실히 따르는 제자였습니다. "너는 나를 착실히 따랐다." 앞에서 이야기한 거짓 교사들과 디모데는 선명한 대조를 이뤘습니다. 바울이 말한 악한 사람들은 자기 자신의 의향을 따르는 사람이었습니다. 그들은 자기 마음이 이끄는 대로 자신을 사랑하고 돈을 사랑하고 쾌락을 사랑했습니다. 그러나 디모데는 전혀 다른 기준을 따랐습니다. 디모데는 자신의 성향을 따르지 않았습니다. 그리스도의 사도인 바울의 가르침을 따랐고 그를 본받았습니다.

그래서 바울은 2-5절에서 묘사했던 자들과 대비시켜 자신의 삶의 특징을 열거합니다. 악한 사람들은 이러이러하지만, 그들과 달리 디모데 '너'는 '나'의 교훈과 '나'의 행실과 '나'의 의향과 '나'의 믿음을 따랐다고 말합니다. "그 사람들은 자기 하고 싶은 대로 하게 놔둬라. 그러나 디모데야, 너는 이제껏 그랬던 것처럼 나를 따라라." 이렇듯 바울은 악한 사람들과 디모데를 대비시켜 설명합니다.

어떤 이들은 이렇게 물을지도 모릅니다. "바울은 왜 그렇게 자신의 미덕과 고난을 내세우나요? 자부심이 조금 과한 것 아닌가요? 디모데에게 자신의 가르침을 따르라고 말하는 것은 이해할 수 있습니다. 하지만 꼭 그렇게 자신의 미덕과 고난을 자랑해야만 했을까요? 이런 태도는 조금 잘못된 것 아닌가요?" 아니, 그렇지 않습니다. 바울은 지금 자랑하는 것이 아닙니다. 바울은 자신의 가르침이 진짜라는 것을 증명하고자 자신의 삶과 자신이 겪었던 고난을 그 증거로 제시하고 있는 것입니다. 본래 어떤 사람이 가르치는 교훈이 진실한 교훈인지를 확인하려면 그가 어떤 삶을 살았고 어떤 고난을 겪었는지를 알아보는 것이 가장 확실합니다. 자신이 믿고 가르치는 대로 행동하는지,

그것을 위해 고난도 기꺼이 감수하는지 확인해보는 것이 가장 정확합니다. 바울은 자신이 믿고 가르치는 대로 살았고 고난을 받았습니다. 그러므로 10절에서 바울은 이렇게 말하고 있는 셈입니다. "너는 나의 가르침을 따랐다. 그리고 나의 가르침뿐 아니라 나의 생활방식과 삶의 목표까지도 따랐다." 디모데는 의미 없이 바울을 추종한 것이 아닙니다. 바울은 삶의 목표를 가지고 있었습니다. "나의 믿음과 나의 오래 참음과 나의 사랑과 나의 인내와." 여기에서 바울이 말하는 '나의 사랑'이란 자기 자신과 돈과 쾌락에 대한 사랑이 아니라 하나님과 이웃에 대한 사랑을 가리킵니다. '나의 오래 참음과 인내'란 '나의 행실'을 말합니다.

이어서 11절에서 바울은 고난에 대해 말합니다. "박해를 받음과 고난과 또한 안디옥과 이고니온과 루스드라에서 당한 일과 어떠한 박해를 받은 것을 네가 과연 보고 알았거니와." 디모데는 루스드라에 사는 시민이었습니다. 그래서 성난 군중이 바울을 돌로 쳐서 성 밖에 내치는 모습을 직접 보았습니다. 그런데 바울은 "주께서 이 모든 것 가운데서 나를 건지셨"다고 말합니다. 그리고 12-13절에서는 자기만 이런 박해를 당하는 게 아니라고 말합니다. 그리스도와 연합하고 경건하게 살려는 사람은 누구나 세상으로부터 박해를 받는다고 말합니다. 세상 사람들은 경건한 사람을 보면 언제나 적대감을 드러냅니다. 언제나 그래왔고 앞으로도 그럴 것입니다. 악한 사람들과 속이는 자들이 계속 더 악해질 것이기 때문입니다(13절).

이제 이 단락의 내용을 한번 정리해보겠습니다. 디모데는 산속 급류를 온몸으로 맞으면서도 흔들리지 않는 바위처럼 세상과 교회에 득

실대는 악인과 거짓 교사들 사이에서 선명한 존재감을 드러냅니다. 그 이유는 디모데가 바울을 본받았기 때문입니다. 디모데는 사도 바울의 가르침을 따랐습니다. 그리고 그것은 옳은 행동이었습니다. 바울의 가르침은 박해를 견디며 경건하게 살아온 그의 삶과 고난으로 충분히 증명되었기 때문입니다.

이제 과거에서 미래로 넘어갈 차례입니다. 바울은 악한 사람들 및 속이는 자들과 디모데를 구분하면서 다시 "그러나 너는"이라는 말로 14절을 시작합니다. "악한 사람들과 속이는 자들은 더욱 악하여져서 속이기도 하고 속기도 하나니"(13절). 그들은 계속해서 악해집니다. 그들은 한 걸음 더 앞으로 나아갑니다. 하지만 디모데는 그 자리에 머물러야 합니다. 그들의 악은 계속 진보하지만, 디모데는 그 자리에서 배우고 확신한 일에 거해야 합니다. 신약에는 '사도들의 가르침을 굳게 붙들라', '사도의 가르침 안에 거하라'는 식의 설교가 심심찮게 등장합니다. 전통이라면 모조리 케케묵은 것으로 여기고 교회 안에서도 진보와 혁신을 부르짖는 우리 세대가 특별히 귀를 기울여야 할 가르침입니다.

오늘날처럼 이런 권면과 설교가 절실히 필요한 시대도 없습니다. 요즘에는 사람들이 소위 '새로운' 신학과 '새로운' 도덕으로 '새로운' 기독교를 만들어냈노라고 자랑합니다. 심지어 새로운 종교개혁을 시작했노라고 떠벌리기도 합니다. 할 수 있다면 그들에게 "묵은 포도주를 마시고 새것을 원하는 자가 없나니 이는 묵은 것이 좋다 함이니라"(눅 5:39)라고 하셨던 예수님의 말씀을 알려주고 싶습니다. 14절에서 알 수 있듯이 디모데는 앞으로 나아가는 대신 바울이 가르친 교훈 안에 거합니다. 배워서 굳게 믿는 진리 안에 머뭅니다. 앞으로도 디모데는 배우고 확신한 일에 거해야 합니다. 어느 누가 뭐라고 해도 그 자리를 떠나면 안 됩니다.

이어서 바울은 디모데가 배우고 확신한 일에 거해야 하는 이유를 설명합니다. 첫 번째 이유는 '그것을 누구에게서 배웠는지 알기' 때문이고, 두 번째 이유는 '어려서부터 성경을 알았기' 때문입니다. 이제 이 이유를 하나씩 살펴보겠습니다.

첫 번째 이유는 그것을 누구에게 배웠는지 알기 때문입니다. 바울은 디모데에게 이렇게 말하고 있는 셈입니다. "디모데야, 너는 그것을 누구에게서 배운 줄 안다. 그러니 네가 배우고 확신한 일에 거하라." 여기에서 '누구'는 누구일까요? 우리 눈에는 그가 누구인지 자명해 보이지만, 헬라어 사본에는 '누구'라는 단어가 단수로 되어 있는 것도 있고 복수로 되어 있는 것도 있습니다. 단수라면 그 사람은 당연히 바울일 것입니다. 그렇다면 바울은 지금 "디모데야, 너는 그것을 내게서 배운 걸 안다. 그러니 네가 배우고 확신한 일에 거하라"라고 말하고 있는 셈입니다. 그런데 복수라면 그 사람들은 아마도 바울을 포함하여 디모데의 외할머니와 어머니를 가리키는 말일 것입니다.

그러나 저는 문맥상 이 구절이 디모데가 바울에게 배운 교훈을 강조하는 것으로 생각합니다. '누구'를 복수가 아닌 단수로 보는 것이 더 정확하다는 말입니다. 기억하시겠지만 바울은 디모데후서 1장 13절에서도 "내게 들은바 바른 말을 본받아 지키라"고 강조한 바 있습니다. 2장 2절에서도 바울은 "네가 많은 증인 앞에서 내게 들은 바를 충성된 사람들에게 부탁하라"라고 말했습니다. 그리고 3장 10절에서도 바울은 디모데에게 너는 다른 사람들과 달리 나의 가르침을 따랐다고 말했습니다. 그러므로 이 글의 문맥상 '누구'를 단수로 보는 것이 적절하다 하겠습니다. 지금 바울은 디모데에게 "너는 그것을 내게서 배운 걸 안다. 그러니 네가 배우고 확신한 일에 거하라"고 말하고 있는 것입니다.

그러면 '나'는 어떤 사람입니까? 그는 "하나님의 뜻으로 말미암아 그리스도 예수 안에 있는 생명의 약속대로 그리스도 예수의 사도"(1:1)가 된 사람입니다. 그게 바로 '나' 바울입니다. 하나님의 뜻으로 그리스도 예수의 사도가 된 사람, 감히 자신을 모세에 견주는 사람입니다. 자신이 하나님의 진리를 가르치고 있다고 말하는 사람, 단순히 진리를 가르칠 뿐 아니라 경건한 삶을 살고 끊임없는 박해를 견딤으로써 자신의 가르침을 삶으로 입증해낸 사람입니다.

지금도 마찬가지입니다. 바울은 예수 그리스도에게 위임을 받아 성령의 감동으로 복음을 기록했으며, 자신의 사도적 권위와 자신의 존재를 통해 우리에게 이 복음이 진짜임을 입증하고 있습니다. 흔들림 없이 경건했던 삶과 담대하게 감내했던 많은 고난을 통해 지금도 자신이 전하는 이 복음이 진짜라는 사실을 증명하고 있습니다.

두 번째 이유는 디모데가 "어려서부터 성경을 알았기"(15절) 때문입니다. 외할머니와 어머니는 어렸을 때부터 디모데에게 구약성경을 가르쳤습니다. 그래서 디모데는 성경에 익숙했고, 성경이 하나님의 감동으로 된 것이라는 사실을 믿었습니다. 디모데는 이처럼 복음을 바울에게서 배웠고 그 복음이 구약성경과 일치했기 때문에 배워서 굳게 믿는 진리 안에 거했습니다.

이 사실은 오늘날에도 그대로 적용됩니다. 우리가 계속 거해야 할 복음은 성경적 복음입니다. 구약성경의 복음이자 신약성경의 복음입니다. 하나님의 선지자들과 그리스도의 사도들이 보증하는 복음입니다. 우리가 하나님의 은혜를 힘입어 복음 안에 거해야 하는 이유는 이 복음이 구약의 선지자들과 신약의 사도들이 보증하는 복음이기 때문입니다.

이제 15절부터 17절까지 바울이 성경에 대해 뭐라고 가르치는지 살펴봅시다. 여기에서 바울은 성경의 기원과 목적에 관하여 이야기합니다. 성경이 어디에서 왔으며 무엇을 위해 기록되었는지 설명하고 있는 것입니다.

(a) 성경의 기원. "모든 성경은 하나님의 감동으로 된 것"(16절)입니다. 다들 알고 있겠지만, '하나님의 감동으로 된 것'이라는 이 구절은 헬라어 단어 '테오프뉴스토스$_{theopnuestos}$'를 번역한 것입니다. 문자적으로는 '하나님이 숨을 내쉰'이라는 뜻입니다. "모든 성경은 하나님이 숨을 내쉰 것이다." 이 말은 성경 자체나 성경을 기록한 저자들에게 하나님이 숨을 불어넣으셨다는 뜻이 아니라 하나님이 숨을 내쉰 것이 성경이라는 뜻입니다. 하나님이 숨을 내쉰 것, 즉 하나님의 입에서 나온 것이 하나님의 말씀입니다.

그러므로 '영감$_{inspiration}$'이라는 말이 사용하기 편하긴 하지만, 헬라어 단어의 의미를 더 정확히 전달하려면 '숨을 내쉼$_{expiration}$'이나 '숨을 쉼$_{spiration}$'이라는 표현을 사용하는 것이 좋습니다. 성경은 하나님이 숨을 내쉰 것입니다. 우리가 성경을 하나님의 말씀이라고 부르는 이유도 이 때문입니다. 그러므로 성경은 하나님의 마음에서 비롯되어 하나님의 입으로 전달된 것입니다. 물론 성경은 신적 권위와 저자들의 개성을 훼손하지 않는 방식으로 인간들을 통해 기록되었습니다. 그럼에도 성경은 하나님의 입에서 나와 하나님의 숨으로 전달된 하나님의 말씀입니다.

이것이 성경에 대한 성경의 일관된 가르침입니다. 선지자들이 하나님의 말씀을 전할 때 마치 공식처럼 "여호와의 말씀이 내게 임하여 이르시되", "너희는 여호와의 말씀을 들을지어다", "여호와의 입이 말씀하셨느니라"라는 표현을 사용하는 것도 이 때문입니다. 이사야 55장에 기록된 하나님의 말씀을 보면 선지자들이 이런 표현을 즐겨 사용한 이유를 납득할 수 있습니다. 하나님은 이렇게 말씀하십니다. "이는 내 생각이 너희의 생각과 다르며 내 길은 너희의 길과 다름이니라. 여호와의 말씀이니라. 이는 하늘이 땅보다 높음같이 내 길은 너희의 길보다 높으며 내 생각은 너희의 생각보다 높음이니라"(사 55:8-9).

다시 말해 하나님의 마음속 생각과 인간의 마음속 생각 사이에는 넘을 수 없는 경계가 있습니다. 그러니 어떻게 나의 좁은 마음으로 하나님의 마음에 다다를 수 있겠습니까? 저는 여러분의 생각을 읽을 수 없고, 여러분은 제 생각을 읽을 수 없습니다. 제가 무표정한 얼굴로 강단에 서서 입을 다물고 아무 말도 하지 않으면, 여러분은 제가 무슨 생각을 하는지 알 도리가 없습니다. 그러나 지금 여러분은 제 생각을 읽을 수 있습니다. 제가 제 입에서 나오는 말로 제 마음속 생각을 전달하고 있기 때문입니다. 지금 이 순간도 제 입에서 나온 말이 제 마음속 생각을 여러분에게 전달하고 있습니다.

한 인간의 마음과 또 다른 인간의 마음이 말을 통해 소통한다면, 하나님의 마음과 인간들의 마음이 소통하려면 얼마나 더 많은 말이 필요하겠습니까. 하나님이 말씀하지 않으시면 나는 절대로 하나님이 무슨 생각을 하시는지 알 수 없습니다. 그런데 감사하게도 하나님은 선지자들과 사도들을 통해, 그리고 말씀이 육신이 되어 나타나신 예수 그리스도를 통해 계속해서 말씀하셨습니다. 그래서 우리는 하나님의 마음과 생각을 압니다. 하나님이 말씀으로 하나님의 생각을 표현하셨기 때문입니다. "모든 성경은 하나님이 숨을 내쉰 것"입니다. 하나님이 마음속 생각을 말로 표현하셨습니다. 인간 저자의 개성이나 성경의 신적 권위를 하나도 해치지 않고 하나님이 숨을 내쉬어 자신의 생각을 우리에게 전하셨습니다. 이처럼 성경은 하나님이 숨을 내쉰 것입니다. 이것이 성경의 기원입니다.

(b) 성경의 목적. "모든 성경은 하나님의 감동으로 된 것으로 교훈과 책망과 바르게 함과 의로 교육하기에 유익하니"(16절). 성경의 목적은 유익함에 있습니다. 그리고 성경이 유익한 이유는 하나님의 감동으로 된 것이기 때문입니다. 하나님이 숨을 내쉰 것이 성경이므로 성경은 인간에게 유익합니다. 그렇다면 성경은 어디에 유익할까요? 잠시 15절로 돌아가 보겠습니다. "성경은 능히 너로 하여금 그리스도 예수 안에 있는 믿음으로 말미암아 구원에 이르는 지혜가 있게 하느니라." 성경은 과학책이 아니라 구원의 책입니다. 하나님이 섭리 안에서 우리에게 성경을 주신 것은 월석月石이나 월진月塵의 정확한 성질처럼 인간이 경험 조사를 통해 발견할 수 있는 과학적 사실을 가르치기 위함이 아닙니다. 하나님은 그 어떤 과학 탐구나 우주 탐사로도 밝혀낼 수 없고, 오직 하나님의 계시를 통해서만 드러나는 도덕적, 영적

진리를 가르치기 위해 우리에게 성경을 주셨습니다.

하나님의 형상을 따라 창조된 고귀한 피조물이지만, 인간은 여전히 하나님 앞에 죄가 있는 죄인입니다. 그러나 인간의 반역에도 불구하고 하나님은 인간을 사랑하십니다. 그리고 영원 전부터 인간을 구원할 계획을 세우셨습니다. 그리하여 그리스도가 인간의 죄와 죄책, 저주와 심판을 자신의 몸에 짊어지고 죽으셨다가 다시 살아나셨습니다. 그래서 죄인들은 예수 그리스도를 믿고 구원을 받습니다. 이 진리는 우주 비행사가 달에 가서 찾을 수 있는 것이 아닙니다! 과학 탐구로 밝혀낼 수 있는 것이 아닙니다. 이 진리는 하나님이 은혜로 계시하신 성경 안에서만 찾을 수 있는 도덕적, 영적 진리입니다.

이렇듯 성경은 구원으로 인도하는 책입니다. 그래서 성경은 구원자이신 예수 그리스도에게 초점을 맞춥니다. 성경은 그리스도로 가득합니다. 성경은 우리를 지혜롭게 해서 그리스도 예수를 믿는 믿음으로 말미암아 구원에 이르는 길을 보여줍니다. 그래서 구약성경은 예수 그리스도를 예언하고 예시합니다. 복음서는 그리스도의 출생과 삶과 죽음과 부활을 이야기합니다. 사도행전은 그리스도의 사도들이 어떻게 구원의 복된 소식을 널리 전했으며, 어떻게 해서 교회가 세워졌는지 서술합니다. 서신서들은 그리스도의 성품과 사역 안에 충만한 영광을 드러냅니다. 그리고 요한계시록은 하나님의 보좌에 앉으신 예수 그리스도를 보여주고 그의 최종 승리를 약속합니다. 이처럼 성경은 그리스도로 가득합니다. 어디를 펼치든 그리스도를 볼 수 있습니다. 영국에서는 고속도로와 공공도로, 시골길과 오솔길을 막론하고 어느 길로 가든 결국 런던으로 통한다는 말이 있습니다. 성경이 그렇습니다. 모든 절과 모든 단락, 모든 장, 모든 책이 결국에는 우리를 그리스도에게로 인도합니다.

성경은 구원의 책입니다. 그리고 복음주의자들은 성서 숭배자들이 아닙니다. 다시 말해 우리는 성경 자체가 아니라 성경이 이야기하는 그리스도를 경배합니다. 우리가 성경을 소중히 여기는 것은 연인들이 애인의 사진과 편지를 소중히 여기는 것과 같습니다. 애인의 사진이 소중하다고 해서 진짜 애인을 앞에 두고 사진에 입을 맞출 사람은 아무도 없습니다. 연인들이 애인의 사진을 소중히 여기는 것은 사진이 애인의 이야기를 들려주기 때문입니다. 마찬가지입니다. 그리스도인이 성경을 사랑하는 것은 성경 자체가 소중하기 때문이 아니라 성경이 우리에게 그리스도의 이야기를 들려주기 때문입니다. "성경은 능히 너로 하여금 그리스도 예수 안에 있는 믿음으로 말미암아 구원에 이르는 지혜가 있게 하느니라"(15절).

또한 성경은 그리스도인의 삶에 유익합니다. 성경은 "교훈과 책망과 바르게 함과 의로 교육하기에 유익"합니다(16절). 그러므로 여러분이 실수를 극복하고 진리 안에서 성장하고 싶다면, 악을 이겨내고 거룩해지고 싶다면 성경을 읽어야 합니다. 성경은 이 모든 일에 유익하기 때문입니다. "하나님의 사람으로 온전하게 하며 모든 선한 일을 행할 능력을 갖추게" 하는 것, 이것이 하나님이 우리에게 성경을 주신 궁극적인 목적이기 때문입니다.

이렇듯 디모데후서 3장은 도덕적으로 해이하고 사상적으로 지나치게 관대한 다원주의 사회에 적합한 메시지를 담고 있습니다. 우리가 살고 있는 이 시대는 너무나 고통스러운 시대입니다. 때로 저는 교회와 세상이 모두 미쳐버린 것은 아닌가 하는 생각에 사로잡힙니다. 생각과 관점은 이상하기 짝이 없고 기준은 지나치게 낮습니다. 어떤 이들은 밧줄이 풀린 채 죄악의 밀물에 휩쓸려가고 있습니다. 그런가 하면 또 어떤 이들은 죄악에 굴복하지 않으려고 그리스도인 공동체에 몸을 숨기고 근근이 살아가는 것에 만족합니다. 어느 쪽도 그리스도인이 따라야 할 삶의 방식은 아닙니다. 바울은 말합니다. "악한 사람들은 제멋대로 살며 거짓말을 일삼아도 너는 달라야 한다! 네가 비록 어리고 소심하고 예민하고 수줍음이 많아도 괜찮다. 다른 사람들이 어떻게 생각하고 말하고 행동하든 괘념치 마라. 모든 사람이 외면해도 마음 쓰지 마라. 너 말고는 성경을 증언하는 자가 아무도 없어도 주눅 들지 마라. 너는 이제껏 나의 가르침을 따랐다. 그러니 앞으로도 계속 배우고 확신한 일에 거하라. 신앙을 버리지 마라. 진리를 앞서 가지 마라. 하나님이 숨을 내쉰 것이 성경이므로 성경은 유익하다. 성경은 너에게 구원에 이르는 지혜를 줄 수 있다. 그리고 이 통탄할 시대에 너를 온전하게 만들 수 있다. 하나님의 말씀은 하나님의 사람을 만든다. 그러니 말씀 안에 거하라. 복음 안에 계속 머물라. 그러면 복음이 성숙한 그리스도인이 되도록 너를 인도할 것이다."

복음을 전파할 의무
디모데후서 4장

오늘 우리가 디모데후서 4장에서 공부할 내용에는 사도 바울이 남긴 마지막 말이 담겨 있습니다. 바울은 지금 순교를 몇 주 혹은 며칠 앞두고 이 편지를 쓰고 있습니다. 전승에 따르면 바울은 오스티안 길 Ostian way에서 참수되었다고 합니다.

바울은 30년간 순회 전도자 혹은 선교사로, 그리고 예수 그리스도의 사도로 쉬지 않고 일했습니다. 4장에서 고백한 대로 바울은 선한 싸움을 싸우고 달려갈 길을 마치고 믿음을 지켰습니다. 그리고 이제 하나님께서 하늘나라에 예비해둔 의의 면류관을 상으로 받을 날을 기다리고 있습니다. 그러므로 바울이 여기에 쓴 글은 그가 교회에 남긴 마지막 유산인 셈입니다. 엄숙한 분위기가 감도는 이 글을 읽고 가슴에 파문이 일지 않는 이는 아마 없을 것입니다. 이 서신서는 바울이 디모데에게 엄중한 책임을 맡기는 형식으로 이뤄져 있습니다. 그러나 우리 역시 디모데가 맡았던 책임을 맡고 있습니다. 바울은 1절에서 "엄히 명하노니"라고 말합니다. 일차적으로 이 명령을 받는 사람은 당연히 디모데입니다. 하지만 사역자로 부름 받은 사람이라면 누구나 이 명령을 기꺼이 받들어야 합니다. 그리고 조금 더 넓은 의미에서 보자면 모든 그리스도인이 예수 그리스도의 증인으로서 이 명령에 귀를 기울여야 합니다. 그래서 저는 오늘 세 가지 측면에서 바울의 명령을 살펴보려 합니다.

첫째, 명령의 본질. "엄히 명하노니 너는 말씀을 전파하라"(1-2절). 여기에서 우리는 우리가 전파해야 할 메시지가 하나님의 말씀이라는 점에 주목해야 합니다. 이 말씀은 3절에 나온 '바른 교훈'이나 4절에 나온 '진리' 또는 7절에 나온 '믿음'과 같은 말입니다. 그리고 우리가 앞서 디모데후서 1장에서 살펴보았던 '내가 의탁한 것'과도 같은 말입니다.

이 말씀과 진리, 바른 교훈은 구약성경으로 이루어져 있습니다. 또한 이 말씀은 하나님이 숨을 쉬신 것이고, 사람들에게 유익한 것이며, 디모데가 어려서부터 알고 있던 것입니다. 또한 이 진리는 사도들의 가르침으로 이루어져 있고, 지금은 신약성경 속에 고이 간직되어 있습니다. 또한 이 진리는 디모데가 듣고 배워서 굳게 믿고 있는 바이며, 바울이 디모데에게 지키고 가르치라고 부탁한 것입니다. 그러므로 우리가 전파해야 할 메시지는 우리가 만들어낸 메시지가 아닙니다. 이 메시지는 하나님이 말씀하신 것이고, 지금은 거룩한 신탁 또는 거룩한 보물로 교회에 맡기신 것입니다. 우리의 소명은 이 메시지를 전파하는 것입니다. 다시 말해 우리는 하나님이 우리에게 말씀하신 것, 좀 더 정확히는 하나님이 선지자들과 사도들에게 말씀하시고 그들이 교회 안에서 자신들의 후계자인 우리에게 남긴 것을 다른 사람들에게 전하도록 부름을 받았습니다.

그러므로 말씀을 듣고 믿고 순종하는 것만으로 우리의 의무를 다했다고 말할 수 없습니다. 말씀이 오염되지 않도록 순전하게 지키는 것만으로도 충분하지 않습니다. 말씀을 위해 고난을 받고 말씀 안에 계속 거하는 것으로 끝나는 것이 아닙니다. 말씀을 전파하는 것까지가 우리의 의무입니다. 말씀은 죄인들에게 필요한 구원의 복된 소식이기 때문입니다. 우리는 사람들이 모인 광장에서 통치자의 명을 전하던 전령관처럼 말씀을 선포해야 합니다. 크게 목소리를 높이고 담대히 복음을 전해야 합니다.

그러면 우리는 이 말씀을 어떻게 전파해야 할까요? 바울이 당부하는 말에 귀를 기울여보겠습니다. 바울은 말씀 선포의 네 가지 특성을 이렇게 설명합니다.

(a) 긴박감이 있어야 한다. "너는 말씀을 전파하라. 때를 얻든지 못 얻든지 항상 힘쓰라"(2절). J. B. 필립스는 이 구절을 "절대 긴박감을 잃지 말라"고 번역했습니다. 나른한 목소리로 미적거리며 말씀을 전하는 것은 쓸모가 없습니다. 설교단에 서서 수많은 청중에게 선포하든 단 한 사람을 붙잡고 복음을 전하든 진정한 선포는 긴박감을 지니게 마련입니다. 하나님의 심판 아래 있는 죄인의 처지와 우리를 위해 자기 아들을 내어주신 하나님의 사랑을 알리고, 회개하고 복음을 믿으라고 선포하는 그리스도의 전령관은 자신이 지금 삶과 죽음의 문제를 거론하고 있음을 알기 때문입니다.

리처드 백스터Richard Baxter는 《참 목자상 The Reformed Pastor》에서 이렇게 말했습니다. "혼신의 힘을 다해 말씀을 선포하는 설교자가 흔치 않다. 어떤 목사들은 흐느끼는 죄인들이 알아듣기도 힘든 목소리로 조용조용히 설교한다. 그러나 바람이 너무 약하면 마음이 완고한 자들은 바람결을 느끼지 못하는 법이다. 농담을 던지거나 촌스럽게 화려한 화술로 대충 시간을 때우는 식으로는 사람들의 마음을 무너뜨릴 수 없다. 중요한 말을 하는 것 같지도 않고, 상대방이 듣든 말든 신경도 안 쓰는 사람이 나른한 목소리로 회개를 촉구한다고 해서 사람들이 자기가 이제껏 소중히 여겨온 즐거움을 포기하지는 않을 것이다. 그러므로 주의 일을 하려면 우리가 먼저 잠에서 깨어나야 한다. 그리고 타오르는 불 속에서 죄인들을 끌어내는 심정으로 생사가 걸린 것처럼 설교해야 한다." 바울은 디모데에게 "너는 말씀을 전파하라. 때를 얻든지 못 얻든지 항상 힘쓰라"고 명령합니다. 개역표준성경은 이 구절을 "때를 가리지 말고 긴박하게 말씀을 전파하라"고 번역했습니다. 새영어성경은 "편리한 시간이든 불편한 시간이든 말씀을 전파하라"고 번역했습니다.

그렇지만 이 구절을 해석할 때 주의할 것이 있습니다. '때를 얻든지 못 얻든지'라는 구절은 복음을 전한답시고 무례하고 성급하게 밀어붙이다가 눈살을 찌푸리게 만드는 행동을 변명할 때 쓰라고 있는 말이 아닙니다. 우리에게는 예의 없이 이웃의 사생활을 침해하거나 몰지각하게 다른 사람의 감정을 상하게 할 권리가 없습니다. '편리한 시간이든 불편한 시간이든' 가리지 말라는 새영어성경의 번역은 말씀을 듣는 사람의 입장을 고려하지 말라는 말이 아닙니다. 말씀을 전하는 디모데에게 너 자신의 형편을 따지지 말라는 얘기입니다. 따라서 이 번역의 행간의 뜻은 "네게 편리한 시간과 불편한 시간을 따지지 말고 항시 근무하라"가 됩니다. "너는 말씀을 전파하라. 때를 얻든지 못 얻든지 항상 힘쓰라"는 말은 복음을 전할 때는 다소 무례해도 괜찮다는 뜻이 아니라 적당한 시기를 기다리며 미적거리는 태도를 경계하라는 뜻입니다.

(b) 적절해야 한다. "경책하며 경계하며 권하라"(2절). 이 구절에는 말씀을 선포하는 세 가지 방식이 담겨 있습니다. 우리는 저마다 다른 상황에 처한 사람들에게 하나님의 말씀을 선포합니다. 따라서 사람들에게 말씀을 전하는 방식도 상황에 따라 달라야 합니다. 새영어성경은 이 구절을 "논증하고 책망하고 호소하라"라고 번역했습니다. 사람들 중에는 의심이 유독 많은 사람이 있습니다. 그런 사람에게 복음을 전할 때는 논증을 거쳐 설득하는 과정이 필요합니다. 또 어떤 이들은 죄에 깊이 빠져 있는 경우가 있습니다. 그럴 때는 죄를 책망해야 합니다. 또 그중에는 유독 두려움이 많은 사람이 있습니다. 그런 사람에게는 권면하고 격려해야 합니다. 하나님의 말씀은 이 모든 것이 가능할 뿐 아니라 더한 것도 할 수 있습니다. 그러므로 우리는 각 사람이 처한 형편에 맞게 복음을 선포해야 합니다.

(c) 오래 참아야 한다. 바울은 또한 "범사에 오래 참"으라고 말합니다(2절). 우리는 사람들이 하나님의 말씀에 즉시 응답하기를 고대하면서 긴박감 있게 복음을 전해야 합니다. 하지만 한편으로는 그들이 복음에 반응할 때까지 오래 참고 기다려야 합니다. 이런저런 방법으로 그들을 압박하거나 억지로 결단을 유도해서는 안 됩니다. 우리가 할 일은 신실하게 복음을 전하는 것이고, 열매를 맺는 것은 성령이 하실 일입니다. 우리는 그들이 결단을 내릴 때까지 끈기있게 기다려야 합니다. 또한 기다릴 때 잘 참아야 합니다. 앞에서 살펴보았듯이 주의 종은 다투지 않고 다정하고 관대하고 온유하기 때문입니다. 우리의

임무가 중대하고 우리가 전하는 메시지가 긴박하다고 해서 퉁명스럽고 조급한 태도를 합리화해서는 안 됩니다.

(d) 지적이어야 한다. 우리는 범사에 오래 참으며 '가르쳐야' 합니다. 우리는 말씀을 전파할 뿐 아니라 말씀을 가르쳐야 합니다. 더 정확히 말하면 교리를 통해 말씀을 전파해야 합니다. 우리는 말씀을 듣는 청중이 처한 상황에 맞게 그를 경책할 수도 있고 경계할 수도 있고 권면할 수도 있습니다. 하지만 어떤 방법을 사용하든 말씀을 선포할 때는 교리가 중심이 되어야 합니다.

이 자리에서 예비 목회자들에게 하고 싶은 말이 있습니다. 신약성경에 따르면 기독교 사역은 본디 가르치는 사역입니다. 디도서에서 바울은 예비 목회자들이 "미쁜 말씀의 가르침을 그대로 지키는"(1:9) 사람이어야 한다고 말합니다. 예비 목회자들은 '디다크티코스$_{didaktikos}$', 즉 가르치기를 잘해야 합니다. 나라 전체가 도시화되고 고등교육이 보편화되어 국민들의 교육 수준이 올라간 요즘 같은 시대에는 더욱더 학식 있는 목회자가 필요합니다. 교리를 중심으로 말씀을 가르칠 수 있는 사람들이 필요하다는 말입니다. 이제 목회자들은 대학이나 대도시에서 세상 지식인들을 상대해야 하는 부담이 훨씬 커졌습니다. 제 말을 오해하지 마십시오. 저는 지금 농촌과 시골에서 말씀을 선포하는 선교사들의 사역을 폄하하려는 것이 아닙니다. 저는 그들을 생각할 때마다 하나님께 감사합니다. 그러나 우리가 그동안 도시인들과 대학생들, 지식인 계급을 등한시해온 것도 사실입니다. 바울은 "헬라인이나 야만인이나 지혜 있는 자나 어리석은 자에게 다 내가 빚진 자라"(롬 1:14)고 했습니다. 그들 모두에게 말씀을 가르쳐야 할 책임을 느낀다는 말입니다. 우리는 소박한 보통 사람들에게 집중하면서 종종 지식인 계층을 등한시해왔습니다. 교리를 중심으로 말씀을 선포하는 것은 쉬운 일이 아닙니다. 교리를 가르치려면 말씀을 진지하게 연구해야 하기 때문입니다.

바울은 말씀을 선포하는 것이 그리스도인의 의무라고 말합니다. 하나님이 주신 메시지를 선포할 때는 긴박감이 있어야 하고 적절해야 하고 인내해야 하고 지적이어야 한다고 말합니다. 우리는 긴박감을 가지고 복음을 전하되 각 사람이 처한 상황에 맞게 말씀을 적용하고, 그들이 복음에 반응할 때까지 잘 참고 기다리되 말씀을 지적으로 가르칠 수 있어야 합니다. 이것이 디모데에게 말씀을 선포하라고 명할 때 사도 바울이 생각한 것입니다.

둘째, 명령의 이유. 앞에서 살펴보았듯이 디모데는 나이도 어리고 몸도 약하고 성격도 소심했습니다. 게다가 디모데는 위험하고 고통스러운 시대를 살고 있었습니다. 그런 디모데가 지금 이 편지를 읽고 있다고 상상해보십시오. 바울이 편지에 쓴 엄숙한 명령을 읽으면서 더럭 겁이 나지 않았을까요? 무릎이 부들부들 떨려서 말씀을 선포하는 일을 그만 놓아버리고 싶지 않았을까요? 디모데라면 아마도 그랬을 것 같습니다. 우리 역시 이 시대에 우리 능력으로 감당하기 버거운 임무를 받았습니다. 그러므로 우리는 바울이 디모데에게 임무를 맡기고 나서 뭐라고 말하는지 눈여겨볼 필요가 있습니다. 바울은 디모데에게 신실하게 복음을 전하라고 격려하며 다음과 같은 세 가지를 생각하라고 말합니다.

(a) 나타나실 그리스도를 생각하라. "하나님 앞과 살아 있는 자와

죽은 자를 심판하실 그리스도 예수 앞에서 그가 나타나실 것과 그의 나라를 두고 엄히 명하노니 너는 말씀을 전파하라"(1-2절). 바울은 자기 이름과 권위를 내세워 디모데에게 명령하고 있는 게 아닙니다. 하나님과 그리스도 예수 앞에서 명령하고 있습니다. 그리고 1절에서 바울이 더 강조하는 것은 '하나님 앞'이 아니라 '그리스도 예수의 나타나심'입니다.

바울은 사역을 마무리하는 이 시점에도 여전히 그리스도의 재림을 확신하고 있습니다. 그는 그리스도가 다시 오실 것이라는 믿음을 버리지 않았습니다. 그리스도가 영광스러운 모습으로 자기 앞에 나타나실 것이라고 믿습니다. 바울은 이전에 쓴 데살로니가후서에서도 같은 이야기를 한 바 있습니다. 그리고 이제 그리스도가 나타나시기 전에 자기가 죽으리라는 것을 알면서도, 바울은 여전히 그리스도의 재림을 생각하며 살고, 그리스도인들을 가리켜 '주의 나타나심을 사모하는'(8절) 사람들이라고 말합니다. 바울은 그리스도가 나타나실 것을 알고 있습니다. 저는 우리 모두가 바울처럼 이 사실을 알고 믿기를 바랍니다. 또한 다시 오신 그리스도가 세상을 심판하시고 그의 나라를 완성하실 것이라는 사실을 알고 믿기를 바랍니다.

1절에서 언급되는 그리스도의 나타나심과 심판과 그의 나라는 모두 미래의 일입니다. 그럼에도 바울은 이 모든 일을 분명하고 확실한 현실로 인식했습니다. 우리 역시 그래야 합니다. 우리는 그리스도의 나타나심과 심판과 그의 나라를 생각하면서 우리에게 주어진 삶을 살고 우리에게 맡겨진 일을 하고 계속해서 복음을 전해야 합니다. 특히 우리는 그리스도가 나타나실 때 복음을 선포한 자들과 복음을 들은 자들이 그리스도 앞에 그간의 경위를 설명해야 한다는 사실을 기억해야 합니다. 이것이 바울이 디모데에게 주는 첫 번째 권면입니다. 힘든 시기에 그리스도의 증인으로 부름 받은 사람은 모두 이렇게 '나타나시고 심판하시고 그의 나라를 완성하실' 예수 그리스도를 바라보아야 합니다. 지금 바울은 디모데에게 다시 오실 그리스도를 바라보라고 격려하고 있습니다.

(b) 현재 상황을 고려하라. 바울은 디모데가 긴박감을 가지고 열렬하고 시의 적절히 말씀을 선포해야 하는 이유가 사람들이 바른 교훈을 받으려 하지 않을 때가 이를 것이기 때문이라고 설명합니다(3절). 그러나 여기서 바울이 말하는 '때'는 앞으로 닥칠 미래가 아니라 지금 현재를 뜻합니다. 따라서 디모데는 지금 상황에 맞춰 사역을 전개해야 했습니다. 우리 역시 마찬가지입니다. 그렇다면 디모데가 살던 시대는 어떤 시대였을까요? 바울은 그 시대를 한 가지 특징으로 설명합니다. "사람이 바른 교훈을 받지 아니하며 … 자기의 사욕을 따를 스승을 많이 두고 또 그 귀를 진리에서 돌이켜 허탄한 이야기를 따르리라"(3-4절). 사람들은 진리를 감당하지 못하고 귀를 틀어막을 것입니다. 바른 교훈에 귀를 기울이는 대신 허탄한 이야기를 따르고 자기 입맛에 맞는 스승을 곁에 둘 것입니다. 이것은 모두 귀와 관련된 일입니다.

3절과 4절에서 바울은 두 번이나 귀를 언급합니다. 바울은 사람들에게 '귀가 가려운' 이상한 병이 있다고 말합니다. 엘리코트 주교의 말대로 귀가 가려운 병이란 "새로운 이야기가 듣고 싶어서 근질거리는 마음"을 가리킵니다. 그래서 그들은 진리에 대해서는 귀를 틀어막고 가려운 귀를 긁어서 근질거림을 해소해줄 스승들에게 귀를 쫑긋 세웁니다. 그들이 거부하는 것은 '바른 교훈'입니다. 바른 교훈은 곧 진리를 가리킵니다. 그들이 진리 대신 따르는 것은 '자기의 사욕'입니다. 그들은 자기 입맛에 맞는 이야기로 하나님의 계시를 대신합니다. 그리고 하나님의 말씀이 아니라 자기 취향에 따라 스승을 판단합니다.

그러면 디모데는 이런 현실에 어떻게 대응해야 할까요? 이렇게 절망적인 상황에서는 침묵을 지키는 편이 낫지 않을까요? 사람들이 진리를 감당하지 못하고 귀를 틀어막는 이런 상황에서는 입을 다물고 침묵을 지키는 편이 나을지도 모릅니다. 하지만 바울은 "그러나 너는"이라는 말로 정반대 결론을 이끌어냅니다. 다시 한 번 디모데에게 그들과는 다르게 살라고 말하고 있는 것입니다. 앞에서 살펴보았듯이 바울은 3장 10절과 14절에서도 "그러나 너는"이라는 표현을 사용한 바 있습니다. 그리고 여기서도 똑같은 표현을 사용해서 이렇게 말합니다. "그러나 너는 모든 일에 신중하여 고난을 받으며 전도자의 일을 하며 네 직무를 다하라"(5절). 마음이 불안하고 귀가 가려운 사람들이 자기 입맛에 맞는 스승을 찾아다닌다고 해서 흔들려서는 안 된다는 말입니다. 이런 때일수록 디모데는 정신을 차리고 침착해야 합니다. '신중하다'로 번역된 헬라어 동사 '네포$_{nepho}$'는 술에 취하지 않은 상태를 가리킵니다. 사람들이 참신해 보이는 이단들의 말에 취해 있으니 너는 정신을 똑바로 차리고 흔들림 없이 확신한 일에 거하라는 뜻입니다.

사람들이 바른 교훈을 감당하지 못하므로 디모데는 고난을 감수하며 말씀을 가르쳐야 합니다. 사람들이 복음을 알지 못하므로 디모데는 전도자의 일을 해야 합니다. 사람들이 자기 입맛에 맞는 스승을 곁에 두므로 디모데는 더 성실히 자기가 맡은 직무를 수행해야 합니다. 다시 말해 복음에 귀를 기울이기 어려운 시대라고 해서 좌절해서는 안 됩니다. 시대가 어렵다고 사역을 그만두어서는 안 됩니다. 사람들이 듣지 않는다고 입을 다물거나 사람들 입맛에 맞춰 메시지에 손을 대서는 더더욱 안 됩니다. 시대가 어려울수록 복음을 전파하는 데 더 박차를 가해야 합니다.

우리도 예외가 아닙니다. 시대가 어려울수록, 사람들이 귀를 기울이지 않을수록, 우리는 더 크고 분명하게 복음을 선포해야 합니다. 디모데와 마찬가지로 우리는 현재 상황을 고려해야 합니다.

(c) 나이 많은 사도를 생각하라. 바울은 늙었습니다. 이것이 디모데가 신실하게 복음을 전해야 할 또 다른 이유입니다. "전제와 같이 내가 벌써 부어지고 나의 떠날 시각이 가까웠도다"(6절). 사실 5절과 6절은 서로 긴밀히 연결되어 있습니다. 바울은 5절에서 "그러나 너는 모든 일에 신중하여 고난을 받으며 전도자의 일을 하며 네 직무를 다 하라"고 말합니다. 그리고 이어서 6절에서는 그 이유가 자신이 세상을 떠날 때가 다 되었기 때문이라고 말합니다. 다시 말해 바울은 자신의 사역이 곧 끝날 것이므로 더 힘을 내서 직무를 수행하라고 디모데에게 당부하고 있습니다. 여호수아가 모세의 뒤를 잇고, 솔로몬이 다윗의 뒤를 이었듯이 디모데는 바울의 뒤를 이어야 했습니다. "전제와 같이 내가 벌써 부어지고"(6절). 바울은 지금 자신의 생명이 제단에 부어지고 있다고 말합니다. 눈앞에 닥친 순교를 의식하면서 자신의

생명이 전제로 드리는 포도주처럼 제단에 이미 부어지기 시작했다고 말합니다. 그리고 이어서 "나의 떠날 시각이 가까웠도다"라고 분명히 이야기합니다. '떠나다'로 번역된 헬라어 동사 '아날루시스*analusis*'는 배를 매어두는 밧줄을 느슨하게 할 때 사용하는 동사입니다. 바울은 죽음을 단순한 삶의 끝이 아니라 새 삶의 시작으로 여겼던 것입니다. 바울을 태운 작은 배가 벌써 닻을 올리고 밧줄을 풀어서 다른 나라로 항해를 시작하려 하고 있습니다.

바울은 7절에서 30년간의 사역을 돌아보며 아주 간결하게 고백합니다. 주님이 부탁하신 아름다운 것, 즉 복음의 수호자로서 "나는 선한 싸움을 싸우고 나의 달려갈 길을 마치고 믿음을 지켰노라"고 말합니다. 바울은 복음을 선포하는 일을 싸움을 싸우고 경주를 하고 보물을 지키는 일로 묘사합니다. 이런 일에는 본래 노동과 위험, 희생이 따르게 마련입니다. 그리고 바울은 신실하게 그 모든 일을 감당했습니다. 더 이상 바울이 할 일은 없습니다. 주의 나타나심을 사모하는 자를 위해 예비된 의의 면류관을 받는 일만 남았습니다. 지금 바울은 그 상을 기다리고 있습니다.

바울은 이 상을 '의의 면류관'이라 부릅니다. '의'를 뜻하는 '디카이오쉬네*dikaiosune*'를 바울은 대개 '칭의'라는 의미로 사용해왔습니다. 특히 이 문장에서는 '변호'의 뜻을 강하게 내포하고 있습니다. 사실 바울은 이렇게 말하고 있는 셈입니다. "며칠 또는 몇 주 내로 네로 황제가 내게 유죄를 선고할 것이다. 내게 사형을 선고하고 형을 집행할 것이다. 그러나 정의로운 재판관이신 예수님이 곧 판결을 뒤집고 나를 의롭다고 선포하실 것이다."

바울은 늙었습니다. 긴 시간 동안 선한 싸움을 싸우고 달려갈 길을 마치고 믿음을 지켰습니다. 바울의 생명이 제물로 드려지고 바울을 태운 작은 배가 항해를 시작하려 하고 있습니다. 바울은 지금 면류관을 기다리고 있습니다. 이런 사실들을 떠올릴 때 디모데의 심정은 어땠을까요? 아마도 복음을 선포하는 일에 박차를 가하지 않을 수 없었을 것입니다. 그래서 바울이 디모데에게 나이가 많은 자신을 생각하라고 말하는 것입니다. 우리 하나님은 역사의 하나님입니다. 하나님은 매일 자신의 뜻을 이루어가십니다. 하나님의 일꾼이 땅에 묻혀도 하나님의 일은 계속 진행됩니다. 복음의 횃불은 한 세대에서 다음 세대로 전해집니다. 이전 세대의 지도자들이 떠나면, 다음 세대는 더 긴박감을 가지고 담대하게 앞으로 나아가 자신의 자리를 찾아가야 합니다. 자기를 그리스도에게로 인도했던 바울이 죽음을 앞두고 간곡히 이르는 말을 듣고 디모데는 깊은 감동을 받았을 것입니다.

누가 여러분을 그리스도에게 인도했습니까? 혹시 그가 늙어가고 있습니까? 나를 그리스도에게 인도했던 사람은 이제 사역에서 은퇴했습니다. 우리가 언제까지 이전 세대의 지도자들에게 의지할 수 있을까요? 우리가 그들의 뒤를 이어 선두에 서야 할 때가 오게 마련입니다. 디모데에게 지금 그날이 찾아왔습니다. 그리고 우리에게도 그날이 찾아올 것입니다.

심판하실 그리스도의 나타나심과 복음을 싫어하는 이 세상과 죽음을 눈앞에 둔 바울을 생각할 때 디모데는 복음을 선포하라는 명령에 긴박감을 느끼지 않을 수 없었습니다.

지금까지 우리는 바울이 디모데에게 맡긴 임무의 특성과 이유를 살펴보았습니다. 이제 사도 바울이 그동안 이 임무를 어떻게 수행해 왔는지 살펴볼 차례입니다(9-22절). 바울은 지금 자신이 디모데에게 선포하라고 촉구하고 있는 바로 그 말씀을 선포했습니다. 로마 황제 앞에서 재판을 받을 때에도 목숨을 걸고 말씀을 선포했습니다. 그런데 이 부분을 살펴보기 전에 먼저 바울이 말씀을 선포했던 당시 상황을 들여다볼 필요가 있습니다. 바울은 "나는 선한 싸움을 싸웠노라"고 과거를 회상하고, "나를 위하여 의의 면류관이 마련되어 있다"고 자신 있게 미래를 내다봅니다. 그리고 다시 눈을 돌려 자신의 현재 상황을 이야기합니다. 사도 바울은 살과 피를 지닌 인간입니다. 우리와 똑같이 격정에 사로잡히기 쉬운 존재입니다. 달려갈 길을 마치고 죽음을 눈앞에 둔 몸이지만, 바울은 보통 사람들과 똑같이 필요한 것이 있는 연약한 존재입니다. 그래서 바울은 디모데에게 수감 생활의 어려움과 외로움을 토로합니다.

바울을 외롭게 만든 요인이 몇 가지 있었습니다. (a) 먼저 바울은 친구들에게 버림을 받았습니다. 물론 바울에게는 아직 브리스가와 아굴라, 에베소에 사는 오네시보로의 식구들처럼 안부를 전할 친구들이 남아 있습니다(19절). 디모데에게 고린도에 머물고 있는 에라스도와 밀레도에 남겨둔 드로비모의 소식도 전하고 있습니다(20절). 그뿐 아니라 로마에도 으불로와 부데와 리노와 글라우디아 같은 그리스도인 형제들이 있습니다(21절). 이들은 아마 가끔씩 바울을 보러 왔을 것입니다. 로마 안팎에 이렇게 친구들이 있는데도 바울은 지금 자기가 세운 교회와 그토록 사랑했던 교우들에게 버림받은 것만 같은 기분에 사로잡혀 있습니다. 그들과 관계가 끊어진 것만 같은 외로움이 밀려듭니다.

사실 함께 선교 여행을 다녔던 많은 이들이 여러 가지 이유로 바울 곁을 떠났습니다. 데마는 그리스도의 나타나심을 사모하는 대신 이 세상을 사랑하여 바울을 버리고 데살로니가로 갔습니다(10절). 그레스게는 갈라디아로 갔고, 디도는 그레데에서 남은 일을 정리하고 달마디아로 갔습니다. 그리고 두기고는 바울이 에베소로 보냈습니다(12절). 아마도 이 편지를 디모데에게 전하고, 디모데가 바울을 방문하기 위해 자리를 비우는 동안 에베소 교회를 돌보게 하려고 바울이 보냈을 것입니다.

더러는 좋은 이유로 더러는 나쁜 이유로 다들 떠났습니다. 그래서 지금 바울 곁에는 의사 누가뿐입니다(11절). 이런 상황에서 바울은 디모데에게 세 가지를 부탁합니다. 우선, 바울은 디모데에게 자기를 보러 오라고 말합니다. "너는 어서 속히 내게로 오라"(9절). 바울은 디모데에게 "내가 살 날이 많지 않으니 어서 나를 보러 오라"고 말합니다. "겨울 폭풍이 시작되면 배가 다니기 어려울 테니 겨울이 되기 전에 서둘러 오너라." 바울은 그리스도의 나타나심을 사모하고 소망합니다. 그러면서도 디모데가 오기를 간절히 바라고 있습니다. 저는 가끔씩 자기는 외로움을 전혀 느끼지 않는다고, 예수님만으로 충분하니 다른 동료들은 필요 없다고 말하는 아주 신령한 사람들을 대하곤 합니다. 그럴 때면 솔직히 나는 당신들과 달리 외로움을 느낀다고, 그래서 동료들이 필요하다고 쏘아대고 싶어집니다. 사람들과 나누는 우정은 하나님이 우리 인간을 위해 준비해주신 것입니다. 하나님은 "사람이 혼자 사는 것이 좋지 않"다(창 2:18)고 말씀하셨습니다. 칼뱅은 이 말씀을 결혼관계를 넘어 인간관계에 폭넓게 적용했습니다. 여러분이 무인도에 고립되어 홀로 있을 때 예수님만으로 만족하고 예수님의 나타나심을 소망한다면, 그것은 참으로 멋진 일입니다! 그러나 그것이 사람들과 나누는 우정을 대체하는 것은 아닙니다. 바울은 디모데에게 "속히 내게로 오라"고, 그리고 "올 때에 마가를 데리고 오라"(11절)고 말합니다. 바울은 사람들이 곁에 있어주기를 바라고 있습니다.

이어서 바울은 디모데에게 따뜻한 겉옷을 가져오라고 부탁합니다(13절). 곧 겨울이 닥칠 것입니다. 바울은 음침하고 눅눅한 지하 감옥에서 겨울을 나기가 얼마나 어려운지 알고 있습니다. 그래서 겨울이 오기 전에 디모데가 따뜻한 겉옷을 가져오기를 바랍니다. 더불어 바울은 책과 양피지에 쓴 것들도 가져오라고 부탁합니다. 파피루스로 만든 책과 양피지에 쓴 문서가 정확히 무엇인지 지금으로서는 알 길이 없습니다. 어떤 주석가들은 로마 시민증과 같은 공식 문서도 여기에 포함되었을 것으로 생각합니다. 그런가 하면 또 어떤 이들은 글을 쓸 수 있는 공책을 가리키는 것이라고 말합니다. 제 생각에는 바울이 두고 온 헬라어 구약성경을 말하는 게 아닐까 싶습니다.

나중에 바울은 주께서 자기 곁에 서서 힘을 주신다고 고백합니다. 나아가 주께서 우리에게도 힘을 주실 것이라고 격려합니다. 그렇다고 해서 사람들이나 따뜻한 의복, 읽을 책을 필요로 하는 마음을 멸시해서는 안 됩니다. 외로울 때는 친구가 필요하고 추울 때는 옷이 필요합니다. 시간을 보내기에 책만큼 좋은 것도 없습니다. 이런 것들은 비非영적인 것이 아니라 인간적인 것입니다. 연약하고 유한한 인간이 이런 것들을 필요로 하는 것은 지극히 자연스러운 일입니다. 핸들리 모울 주교의 말대로 "은혜로 말미암아 인간의 본성이 바뀌는 일은 없습니다." 이 말을 듣고 모울 주교를 영적이지 않다고 비난할 사람은 아무도 없을 것입니다.

은혜는 우리 인간이 본래 타고난 성질을 바꾸지 않습니다. 우리의 본성은 여전히 남아 있습니다. 그러므로 인간의 본성이나 연약함을 부인해서는 안 됩니다. 사도 바울도 사람들과 옷과 책이 필요하다고 솔직히 고백하는데, 우리가 그보다 더 훌륭한 사람인 척 허세를 부릴 필요가 없습니다. 우리는 모두 땅의 티끌로 만들어진 연약한 존재입니다. 현대 인물 중에서도 사도 바울과 비슷한 상황에 처했던 사람이 있습니다. 대표적인 인물이 윌리엄 틴데일William Tyndale입니다. 모울 주교는 윌리엄 틴데일의 이야기를 이렇게 전합니다. "1535년 벨기에에서 박해자의 손에 붙잡힌 틴데일은 화형을 앞두고 그 성의 총독인 베르겐의 후작에게 라틴어로 이런 편지를 썼습니다. '주 예수님께 기원하며 각하께 탄원하오니, 제가 여기에서 겨울을 나야 한다면 주교대리에게 제 물건 중에 좀 더 따뜻한 모자를 보내달라고 부탁해주셨으면 합니다. 너무 추워서 머리가 깨질 것만 같습니다. 좀 더 따뜻한 겉옷도 보내주시면 감사하겠습니다. 지금 입고 있는 겉옷은 너무 얇습니다. 그가 내 양모 셔츠를 가지고 있으니 그걸 보내주어도 좋겠습니다. 그리고 무엇보다 무료한 시간을 견딜 수 있도록 히브리 성경과 문법책과 단어집을 보내달라고 전해주십시오.'"

바울은 친구들에게 버림받았습니다. 그래서 곁에 있어줄 친구와 몸을 따뜻하게 해줄 겉옷과 읽을 책을 원하고 있습니다.

(b) 또한 바울은 구리 세공업자인 알렉산더의 반대에 부딪혔습니다(14-15절). 우리는 여기서 말하는 알렉산더가 누군지 모릅니다. 디모데전서 1장 20절에 나온 이교도 알렉산더나 사도행전 19장 33절에 나온 연설가 알렉산더를 가리키는 것 같지는 않습니다. 아마도 그들과는 다른 제3의 인물일 가능성이 큽니다. 당시 알렉산더라는 이름은 아주 흔한 이름 중 하나였습니다. 어찌 되었든 그가 바울에게 해를 많이 입혔습니다. 바울이 이번에 두 번째로 체포되어 수감된 것도 그가 로마 당국에 바울을 밀고한 탓입니다. 그래서 바울은 디모데에게도 알렉산더를 조심하라고 이르는 한편 주께서 그가 행한 대로 갚으실 것이라고 말합니다.

(c) 게다가 첫 번째 변론 때 바울 편에 서서 도와준 이가 아무도 없었습니다(16-18절). "내가 처음 변명할 때에 나와 함께한 자가 하나도 없고 다 나를 버렸으나"(16절). 바울은 전에도 체포되어 수감되었다가 풀려난 전력이 있습니다. 감옥에서 풀려난 뒤 바울은 더 많은 이들에게 말씀을 선포할 수 있었습니다. 그러므로 바울이 여기서 말하는 첫 번째 변론은 처음 투옥되었을 때를 가리키는 것이 아닐 것입니다. 문맥상 그보다는 훨씬 더 최근에 있었던 첫 번째 법정 심리를 가리키는 것으로 보입니다. 법정 심리란 공식 재판이 열리기 전에 사실관계를 명확히 하고자 법원이 증거나 방법 따위를 심사하는 것으로 로마인들이 '프리마 악티오*prima actio*'라고 부르던 절차입니다. 로마법에 따라 바울은 변호사를 선임하고 증인을 내세울 수 있는 권리가 있었습니다. 그러나 알프레드 플러머Alfred Plummer가 지적한 대로 "로마에 있는 그리스도인들 중에 바울을 변호하거나 그의 편에 서서 증언하거나 재

판에 도움을 주는 이가 아무도 없었습니다."

피의자 신분으로 법정에 서서 누군가의 도움이 절실히 필요하던 그때 누구도 바울을 돕지 않았습니다. 바울은 당시 자신이 어떤 죄목으로 기소되었는지 언급하지 않고 있습니다. 하지만 로마 역사가 타키투스Tacitus와 정치가 플리니우스Plinius를 비롯한 당대 문필가들이 남긴 저술을 통해 우리는 그 시대 사람들이 그리스도인들을 어떤 죄목으로 고발했는지 알 수 있습니다. 로마인들은 그리스도인들이 로마의 신들과 황제를 숭배하지 않는다는 이유로 무신론자라고 비난했으며, 그리스도인들이 모여 그리스도의 살과 피를 먹고 마신다는 이야기를 듣고 인육을 먹는다고 고발했습니다. 또한 로마 황제에게 충성을 다하지 않고 사람들과 어울리며 쾌락을 좇지 않는다는 이유로 인류를 혐오한다고 고발했습니다. 아마 바울도 이와 비슷한 죄목으로 법정에 섰을 것입니다. 그런데 누구도 바울을 돕지 않았습니다. 바울은 스스로 자신을 변호해야 했습니다. 그리스도가 겟세마네 동산에서 철저히 혼자였던 것처럼 그 순간 바울은 철저히 혼자였습니다. 도움이 절실히 필요한 순간에 친구들은 바울을 버리고 도망쳤습니다. "다 나를 버렸으나"(16절). 그러나 그리스도가 그러셨던 것처럼 바울은 자기를 버린 친구들에게 허물을 돌리지 말아달라고 기도합니다. 그런 의미에서 바울은 혼자가 아니었습니다. 예수님은 사람들에게 버림받을 것을 예상하시고 이렇게 말씀하셨습니다. "보라. 너희가 다 각각 제 곳으로 흩어지고 나를 혼자 둘 때가 오나니 벌써 왔도다. 그러나 내가 혼자 있는 것이 아니라 아버지께서 나와 함께 계시느니라"(요 16:32). 그래서 바울도 모든 사람이 자기를 버렸으나 "주께서 내 곁에

서서 나에게 힘을 주"신다(17절)고 말할 수 있었습니다. 그리스도가 곁에 서서 힘을 주시고, 모든 이방인에게 복음을 전파하도록 기운을 북돋으시고, 바울을 '사자의 입'에서 건져주셨습니다.

여기서 말하는 '사자'가 무엇인지에 대해서는 의견이 분분합니다. 로마 시민을 굶주린 사자에게 먹이로 던져주는 법은 없었으니 진짜 사자를 가리키는 말이 아닌 것은 확실합니다. 초기 주석가들은 사자가 네로를 상징한다고 여겼습니다. 그럴듯한 생각입니다. 그게 아니라면 죽음과 같은 가혹한 시련을 사자에 비유한 것일 수도 있습니다. 어쨌거나 하나님은 사자들의 입을 봉하여 다니엘을 구하셨던 것처럼 바울을 사자의 입에서 건져주셨습니다. 바울은 "주께서 나를 건져내실 것"이라고 자신 있게 말합니다. 그러나 바울이 기대하는 구원은 죽음으로부터의 구원이 아닙니다. 네로가 사형을 선고하면 바울은 곧 이 세상을 떠나게 될 것이기 때문입니다. 바울은 이렇게 고백합니다. "주께서 나를 모든 악한 일에서 건져내시고 또 그의 천국에 들어가도록 구원하시리니"(18절).

이제 디모데에게 복음을 전파하라고 명하는 바울이 그동안 어떻게 이 의무를 수행해왔는지 살펴볼 차례입니다. 바울의 모습을 상상해보십시오. 바울은 친구들에게 버림받고 적들의 반대에 부딪히고 변호사도 증인도 없이 혼자서 첫 번째 법정 심리를 치렀습니다. 그리고 이제 사형 선고를 앞두고 있습니다. 이쯤 되면 바울도 문득문득 비참한 생각에 빠지지 않았을까요? 자기연민에 빠지는 게 당연하지 않을까요? 자신의 입장을 변호하는 게 당연하지 않을까요? 그러나 바울은 그러지 않았습니다. 바울은 죽음을 목전에 두고도 자기 자신이 아니라 그리스도에게 온 관심을 쏟았습니다. 자신을 변호하는 일이 아니라 예수 그리스도를 증언하는 일에 마음을 쏟았습니다. 로마 제국 최고의 법정에서 재판관들과 네로 황제, 재판을 구경하러 온 수많은 군중 앞에서 바울은 말씀을 선포했습니다. 그리하여 디모데에게 이렇게 고백합니다. "주께서 내 곁에 서서 나에게 힘을 주심은 나로 말미암아 선포된 말씀이 온전히 전파되어" 재판을 보러 광장에 모여든 "모든 이방인이 듣게 하려 하심이니"(17절).

때를 얻든지 못 얻든지 말씀을 선포하는 예가 바로 여기에 있습니다. 바울이 이때 선포한 말씀은 케리그마*kerygma*, 즉 복음이었습니다. 바울은 복음을 자세히 설명할 기회를 얻었습니다. 예수 그리스도가 육신을 입고 이 땅에 오셔서 십자가에 못 박혀 죽으셨다가 부활하셔서 승리를 거두시고 다시 오신다는 복된 소식을 전했습니다. 이렇게 로마에 있는 모든 이방인에게 말씀을 온전히 선포했기 때문에 바울은 달려갈 길을 마쳤다고 말할 수 있었습니다.

디모데가 걸어가야 할 길은 바울이 걸어온 길입니다. 바울은 디모데에게만 때를 얻든지 못 얻든지 복음을 전파하라고 명령하고 자기는 슬쩍 빠져나가지 않았습니다.

이제 디모데후서의 내용을 정리해보겠습니다. 바울은 하나님이 구약의 선지자들과 신약의 사도들을 통해 하나님 자신과 하나님의 목적과 뜻을 계시하셨고 이 계시를 교회에 부탁하셨다는 사실을 확신하면서 이 편지를 썼습니다. 하나님이 교회에 맡기신 이 계시는 하나님의 말씀이자 진리이고 믿음이며 바른 교훈이자 복음입니다. 그런데 30년간 신실하게 자기가 받은 복음을 다른 사람들에게 전했던 사도 바울이 지금 죽음을 앞두고 있습니다. 바울의 사역은 끝났습니다. 사형 집행인이 높이 치켜든 칼날이 햇빛에 번쩍이는 모습이 뇌리를 스칩니다. 그래서 바울은 나이는 어리지만 믿음직한 디모데가 자신의 뒤를 이어 복음의 횃불을 다른 이들에게 전해주기를 바라며 열정을 불사릅니다.

그러나 바울은 디모데가 맞닥뜨릴 문제를 알고 있습니다. 디모데가 나이가 어리고 몸이 약하고 수줍음이 많기 때문만이 아니라, 마귀가 복음을 미워하고 세상 사람들의 반대도 만만찮기 때문입니다. 그래서 바울은 디모데에게 네 가지를 명령합니다. 첫째, 복음을 지키라. 복음은 지켜야 할 가치가 있는 보물이기 때문입니다. 둘째, 복음을 위해 고난을 받으라. 복음이 믿지 않는 자들을 화나게 하기 때문입니다. 셋째, 복음에 계속 거하라. 복음은 진리이고 다른 진리는 없기 때문입니다. 넷째, 복음을 선포하라. 복음은 구원의 좋은 소식이기 때문입니다.

디모데는 그 시대에 신실하게 살라고 부름을 받았습니다. 그렇다면 이 시대에 신실하게 살아야 할 이들은 어디 있습니까?

혹자는 이렇게 말할지도 모릅니다. "책임이 너무나 막중한데 과연 누가 이런 일을 할 수 있을까요?" 이런 생각을 하는 이들에게 마지막으로 들려줄 이야기가 있습니다. 바울은 마지막 구절에서 이렇게 말합니다. "나는 주께서 네 심령에 함께 계시기를 바라노니"(22절). 앞서 바울은 주께서 '내' 곁에 서서 '나'에게 힘을 주신다고 고백했습니다. 그러니 바울은 지금 "디모데야, 주께서 나와 함께하셨던 것처럼 너와 함께 하시기를 바란다"라고 말하고 있는 것입니다. 예수 그리스도 안에 있는 은혜로 강해지지 않고는 이 의무를 다 행할 수 없다는 것을 알기에 바울은 "은혜가 너희와 함께 있을지어다"라고 덧붙입니다.

18절에서 바울은 이렇게 말합니다. "그에게 영광이 세세무궁토록 있을지어다." 바울의 삶과 포부를 이보다 더 잘 보여주는 말도 없을 것입니다. 바울은 그리스도에게 은혜를 받고 나서 그리스도에게 영광을 돌리기 위해 살았습니다. '그리스도에게 은혜를 받아 그리스도에게 영광을 돌립니다.' 이것이 우리의 삶과 섬김의 철학이 되어야 합니다.

그리스도의 쉬운 멍에

마태복음 11:28-30

1969

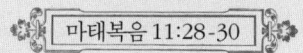

John Stott

사경회 마지막 날인 오늘은 예수님이 마태복음 11장 28-30절에서 하셨던 아주 친숙한 말씀을 살펴보려 합니다. 설교자가 익숙한 메시지를 전할 때에는 청중들이 '내가 잘 아는 말씀이네. 전에도 들은 적이 있어'라는 생각에 귀를 닫아버릴 위험이 항상 도사리고 있습니다. 이 시간에는 부디 여러분이 제가 하는 말이 아니라 예수님이 하시는 말씀에 귀를 기울이기 바랍니다. 그러면 우리가 이 말씀에서 미처 알지 못했던 진리를 깨닫게 될 것입니다. 예수님은 오늘 이렇게 말씀하십니다. "수고하고 무거운 짐 진 자들아, 다 내게로 오라. 내가 너희를 쉬게 하리라. 나는 마음이 온유하고 겸손하니 나의 멍에를 메고 내게 배우라. 그리하면 너희 마음이 쉼을 얻으리니 이는 내 멍에는 쉽고 내 짐은 가벼움이라."

　아주 친숙한 본문이라서 도리어 우리는 하나님께 순종하며 거룩하게 살아야 할 그리스도인의 삶에 대해 말하는 이 말씀의 속뜻을 놓치곤 합니다. 본문에서 예수님은 28절에서 한 번, 29-30절에서 한 번 우리를 그리스도인의 삶으로 초대하고 있습니다. 그런데 우리는 정작 28절은 달달 외우면서도 29절과 30절은 잘 기억하지 못하는 경향이 있습니다. 그러나 그리스도인의 삶이 균형을 이루려면 28절과 29-30절을 함께 기억해야 합니다.

예수님은 먼저 "수고하고 무거운 짐 진 자들아, 다 내게로 오라. 내가 너희를 쉬게 하리라"하고 우리를 부르십니다. 그리고 이어서 "나의 멍에를 메고 내게 배우라"고 말씀하십니다. 첫 번째는 우리의 무거운 짐을 내려놓기 위해 예수님께 오라는 초대이고, 두 번째는 예수님에게로 와서 예수님의 짐과 멍에를 메라는 초대입니다. 예수님은 지금 우리에게 변화를 주시려는 것입니다.

예수님은 우리더러 등에 멘 짐과 멍에를 내려놓으라고 말씀하십니다. 그런데 그 이유가 예수님의 짐과 멍에를 메게 하기 위해서입니다. 그동안 메고 있던 멍에는 우리가 짊어지기에는 너무 크고 무거웠습니다. 몸에 맞지 않는 멍에를 지느라 등이 다 까졌던 우리는 예수님 앞에 와서 멍에를 내려놓습니다. 그리고 쉽고 가벼운 멍에로 바꾸어 멥니다.

이 세상에는 예수님에게 와서 쉬기만 하고 예수님의 멍에는 메지 않으려고 하는 그리스도인이 너무나 많습니다. 그러나 우리가 주목해야 할 것이 있습니다. 예수님은 지금 두 가지를 제안하고 계시지만, 각각의 초대에 응할 때 주시겠다고 약속하시는 것은 정확히 똑같습니다.

"수고하고 무거운 짐 진 자들아, 다 내게로 오라. 내가 너희를 쉬게 하리라."

"나의 멍에를 메고 내게 배우라. 그리하면 너희 마음이 쉼을 얻으리니."

다시 말해서 우리가 예수님에게로 와서 짐을 내려놓을 때뿐만 아니라 예수님의 멍에를 멜 때에도 우리에게 쉼을 주시겠다고 약속하십니다. 이제 본문을 자세히 들여다보겠습니다. 아주 중요하고 아주 놀라운 이야기가 숨어 있습니다.

먼저, 예수님의 초대를 있는 그대로 바라보십시오. 예수님은 "나의 멍에를 메고 내게 배우라"고 말씀하십니다. 멍에는 수레나 쟁기를 끌기 위해 마소의 목에 얹는 나무 막대를 일컫습니다. 그렇다고 "나의 멍에를 메라"는 말을 듣고 그리스도와 그리스도인이 한 쌍의 황소처럼 함께 멍에를 메는 것으로 이해해서는 안 됩니다. 예수님은 농부이자 우리 목에 얹은 멍에의 주인입니다. "나의 멍에를 메라." 이 본문에서 예수님은 우리와 함께 일하는 일꾼이 아니라 우리가 귀를 기울여야 하는 선생이자 우리를 훈련하는 주인입니다.

예수님은 다른 곳에서 제자들에게 "너희가 나를 선생이라 또는 주라 하니 너희 말이 옳도다. 내가 그러하다"(요 13:13)고 말씀하셨습니다. 당시 사람들은 윗사람을 부를 때 예의상 '선생' 또는 '주'라고 불렀습니다. 제자들도 예의를 갖춰 예수님을 '선생' 또는 '주'라고 불렀습니다. 그러나 예수님에게 '선생' 또는 '주'라는 호칭은 단순히 예의상 불러주는 호칭이 아니었습니다. 예수님이 실제로 선생이자 주였기 때문입니다. 예수 그리스도가 우리의 선생이라면, 우리는 마음을 다해 예수님의 가르침을 받들어야 합니다. 예수 그리스도가 우리의 주라면, 우리는 뜻을 다해 예수님의 말씀에 순종해야 합니다. 이것이 바로 우리가 예수님의 멍에를 멘다는 뜻입니다. 예수 그리스도는 우리가 믿어야 할 것을 가르치심으로써 우리의 생각에 멍에를 메셨습니다. 또한 우리에게 행해야 할 바를 지시하심으로써 우리의 의지에 멍에를 메셨습니다. 그러므로 진정으로 그리스도의 멍에를 멨다면, 그는 두 번 다시 예수님과 다른 생각을 품거나 예수님의 말씀을 거역하지 않습니다.

여러해살이풀이 가득한 화단을 돌아다니면서 여기저기에서 마음에 드는 꽃을 뽑아 화분에 담고 마음에 들지 않는 꽃은 그냥 지나치는 정원사처럼 예수님의 말씀 중에서 마음에 드는 것만 선택하고 마음에 들지 않는 것은 거부하면서 복음 속을 헤매고 다니는 사람을 혹시 알고 있습니까? 예수님의 멍에에 온전히 복종하지 않는 사람을 혹시 알고 있습니까? 그렇다면 그는 제대로 회심하지 않은 사람입니다. 지적으로 그리고 도덕적으로 회심하지 않은 사람은 진짜로 회심한 것이 아닙니다. 우리 생각이 예수님의 멍에에 순종하지 않는다면, 그것은 우리가 지적으로 회심하지 않았기 때문입니다. 우리 의지가 예수님의 멍에에 복종하지 않는다면, 그것은 우리가 도덕적으로 회심하지 않았기 때문입니다. 회심이란 그런 것입니다. 예수님의 멍에를 메고 예수님에게 배운다는 것은 우리 생각과 의지가 예수님의 생각과 뜻에 순종한다는 의미입니다.

이제 여러분에게 묻고 싶습니다. 여러분은 예수님의 생각에 온전히 동의합니까, 아니면 예수님의 가르침 중 몇 가지에는 여전히 동의하지 못하고 있습니까? 여러분은 의지를 다해 예수님에게 복종하고 있습니까, 아니면 예수님의 명령 중 몇 가지는 여전히 거역하고 있습니까? 후자라면 여러분은 예수님의 멍에를 메지 않은 것입니다. 오늘 밤 예수님이 "내게 와서 나의 멍에를 메고 내게 배우라"고 우리를 초대하고 계십니다.

두 번째로, "나의 멍에를 메고 내게 배우라"는 초대에 응하면 "너희 마음이 쉼을 얻으리라"는 예수님의 약속을 살펴보겠습니다. 이 얼마나 달콤하고 기분 좋은 말씀입니까! 실로 구미가 당기는 말씀입니다! 하나님이 우리에게 하신 위대하고 소중한 약속 중에서도 최고로 기분 좋은 약속입니다. 세상에는 마음에 쉼을 얻고 싶어 하는 사람이 아주 많습니다. 마음에 쉼을 얻으려고 케직사경회에 오는 사람들도 많습니다. 여기 모인 여러분 역시 마찬가지입니다. 다들 마음에 쉼을 얻고 싶어 합니다. 그렇다면 우리는 이 쉼을 어디서 찾을 수 있을까요? 부분적으로는 우리가 짐을 내려놓은 십자가에서 찾을 수 있습니다. 존 버니언John Bunyan이 《천로역정The Pilgrim's Progress》에서 묘사한 것처럼 그리스도인들은 어깨와 등에 메고 있던 짐이 스르르 풀릴 때 기뻐 뛰놉니다. 쉼은 십자가에서 시작됩니다. 십자가에 못 박혀 죽으시고 부활하신 그리스도를 온전히 신뢰하고 늘 하나님을 생각하며 하나님이 주시는 완전한 평화를 경험하는 법을 배울 때 우리 영혼은 쉼을 얻기 시작합니다.

그러나 우리가 그리스도의 멍에를 메고 예수님의 생각과 뜻에 순종하고 선생이며 주이신 그리스도에게 배우기 시작할 때도 우리 영혼은 복종과 구속 가운데 쉼을 얻습니다. 이는 많은 이들이 미처 발견하지 못한 영광스러운 삶의 역설입니다. 우리 마음과 생각과 영혼의 진정한 쉼은 그리스도의 멍에를 벗어던질 때가 아니라 겸손하게 그리스도의 멍에에 복종할 때 찾아옵니다. 디트리히 본회퍼Dietrich Bonhoeffer도 《나를 따르라Nachfolge》에서 같은 이야기를 하고 있습니다. "이의 없이 예수님의 명령에 따르고 저항 없이 예수님의 멍에에 복종하는 사람만이 등에 멘 짐이 가벼워지는 것을 느끼고, 예수님의 멍에가 주는 적당한 압력 속에서 옳은 방향으로 계속 나아갈 수 있는 힘을 얻는다." 예수님의 생각에 반항하는 사람들에게는 그분의 명령이 말로 다 할 수 없을 만큼 어렵고 힘들지만, 예수님의 생각에 순종하는 사람들에게는 그분의 멍에가 쉽고 가벼운 법입니다.

예수님은 이런 역설을 여러 번 말씀하셨습니다. "누구든지 나를 따라오려거든 자기를 부인하고 자기 십자가를 지고 나를 따를 것이니라. 누구든지 자기 목숨을 구원하고자 하면 잃을 것이요 누구든지 나와 복음을 위하여 자기 목숨을 잃으면 구원하리라"(막 8:34-35). 사는 법을 배우는 유일한 방법이 죽는 것이라니, 이 말씀에도 여지없이 그리스도인의 삶의 역설이 담겨 있습니다. 영혼에 쉼을 얻는 유일한 길은 그리스도의 멍에를 메는 것뿐입니다. 자유를 얻는 유일한 길은 예수 그리스도에게 구속되는 것뿐입니다.

저는 우리 사회의 젊은이들을 생각하면 마음이 무겁습니다. 오늘날은 권위에 반항하는 분위기가 온 세상에 널리 퍼져 있습니다. 정치적 권위, 사회적 권위, 지적 권위, 도덕적 권위 할 것 없이 모든 권위가 도전을 받고 있습니다. 많은 사람들이 기득권층이나 아주 오래되고 도전할 수 없는 권위의 냄새를 풍기는 것은 무엇이든 사라져야 한다고 생각합니다. 권위와 통치권에 대한 증오가 널리 퍼져 있습니다. 현대인들은 권위와 자유가 양립할 수 없는 적대관계라고들 말합니다. 권위가 지배하는 곳에는 자유가 없다고들 생각합니다. 자유가 있는 곳에서는 더 이상 권위가 발붙이지 못한다고들 말합니다.

그리스도인들은 이것이 아주 위험하고 잘못된 생각이라고 말해야 할 책임이 있습니다. 그리스도인은 죄를 자각할 때 진정한 자유를 누립니다. 자유와 권위는 양립할 수 없는 관계가 아닙니다. 도리어 권위가 없으면 자유도 있을 수 없습니다. 권위의 올바른 기능은 자유를 없애거나 억압하는 것이 아니라 자유를 온전히 표현할 수 있도록 보장하는 것입니다. 신약은 권위와 자유가 적대관계가 아니라 연인 사이라고 가르칩니다. 예수 그리스도를 주主라고 가르치는 동시에 "너희를 자유롭게 하시는 그리스도 안에 굳게 서라"고 말합니다. 예수 그리스도에게 구속될 때에만 자유를 누릴 수 있습니다. 그 외에 다른 자유는 존재하지 않습니다.

그렇다면 자유란 무엇일까요? 혹시 이런 이야기를 들어보았는지 모르겠습니다. 가두연설에 나선 공산주의자가 부유해 보이는 신사가 지나가는 것을 보고 "자유를 얻으면, 여러분은 누구나 저 사람처럼 시가를 피울 수 있습니다"라고 말하자 군중 속에서 훼방꾼이 "나는 시가보다 지궐련이 더 좋은데"라고 야유를 보냈습니다. 공산주의자가 멋진 캐딜락이 지나가는 것을 보고 목소리를 더 높여 "자유를 얻으면, 여러분은 모두 저 사람처럼 자동차를 몰고 다닐 수 있습니다"라고 연설하자 이번에는 군중 속에서 "나는 자전거가 더 좋은데"라는 야유가 터져 나왔습니다. 그러자 연설자는 훼방꾼을 향해 이렇게 말했습니다. "자유를 얻으면, 당신 소원대로 할 수 있습니다!"

이제 그리스도를 섬기는 그리스도인의 진정한 자유에 대해 이야기해보겠습니다. 제가 이야기하고 싶은 것은 두 가지입니다. 첫째, 선생이신 그리스도의 권위에 복종할 때 우리 마음은 진정한 자유를 얻습니다. 하나님이 우리에게 생각의 자유를 주신 것은 계시하신 말씀과 다른 생각을 품으라고 주신 것이 아니라 말씀을 공부하고 설명하고 적용하고 순종하라고 주신 것입니다. 사람들은 생각의 자유를 '어떤 정부나 단체도 개인에게 무언가를 믿으라고 강요할 수 없다'는 의미로 이해합니다. 그러나 지구는 평평하다거나 예수 그리스도는 인간에 불과하다고 주장하며 하나님이 자연이나 성경을 통해 계시하신 사실들을 부인하는 자유사상은 생각의 자유를 남용하는 것입니다. 그리스도의 멍에를 메고 그분의 가르침에 순종할 때 그리스도가 우리에게 주시는 생각의 자유는 인생에 의미가 없다고 말하는 절망으로부터의 해방입니다. 사람들의 의견을 평가할 객관적인 기준이 없어 이리저리 휩쓸리는 주관성의 모래 바람으로부터의 해방이며, 변하기 쉬운 신학적 유행으로부터의 해방입니다. 우리 생각이 그리스도의 가르침에 순종할 때 우리는 진정 자유로워집니다.

둘째, 주이신 그리스도의 권위에 복종할 때 의지는 진정한 자유를 얻습니다. 예수님에게 불순종할 때가 아니라 예수님에게 순종할 때 우리의 의지는 자유로워집니다.

3주 전에 런던으로 한 자매가 저를 찾아왔습니다. 그리스도인이라고 자신을 소개한 자매는 신앙이 없는 남자와 얼마 전에 약혼했다고 말했습니다. 저는 자매에게 예수님이 사도 바울을 통해 "너희는 믿지 않는 자와 멍에를 함께 메지 말라"고 가르치신 것에 대해 알고 있는지 물었습니다. 자매는 알고 있다고 대답했습니다. 그래서 저는 그 자매에게 이 말씀을 무시해도 된다고 생각했느냐고 물었습니다. 그러자 자매는 이렇게 대답했습니다. "제게는 선택의 자유가 있으니까요. 내가 뭘 해야 할지 예수 그리스도가 정해주신다면, 그래서 내가 어떤 선택을 하기 전에 이미 답이 정해져 있다면, 제게는 더 이상 자유가 없는 거 아닌가요?" 자매의 말을 듣고 저는 이렇게 말했습니다. "자매는 그리스도인의 자유가 무엇을 의미하는지 아직 모르고 있군요. 그리스도인의 자유, 그러니까 그리스도인이 받은 진정한 자유는 불순종할 자유가 아닙니다. 순종할 자유지요."

말이 나온 김에 요즘 사람들이 목청을 높여 외치는 자유연애를 예로 들어보겠습니다. 소위 자유연애란 내가 원할 때, 내가 원하는 곳에서, 내가 원하는 사람과 마음껏 성적 욕구를 채울 자유를 일컫습니다. 이것도 일종의 자유입니다. 인습적 도덕으로부터의 해방입니다. 평생을 함께할 인생의 반려자를 선택해야 할 책임으로부터의 해방이고, 성적 욕구를 억누르는 모든 제약으로부터의 해방입니다. 그러나 모든 제약을 벗어던지고 난잡한 성생활을 하는 사람은 자신이 탐닉할 자유가 있다고 주장하는 바로 그 욕정의 노예가 된 것이나 다름없습니다. 그것은 해방이 아니라 속박입니다. 예수님은 죄를 짓는 사람은 모두 죄의 노예라고 말씀하셨습니다. 예수님이 우리에게 주시는 자유는 짐승 같은 욕정으로부터의 해방입니다. 하고 싶은 일은 무엇이든 하는 절대 자유는 진정한 자유가 아닙니다. 우리에게는 자유가 있습니다. 그 자유는 바로 참된 내가 될 자유, 하나님이 우리에게 의도하셨던 대로 살고 행동할 자유입니다.

다른 예를 한두 개 더 들어보겠습니다.

기차가 있습니다. 사람들은 선로 위를 달리도록 기차를 발명했고, 지금도 그 목적을 위해 기차를 만들고 있습니다. 선로를 달리는 것이

기차의 본성입니다. 그리고 이 본성과 그에 따른 제약을 받아들일 때에만 기차는 최대한 자유롭게 자신을 표현할 수 있습니다. 그런데 만약 기차가 "이 선로는 너무 좁아. 왜 나는 선로를 벗어날 수 없는 거지? 왜 자유롭게 초원과 계곡을 돌아다닐 수 없는 거지?"라고 말하면서 과대한 망상을 품는다면, 그리고 자유를 얻으려고 애쓴다면, 그런 자유는 재앙에 불과합니다. 그런 생각과 행동은 제작자가 기차에 부여한 본성을 부정하는 것이기 때문입니다.

예를 하나 더 들어보겠습니다. 공인 음조직에 따라 만들어진 피아노 건반이 있습니다. 피아노 건반은 1옥타브가 원음인 백건 7개와 사이음인 흑건 5개로 이루어져 있습니다. 따라서 자유롭게 자신을 표현하고 싶은 피아니스트라도 반드시 피아노 건반에 부여된 규율을 받아들여야 합니다. 가장 자유로운 연주는 음악과 피아노의 규칙을 무시할 때 나오는 것이 아니라 그 규칙을 엄격히 지킬 때 나오는 법입니다. 바꿔 말하면 사람이든 사물이든 자신의 본성에 따라 살 때에만 자유를 온전히 표현할 수 있습니다. 인간은 그리스도의 멍에를 멜 때에만 자유로울 수 있습니다. 그것이 인간의 본성이기 때문입니다. 하나님이 인간을 그렇게 만드셨습니다.

이제 마지막으로 우리에게 그리스도의 멍에를 메라고 말씀하시는 이유에 대해 살펴보겠습니다. 예수 그리스도는 우리를 초대하시고 이렇게 약속하십니다. "나의 멍에를 메고 내게 배우라. 그리하면 너희 마음이 쉼을 얻으리니." 그리고 그 이유를 이렇게 설명하십니다. "내 멍에는 쉽고 내 짐은 가벼움이라."

첫째, 그리스도의 멍에는 쉽습니다. 사람들이 그리스도의 멍에를 메지 않으려고 반항하는 가장 큰 이유 중 하나는 그리스도의 멍에를 메는 일이 어려울 것으로 생각하기 때문입니다. 그들은 그리스도의 멍에를 두려워합니다. 그리스도의 멍에가 자기에게 맞지 않을 것이라 생각합니다. 그래서 그리스도의 멍에를 메면 등이 다 까질 것이라, 그리스도의 멍에가 무겁고 부담될 것이라 생각합니다. 그러나 예수님은 "나의 멍에는 쉽고 너희에게 잘 맞는다"고 말씀하십니다. 그리스도의 멍에가 우리에게 잘 맞는 이유는 앞서 말했다시피 인간의 본성에 맞게 만들었기 때문입니다. 하나님의 법은 이질적이나 독단적인 것이 아닙니다. 하나님의 법은 우리의 본성에 맞춰 하나님의 본성을 표현한 것입니다. 하나님이 자신의 형상을 따라 우리를 만드셨기 때문입니다. 그래서 우리는 그리스도의 멍에를 멜 때에만 인간을 제대로 알게 됩니다.

그리스도의 멍에에 순종할 때 우리는 그리스도인이 될 뿐 아니라 비로소 온전한 인간이 됩니다. 참된 인간이 되는 것입니다. 그리스도의 멍에에 반항하고 불순종 가운데 자기 마음대로 살아간다면, 우리는 인간이 아니라 짐승처럼 행동하고 있는 것입니다. 하나님은 인간을 하나님의 법에 순종하며 살도록 창조하시고 하나님의 법을 우리 마음에 두셨기 때문입니다. 우리가 거듭나서 그리스도인이 되기 전에도 우리 마음에는 하나님의 법이 있었습니다. 이에 관해서는 로마서 2장을 잘 읽어보십시오.

그리스도의 멍에는 쉽습니다. 그리고 그리스도는 마음이 온유합니다. 여러분도 알다시피 예수님은 어린아이들에게 다정하게 손을 얹고 축복하셨습니다. 또한 예수님은 병자들을 고치셨습니다. 슬퍼하는 자들을 위로하시고 세리와 죄인들의 친구가 되어주셨습니다. 예수님은 간음한 여자도 온화하게 대하셨습니다. 예수님은 우리를 향한 자비와 긍휼 때문에 고통스러운 십자가에서 우리 죄를 담당하셨습니다. 여러분은 이런 예수님을 신뢰하지 않을 수 있습니까?

저는 종종 여러분이 믿는 예수가 누구인지 의문이 듭니다. 그리스도의 멍에에 반항하는 사람들에게 묻고 싶습니다. 여러분이 그리스도에게 불순종할 때마다 사실 그리스도의 성품을 비난하고 있다는 것을 아십니까? 여러분은 지금 그리스도의 멍에가 쉽지 않다고, 그리스도의 마음이 온유하지 않다고 말하고 있는 것입니다. 여러분이 믿는 그리스도는 잔인한 폭군이자 압제자이며 괴물입니까? 그렇게 믿는다면, 여러분은 마귀가 하는 거짓말을 곧이곧대로 믿고 있는 것입니다. 태곳적부터 마귀는 사람들이 그렇게 믿게 하려고 애써왔습니다. 지금도 마귀는 우리가 하나님의 지혜와 긍휼을 의심하게 만듭니다. 그러나 하나님이 보내신 그리스도는 "나는 마음이 온유하고 겸손하며 나의 멍에는 쉽다"고 말씀하십니다. 우리가 메야 할 멍에는 마음이 온유한 주인이 씌우는 쉬운 멍에입니다. 아직도 그를 믿지 못하겠습니까? 여러분이 두려워하는 것은 대체 무엇입니까? 저는 도무지 이해가 가지 않습니다.

이제 말씀을 마칠 시간입니다. 몇 세기에 걸쳐 울려 퍼지던 예수님의 음성이 오늘밤 우리 귀에도 울려 퍼지고 있습니다. 들리십니까? "나는 마음이 온유하고 겸손하니 나의 멍에를 메고 내게 배우라. 그리하면 너희 마음이 쉼을 얻으리니 이는 내 멍에는 쉽고 내 짐은 가벼움이라."

오늘밤 예수님의 음성에 귀를 기울이시겠습니까? 명심하십시오. 예수님의 음성은 좋은 게 좋은 거라고 덮을 수 있는 것이 아닙니다. 삶 속에서 매일 행해야 하는 것입니다. 여러분은 매일 십자가를 져야 합니다. 매일 그리스도의 멍에를 메야 합니다. 지금부터라도 시작해야 합니다. 오늘밤 시작하겠습니까? 예수 그리스도와 화해해야 할 것이 있습니까? 혹시 여러분 마음속에 고백해야 할 반항심은 없습니까? 해결해야 할 반감은 없습니까? 다시 말하지만, 그리스도의 멍에는 쉽고 그리스도의 짐은 가볍습니다. 그러니 그리스도의 멍에를 메면 마음에 쉼을 얻을 것입니다. 그리스도의 멍에를 메십시오. 반항하지 마십시오. 버둥거리지 마십시오. 두려워하지 마십시오. 순종하십시오. 그리스도의 멍에를 메십시오. 그러면 여러분 마음에 쉼을 얻을 것입니다. 완벽한 자유는 그리스도를 섬길 때 찾아옵니다.

그리스도가 그리신
그리스도인의 초상

마태복음 5-7장

1972

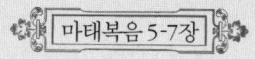
John Stott

그리스도인의 성품
마태복음 5:1-16

산상수훈은 예수 그리스도의 가르침 중에 가장 잘 알려져 있지만, 또 어떤 말씀보다 지나치기 쉬운 가르침이기도 합니다. 이 설교에서 예수님은 이상적인 그리스도인의 제자도를 제시하십니다. 하나님나라의 시민으로서 그리스도인이 지녀야 할 주요 성품에 대해 열거하십니다. 그리스도인은 어떤 사람인지를 그리스도가 직접 설명하신 것이 바로 산상수훈입니다. 요즘 유행하는 말로 표현하면, 예수님이 직접 그린 예수의 사람들의 초상화인 셈입니다.

이 시간에 산상수훈이 예수 그리스도가 하신 설교가 맞는지 그 진위 여부를 따지지는 않을 생각입니다. 산상수훈의 진위에 대해서는 브루스A. B. Bruce 교수가 지난 세기 말에 잘 설명한 바 있습니다. 브루스 교수는 마태복음 5장부터 7장까지에 포함된 가르침이 하루나 한 시간 동안 진행된 설교가 아니라 은거 기간에 진행된 설교라고 보았습니다. 브루스 교수는 예수님이 제자들을 산 위에 모아놓고 방학 동안 '여름 성경학교'를 열었을 것으로 생각했습니다. 이를테면 제1회 팔레스타인 케직사경회가 열렸던 셈입니다!

그곳에서 예수님은 아우구스티누스가 '우리 주님의 산상수훈'이라고 부른, 그리고 브루스 교수가 '산에서의 가르침'이라 부른 설교를 하셨습니다. 우리 역시 지금 이렇게 예수님과 함께하기 위해서 휴가 기간에 산으로 올라왔습니다. 첫 번째 강해를 시작하기 전에 여러분에게 부탁하고 싶은 것이 있습니다. 매일 아침 예수 그리스도의 말씀을 들으러 와서 마리아처럼 귀를 쫑긋 세우고 예수님의 발치에 앉으십시오. 그리고 여기 나오는 예수님의 첫 번째 제자들의 입장이 되어 팔복산에서 예수님이 설교하시는 산상수훈을 실제로 듣고 있다고 상상해보십시오.

오늘 아침에 우리가 살펴볼 본문은 5장 1절부터 16절까지입니다. 저는 여기에 '그리스도인의 성품'이라는 제목을 붙였습니다. 그리스도인이 어떤 사람이어야 하는지를 묘사한 팔복의 내용과 그리스도인이 공동체에 끼치는 영향력을 설명한 빛과 소금의 비유를 따라가 볼 생각입니다.

팔복을 살펴보기 전에 서론적으로 짚고 넘어갈 것이 몇 가지 있습니다. 첫째는 팔복에 묘사된 사람들에 관해서입니다. 팔복에 묘사된 사람들은 각기 다른 여덟 개의 집단이 아닙니다. 온유한 사람들이 모인 집단과 긍휼이 많은 사람들이 모인 집단이 따로 있는 게 아닙니다. 심령이 가난한 집단이 따로 있고 마음이 청결한 집단이 따로 있는 게 아니란 말씀입니다. 이들은 한 집단에 속한 사람들이고 이들에게는 여덟 가지 자질이 있습니다. 이 사람들은 온유한 동시에 긍휼이 많고 심령이 가난하고 마음이 청결하며 애통하고 주린 자들입니다. 이 모든 자질은 그리스도인이 반드시 갖춰야 할 자질입니다.

둘째는 팔복에 권면된 자질에 관해서입니다. 여기에 나오는 자질들은 영적 자질입니다. 예를 들어, 팔복에서 언급하는 가난한 자들과 주린 자들은 영양 결핍에 시달리는 사회 빈곤층을 가리키는 것이 아닙니다. 그들은 심령이 가난한 자들이며 영적으로 가난한 자들입니다. 의에 주리고 목마른 자들입니다. 그 밖의 다른 자질들도 모두 영적 자질을 가리킵니다.

셋째는 팔복에 약속된 축복에 관해서입니다. 예수님은 각 자질을 칭찬하고 이런 자질을 보이는 사람이 복되다고 말씀하십니다. 헬라어 단어 '마카리오스 makarios'는 '행복하도다'의 뜻으로 쓸 수도 있고 또 그렇게 쓰기도 합니다. 그러나 마카리오스를 '행복하도다'로 번역하는 것을 마냥 좋게 받아들일 수만은 없습니다. 행복이란 단어는 지극히 주관적인 상태를 가리키는 데 반하여 예수님이 여덟 가지 자질을 갖춘 사람들에게 내리시는 평가는 객관적 평가이기 때문입니다. 예수님은 하나님이 그들을 어떻게 생각하시는지 말씀하고 계십니다. 하나님이 보시기에 그들은 복된 사람이라고 선언하고 계신 것입니다.

그들이 받을 복에 대한 설명은 뒷부분에 바로 나옵니다. 그들은 천국을 소유하고 땅을 기업으로 받습니다. 애통하는 자들은 위로를 받고 굶주린 자들은 배부르게 됩니다. 또한 그들은 긍휼히 여김을 받고, 하나님을 보고, 하나님의 아들이라 일컬음을 받습니다. 그들이 하늘에서 받을 상은 큽니다. 또한 이 여덟 가지 복은 한데 묶여 있습니다. 여덟 가지 자질이 모든 그리스도인이 갖춰야 할 자질인 것처럼 여덟 가지 복은 모든 그리스도인이 받는 복입니다. 여덟 가지 자질이 그리스도인이 짊어져야 할 책임을 구성하듯 여덟 가지 복은 하나님나라의 시민이 되는 특권이 됩니다. 이것이 하나님나라가 지금 이 생에서 시작되어 다음 생에서 완성된다는 말의 의미입니다.

여기까지가 본론에 들어가기 전에 알아야 할 내용입니다. 여기에서 예수님이 묘사하는 사람들은 이상적인 모델이기는 하지만, 어쨌거나 모두 예수님을 따르는 그리스도인들입니다. 예수님이 칭찬하시는 자질은 영적 자질입니다. 그리고 예수님이 약속하신 축복은 거저 얻은 선물입니다. 이 축복은 우리가 지금 맛보고 나중에 온전히 누리게 될 하나님나라의 복입니다.

이제 팔복을 더 자세히 살펴보겠습니다. 팔복을 분류하는 방법은 여러 가지가 있습니다. 저는 처음에 나오는 네 가지가 '하나님과의 관계'를 묘사하는 것이고, 나머지 네 가지가 '다른 사람들과의 관계와 의무'를 묘사하는 것이라고 봅니다. 예수님은 3절에서 첫 번째 복을 말씀하십니다. "심령이 가난한 자는 복이 있나니 천국이 그들의 것임이요." 이 말씀의 배경은 구약에서 찾을 수 있습니다. 구약을 통해 우리는 심령이 가난하다는 말의 뜻이 하나님 앞에서 우리가 영적 파산 상태라는 사실을 인정하는 것임을 쉽게 알 수 있습니다. 이것은 또한 드릴 것도 하나 없고 변명거리도 없으며 하늘의 은총을 살 만한 것도 우리에게 없음을 인정하는 것입니다. "내 손에 아무것도 드릴 것 없어"라는 노래는 심령이 가난한 자들이 부르는 노래입니다. 칼뱅이 주석에 썼듯이 "아무것도 아닌 존재로 자신을 낮추고 하나님의 자비를 구하는 사람만이 심령이 가난한 자입니다. 그런 사람들만 하나님나라를 선물로 받습니다." 받을 자격이 전혀 없는 자에게 거저 주시는 이 선물은 어린아이처럼 겸손하게 받아야 합니다.

예수님은 이처럼 산상수훈 도입부에서 하나님나라에 관한 사람들의 생각과 민족주의적 기대를 모두 부정하십니다. 하나님나라를 받는 사람은 부유한 자들이 아니라 가난한 자들입니다. 힘 있는 사람이 아니라 힘없는 사람들입니다. 하나님은 자신의 용맹함을 앞세워 왕국을 손에 넣고 싶어 하는 군인들이 아니라 겸손하게 두 손을 벌리고 선물을 받는 어린아이들에게 하나님나라를 선물로 주십니다. 하나님나라에 들어가는 사람은 스스로 부자라 여기고 자신이 훌륭한 사람인 것에 감사하는 바리새인이 아닙니다. 오히려 자신이 영적으로 가난해서 아무것도 드릴 것이 없음을 알고 "하나님이여, 불쌍히 여기소서. 나는 죄인이로소이다" 하고 가슴을 치는 세리가 하나님나라에 들어갑니다. 그들은 심령이 가난했습니다. 그래서 하나님은 그들에게 천국을 선물로 주셨습니다. 하나님나라를 선물로 받으려면 반드시 심령이 가난해야 합니다. 찰스 스펄전Charles Spurgeon이 말했듯이, "하나님나라에서 높아지는 길은 우리 자신을 낮추는 것뿐입니다."

이제 두 번째 복으로 넘어가겠습니다. "애통하는 자는 복이 있나니 그들이 위로를 받을 것임이요"(4절). 여기에서 말하는 애통하는 자는 사랑하는 사람을 잃고 슬피 우는 자가 아니라 순결과 의와 자부심을 잃어버린 것 때문에 애통하는 사람입니다. 예수님은 지금 사별의 슬픔이 아니라 회개의 슬픔을 말씀하고 계십니다. 이것이 영적 축복의 두 번째 단계입니다. 자신이 영적 파산상태라는 사실을 인정하는 것과 그것을 슬퍼하고 애통하는 것은 별개입니다. 고백은 고백이고 통회는 통회입니다.

우리는 그리스도인의 삶이 기쁨과 웃음으로만 가득하지 않다는 사실을 깨달아야 합니다. 그리스도인이라면 항상 활기가 넘치고 명랑하고 쾌활해야 한다고 생각하는 신자들도 더러 있습니다. 그러나 성경은 그렇게 말하지 않습니다. 성경은 그리스도인의 눈물에 대해 말합니다. 그런데 우리 주변에는 그런 눈물을 흘리는 그리스도인이 너무 적습니다. 예수님은 사람들의 죄를 보고 우셨습니다. 예루살렘을 보고도 우셨고, 죄로 말미암아 심판을 받을 인간의 비참한 처지를 생각하고도 우셨습니다. 우리 역시 세상의 악과 슬픔을 보고 울어야 합니다. 또한 우리 자신의 죄에 대해서도 애통해야 합니다. 자신의 죄로 말미암아 슬퍼 운 적이 한 번도 없습니까? 성공회가 신자들에게 성찬식 때 "우리는 우리의 여러 가지 죄와 우리의 악함을 인정하고 애통해 합니다"라고 고백하게 하는 것이 잘못된 처사라 생각하십니까? 에스라가 하나님의 성전 앞에 엎드려 울며 기도하고 죄를 자복한 것은 잘못된 행동입니까? 저는 복음주의자들이 은혜를 너무 중시한 나머지 죄를 가볍게 여기는 것은 아닌지 걱정스럽습니다. 우리 가운데 있는 죄에 대해서는 아무리 슬퍼해도 충분하지 않습니다. 그리스도인은 지금보다 더 많이 참회하고 거룩한 슬픔에 잠겨야 합니다. 더 이상 죄가 없고 하나님이 우리 눈에서 모든 눈물을 씻어주시는 영광의 날이 이를 때까지 자신의 악함을 슬퍼하고 애통하는 자를 하나님이 용서하여 위로하신다고 예수님이 약속하셨습니다.

이제 세 번째 복을 살펴볼 차례입니다. "온유한 자는 복이 있나니 그들이 땅을 기업으로 받을 것임이요"(5절). 예수님이 복이 있다고 말씀하시는 온유함은 어떤 것일까요? 온유한 자가 죄를 애통하는 자와 의에 주리고 목마른 자 사이에 나온다는 점이 중요합니다. 예수님이 복이 있다고 선언하시는 온유함의 비밀이 이 순서와 관련이 있기 때문입니다. 산상수훈을 연구한 책에서 로이드 존스Lloyd-Jones 박사는 여기서 말하는 온유함이 우리가 다른 사람들을 대하는 태도를 가리키는 것이라고 보았습니다. 그런데 이 태도는 우리가 자신을 제대로 평가하고 있느냐에 따라 결정됩니다. 또한 로이드 존스는 우리가 하나님 앞에 홀로 섰을 때가 정직해지기도 쉽고 자신이 영적 파산상태라는 사실을 인정하기도 쉽다고 지적했습니다. 그리고 이렇게 덧붙였습니다. "그러나 다른 사람이 나를 두고 영적 파산상태라고 말할 때는 그 사실을 인정하기가 훨씬 어렵습니다. 사람들이 그렇게 말하면 나는 본능적으로 화를 냅니다. 우리는 모두 다른 사람에게 책망을 듣는 것보다 스스로 책망하는 쪽을 더 좋아합니다." 조금 더 친숙한 예를 들어 설명하면 이해하기 쉬울 것입니다. 나는 교회에 가서 나를 '비참한 죄인'이라고 부르기를 주저하지 않습니다. 공동회개문에 적혀 있는 내용을 아무 거리낌 없이 암송합니다. 그러나 교회 밖에서 누군가 내게 "당신은 비참한 죄인이요!"라고 말하면, 나는 그 사람을 한 대 패주고 싶어집니다. 다시 말해서, 나는 사람들이 내가 하나님 앞에서 인정했던 내 모습이 나라고 생각하는 것을 받아들이지 못합니다.

그러나 온유함이란 사람들이 내가 아는 내 모습이 진짜 나의 모습이라고 생각해도 기꺼이 받아들이는 것입니다. 로이드 존스는 이렇게 말했습니다. "온유함은 다른 사람을 대하는 태도와 행동으로 표현되지만, 타인을 대하는 태도는 본질적으로는 자기 자신에 대한 정확한 판단에 기초합니다."

온유한 자는 땅을 기업으로 받습니다. 아마도 여러분은 정반대로 생각했을지 모릅니다. 온유해 보이면 무조건 무시하고 짓밟고 보는 험악한 세상에서 온유한 사람이 설 자리는 없다고 생각할지 모릅니다. 실제로 생존투쟁에서 살아남는 사람은 언제나 거칠고 고압적인 사람이 아닙니까! 그러나 그렇지 않습니다. 그리스도 안에 있는 영적 기업을 받는 비결은 강인함이 아니라 온유함입니다. 땅을 기업으로 받는 사람은 온유한 사람입니다. 온유한 자들은 뻐기고 자랑할 필요가 없습니다. 사도 바울이 말한 대로 그리스도 안에 있으면 세계나 생명이나 사망이나 지금 것이나 장래 것을 비롯하여 모든 것이 우리의 것이기 때문입니다. 우리가 그리스도의 것이면, 만물이 다 우리의 것입니다.

다음은 네 번째 복입니다. "의에 주리고 목마른 자는 복이 있나니 그들이 배부를 것임이요"(6절). 하나님나라 시민이라면 누구나 영적 굶주림을 느낍니다. 하나님나라의 시민으로서 우리가 품는 가장 큰 야망은 물질적인 것이 아니라 영적인 것입니다. 그리스도인은 이교도들처럼 소유물을 늘리는 데 몰두하지 않습니다. 우리는 먼저 하나님의 나라와 하나님의 의를 구합니다. 우리가 주리고 목말라하는 의는 도덕적, 사회적 의입니다. 우리가 주리고 목말라하는 도덕적 의는 하나님을 기쁘게 하는 성품과 행동의 의입니다. 도덕적 의는 서기관들과 바리새인들의 의를 능가합니다. 도덕적 의는 사람들 앞에서 규칙과 규율을 준수하는 것을 넘어 마음과 생각, 동기와 성품까지 살피는 내면의 의이기 때문입니다.

그러나 성경에서 말하는 의는 개인적이고 사적인 의만이 아니라 공동체 안에서 사람들이 억압과 차별을 받지 않도록 애쓰고, 법정에서 정의를 구현하려 애쓰고, 사업할 때 정직하려 애쓰고, 가족들에게도의를 다하려 애쓰는 사회적 의도 포함됩니다. 공의로우신 하나님은 공동체 안에서 드러나는 사회적 의를 기뻐하십니다. 그러므로 그리스도인은 공동체 속에서도 의에 주리고 목말라해야 합니다.

마음에서 우러난 건강한 욕구를 품을 때 그리스도인의 삶은 쑥쑥 성장합니다. 성경은 주린 자들에게 복이 있다고 거듭 약속합니다. 하나님은 "사모하는 영혼에게 만족을 주시며 주린 영혼에게 좋은 것으로 채워주"십니다(시 107:9).

우리가 영적으로 더디게 성장하는 이유가 혹시 의에 대한 욕구가 시들해진 탓은 아닐까요? 오늘 모인 사람들은 영적 굶주림 때문에 케직사경회에 참석한 것이기를 바랍니다. 예수님은 의에 주리고 목마른 자가 배부를 것이라고 말씀하십니다. 그러니 예수님이 하신 약속을 붙들고 주린 배를 채워달라고 기도하십시오. 용서를 구하며 이전에 지은 죄를 애통해하는 것만으로는 충분하지 않습니다. 도덕적으로나 사회적으로 더 성장하도록 의에 주리고 목말라해야 합니다. 그러나 우리가 이생에서 느끼는 주림과 목마름은 절대로 완전히 해소되지 않습니다. 팔복이 약속하는 대로 배부르게 되는 것은 사실입니다. 하지만 다시 주리고 목마르게 될 것입니다. 그러므로 다 해결되었다고 주장하는 사람들, 계속 성장하기 위해 애쓰는 대신 늘 예전 경험만 되새기는 사람들을 경계하십시오. 예수님의 제자들은 늘 의에 주리고 목마릅니다. 우리는 하늘나라에 이르러서야 비로소 "다시는 주리지도 아니하며 목마르지도 아니할" 것입니다. 그때에야 비로소 우리의 목자이신 그리스도가 우리를 생명수 샘으로 인도하여 우리의 갈증을 풀어주실 것이기 때문입니다.

앞에 나온 네 가지 복이 하나님을 대하는 태도를 다뤘다면, 뒤에 나오는 네 가지 복은 이웃을 대하는 태도를 다룹니다. 먼저 예수님은 7절에서 다섯 번째 복을 말씀하십니다. "긍휼히 여기는 자는 복이 있나니 그들이 긍휼히 여김을 받을 것임이요." 새영어성경은 이 구절을 "긍휼을 보이는 자는 참으로 복이 있나니 그들이 긍휼을 볼 것이다"라고 번역했습니다. 이 구절에서 예수님은 자신이 지금 어떤 부류를 염두에 두고 있는지, 긍휼을 베풀어야 할 대상이 누구인지 구체적으로 명시하지 않으십니다. 재난을 당한 사람을 염두에 두신 것인지, 아니면 주린 자들과 병든 자들과 버림받은 자들을 염두에 두신 것인지, 그것도 아니면 다른 사람에게 잘못을 저지른 탓에 당연히 벌을 받아야 하지만 긍휼을 베풀어 용서해줘야 하는 사람을 염두에 두신 것인지 명확히 밝히지 않으십니다. 사실 예수님은 명확히 밝히실 필요가 없으셨습니다. 우리 하나님은 긍휼이 많으신 하나님입니다. 하나님은 모든 사람에게 긍휼을 베푸십니다. 그래서 하나님나라 시민들도 하나님이 하시는 것처럼 긍휼을 베풀어야 합니다.

긍휼히 여기는 사람이 긍휼히 여김을 받습니다. 그리고 교회에는 더 많은 긍휼이 필요합니다. 우리는 때로 지나치게 비판적인 태도로 사람을 판단하곤 합니다. 때로는 옷자락을 걷어 올리고 죄인들과 접촉을 피하는 바리새인들처럼 행동하기도 합니다. 죄인들과 낙오자들과 버림받은 사람들을 긍휼히 여기지 않습니다. 그러나 기억하십시오. 용서하는 사람이 용서를 받는 것처럼 긍휼히 여기는 사람이 긍휼히 여김을 받습니다. 그렇다고 오해하지 마십시오. 우리가 긍휼히 여긴 대가로 긍휼히 여김을 받거나 용서한 대가로 용서를 받는 것은 절대 아닙니다. 회개하지 않는 한 우리는 하나님의 긍휼과 용서를 받을 수 없습니다. 그리고 다른 사람들이 지은 죄를 긍휼히 여기지 않는다면, 우리 죄를 회개했다고 말할 수 없습니다.

이제 여섯 번째 복을 살펴보겠습니다. "마음이 청결한 자는 복이 있나니 그들이 하나님을 볼 것임이요"(8절). 여러분은 마음이 청결한 사람이 어떤 사람이라고 생각하십니까? 대개는 내면이 순결한 사람을 떠올릴 것입니다. 눈에 보이는 손과 잔과 대접은 깨끗이 씻지만 마음 속에는 탐욕과 악독이 가득한 바리새인과는 반대로 마음속이 깨끗한 사람을 떠올릴 것입니다. 맞는 말입니다. 그러나 지금 예수님은 타인과의 관계를 염두에 두고 제자들에게 이 말씀을 하고 계신 것 같습니다. 그렇다면 여기서 마음이 청결한 자란 겉과 속이 똑같이 진실한 사람을 가리킵니다. 그래서 J. B. 필립스는 마음이 청결한 자를 '참으로 진실한 사람'이라고 번역했습니다. 마음이 청결한 사람은 하나님과 사람들 앞에 투명한 삶을 삽니다. 그들은 마음속 생각과 동기가 순수합니다. 의뭉한 속셈이나 비열한 저의가 없고 위선과 속임수를 혐오합니다. 마음이 청결한 사람은 간교한 속임수가 없는 사람입니다. 그런데 우리 중에 이런 삶을 사는 사람이 과연 몇이나 될까요? 우리 대부분은 가면을 바꿔가면서 상황에 따라 다른 인물을 연기합니다. 어떤 사람들은 인생이 온통 거짓말투성이라 어떤 모습이 진짜고 어떤 모습이 가짜인지 분간할 수조차 없습니다.

그러나 예수님은 어떠한 간교함도 찾아볼 수 없을 만큼 마음이 청결하고 참으로 진실하셨습니다. 마음이 청결한 사람만이 하나님을 볼 것입니다. 참으로 진실한 사람들만이 모든 가식을 불태우는 눈부신 환상을 견딜 수 있기 때문입니다.

이어서 일곱 번째 복을 살펴보겠습니다. "화평하게 하는 자는 복이 있나니 그들이 하나님의 아들이라 일컬음을 받을 것임이요"(9절). 마음이 청결한 자에서 화평하게 하는 자로 넘어가는 것은 지극히 자연스러운 전개입니다. 사람들을 화평하게 하려면 반드시 투명성과 진실성이 필요하니 말입니다. 모든 그리스도인은 공동체 안에서 화평하게 하는 자가 되어야 합니다. 갈등과 다툼이 많은 요즘 같은 시대일수록 화평하게 하는 자가 시급히 필요합니다. 화평은 화목을 의미합니다. 그러므로 화평하게 하는 일은 하나님의 일입니다. 하나님은 "십자가의 피로 화평을 이루사 만물이 그로 말미암아 자기와 화목하게 되기를 기뻐하셨"습니다(골 1:20). 그리고 유대인과 이방인으로 "자기 안에서 한 새 사람을 지어 화평하게"(엡 2:15) 하기를 원하셨습니다.

그러므로 화평하게 하는 자가 하나님의 아들이라 불리는 것은 하나도 놀라운 일이 아닙니다. 그들은 바로 아버지 하나님이 하신 일을 하려고 애쓰는 사람들이기 때문입니다. 하나님은 최고의 중재자이십니다. 그러니 하나님의 아들들인 우리는 하나님을 본받아 화평을 이루려고 애써야 합니다. 마귀는 분란을 조장하나 하나님은 화해와 화평을 사랑하십니다. 화평하게 하는 일이 하나님의 일이라는 사실을 통해 우리는 화평하게 하는 것과 달래는 것이 같지 않다는 것을 알 수 있습니다. 하나님은 화평을 이루고자 대가를 치르셨습니다. 평강이 없는데 "평강하다, 평강하다" 하고 외치는 것은 거짓 선지자들이나 하는 일이지 그리스도의 증인들이 할 일이 아닙니다. 하나님은 화평을 이루고자 독생자를 내어주시는 엄청난 대가를 치르셨습니다. 그러니 우리 역시 화평을 이루려면 대가를 치러야 합니다.

상처받은 사람에게 사과하려면 아픔이 따릅니다. 하나님 앞에 죄를 지은 사람을 꾸짖고 뉘우칠 때까지 기다리기란 고통스러운 일입니다. 서로 앙심을 품고 멀어진 사람들을 화해시키는 것은 고생스러운 일입니다. 화평의 복음을 선포하면서 사람들에게 회개하라고 촉구할 때도 고통이 따릅니다. 이처럼 화평하게 하는 일에는 대가가 따릅니다. 하지만 하나님의 아들들은 기꺼이 대가를 치를 자세가 되어 있어야 합니다.

마지막 여덟 번째는 박해를 받는 자들이 받는 복입니다. "의를 위하여 박해를 받은 자는 복이 있나니 천국이 그들의 것임이라. 나로 말미암아 너희를 욕하고 박해하고 거짓으로 너희를 거슬러 모든 악한 말을 할 때에는 너희에게 복이 있나니 기뻐하고 즐거워하라. 하늘에서 너희의 상이 큼이라. 너희 전에 있던 선지자들도 이같이 박해하였느니라"(10-12절). 화평에서 박해로, 화해에서 갈등으로 넘어가는 것이 이상해 보일지도 모릅니다. 그러나 우리가 화평을 이루려고 아무리 애써도 우리와 화해하지 않으려고 버티는 사람들이 있게 마련입니다. 화해하려는 노력이 모두 성공하는 것은 아닙니다. 실제로 우리 주변에는 의도적으로 우리에게 반대하고 욕을 퍼붓고 비방하고 박해하는 사람들이 있습니다.

그때는 예수님이 하신 말씀을 기억하십시오. 예수님은 우리가 '의를 위하여' 그리고 '예수님으로 말미암아' 박해를 받는다고 말씀하고 계십니다. 우리가 박해를 받는 것은 우리가 예수님의 제자이기 때문입니다.

그러면 이런 박해를 받을 때 우리는 어떻게 반응해야 할까요? 그럴 때 우리는 기뻐하고 즐거워해야 합니다. 믿지 않는 사람들과 똑같이 앙갚음하거나 되받아쳐서는 안 됩니다. 어린아이처럼 부루퉁해서도, 자기연민에 빠져 개처럼 상처를 핥아서도 안 됩니다. 그렇다고 금욕주의자들처럼 애써 웃으며 참으라는 말이 아닙니다. 학대당하는 것을 병적으로 즐기는 사람들처럼 즐거운 척하라는 말도 아닙니다. 그리스도인으로서 기뻐하고 즐거워하라는 말입니다. 우리는 누가복음 6장 23절에 나온 대로 "기뻐하고 뛰놀아야" 합니다. 인생을 살면서 한 번도 신나게 춤을 춰본 적이 없는 사람도 기뻐 뛰놀아야 합니다.

그런데 왜 예수님은 박해를 받을 때 기뻐하라고 말씀하셨을까요? 한 가지 이유는 하늘에서 우리가 받을 상이 크기 때문입니다. 비록 이 땅에서는 모든 것을 잃는다 하여도 하늘나라에서는 모든 것을 얻을 것이기 때문입니다. 또 다른 이유는 박해를 받는 것이 우리가 진정한 그리스도인이라는 표지이기 때문입니다. "너희 전에 있던 선지자들도 이같이 박해하였느니라." 박해를 받는 것은 우리가 선지자들의 뒤를 잘 이어가고 있다는 증거입니다. 박해를 받으며 기뻐해야 하는 또 다른 이유는 그 박해가 예수님 때문에 받는 것이기 때문입니다. 우리는 그리스도에게 충성한 탓에, 그리스도가 말씀하신 진리와 의를 고수한 탓에 박해를 받습니다. 그리고 예수님을 위해 고난을 받는 것은 그리스도인의 특권입니다.

청결하고 긍휼히 여기는 마음이 그리스도인의 정상적인 표지인 것처럼 비방을 듣고 박해를 받는 것 또한 우리가 그리스도인이라는 징표입니다. 예수님도 그렇게 말씀하셨고 베드로와 요한, 바울도 그렇게 말했습니다. 그러니 마음을 준비합시다. 박해가 심해진다고 해서 놀라지 맙시다. 오히려 박해가 없을 때 의아해합시다. "모든 사람이 너희를 칭찬하면 화가 있도다"(눅 6:26)라는 말을 기억합시다. 누가가 이렇게 말한 이유는 모든 사람에게 칭찬받는 사람은 다 거짓 선지자였기 때문입니다.

팔복은 그리스도인의 초상입니다. 예수님이 직접 그린 예수의 사람들의 초상입니다. 이 초상화에 우리 모습이 보입니까? 먼저 그리스도인은 자기가 영적으로 파산상태임을 인정하고 하나님 앞에 홀로 무릎을 꿇습니다. 그는 드릴 것이 아무것도 없는 파산상태입니다. 그래서 하나님 앞에 무릎 꿇고 자기 죄를 애통해합니다. 또한 그는 온유합니다. 그래서 자기가 하나님 앞에 고백했던 대로 사람들이 자신을 비참한 죄인이라고 생각해도 화내지 않습니다. 또한 그는 의에 주리고 목마릅니다. 하나님의 은혜와 선하심 가운데 성장하기를 갈망합니다. 또한 그리스도인은 공동체 안에서도 좋은 성품을 드러냅니다. 그는 세상의 슬픔을 모른 척하지 않습니다. 그는 무정한 사람이 아닙니다. 다른 사람을 긍휼히 여길 줄 압니다. 또한 그는 마음이 청결합니다. 투명하고 진실합니다. 사람들이 자신의 노고를 알아주지 않고, 그리스도를 거부하는 자들이 도리어 자기를 반대하고 비방하고 모욕하고 핍박해도 화평하게 하는 자로서 공동체 안에서 건설적인 역할을 합니다.

이런 사람이 참으로 복 있는 사람입니다. 그는 하나님께 인정받고 자아를 실현하고 하나님께 복을 받습니다. 그런데 예수님이 팔복에서 말씀하시는 가치와 기준은 세상의 가치나 기준과 완전히 다릅니다.

세상은 영적으로나 물질적으로나 부유한 자가 복이 있다고 하지 가난한 자가 복이 있다고 말하지 않습니다. 악을 심각하게 생각하고 애통해하는 사람이 아니라 근심걱정 없이 속 편하게 사는 사람이 복이 있다고 말합니다. 세상은 온유한 자가 아니라 강하고 자신만만한 사람이 복이 있다고 말합니다. 주린 자가 아니라 배부른 자가 복이 있다고 말합니다. 또한 세상은 다른 사람의 일에 끼어 더 좋은 사회를 만드는 데 시간을 낭비하는 사람이 아니라 자기 일에 집중하는 사람이 복이 있다고 말합니다. 세상은 거짓과 타협하지 않는 진실한 사람이 아니라 필요하다면 정직하지 못한 방법을 동원해서라도 목적을 이루는 사람이 복이 있다고 말합니다. 박해를 견뎌야 하는 사람이 아니라 사람들에게 인기를 얻으며 편하고 쉽게 사는 사람이 복이 있다고 말합니다. 지금 예수님은 이런 세상의 기준에 이의를 제기하고 계십니다. 그리고 하나님나라의 시민들에게 아주 다른 기준을 제시하십니다. 한마디로 예수님은 세상이 가장 불쌍하게 생각하는 사람들을 축하해주고 계십니다. 세상이 거부하는 사람들에게 복이 있다고 말씀하고 계십니다.

다음으로 우리가 살펴볼 내용은 빛과 소금의 비유입니다(13-16절). 팔복이 하나님나라 시민들이 지니고 있는 성품을 묘사했다면, 빛과 소금의 비유는 그들이 공동체 안에서 끼치는 선한 영향력에 대해 이야기합니다. 놀랄 만한 일입니다. 영향력이라니요! 팔복에서 묘사하는 사람들이 냉혹하고 거친 이 세상에서 영향력을 행사하는 게 가능하다는 말인가요? 가난하고 온유하고 애통하는 자들, 전쟁이 아니라 화평을 이루려 애쓰는 자들이 과연 어떤 영향력을 끼칠 수 있단 말입니까? 선한 영향력을 끼치기는커녕 악의 물결에 압도당하지 않을까요? 의에 주리고 목말라 하는 사람들, 무기라고는 청결한 마음과 긍휼밖에 없는 사람들이 과연 무엇을 해낼 수 있을까요? 무언가를 해내기에는 너무나 연약한 사람들이 아닌가요? 게다가 이 세상에 그런 사람들이 지극히 소수에 불과하다면, 선한 영향력을 행사하기란 더더욱 어렵지 않을까요?

혹시라도 이런 생각이 든다면 그건 세상의 기준과 관점을 따르는 세속적인 생각입니다. 예수님은 아주 다른 생각을 가지고 계시니 말입니다. 예수님은 세상이 교회를 박해할지라도 교회는 세상을 섬겨야 한다고 말씀하셨습니다. 놀랍게도 예수님은 지금 말씀을 들으려고 모여든 팔레스타인 농부들에게 너희가 세상의 빛이요 소금이라고 말씀하십니다. 숫자도 몇 안 되고 많이 배우지도 못한 이들에게 세상의 빛이요 소금이라고 말씀하고 계신 것입니다. 참으로 놀랍지 않습니까? 그렇게 연약한 사람들이 세상에서 무엇을 할 수 있을까요? 그러나 예수님은 그들이 할 수 있다 믿으셨고, 그들에게 할 수 있다고 말씀하셨습니다. 그러니 지금부터 예수님이 말씀하신 이 비유를 살펴보도록 합시다.

아무리 가난한 집이라도 소금과 등불은 있게 마련입니다. 예수님도 어렸을 때 나사렛에 있는 집 부엌에서 어머니 마리아가 소금을 사용하는 모습을 자주 보았을 것입니다. 해가 저물면 등불을 켜는 것도 보았을 것입니다. 소금과 등불은 가정의 필수품입니다. 등불은 밤의 어둠을 내쫓는 데 쓰이고, 냉장고가 없던 시절에 소금은 고기가 상하지 않게 해주는 방부제 역할을 했습니다.

소금과 빛의 비유는 교회와 세상이라는 두 공동체 사이에 본질적인 차이가 있음을 보여줍니다. 한쪽에는 세상이 있고 다른 한쪽에는 세상의 소금인 교회가 있습니다. 한쪽에는 세상이 있고 다른 한쪽에는 세상의 빛인 교회가 있습니다. 세상과 교회는 서로 다른 공동체입니다. 빛과 소금의 비유는 우리에게 두 공동체의 이야기를 들려줍니다. 세상은 빛이 거의 없는 어두운 곳이며 계속해서 악화되고 부패하는 성향을 가지고 있다고 말합니다. 반면에 예수의 사람들이 모인 교회는 세상에서 두 가지 역할을 합니다. 소금으로서 세상이 부패하는 것을 막거나 최소한 부패를 늦추는 역할을 하고, 빛으로서 어둠을 밝히는 역할을 합니다.

이제 이 비유를 좀 더 자세히 들여다보겠습니다. 두 비유는 병렬 구조로 되어 있습니다. 예수님은 먼저 "너희는 세상의 소금이다", "너희는 세상의 빛이다" 하고 단언하십니다. 그런 다음 소금과 빛이 되는 데 필요한 조건을 추가로 덧붙이십니다. 즉 예수님은 이렇게 말씀하고 계십니다. "너희는 세상의 소금이다. 그러나 너희가 세상의 소금이 되려면 짠맛을 지니고 있어야 한다." "너희는 세상의 빛이다. 그러나 너희가 세상의 빛이 되려면 빛을 비춰야 한다." 소금이 짠맛을 잃으면 아무 소용이 없습니다. 마찬가지로 빛이 감추어져 있으면 아무 소용이 없습니다. 이렇듯 각각의 비유는 단호한 진술과 그 진술을 좌우하는 추가 조건으로 이뤄져 있습니다.

소금의 비유를 먼저 살펴보겠습니다. 우선 "너희는 세상의 소금이니"라는 단호한 진술이 나옵니다. 이 말이 무슨 뜻인지는 다들 아실 것입니다. 각 공동체가 자신의 본분에 충실할 때에는 비록 세상이 썩은 생선이나 고기처럼 부패해도 교회는 그 부패를 막거나 늦출 수 있습니다. 물론 하나님은 세속적인 공동체 안에도 부패를 억제할 방편을 마련해두셨습니다. 온 인류를 위해 일반 은총 안에서 국가와 사법부, 법과 질서, 결혼, 가정, 가족과 같은 제도를 만드셨습니다. 이 제도들은 모두 하나님이 인간들이 모인 공동체 안에서 악이 범람하는 것을 억제하고자 만드신 것으로 공동체 안에서 건전한 영향력을 행사합니다.

그럼에도 하나님은 구원받은 의로운 백성들이 공동체 안에서 그 어떤 제도보다 강력하게 악을 억제하는 역할을 하기 바라십니다. 태스커R. V. G. Tasker 교수가 말한 대로 제자들은 "도덕 기준이 낮거나 끊임없이 변하거나 아예 존재하지 않는 세상에서 도덕적 살균제"가 되어야 합니다. 이것이 "너희는 세상의 소금이다"라는 말의 뜻입니다. 그런데 바로 이어서 "짠맛을 잃으면 안 된다"는 조건이 따라붙습니다. 제가 알기로 염화나트륨은 성질이 변할 수 없는 물질입니다. 그러나 우리가 흔히 소금이라고 부르는 물질에서 염화나트륨이 빠질 수는 있습니다. 그리고 한 번 염분이 빠지고 나면 원상태로 복구가 불가능합니다. 염분이 빠진 소금은 쓸모가 없습니다. 심지어 거름으로도 쓸 수 없습니다. 그리스도인도 마찬가지입니다. 그리스도인의 짠맛은 팔복에서 묘사했던 성품입니다. 헌신적인 그리스도의 제자도를 말합니다. 그리스도인이 공동체 안에서 영향력을 발휘하려면 소금이 짠맛을 잃지 말아야 하는 것처럼 그리스도를 닮은 성품을 잃지 말아야 합니다. 그리스도인이 믿지 않는 자들에게 동화되어 그리스도를 닮은 성품을 잃어버리면, 공동체 안에서 영향력도 잃고 맙니다. 사회에서 그리스

265

도인이 영향력을 발휘하는 이유는 그리스도인이 세상과 다르기 때문입니다. 그러므로 세상과 같아지면 우리는 아무 쓸모가 없어집니다. 마치 짠맛을 잃은 소금처럼 밖에 버려져 사람에게 밟힐 뿐입니다. 브루스 교수가 지적한 대로, "사회의 구원자였다가 길바닥에 굴러다니는 존재로 전락하다니 이 얼마나 엄청난 추락인가! 사람들이 발로 밟는 존재라니!"

두 번째로 빛의 비유를 살펴보겠습니다. 역시 "너희는 세상의 빛이다"라는 단언이 먼저 나옵니다. 예수님은 나중에 "나는 세상의 빛"이다(요 8:12)라고 말씀하시기도 했습니다. 사실 우리가 세상의 빛인 이유도 밤하늘의 별처럼 그리스도의 빛을 세상에 비추기 때문입니다. 나는 세상 사람들이 우리에게 와서 이렇게 말하기를 바랍니다.

반짝반짝 작은 별
넌 대체 누구니.

예수님은 그리스도인의 빛이 무엇인지 16절에서 분명히 말씀하십니다. 그리스도인의 빛은 착한 행실입니다. 사람들이 우리의 착한 행실을 볼 때 우리가 가진 빛이 사람들에게 비칩니다. 빛은 언제나 복음 진리를 의미하므로 우리의 착한 행실에는 반드시 구두 증언이 더해져야 합니다. "너희는 세상의 빛이다"라는 진술 뒤에는 "너희 빛을 비추라"는 조건이 뒤따릅니다. 소금이 짠맛을 잃을 수 있듯이 우리 안에 있는 빛도 어두워질 수 있기 때문입니다. 그러므로 우리는 산 위에 있어서 모습을 숨길 수 없는 동네처럼 세상에 우리의 빛을 비춰야 합니다. 쓸모없이 침대 밑이나 말 아래에 두지 않고 등경 위에 두는 등불처럼 집을 환하게 비춰야 합니다.

예수의 제자들은 자신의 존재를 부끄러워해서는 안 됩니다. 우리가 누구인지 감추어서도 안 되고 다른 사람인 척해서도 안 됩니다. 우리는 예수 그리스도의 영으로 충만하여 공동체 안에서 착한 일을 하고 빛을 비추는 진정한 그리스도인이 되어야 합니다. 그러면 사람들이 우리를 보고 하나님께 영광을 돌릴 것입니다. 그들도 우리가 우리 된 것은 하나님의 은혜로 된 것임을 알게 될 것이기 때문입니다. 우리의 빛이 그분의 빛이고, 우리의 행실이 우리 안에서 우리를 통해 일하시는 그분의 행실임을 알게 될 것이기 때문입니다.

맬컴 머거리지Malcolm Muggeridge는 얼마 남지 않은 인생에서 가장 하고 싶은 일이 무엇이냐는 질문을 받으면 이렇게 말하곤 했습니다. "이건 진심인데요, 동굴처럼 어두컴컴한 밤에 불을 붙인 성냥처럼 아주 잠깐이라도 제 인생이 빛났으면 좋겠습니다." 예수님은 오늘 우리에게 "너희 빛을 비추라"고 말씀하십니다.

빛과 소금의 비유에는 세 가지 중요한 교훈이 담겨 있습니다. 첫째, 그리스도인과 믿지 않는 자들 사이에는 근본적인 차이가 있습니다. 물론 믿지 않는 자들 중에도 기독교의 가르침을 따르는 것처럼 보이는 사람들이 있고, 그리스도인이라고 고백하는 사람들 중에도 믿지 않는 자들과 구별이 되지 않는 사람들이 있는 것은 사실입니다. 그럼에도 그리스도인과 믿지 않는 자 사이에는 중요한 차이가 있습니다. 우리는 그 둘을 분간하기 어렵다고 말할지 모르지만, 예수님은 그 둘이 빛과 어둠, 소금과 부패만큼이나 다르다고 말씀하십니다. 둘 사이에는 본질적인 차이가 있습니다.

둘째, 우리는 이런 차이가 주는 책임을 받아들여야 합니다. "너희는 세상의 소금이니." 그러니 짠맛을 보존하고 그리스도인의 독특한 맛을 잃지 마십시오. "너희는 세상의 빛이니." 그러니 여러분의 빛을 비추고 숨기지 마십시오.

젊은이들에게 하고 싶은 말이 있습니다. 혹시 여기 모인 사람들 중에 이 세상의 심각한 문제들 때문에 좌절하고 있는 이가 있습니까? 이 세상을 위해 무슨 일이든 하고 싶은데, 여러분의 존재가 지극히 연약하고 무력하고 작게만 느껴지십니까? 요즘은 이런 상태를 '소외'라는 단어로 표현합니다. 어퍼 클라이드 조선소 노동조합 대변인이자 공산당(현재의 노동당) 의원이기도 한 지미 리드Jimmy Reid도 올해 6월에 글래스고 대학교 이사로 취임하면서 소외에 대해 언급한 바 있습니다. "소외라는 말은 자신이 눈에 보이지 않는 경제 세력의 희생자라 여기는 사람들의 외침입니다. 의사결정 과정에서 배제된 보통 사람들이 느끼는 좌절감입니다." 맞는 말입니다. 지금 서구 세계에서는 소외가 점점 더 심해지고 있습니다. 그리고 이런 현실에 좌절하는 젊은이들이 수도 없이 많습니다.

통제력을 벗어난 정치, 사회, 경제 세력이 여러분을 짓누르는 것만 같습니까? 시스템에 목을 졸리고 현대 기술과 관료제에 압사당할 지경인데 "대체 내가 뭘 할 수 있단 말인가?" 하고 자조하고 있습니까? 그러나 여러분도 알다시피 이렇게 절망적인 토양에서 불만을 품은 혁명가들이 태어나 시스템을 뒤집어엎기 위해 헌신했습니다. 예수의 혁명가들도 마찬가지입니다. 우리도 이렇게 절망적인 상황에서 공동체 안에 그리스도의 사랑과 기쁨과 평화의 혁명을 퍼뜨리기 위해 분연히 일어설 수 있습니다.

예수의 평화로운 혁명은 난폭한 혁명보다 훨씬 더 급진적입니다. 예수의 혁명은 사람들을 변화시키기 때문입니다. 마르틴 루터Martin Luther는 "힘과 검과 총으로 무장한 그들보다 예수의 복음으로 무장한 내가 더 도전적이다. 나는 힘과 검과 총을 자랑하는 그들보다 더 큰소리로 예수의 복음을 자랑한다"고 말했습니다. 16세기에 루터는 그렇게 종교개혁을 시작했습니다. 가진 것은 예수의 복음뿐이지만, 우리는 이 세상 그 어떤 혁명가들보다 강합니다! 그러므로 여러분은 하나도 무력하지 않습니다! 우리에게 예수 그리스도가 있고, 어둡고 부패한 이 세상에 필요한 소금과 빛이 예수 그리스도니, 이제 우리는 짠맛을 지키고 빛을 비추어야 합니다. 빛과 소금의 비유가 우리에게 안겨주는 책임을 기꺼이 받아들여야 합니다.

셋째, 소금과 빛의 효과는 상호보완적이기 때문에 우리는 그리스도인의 책임을 이중적으로 이해해야 합니다. 소금은 부패를 막는 소극적인 역할을 하고, 빛은 집을 밝히는 적극적인 역할을 합니다. 그러므로 그리스도인은 세속 공동체 안에서 이중의 영향력을 발휘해야 합니다. 소극적으로는 사회가 부패하는 것을 막고, 적극적으로는 어두운 세상에 빛을 비춰야 합니다. 악이 퍼지는 것을 막는 것과 복음을 통해 진리와 아름다움과 선함을 널리 퍼뜨리는 것은 별개이기 때문입니다.

이제 두 비유를 함께 살펴보겠습니다. 저는 그리스도가 이 땅에서 맡으셨던 임무를 염두에 두고 복음 전도와 사회 개혁의 관계를 이해하는 것이 타당하다고 생각합니다. 이는 오늘날 많은 그리스도인들을 괴롭히는 주제입니다. 이 사회에서 우리 그리스도인이 맡은 임무는 무엇일까요?

사도 바울은 로마서 1장 뒷부분에서 사회가 본래 알고 있는 진리를 거부하고 본래 가지고 있는 불을 꺼버릴 때 무슨 일이 벌어지는지 보여주었습니다. 사회는 더 나빠지고, 사회의 가치와 기준은 서서히 낮아져서 결국에는 완전히 부패하고 맙니다. 하나님이 그들을 마음의 정욕대로 더러움에 내어주시면 결국 이 사회는 하나님과 선한 사람들이 혐오하는 세상이 되고 맙니다. 그런데 하나님은 그리스도인들을 이런 세상에 두셨습니다. 우리끼리 작은 마을을 하나 만들고 그 안에 들어가 웅크리고 있으라고 우리를 이 세상에 두신 것이 아닙니다. 그리스도를 위해 세상 속으로 뚫고 들어가서 사회가 부패하는 것을 막으라고 우리를 이 악취 나는 세상에 두신 것입니다.

하나님은 소금을 고기에 문질러 바르듯 우리가 세상 속으로 뚫고 들어가 부패하는 세속 공동체에 진리를 문질러 바르기를 원하십니다. 그리스도인은 더 정직하게 악을 규탄하고 사회 질서를 위해 지역사회와 직장에서 담대하게 일어서야 합니다. 병든 사회에 희생된 피해자들을 도우려고 애쓰는 한편 이 세상이 도덕적으로 병들어가는 것을 사전에 예방하고 관리하는 사람들이 되려고 노력해야 합니다. 그리스도인은 더 나은 사회 구조를 만들고 정의를 실현하고 법을 보완하고 시민권을 강화하고 인종차별을 없애려고 애쓰면서 맡은 바 책임을 다해야 합니다. 사회가 악취를 풍긴다고 경멸하거나 피하지 마십시오. 이 모든 것은 하나님이 자기 백성을 위해 계획하신 일입니다. 그리스도인이 양심적인 시민이 될 때 그들은 어디에서나 소금과 같은 역할을 합니다.

그러나 타락한 인간이 최악의 상태로 치닫는 것을 막으려면 바리케이드만으로는 부족합니다. 그들에게는 갱생이 필요합니다. 거듭나야 합니다. 복음을 통해 새 삶을 살아야 합니다. 우리가 이 세상에 비춰야 하는 빛이 바로 복음 진리입니다. 이 빛은 진흙으로 만들어 부서지기 쉬운 등 안에 담겨 있지만, 우리의 투명한 삶을 통해 더 밝고 환하게 빛납니다.

이렇듯 소금과 빛의 효과는 상호보완적입니다. 그러니 그리스도인의 사회적 책임과 복음 전도의 책임을 두고 둘 중 하나만 지나치게 강조해도 안 되고 다른 하나를 포기해서도 안 됩니다. 세상에는 빛과 소금이 모두 필요합니다. 세상이 부패할 때는 소금이, 세상이 어두울 때는 빛이 필요합니다. 세상의 빛과 소금의 역할을 모두 감당하는 것이 그리스도인의 소명입니다. 예수 그리스도가 그렇게 말씀하셨습니다.

우리는 지금까지 하나님나라 최고 의원이신 예수님이 하나님나라 시민들에게 기대하시는 성품이 어떤 것인지 들었습니다. 혹시 이렇게 말할 사람이 있을지도 모르겠습니다. "기준이 너무 높네요. 왜 내가 그렇게 살아야 하죠? 청결한 마음에 온유함을 갖추고 긍휼을 베풀고 화평하게 하는 사람이 되라는데, 왜 내가 그렇게 높은 기준에 맞추려고 애써야 하죠?" 그 이유도 예수님이 설명하셨습니다. 첫 번째 이유는 이것이 우리가 복을 받는 비결이기 때문입니다. 이런 사람이 복이 있습니다. 이런 사람이 하나님을 기쁘게 하고, 자신의 타고난 본분을 깨닫습니다. 이것이 자아를 실현하는 길입니다. 우리가 참으로 복을 받는 길이 여기에 있습니다. 진짜 복은 아무렇게나 받을 수 있는 게 아니라 좋은 성품으로 선한 영향력을 끼칠 때 받을 수 있습니다.

두 번째 이유는 이것이 세상을 가장 잘 섬기는 방법이기 때문입니다. 예수님은 우리에게 세상의 소금과 빛이 되는 엄청난 특권을 주셨습니다. 그러나 팔복을 통해 말씀하신 예수님의 가르침을 따라 살지 않으면, 우리는 세상의 빛과 소금이 될 수 없습니다. 세상이 복을 받기 원하면, 이 가르침을 따라 살아야 합니다.

세 번째 이유는 이를 통해 하나님이 영광을 받으시기 때문입니다. 사람들은 우리의 착한 행실을 보고 하늘에 계신 우리 아버지께 영광을 돌릴 것입니다. 이것이 우리가 착하게 살아야 하는 이유입니다. 좋은 성품과 착한 행실은 우리 자신과 세상에 복을 안겨주고 궁극적으로는 하나님께 영광을 돌립니다.

그리스도인의 의
마태복음 5:17-48

　어제 아침에 우리는 예수님이 산상수훈을 시작하면서 그리스도인의 성품에 대해 말씀하시는 것을 들었습니다. 그리고 그리스도인이 이런 성품을 지니고 있으면 빛과 소금처럼 공동체 안에서 영향력을 발휘한다는 사실도 배웠습니다. 이제 예수님은 '의'를 중심으로 그리스도인의 성품을 조금 더 깊게 파고드십니다. 앞에서 예수님은 의에 주리고 목마른 자(6절)와 의를 위해 핍박받는 자(10절)에 대해 말씀하셨습니다. 그리고 뒤에서는 하나님의 법을 따르는 것이 의인데, "너희 의가 서기관과 바리새인보다 더 낫지 못하면 결코 천국에 들어가지 못"한다(20절)고 말씀하십니다.

　오늘 우리가 살펴볼 본문은 신약과 구약의 관계는 물론이고 그리스도인과 율법의 관계를 이해하는 데 아주 중요합니다. 본문은 예수 그리스도와 율법의 관계를 다룬 앞부분(17-20절)과 그리스도인과 율법의 관계를 다룬 뒷부분(21-48절)으로 나뉘어 있습니다. 앞부분은 비교적 짧고 뒷부분은 훨씬 깁니다.

　그럼 먼저 예수 그리스도와 율법의 관계부터 살펴보겠습니다. "내가 율법이나 선지자를 폐하러 온 줄로 생각하지 말라. 폐하러 온 것이

273

아니요 완전하게 하려 함이라"(17절). 예수님은 '내가 ~한 줄로 생각하지 말라'라는 표현을 사용하십니다. 이는 당시에 예수님이 '~한 줄로' 생각하는 사람들이 있었다는 말입니다. 그들은 아마도 예수님의 가르침과 예수님이 율법을 대하는 태도 때문에 심히 불안해하던 사람들이었을 것입니다. 사역 초기부터 예수님은 권위 있게 말씀하셨습니다. 이에 사람들은 "이는 어찜이냐. 권위 있는 새 교훈이로다" 하고 예수님의 권위에 놀랐습니다.

그러니 사람들은 예수님의 권위가 모세 및 선지자들의 권위와 어떤 관계가 있는지 궁금해하지 않을 수 없었습니다. 사람들은 서기관과 바리새인들이 율법에 순종하는 사람들이라고 믿었습니다. 서기관들은 자신의 권위로 이야기하지 않았습니다. 그런데 예수님은 달랐습니다. 예수님은 자신의 권위로 말씀하셨습니다. 예수님은 "진실로 내가 너희에게 이르노니"라고 말씀하셨고, 이에 사람들은 "당신이 대체 누구인데" 하고 의아해했습니다. 지금 예수님은 신성한 모세의 율법과 선지자들의 가르침에 맞서 자신의 권위를 내세우고 계신 것일까요?

사람들은 이것이 궁금했습니다. 그리고 오늘날에도 이 문제를 궁금해하는 사람들이 있습니다. 사람들은 묻습니다. "신약과 구약, 예수 그리스도와 모세의 율법은 대체 무슨 관계가 있는가?"

예수님은 이 난국을 피하지 않고 의구심을 품고 쳐다보는 사람들에게 확실히 말씀하십니다. "내가 율법을 폐하러 온 줄로 생각하지 말라. 그렇게 생각하고 있다면 잘못 알고 있는 것이다. 나는 율법이나 선지자를 폐하러 온 것이 아니라 완전하게 하려고 왔다. 나는 율법을 폐하고 무시하고 없애려고 온 게 아니다. 그렇다고 문자에 얽매인 죽은 방식으로 율법을 해석하고 지지하려고 온 것도 아니다. 나는 율법을 완전하게 하려고 왔다."

무슨 뜻일까요? 우리는 먼저 율법과 선지자, 즉 구약성경에 다양한 가르침이 담겨 있다는 사실을 이해해야 합니다. 가르침이 다양한 만큼 예수님과 구약의 관계는 가르침의 종류에 따라 다를 수밖에 없습니다. 그런데 이런 차이를 모두 포괄하는 단어가 바로 '완전하게 하다'라는 단어입니다. 예를 들어 구약에는 하나님과 인간에 관한 교리적 가르침이 담겨 있습니다. 그러나 이 가르침은 부분적인 계시였습니다. 예수님은 이 계시를 완성하심으로써 완전하게 하십니다. 또한 구약성경에는 예언이 담겨 있습니다. 그런데 이 예언은 다가올 일에 대한 예측에 지나지 않습니다. 예수님이 예언을 완전하게 하신다는 뜻은 구약이 예측했던 일이 예수 그리스도 안에서 일어났고, 앞으로 일어날 것이라는 뜻입니다. 또한 구약성경에는 '이것을 행하라, 혹은 이런 일을 하지 말라'는 도덕규범이 담겨 있습니다. 그러나 사람들은 이런 규범들을 종종 오해하곤 했습니다. 예수님은 구약의 도덕규범을 사람들에게 제대로 해석해주신다는 의미에서 도덕규범을 완전하게 하려고 오셨습니다.

그러므로 예수 그리스도는 구약을 파괴하거나 단절시키려고 오신 것이 아닙니다. 예수님과 구약성경은 건설적이고 유기적인 연속성을 가지고 있습니다. 예수님은 율법이나 선지자를 폐하러 오신 것이 아니라 완전하게 하려고 오신 것입니다. 예수님은 그 이유를 다음 구절에서 설명하십니다. "진실로 너희에게 이르노니 천지가 없어지기 전에는 율법의 일점 일획도 결코 없어지지 아니하고 다 이루리라"(18절). 일점은 히브리 알파벳에서 가장 작은 글자이고, 일획은 글자 위에 찍는 부호를 가리킵니다.

물론 희생제사나 음식 규례와 같은 의식상의 율법은 없어졌고, 오늘날 현대 국가에서 구약의 민법은 더 이상 구속력을 갖지 못합니다. 그러나 도덕법의 권위는 영구적입니다. 예수님은 늘 이 사실을 힘주어 강조하셨습니다.

예수님은 율법을 폐하려고 오신 것이 아니라 완전하게 하려고 오셨습니다. 그 이유는 천지가 없어지기 전에는 율법의 일점 일획도 결코 없어지지 아니하고 다 이루어지기 때문입니다. 이제 예수님은 이어서 이렇게 말씀하십니다. "그러므로 누구든지 이 계명 중의 지극히 작은 것 하나라도 버리고 또 그같이 사람을 가르치는 자는 천국에서 지극히 작다 일컬음을 받을 것이요 누구든지 이를 행하며 가르치는 자는 천국에서 크다 일컬음을 받으리라. 내가 너희에게 이르노니 너희 의가 서기관과 바리새인보다 더 낫지 못하면 결코 천국에 들어가지 못하리라"(19-20절). 이 얼마나 놀라운 이야기입니까!

하나님나라에서 우리는 어떻게 계명을 지켰는지에 따라 큰 사람인지 작은 사람인지 평가를 받습니다. 그래서 찰스 스펄전은 "하나님나라에서 귀족 계급은 순종에 따라 서열이 정해진다"고 말했습니다. 우리의 의가 서기관과 바리새인의 의보다 낫지 않으면 천국에 들어갈 수가 없습니다. 여러분은 아마 이렇게 묻고 싶을 것입니다. "바리새인들은 아주 의로운 사람들인데, 어떻게 예수님은 그리스도인이 바리새인보다 더 의로운 자가 되기를 바라신단 말인가?" 이 질문에 예수님은 그리스도인의 의가 바리새인의 의보다 깊이 면에서 더 낫다고 대답하십니다. 예수님은 지금 밖으로 드러나는 행동이 아니라 마음과 생각과 동기에 대해 말씀하고 계신 것입니다. 예수님은 거듭나지 않고는 불가능한 내면의 의에 대해 말씀하고 계십니다. 여러분이 거듭나고 의로워지지 않으면 천국에 들어갈 수 없는 것도 이 때문입니다. 이렇듯 17-20절은 예수 그리스도와 율법의 관계에 대해 이야기하고 있습니다.

이제 21-48절에 나오는 그리스도인과 율법의 관계를 살펴볼 차례입니다.

여러분이 이 관계를 잘 이해할 수 있도록 상당한 시간을 들여 이 구절을 설명할 생각입니다. 그만큼 중요한 본문이기 때문입니다. 여기에는 여섯 개의 병행 단락이 나옵니다. 이 단락에서 예수님은 자신이 율법을 폐하러 온 것이 아니라 완전하게 하려고 왔다는 17-20절 말씀의 원리를 설명하십니다. 각 단락은 모두 대조법으로 이뤄져 있습니다. 약간의 차이는 있지만 각 단락마다 "옛 사람에게 말한바 ~라는 말을 너희가 들었으나 나는 너희에게 이르노니"라는 표현이 나옵니다.

왜 이런 대조법을 사용하신 것일까요? 예수님은 "나는 너희에게 이르노니"라고 자신의 권위로 말씀하십니다. 그런데 예수님은 무슨 뜻으로 "옛 사람에게 말한바 ~라는 말을 너희가 들었으나"라는 표현을 사용하시는 것일까요? 예수님이 자신과 대조시키고 있는 상대는 누구일까요? 어떤 사람들은 예수님이 자신과 모세를 대조시킨 것으로 생각합니다. 예수님이 지금 모세의 율법을 부인하면서 옛 도덕과 다른 새로운 도덕의 시대가 열렸음을 선언하는 것이라고 말입니다. "모세가 했던 말을 너희가 들어 알고 있을 테지만, 나는 너희에게 다른 이야기를 하려 한다." 그들은 여섯 개의 병행 단락에서 예수님이 이렇게 말씀하고 계신 거라고 주장합니다. 예수님이 모세가 한 말을 반박하는 거라고 주장하는 사람들이 교회 안에도 많이 있습니다. 그러나 예수님은 지금 모세의 율법을 반박하고 계신 것이 아닙니다. 서기관과 바리새인이 모세의 율법을 왜곡시키고 곡해하는 것에 반대하고 계신 것입니다. 예수님은 모세의 율법에 반대하기는커녕 율법을 지지하고, 변치 않는 율법의 권위를 주장하고 계십니다. 이것은 매우 중요한 사실입니다. 따라서 저는 이 사실을 차근차근 논증하려 합니다.

우선, 대조를 이루는 문장을 자세히 들여다보겠습니다. 얼핏 보면 여섯 개의 병행 단락이 모두 율법을 인용하는 것처럼 보입니다. 여섯 개의 병행 단락이 모두 '살인하지 말라', '간음하지 말라' 등 율법을 어느 정도 포함하고 있는 건 사실입니다. 그러나 문장을 끝까지 따라가면 무언가 잘못되어 있는 걸 알 수 있습니다. 43절에 이런 구절이 나옵니다. "네 이웃을 사랑하고 네 원수를 미워하라 하였다는 것을 너희가 들었으나." 구약성경 어디에서 이 구절을 찾을 수 있을까요? 어디에도 이런 구절은 없습니다. 구약성경을 처음부터 끝까지 샅샅이 뒤져도 이런 구절은 나오지 않습니다. "네 이웃을 사랑하라"는 앞부분은 찾을 수 있지만, 사실 이 구절도 일부가 잘려나간 것입니다. 구약성경에 나온 정확한 구절은 "네 이웃 사랑하기를 네 자신과 같이 사랑하라"(레 19:18)입니다. '네 자신과 같이'라는 구절이 빠진 것입니다. 그러면 "네 원수를 미워하라"는 구절은 어디서 찾을 수 있을까요? 구약성경 어디에도 그런 구절은 없습니다. 나머지 다섯 개 단락도 마찬가지입니다. 모두 이와 비슷하게 왜곡되어 있습니다.

두 번째로는 "옛 사람에게 말한바 ～라는 말을 너희가 들었다"라는 표현을 자세히 들여다보겠습니다. 이 표현은 원래 예수님이 구약을 인용하실 때 사용하는 표현이 아닙니다. 예수님은 구약을 인용하실 때 "～을 율법에서 읽지 못하였느냐"라는 표현을 사용하십니다. "옛 사람에게 말한바 ～라는 말을 너희가 들었거니와"라고 말씀하지 않고 "～을 율법에서 읽지 못하였느냐"라고 말씀하십니다. 표현 방식이 전혀 다릅니다. 그러므로 여섯 개의 병행 단락에서 예수님이 반박하고 계신 것은 기록된 하나님의 말씀인 성경이 아니라 사람들의 입에서 입으로 전해 내려온 구전입니다. 예수님은 지금 서기관들이 회당에서 사람들에게 들려주는 율법 해석에 반대하고 계신 것입니다. 하나님의 말씀인 성경이 아니라 인간의 말인 전통에 반대하고 계신 것입니다.

세 번째로 전후문맥을 자세히 들여다보겠습니다. 예수님은 앞에 나온 17-20절에서 이미 율법의 변치 않는 권위를 아주 강하게 단언하셨습니다. 자신의 사명은 율법을 폐하는 것이 아니라 완전하게 하는 것이라고 말씀하셨습니다. 율법의 일점 일획도 없어지지 아니하고 다 이루어질 것이라고 말씀하셨습니다. 하나님나라에서 누가 큰 사람이고 누가 작은 사람인지는 율법을 어떻게 지키느냐에 달렸다고 말씀하셨습니다. 그러므로 뒤에 나온 구절에서 예수님이 율법에 반대하신 거라면 예수님 스스로 모순된 말을 하고 있는 셈입니다. 율법을 폐하러 온 것이 아니라고 분명히 말해놓고 그새 말을 바꾸어 율법에 반대하신다니 말이 됩니까? 말이 안 됩니다.

네 번째로 그리스도가 율법을 대하는 태도를 살펴보겠습니다. 예수님은 가르침을 통해서나 삶을 통해서나 구약의 권위를 존중하고 구약의 권위에 순종했습니다. 여기에는 의심의 여지가 없습니다. 예수님에게 모세의 말은 곧 하나님의 말씀이었습니다.

이처럼 여섯 개의 병행 단락은 예수와 모세, 신약과 구약, 복음과 율법을 대조시킨 것이 아니라 예수님의 말씀과 서기관들의 잘못된 해석을 대조시킨 것입니다. 장 칼뱅이 말한 대로 "바리새인들은 뒤틀린 방식으로 율법을 훼손했습니다." 다시 말해서 예수님은 그리스도인의 의와 바리새인의 뒤틀린 의를 대조시키고 계신 것입니다.

그렇다면 당시 바리새인들은 무엇을 하고 있었던 것일까요? 그들이 대체 무엇을 하고 있었기에 예수님은 이렇게 바리새인의 의에 반대하신 것일까요? 바리새인은 율법의 도전을 줄이려고 애썼습니다. 그들은 율법이 거북했습니다. 그래서 율법을 조금이라도 덜 거북하게 만들려고 애썼습니다. 그들은 그 시대의 궤변가였습니다. 바리새인은 하나님의 계명을 완화하려고 애썼습니다. 율법을 덜 엄격하게 만들어서 지키기 쉽게 하려고 했습니다. 특히 율법에서 명령하는 내용은 적용 범위를 제한하고 허용하는 내용은 적용 범위를 확대하려고 애썼습니다. 명령 사항은 좁게 적용하고 허용 사항은 넓게 적용했습니다. 바리새인은 율법이 그들의 등을 다 까지게 만드는 무거운 멍에라고 생각했습니다. 그래서 멍에를 가볍게 만들려고 애썼습니다.

이제 여섯 개의 병행 단락을 자세히 살펴볼 차례입니다. 여섯 개 중 네 개는 바리새인들이 제한했던 명령입니다. 살인하지 말라, 간음하지 말라가 여기에 속합니다. 그들은 이 명령을 행동에만 적용했습니다. 그러나 예수님은 이 명령을 생각과 말과 눈길에까지 폭넓게 적용하십니다. 바리새인들은 맹세에 관한 명령도 하나님의 이름으로 하는 서약에만 한정했습니다. "하나님의 이름으로 맹세한 게 아니면, 그 서약을 지키려고 너무 애쓰지 않아도 된다"고 말했습니다. 바리새인은 하나님의 이름으로 하는 서약만 지킬 의무가 있다고 보았고, 예수님은 어떤 말로 맹세하든 서약은 모두 지켜야 한다고 가르치셨습니다. 예수님은 지켜야 하는 맹세의 종류를 세세히 정할 필요가 없다고 하셨습니다. 약속하면 무조건 지켜야 했습니다.

바리새인은 이웃을 사랑하라는 명령도 특정 사람에게만 제한했습니다. 자기들과 인종과 종교가 같은 유대인을 사랑하라는 명령으로 받아들였습니다. 그들은 이렇게 말했습니다. "나는 유대 민족을 사랑해야 해. 이건 유대인 말고 다른 사람은 미워할 수 있다는 뜻이야." 그러나 예수님은 이웃의 범위를 제한해서는 안 된다고 말씀하셨습니다. "네 이웃에는 너의 원수도 포함된다. 그러니 너는 원수도 사랑해야 한다." 이처럼 바리새인은 명령을 제한하고 있었고, 예수님은 명령을 확대하셨습니다.

나머지 두 개는 허용하는 내용입니다. 바리새인은 성경이 허용하는 이혼의 범위를 확대했습니다. 구약성경에서 이혼을 허용하는 경우는 한 가지뿐입니다. 그런데도 바리새인은 남편이 마음이 변하면 이혼해도 좋다고 보았습니다. 그들은 "남편이 원하면 이혼할 수 있다"고 말했습니다. 그러나 예수님은 음행한 경우가 아니면 이혼할 수 없다고 제한하셨습니다.

바리새인은 성경이 허용하는 보복의 범위도 확대했습니다. 억울한 일을 당하면 직접 눈은 눈으로, 이는 이로 갚으라고 가르쳤습니다. 그들은 "네 원수에게 복수해라. 율법이 허락했으니 눈은 눈으로, 이는 이로 갚아라"라고 말했습니다. 그러나 예수님은 보복은 법정에서만 가능하다고 보복의 범위를 제한하셨습니다. 그리고 "악한 자를 대적하지 말라"고 말씀하셨습니다.

여섯 개의 병행 단락을 간략히 살펴봄으로써 우리는 예수님이 모세의 율법을 반박하신 게 아니라 바리새인이 하고 있는 일에 반대하신 것임을 알게 되었습니다. 예수님은 여섯 개의 병행 단락에서 모세의 계명 중에 거북한 게 있다고 빼버리지 않고 율법의 참된 의미를 설명하십니다. 바리새인이 제한하려고 애쓰는 명령 사항은 확대하시고, 바리새인이 적용 범위를 넓히려고 애쓰는 허용 사항은 제한하십니다. 예수 그리스도에게 모세의 율법은 하나님의 율법이었습니다. 따라서 율법에 담긴 뜻은 전부 받아들이고 순종해야 했습니다. 장 칼뱅의 말대로 우리는 산상수훈에서 "새로운 입법자 예수님이 아니라 기존의 율법을 신실하게 해설하시는 해설자 예수님"을 만납니다. 그리스도인들은 당연히 바리새인이 아니라 그리스도를 따라야 합니다. 우리에게는 율법의 기준을 낮출 자유가 없습니다. 하나님이 요구하시는 도덕 수준에 맞추기 어렵다는 이유로 계명을 느슨하게 만들 자유가 없습니다. 율법의 기준을 낮춰도 된다는 말은 바리새인의 궤변에 불과합니다. 그리스도인의 의는 서기관과 바리새인의 의보다 나아야 합니다.

그런데도 소위 '신도덕'을 옹호하는 사람들은 바리새인이 했던 일을 똑같이 하려고 애씁니다. 신도덕주의자들은 자신들이 바리새인이 아니라 그리스도의 입장을 지지하는 것이라고 주장합니다. 그러나 그들은 율법을 싫어한다는 점에서 바리새인을 닮았습니다. 신도덕주의

자들은 바리새인처럼 율법의 권위를 느슨하게 하려고 애쓰고 있습니다. 예수님은 자신이 율법을 폐하러 온 것이 아니라고 말씀하셨습니다. 그런데도 그들은 그리스도인에게는 이제 율법이 필요 없다고 주장합니다. 신도덕주의자들은 예수님과 전혀 다른 방식으로 율법과 사랑을 적용합니다. 예수님은 바리새인의 율법 해석에 동의하지 않으셨고, 바리새인이 율법의 권위를 받아들이는 태도에도 동의하지 않으셨습니다. 예수님은 율법의 권위를 힘주어 강조하시고 제자들에게 정확하고 꼼꼼하게 율법을 해석해주셨습니다.

병행 단락을 하나씩 살펴보면 훨씬 잘 이해할 수 있을 것입니다. 첫 번째는 살인입니다. "옛 사람에게 말한바 살인하지 말라 누구든지 살인하면 심판을 받게 되리라 하였다는 것을 너희가 들었으나"(21절). 살인하지 말라는 여섯 번째 계명은 어떤 상황에서도 사람의 목숨을 빼앗아서는 안 된다고 금지하는 것이 아니라 대량학살이나 살인을 하지 말라는 명령으로 보아야 합니다. 여기서는 사람의 목숨을 빼앗는 것을 금지하지만, 다른 곳에서는 사형의 형태로 사람의 목숨을 빼앗는 장면이 나오기 때문입니다. 전쟁과 사형 문제는 단순히 살인하지 말라는 계명만 가지고 해결할 수 없는 복잡한 문제입니다. 여기에서 사람을 죽이지 말라는 말은 살인을 저지르지 말라는 뜻입니다.

서기관과 바리새인은 이 계명을 살인을 저지르는 행동, 사람의 피를 보는 행동에만 제한하려고 애썼습니다. 그러나 예수님은 이 계명이 금지하는 범위를 살인 행동뿐 아니라 생각과 말까지 확대하십니다. 22절에서 예수님은 '형제에게 노하는 자'를 언급하십니다. 미움과 자만심, 악의, 보복심에서 비롯된 화도 살인과 똑같다고 말씀하고 계신 것입니다.

22절 끝부분에서는 모욕을 주는 말에 대해서도 언급하십니다. "형제를 대하여 라가라 하는 자는 공회에 잡혀가게 되고 미련한 놈이라 하는 자는 지옥 불에 들어가게 되리라." 라가raca는 아람어인 것 같고, '미련한 놈'으로 번역된 모레more는 헬라어가 확실합니다. A. B. 브루스 교수는 라가와 모레를 이렇게 설명합니다. "라가는 머리 나쁜 사람을 경멸할 때 쓰는 말로 '바보'라는 뜻이다. 태스커 교수와 헌터A. M. Hunter 교수의 표현을 빌리면 '멍청이', '돌대가리'라는 뜻이다. 그런가 하면 모레는 마음과 성품이 나쁜 사람을 경멸할 때 쓰는 말로 '악당'이라는 뜻이다. 어쨌거나 둘 다 욕설이다."

분한 생각과 모욕하는 말이 직접적인 살인 행위로 이어지는 것은 아닙니다. 그러나 하나님이 보시기에는 살인과 똑같다고 예수님은 말씀하십니다. 분노와 욕설은 내 눈앞에 있는 상대가 없어져버리기를 바라는 마음을 드러내는 것입니다. 우리는 그런 마음으로 상대방을 모욕하고 화를 냅니다. 그에게 복수하고 싶어 합니다. 그래서 예수님은 마음과 생각으로 하는 살인도 직접적인 살인 행위와 같다고 말씀하십니다. 이런 마음을 품은 사람은 하나님 앞에서 살인자와 똑같은 형벌을 받는다고 말씀하십니다.

그리고 이 원리를 하나님께 예물을 드리려고 성전에 오는 경우(23-24절)와 고소하는 사람과 함께 법정으로 가는 경우(25-26절)에 적용하여 설명하십니다. 예수님은 분노와 모욕적인 언사가 아주 심하고 위험하다면, 전염병을 피하듯 속히 피하라고 말씀하십니다. 한 사람은 교회에 가는 중이고 한 사람은 법정에 가는 중입니다. 입장은 전혀 다르지만, 예수님이 하시고자 하는 말씀은 같습니다. 두 경우 다 누군가 우리에게 불만을 품고 있습니다. 따라서 우리는 시급히 행동에 나서야 합니다. 예를 들면 이런 말입니다. 교회에서 예배를 드리는 도중에 여러분에게 불만을 품고 있는 형제가 생각납니다. 그러면 예배가 끝날 때까지 기다리지 말고 즉시 자리에서 일어나 형제를 찾아가 먼저 화해하십시오. 지금은 화해하러 가는 게 먼저입니다. 예배는 나중에 와서 드리십시오. "예물을 제단 앞에 두고 먼저 가서 형제와 화목하고 그 후에 와서 예물을 드리라"는 건 그런 말입니다. 하나님이 보시기에 의가 없는 신앙은 가증스러운 것이기 때문입니다. 법정에 가는 경우도 마찬가지입니다. 고소를 당해서 법정으로 가고 있다면, 속히 그 사람과 화해하십시오. 너무 늦기 전에, 법정에 서기 전에 문제를 해결하십시오. 예수님은 지금 우리에게 지체하거나 미루지 말라고 말씀하고 계십니다.

그런데도 우리는 이 명령에 순종하지 않을 때가 많습니다. 관계가 깨어져도 그냥 놔둡니다. 상처가 곪아 터지게 내버려둡니다. 지금 당장 예수님의 경고에 귀를 기울여야 합니다. 살인이 끔찍한 범죄라면, 분노와 모욕적인 말도 끔찍한 범죄입니다. 그러므로 우리는 분노와 모욕적인 언사에도 더 세심한 주의를 기울여야 합니다. 멀어지고 깨어진 관계를 내버려둬서는 안 됩니다. 해가 지도록 분을 품어서는 안 됩니다. 관계가 깨어진 것을 알아차리자마자 고치려고 노력하고 모든 사람과 더불어 사랑하며 화목하게 지내야 합니다.

다음에 살펴볼 내용은 간음입니다. 간음에 대해서는 좀 더 자세히 살펴볼 생각입니다. 예수님이 이 부분에 대해 길게 말씀하시기도 했고, 많은 사람이 성적 유혹 때문에 어려움을 겪고 있기 때문입니다. 젊은이들의 경우에는 특히 더 심합니다. 간음하지 말라는 명령에 대해서도 바리새인은 범위를 축소하려고 애썼습니다. 그들은 이웃의 아내와 실제로 눈이 맞아 간통한 경우가 아니라면 간음죄를 짓지 않은 것이라 여겼습니다.

그러나 예수님의 생각은 달랐습니다. 예수님은 이 계명이 간통 행위만을 금하는 것이 아니라고 보고 이 계명을 광범위하게 적용하십니다. 분한 생각과 모욕하는 말이 살인에 해당하듯이 욕정에 가득 찬 눈길도 간음에 해당한다고 말씀하십니다. "음욕을 품고 여자를 보는 자마다 마음에 이미 간음하였느니라"(28절). 여기에 주목하십시오. 우리는 말로 살인을 저지를 수 있듯이 마음으로도 간음할 수 있습니다.

예수님은 29-30절에서 성적 순결에 대해 아주 실제적인 지침을 제시하십니다. "만일 네 오른 눈이 너로 실족하게 하거든 빼어 내버리라. … 또한 만일 네 오른손이 너로 실족하게 하거든 찍어 내버리라." 음탕한 눈으로 여인을 보는 것은 마음으로 간음한 것입니다. 이렇게 마음의 눈이 육체의 눈에 자극을 받아 흥분되었다면, 즉 마음의 간음이 눈의 간음의 결과라면, 이 문제를 해결할 방법은 애초에 문제가 시작된 눈에서 찾는 수밖에 없습니다. 욥도 일찍이 이 교훈을 깨달았습니다. "내가 내 눈과 약속하였나니 어찌 처녀에게 주목하랴"(욥 31:1). 욥은 젊은 여인을 음탕한 눈으로 바라보지 않겠노라고 다짐했습니다. 그리고 눈을 통제한 덕분에 간음하지 않을 수 있었습니다. 이 교훈은 오늘날에도 그대로 적용됩니다. 현대 심리학도 인정하는 바고 사람들이 매일 경험을 통해 절감하는 바입니다. 부끄러운 행동은 부끄러운 상상에서 나오고, 상상의 불꽃은 자제심을 잃은 눈에서 시작됩니다.

인간이 다른 짐승들과 구별되는 성질 중 하나인 생생한 상상력은 하나님이 주신 아주 소중한 선물입니다. 인간에게 상상력이 없다면, 우리는 이 세상에서 멋진 예술품도 고상한 업적도 만날 수 없을 것입니다. 하지만 우리는 하나님께 받은 이 선물을 책임감 있게 사용해야 합니다. 그러지 않으면 선물이 본래의 가치를 잃고 오용될 위험이 있습니다. 음란에 빠지는 사람들은 모두 처음에 눈을 통해 정욕의 수문을 열게 마련입니다. 마찬가지로 성적 절제를 배운 사람들은 모두 육신과 공상의 눈을 절제하는 법을 먼저 배웁니다.

그래서 예수님은 29-30절에서 눈을 빼어 내버리고 손을 찍어 내버리라고 아주 분명하게 말씀하십니다. 마태복음 18장 8-9절에서는 눈을 빼어 내버리고 발을 찍어 내버리라고 말씀하시기도 했습니다. 참으로 극적인 명령입니다. 예수님은 무슨 뜻으로 이런 말씀을 하셨을까요? 지혜보다 열의가 앞섰던 그리스도인들 중에는 이 말씀을 문자 그대로 해석하고 실제로 자신의 팔다리를 절단하는 이도 있었습니다. 주후 3세기 초 알렉산드리아의 오리게네스는 마태복음 5장 29-30절을 문자 그대로 해석하고 재물을 소유하지 않는 것은 물론이고 음식과 잠까지 거부하면서 극도로 금욕적인 삶을 살았습니다. 그리고 마태복음 19장 12절에서 주님이 하신 말씀 때문에 스스로 고자가 되었습니다. 325년 니케아 공회에서 이런 야만적인 관행을 금지한 것은 참으로 잘한 일입니다. 예수님은 지금 극적 효과를 살려 설교하고 계신 것뿐입니다. 스스로 신체를 불구로 만드는 행위를 옹호하시는 게 아니라 자기를 부인하는 도덕적 삶을 강조하고 계신 것입니다. 그리스토아인은 신체를 훼손함으로써 거룩해지는 것이 아니라 죄죽임을 통해 거룩해집니다.

여러분은 "죄죽임이란 무슨 뜻인가? 어려운 신학 용어 같은데 죄죽임은 어떻게 실천하는 건가?" 하고 물을 것입니다. 보는 것을 통해 유혹이 찾아오거든, 그래서 눈이 너희로 죄를 짓게 하거든 눈을 빼어 내버리라는 말은 한마디로 보지 말라는 말입니다. 눈을 빼어 내버려서 아무것도 보이지 않는 맹인처럼 행동하라는 뜻입니다. 보지 마십시오.

손이 하는 일과 발이 가는 곳에서 유혹이 찾아오거든, 그래서 손이나 발이 죄를 짓게 하거든 찍어 내버리라는 말은 문제가 되는 그 일을 하지 말고 문제가 되는 그곳에 가지 말라는 뜻입니다. 손과 발이 잘려 나가 불구가 된 사람처럼 행동하라는 말입니다. 손과 발이 없어서 그런 일을 할 수도 없고 그런 곳에 갈 수도 없는 사람처럼 살라는 말입니다. 이것이 죄죽임입니다.

현 시대보다 예수님의 이 가르침이 절실히 필요한 시대도 없을 것입니다. 우리는 지금 외설적인 책과 영화가 홍수를 이루는 시대에 살고 있습니다. 우리 발이 외설 영화를 찾아가고 우리 손이 외설 잡지를 집어 들고 우리 눈이 외설 사진을 좇고 있다면, 우리는 지금 화를 자초하고 있는 것입니다. 예수님은 지금 규칙을 만들고 계신 게 아닙니다. 저 역시 마찬가지입니다. 저는 지금 읽어도 되는 책과 잡지, 봐도 무방한 영화와 TV 프로그램, 찾아가도 좋은 전시회가 어떤 것인지 규칙을 정하려는 게 아닙니다. 사람들은 제각기 다르게 창조되었기 때문에 모든 사람에게 일률적으로 적용되는 규칙을 만들 수는 없습니다. 다른 사람보다 쉽게 성적 욕망에 사로잡히는 사람이 있는가 하면, 다른 사람보다 수월하게 자제력을 발휘하는 사람이 있습니다. 야한 책이나 영화를 접하고도 아무 탈이 없는 그리스도인이 있는가 하면, 영향을 아주 심하게 받는 그리스도인도 있습니다. 우리는 저마다 기질이 다릅니다. 그래서 유혹에도 다르게 반응합니다. 그러므로 어떤 것을 허용할지를 놓고 서로 판단하지 마십시오. 우리가 서로에게 할 수 있는 말은 이것뿐입니다. "눈이 너로 죄를 짓게 하거든 빼어 내버리고, 손과 발이 너로 죄를 짓게 하거든 찍어 내버리고, 유혹이 네게 손짓하거든 가차 없이 쳐내라."

그러므로 우리는 죄가 가까이 다가오지 못하도록 경계하는 훈련을 해야 합니다. 이것은 아주 중요한 군사 작전입니다. 전시에 군인들이 보초를 서듯 우리는 도덕적 보초 근무를 게을리하지 말아야 합니다. 죄가 접근하는 것을 알려줄 보초가 없어서 적에게 제압당하는 것만큼 어리석은 일이 또 있겠습니까?

한 가지 더 알아야 할 게 있습니다. 눈을 빼어 내버리고 손과 발을 찍어 내버리라는 예수님의 명령에 순종하려면 우리는 어떤 의미에서 불구가 되어야 합니다. 유혹이 되는 것을 보지 않고, 하지 않고, 유혹이 되는 곳에 가지 말아야 합니다. 그 자체로는 해가 안 되더라도 유혹의 빌미가 되기 쉬운 것들을 주변에서 없애야 합니다. 유혹이 되는 것은 보지도 하지도 않고 유혹이 되는 곳에는 발길을 끊는 우리 모습을 상상해보십시오. 그러면 사람들은 우리더러 문화적 불구자에다 편협하고 배움이 짧아 교양이 없는 사람들이라고 수군댈 것입니다. "세상에, 어쩜 그 유명한 전시회도 한번 안 가봤어?" "어떻게 그 영화도 안 봤어?" "어떻게 그 책도 안 읽었어? 교양 없게!" 일종의 불구자가 되는 셈입니다. 중요한 것은 우리가 도덕적 순결을 지키기 위해 대가를 치르고 조롱을 견딜 준비가 되어 있느냐입니다. 예수님은 "백체 중 하나가 없어지고 온몸이 지옥에 던져지지 않는 것이 유익"하다고 아주 분명히 말씀하십니다(25절). 영생에 들어가기 위해 몇 가지 문화 경험은 포기하는 편이 낫습니다. 지옥 불에 들어가느니 지금 문화 단절을 감수하는 편이 낫습니다.

예수님의 가르침은 성의 자유로운 수용을 강조하는 현대의 흐름을 거스르는 것입니다. 이 가르침은 영원이 순간보다 중요하고, 영생에 들어가는 데 필요하다면 이생에서 희생을 감수할 가치가 있다는 원리에 기초하고 있습니다. 여러분과 나는 이 땅에서의 삶을 위해 살 것인지 영생을 위해 살 것인지, 세상을 위해 살 것인지 예수 그리스도를 위해 살 것인지 결정해야 합니다.

세 번째로 살펴볼 것은 이혼입니다. 사실 이혼은 많은 시간을 들여 살펴봐야 할 만큼 복잡한 주제이지만, 오늘은 핵심만 압축해서 살펴보려 합니다. 예수님이 살던 시대에는 이혼 문제를 두고 힐렐 학파와 샴마이 학파가 격렬한 논쟁을 벌이고 있었습니다. 엄격한 입장을 취하던 랍비 샴마이는 심각한 범죄가 발생했을 때에만 이혼할 수 있다고 주장했습니다. 그는 신명기 24장 1절에 나와 있는 대로 아내에게 수치되는 일이 있음을 발견했을 때, 즉 아내가 음란한 죄를 저질렀을 때에만 이혼할 수 있다고 보았습니다. 반면에 느슨한 입장을 취하던 랍비 힐렐은 '수치되는 일'의 범위를 최대한 넓게 해석했습니다. 그는 남편이 아내에게서 마음에 안 드는 점을 발견하여 아내와 같이 살 마음이 없을 때 이혼할 수 있다고 보았습니다. 이를테면 아침에 냄비를 태우고 음식을 망쳤을 때, 또는 아내에게는 아무 잘못이 없어도 남편이 아내에게 더 이상 매력을 느끼지 못하고 다른 여자에게 더 매력을 느낄 때, 즉 아내에게서 매력적이지 않거나 수치되는 일을 발견했을 때 남편은 아내와 이혼할 수 있다고 주장했습니다. 이런 논쟁이 계속 이어져왔습니다. 그래서 바리새인들은 예수님에게 다가와서 "당신은 어느 쪽입니까?" 하고 물었습니다. 그들은 느슨한 힐렐의 입장에 매력을 느꼈습니다. 그래서 "사람이 어떤 이유가 있으면 그 아내를 버리는 것이 옳으니이까"(마 19:3) 하고 물었습니다. 마태복음 5장 31-32절과 마태복음 19장에서 하신 말씀을 정리해보면, 예수님은 세 부분에서 바리새인과 의견을 달리하셨습니다.

첫째, 바리새인들은 모세가 이혼을 명령했다고 주장했습니다. 바리새인들은 "그러면 어찌하여 모세는 이혼 증서를 주어서 버리라 명하였나이까?" 하고 예수님에게 물었습니다. 그러자 예수님은 이렇게 말씀하신 것입니다. "모세는 이혼을 허락한 것이지 이혼하라고 명령한 것이 아니다. 일종의 양보다. 양보와 명령은 전혀 다르다. 모세는 너희 마음의 완악함 때문에 양보의 의미로 이혼을 허락한 것이다. 그러나 본래부터 그랬던 것은 아니다. 원칙적으로 이혼은 사람을 남자와 여자로 지으시고 '사람이 그 부모를 떠나서 아내에게 합하여 그 둘이 한 몸이 될지니라'라고 하신 하나님의 말씀과 모순된다. 이 말씀은 한 남자와 여자가 서로 배타적이고 영구적인 동반자가 된다는 뜻이다. 그러니 하나님이 짝지어주신 것을 사람이 갈라놓아서는 안 된다."

둘째, 바리새인들은 이혼의 근거를 찾는 데 몰두했습니다. 반면에 예수님은 모세가 이혼의 근거를 제공하기 위해 신명기에서 이혼을 언급한 게 아니라고 말씀하셨습니다. 모세는 신명기 24장에서 혹시라도 이혼을 하게 되는 경우에 특히 아내 쪽을 보호하기 위해 일정한 절차를 거쳐야 한다고 정해두었습니다. 이는 어디까지나 혹시라도 이혼하는 사람들이 생길 경우를 대비하여 말한 것입니다. 따라서 모세가 신명기에서 이혼에 관한 법률을 정한 목적은 이혼을 장려하기 위해서가 아닙니다.

셋째, 바리새인들은 사실상 아내에게 흥미를 잃은 남편이 마음대로 아내를 버릴 수 있도록 신명기에서 모세가 말한 '수치되는 일'의 범위를 확대하려 했습니다. 그러나 예수님은 성적으로 심각한 죄를 지은 경우에만 이혼이 가능하다고 이혼 사유를 제한하셨습니다. 저는 성적으로 심각한 죄가 꼭 간통을 의미한다고는 생각하지 않지만, 어쨌거나 예수님은 배우자가 간통과 같이 성적으로 심각한 죄를 저지른 경우에만 예외적으로 이혼을 허용하셨습니다. 다른 이유로는 이혼할 수 없다고 못박으셨습니다.

여기에서 우리가 배울 수 있는 교훈은 무엇일까요? 사실 이혼은 아주 까다롭고 복잡한 주제입니다. 그래서 이 주제를 이렇게 짧은 시간에 훑고 지나가도 되는지 망설여지는 게 사실입니다. 이 자리에서 제가 여러분에게 할 수 있는 말은 배우자가 성적으로 심각한 죄를 저지른 경우에만 이혼이 허용된다는 점입니다. 여기에 예외를 하나 더 두자면 믿지 않는 배우자가 신앙을 가진 배우자를 버리는 경우를 생각할 수 있습니다(고전 7:14). 그러나 이혼의 근거를 찾는 것은 본문의 핵심이 아닙니다. "어떤 경우가 이혼 사유에 해당하는가? 나의 경우에는 배우자와 이혼해도 되는가?" 하는 궁금증으로 이혼이라는 주제에 접근해서는 안 됩니다. 바리새인들은 이혼의 근거에 몰두하는 잘못을 저질렀습니다. 그러나 예수님은 이혼의 근거가 아니라 훨씬 더 긍정적인 것에 중점을 두셨습니다. 하나님이 영구적이고 배타적인 결혼제도를 허락하신 본래의 목적에 주목하셨습니다. 그리고 용서와 화해를 강조하셨습니다.

이 자리에서 동료 목사들에게 하고 싶은 말이 있습니다. 목회자들은 어쩔 수 없이 이혼 상담을 해야 할 때가 있습니다. 저는 그럴 때마다 이혼을 거론하기 전에 먼저 결혼과 화해에 대해 이야기합니다. 우리는 예수님이 그러셨던 것처럼 긍정적인 문제, 즉 결혼제도와 화해에 더 중점을 두어야 합니다. 이혼의 근거를 찾는 데 몰두하는 것은 옳지 않습니다.

네 번째로 살펴볼 주제는 맹세입니다. "또 옛 사람에게 말한바 헛 맹세를 하지 말고 네 맹세한 것을 주께 지키라 하였다는 것을 너희가 들었으나"(33절). 구약성경에는 "너는 네 하나님 여호와의 이름을 망령되게 부르지 말라"(출 20:5) 등 거짓 맹세를 금지하는 구절이 여럿 나옵니다. 구약성경은 거짓 맹세나 위증을 금지합니다. 맹세한 것을 나중에 어기지 못하게 막고 있습니다. 그런데 바리새인들은 이번에도 거짓 맹세의 범위를 제한해서 이 계명을 지키기 쉽게 만들려고 궤변을 늘어놓았습니다. 그래서 사람들이 맹세 자체나 맹세를 지키는 문제에 집중하는 대신 맹세를 할 때 사용하는 정형화된 문구에 집중하게 만들었습니다.

바리새인들은 율법이 진짜로 금지하는 것은 여호와의 이름을 헛되이 부르는 것이 아니라 망령되이 여호와의 이름을 부르는 것이라고 주장했습니다. 그들은 이렇게 말했습니다. "맹세할 때 여호와의 이름을 사용하느냐가 중요하다. 너희가 여호와의 이름으로 맹세했다면, 그 맹세는 구속력이 있다. 반대로 여호와의 이름으로 맹세하지 않았다면, 그 맹세는 구속력이 없다." 바리새인들은 성경이 금지하는 거짓 맹세는 정직하지 못한 맹세를 가리키는 게 아니라 여호와의 이름을 불경하게 사용하는 것을 가리킨다고 말했습니다. 그래서 그들은 맹세에 관한 정교한 규칙을 만들었습니다. 맹세할 때 사용해도 괜찮은 정형화된 문구를 나열하고, 여호와의 이름으로 맹세한 경우에만 그 맹세가 구속력을 가진다고 명시했습니다.

반면에 예수님의 말씀은 아주 단순합니다. "맹세할 때 어떤 문구를 사용하느냐는 하나도 중요하지 않다. 어떤 문구를 사용하든 모든 맹세는 구속력을 가진다. 너희는 어떤 식으로든 하나님을 언급할 수밖에 없다. 하늘에 맹세하면 지키지 않아도 된다고 하는데, 하늘은 하나님의 보좌다. 땅에 맹세하면 구속력이 없다고 말하는데, 땅은 하나님의 발등상이다. 예루살렘을 두고 맹세하면 안 지켜도 괜찮다고 말하는데, 예루살렘은 하나님의 성이다. 머리를 두고 맹세하면 구속력이 없다고 말하는데, 머리는 하나님이 창조하신 피조물이다. 하나님을 언급하지 않고 맹세할 수 있는 방법은 없다. 어떤 문구를 사용하든 너희는 하나님을 피해갈 수 없다."

예수님은 문구에 집착하는 것은 옳지 않다고 말씀하십니다. 어떤 문구를 써서 맹세하든 맹세한 사람은 자기가 한 맹세를 지켜야 하기 때문입니다. 문구는 하나도 중요하지 않습니다.

정형화된 문구를 사용한다고 맹세가 엄숙해지는 것은 아닙니다. 여러분이 어떤 문구를 쓰든 맹세는 구속력을 갖습니다. 그래서 예수님은 그 어떤 문구도 사용할 필요가 없다고 말씀하십니다. "도무지 맹세하지 말라. 너희가 하는 약속을 확증하려고 맹세한다는 말을 덧붙일 필요가 없다. 그러면 '그렇다'라고만 하라. '전능하신 하나님을 두고 맹세해. 꼭 그렇게 할 거야'라고 유난을 떨 필요가 없다. '응. 그렇게 할게'라고 말하면 충분하다. 아니면 '아니다'라고만 하라. '전능하신 하나님을 두고 맹세해. 그런 일은 절대 없어'라고 덧칠할 필요가 없다. '아니야'라고 말하면 충분하다. 약속했으면 그것으로 충분하다. 따로 맹세할 필요 없다."

사실 무언가를 두고 맹세하는 행위는 자신이 진실하지 못하다는 사실을 자백하는 것과 같습니다. 단순한 말로는 사람들에게 신뢰를 받지 못한다는 것을 우리는 아주 잘 알고 있습니다. 그냥 "그렇다"고만 말하면 사람들이 나를 믿어주지 않을까 봐 겁이 납니다. 그래서 사람들이 내 말을 믿게 만들려고 거창한 표현을 덧붙입니다. 헌터 교수가 말한 대로 "사람들이 거짓말쟁이라서 맹세를 하는 경우가 많습니다!" 사람들이 과장법과 최상급 표현을 즐겨 사용하는 이유도 크게 다르지 않습니다. 이런 표현에 의지하면 할수록 우리는 인간의 언어와 약속의 가치를 떨어뜨리게 마련입니다. 그리스도인들은 말과 뜻이 같아야 합니다. 그러면 '그렇다', 아니면 '아니다'라고 하십시오. 그것으로 충분합니다.

다섯 번째로 살펴볼 주제는 보복입니다. "또 눈은 눈으로, 이는 이로 갚으라 하였다는 것을 너희가 들었으나"(38절). '눈은 눈으로, 이는 이로'라는 표현은 구약성경에서 나온 것입니다. 그래서 무지한 사람들은 구약성경의 도덕법이 사적인 복수를 장려한다고 생각합니다. 그러나 전혀 그렇지 않습니다. '눈은 눈으로, 이는 이로'라는 출애굽기 21장 24절 말씀은 이스라엘 재판관들에게 재판할 때 참고하라고 준 지침입니다. 죄를 저지른 범죄자에게 형벌을 부과하는 원리로 제시한 것입니다. 범죄자가 지은 죄만큼만 벌을 내리고 그 이상을 벌하지 못하도록 제한하기 위해 준 지침입니다.

그러나 바리새인들은 법정에서 적용해야 할 이 원리를 사적인 관계에까지 폭넓게 적용하려 했습니다. 그리고 '눈은 눈으로, 이는 이로'라는 구절을 근거로 사적 복수를 정당화했습니다. 예수님은 구약의 징벌 원리에 반대하지 않으셨습니다. 징벌 원리는 정당한 원리이고, 이 원리에 기초해야 훌륭한 판결이 나오기 때문입니다. 잘못을 했을 때는 벌을 받아야 마땅합니다. 예수님이 본문에서 말씀하고 싶으셨던 것은 사람 사이의 관계는 정의가 아니라 사랑에 바탕을 두어야 한다는 점입니다. 그래서 우리에게 악한 자를 대적하지 말라고 말씀하십니다. 그들이 악한 행동을 한다고 해서 보복하거나 응징하지 말고 견디라고 말씀하십니다.

응징은 법정에서만 이뤄져야 합니다. 하나님은 악을 행하는 자에게 보복하고 진노를 쏟을 책임을 국가에 일임하셨습니다. 그래서 법정이 그 일을 담당합니다. 하나님은 법정에서 인간을 통해 정의를 이루십니다. 그러니 우리 손으로 직접 보복하려 해서는 안 됩니다. 상처를 입은 만큼 똑같이 갚아주려고 하지 말고 견뎌야 합니다. 그래서 선으로 악을 이겨야 합니다.

마지막으로 살펴볼 주제는 이웃 사랑입니다. "또 네 이웃을 사랑하고 네 원수를 미워하라 하였다는 것을 너희가 들었으나 나는 너희에게 이르노니 너희 원수를 사랑하며"(43-44절). 바리새인들은 이번에도 네 이웃을 사랑하라는 계명을 덥석 붙들고 이렇게 말했습니다. "멋진 말이다. 나는 내 이웃을 사랑한다. 내 이웃은 옆집에 사는 사람, 유대 민족, 그리고 내가 좋아하는 사람들이다. 그러니 원수는 누구든 미워할 수 있다." 그러나 예수님은 하나님이 말씀하신 '네 이웃' 안에 네 원수도 포함된다고 말씀하십니다. 예수님은 착한 사마리아인의 비유를 들어 설명하십니다. "강도 만난 사람은 너희와 아무 관련이 없다. 민족도 다르고 계급도 다르고 종교도 다르다. 너희는 그 사람과 아무 연고가 없다. 사람들 말마따나 그는 너희 이웃이 아니다. 그러나 그 사람이 도움이 필요하고 너희가 도움을 줄 수 있다면, 그는 네 이웃이다. 심지어 그가 너희 적이라도 마찬가지이다." '네 이웃'에는 네 원수도 포함됩니다. 그리고 네 이웃을 사랑하라는 명령에는 네 원수를 사랑하라는 명령이 포함되어 있습니다.

예수님은 이어서 이렇게 말씀하고 계십니다. "너희가 너희를 사랑하는 자를 사랑하면 세리보다 나을 것이 없다. 너희를 사랑하지 않는 사람, 너희 등에 칼을 꽂는 네 원수도 사랑하라. 그러면 너희가 하늘에 계신 너희 아버지의 아들인 것이 입증될 것이다. 아버지께서는 악인에게나 선인에게나 똑같이 해를 비추시며 의로운 자에게나 불의한 자에게나 똑같이 비를 내려주신다." 하나님의 사랑에는 차별이 없습니다. 하나님은 원수들도 사랑하십니다. 하나님을 싫어하고 하나님께 감사할 줄 모르는 악한 사람들에게도 똑같이 해를 비추고 비를 내리는 일반 은총을 베푸십니다. 그래서 예수님은 오늘 우리에게 이렇게 말씀하십니다. "너희도 그렇게 해야 한다. 너희는 너희를 사랑하는 자들만 사랑하는 죄인들을 본받지 말고 자기를 사랑하지 않는 자들까지 사랑하시는 하늘에 계신 너희 아버지를 본받아라." 알프레드 플러머는 예수님의 말씀을 다음과 같이 멋지게 요약했습니다. "선을 악으로 갚는 것은 악마 같은 행동이다. 선을 선으로 갚는 것은 인간적인 행동이다. 악을 선으로 갚는 것은 신성한 행동이다."

이제 마지막 구절을 살펴보고 말씀을 마치려 합니다. 바리새인들은 율법을 요리조리 피하려고 애썼습니다. 그게 바리새인의 취미였습니다. 그러나 그리스도인은 의에 주리고 목마른 사람입니다. 그리스도인은 율법에 순종하기 위해 율법에 담긴 뜻을 제대로 알고 싶어 합니다. 예수님은 우리에게 "그러므로 하늘에 계신 너희 아버지의 온전하심과 같이 너희도 온전하라"(48절)고 말씀하십니다. 그리스도인은 세상을 본받으라고 부름받은 사람이 아닙니다. 유대인이나 이방인, 바리새인이나 세리를 본받으라고 부름받은 사람이 아닙니다. 그러므로 그들을 기준으로 삼아 여러분을 사랑하는 사람만 사랑하지 마십시오. 하나님의 은혜로 하나님의 자녀가 된 우리의 소명은 하늘에 계신 아버지 하나님을 본받는 것입니다.

그리스도인의 야망
마태복음 6:1-34

오늘 아침에 살펴볼 본문은 산상수훈 한가운데 자리 잡고 있는 마태복음 6장입니다. 첫째 날 아침에 우리는 팔복에 나타난 그리스도인의 성품, 그리고 빛과 소금으로서 공동체에 끼치는 영향력에 대해 살펴보았습니다. 어제 아침에는 그리스도인의 의가 서기관과 바리새인의 의보다 낫다고 배웠습니다. 그리스도인은 바리새인처럼 하나님의 율법을 요리조리 피하려고 요령을 피우지 않고 율법에 담긴 뜻을 온전히 이해하고 받아들이려 애쓰기 때문입니다. 그리스도인은 밖으로 드러나는 말과 행동만이 아니라 마음과 생각, 동기까지 의로워야 합니다.

오늘은 세 번째로 그리스도인의 야망에 대해 살펴보려 합니다. 그리스도인의 야망이란 그리스도인이 무엇을 위해 사는가와 관련된 문제입니다. 예수님은 8절에서 "그들을 본받지 말라"고 말씀하십니다. 이 구절은 산상수훈에 자주 등장하는 중요한 구절입니다. 하나님은 자기 백성에게 다르게 살라고 요구하십니다. "내가 거룩하니 너희도 거룩할지어다"(레 11:45). 하나님의 백성은 거룩한 자들입니다. 하나님의 백성은 세상이 아니라 하나님께 속한 사람이며, 하나님께 영광을 돌리도록 부름을 받은 사람이고, 세상으로부터 구별된 사람입니다.

우리는 세상 사람들과 똑같이 살아시는 안 됩니다. 시대의 흐름과 최신 유행을 따라가서는 안 됩니다. 우리는 그리스도인으로서 세상의 기준과는 완전히 다른 하나님의 기준에 맞춰 살아야 합니다. 하나님은 구약 시대에 이 사실을 아주 분명히 말씀하셨습니다. "너희는 너희가 거주하던 애굽 땅의 풍속을 따르지 말며 내가 너희를 인도할 가나안 땅의 풍속과 규례도 행하지 말고 너희는 내 법도를 따르며 내 규례를 지켜 그대로 행하라. 나는 너희의 하나님 여호와이니라"(레 18:3-4).

구약 이스라엘 백성의 뒤를 잇는 것이 신약의 교회입니다. 교회는 이스라엘 백성과 마찬가지로 거룩하게 살라는 부름을 받았습니다. 하나님은 모세를 통해 이스라엘 백성에게 "너희는 그들의 풍속을 따르지 말라"고 말씀하셨습니다. 오늘 예수님은 산상수훈을 통해 우리에게 "그들을 본받지 말라"라고 말씀하십니다. 세상은 우리에게 세상의 기준에 맞춰 살라고 강요합니다. J. B. 필립스의 말대로 세상은 우리를 세상의 틀에 억지로 쑤셔 넣습니다. 그러나 오늘 예수님은 우리에게 다르게 살라고 분명하게 말씀하십니다. 마태복음 5장에서도 이미 네 번이나 하셨던 말씀입니다. 5장 20절에서 예수님은 우리의 의가 서기관과 바리새인의 의보다 나아야 한다고 말씀하셨습니다. 47절에서는 우리가 우리 형제에게만 문안하면 세상 사람들보다 나을 게 없다고, 이방인들도 그렇게 한다고 말씀하셨습니다. 이렇듯 그리스도는 우리에게 더 높은 기준을 붙들고 살라고 말씀하십니다. 바리새인보다 높은 의의 기준, 이방인보다 높은 사랑의 기준을 가지고 살라고 말씀하십니다.

오늘 마태복음 6장에서 예수님은 경건생활과 일상생활에서도 다르게 살아야 한다고 우리에게 가르치십니다. 마태복음 6장은 경건생활을 다룬 1-18절과 일상생활을 다룬 19-34절로 이루어져 있습니다. 물론 그리스도인의 삶은 경건생활과 일상생활을 따로 구분할 수 없는 게 사실입니다. 사실 이런 식의 구분은 사람들에게 오해를 불러일으킬 여지가 있습니다. 그리스도인으로서 우리가 하는 모든 일은 하나님 앞에서 하나님께 영광을 돌리기 위해 하나님의 뜻에 따라 한 일이므로 모두 경건생활에 속합니다. 역사가 증명하듯이 성속聖俗을 구분하는 발상은 아주 파괴적인 결과를 불러옵니다. 하지만 경건생활과 일상생활 사이에 차이가 있는 것 또한 사실입니다. 여러분은 제 말뜻을 이해하리라 믿습니다. 제가 말하는 경건생활이란 구제와 기도, 금식과 같이 독특한 종교 활동을 가리킵니다. 일상생활이란 이 세상에서 살아가기 위해 음식이나 옷 같은 물건을 얻으려고 하는 생계 활동을 가리킵니다. 그런데 지금 예수님은 제자들에게 경건생활에서든 일상생활에서든 세상 사람들과 다르게 살라고 말씀하십니다. 특히 야망에 있어서 "그들을 본받지 말라"고 말씀하십니다. 우리는 외식하는 바리새인과도 달라야 하고 물질만능주의에 빠진 이방인과도 달라야 합니다.

우리는 경건생활을 하면서 외식하는 자가 되어서는 안 됩니다. 본문에서 예수님은 분명하게 말씀하십니다. "구제할 때에 외식하는 자와 같이 하지 말라. 그들을 본받지 말라. 너희는 기도할 때에 외식하는 자와 같이 하지 말라. 그들을 본받지 말라. 금식할 때에 너희는 외식하는 자들과 같이 하지 말라. 그들을 본받지 말라." 구제할 때도 기도할 때도 금식할 때도 우리는 외식하는 자들과 달라야 합니다. 우리가 구제와 기도와 금식을 하는 이유는 스스로 영광을 얻기 위해서가 아니라 하나님을 영화롭게 하기 위해서입니다. 또한 우리는 기도할 때 기계적으로 빈말을 되풀이하는 이방인과 달라야 합니다. 예수님은 분명하게 말씀하십니다. "기도할 때에 이방인과 같이 중언부언하지 말라. 그들을 본받지 말라. 너희는 그들과 달라야 한다." 이처럼 예수님은 경건생활에서 "외식하는 자들을 본받지 말라"고 여러 번 말씀하십니다.

마찬가지로 우리는 일상생활에서 이방인을 본받지 말아야 합니다. 이방인은 항상 무엇을 먹을까, 무엇을 마실까, 무엇을 입을까 염려합니다. 물질적인 것에 마음을 빼앗깁니다. 그리스도인은 이런 이방인과 달라야 합니다. 믿지 않는 이방인들은 먹을 것과 입을 것과 마실 것을 구하지만, 우리는 하나님의 나라와 하나님의 의를 가장 먼저 구해야 합니다.

저는 예수님의 이 단순한 메시지가 오늘 이곳에 가득 울려 퍼지기를 기도합니다. 우리 모두가 이 말씀을 꼭 붙잡기를 바랍니다. 간단히 말해서 마태복음 6장은 다르게 살라는 이야기입니다.

그러면 이제 경건생활을 다루고 있는 전반부를 조금 더 자세히 살펴보겠습니다. 예수님은 구제와 기도, 금식을 예로 들어 말씀하십니다. 구제와 기도와 금식을 실천해야 한다는 데는 이론의 여지가 없습니다. 문제는 실천 방식입니다. 구제와 기도와 금식을 할 때 사람들 앞에서 일부러 과시하는 이들이 있는가 하면, 사람들 모르게 은밀히 하는 이들이 있습니다. 예수님은 이 두 가지 방식을 선명하게 대조시킵니다.

(a) 과시적 경건. 예수님은 바리새인이 신앙을 과시하는 행위를 생생하게 풍자하십니다. 바리새인은 자선을 베풀거나 기부할 때에 사람들에게 주목받고 싶어서 나팔을 붑니다(2절). 찰스 스펄전이 지적한 대로 "한 손에는 동전을, 한 손에는 나팔을 들고 사람들 앞에 서는 것은 지극히 가식적인 태도"입니다. 그뿐만이 아닙니다. 바리새인은 기도할 때도 회당이나 큰길 모퉁이처럼 사람들 눈에 잘 띄는 장소를 선택합니다(5절). 금식할 때도 사람들에게 독실한 사람이라는 인정을 받으려고 슬픈 기색으로 재를 덮어쓰고 머리를 헝클어 얼굴을 흉하게 합니다(16절).

이런 바리새인을 조롱하고 웃어넘기기는 쉽습니다. 그러나 그리스도인의 외식은 쉽게 웃어넘길 수 있는 문제가 아닙니다. 물론 우리는 바리새인처럼 나팔을 불지는 않습니다. 하지만 기부금 명단에서 우리 이름을 확인하기를 즐깁니다. 바리새인처럼 큰길 모퉁이에서 기도하지는 않지만, 우리가 참석하는 기도 모임이 알려지기를 바랍니다. 바리새인처럼 베옷을 입고 재를 덮어쓰지는 않지만, 우리가 금식한다는 것을 사람들이 알아주기 바랍니다. 이것들은 모두 과시적인 경건입니다!

(b) 은밀한 경건. 경건생활을 다룬 전반부에서 여섯 번이나 반복될 정도로 중요한 단어가 바로 '은밀히'입니다. 우리는 구제할 때에 은밀하게 해야 합니다. 다른 사람들에게 비밀로 하는 것은 물론이고 우리 자신도 모르게 해야 합니다(3절). 오른손이 하는 것을 왼손이 모르게 해야 합니다. 남의 시선을 의식해서도 안 되고 자기만족에 빠져서도

안 됩니다. 기도할 때도 마찬가지입니다. 우리는 방해받지 않도록, 그리고 무엇보다 사람들 눈에 띄지 않도록 골방에 들어가 문을 닫아야 합니다(6절). 은밀한 중에 계신 우리 아버지께 은밀히 기도해야 합니다. 금식할 때도 마찬가지입니다. 머리에 기름을 바르고 얼굴을 씻어야 합니다(17절). 금식하는 티를 내지 않고 평소처럼 행동해야 합니다! 바꿔 말하면, 외식하지 말아야 합니다. 슬픈 기색 대신 웃는 얼굴을 해야 합니다. J. B. 필립스가 번역한 대로 "머리를 단정하게 빗고 세수를 해야 합니다." 평소와 다름이 없어야 합니다. 여러분이 금식한다는 사실을 아무도 모르도록 평소와 다른 행동은 아무것도 하지 마십시오. 금식할 때도 평소처럼 머리를 빗고 세수를 하십시오. 이처럼 경건생활에는 두 가지 방식이 있습니다. 하나는 바리새인의 방식이고, 하나는 그리스도인의 방식입니다.

두 번째로 살펴볼 것은 경건의 동기입니다. 바리새인이 경건을 실천하는 이유는 사람들에게 주목을 받고 칭찬을 얻기 위해서입니다. 바리새인은 본디 사람을 기쁘게 하는 자들입니다. 그들은 사람들 앞에서 경건을 실천합니다. 사람들에게 보이려고 사람들 앞에서 기도합니다. 바리새인은 사람들에게 칭찬받으려고 구제하고 사람들에게 보이려고 금식합니다. 예수님은 이런 종교적 허세를 가리켜 '외식'이라고 말씀하십니다. '외식하는 자'로 번역된 헬라어 '휘포크리테스*hupokrites*'는 무대에 오른 배우를 가리키는 단어입니다. 배우는 무대에서 자신이 아닌 다른 사람을 연기합니다. 가면으로 변장하고 공상의 인물을 연기합니다. 경건생활에서 외식하는 자도 마찬가지입니다. 그는 무대에 오른 배우가 관객 앞에서 연기하듯이 사람들에게 보이려고 경건한 척 연기합니다. 그러므로 우리가 보고 있는 것은 종교적 쇼맨이지 실제 인물이 아닙니다. 그는 박수를 받기 위해 구제하고 기도하고 금식합니다. 사람들에게 박수를 받는 것, 이것이 그가 경건생활을 하는 이유이자 동기입니다. 그는 다른 사람들을 이롭게 하려고 구제하는 것이 아니라 자신을 이롭게 하려고 구제합니다. 하나님의 얼굴을 뵈려고 기도하는 것이 아니라 자신이 영광을 얻으려고 기도합니다. 자신을 훈련하기 위해서가 아니라 자신을 과시하기 위해 금식합니다. 실제로 그는 하나님께 영광을 돌리고 사람들을 이롭게 하려고 경건을 실천하는 것이 아니라 스스로 우쭐해지려고 하나님과 주변 사람들을 이용합니다. 그는 신앙과 자선을 자신을 뽐내기 위한 과시 행위로 탈바꿈시킵니다. 이는 실로 사악하기 짝이 없는 행동입니다. 그런데 우리 모두 이따금씩 이런 죄를 저지르곤 합니다.

그리스도인은 경건을 실천하는 동기 면에서도 바리새인과 달라야 합니다. 바리새인은 스스로 영광을 얻으려는 이기심으로 경건을 실천하지만, 그리스도인은 하나님께 영광을 돌리려는 경건한 마음으로 경건을 실천합니다. 그리스도인이 구제하고 기도하고 금식하는 은밀한 장소는 은밀한 중에 계신 하나님이 은밀한 중에 보시는 곳입니다. 그러므로 사람들 앞에서 실천하는 경건은 아무리 그럴듯해 보여도 쓸모없는 것이나, 하나님 앞에서 실천하는 경건은 아무도 몰라줘도 고귀한 것입니다. 하나님의 임재 앞에서 실천하는 경건만이 진짜 경건입니다. 은밀한 중에 계신 하나님이 은밀한 중에 보시는 기도와 구제와 금식만이 진짜 경건입니다. 경건생활이 가식이 아니라 진짜가 되려면 사람들 앞이 아니라 하나님 앞에서 해야 합니다.

세 번째로 살펴볼 것은 경건의 상입니다. 바리새인은 과시적인 경건생활의 대가로 어떤 상을 받을까요? 얼핏 보면 아무 상도 받지 못하는 것 같습니다. 사람들에게 보이려고 의를 행하면 "하늘에 계신 너희 아버지께 상을 받지 못"한다(1절)고 예수님도 분명히 말씀하고 계십니다. 그러나 하나님께 상을 못 받는다는 말이 아무 상도 받지 못한다는 뜻은 아닙니다. 그들도 상을 받습니다. 그 상은 사람들이 주는 상이고 그들이 받고 싶어 하는 상입니다. 연극이 끝났을 때 배우들이 받고 싶어 하는 상은 바로 박수갈채입니다. 그들이 받을 상은 이것이 전부입니다. 박수 소리가 잦아들면 그것으로 끝입니다. 그들이 더 이상 받을 상은 없습니다. "그들은 자기 상을 이미 받았느니라"라는 지엄한 말씀을 예수님은 세 번이나 반복하십니다. 그들은 이미 자기 상을 받았습니다. 받고 싶어 하던 상을 이미 받았으니 이제 남은 것은 심판뿐입니다. 다른 상은 없습니다. 그리스 학자들에 따르면, '받았다'로 번역된 헬라어 '아페초apecho'는 실제로 파피루스에 영수증을 써서 줄 때 사용하던 단어입니다. 물건 값을 지불하고 나서 대금을 '완납했다'는 의미로 영수증을 주고받을 때 쓰던 단어입니다. 그들은 상을 다 받았습니다. 그러므로 심판 외에 그들이 더 받을 상은 없습니다.

그러면 그리스도인은 어떤 상을 받을까요? 그리스도인은 은밀히 구제하고 기도하고 금식하기 때문에 사람들에게 상을 받지도 못하거니와 애초에 그런 상은 기대도 하지 않습니다. 대신에 하늘에 계신 우리 아버지가 우리를 보시고 상을 주십니다. 어떤 이들은 상을 주신다는 말을 불쾌하게 여기기도 합니다. 그들은 "나는 어떤 상도 바라지 않습니다"라고 말합니다. 그러고는 "네 아버지께서 갚으시리라"는 말씀을 묵살해버립니다. 그러나 그리스도인에게는 이렇게 고압적인 자세로 주님의 가르침을 묵살할 자유가 없습니다! 예수님이 그렇다고 하시면 그런 것입니다. 주제넘게 예수님의 말씀에 반박해서는 안 됩니다. 문제는 상을 받는다고 하면 흔히 학교에서 박수 속에 표창장을 받는 모습을 떠올린다는 데 있습니다. '상'이라는 단어 자체가 잘했다는 칭찬 또는 선반에 진열된 은잔을 연상시키는 것도 문제입니다. 그래서 우리는 이것과 다른 상은 쉽게 상상하지 못합니다. 그러나 다른 상이 있습니다.

　이 상이 앞으로 있을 시상식에서 장차 받을 상이라고 추측하는 이들이 있는데, 그렇게 생각할 이유가 없습니다. 문맥상 외식하는 자들이 즉시 사람들의 박수를 상으로 받듯이 그리스도인들도 즉시 영적인 상을 받습니다. 하나님이 가식 없이 진실하게 경건을 실천하는 사람들에게 주시는 상은 참으로 풍성합니다! 예를 들어 우리가 은밀히 구제하면, 아무도 우리가 자선을 베푼 줄 모릅니다. 그러나 그 덕분에 누군가 형편이 나아지고 선교지에서의 사역이 확장되는 것을 보면서 우리는 하나님과 함께 은밀한 기쁨을 나눕니다. "주는 것이 받는 것보다 복이 있다"(행 20:35)는 말씀처럼 우리는 큰 상을 받습니다. 은밀한 곳에서 기도할 때도 우리는 상을 듬뿍 받습니다. 그곳에는 우리가 기도하는 모습을 지켜보거나 알아주거나 칭찬해줄 사람이 아무도 없습니다. 대신 하나님이 계십니다. 우리를 받아주시고, 임재하심 가운데 우리의 영혼을 소생시키시고, 우리에게 새 힘을 주시고, 하나님의 영광을 보여주시고, 주린 배를 채워주시고, 타는 목을 축여주실 하나님이 그곳에 계십니다. 은밀한 곳에서 금식할 때도 우리는 자제력이 점점 강해지는 상을 받습니다. 그리고 그 열매로 기쁨과 평화와 자유까지 상으로 받습니다.

이제까지 우리는 경건의 두 가지 모양과 동기와 상에 대해 살펴보았습니다. 바리새인은 과시적으로 경건을 실천하지만, 그리스도인은 은밀히 경건을 실천합니다. 바리새인은 자신의 영광을 위해 경건을 실천하지만, 그리스도인은 하나님의 영광을 위해 경건을 실천합니다. 바리새인은 사람들의 박수를 상으로 받지만, 그리스도인은 하나님의 축복을 상으로 받습니다. 우리는 어느 쪽입니까? 바리새인입니까, 그리스도인입니까?

다음으로 7-15절 말씀을 살펴보겠습니다. 역시 기도에 관한 말씀인데, 이번에는 바리새인이 아니라 이방인과 대조되는 그리스도인의 기도에 대해 말씀하십니다. 기도할 때 피해야 할 죄는 외식만이 아닙니다. 의미 없는 말을 기계적으로 반복하는 중언부언도 피해야 합니다. 외식하는 것이 바리새인이 하는 어리석은 행동이라면, 중언부언은 이방인이 하는 어리석은 행동입니다. 예수님은 이번에도 그리스도인과 이방인을 선명하게 대조시킵니다. 그러면 이방인이 어떻게 기도하는지부터 살펴보겠습니다.

"기도할 때에 이방인과 같이 중언부언하지 말라"(7절). 헬라어 '바탈로게오*battalogeo*'는 본문에만 등장하는 아주 흥미로운 단어입니다. 헬라어 성경은 물론이고 그 어떤 헬라어 문헌에서도 찾아볼 수 없는 단어입니다. 그래서 그 시대에 이 단어가 어떻게 쓰였는지도 알려진 바가 없습니다. 이 단어의 뜻과 어원을 확실히 아는 사람은 아무도 없습니다. 다만 이방인들이 자기들 말로 중얼거리는 소리를 듣고 '바-

바-바-바-바'한다고 그들을 'barbarian(이방인, 야만인)'이라고 불렀던 것처럼 바탈로게오도 '바-바-바-바' 하는 소리를 흉내 낸 의성어일 것이라고 추측할 뿐입니다. 바탈로게오를 '옹알거리다'라는 뜻의 영어 단어 'bab-bling'으로 제일 처음 번역한 역본은 틴데일성경입니다. 새영어성경도 틴데일성경을 따라 이 구절을 "이방인과 같이 옹알거리지 말라"고 번역했습니다. 한편 흠정역은 이 구절을 "헛된 말을 반복하지 말라"로 번역했는데, '반복'보다 '헛된'에 더 강조점이 있다는 사실이 분명히 드러나지 않는 번역이라서 오해의 여지가 있습니다. 기도할 때 멀리해야 할 것은 반복이 아니라 헛된 말이기 때문입니다. 사실 예수님도 겟세마네 동산에서 "세 번째 같은 말씀으로 기도하신"(마 26:44) 적이 있습니다. 예수님은 끈질기게 매달리는 행동을 나무라지 않으셨습니다. 오히려 예수님과 사도들은 사람들에게 그렇게 기도하라고 권면했습니다. 다만 예수님은 아무 생각 없이 장황하게 말을 늘어놓는 태도를 나무라셨습니다.

예수님이 기도할 때 하지 말라고 하신 행동을 우리 시대에서 찾으면 어떤 게 있을까요? 라마교에서 기도할 때 돌리는 바퀴 모양의 경전이나 천주교에서 사용하는 묵주를 예로 들 수 있을 것입니다. 둘 다 생각 없이 기계적으로 기도할 때 쓰는 도구입니다. 이런 경우 입으로는 기도문을 외우면서 생각은 다른 데 가 있기 일쑤입니다. 여러분은 이렇게 물을지도 모릅니다. "중언부언하지 말라는 예수님의 말씀을 예배 의식에도 적용할 수 있을까요? 그렇다면 성공회 교인들은 모두 중언부언하는 죄를 짓고 있는 거 아닌가요?" 아마도 우리 중 일부는 그런 죄를 짓고 있음을 부인할 수 없을 것입니다. 우리가 사용하는 예배 의식 중에는 마음과 생각은 다른 데 보내놓고 입으로만 하나님 앞에 나아가는 관행을 방조히는 의식이 더러 있으니 말입니다. 그러나 기도문을 사용하지 않고 즉흥으로 기도할 때도 생각 없이 공허한 말을 내뱉을 위험은 똑같이 존재합니다.

예수님은 지금 생각 없이 입으로만 기도하는 행위를 질책하고 계십니다. 이방인들처럼 옹알거리며 중언부언하지 말라고 말씀하십니다. 예수님은 7절 후반부에서 이방인들의 어리석은 행위를 이렇게 정리하십니다. "그들은 말을 많이 하여야 들으실 줄 생각하느니라." 새 영어성경은 이 구절을 이렇게 번역했습니다. "그들은 말을 더 많이 하면 할수록 더 많이 응답받을 것으로 생각한다." 예수님은 제자들에게 다시금 "그들을 본받지 말라"(8절)고 말씀하십니다. 왜 그리스도인은 이방인들과 달라야 할까요? 왜 옹알거리며 중언부언하는 죄를 짓지 말아야 할까요? 이유는 간단합니다. 우리가 믿는 하나님은 그런 하나님이 아니기 때문입니다. 우리가 이방인처럼 중언부언하지 않는 이유는 우리가 믿는 하나님이 말을 많이 해야 들으시는 하나님이 아니기 때문입니다. 이방인의 신들은 기계적으로 내뱉는 말에 관심이 있는지 모르지만, 하늘에 계신 우리 아버지는 그렇지 않습니다. 하나님은 우리가 입을 열기도 전에 우리에게 필요한 것이 무엇인지 아십니다. 하나님은 다 알고 계십니다. 따라서 우리는 우리에게 필요한 것을 하나님에게 알릴 필요가 없습니다. 하나님은 우리의 기도에 응답하기를 주저하지 않으십니다. 따라서 우리는 하나님에게 무엇을 해달라고 조르거나 구슬리거나 협박할 필요가 없습니다. 우리는 하나님을 설득하려고 기도하는 것이 아닙니다. 하늘에 계신 우리 아버지는 우리를 사랑하시고 우리에게 필요한 것이 무엇인지 아십니다.

예수님은 이어서 말씀하십니다. "그러므로 너희는 이렇게 기도하라. 하늘에 계신 우리 아버지여"(9절). 아름답지 않습니까? 하늘에 계신 우리 아버지는 기계적인 분이 아니라 인격적인 분입니다. 하나님은 묵주와 기도바퀴 따위에는 관심이 없습니다. 하나님은 인격적이고 사랑이 많으신 분입니다. 하나님은 우리 아버지이십니다. 우리를 입양하시고 자녀로 삼으셨습니다. 하나님은 아버지의 사랑으로 우리를 사랑하십니다. 또한 하나님은 전능하십니다. 하나님은 하늘에 계신 우리 아버지이십니다. 하나님은 아버지의 사랑과 하늘의 권세를 다 가지고 계십니다. 하나님은 우리의 아버지이시기만 한 것이 아니라 위대한 왕이십니다. 그러므로 예수님은 지금 이렇게 말씀하고 계신 것입니다. "너희는 기도하기 전에 하나님이 어떤 분이지 먼저 생각하라. 그러면 생각은 다른 곳에 보내놓고 입으로만 옹알거리는 어리석은 짓은 하지 않을 것이다. 머리를 써서 너희가 하는 말을 생각할 것이다. 사랑이 많으신 하늘 아버지에게 집중하게 될 것이다. 하나님을 생각하고 하나님 앞에서 너희를 낮추고 하늘에 계신 너희 아버지, 인격적이고 살아 계시며 능력이 한이 없으신 너희 아버지 하나님을 경배하게 될 것이다."

그러면 여러분은 주기도문에 나온 것처럼 여섯 가지를 간구하게 될 것입니다. 그중 아버지의 이름이 거룩히 여김을 받고 나라가 임하고 뜻이 이루어지게 해달라는 세 가지 간구는 하나님이 영광을 받으시기 바라는 마음을 표현하는 내용입니다. 나머지 일용할 양식을 주시고 우리의 죄를 사하여 주시고 악에서 구해달라는 세 가지 간구는 물질적으로 영적으로 도덕적으로 하나님의 은혜를 의지하는 내용입니다. 참으로 멋진 기도가 아닌가요!

6장 전반부 내용을 요약하자면 이렇습니다. "너희는 기도할 때에 연극배우처럼 가식적으로 기도하지도 말고, 중언부언하는 이방인처럼 기계적으로 기도하지도 말라. 어린아이처럼 하늘에 계신 너희 아버지를 신뢰하며 겸손하고 사려 깊게 기도하라. 너희는 외식하는 자들과 이방인들을 본받지 말라."

이제 6장 후반부로 넘어가서 일상생활에 대해 살펴보도록 하겠습니다. 경건생활이 하나님과 우리의 사적인 삶이라면, 일상생활은 세상 속에서 살아가는 공적인 삶이라 할 수 있습니다. 후반부에도 전반부와 마찬가지로 뚜렷이 대비되는 두 부류가 나옵니다. 19-21절에서는 보물을 땅에 쌓아두는 사람과 하늘에 쌓아두는 사람이 대조를 이루고, 22-23절에서는 온몸이 밝은 사람과 온몸이 어두운 사람이 대조를 이룹니다. 24절에서는 하나님을 섬기는 사람과 재물을 섬기는 사람이 대조를 이루고, 25-34절에서는 물질적인 것들과 화려한 삶을 추구하는 사람과 하나님의 나라와 하나님의 의를 구하는 사람이 대조를 이룹니다.

알다시피 본문에는 시종일관 "그들을 본받지 말라"는 말씀이 나옵니다. 우리는 바리새인들로 대변되는 명목상의 교회도 본받지 말아야 하고, 물질만능주의자 이방인들로 대변되는 이 세상도 본받지 말아야 합니다. 어쩌면 여러분은 이렇게 말할지도 모릅니다. "그러면 저는 어쩌면 좋죠? 세속적 야망은 아주 매력적입니다. 물질만능주의의 마력은 끊어내기가 무척 어렵습니다." 누구나 이런 마음이 조금씩은 있을 것입니다. 사실 예수님이 6장 후반부에서 일상생활에 대해 가르치시며 두 가지 길을 보여주시는 것도 이 때문입니다. 예수님은 어리석은 자들이 택하는 잘못된 길과 지혜로운 자들이 택하는 옳은 길을 대비시키면서 우리에게 "이 둘을 비교하고 직접 확인해보라"고 말씀하십니다.

첫째, 내구성 비교. 보물을 다룬 19-21절에서 핵심은 얼마나 오래 가는가 하는 내구성에 있습니다. 보물에는 두 종류가 있습니다. 하나는 땅에 쌓아둔 보물이고 다른 하나는 하늘에 쌓아둔 보물입니다. 보물을 모으는 사람이라면 당연히 보물이 망가지지 않고 오래가기를 바랄 테니 보물을 쌓아둘 곳을 결정하는 일은 조금도 어렵지 않을 것입니다. 보물을 모으는 데 관심이 있는 사람은 오래 두어도 녹이 슬지 않는 장소를 찾는 데 온 신경을 집중할 테니 말입니다. 예수님은 이렇게 말씀하십니다. "너희를 위하여 보물을 땅에 쌓아두지 말라. 거기는 좀과 동록이 해하며 도둑이 구멍을 뚫고 도둑질하느니라"(19절).

이 구절을 주의 깊게 살펴보겠습니다. 보물을 땅에 쌓아둔다는 것은 미래를 대비해 저축한다는 의미가 아닙니다. 수전노나 물질만능주의자처럼 탐욕스럽게 재물을 비축한다는 뜻입니다. 이 부분을 명확히 이해할 필요가 있습니다. "보물을 땅에 쌓아두지 말라"고 말씀하실 때 예수님이 금지하신 것은 무엇일까요? 예수님은 재산을 소유하는 것 자체를 금지하시는 것이 아닙니다. 성경은 어디에서도 사유 재산이 악하다고 가르치지 않습니다. 사유 재산을 사회악으로 규정하는 것은 마르크스주의자들의 철학이지 기독교의 철학이 아닙니다. 또한 예수님은 돈을 투자하는 행위를 금지하시는 것이 아닙니다. 합리적인 투자는 과도한 이자를 받고 돈을 빌려주는 고리대금업과 다릅니다. 또한 예수님은 만일의 경우에 대비해 돈을 저축하는 행위를 금지하시는 것이 아닙니다. 오히려 성경은 "자기 가족을 돌보지 아니하면 믿음을 배반한 자요 불신자보다 더 악한 자"(딤전 5:8)라고 가르칩니다. 우리는 이렇게 성경을 성경으로 해석해야 합니다. 또한 예수님은 창조주 하나님이 풍성하게 주신 좋은 것들을 누리지 말라고 말씀하시는 것이 아닙니다. 하나님은 우리에게 "모든 것을 후히 주사 누리게 하시는"(딤후 6:17) 분입니다. 예수님이 본문에서 하지 말라고 명령하시는 행위는 자기를 위해 이기적으로 재물을 비축하는 행위입니다. "너희를 위하여 보물을 땅에 쌓아두지 말라." 예수님은 인간의 삶이 무엇을 얼마나 소유했느냐에 따라 좌우된다고 믿는 어리석은 망상을 질책하고 계십니다. 낭비하고 사치하는 생활, 우리 마음을 땅에 묶어두는 물질만능주의, 사회적 혜택을 받지 못한 사람들의 궁핍함을 못 본 척하는 무정한 마음을 멀리하라고 말씀하고 계십니다.

땅에 보물을 쌓아두면 "좀과 동록이 해하며 도둑이 구멍을 뚫고 도둑질"(19절)하게 마련입니다. 요즘 식으로 말하자면 우리는 살충제와 녹 방지 페인트, 도난경보기를 동원해 보물을 지키려고 애쓰는 사람들입니다. 우리가 쌓아둔 보물은 인플레이션이나 환율, 경기침체 때문에 가치가 하락할지 모릅니다. 이 땅에 쌓아둔 보물 중 죽을 때 가져갈 수 있는 보물은 하나도 없습니다. 우리는 장례식이 끝나자마자 무슨 일이 일어날지 아주 잘 알고 있습니다. 누군가 목사를 찾아와 "유산은 얼마나 남겼나요?"라고 물을 것입니다. 그러면 목사는 이렇게 대답할 것입니다. "모두 다요!" 우리는 모두 다 남겨두고 떠나게 되어 있습니다. 욥도 고백하지 않았습니까. "내가 모태에서 알몸으로 나왔사온즉 또한 알몸이 그리로 돌아가올지라"(욥 1:21).

땅에 쌓아둔 보물과 반대로 하늘에 쌓아둔 보물은 썩지 않습니다. 그렇다면 보물을 하늘에 쌓아둔다는 것은 무슨 뜻일까요? 그것은 이 땅에서 사는 동안 영향력이 영원까지 미치는 일을 한다는 뜻입니다. 예를 들어 그리스도인의 성품을 계발하고 그리스도와 같은 형상으로 변화하는 것입니다. 바울이 항상 있을 것이라고 말한 믿음, 소망, 사랑을 키워나가고, 언젠가 얼굴을 마주할 그리스도를 아는 지식 안에서 성장하고, 사람들이 영생을 유업으로 받을 수 있도록 그들에게 그리스도를 소개하기 위해 기도와 전도에 힘쓰고, 영원한 배당금을 받을 수 있는 유일한 투자인 기독교적 대의를 위해 돈을 쓰는 것입니다. 이런 행동들은 모두 일시적인 활동이지만 그 결과는 영원까지 미칩니다. 보물을 하늘에 쌓아둔다는 말은 이런 뜻입니다. 하늘에서는 좀이나 동록이 해하지 못하며 도둑이 구멍을 뚫지도 못하고 도둑질도 못합니다. 하늘에 쌓아둔 보물은 영원히 안전합니다. 누구도 하늘에 쌓아둔 보물을 파괴할 수 없습니다. 혹시 안전한 투자처를 찾고 있습니까? 하늘보다 안전한 곳은 없습니다. 하늘에 쌓아둔 보물은 아무리 오랜 시간이 흘러도 금박이 떨어지거나 색이 바래지 않는 유일한 우량증권입니다. 땅에 쌓아둔 보물과 하늘에 쌓아둔 보물은 이렇듯 내구성 면에서 확실한 차이가 납니다.

둘째, 유익 비교. 예수님은 22-23절에서 눈이 성한 사람과 그렇지 못한 사람을 대비시킵니다. 눈이 성한 사람은 환한 인생을 살지만, 눈이 나쁜 사람은 어두운 인생을 삽니다. 예수님은 눈이 '몸의 등불'이라고 말씀하십니다. 몸이 하는 모든 일이 보는 능력에 따라 좌우된다는 말입니다. 달리고 뛰고 운전하고 길을 건너고 바느질과 뜨개질을 하고 수선하려면 보아야 합니다. 눈은 몸이 손과 발을 통해 하는 일에 빛을 비춰줍니다. 시각장애인들의 경우 잃어버린 시력을 대신해 몸의 다른 기능이 놀랍게 발달하는 것은 사실입니다. 하지만 원리가 변하지는 않습니다. 시력이 있는 사람은 빛 가운데로 걷지만, 시력이 없는 사람은 어둠 속을 걷습니다. 빛과 어둠이라는 이 엄청난 차이는 눈이라 불리는 작은 기관 때문에 생깁니다. 예수님은 "네 눈이 성하면 온몸이 밝을 것이요 눈이 나쁘면 온몸이 어두울 것이니"라고 말씀하십니다.

무슨 뜻일까요? 이 말씀을 우리는 어떻게 적용할 수 있을까요? 성경에서 눈은 종종 마음과 같은 뜻으로 쓰입니다. 성경에서 마음을 고정한다는 말은 눈을 고정한다는 말과 동의어입니다. "네 보물 있는 그 곳에는 네 마음도 있느니라"(21절)라는 말씀에서 알 수 있듯이 눈이 건강해야 한다는 말은 마음을 올바른 곳에 두어야 한다는 말입니다. 예수님은 지금 우리에게 눈이 온몸에 영향을 끼치듯이 우리의 눈과 마음과 생각이 쏠려 있는 것, 즉 우리의 야망이 삶 전체에 영향을 끼친다고 말씀하고 계신 것입니다. 눈이 성하면 온몸이 밝고 눈이 나쁘면 온몸이 어두운 것처럼 재물이 아니라 하나님을 섬기려는 고결한 야망은 삶에 희망을 줍니다. 그리스도인으로서 고결한 야망을 품을 때 우리는 삶의 의미와 목적을 찾게 되고 선명한 빛 가운데 모든 일을 하게 되고, 삶 전체가 환하게 밝아집니다. 그러나 비열하고 이기적인 야망은 우리로 탐욕스러운 수전노가 되게 하고 자신을 위해 이 땅에 보물을 쌓아두게 합니다. 이기적이고 비열한 야망을 품을 때 우리는 편협해지고 인간미가 없어지고 무자비해지고 인색해집니다. 인생에서 의미가 사라지고 우리는 어둠 속에서 거꾸러지고 맙니다.

이것은 시력의 문제입니다. 육체에 시력이 있을 때 우리는 우리가 하는 일과 우리가 가는 곳을 볼 수 있습니다. 영에 시력이 있고 초점이 바르게 맞춰져 있을 때 우리 인생은 의미와 투지로 충만합니다. 그러나 물질만능주의라는 잘못된 목표 때문에 시야가 흐려지면 인생 전체가 캄캄한 어둠 속에 거꾸러지고 맙니다. 이렇듯 예수님은 먼저 우리를 움직이는 야망의 내구성을 비교하셨고, 이어서 옳은 선택을 했을 때 우리가 지금 당장 누릴 수 있는 유익을 비교해서 설명하셨습니다.

셋째, 가치 비교. 궁극적으로 우리는 하나님을 섬길지 재물을 섬길지 선택해야 합니다. 살아 계시고 인격적인 창조주 하나님과 돈이라 불리는 피조물 사이에서 어느 주인을 섬길지 선택해야 합니다. 창조주와 피조물, 인격적인 하나님과 물질, 하나님과 돈 중에서 하나를 선택하는데 잘못된 선택을 한다는 것은 상상도 할 수 없는 일입니다. 우리는 앞서 두 가지 보물의 내구성도 비교해봤고, 성한 눈과 나쁜 눈의 유익도 비교해봤습니다. 그러니 이제 두 주인의 가치를 비교하는 일만 남았습니다. 이 일은 유일하신 하나님의 가치와 돈의 무가치를 비교하는 일입니다. 어느 주인을 선택할지는 자명합니다. 우리는 보물을 하늘에 쌓고 성한 눈으로 재물이 아니라 하나님을 섬기기로 선택했습니다. 이제 예수님은 25절에서 "그러므로"라고 말씀을 이어가십니다. 어느 주인을 섬길지 선택하느냐에 따라 하나님과 물질을 대하는 태도 역시 근본적으로 영향을 받게 마련입니다. 하나님을 섬기기로 선택한 이상 우리는 물질에 집착하지 말고 하나님에게 온전히 집중해야 합니다. 이는 하나님을 섬기기로 한 선택이 불러온 자연스러운 결과입니다.

그럼 이제 31-33절을 살펴보겠습니다. "너희는 먼저 그의 나라와 그의 의를 구하라"(33절). 예수님은 인간이 본디 무언가를 구하는 존재라고 상정하십니다. 차이가 있다면 구하는 대상과 야망이 다를 뿐입니다. 인생을 바쳐서 추구하는 최고선最高善이 무엇인지가 다를 뿐입니다. 예수님은 두 가지 선택지에 대해 말씀하십니다. 하나는 우리 몸을 위해 먹을 것과 마실 것과 입을 것을 구하는 것이고, 다른 하나는 하나님의 나라와 하나님의 의를 구하는 것입니다. 먹을 것과 마실 것과 입을 것은 이방인들이 구하는 것입니다. 그리스도인은 당연히 하나님의 나라와 하나님의 의를 구해야 합니다. 이렇듯 예수님은 우리에게 다시금 이방인을 본받지 말라고 말씀하십니다.

그럼 먼저 그릇된 야망에 대해 살펴보겠습니다. 그릇된 야망을 다룬 단락은 대부분 부정문으로 이뤄져 있습니다. "~를 염려하지 말라"는 말씀이 세 번이나 나옵니다. 그리스도인은 물질적인 것에 집착해서는 안 됩니다. 우리는 먹을 것과 마실 것과 입을 것을 염려해서는 안 됩니다. 물론 평범한 사람들은 먹을 것과 마실 것과 입을 것에 대한 생각에 사로잡히는 것이 보통입니다. 가판대에 진열된 잡지나 버스와 지하철에 게재된 광고만 보아도 이를 잘 알 수 있습니다. 온통 먹을 것과 마실 것과 입을 것에 관한 이야기뿐입니다. 몇 달 전에 〈액센트 온 굿 리빙Accent on Good Living〉이라는 잡지를 창간한 출판사에서 증정본을 보내왔습니다. 그 잡지에는 샴페인과 담배, 골동품, 카펫에 관한 광고가 실려 있었습니다. 주말을 이용해 로마에서 쇼핑을 즐기는 방법도 나와 있었습니다. 부엌에다 컴퓨터를 설치하고 사용하는 방법, 유람용 보트나 스카치 한 상자를 경품으로 받는 비법 등도 소개되어 있었습니다. 화장품을 선택할 때 실수하지 않는 방법을 설명하는 재미있는 기사도 실려 있었습니다. 그리고 다음 호에는 카리브해에서 휴가를 보내는 법, 침대에 누워 휴식을 취하는 법, 최근에 유행하는 따뜻한 속옷, 순록 고기와 스노우베리에 관한 소식을 다루겠다고 약속했습니다. 전부 다 먹을 것과 마실 것과 입을 것에 관한 이야기입니다.

오해하지 마십시오. 예수님은 우리 몸에 음식과 의복이 필요하다는 사실을 부인하지도 경멸하지도 않으십니다. 다만 그리스도인이 그런 것들에 마음을 빼앗기는 것은 적절치도 못하고 어울리지도 않다고 말씀하고 계신 것입니다. 음식과 의복은 인생에서 추구해야 할 최고선이 아닙니다. 인간의 삶은 무엇을 얼마나 소유했느냐가 전부가 아닙니다. 그래서 예수님은 그런 것들을 염려하지 말라고 말씀하십니다. 무엇을 먹을까, 무엇을 마실까, 무엇을 입을까 하는 생각 자체를 하지 말라는 게 아니라 염려하지 말라는 말입니다. 신중한 생각을 경계하시는 게 아니라 걱정과 집착, 산만한 마음을 경계하시는 것입니다.

예수님은 두 가지를 말씀하십니다. 첫째, 염려는 기독교 신앙과 맞지 않는다는 것입니다(25-30절). 예수님은 음식과 의복을 위하여 염려하는 사람들을 가리켜 '믿음이 작은 자들'이라고 말씀하십니다(30절). 그러면서 예수님은 한층 더 강력한 논증 방식을 사용하십니다. 인간과 인간보다 못한 새나 꽃의 경험으로부터 우리를 먹이시고 입히시는 하나님의 사랑을 논증해나가십니다. 먼저 예수님은 인간의 경험을 근거로 이렇게 논증하십니다. "하나님이 너희 생명을 돌보신다. 너희가 살아 숨 쉬는 것은 너희 능력이 아니다. 하나님이 너희를 돌보신 덕분이다. 너희 생명을 돌보시는 하나님이 너희 몸에 영양을 공급하고 생명을 보존해줄 음식을 채워주지 않으시겠느냐? 음식보다 중요한 목숨을 돌보시는 하나님이 목숨보다 덜 중요한 음식을 채워주지 않으시겠느냐? 하나님은 너희 몸을 돌보신다. 너희 심장을 뛰게 하시는 분이 하나님이다. 너희 몸을 돌보시는 하나님이 몸을 덮을 의복을 채워주지 않으시겠느냐? 의복보다 중요한 몸을 돌보시는 하나님이 몸보다 덜 중요한 의복을 채워주지 않으시겠느냐?" 참으로 논리적이지 않습니까?

그다음에 예수님은 인간보다 못한 새들과 꽃들의 경험을 근거로 논증하십니다. 새들은 하나님이 먹이시는 실례로, 꽃들은 하나님이 입히시는 실례로 등장합니다. 예수님은 "새들과 꽃들을 보고 교훈을 얻어라"라고 말씀하십니다. 아는 사람은 아시겠지만 저는 새를 관찰하기를 아주 좋아합니다. 단순한 재미를 위해서뿐만 아니라 창조주 하나님이 지으신 세계를 아버지의 심정으로 이해하기 위해서 새를 관찰하곤 합니다. 예수님은 "공중의 새를 보라"고 단순하게 말씀하십니다. "저기 새 좀 봐라!" 하고 말씀하고 계십니다. "새와 꽃을 봐라. 그러면 뭔가 배울 수 있을 게다. 새들은 심지도 않고 거두지도 않고 창고에 모아들이지도 않는데 하늘에 계신 너희 아버지께서 기르신다. 꽃은 수고도 안 하고 길쌈도 안 하는데 하늘에 계신 너희 하나님이 솔로몬보다 더 멋지게 입히신다. 하물며 너희는 그보다 더 잘 입히지 않으시겠느냐? 너희가 꽃보다 더 중한데 말이다." 아시겠습니까? 처음과 정반대로 논증이 이어지고 있습니다. 처음에는 더 중요한 것에서 덜 중요한 것으로 논증이 이어졌다면, 이번에는 덜 중요한 것에서 더 중요한 것으로 논증이 이어지고 있습니다. 첫 번째 논증은 이렇습니다. "하나님이 너희 목숨도 돌보시는데, 너희에게 먹을 것과 마실 것을 주지 않으시겠느냐? 하나님이 너희 몸도 돌보시는데, 너희에게 입을 것을 주지 않으시겠느냐?" 두 번째 논증은 이렇습니다. "하나님은 새들과 꽃들도 돌보신다. 너희가 그것들보다 소중한데, 하나님이 너희를 돌보지 않으시겠느냐?" 이것이 예수님의 논리입니다.

주제에서 벗어나는 이야기지만, 지금 여러분 마음속에 떠오를 만한 질문들을 짚고 넘어가는 게 좋을 것 같습니다. 하나님 아버지가 우리를 먹이고 입히신다는 예수님의 약속을 들을 때 여러분 마음속에 떠오르는 질문들에 대해 간단히 살펴보고 넘어가겠습니다.

우선, 예수님의 약속은 우리가 생계를 꾸려 나갈 필요가 없다는 말이 아닙니다. 우리는 의자에 몸을 파묻고 "하늘에 계신 우리 아버지가 나를 먹이고 입히신다고 약속하셨어. 멋지지 않아?"라며 빈둥거리고 있을 수 없습니다. 예수님은 새를 예로 들어 우리를 먹이시는 하나님의 능력에 대해 말씀하셨습니다. 하나님이 새들을 어떻게 먹이시는지 생각해본 적 있으십니까? 새들은 스스로 먹이를 찾아 먹습니다! 예수님은 바보가 아닙니다. 예수님은 예리한 관찰자이십니다. 어떤 새들은 열매를 먹고 어떤 새들은 씨를 먹고 어떤 새들은 썩어가는 고기를 먹고 어떤 새들은 벌레를 잡아먹고 어떤 새들은 고기를 잡아먹고 어떤 새들은 죽은 고기를 먹는다는 사실을 아주 잘 알고 계십니다. 그들은 모두 스스로 먹이를 찾아 먹습니다! "하늘에 계신 너희 아버지가 먹이신다"라고 말씀하실 때 예수님은 보이지 않는 하나님의 손이 먹이를 뿌려주면 새들이 와서 먹는 모습을 상상하신 게 아닙니다. 하늘에 계신 우리 아버지는 새들이 먹이를 찾아 먹을 수 있는 수단을 제공하심으로써 새들을 먹이십니다. 하나님이 우리를 먹이신다고 할 때도 마찬가지입니다. 우리 스스로 생계를 꾸려나갈 필요가 없다는 말이 아닙니다.

또한 예수님의 약속은 우리에게 다른 사람을 돌볼 책임이 없다는 말이 아닙니다. 하나님이 하나님의 자녀들을 먹이고 입히시기로 약속하셨다고 하면, 사람들은 물을 것입니다. "그런데 왜 이 세상에는 영양결핍에 시달리고 제대로 입지도 못하는 사람이 이렇게 많은가? 심지어 그리스도인 중에도 그런 사람들이 적지 않다." 간단히 다루기에는 상당히 무거운 주제이지만, 저는 이렇게 대답하고 싶습니다. 그들이 못 먹고 못 입는 이유는 하나님이 제대로 공급하지 않아서가 아니라 인간들이 제대로 분배하지 않은 탓입니다. 하나님은 충분한 자원을 공급하셨지만, 인간들이 그 자원을 남몰래 비축하고 흥청망청 낭비하고 다른 사람들과 나누지 않은 탓입니다. 하늘에 계신 우리 아버지가 우리를 먹이고 입히신다고 말씀하신 예수님은 마태복음 뒷부분에서 우리가 주린 자를 먹이고 헐벗은 자를 입혔는지에 따라 심판을 받을 것이라고 말씀하십니다. 여러분은 이 말의 의미를 생각해본 적이 있습니까? 하늘에 계신 우리 아버지가 사람들을 먹이고 입히시듯이 우리 역시 주린 자를 먹이고 헐벗은 자를 입혀야 합니다. 우리에게는 그럴 책임이 있습니다. 성경은 항상 성경으로 해석해야 합니다.

마지막으로, 예수님의 약속은 우리가 괴로운 일을 당하지 않을 것이라는 말이 아닙니다. 예수님은 우리에게 염려하지 말라고 말씀하셨습니다. 그러나 염려에서 벗어난다는 것은 괴로운 일에서 벗어난다는 의미가 아닙니다. 예수님은 우리에게 염려하지 말라고 명령하신 것이지 모든 불행으로부터 해방될 것이라고 약속하신 것이 아닙니다. 오히려 예수님은 하나님이 입히시는 들풀도 낫으로 베이고 아궁이에 던져질 수 있다고 말씀하십니다. 하나님이 먹이시는 새들도 추운 겨울에 얼어 죽거나 굶어 죽을 수 있습니다. 하나님이 보호하시는 참새도 땅에 떨어질 수 있습니다. 예수님은 하늘에 계신 아버지가 허락하지 아니하시면 참새 한 마리도 땅에 떨어지지 않는다고 말씀하셨습니다. 그런 참새들도 가끔씩 땅에 떨어져 죽곤 합니다. 예수님은 34절에서 우리에게 내일 일을 위하여 염려하지 말라고 말씀하십니다. 그런데 그 이유가 내일 우리에게 괴로운 일이 생기지 않을 터이기 때문이 아니라 한 날의 괴로움은 그날로 족하기 때문입니다.

예수님은 하나님의 자녀들이 일을 하지 않아도 된다거나 다른 사람들을 돌보지 않아도 된다거나 괴로운 일이나 불행한 일을 당하지 않을 거라고 약속하지 않으셨습니다. 대신에 하늘에 계신 우리 아버지를 믿고 염려하지 않아도 된다고 약속하셨습니다. 오늘 예수님은 우리에게 염려하지 말라고 말씀하십니다. 염려는 기독교 신앙과 맞지 않습니다.

둘째, 염려는 상식에 맞지 않습니다. "내일 일을 위하여 염려하지 말라. 내일 일은 내일이 염려할 것이요 한 날의 괴로움은 그날로 족하니라"(34절). 예수님은 오늘과 내일을 모두 언급하십니다. 모든 염려는 내일을 위한 염려입니다. 그러나 또한 모든 염려는 오늘 현재 경험하는 것입니다. 우리가 느끼는 두려움은 내일에 대한 두려움이지만, 우리는 그 두려움을 오늘 느낍니다. 오늘 우리가 두려워하는 일은 내일 일어나지 않을 수도 있습니다. "염려하지 마라. 그 일은 일어나지 않을 수도 있다"고 말들 하는데, 맞는 말입니다. 사람들은 미래에 일어날 이런저런 일을 염려합니다. 그러나 그것은 망상에 불과합니다. 두려움은 거짓말쟁이일지도 모릅니다. 실제로 두려움은 자주 거짓말을 합니다. 우리가 염려하는 많은 일은 실제로 일어나지 않습니다. 그러므로 염려하는 것은 쓸모없는 짓입니다. 시간과 생각, 감정 낭비에 불과합니다. 예수님은 "오늘 하루를 살아라. 한 날의 괴로움은 그날로 족하다"라고 말씀하십니다. 염려하고 계십니까? 그렇다면 여러분은 괴로움을 두 배로 부풀리고 있는 셈입니다. 두려워하던 일이 실제로 일어나지 않는다면, 여러분은 쓸데없이 염려한 셈이 됩니다. 두려워하던 일이 실제로 일어난다면, 여러분은 한 번 염려할 일을 두 번 염려한 셈입니다. 어느 쪽이든 바보 같은 짓입니다! 염려는 괴로움을 두 배로 부풀립니다. 염려는 쓸데없는 낭비입니다. 염려는 기독교 신앙과도 상식과도 맞지 않습니다.

그릇된 야망을 품을 때 우리는 물질적인 것에 마음을 빼앗깁니다. 반대로 참된 야망을 품을 때 우리는 먼저 하나님의 나라와 하나님의 의를 구합니다. 인생의 모든 국면을 하나님이 통치하실 때까지 우리 인생에서 하나님의 나라가 점점 확장되기를 간절히 바랍니다. 내가 복음을 전파함에 따라 사람들이 거듭나서 하나님나라에 들어가고, 그리하여 하나님이 온 세상을 다스리시기를 간절히 바랍니다. 도덕적으로도 사회적으로도 하나님의 의가 공동체에 널리 퍼지기를 간절히 사모합니다. 우리는 이 일을 위해 삶을 드리고 하나님의 나라와 하나님의 의를 먼저 구해야 합니다.

이제 말씀을 마무리할 시간입니다. 6장 내내 예수님은 제자들에게 두 가지 길을 제시하셨습니다. 경건의 모양에도 두 가지가 있었습니다. 하나는 과시적 경건이고 또 하나는 은밀한 경건이었습니다. 기도하는 방법에도 두 가지가 있었습니다. 하나는 진심으로 드리는 기도였고 또 하나는 기계적으로 드리는 기도였습니다. 보물을 쌓아두는 장소도 땅과 하늘 두 가지였습니다. 사람들이 거하는 왕국도 빛의 왕국과 어둠의 왕국 두 가지였습니다. 사람들이 섬기는 주인도 하나님과 재물 두 가지였습니다. 구하는 대상도 두 가지였습니다. 하나는 물질적 안전이었고 다른 하나는 하나님의 나라와 하나님의 의였습니다. 그리고 우리는 둘 중에서 하나를 선택했습니다. 우리는 다르게 살라고 부름 받은 사람들입니다. 우리는 외식하는 자들을 본받아서도 안 되고 물질만능주의자인 이방인들을 본받아서도 안 됩니다. 예수님은 "그들을 본받지 말라"고 말씀하셨습니다. 선택의 핵심은 야망입니다. 사적인 경건생활에서 우리는 하나님의 영광을 위해 삽니까, 아니면 우리의 영광을 위해 삽니까? 공적인 일상생활에서 우리는 하나님의 나라를 위해 살고 있습니까, 아니면 우리의 안전을 위해 살고 있습니까? 어느 쪽을 선택해야 하는지 너무나 명백합니다. 이 선택은 인생 전체의 방향과 원동력이 무엇이냐에 달려 있습니다. 우리는 나 자신과 나의 영광, 나의 이익, 나의 보물, 나의 것, 나의 안전에 집착하는 자기중심적인 사람입니까, 아니면 온 마음으로 하나님의 영광과 하나님의 나라, 하나님의 이름, 하나님의 뜻, 하나님의 의를 생각하는 하나님 중심의 사람입니까? 우리 인생에서 최고선은 무엇입니까? 우리는 무엇을 구하고 있습니까? 하나님과 하나님의 영광에 대한 생각으로 마음이 가득 차 있습니까? 선택은 한 가지뿐입니다. 옳은 선택과 그른 선택이 있는 것이 아닙니다. 우리에게는 오직 한 가지 선택밖에 없습니다.

그리스도인의 관계
마태복음 7:1-29

마태복음 7장은 여러 개의 독립된 단락으로 이루어져 있습니다. 각 단락이 서로 어떤 관련이 있는지도 분명치 않고 전체 단락을 관통하는 주제가 확실한 것도 아닙니다. 그래도 그리스도인의 관계를 중심으로 각 단락을 하나로 이어서 이해할 수 있을 것 같습니다. 저는 그리스도인의 관계라는 주제로 7장을 일곱 단락으로 나누려 합니다.

첫 번째 단락인 1-5절은 "형제의 눈 속에 있는 티는 보고 네 눈 속에 있는 들보는 깨닫지 못하느냐"라는 구절을 중심으로 형제와의 관계를 다룹니다. 두 번째 단락인 6절은 개와 돼지로 불리는 집단에 대해 다룹니다. 그들은 분명 사람이나 짐승의 습성을 지니고 있으니 그들과는 하나님의 복음을 나누지 말라는 것이 6절의 요지입니다. 세 번째 단락인 7-11절은 우리가 어린아이처럼 기도하는 대상인 하늘에 계신 우리 아버지와의 관계를 다룹니다. 네 번째 단락인 12절은 사람들과의 일반적인 관계를 다룹니다. "무엇이든지 남에게 대접을 받고자 하는 대로 너희도 남을 대접하라"는 내용입니다. 다섯 번째 단락인 13-14절은 생명으로 인도하는 좁은 길을 함께 걷는 순례자들과의 관계를 다룹니다. 여섯 번째 단락인 15-20절은 우리가 경계해야 할 거짓 선지자들과의 관계를 다룹니다. 일곱 번째 단락인 21-27절은 우리가 가르침을 듣고 순종해야 할 우리 주 예수 그리스도와의 관계를 다룹니다. 그리스도인은 이처럼 다양한 사람들과 매우 복잡한 관계를 맺고 살아갑니다. 관계를 맺은 각 집단 또는 개인의 성품에 따라 그리스도인은 세심하게 행동해야 합니다.

그럼 본격적으로 시작해보겠습니다. 첫 번째 단락은 형제와의 관계를 이야기합니다. 문맥상 본문에서 말하는 형제는 그리스도인뿐 아니라 모든 사람을 포괄하는 단어입니다. "비판을 받지 아니하려거든 비판하지 말라"(1절). 이 구절은 아주 잘 알려져 있는 명령이지만, 그만큼 많이들 오해하고 있는 말씀이기도 합니다. 우선 예수님이 말씀하신 뜻과 다른 것부터 살펴보겠습니다. 예수님은 모든 비판을 금하신 것이 아닙니다. 사실 '비평가'라는 단어 자체에 오해를 불러일으킬 소지가 다분합니다. 비평가라는 단어는 꼭 흠잡는 사람을 지칭하는 단어가 아닙니다. 예를 들어 문학 비평가는 책을 논평하고, 예술 비평가나 연극 비평가는 예술 작품과 연극의 가치를 평가합니다. 비평가는 평가를 하는 사람이지 정죄를 하는 사람이 아닙니다. 이런 의미에서 예수님은 비판을 정죄하고 계신 게 아닙니다. "비판하지 말라"는 말씀을 사람들과의 관계에서 비판하는 능력을 사용하지 말라는 의미로 이해해서는 안 됩니다. 사람들의 잘못을 눈감아주고 못 본 척하라는 말이라고 생각하지 마십시오. "비판하지 말라"는 명령은 진위와 선악을 알아보려 하지 말고 모든 비판을 삼가라는 말이 아닙니다.

제가 이렇게 확신하는 근거는 무엇일까요? 많은 이유가 있지만, 그중 한 가지는 그런 행동이 정직하지 않기 때문입니다. 진위와 선악을 판단하지 않고 모든 비판을 삼가려면 우리는 알아도 모르는 척해야 합니다. 예수님이 비난하셨던 위선자들이 되어야 한다는 말입니다. 또 한 가지 이유는 그런 행동이 악과 거짓을 부추기기 때문입니다. 또한 하나님은 인간이 가치를 판단할 수 있도록 창조하셨습니다. 그런데 진위와 선악을 판단하지 않고 모든 비판을 삼가려면 우리는 본성을 부정하며 살아야 합니다. 그러나 무엇보다 중요한 이유는 이제까지 예수님이 산상수훈에서 가르치셨던 교훈을 숙고해볼 때 비판하는 능력을 발휘하고 사람들을 있는 그대로 평가하는 것이 옳기 때문입니다. 예를 들어 예수님은 마태복음 6장에서 우리에게 다르게 살라고 말씀하셨습니다. 그런데 서기관들과 바리새인들이 의를 행하는 방식이 잘못되었다는 사실을 명확히 파악하지 않으면, 어떻게 우리의 의가 그들의 의보다 더 나을 수 있겠습니까? 이방인들의 사랑이 잘못되었다는 사실을 먼저 파악하지 않으면, 어떻게 우리의 사랑이 그들의 사랑보다 나을 수 있겠습니까? 마태복음 6장에서 예수님은 바리새인의 경건과 그리스도인의 경건을 대비시키고, 이방인의 야망과 그리스도인의 야망을 대비시킵니다. 이는 곧 우리에게 그들을 비판할 책임이 있다는 말입니다. 이제까지 우리는 한쪽을 지지하고 다른 한쪽을 거부하기 위해 양쪽을 계속 평가해왔습니다.

  7장도 마찬가지입니다. 남을 비판하지 말라는 이 명령 뒤에는 두 가지 명령이 뒤따라 나옵니다. 하나는 거룩한 것을 개에게 주지 말며 너희 진주를 돼지 앞에 던지지 말라(6절)는 명령이고, 또 하나는 거짓 선지자들을 삼가고 그 열매로 그들이 어떤 사람인지 알아야 한다(15-16절)는 명령입니다. 둘 다 비판적 판단 없이는 순종할 수 없는 명령입니다. 누가 개이고 돼지인지, 누가 거짓 선지자인지 알아보지 못하면, 우리는 이 명령에 순종할 수 없습니다. 좋은 열매와 나쁜 열매를 구별하고 그 결과에 따라 행동하지 않으면, 거짓 선지자를 삼가라는 명령에 순종할 수 없습니다. 따라서 예수님은 지금 우리에게 비판 능력을 사용하지 말라고 가르치고 계신 게 아닙니다.

그렇다면 비판하지 말라는 말씀은 무슨 뜻일까요? 예수님은 우리에게 심판자가 되지 말라고 말씀하고 계신 것입니다. 예수를 따르는 사람들은 비판 능력을 발휘하고 도덕적, 지적 문제를 평가한다는 점에서 비평가가 되어야 합니다. 그러나 흠잡기를 좋아하는 심판자가 되어서는 안 됩니다. 지나치게 비판적인 태도는 아주 불쾌한 성분들이 가득한 죄로 이루어져 있습니다. 지나치게 비판적인 태도란 사람들을 비판적으로 평가한다는 의미가 아니라 가혹하게 재단한다는 의미입니다. 흠잡기를 좋아하는 비평가는 적극적으로 다른 사람의 죄를 들추기를 즐깁니다. 그는 파괴적이고 부정적인 태도로 사람들을 대합니다. 사람들이 모여 계획을 세울 때마다 찬물을 끼얹고, 사람들이 하는 행동에 늘 최악의 동기가 숨어 있다고 생각합니다.

더 큰 문제는 지나치게 비판적이 되면 스스로 검열관을 자처한다는 데 있습니다. 마치 자기에게 사람들의 옳고 그름을 재단할 권한과 권위가 있는 것처럼 행동합니다. 이런 태도는 자기 자신과 사람들의 위치를 완전히 오해한 것입니다. 그들이 언제부터 우리의 종이 되었고 우리가 언제부터 그들의 책임자가 되었다고, 그들을 심판한단 말입니까? 우리가 언제부터 그들의 심판자가 되었단 말입니까? 바울이 고린도교회 교인들에게 말한 대로 심판하실 이는 주님이십니다. 인간은 하나님이 아닙니다. 인간은 심판자가 될 자격이 없습니다. 인간은 사람의 마음을 읽을 수도 없고, 사람의 생각과 동기를 알 수도 없기 때문입니다. 흠잡기 좋아하는 태도는 오만하게도 심판날을 앞당겨 자기가 심판자이신 하나님을 대신하겠다고 나서는 것이나 다름없습니다. 한마디로 하나님 행세를 하려는 것입니다. 예수님은 우리에게 심판자가 되지 말라고 말씀하십니다.

인간은 심판을 받는 존재입니다. "너희가 심판을 받지 않으려거든, 남을 심판하지 말아라"(1절, 새번역). 예수님은 남을 심판하는 행동이 남에게 심판을 받을 위험을 자처하는 행위라고 경고하십니다. 그러나 반대로 생각하면, 남을 비판한다는 것은 우리에게 뛰어난 비판적 판단 능력이 있다는 이야기입니다. 집행해야 할 법에 대해 무지한 사람은 재판관을 자처할 수 없습니다. 그러므로 "비판하지 말라"는 명령은 잘못을 보고도 눈감아주라는 말이 아니라 너그럽게 대하라는 말입니다. 하나님이 다른 동물들과 달리 우리 인간에게만 주신 비판 능력을 감추고 인간이기를 그만두라는 말이 아니라 하나님처럼 되려는 사악한 야망을 버리라는 말입니다. 우리는 심판자가 되어서는 안 됩니다.

둘째, 우리는 위선자가 되어서는 안 됩니다. 예수님은 3절에서 사람들 눈에 있는 이물질에 관한 비유를 들려주십니다. 눈 속에 티가 있는 사람과 들보가 있는 사람에 관한 이 비유는 외식을 경계하라는 말씀입니다. 예수님은 6장 도입부에서 구제와 기도와 금식으로 하나님 앞에 경건의 의무를 행할 때 나타나는 외식을 폭로하셨습니다. 그리고 이번에는 사람들과의 관계에서 나타나는 외식을 폭로하십니다. 자기에게 어떤 흠이 있는지도 모르고 다른 사람의 흠을 들추고 참견하려는 태도를 지적하십니다.

우리가 심판자에 어울리지 않는 이유가 또 하나 있습니다. 앞서 살펴보았듯이 우리가 인간이고 오류에 빠지기 쉽고 하나님이 아니라는 이유도 있지만, 또 다른 이유는 우리가 타락한 인간이기 때문입니다. 타락으로 말미암아 우리는 죄인이 되었을 뿐 아니라 판단력까지 비뚤어지고 말았습니다. 그 결과 남의 흠은 과장하고 나의 중죄는 축소하려는 치명적인 성향을 갖게 되었습니다. 이것은 우리가 경험으로 아는 사실입니다. 타락한 인간인 까닭에 우리는 지극히 객관적이고 공정한 시각으로 남과 나를 비교하는 게 거의 불가능합니다. 자신을 볼 때는 아주 낙관적인 시선으로 바라보고, 다른 사람을 볼 때는 비뚤어진 시선으로 쳐다봅니다. 이런 사람들을 가리켜 예수님은 '외식하는 자'라고 부르십니다(5절). 외식하는 자가 되지 않으려면 다른 사람을 평가할 때 썼던 엄격하고 비판적인 잣대를 자신에게도 똑같이 적용해야 합니다.

우리는 심판자가 되어서는 안 됩니다. 또한 외식하는 자가 되어서도 안 됩니다. 그러면 어떻게 해야 할까요? 이물질에 관한 비유를 듣고 어떤 사람들은 예수님이 우리에게 도덕적, 영적 안과 의사를 자처하며 남의 눈에 참견하려 하지 말고 네 일에나 신경 쓰라고 말씀하시는 것이라 생각합니다. 그러나 예수님의 말씀은 그런 뜻이 아닙니다. 심판자나 위선자가 되지 말라는 말씀은 다른 사람이 어떻게 살든 신경 쓰지 않아도 된다는 말이 아닙니다. 우리는 이 말씀을 핑계 삼아 형제로서의 책임을 방기해서는 안 됩니다. 물론 예수님이 어떤 특정한 상황에서 다른 사람의 눈에 간섭하지 말라고 말씀하신 것은 사실입니다. 그 상황은 바로 우리가 우리 눈은 들여다볼 생각조차 안 하고 남의 눈에만 신경 쓸 때입니다. 그러므로 우리 눈 속에 있는 들보를 제거한 다음에는 즉시 다른 사람의 눈에서 티를 빼내려고 노력해야 합니다.

우리에게는 그럴 책임이 있습니다. 형제의 눈 속에 있는 티를 보지 않는 것이 우리의 의무가 아닙니다. 내 눈 속에 있는 들보는 그대로 두고 "형제여, 내가 그대 눈 속에서 티를 빼주겠소"라고 말하는 것이 우리의 의무가 아닙니다. 우리 눈 속에 있는 들보를 꺼내고 나서 형제의 눈 속에 있는 티를 꺼내는 것이 우리가 해야 할 일입니다. 기독교회는 그동안 이 명령을 너무나 쉽게 무시해왔습니다. 우리는 형제에 대한 책임을 다해야 합니다.

이제 개와 돼지를 다루는 두 번째 단락으로 넘어가겠습니다. 예수님의 입에서 이런 말이 나왔다는 사실에 놀란 이들도 있을 것입니다. 하지만 예수님은 항상 마음에 있는 생각을 솔직히 말씀하셨습니다. 헤롯을 '여우'라 부르는 데 거침이 없으셨고, 바리새인을 '독사의 새끼', '회칠한 무덤'이라 부르셨습니다. 그리고 오늘 본문에는 예수님에게 '개'와 '돼지'라 불리는 집단이 나옵니다. 그들은 분명 사람이지만 짐승의 습성을 지니고 있는 자들로서 금수 같은 행동으로 자기 본성을 드러냅니다. 그들은 과연 누구였을까요? 예수님은 그들이 인간이라기보다는 더러운 습관을 지닌 짐승에 가깝다고 단언하십니다. 예수님이 말씀하신 개는 거실에서 우아하게 생활하는 작은 애완용 개가 아니라 길거리를 어슬렁거리는 야생 들개를 말합니다. 그런가 하면 돼지는 진흙 밭에 뒹구는 걸 좋아하는 습성이 있습니다. 유대인들에게 돼지는 부정한 동물이었습니다. 베드로는 나중에 "개가 그 토하였던 것에 돌아가고 돼지가 씻었나가 더러운 구덩이에 도로 누웠다"(벧후 2:22)라는 속담을 언급한 바 있습니다. 본문에 나오는 개와 돼지는 본성이 거듭나지 않은 불신자들로서 몸은 살아 있으나 영혼은 죽어 있는 자들, 즉 영생을 얻지 못한 자들을 가리킵니다.

예수님은 "거룩한 것을 개에게 주지 말고 너희 진주를 돼지 앞에 던지지 말라"고 말씀하십니다. 어떤 상황인지 쉽게 상상할 수 있습니다. 유대인들은 제물로 바쳤던 거룩한 음식을 부정한 동물인 개에게 줄 생각을 꿈에도 하지 않았습니다. 진주를 돼지에게 던진다는 생각도 마찬가지입니다. 돼지에게 진주를 던지면 견과류나 콩인 줄 알고 맛을 보다가 먹을 게 아니라는 걸 알고는 진흙 속에 짓밟을 게 뻔합니다.

우리는 이 말씀을 어떻게 적용할 수 있을까요? 믿지 않는 자들에게 복음을 선포하지 말라는 뜻이 아니라는 것은 분명합니다. 그렇지 않다면 신약성경 전체를 근본적으로 뒤엎어야 할 테니 말입니다. 더더구나 우리가 지금 살펴보고 있는 마태복음은 "너희는 가서 모든 민족을 제자로 삼으라"는 위대한 명령으로 끝을 맺습니다. 그러면 거룩한 것을 개에게 주지 말고 너희 진주를 돼지 앞에 던지지 말라는 말씀은 무슨 뜻일까요? 거룩한 것과 진주가 복음이라면, 우리가 복음을 나누지 말아야 할 개와 돼지는 불신자들이 아니라 복음을 듣고 믿을 기회가 있었으나 복음을 단호히 거절하는 자들을 가리킵니다. 장 칼뱅이 지적한 대로 "그들은 완고히 하나님을 멸시하는 증거가 분명한 사람들, 그래서 그 질병을 도저히 치유할 수 없을 것 같은 사람들"입니다.

어떤 한계를 넘어 그들에게 계속 복음을 전하는 것은 복음의 가치를 떨어뜨리는 행위이자 위험을 자초하는 행위입니다. 우리가 복음을 전할 때마다 그들은 하나님을 멸시하고 모독할 테고, 단순히 복음을 거절하는 데서 그치지 않고 복음을 전하는 우리를 공격할 것이기 때문입니다. 예수님은 제자들을 파송하실 때도 같은 요지로 사람들이 완고한 마음으로 복음을 대적할 때는 "너희 발의 먼지를 떨어버리라"고 말씀하셨습니다. 실제로 바울은 사도행전에서 여러 번 "유대인들이 복음을 거절한다면 나의 진주를 돼지들에게 던져서 가치를 떨어뜨리느니 차라리 이방인들에게 가서 복음을 전하겠다"면서 그들을 향해 발의 티끌을 떨어버렸습니다.

예수님은 이 말씀을 하면서 거룩한 복음과 거룩하지 않은 사람들을 생생히 대비시킵니다. 무한한 가치가 있는 진주와 진주를 멸시하는 돼지들을 대비시킵니다. 그리고 이를 통해 하나님의 복음과 인간의 본성에 대해 말씀하십니다. 저는 여기 모인 사람들이 복음이 값나가는 진주라는 사실을 깨달은 분들이라 믿습니다. 성령이 눈을 뜨게 하셔서 예수님 안에 있는 진리를 보게 하신 이들은 누구나 그 사실을 깨닫게 마련입니다. 그러나 오늘 말씀을 통해 우리는 돼지가 진주를 먹이로 착각하고 살짝 맛보다가 진흙 속에 짓밟듯이 인간의 본성이 금수와 같이 타락할 수 있다는 사실도 배웁니다. 6절 말씀은 이렇듯 우리에게 하나님의 복음과 인간의 본성에 대해 중요한 교훈을 안겨줍니다.

세 번째 단락인 7-11절은 하늘에 계신 아버지와의 관계를 다루고 있습니다. 사고의 전환이 어색하지 않도록 예수님은 충분한 설명을 곁들이고 계십니다. 예수님은 먼저 우리들 사이의 관계에 대해 말씀하셨습니다. 그리고 이제 하늘에 계신 아버지 하나님과 우리의 관계로 넘어갑니다. 사실 사람을 심판하지 않고 진주를 돼지에게 던지지 않으려면 놀라운 안목이 필요합니다. 그러니 이 어려운 임무를 맡긴 다음 하나님께 은혜를 구하라고 말하는 것은 자연스러운 귀결입니다. 예수님은 이 단락에서 기도와 관련하여 놀라운 약속을 하십니다.

예수님이 산상수훈에서 기도에 관해 말씀하신 것은 이번이 처음이 아닙니다. 앞 장에서 살펴보았듯이 예수님은 기도할 때 바리새인처럼 외식하지 말고 이방인처럼 중언부언하지 말라고 경고하시고 주기도문도 가르쳐주셨습니다. 그런데 오늘은 거기서 한 걸음 더 나아가 놀라운 약속을 하시며 제자들에게 기도하라고 격려하십니다. 예수님은 우리 마음과 기억에 이 약속을 새겨 넣으려 애쓰십니다. 반복해서 말씀하시는 것은 그 때문입니다.

먼저, 예수님은 직접적인 명령에 약속을 덧붙여 말씀하십니다. "구하라 그리하면 너희에게 주실 것이요 찾으라 그리하면 찾아낼 것이요 문을 두드리라 그리하면 너희에게 열릴 것이니"(7절). 세 번의 명령이 나오고 그때마다 약속이 따라옵니다. 또한 예수님은 보편적인 진술의 형태로 약속하십니다. "구하는 이마다 받을 것이요 찾는 이는 찾아낼 것이요 두드리는 이에게는 열릴 것이니라"(8절). 이어서 9-11절에서는 따뜻한 비유를 들어 약속을 설명하십니다. 예수님은 청중들에게 아주 익숙한 상황을 예로 드십니다. 어린아이가 아버지에게 와서 무언가를 부탁하는 장면입니다. 예수님은 이렇게 말씀하십니다. "너희 아들이 너희에게 와서 먹을 것을 달라고 하면, 너희는 그 아들에게 먹을 것을 주겠느냐, 아니면 전혀 다른 것을 주겠느냐? 빵 대신 돌을 주겠느냐? 생선 대신 뱀을 주겠느냐? 아들이 와서 먹을 것을 달라고 하는데, 너희는 아들에게 몸에 해로운 것을 주겠느냐? 돌처럼 먹을 수 없는 것이나 뱀처럼 독이 있어 해로운 것을 주겠느냐? 터무니없는 소리다. 아들에게 그런 것을 줄 리가 만무하다. 부모는 자식을 사랑한다. 그래서 자식에게 좋은 선물을 준다." 예수님은 이어서 이렇게 말씀하십니다. 이 부분에 주목하십시오. "너희가 악한 자라도, 다시 말해 선천적으로 이기적인 너희들도 좋은 것으로 자식에게 줄 줄 안다."

"너희가 악한 자라도." 예수님은 인간의 본성이 원래 악하다고 말씀하십니다. 그러나 동시에 악한 자도 선한 일을 할 수 있다는 사실을 부인하지 않으십니다. 오히려 악한 부모도 자식에게는 좋은 선물을 준다고 말씀하십니다. 그런데 사실 여기에서 예수님은 인간이 선한 일을 하고 있을 때조차, 즉 부모로서 고결한 본능을 따를 때조차 인간은 '악한' 존재라고 말씀하고 계신 셈입니다.

예수님은 이 비유를 통해 인간과 하나님을 비교하는 게 아니라 대조하고 있습니다. 예수님은 너희가 부모로서 자식에게 좋은 선물을 주듯이 하늘에 계신 너희 아버지도 너희에게 좋은 것을 주신다고 말씀하고 계신 게 아닙니다. 예수님은 비교가 아니라 대조하고 계십니다. "너희가 악한 부모라도 좋은 것으로 자식에게 줄 줄 알거든 하물며 하늘에 계신 너희 아버지께서 자기 자녀에게 좋은 것으로 주시지 않겠느냐? 하늘에 계신 너희 아버지는 악하지 않으신데 말이다. 하나님은 선하고 다정하기가 한이 없으신데 말이다." 저는 우리가 하나님 앞에 기도하러 나아갈 때 하나님이 어떤 분이신지 기억하기를 바랍니다. 때로 우리는 하나님이 무서운 괴물이나 폭군, 독재자나 전제군주라도 되는 양 두려워하며 하나님 앞에 나아갑니다. 하나님이 우리 목숨을 하찮고 시시하게 여기시고, 우리가 하는 행동을 막고 우리를 짓누르는 분인 것처럼 생각합니다. 우리 하나님은 하늘에 계신 우리 아버지이십니다. 한없이 선하고 지혜롭고 다정하신 분입니다. 하나님은 자녀들에게 좋은 것만 주십니다.

어떤 이들은 이렇게 물을 것입니다. "목사님은 저희 사정을 전혀 모르시네요. 예수님은 그렇게 약속하시지만, 실상은 그렇지가 못해요. 약속하신 것과 달라요. 시험에 합격하게 해달라고 기도했는데 낙방했어요. 병을 낫게 해달라고 기도했는데 더 심해졌어요. 평화를 위해 기도했는데 전쟁이 터졌어요." 누군가 여러분에게 기도 응답이 없는 것을 두고 이렇게 묻는다면, 여러분은 어떻게 설명하겠습니까? 지나치게 단순화하는 측면이 있기는 하지만, 저는 이렇게 대답하고 싶습니다. 산상수훈에 나오는 예수님의 약속은 무조건적인 약속이 아니라고 말입니다. 잠시 이 부분을 살펴보겠습니다.

"구하라 그리하면 너희에게 주실 것이요"라는 말씀을 무조건적인 약속으로 여기고, "문을 두드리라 그리하면 너희에게 열릴 것이니"라는 말씀이 모든 문을 쉽게 여는 주문이라 여기는 것은 터무니없는 생각입니다. 공식을 외우거나 기도의 지팡이만 흔들면, 모든 기도가 응답을 받고 모든 소망이 이뤄지고 모든 꿈이 실현되리라 여기는 것은 터무니없습니다. 기도를 마술로 뒤바꾸는 얼토당토않은 생각에 불과합니다. 인간을 알라딘 같은 마술사로, 하나님을 지니와 같은 하인으로 뒤바꾸는 생각입니다. 우리가 기도의 램프를 문지를 때마다 하나님이 램프의 요정 지니처럼 튀어나와 소원을 이뤄주리라 여기는 터무니없는 생각입니다. 여러분은 하나님을 그런 분이라 여기십니까? 구하는 것은 뭐든지 받을 것으로 안다면, 그리스도인에게는 이것이 엄청난 부담이 되고 말 것입니다. 알렉 모티어Alec Motyer가 야고보서 강해에서 설명한 대로입니다. "우리가 무엇을 구하든 하나님이 주시겠다고 약속하셨다면, 나는 다시는 기도하지 않겠다. 원하는 것은 무엇이든 하나님께 구해도 될 정도로 내가 지혜로운 사람인지 자신이 없기 때문이다." 곰곰이 생각해보십시오. 그러면 여러분도 이 말에 동의할 것입니다. 하나님이 우리가 구하는 것을 구하는 때에 전부 정확히 들어주신다고 약속하신 것이라면, 이 약속은 미천한 인간의 지혜로는 감당할 수 없는 엄청난 부담이 되고 말 것입니다. 우리가 어떻게 이런 부담을 감당할 수 있겠습니까?

이렇게 설명하면 이해하기 쉬울 것입니다. 하늘에 계신 우리 아버지는 선하신 분이기에 자녀들에게 좋은 선물만 주십니다. 그러나 또한 하나님은 지혜로우신 분이기에 어떤 것이 좋은 선물이고 어떤 것이 나쁜 선물인지 아십니다. 앞서 살펴보았듯이 인간들도 떡이나 물고기를 달라는 자식에게 돌이나 뱀을 주지 않습니다. 그런데 자식이 무지하고 어리석어서 진짜로 돌이나 뱀을 달라고 하면, 부모는 어떻게 할까요? 무책임한 부모는 자식이 달라는 대로 줄지도 모릅니다. 하지만 현명한 부모는 자식의 요구를 거절할 것입니다. 하늘에 계신 우리 아버지는 우리가 돌이나 뱀을 달란다고 해서 주실 분이 아닙니다. 하나님 아버지는 자녀들에게 좋은 선물만 주시기 때문입니다. 우리가 좋은 것을 구하면, 하나님은 주실 것입니다. 그러나 우리가 좋지 않은 것을 구하면, 다시 말해 그 자체로 좋지 않거나 우리에게 좋지 않은 것, 또는 다른 사람들에게 좋지 않은 것을 구하면, 하나님은 우리의 요구를 거절하십니다. 그러므로 우리는 무조건적으로가 아니라 조건적으로 필요를 채워주시는 하나님께 감사해야 합니다. 하나님은 우리가 구하고 찾고 문을 두드린 것뿐 아니라 구하지도 찾지도 문을 두드리지도 않은 것에 대해서도 좋은 것만 주십니다. 기도에 응답하시는 하나님께 감사하십시오. 때로는 우리의 요구를 거절하시는 하나님께 감사하십시오. 로이드 존스 목사는 이렇게 말했습니다. "내가 어쩌다가 하나님께 구한 것을 무조건 다 들어주려고 하지 않으시는 하나님께 감사합니다. 내가 하나님께 구한 어떤 것을 주지 않으신 데 대해 진심으로 감사합니다. 내 면전에서 어떤 문을 닫아버리신 데 대해 진심으로 감사합니다."

이제 모든 인간에 관한 황금률을 다루고 있는 네 번째 단락으로 넘어가겠습니다. "그러므로 무엇이든지 남에게 대접을 받고자 하는 대로 너희도 남을 대접하라. 이것이 율법이요 선지자니라"(12절). 사실 앞부분에 나오는 '그러므로'라는 접두어는 논지 전개상 의미가 불분명합니다. 바로 앞에 나오는 11절을 언급하는 것이라면, 하나님이 자기에게 구하는 모든 자에게 선을 행하시듯 너희도 모든 사람을 선하게 대하라는 의미가 됩니다. "비판을 받지 아니하려거든 비판하지 말라"는 구절을 언급하는 것이라면, 심판자와 위선자가 되지 말라는 의미가 됩니다.

예수님이 산상수훈에서 말씀하시기 전에도 황금률은 여러 곳에 등장하는데 대개 소극적인 형태를 띠었습니다. 예를 들어 외경의 하나인 〈토빗기〉에는 "네가 싫어하는 일은 누구에게도 하지 말라"는 구절이 나옵니다. 랍비 힐렐도 "네가 싫어하는 일은 네 이웃에게도 하지 말라"고 말한 바 있습니다. 그런데 예수님은 같은 메시지를 적극적인 형태로 제시하십니다. "너희 이웃이 너희에게 해주었으면 하고 바라는 일을 너희가 먼저 이웃에게 해주어라." 남이 나를 대접하는 대로 나도 남을 대접하는 것이 믿지 않는 자들의 방식이라면, 남에게 대접을 받고자 하는 대로 남을 대접하는 것이 그리스도인의 방식입니다. 실로 엄청난 차이입니다. 그럼에도 이 말씀은 "네 이웃을 네 자신과 같이 사랑하라"는 명령과 마찬가지로 삶의 기준치고는 상당히 저급해 보입니다. 여러분 중에는 이렇게 생각하는 이들도 있을 것입니다. '자기애가 이웃 사랑의 기준이란 말인가? 이 얼마나 저급한 기준인가!' 그러나 솔직히 우리는 자신을 무척이나 사랑합니다. 그러므로 이 기준은 상당히 높은 기준이라 할 수 있습니다. 또한 사람들은 어떤 행동이 자기에게 이득이 될 때 그 행동을 하게 마련입니다. 그런 점에서 이 기준은 상당히 융통성이 있는 원리이기도 합니다. 그러므로 이제부터 우리는 다른 사람의 입장이 되어 자문해보아야 합니다. '내가 그 사람 입장이라면 어떤 대접을 받고 싶어 할까?' 하고 말입니다. 그렇게 하면 특정 상황에서 그 사람을 어떻게 대접해야 할지 알게 됩니다. 여러분이 대접을 받고자 하는 대로 그를 대접하십시오. 그렇게 하면 라일 J. C. Ryle 주교의 말대로 "수많은 어려움이 해결됩니다." 남에게 대접을 받고자 하는 대로 남을 대접하라는 황금률만 제대로 따르면 각기 다른 상황에 맞는 세세한 행동 원칙을 끊임없이 만들 필요가 없습니다. 6절 말씀은 다양한 상황에 폭넓게 적용할 수 있는 보편 원리입니다. 예수님이 바로 이어서 "이것이 율법이요 선지자니라"라고 말씀하신 것도 그 때문입니다. 즉 누구든 남이 자기에게 해주었으면 하는 것을 먼저 해주면 그 사람은 율법과 선지자들의 모든 가르침을 이룬 것이나 다름없습니다.

다섯 번째 단락인 13-14절은 동료 순례자들과의 관계를 다룹니다. 예수님은 모든 인간들과의 관계에 적용되는 보편 원리를 말씀하신 다음 좁은 문으로 들어가 소수의 순례자들과 함께 좁은 길을 걸으라고 말씀하십니다. 여기에서 우리는 예수님이 제시하는 두 개의 길이 얼마나 극명한 대조를 이루는지 이해해야 합니다. 또한 반드시 둘 중 하나를 선택해야 한다는 사실도 알아야 합니다. 앞 장에서 우리는 마태복음 6장을 통해서 두 가지 보물과 두 주인, 두 가지 야망과 뇌리를 사로잡은 두 가지 생각에 대해 살펴보았습니다. 거기에는 오직 한 가지 선택만 있었습니다. 우리는 둘 중 하나를 선택해야 했습니다. 우리는 대개 여러 가지 선택을 할 수 있기를 바랍니다. 아니면 모든 선택지를 하나로 합쳐서 어려운 선택을 하지 않아도 되기를 바랍니다. 예수님은 우리의 이런 혼합주의를 넘어서십니다. 예수님이 뭐라고 하시는지 살펴보겠습니다.

(1) 편한 길과 험한 길, 두 개의 길이 있습니다. 편한 길은 널찍하니 확 트인 길입니다. 이 길에는 다양한 의견과 도덕적 해이가 들어설 여지가 많습니다. 넓은 길에는 경계선이 전혀 없습니다. 내키는 대로 생각하고 행동할 수 있습니다. 생각이나 행동의 경계가 없습니다. 그러나 험한 길은 협착합니다. 이 길이 좁은 이유는 하나님의 계시 때문입니다. 좁은 길을 걷는 순례자들은 하나님이 참되고 옳다고 계시하

신 것 안에서 생각하고 행동해야 합니다.

(2) 두 개의 문이 있습니다. 편한 길로 안내하는 문은 넓습니다. 편한 길을 걷기란 아주 쉽습니다. 수화물 제한도 없어서 원하는 만큼 무엇이든 챙겨갈 수 있습니다. 아무것도 두고 갈 필요가 없습니다. 그러나 험한 길로 안내하는 문은 좁습니다. 잠깐 한눈팔면 놓치기 십상입니다. 바늘구멍처럼 좁은 문입니다. 좁은 문으로 들어가려면 죄와 이기심 모두 두고 가야 합니다. 고속도로 요금소를 지날 때처럼 한 사람씩 들어가야 합니다.

(3) 두 개의 목적지가 있습니다. 넓은 문으로 들어가는 편한 길은 멸망으로 인도합니다. 멸망은 지옥을 떠올리게 하는 끔찍한 단어입니다. 저는 우리가 지옥에 대해 가르칠 때 조금 더 신중하기를 바랍니다. 우리가 미천한 지혜로 천국을 다 알 수 없는 것처럼 지옥에 대해서도 다 이해한다고 말할 수 없기 때문입니다. 그러나 지옥의 실상이 정확히 어떠하든, 지옥에서는 모든 선한 것이 소멸됩니다. 지옥은 멸망입니다. 지옥에서는 아름다움과 사랑, 소망, 평화가 영원히 소멸됩니다. 그러나 좁은 문으로 들어가는 험한 길은 생명으로 인도합니다. 이 생명은 하나님과 교통하며 살아가는 진정한 생명입니다. 그 안에서 우리는 하나님의 얼굴을 뵙고 하나님의 위엄을 바라보고 하나님의 영광에 참여합니다.

(4) 두 부류의 무리가 있습니다. 넓은 문으로 들어가 멸망으로 인도하는 편한 길을 걷는 사람은 다수입니다. 이 길은 늘 사람들로 북적입니다. 그러나 좁은 문으로 들어가 생명으로 인도하는 험한 길을 걷는 사람은 소수입니다. 예수님은 자기를 따르는 제자들이 멸시를 받

는 소수가 될 줄 아셨던 것 같습니다. 좁은 길을 가는 순례자는 비록 그 수는 적지만 어두운 밤에도 두려워하지 않고 발걸음을 옮기는 행복한 자들입니다.

서로 극명히 대조되는 것이 보입니까? 편한 길과 험한 길, 오직 두 개의 길이 있을 뿐입니다. 중도는 없습니다. 넓은 문과 좁은 문, 오직 두 개의 문이 있을 뿐입니다. 다른 문은 없습니다. 다수와 소수, 오직 두 부류의 무리가 있을 뿐입니다. 중립적인 다수는 없습니다. 멸망과 생명, 두 가지 목적지가 있을 뿐입니다. 제3의 대안은 없습니다. 이 시대의 유행과는 맞지 않는 이야기입니다. 요즘 사람들은 아리스토텔레스와 중용을 좋아합니다. 요즘 가장 인기 있는 길은 중도와 중용입니다. 사람들은 극명하게 다른 두 가지 중 하나를 선택하라고 하면 분노합니다. 그러나 예수님은 지금 우리에게 하나를 선택하라고 말씀하십니다.

여섯 번째 단락인 16-20절은 거짓 선지자들에 대해 다룹니다. 생명으로 인도하는 좁은 길에 대해 말한 다음 곧바로 거짓 선지자를 언급하는 것은 아주 자연스러운 전개입니다. 거짓 선지자들은 구원의 문제를 모호하게 만드는 데 선수이기 때문입니다. 무엇보다 거짓 선지자들은 사람들이 좁은 길을 멀리하고 좁은 문을 보지 못하게 만듭니다. 그들은 평강이 없는 때에 "평강하다, 평강하다!" 하고 입버릇처럼 말합니다. 가끔씩 그들은 좁은 길이 실제로는 아주 넓고, 험한 길이 실은 정말 편하다고 주장하면서 예수님의 가르침을 뒤죽박죽으로 만듭니다. 가끔씩 그들은 넓은 길이 실은 멸망으로 인도하는 길이 아니라고 주장합니다. 심지어 정반대 방향으로 가더라도 모든 길은 결국 우리를 하나님에게로 인도한다고 우깁니다. 어느 길로 가든 같은 목적지에 다다르게 되어 있다고 말합니다. 그들은 거짓 선지자입니다. 거짓 선지자는 생명으로 인도하는 좁은 문과 험한 길을 찾는 사람들을 힘들게 합니다. 그래서 예수님은 "거짓 선지자들을 삼가라"(15절)고 말씀하십니다.

이 구절에는 많은 것이 들어 있습니다. 예수님은 이 구절을 통해 진리가 상대적인 것이 아니라는 사실을 가르치십니다. 이 구절에는 거짓 선지자가 나옵니다. 진리와 반대되는 거짓과 거짓말이 나옵니다.

예수님은 진리가 상대적인 것이라고 가르치지 않으셨습니다. 모순되는 의견이 실제로는 동일한 진리를 통찰할 때 서로 보완하는 역할을 한다고 가르치지 않으셨습니다. 예수님은 진리가 있고 거짓이 있다고 말씀하셨습니다. 참된 선포자가 있고 거짓 선지자가 있다고 말씀하셨습니다. 그러므로 우리는 거짓 선지자를 삼가야 합니다. 또한 예수님은 거짓 선지자들이 하는 거짓말과 구별되는 절대 진리가 있다고 말씀하셨습니다.

예수님은 구약 시대에 거짓 선지자들이 있었던 것처럼 기독교회 안에도 거짓 선지자가 있다고 상정하셨습니다. 거짓 선지자들을 삼가라고 말씀하신 것도 그 때문입니다. 사람들에게 없는 것을 삼가라고 말할 필요가 있겠습니까? 여러분 집에 동물이라고는 고양이 두 마리와 앵무새 한 마리가 전부인데, 집 앞에 '개 조심'이라는 팻말을 세울리는 만무합니다. 조심해야 할 사나운 개가 있으니 '개 조심'이라는 팻말을 세우는 것입니다. 예수님이 "거짓 선지자들을 삼가라"고 말씀하신 이유는 교회 안에 거짓 선지자가 있고 그들이 위험한 존재이기 때문입니다. 예수님은 그들이 이리와 같다고 말씀하십니다. 그들은 양떼를 가르고 죽이려고 덤비는 이리입니다. 또한 노략질하는 이리입니다. 그러나 그들이 양으로 변장하고 오는 탓에 이리라는 것을 알아채기가 쉽지 않습니다. 그들은 양의 옷을 입은 이리입니다. 그래서 부주의한 사람들은 그들을 양으로 착각하고 별 의심 없이 받아들입니다. 예수님이 "경계심을 늦추지 말라"고 말씀하신 것도 그 때문입니다. 그러나 유감스럽게도 교회는 방심할 때가 많았습니다.

이어서 예수님은 나무와 열매의 비유를 들어 거짓 선지자들을 시험해보라고 가르치십니다. 16절과 20절에 "그들의 열매로 그들을 알라"는 말씀이 두 번이나 나옵니다. 비유는 단순합니다. 우리는 열매를 보고 나무를 알 수 있습니다. 배가 열리는 것을 보고 그 나무가 배나무인 것을 압니다. 무화과가 열리는 나무는 가시나무가 아니라 무화과나무입니다. 엉겅퀴에서 무화과를 딸 수는 없습니다. 그렇다면 거짓 선지자를 알아볼 수 있는 열매는 어떤 게 있을까요? 첫 번째로는 성품을 들 수 있습니다. 요한복음 15장에는 포도나무와 가지의 비유가 나옵니다. 이 비유에서 열매를 맺는 그리스도인은 그리스도 안에 거하는 사람입니다. 그리스도인이 맺는 열매는 곧 그리스도를 닮아가는 것입니다. 우리 앞에 있는 선지자가 그리스도의 온유함과 온화함, 순결함, 사랑과 거룩한 성품을 드러낼 때 우리는 그가 참 선지자라고 짐작합니다. 그리스도를 닮은 열매를 맺고 있기 때문입니다. 그러나 가르침은 그럴듯해도 예수님을 닮은 성품이 보이지 않을 때 우리는 그가 거짓 선지자임을 알아챕니다.

두 번째 열매는 가르침입니다. 마태복음 12장 33-37절에서 예수님은 나무와 열매 비유를 말에 적용하십니다. "너희는 악하니 어떻게 선한 말을 할 수 있느냐. 이는 마음에 가득한 것을 입으로 말함이라"(34절). 그러므로 거짓 선지자를 알아보려면 그가 하는 말에도 주의를 기울여야 합니다.

세 번째 열매는 영향력입니다. 그들이 누구인지 알려면 그들의 가르침이 추종자들에게 어떤 영향을 끼치는지 살펴보아야 합니다. 때로 거짓 가르침의 허위는 성품이나 교리가 아니라 사람들에게 끼치는 영향력을 통해 드러나기도 합니다. 거짓 선지자들의 가르침은 신앙을 망가트리고 무신론과 도덕적 해이를 부추깁니다. 또한 그리스도의 양 떼를 분열시킵니다. 우리는 그들이 맺는 열매, 즉 성품과 가르침과 영향력을 보고 그들이 누구인지 알 수 있습니다. 그러나 거짓 선지자를 삼가고 그들의 열매를 보고 그들을 알라는 예수님의 말씀은 우리더러 이단 사냥꾼이 되라는 뜻이 아닙니다. 사람을 만나면 의심부터 하고 보라는 뜻도 아닙니다. 예수님의 말뜻은 교회 안에 거짓 선지자가 있다는 사실을 인정하고 경계를 늦추지 말라는 것입니다. 그만큼 진리가 중요하기 때문이고 교회 안에서 진리를 지켜야 하기 때문입니다.

마지막 일곱 번째 단락인 21-27절은 선생이자 주이신 예수 그리스도와의 관계를 다룹니다. 우리가 마음과 뜻과 목숨을 다해 순종해야 할 예수님과 우리의 관계를 다루고 있습니다. 우선 예수님은 말로만 하는 신앙 고백과 머리로만 아는 지식이 얼마나 위험한지 경고하십니다. 입술의 고백이나 머릿속 지식이 순종을 대신할 수는 없습니다. 예수님은 우리의 운명이 가르침에 순종하며 살았는지 여부에 달려 있다고 엄숙히 말씀하십니다.

첫째, 말로만 하는 신앙 고백의 위험. "나더러 주여, 주여 하는 자마다 다 천국에 들어갈 것이 아니요 … 그날에 많은 사람이 나더러 이르되 주여, 주여 … 하리니"(21-22절). 많은 이들이 예수를 주로 고백합니다. 그러나 지금 예수님을 주로 고백하고 있느냐, 또는 심판날에 예수님을 주로 고백하느냐에 따라 우리의 최종 운명이 결정되는 게 아닙니다. 우리의 운명은 고백한 바대로 사느냐, 입술로 한 고백이 순종으로 이어지느냐에 따라 좌우됩니다. 사실 예수님이 본문에서 묘사하시는 신앙고백은 나무랄 데가 없습니다. 아주 정중한 고백입니다. 이들은 예수님을 주라고 부릅니다. 지금도 '우리 주님'이라는 호칭은 예수님을 부르는 가장 예의바른 호칭 중 하나입니다. 정중하고 정통적이고 정확한 호칭입니다. 예수님을 주라고 부르는 것은 예수님이 주님이심을 인정하는 것입니다. 예수님은 주님이십니다. '주主'는 신성한 칭호입니다. 하나님은 예수 그리스도를 높이시고 모든 권세를 주셨습니다. 예수님은 주님이십니다. 이 호칭은 사실에 부합하는 정확한 호칭입니다. 예수 그리스도를 주라 부르는 것은 정통적인 고백입니다. 다시 말하건대, 이 고백은 정중하고 정통적이고 열렬한 고백입니다. 그들은 차갑게 주의 이름을 부르지 않았습니다. 자신이 얼마나 열렬히 예수님에게 헌신하고 있는지 알아주기를 바라며 열성적으로 '주여, 주여' 하고 불렀습니다.

또한 이 고백은 공적 고백입니다. 그들은 단순히 사적으로 혹은 개인적으로 그리스도를 '주여, 주여' 하고 부른 것이 아닙니다. 그중에는 그리스도의 이름으로 선지자 노릇을 한 이도 있었습니다. 즉 그들은 공개적으로 그리스도의 이름을 불렀고 그리스도를 주로 고백했습니다. 또한 이 고백은 아주 극적인 고백입니다. 예수님은 지금 우리에게 말뿐인 고백의 가장 극단적인 예를 들어 설명하십니다. 그들은 자기가 예수님의 이름으로 귀신을 쫓아내고 권능을 행했다고 주장합니다. 그들은 자기가 신앙을 고백한 예수님의 이름을 세 번이나 강조합니다. "우리가 주의 이름으로 선지자 노릇 하며 주의 이름으로 귀신을 쫓아내며 주의 이름으로 많은 권능을 행하지 아니하였나이까"(22절).

여러분은 이렇게 물을지도 모릅니다. "이보다 더 좋은 고백이 있을 수 있습니까? 그들은 개인 경건생활을 할 때도 공적인 사역을 할 때도 공손하고 열성적으로 정통성 있게 예수님을 주로 고백했습니다. 이게 잘못된 건가요?" 그 자체로는 잘못된 게 하나도 없습니다. 하지만 사실은 완전히 잘못되었습니다. 그들이 예수님에게 하는 말과 예수님이 그들에게 하는 말이 일치하지 않기 때문입니다. 예수님은 그들에게 엄숙히 말씀하십니다. "내가 너희를 도무지 알지 못한다. 너희는 나를 안다고 말하고 나의 이름으로 이런저런 일을 했다고 주장하지만, 나는 너희를 알지 못한다." 어떻게 이런 일이 생긴 것일까요? 그들이 말로만 신앙을 고백하고 삶으로는 순종하지 않았기 때문입니다. 입술로만 떠들고 삶으로는 예수님의 가르침을 따르지 않았기 때문입니다. 그들은 예수님을 "주여, 주여" 하고 부르면서도 정작 주님이신 예수님의 말씀에 복종하지 않았습니다. 그래서 예수님은 그들에게 "너희는 나를 불러 주여, 주여 하면서도 어찌하여 내가 말하는 것을 행하지 아니하느냐"(눅 6:46)라고 말씀하십니다. "나더러 주여, 주여 하는 자마다 다 천국에 들어갈 것이 아니요 다만 하늘에 계신 내 아버지의 뜻대로 행하는 자라야 들어가리라"(마 7:21)라고 말씀하십니다.

말로 고백하는 것만으로는 충분하지 않습니다. 고백이 순종으로 이어져야 합니다.

둘째, 머리로만 아는 지식의 위험. 21-23절에서 말하는 것과 행하는 것이 대조를 이뤘다면, 24-27절에서는 듣는 것과 행하는 것이 대조를 이룹니다. "누구든지 나의 이 말을 듣고 행하는 자는"(24절). "나의 이 말을 듣고 행하지 아니하는 자는"(26절). 예수님은 집을 짓는 건축가에 비유하여 듣고 순종하는 자와 순종하지 않는 자를 대비시켜 설명하십니다. 둘 다 집을 짓고 있습니다. 얼핏 보아서는 두 사람이 어떤 차이가 있는지 알아채기 어렵습니다. 그러나 두 사람은 전혀 다른 토대 위에 집을 지었습니다. 집의 토대는 눈에 보이지 않습니다. 눈으로 보아서는 알 수 없습니다. 폭풍우가 몰아쳐 집이 무너져야 토대가 드러납니다. 반석 위에 지은 집은 폭풍우가 몰아쳐도 끄떡없지만, 모래 위에 지은 집은 무너지지 않을 도리가 없습니다.

신앙을 고백하는 그리스도인은 진짜나 가짜나 비슷해 보입니다. 누가 진짜고 누가 가짜인지 쉽게 알아낼 수가 없습니다. 겉보기에는 둘 다 그리스도의 가르침을 토대로 인생을 건설하는 것처럼 보입니다. 산상수훈을 마무리하는 본문에서 예수님이 지금 대조하는 대상은 그리스도인과 이방인이 아닙니다. 예수님은 지금 말로만 신앙을 고백하는 그리스도인과 진정한 그리스도인의 차이를 말씀하시는 중입니다. 이 둘은 모두 예수님의 말씀을 듣습니다. 영적인 집을 짓는 건축가로서 이 둘에게는 예수님의 말씀을 듣는다는 공통점이 있습니다. 어떤 의미에서는 둘 다 보이는 교회의 일원입니다. 그들은 성경을 읽고 교회에 출석하고 설교를 듣습니다. 케직사경회에도 참석합니다.

얼핏 보아서는 둘의 차이를 알 수가 없습니다. 건물의 토대가 눈에 보이지 않듯 그들이 뿌리 내리고 있는 삶의 토대가 눈에 보이지 않기 때문입니다.

사실 진짜 문제는 그들이 예수님의 가르침을 듣느냐 안 듣느냐가 아니라 가르침을 따라 사느냐 그렇지 않느냐에 있습니다. 예수님은 폭풍이 몰아치면 비로소 실상이 드러난다고 말씀하십니다. 때로는 위기나 재앙 같은 인생의 폭풍이 우리의 진짜 모습을 드러냅니다. 폭풍이 몰아치면 비로소 삶의 토대가 드러납니다. 특히 심판날에 폭풍우가 몰아치면 우리가 어떤 사람이고 어디에 토대를 두고 인생을 살아왔는지 낱낱이 드러날 것입니다.

산상수훈 끝부분에서 예수님이 무엇을 강조하고 계신지 참으로 분명하지 않습니까? 예수님을 아는 지식은 꼭 필요합니다. 그러나 머리로 아는 것만으로는 충분하지 않습니다. 신앙고백은 필요합니다. 그러나 입으로만 신앙을 고백하는 것만으로는 충분하지 않습니다. 중요한 것은 우리가 예수님에 대해 멋지고 공손하고 정통성 있고 열렬한 고백을 하느냐의 여부가 아닙니다. 예수님의 말씀을 듣고 있는지, 머릿속에 예수님의 가르침이 가득 찰 때까지 성경을 읽고 공부하고 외우고 있는지 여부가 중요한 게 아닙니다. 중요한 것은 우리가 말하는 대로 행하고 있는지 여부입니다. 우리는 아는 대로 행하고 있습니까? 우리가 주라고 고백하는 그리스도가 실제로 우리의 삶을 주관하고 계십니까?

결론에 앞서 산상수훈 전체를 되돌아보았으면 합니다. 많은 사람이 산상수훈의 가르침을 받아들일 마음이 있다고 말합니다. 그들은 산상수훈에 "긍휼히 여기는 자는 복이 있나니 그들이 긍휼히 여김을 받을 것임이요. … 무엇이든지 남에게 대접을 받고자 하는 대로 너희도 남을 대접하라"와 같은 내용이 들어 있다는 것을 압니다. 그들은 산상수훈을 듣고 "훌륭한 가르침이네요"라고 말합니다. "도덕을 정말 쉽게 잘 가르치는 나사렛 예수가 여기 있네요. 이게 진짜 예수입니다. 도그마가 아니라 일반 윤리를 가르치는, 단순하고 순박한 의와 사랑의 선지자가 여기 있군요."

그들은 틀렸습니다. 산상수훈에는 무엇보다 이 설교를 하는 예수 그리스도의 유일무이한 특성이 잘 드러나 있기 때문입니다. 산상수훈을 듣고 우리가 떠올려야 하는 질문은 "예수님의 가르침을 어떻게 생각하는가?"가 아니라 "도대체 이 선생은 누구인가?"입니다. 실제로 산상수훈을 들은 사람들은 그렇게 반응했습니다. "예수께서 이 말씀을 마치시매 무리들이 그의 가르치심에 놀라니 이는 그 가르치시는 것이 권위 있는 자와 같고 그들의 서기관들과 같지 아니함일러라"(28-29절). 예수님은 권위가 있으셨습니다. 예수님은 망설이지 않으셨습니다. 변명하듯 말씀하지 않으셨습니다. 예수님은 하고 싶은 말이 무엇인지 아셨습니다. 예수님은 교의상의 확신을 가지고 차분히 말씀하셨습니다.

그러니 이제 마지막으로 예수 그리스도의 권위에 대해 살펴보겠습니다. 첫째, 선생으로서의 권위. 이 세상에는 많은 선생이 있지만, 예수님의 가르침에는 특출한 무언가가 있습니다. 주석자들은 이것을 다양하게 묘사합니다. 제임스 데니James Denny는 "그분이 지닌 최고의 입법 권위"라고 묘사했고, 그레셤 메이첸Gresham Machen은 "예수님은 자기에게 하나님나라의 법을 제정할 권리가 있다고 말씀하셨다"고 했습니다. 찰스 스펄전은 "예수님은 왕으로서 말씀하셨다"고 했고, 알프레드 플러머는 "왕의 확신"이라 썼으며, 장 칼뱅은 "사람들은 이상하고 형언할 수 없고 예사롭지 않은 예수님의 위엄에 마음이 끌렸다"고 썼습니다. 서기관들은 자신의 권위로 가르치지 않았습니다. 예수님은 서기관들과 달랐습니다. 선지자들은 여호와의 권위 뒤에 숨어 "주께서 말씀하시기를"이라고 말했습니다. 예수님은 선지자들과도 달랐습니다. 예수님은 "진실로 진실로 내가 너희에게 이르노니"라고 말씀하셨습니다. 위엄 있게 자기 이름과 자기 권위로 말씀하셨습니다. 그래서 사람들은 선생이신 예수님의 권위에 놀라고 두려워했습니다.

둘째, 그리스도로서의 권위. 예수님은 자신이 기름 부음을 받은 자로서 사명을 가지고 왔노라고 말씀하셨습니다. 첫날 아침에 살펴보았듯이 예수님은 율법이나 선지자를 폐하러 온 것이 아니라 완전하게 하려고 왔다고 말씀하셨습니다. 예수님은 율법과 선지자들의 모든 가르침이 자기 안에서 완전하게 된다고 주장하셨습니다. 예수님은 그리스도셨습니다. 구약성경의 모든 예언은 예수님 한 사람에게 집중되었습니다. "나는 율법과 선지자를 완전하게 하려고 왔다." 이것이 그리스도이신 예수님의 권위입니다.

셋째, 주님으로서의 권위. 예수님은 단순히 가르치시기만 한 게 아닙니다. 가르침을 받은 자들이 순종하기를 기대하셨습니다. 예수님은 사람들이 자기를 주라 부르는 게 못마땅하셨던 것이 아닙니다. 예수님은 '주'라는 호칭이 적합한 호칭이라 생각하셨습니다. 문제는 그들이 입으로는 주라고 부르면서 주님이신 예수님의 권위에 복종하지 않은 데 있었습니다. 예수님은 제자들이 자신의 가르침을 토대로 인생을 건설하고 가르침을 따라 살기를 바라셨습니다. 예수님은 "나의 이 말을 듣고 행하는 자는 지혜로운 사람이요 행하지 아니하는 자는 어리석은 사람이다"라고 말씀하셨습니다. 주님의 권위에 순종하는가를 보고 지혜로운 사람인지 어리석은 사람인지 평가하셨습니다.

넷째, 심판자로서의 권위. "그날에 많은 사람이 나더러 이르되"(22절). 예수님은 심판날의 주인공이 자신이라고 말씀하셨습니다. 심판날에 사람들이 자기 앞에 나아와 이런저런 말을 할 것이라고 말씀하셨습니다. "그날에 많은 사람이 나더러 이르되 주여, 주여 우리가 주의 이름으로 선지자 노릇 하며 주의 이름으로 귀신을 쫓아내며 주의 이름으로 많은 권능을 행하지 아니하였나이까 하리니 그때에 내가 그들에게 밝히 말하되 내가 너희를 도무지 알지 못하니 불법을 행하는 자들아, 내게서 떠나가라 하리라"(22-23절). 예수님은 계속해서 '내가' '나더러'라는 표현을 사용하십니다. 마지막 날에 예수님이 심판하실 것이라고 말씀하십니다.

다섯째, 하나님으로서의 권위. 예수님은 자기가 하나님의 아들이라고 말씀하셨습니다. 하나님을 '나의 아버지'라 부르셨고 '내 아버지의 뜻'이라고 말씀하셨습니다. 그러나 또한 예수님은 자신을 하나님과 동등한 존재로 여기셨습니다. 팔복 마지막 부분에 보면 이런 구절이 나옵니다. "나로 말미암아 너희를 욕하고 박해하고 거짓으로 너희를 거슬러 모든 악한 말을 할 때에는 너희에게 복이 있나니 기뻐하고 즐거워하라. 하늘에서 너희의 상이 큼이라. 너희 전에 있던 선지자들도 이같이 박해하였느니라"(5:11-12). 예수님은 구약 시대 선지자들이 하나님을 위하여 고난을 받았던 것에 비유하여 제자들이 예수님을 위해 고난을 받기를 바라십니다. 여기에 피할 수 없는 사실이 있습니다. 지금 예수님은 제자들을 하나님의 선지자들에 비유하는 한편 자신을 하나님에 비유하고 계십니다.

어떤 이들은 "여기 진짜 예수가 있다. 평범한 의의 교사가 여기 있다"고 말하지만, 예수님은 하나님의 권위를 가지고 가르치십니다. 예수님은 구약을 완전하게 하려고 오셨다고 말씀하셨습니다. 예수님은 우리가 순종해야 할 주님이십니다. 예수님은 마지막 날 우리를 심판할 심판자이십니다. 예수님은 하나님을 아버지라 부르고 자신을 하나님과 동일시하십니다. 우리는 이런 예수님의 권위에 복종해야 합니다. 예수님의 가르침에 우리의 생각을 복종시켜야 합니다. 우리에게는 예수님과 다른 생각을 할 자유가 없습니다. 우리는 예수님의 명령에 의지를 복종시켜야 합니다. 우리에게는 예수님에게 불순종할 자유가 없습니다. 도마처럼 "나의 주님, 나의 하나님!"이라고 고백하며 생각과 의지로 그분의 가르침에 순종해야 합니다.

신자 안에 계신 성령

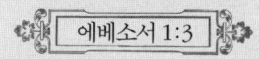
에베소서 1:3

1972

John Stott

노리치의 주교는 우리가 성령과 성령의 사역에 관한 예수님의 가르침을 이해할 수 있도록 많은 도움을 주었습니다. 이 시간에 저는 같은 주제를 사도 바울이 어떻게 가르쳤는지 살펴보고자 합니다. 오늘 하나님이 우리 마음에 새겨주시기 바라는 성경 본문은 에베소서 1장 3절 말씀입니다. "찬송하리로다. 하나님 곧 우리 주 예수 그리스도의 아버지께서 그리스도 안에서 하늘에 속한 모든 신령한 복을 우리에게 주시되." 복이라는 단어가 눈에 들어오지 않습니까? 우리는 그리스도 안에 있는 모든 복으로 우리에게 복 주시는 하나님을 찬양합니다.

하나님은 우리를 예수 그리스도와 연합시키셨습니다. 이것이 '그리스도 안에서'라는 말의 뜻입니다. '그리스도 안에서'라는 말은 우리가 공간적으로 그리스도 속에 있다는 뜻이 아니라 몸에 달린 팔이나 포도나무에 달린 가지처럼 그리스도에게 접붙어 있다는 뜻입니다. '그리스도 안에서'라는 말은 그리스도와 하나가 되었고 그리스도와 유기적으로 연합되었다는 뜻입니다. 하나님이 우리 모두에게 이런 놀라운 일을 행하셨습니다. 우리에게 예수님은 저 맑고 푸른 하늘 위에 계신 분이 아닙니다. 예수님은 역사책이나 성경책 안에 살아 계신 분이 아닙니다. 예수 그리스도는 우리와 동시대를 살고 계십니다. 우리는 유기적으로 그리스도와 연합되어 그리스도 안에 있습니다. 하나님은 우리를 예수 그리스도와 하나가 되게 하심으로써 우리에게 모든 신령한 복을 주셨습니다.

이것은 바울이 감옥에서 쓴 옥중서신의 핵심 주제입니다. 예를 들어, 골로새서에서 바울은 하나님의 '충만'에 대해 말하면서 이 충만이 그리스도 안에 거하고, 그리스도 안에서 우리도 충만해졌다고 이야기합니다. 바울이 말하는 충만은 하나님에게서 예수 그리스도에게로 옮겨지고 예수 그리스도에게서 우리에게로 옮겨집니다. 우선 이 충만은 그리스도 안에 있습니다. 그런데 우리도 그리스도 안에 있습니다. 그러므로 이 충만은 우리의 것이기도 합니다.

바울은 골로새서에서 '충만'이라고 부르던 것을 에베소서에서는 '그리스도 안에서 하늘에 속한 모든 신령한 복'이라고 부릅니다. 하늘이란 보이지 않는 영의 세계를 의미합니다. 바울은 하나님이 그리스도 안에서 우리에게 주신 이 복이 신령한 복이라고 강조합니다. 이 복을 신령한 복이라고 부르는 이유는 그것이 성령을 통해 주어지기 때문입니다.

신령한 복이란 결국 성령을 통해 주시는 복을 의미합니다. 따라서 "하나님 곧 우리 주 예수 그리스도의 아버지께서 그리스도 안에서 하늘에 속한 모든 신령한 복을 우리에게 주시되"라는 구절에는 삼위일체 하나님이 언급되어 있는 셈입니다. 그리스도인이 받는 놀라운 복은 본래 주 예수 그리스도의 아버지이시고 그리스도 안에 있는 우리의 아버지이신 성부 하나님에게서 유래했습니다. 성부 하나님에게서 나온 이 복을 그리스도 안에 있는 모든 자가 성령을 통해 받아 누리는 것입니다. 저는 모든 그리스도인이 이 진리를 이해하고 믿고 행동하기를 간절히 바랍니다. 하나님이 우리에게 복을 주셨습니다. 하나님이 우리 아버지시고 우리가 그분의 자녀이고 또 우리가 그리스도 안에 있다면, 이 모든 복은 우리의 것입니다. 설령 아직 활짝 꽃이 피지 않고 겨우 싹을 틔운 상태라 해도 이 복은 우리의 것입니다. 우리가 그리스도의 것인 한 성령이 주시는 신령한 복은 다 우리 것입니다. 하나님이 우리에게 주시는 놀라운 복은 앞으로 받을 복이 아니라 이미 받은 복입니다. 이미 우리의 것입니다. 하나님은 이미 우리에게 복을 주셨습니다. 하나님은 우리를 그리스도와 하나가 되게 하실 때 이미 이 복을 우리에게 주셨습니다. 우리가 그리스도 안에 있으면, 우리는 모든 것을 가지고 있는 셈입니다. 우리에게 필요한 모든 것이 그리스도 안에 있기 때문입니다.

에베소서의 나머지 부분은 모두 이 주제를 설명하는 데 할애되고 있습니다. 바울은 하나님이 우리에게 주신 모든 신령한 복과 우리가 받은 복의 결과를 자세히 설명합니다. 그러므로 에베소서 내용을 간략히 살펴보는 것이 1장 3절의 의미를 이해하고, 그리스도 안에서 이미 우리의 것인 신령한 복을 더 많이 누리는 방법을 아는 데 도움이 될 것입니다.

바울이 에베소서 1장부터 6장까지 계속 성령을 언급하고 있다는 사실을 알고 있습니까? 신령한 복이란 성령을 통해 주시는 복입니다. 그렇다면 이 복은 과연 어떤 복일까요? 기억하기 쉽도록 저는 이것을 다섯 가지로 나누어 설명할까 합니다.

첫째, 성령의 인치심. "그 안에서 너희도 진리의 말씀 곧 너희의 구원의 복음을 듣고 그 안에서 또한 믿어 약속의 성령으로 인치심을 받았으니 이는 우리 기업의 보증이 되사 그 얻으신 것을 속량하시고 그의 영광을 찬송하게 하려 하심이라"(13-14절). 즉 복음을 듣고 예수를 믿은 모든 사람은 약속의 성령으로 인치심을 받았습니다. 바울은 성령을 근심하게 하지 말라고 권면하는 4장 30절에서도 '인치다'라는 똑같은 동사를 사용하여 성령 안에서 우리가 구원의 날까지 인치심을 받았노라고 말합니다. 인치심은 우리가 믿을 때 일어납니다. 인치심은 과거의 사건입니다. 이미 일어난 일입니다. 하나님은 성령의 도장을 우리에게 찍으셨습니다.

날인은 소유권을 표시하는 행위입니다. 법률 서류에 도장을 찍든, 어떤 도구나 기구에 이름을 새기든, 인두로 양이나 가축의 몸에 낙인을 찍든, 날인을 하는 목적은 그것이 나의 소유임을 표시하기 위해서입니다. 하나님은 우리가 영원히 하나님의 소유임을 표시하기 위해 우리에게 성령을 주셨습니다. 성령은 그리스도인임을 확인해주는 꼬리표입니다. 여러분 안에 성령이 거하시면, 여러분은 그리스도인입니다. 하나님은 우리가 그리스도를 믿을 때 우리 안에 성령이 거하게 하심으로써 우리에게 인을 치셨습니다.

이 인은 지워지지 않습니다. 우리에게 찍은 성령의 날인은 지울 수도 없고 지워지지도 않습니다. 우리는 "구원의 날까지 인치심을 받았"습니다(4:30). 우리의 몸이 구원을 받는 마지막 날까지 성령의 인은 지워지지 않습니다. 하나님은 성령으로 우리에게 인을 치셨고, 마지막 날까지 우리에게서 성령을 거두지 않으실 것입니다. 이 인은 언젠가 우리가 하늘나라를 유업으로 받게 되리라는 하나님의 보증입니다.

이것이 바울이 성령과 관련하여 언급한 첫 번째 복입니다. 이 얼마나 소중한 복입니까! 이 세상에는 불확실하고 불안한 것투성이입니다. 인류 문명은 위기에 처해 있습니다. 두려움 때문에 마음이 망가져 버린 사람들이 너무나 많습니다. 깊은 불안이 온 세상을 덮고 있습니다. 그런 세상에서 하나님이 성령으로 여러분에게 영원한 인을 치셨습니다. 여러분 마음에 성령의 인을 치시는 신령한 복을 주셨습니다.

둘째, 성령의 조명. 바울은 16-19절에서 하나님이 지혜와 계시의 영을 우리에게 주사 하나님을 알게 하신다고 말하면서 다시금 삼위일체 하나님을 언급합니다. 성령은 기쁘게 예수 그리스도를 증언하는 일을 하십니다. 성령은 성경의 저자이시고 성경은 예수님에 관한 증언입니다. 구약의 선지자들과 신약의 사도들을 통해 성령은 그리스도에 대한 유일무이하고 최종적인 증언을 교회에 물려주셨습니다. 모든 성경은 예수 그리스도에 대한 성령의 증언입니다. 그렇다고 성서 정전이 완성되었을 때 성령의 사역도 끝났다는 뜻은 아닙니다. 사역이 끝난 것이 아니라 바뀌었을 뿐입니다. 이제 성령은 계시하는 대신 조명하는 일을 하십니다. 그리스도와 성경 안에 계시하셨던 것을 우리 마음이 이해할 수 있도록 우리 생각을 조명하십니다. 특히 "그의 부르심의 소망이 무엇이며 성도 안에서 그 기업의 영광의 풍성함이 무엇이며 그의 힘의 위력으로 역사하심을 따라 믿는 우리에게 베푸신 능력의 지극히 크심이 어떠한지"(18-19절) 알도록 우리 마음의 눈을 밝혀주십니다. 이것이 우리가 그리스도 안에서 이미 받은 두 번째 복입니다. 하나님은 성령의 인치심과 조명하심으로 우리에게 복을 주셨습니다. 앞으로도 성령은 우리가 그리스도인으로서 이 세상을 살면서 이런 것들을 이해할 수 있도록 계속해서 우리의 눈을 더 환히 밝혀주실 것입니다.

셋째, 성령의 능력. 3장 14-19절에서 바울이 기도할 때 언급하는 '능력'이라는 단어에 주목하십시오. 이 단어는 1장에도 나왔던 단어입니다. 1장에 나온 첫 번째 기도에서 바울은 "부르심의 소망과 기업의 영광의 풍성함과 우리에게 베푸신 능력의 지극히 크심"을 우리가 알도록 성령이 마음의 눈을 밝히신다고 말했습니다. 그리고 3장에서는 우리가 그것을 경험하게 하신다고 말합니다. 성령의 능력은 얕지 않습니다. 성령의 능력은 피상적이지 않습니다. 여러분은 이 사실을 믿고 있습니까? 성령은 우리 속사람에 침투하십니다. 성령은 우리 마음 가장 깊숙한 곳으로 뚫고 들어오십니다. 성령은 믿음을 통해 그리스도께서 우리 마음에 거하고 다스리시도록 우리 속사람을 강건하게 하십니다. 성령은 우리가 의를 더욱 사랑하고, 의에 더 목말라 하고, 굳은 결심을 하고, 의지를 굳게 다지게 하십니다. 성령이 능력으로 여러분의 속사람을 강건하게 하신 것을 알고 있습니까? 우리는 모두 성령의 인치심과 성령의 조명하심과 성령의 능력을 이미 받았습니다. 성령이 우리 마음속에 거하시기 때문입니다.

넷째, 성령의 하나 되게 하심. 성령을 개인이 독점하는 것으로 생각하면 큰 오산입니다. 물론 성령은 신자 개인의 소유입니다. 성령은 개인을 인치십니다. 성령은 개인의 생각을 조명하시고 속사람을 강건하게 하십니다. 그러나 성령은 그리스도인의 모임인 교회 안에서도 일하십니다. 이것이 성령의 하나 됨입니다. "몸이 하나요 성령도 한 분이시니 이와 같이 너희가 부르심의 한 소망 안에서 부르심을 받았느니라. 주도 한 분이시요 믿음도 하나요 세례도 하나요 하나님도 한 분이시니 곧 만유의 아버지시라. 만유 위에 계시고 만유를 통일하시고 만유 가운데 계시도다"(4:4-6). 하나님은 만유의 아버지 한 분이십니다(6절). 주님도 우리 주 예수 그리스도 한 분이십니다(5절). 그리고 성령도 한 분이십니다. 이것이 교회의 하나 됨 안에 투영된 삼위일체 하나님의 하나 됨입니다. 그리스도의 가족은 하나뿐입니다. 우리는 각양각색의 교파로 그리스도의 가족을 나누려 하지만, 그리스도의 가족은 영원히 하나입니다. 하늘에 계신 아버지가 한 분이시기 때문입니다. 믿음도 소망도 세례도 하나뿐입니다. 우리가 믿고, 세례를 받고, 오시기를 소망하는 예수 그리스도가 한 분이시기 때문입니다. 그리스도의 몸도 하나뿐입니다. 그리스도의 몸이 살아 있게 하는 성령이 한 분이시기 때문입니다. 우리 안에 거하시는 성령도 우리를 하나 되게 하시는 성령도 한 분이십니다. 삼위 하나님이 하나이시듯 교회는 본래 영적으로 하나입니다. 삼위일체 하나님의 통일성을 깨뜨릴 수 없듯이 우리는 교회의 영적 통일성을 깨뜨릴 수 없습니다. 한 분이신 성부 하나님은 하나의 가족을 만드시고, 한 분이신 예수 그리스도는 하나의 믿음과 소망과 세례를 만드시고, 한 분이신 성령은 하나의 몸을 만드십니다.

바울은 우리에게 "몸이 하나요 성령도 한 분이시니" "성령이 하나 되게 하신 것을 힘써 지키라"고 권면합니다(3-4절). 누군가는 이렇게 물을지도 모릅니다. "몸이 하나고 성령도 한 분이시라면, 나뉘질 리 없는 몸의 하나 됨을 우리더러 힘써 지키라고 권면하는 이유는 뭔가요?" 그 이유는 몸이 하나인 것을 뚜렷이 드러내야 하기 때문입니다. 성부 하나님도 한 분이시고 예수 그리스도도 한 분이시고 성령도 한 분이시므로 우리는 깨뜨릴 수 없는 교회의 통일성을 드러내려고 애써야 합니다.

여러분이 속한 교회나 공동체, 또는 기독교 모임에 관해 물어보겠습니다. 그곳에는 성령의 하나 됨이 있습니까? 여러분은 사랑으로 하나가 되어 있습니까? 우리가 서로 사랑하는 모습을 보면 저들도 우리가 그리스도인인 줄 알게 될 것이라고 자신 있게 말할 수 있습니까? 성령이 하나 되게 하신 것을 지키고 있습니까? 하나 됨을 세상에 드러내고 있습니까? 다툼과 파벌과 시기심이 가득하던 옛날로 돌아간다면, "우리는 모두 그리스도 예수 안에서 하나야"라고 말하는 게 무슨 소용이 있겠습니까? 하나님은 우리에게 성령으로 하나 되게 하시는 복을 주셨습니다. 우리는 이미 이 복을 받았습니다. 그러므로 우리는 성령이 하나 되게 하신 것을 힘써 지키며 이 복을 누려야 합니다.

다섯째, 성령의 검. "구원의 투구와 성령의 검 곧 하나님의 말씀을 가지라"(6:17). 여러분은 하나님의 전신 갑주에 대해 언급하는 이 구절을 들어보았을 것입니다. 바울은 통치자들과 권세들과 세상을 주관하는 자들과 하늘에 있는 악의 영들을 상대하는 그리스도인의 싸움을 생생하게 묘사하고, 이 싸움에서 이기려면 하나님의 전신 갑주가 필요하다고 강조합니다. 바울은 우리가 입어야 할 갑옷을 여섯 부분으로 나누어 이야기합니다. 우선 모든 병사가 착용해야 할 신발과 허리띠가 나옵니다. 몸을 보호하는 데 꼭 필요한 호심경과 방패와 투구도 나옵니다. 모두 다 방어할 때 쓰는 도구들입니다. 공격할 때 쓰는 무기는 성령의 검이 유일합니다. 성령의 검은 하나님의 말씀입니다. 예수 그리스도가 이 땅에 오셔서 하신 말씀뿐 아니라 하나님이 은혜를 베푸사 섭리 가운데 지켜오셨고 지금 우리가 배우고 있는 이 성경에 기록된 말씀을 가리킵니다. 성령의 검 곧 하나님의 말씀은 살아 있고 활동하며 힘이 있습니다. 이 말씀은 마음과 양심을 찌르고 동기를 드러냅니다. 하나님의 말씀은 선천적인 것과 영적인 것의 차이를 드러내어 영과 혼을 가르고 우리가 거듭났는지 거듭나지 않았는지를 보여줍니다.

저는 우리 모두가 성령의 검을 자기 것으로 만드는 법을 배우기를 바랍니다. 예수님이 그러셨던 것처럼 악한 영을 상대하는 전투에서 하나님의 말씀을 사용하는 법을 배우기 바랍니다. 나는 여러분이 때때로 마귀를 향해 이렇게 외치기를 바랍니다. "예수의 이름으로 명한다. 사탄아, 물러가라. 기록된 것처럼, 네가 부추기는 일은 그 무엇도 하지 않을 것이다." 성령의 검을 쓴다는 것은 이런 것입니다. 나는 우리가 능숙하게 성령의 검을 휘두르기 바랍니다. 혹시 여러분이 목사나 선교사 혹은 대중 앞에 서서 강연하는 자로 부름을 받았다면, 성실하게 성경에 기록된 말을 하고 날카로운 성령의 검을 휘둘러 사람들의 양심을 찌르기 바랍니다.

이제까지 성령을 통해 주시는 신령한 복에 대해 간략히 살펴보았습니다. 간략한 개요를 통해서나마 여러분이 포괄적이고 광범위한 성령의 사역을 이해하셨기를 바랍니다. 성령의 사역은 하나같이 절대적으로 필요한 사역입니다. 하나님은 성령으로 우리 마음을 인치시고, 성령으로 생각을 조명하시고, 성령의 능력으로 의지를 굳건하게 하시고, 성령으로 우리를 하나 되게 하시고, 매일 영적 전투에 나서는 우리 손에 성령의 검을 쥐어 주십니다.

하나님은 구약시대에 이스라엘 백성들에게 말씀하셨듯이 지금 우리에게 말씀하십니다. "이 이상 내가 너희에게 무엇을 더 해주랴? 나는 너희에게 그리스도인으로서 살아가는 데 필요한 모든 것을 주었다. 하늘에 속한 모든 신령한 복을 너희에게 주었다. 성령을 통해 인치고 조명하고 강건하게 하고 하나 되게 하고 성령의 검을 쥐어 주었다. 그 밖에도 많은 것을 주었다. 그리스도 안에서 하늘에 속한 모든 신령한 복을 너희에게 주었다. 이 이상 더 무엇을 줄 수 있겠느냐?"

여러분은 아마 마음속으로 이렇게 말할지도 모릅니다. "네, 압니다. 하나님 말씀이 맞아요. 그런데 그리스도인으로서 저의 삶은 왜 이렇게 자주 한계에 부딪힐까요? 왜 마땅히 살아야 할 삶을 살지 못하고 밑바닥을 헤맬까요? 하나님이 그리스도 안에서 모든 신령한 복을 제게 주셨다는데, 잠재력과 현실 사이에 왜 이렇게 괴리가 큰 걸까요?" 저는 여러분이 이런 문제를 숨기지 않고 터놓기를 바랍니다. 답은 간단합니다. 하나님이 우리에게 복을 안 주셨기 때문이 아닙니다. 하나님이 우리에게서 신령한 복을 거두어 가셨기 때문도 아닙니다. 우리가 이미 받은 복을 활용하지 않기 때문입니다. 하나님은 그리스도 안에서 하늘에 속한 모든 신령한 복을 우리에게 주셨습니다. 그런데 우리는 왜 그 복을 누리지 못할까요? 우리가 그 복을 활용하지 않기 때문입니다. 약속의 땅에 들어가 동서남북을 밟아보지 않기 때문입니다. 하나님이 우리에게 주신 복을 손에 넣지 않기 때문입니다. 그것이 이유입니다.

여러분은 굶어 죽은 인디언 이야기를 들어보았을 것입니다. 시체가 발견되었을 때 그의 목에는 누르스름한 양피지가 든 작은 자루가 걸려 있었습니다. 그는 그 자루를 장식품으로 걸고 다녔습니다. 양피지의 의미 따위는 생각해보지 않았습니다. 그러나 사실 그 양피지는 미국 독립전쟁에서 용감하게 싸운 할아버지에게 연금을 지급하겠다는 문서였습니다. 이 증서에는 당사자와 아들, 손자까지 연금을 받을 수 있다고 명시되어 있었습니다. 굶어 죽은 그 남자에게도 연금을 받을 권리가 있었습니다. 조지 워싱턴이 직접 그 문서에 서명했습니다. 이 남자는 복을 받았습니다. 하지만 자기가 받은 복을 활용하지 않았습니다.

많은 그리스도인들이 이 인디언과 똑같은 상태에 처해 있습니다. 우리 중 많은 이들이, 아니 사실 정도의 차이가 있을 뿐이지 우리 모두가 이 인디언과 똑같은 상태에 처해 있습니다. 그 이유는 우리가 두 가지에 실패했기 때문입니다. 바울은 에베소 교인들에게 하나님이 주신 복을 누리려면 두 가지를 명심하라고 말합니다. 하나는 "성령을 근심하게 하지 말라"(4:30)는 것이고, 또 하나는 "성령으로 충만함을 받으라"(5:18)는 것입니다.

이 두 명령을 간략히 살펴보겠습니다. 첫째, "성령을 근심하게 하지 말라"(4:30). 성령을 슬프게 하지 마십시오. 성령이 슬퍼하고 마음 아파할 일을 하지 마십시오. 성령은 예민하신 분입니다. 성령은 상처 입기 쉬운 분입니다. 우리는 성령이 얼마나 섬세하고 예민한지 전혀 이해하지 못합니다. 성령을 거룩한 영이라 부르는 것은 우연이 아닙니다. 성령은 부정한 것에 오염되는 것을 참지 못합니다. 혹시 마음이 안 맞는 사람들과 함께 있는 것을 잠시도 못 견디고 뛰쳐나가고 싶어 하거나 그럴 수 없는 상황에서는 입을 닫고 어색한 침묵을 지킬 정도로 예민하고 수줍음이 많은 사람을 알고 있습니까? 성령이 그렇습니다. 성령은 아주 예민해서 악하고 더러운 것, 즉 4장에서 바울이 언급한 거짓과 분냄과 부정직과 위선과 비방과 소란과 악의와 부도덕에 조금이라도 오염되는 것을 극도로 꺼립니다. 이런 것들은 모두 성령을 뒤로 물러나게 합니다. 우리에게서 뒷걸음질친다는 뜻이 아니라 우리 안으로 침잠한다는 뜻입니다. 이를테면 현관문을 박차고 나가는 것이 아니라 다락이나 지하실에 처박히는 것입니다. 성령을 슬프게 하지 마십시오. 혹시라도 성령을 슬프게 했다면, 회개하고 우리가 저지른 죄를 고백하고 거기에서 돌이켜야 합니다. 성령이 슬퍼하시면 하늘에 속한 모든 신령한 복이 실제로 우리 것이 될 수 없기 때문입니다.

둘째, "성령으로 충만함을 받으라"(5:18). 술에 취하지 마십시오. 거기에는 방탕이 따릅니다. 성령의 충만함을 받으십시오. 바울은 술 취함과 성령 충만을 대조하고 있습니다. 절제하지 않으면 술에 취하고, 술에 취하면 더욱더 절제하지 못하게 됩니다. 술에 취한 사람들은 인간다움을 잃고 짐승처럼 행동합니다. 이렇게 술에 취하면 절제하지 못하고 방탕에 빠집니다. 하지만 성령으로 충만하면 정반대의 결과가 나타납니다. 갈라디아서 5장에서 바울은 성령의 아홉 번째 열매로 절제를 언급한 바 있습니다. 성령으로 충만한 사람은 결코 이성을 잃고 짐승처럼 행동하지 않습니다. 지나친 음주는 우리에게서 인간다움을 앗아갑니다. 반면에 성령은 우리를 참 인간으로 만드는 유일한 분입니다. 성령은 온전한 인간이 되도록 우리를 인도하고 하나님이 원하시는 사람이 되게 할 수 있는 유일한 분입니다.

그러므로 성령 충만이 일종의 영적 도취라고 생각하면 큰 오산입니다. 오순절 날에 성령의 충만함을 받은 그리스도인들을 보고 사람들이 술에 취했다고 생각한 이유는 그들이 절제하지 못하고 방탕에 빠졌기 때문이 아니라 사람들이 알아듣지 못하는 방언을 말하고 있었기 때문이었습니다. 그래서 사람들은 그들이 새 술에 취한 게 분명하다고 생각했습니다. 그러나 그들은 절대로 자제력을 잃지 않았습니다. 술에 취하면 방탕에 빠집니다. 그러나 성령으로 충만하면 사랑과 희락과 화평과 오래 참음과 자비와 양선과 충성과 온유와 절제가 생깁니다.

술에 취하면 절제하지 못하게 되고, 성령으로 충만하면 절제할 줄 알게 됩니다. 상태와 결과는 전혀 다르지만 사람들이 술에 취하거나 성령으로 충만해지는 방법은 비슷합니다. 사람들은 어떻게 술에 취합니까? 계속 마심으로써 그렇게 됩니다. 그리스도인은 어떻게 성령으로 충만해집니까? 계속 마심으로써 그렇게 됩니다. 예수님이 그렇게 말씀하셨습니다. 예수님은 "누구든지 목마르거든 내게로 와서 마시라. 나를 믿는 자는 성경에 이름과 같이 그 배에서 생수의 강이 흘러나오리라"(요 7:37-38)라고 말씀하셨습니다. 요한은 이 말씀이 그를 믿는 자들이 받을 성령을 가리켜 하신 말씀이라고 설명하고 있습니다. 따라서 우리가 성령으로 충만해지면, 우리에게서 복이 흘러넘쳐서 다른 이들의 삶에까지 스며듭니다. 어떻게 하면 이런 일이 일어날까요? 먼저 그리스도에게 와야 합니다. 오고 또 와야 합니다. 그리고 예수님이 주시는 생명수를 마시고 또 마셔야 합니다.

지지난달 아시아 국가에 갔을 때 무척 더웠습니다. 그래서 목이 마를 때마다 물을 마셨습니다. 목이 마르면 곧바로 물을 마시고, 다시 목이 마르면 또 물을 마셨습니다. 계속 목이 말라서 계속 물을 마셨습니다. 예수님은 우리가 바로 그렇게 해야 한다고 말씀하셨습니다. 믿음이란 그런 것입니다. 믿음은 예수님에게 오고 또 오고 예수님이 주시는 생명수를 마시고 또 마시고 성령으로 충만하게 해달라고 요청하는 것입니다.

그러므로 답은 간단합니다. 어떻게 성령으로 충만해집니까? 회개와 믿음을 통해 성령으로 충만해집니다. 성령을 슬프게 했다면, 회개하고 죄에서 돌이켜야 합니다. 목이 말라서 성령으로 충만하지 않은 것을 느낄 때면, 믿음으로 예수님에게 와서 생명수를 마셔야 합니다. 회개와 믿음이 필요합니다. 계속 회개하십시오. 양심에 거리낌이 있을 때마다, 성령을 슬프게 했다는 사실을 깨달을 때마다 즉시 회개하십시오. 회개하지 않으면 절대 신령한 복이 늘어나지 않습니다. 이제라도 알았으니 불순종했던 일을 기억하고 회개하십시오. 매일 회개하십시오. 성령을 슬프게 하고 마음 아프게 한 것을 자각할 때마다 즉시 회개하십시오. 목마름을 느낄 때마다 예수님에게 와서 마시고 성령으로 충만하게 해달라고 요청하십시오. 계속 회개하고 계속 믿고, 계속 회개하고 계속 마시십시오.

성령으로 충만해지는 놀라운 비결은 회개와 믿음에 있습니다. 이 비결을 따르면, 하나님이 그리스도 안에서 여러분에게 이미 주신 하늘에 속한 모든 신령한 복이 계속해서 더 충만해지는 것을 경험하게 될 것입니다.

***

잠시 조용하게 회개하는 시간을 가졌으면 합니다. 제게는 회개해야 할 죄가 있습니다. 오늘도 벌써 여러 번 회개할 일이 생겼습니다. 우리 모두가 그렇습니다. 우리는 마음을 다하고 정성을 다하고 뜻을 다하고 힘을 다하여 주 우리 하나님을 사랑하지 않았습니다. 그러므로 계속 회개해야 합니다.

이 시간 우리가 함께 회개하기를 바랍니다. 제가 "저는 성령을 슬프게 했습니다"라고 고백하면, 여러분이 "회개하며 죄에서 돌이킵니다"라고 응답하기 바랍니다. 할 수 없으면 하지 않아도 됩니다. 그러나 할 수 있다면, 실제로 그렇게 하시기를 바랍니다.

주 예수님, 저는 교만하고 사람들의 칭찬을 갈구하고 아첨을 좋아하고 허영심이 많습니다. 저는 성령을 슬프게 했습니다. 회개하며 죄에서 돌이킵니다.

주 예수님, 저는 거짓을 일삼고 사람들을 속이고 외식하는 죄를 지었습니다. 저는 성령을 슬프게 했습니다. 회개하며 죄에서 돌이킵니다.

주 예수님, 저는 분 내고 악의를 품고 비방하고 시기하고 조급해하고 몰인정했습니다. 부정한 생각을 하고 부정한 행동을 했습니다. 저는 성령을 슬프게 했습니다. 회개하며 죄에서 돌이킵니다.

오 예수님, 저는 생각하고 말하고 행동함에 있어서 절제하지 못했습니다. 그때마다 저는 인간이라기보다는 짐승에 더 가까웠습니다. 저는 성령을 슬프게 했습니다. 회개하며 죄에서 돌이킵니다.

주 예수님, 우리에게 생명수를 주어 마시게 하시니 감사합니다. 하늘에 계신 아버지, 우리에게 그리스도 안에서 하늘에 속한 모든 신령한 복을 주시니 감사합니다. 우리는 목이 마릅니다. 이 세상에는 우리의 갈증을 풀어줄 수 있는 것이 아무것도 없습니다. 주 예수님, 이제 우리는 주님께 나아갑니다. 주님이 주시는 생명수를 마시고 싶습니다. 구원의 샘에서 마음껏 목을 축이기 원합니다. 우리를 성령으로 충만하게 해주소서. 주 예수님, 이제 우리가 모든 죄를 회개하고 믿음으로 주께 나아와 마시오니 우리를 주의 성령으로 충만하게 하소서.

우리가 회개하고 믿고 와서 마시는 일을 쉬지 않게 하시고 하늘에 계신 우리 아버지께서 그리스도 안에서 우리에게 주신 모든 신령한 복을 계속 누리게 하소서. 우리의 기도에 응답하소서. 예수님의 이름으로 기도합니다.

하나님의 새 사회

에베소서 1-6장

1975

John Stott

새 생명
에베소서 1:1-2:10

겨우 네 시간 안에 에베소서 전체를 살펴보려는 시도가 터무니없어 보일 수 있습니다. 터무니없는 게 사실입니다. 에베소서에는 우리가 평생 살펴도 그 의미를 다 헤아리지 못할 심오한 진리가 담겨 있습니다. 네 시간 동안 매달려도 공부를 겨우 시작하는 수준에 그치고 말 것입니다. 그럼에도 저는 이런 작업이 가치가 있다고 믿습니다. 복음주의자들 특유의 약점 중 하나가 세부 사항을 분석하는 미시적 연구에 지나치게 집중한 나머지 하나님의 장엄한 계시를 전체적으로 개관할 때 오는 유익을 놓치는 것이기 때문입니다. 그렇게 되면 기독교 신앙은 파편화되기 쉽고 우리는 계시를 온전히 이해하지 못하게 됩니다.

에베소서는 두 부분으로 이루어져 있습니다. 바울은 먼저 1-3장에서 하나님이 행하신 일을 선포합니다. 그런 다음 4-6장에서는 하나님이 행하신 일을 생각할 때 우리가 어떤 일을 하고 어떤 사람이 되어야 하는지 이야기합니다.

하나님은 어떤 일을 행하셨을까요? 하나님은 그리스도의 죽음과 부활과 높아지심을 통해 우리에게 새 생명을 주시고 새로운 사회를 창조하셨습니다. 하나님이 만드신 새 사회는 화목케 된 하나의 새 인류입니다. 새로운 사회 안에서 서로를 갈라놓던 옛 담은 모두 허물어졌습니다. 그러므로 이제 하나님의 백성들은 부르심을 따라 가치 있는 삶을 살아야 합니다. 우리는 새로운 사회에 합당하게 살아야 합니다. 교회의 하나 됨과 순결을 지키기 위해 새로운 기준을 세워야 합니다. 그리스도인으로서 우리의 삶은 전쟁과 평화가 공존하는 삶이 될 것입니다. 가정에서는 조화로운 관계 속에 평화를 누리지만, 영적으로는 악한 세력과 치열하게 싸워야 하기 때문입니다. 하나님이 주시는 힘으로 강건해져야만 우리는 이 전쟁에서 승리할 수 있습니다.

에베소서에는 네 가지 핵심 주제가 담겨 있습니다. 앞으로 우리는 네 번에 걸쳐 이 주제를 하나씩 살펴볼 것입니다. 첫 번째는 하나님이 그리스도 안에서 우리에게 주신 새 생명(1:1-2:10), 두 번째는 하나님이 그리스도를 통해 만들고 계신 새로운 사회(2:11-3:21), 세 번째는 하나님이 하나님의 백성인 우리들에게 기대하시는 새로운 기준(4:1-5:21), 네 번째는 하나님이 우리에게 주신 새로운 관계, 즉 조화로운 가정생활과 악한 세력과의 싸움(5:22-6:24)입니다. 에베소서 전체에는 기독교 교리와 그리스도인의 의무, 그리스도인의 신앙과 삶, 하나님이 행하신 일과 우리에게 기대하시는 바가 훌륭하게 결합되어 있습니다.

오늘은 에베소서의 서론에 해당하는 1장 1-2절을 간략히 살펴보고 첫 번째 주제인 새 생명을 공부하도록 하겠습니다. 다른 서신서와 마찬가지로 에베소서 1장 1-2절에서 바울은 편지의 저자와 수신인을 소개하고 안부를 전합니다. 그러나 성경에 의미 없는 구절은 하나도 없습니다. 바울이 서론에서 자기 자신과 편지 수신인을 소개하고 안부를 전할 때 사용하는 관용 구절에도 중요한 의미가 담겨 있습니다.

편지의 저자는 사도 바울입니다. 에베소서가 바울의 저작이 아니라고 주장하는 학자들도 더러 있지만, 보수적인 학자들은 여전히 에베소서가 바울의 저작이라고 단언합니다. 그러나 우리가 오늘 모인 것은 에베소서의 저작자를 놓고 토론하기 위해서가 아닙니다. 이 점에 여러분도 동의하리라 믿습니다. 우리는 에베소서의 저자를 자신의 사견을 밝히는 개인이나 오류를 범하기 쉬운 인간 선생으로 간주해서는 안 됩니다. 교회에 위대한 업적을 남긴 선교 영웅으로 여겨서도 안 됩니다. 에베소서 서두에서 바울은 자신을 하나님의 뜻으로 말미암아 그리스도 예수의 사도가 된 자라고 소개합니다. 예수님에게 사명과 영감을 받은 바울은 틀림없는 선생으로서 이 편지를 쓰고 있습니다. 따라서 예수님의 권위를 인정한다면, 우리는 예수님이 사도로 세우신 바울의 권위도 인정해야 합니다. 그리고 예수님이 자신의 사도인 바울을 통해 우리에게 하시는 말씀에 귀를 기울여야 합니다.

수신자에 대해서는 1절 후반부에 다양하게 설명되어 있습니다. 그들은 '성도들'입니다. 성도란 특별히 거룩한 소수의 그리스도인이나 종교적 엘리트가 아니라 구약 시대 이스라엘처럼 하나님이 따로 구분하여 자기 것으로 삼으신 모든 백성을 가리킵니다. 또한 그들은 '신실한 신자들'입니다. 하나님의 백성들은 그리스도 안에 구원이 있다고 확신하는 믿음의 권속이기 때문입니다. 또한 그들은 '그리스도 예수 안에 있는' 자들입니다. 개인적으로 또한 유기적으로 그리스도와 연합된 자들입니다. 이것이 신약이 이해하는 그리스도인의 모습입니다.

또한 그들은 세속 도시인 '에베소에' 살고 있는 자들입니다. 사실 최고로 꼽히는 여러 사본에는 이 단어가 빠져 있습니다. 그래서 17세기에 어셔 James Ussher 대주교는 에베소서가 원래는 아시아 교회 여러 곳이 함께 돌려보도록 쓴 회람용 편지인데, 당시 에베소가 아시아의 주요 도시였기 때문에 에베소 교회가 아시아를 대표하는 교회라서 에베소서라 불린 것이라고 주장했습니다.

바울이 서두에서 전하는 메시지는 '은혜와 평강'입니다. 은혜와 평강은 바울 서신에 관용적으로 등장하는 인사말이지만, 에베소 교회에 보내는 이 편지에 특히나 더 어울리는 메시지입니다. 은혜와 평강은 에베소서의 핵심 단어입니다. 하나님은 그리스도 안에서 은혜로 우리를 구원하시고 그리스도의 십자가로 화목케 하여 우리로 평안을 이루어가게 하시기 때문입니다. 그러므로 '은혜를 통한 평안'이라는 용어보다 에베소서를 잘 드러내는 용어는 없습니다.

오늘 본문은 찬양과 기도로 이루어져 있습니다. 우선 바울은 하나님이 그리스도 안에서 우리에게 복을 주시고 새 생명을 주셨다고 찬양합니다(1:3-14). 그리고 이어서 우리 마음의 눈을 밝혀서 그리스도 안에 있는 신령한 복을 온전히 이해하게 해달라고 하나님께 기도합니다(1:15-2:10).

그럼 찬양부터 살펴보겠습니다. 3절부터 14절까지는 하나님이 "하늘에 속한 모든 신령한 복을 우리에게 주"셨다는 한 편의 짧은 찬가라 할 수 있습니다. 바울은 이 찬가에서 삼위일체 하나님을 언급합니다. 우리가 받는 이 복은 성부 하나님에게서 나온 것입니다. 성부 하나님은 복의 근원이십니다. 또한 우리는 이 복을 성자 하나님 안에서 받습니다. 성부 하나님은 그리스도 안에서 우리에게 복을 주십니다. 또한 우리가 받는 이 복은 영적인 복입니다. 구약 시대 이스라엘 백성들이 기대하던 물질적인 복이 아니라 영적인 복, 땅에 속한 복이 아니라 하늘에 속한 복입니다. 신령한 복이란 성령이 주시는 복을 의미합니다. 3절에는 이처럼 중요한 교리가 담겨 있습니다. 우리는 삼위일체 하나님을 믿는 그리스도인입니다. 우리는 성부와 성자와 성령 하나님을 믿습니다. 나아가 우리는 성부 하나님이 "그리스도 안에서 하늘에 속한 모든 신령한 복을 우리에게 주"셨다고 고백합니다. 성부 하나님은 그리스도 안에 있는 우리에게 성령 하나님을 통해 모든 신령한 복을 주셨습니다. 하나님이 우리에게 주시지 않은 복은 하나도 없습니다. 물론 우리는 그리스도 안에서 계속 성장해야 합니다. 영적 유업 안으로 더 깊이 들어가야 합니다. 그러면 하나님은 우리가 말씀을 통해 그리스도를 훨씬 더 깊고 풍성하게 경험하도록 해주실 것입니다. 그럼에도 그리스도 안에 있다면, 우리는 모든 신령한 복을 이미 받았습니다. 모든 신령한 복은 본래 우리의 것입니다.

그렇다면 신령한 복이란 무엇일까요? 이어지는 글에서 바울은 이 복을 이야기하면서 과거와 현재와 미래를 언급합니다. 즉 '창세 전에'에 있었던 일(4절)과 우리가 '그리스도 안에서' 현재 누리고 있는 것들(7절)과, 때가 차면 하나님이 이루실 계획(10절)에 대해 말합니다.

(a) 과거의 복은 택하심입니다(4-6절). 바울은 창세 전, 세상이 창조되고 시간이 시작되기도 전에 하나님만 오롯이 계시던 영원 속으로 거슬러 올라갑니다. 창세 전 영원 속에서 하나님은 무언가를 하기로 작정하셨습니다. 하나님은 독생자이신 그리스도와 아직 존재하지 않

는 우리를 두고 어떤 결정을 내리셨습니다. 우리를 양자로 삼으시기로 결정하신 것입니다. 하나님은 그리스도 안에서 우리를 택하셨습니다(4절). 여기에서 우리가 주목할 것은 '그리스도 안에서'라는 구절입니다. 하나님은 우리와 그리스도를 하나 되게 하셨습니다. 바울은 5-6절에서 이 진리를 다시금 이렇게 표현합니다. "그 기쁘신 뜻대로 우리를 예정하사 예수 그리스도로 말미암아 자기의 아들들이 되게 하셨으니 이는 그가 사랑하시는 자 안에서 우리에게 거저 주시는바 그의 은혜의 영광을 찬송하게 하려는 것이라."

사람들은 다들 선택의 교리가 어렵다고 말합니다. 어떤 이들은 화를 내며 이렇게 묻습니다. "내가 하나님을 선택한 것 아닌가요?" 이 질문에 우리는 이렇게 답해야 합니다. "맞습니다. 실제로 당신이 자유의지로 하나님을 선택했습니다. 그러나 당신이 하나님을 선택한 이유는 영원 전에 하나님이 먼저 당신을 선택하셨기 때문입니다." 성경은 어디에서도 선택의 신비를 속 시원하게 풀어주지 않습니다. 그러나 오늘 우리가 읽은 본문 안에는 단순한 진리 세 가지가 담겨 있습니다. 첫째, 선택의 교리는 인간의 추측이 아니라 하나님의 계시입니다. 선택의 교리는 아우구스티누스나 장 칼뱅이 고안해낸 교리가 아닙니다. 선택의 교리는 성경의 교리입니다. 따라서 성경을 믿는 그리스도인이라면 누구도 이 교리를 피해 갈 수 없습니다. 하나님은 구약에서 이스라엘을 선택하여 특별한 백성이 되게 하셨듯 신약에서 우리를 선택하셨습니다. 그리고 우리를 하나님의 백성으로 삼으셨습니다. 그러므로 우리는 선택의 교리가 인간이 만들어낸 기이한 환상이라도 되는 양 거부해서는 안 됩니다. 설령 우리가 완전히 이해하지 못한다 하더라도 선택의 교리를 하나님이 계시하신 진리로 겸손히 받아들여야 합니다. 둘째, 선택의 교리는 죄를 부추기는 것이 아니라 거룩한 삶을 살도록 우리를 격려합니다. 어떤 사람들은 이렇게 말합니다. "당신도 알다시피 나는 하나님이 선택하신 사람입니다. 그러니까 나는 안전합니다. 거룩해지려고 애쓸 필요가 없고, 내 맘대로 살아도 되는 거죠." 그러나 사실은 정반대입니다. 4절에 따르면, 하나님은 "그 앞에 거룩하고 흠이 없게 하시려고" 그리스도 안에서 우리를 선택하셨습니다. 그러므로 선택의 교리는 우리를 부추겨 죄를 짓게 하기는커녕 하나님이 우리를 선택하신 목적이 무엇인지 말해줍니다. 궁극적으로 우리가 선택되었음을 입증하는 유일한 증거는 거룩한 삶뿐입니다. 셋째, 선택의 교리는 자기를 자랑하도록 부추기는 것이 아니라 우리를 겸손하게 만듭니다. 어떤 사람들은 자기가 하나님이 선택하신 사람이라고 믿는 것이야말로 이 세상에서 가장 교만한 생각이라고 말합니다. 만일 우리가 세운 공로 때문에 하나님이 우리를 선택하셨다고 믿는다면, 그 사람들의 말이 맞습니다. 그러나 성경이 증언하는 선택의 교리 안에는 인간의 공로가 들어설 자리가 없습니다. 하나님이 '창세 전에' 그리스도 안에서 우리를 선택하셨기 때문입니다. 하나님은 우리가 존재하기도 전에 우리를 선택하셨습니다. 따라서 우리는 어떠한 공로도 내세울 수가 없습니다. 이처럼 선택의 교리는 죄가 아니라 거룩한 삶으로 우리를 안내합니다. 자랑이 아니라 겸손으로 우리를 인도합니다.

(b) 현재의 복은 자녀됨입니다(5-8절). 이 단락의 핵심 단어는 '아들들'입니다. 하나님이 우리를 선택하신 목적은 우리를 자녀로 삼으시기 위해서입니다. 하나님은 창세 전에 그리스도 안에서 우리를 선

택하셨습니다. 그리고 우리를 자녀로 삼기로 예정하셨습니다. 하나님의 자녀가 되는 것은 특권인 동시에 책임이 따르는 일입니다. 우선 우리는 하나님의 자녀가 됨으로써 그리스도 안에서 "그의 피로 말미암아 속량 곧 죄 사함을 받았"다(7절)고 말할 수 있게 되었습니다. 하나님의 자녀들은 자기가 예수 그리스도의 보혈로 구속받고 죄 용서를 받았다고 확신하기 때문에 하늘에 계신 아버지 앞에 자유롭게 나아갈 수 있습니다. 구속과 죄 사함과 자녀됨은 한 짝입니다. 또한 구속과 죄 사함은 하나님의 자녀들이 누리는 특권입니다.

한편 우리는 그리스도를 닮은 하나님의 가족임을 드러내고 하늘에 계신 아버지께 영광을 돌리기 위해 하나님의 자녀로서 거룩하고 흠이 없는 사람이 되어야 할 책임이 있습니다.

(c) 미래의 복은 연합입니다(9-10절). 하나님은 때가 차면 이루실 계획을 우리에게 알리셨습니다. 하나님은 우리에게 지혜와 총명을 주어 우리가 하나님의 신비한 뜻을 알게 하셨습니다. 그렇다면 하나님이 미래에 이루실 신비한 뜻이란 과연 무엇일까요? 하나님은 때가 차면 "하늘에 있는 것이나 땅에 있는 것이 다 그리스도 안에서 통일되게" 하려는 계획을 세우셨습니다. 10절에서 '통일되다'로 번역된 헬라어 동사 아나케팔라이오오_anakephalaioo_에는 본래 '우두머리'라는 단어가 포함되어 있습니다. 즉 때가 차면 하늘과 땅에 있는 모든 것을 예수 그리스도 안에서 그분을 머리로 하여 통일시키는 것이 하나님의 뜻이라는 말입니다.

이즈음에서 이런 질문이 떠오를 것입니다. "그러면 대체 어떤 것들이, 혹은 어떤 이들이 예수 그리스도를 머리로 하여 그분 안에서 통일

됩니까?" 먼저 "하늘에 있는 것이나 땅에 있는 것이 다"라는 본문 구절을 모든 사람, 심지어 회개하지 않은 악인과 마귀들까지도 결국에는 모두 구원받을 것이라는 보편구원론의 근거로 사용해서는 안 된다는 점을 분명히 밝히고 시작해야 할 것 같습니다. 이 구절을 그렇게 사용해서는 안 됩니다. 성경의 다른 구절에 영원한 지옥의 끔찍한 실체가 증언되어 있기 때문입니다. 그렇다면 예수 그리스도를 머리로 하여 그분 안에서 통일될 하늘과 땅에 있는 모든 것이란 대체 무엇일까요? 분명히 이 안에는 살아 있는 그리스도인과 죽은 그리스도인, 지상의 교회와 천상의 교회, 그리고 천사들이 포함될 것입니다. 그러나 사실 바울은 이 구절을 통해 우주의 갱신, 즉 로마서 8장 중반부에서 말했던 '탄식하는 피조물의 해방'을 다시금 언급하는 듯합니다. 헬라어에서 '모든 것$_{ta\ panta}$'이란 본래 우주를 의미하기 때문입니다. 이처럼 하나님은 때가 차면 그리스도 안에서 창조되고 유지된 모든 것을 머리되신 그리스도에게 복종시킴으로써 그분 안에서 통일시키려는 계획을 가지고 계십니다. 그래서 새영어성경은 이 구절을 "우주가 그리스도 안에서 통일체가 되게 하려 하심이라"고 번역했습니다.

때가 차면 하나님의 온 교회와 우주가 그리스도 안에서 그분을 머리로 하여 통일된다니, 이 얼마나 멋진 이야기입니까! 지금 우리에게도 바울의 이런 시각이 절실히 필요합니다. 이 편지를 쓸 무렵 바울은 가택 연금 상태였습니다. 로마 병사들이 바울에게 수갑을 채우고 집 안에 가두었습니다. 그러나 비록 손은 묶이고 몸은 감금되어 있어도 바울의 정신과 마음은 영원을 살고 있었습니다. 바울은 이 세상이 조성되기 전을 돌아보고 때가 찰 그날을 내다보았습니다. 그리고 거기에 비추어 그리스도인으로서 우리가 지금 누리고 있는 것과 갖추어야 할 모습을 이해했습니다. 이런 사도 바울에 비하면 우리의 비전이나 시야는 얼마나 좁고 편협한지 모릅니다! 우리는 지극히 사소한 일에 쉽게 마음을 빼앗깁니다. 사도 바울처럼 우리도 우리가 살아가는 이 시간을 영원의 관점에서 이해할 필요가 있습니다. 바울의 시각을 공유하면 우리는 바울과 함께 하나님을 찬양하지 않을 수 없을 것입니다. 우리의 온 삶이 하나님을 향한 찬가가 될 것입니다. 우리는 그리스도 안에서 하늘에 속한 모든 신령한 복을 우리에게 주신 하나님을 쉼 없이 찬양하게 될 것입니다.

(d) 이 복에는 차별이 없습니다(11-14절). 바울은 그리스도 안에 있는 신령한 복이 유대인 신자들과 이방인 신자들에게도 똑같이 주어진다는 사실을 보여주기 위해 이 구절을 기록했습니다. "모든 일을 그의 뜻의 결정대로 일하시는 이의 계획을 따라 우리가 예정을 입어 그 안에서 기업이 되었으니 이는 우리가 그리스도 안에서 전부터 바라던 그의 영광의 찬송이 되게 하려 하심이라"(11-12절). 바울은 유대인으로서 이 글을 쓰고 있으므로 여기서 '우리'는 유대인 신자들을 가리킵니다. "그 안에서 너희도 진리의 말씀 곧 너희의 구원의 복음을 듣고 그 안에서 또한 믿어 약속의 성령으로 인치심을 받았으니 이는 우리 기업의 보증이 되사 그 얻으신 것을 속량하시고 그의 영광을 찬송하게 하려 하심이라"(13-14절). 여기서 '너희'는 이방인 신자들을 가리킵니다. 바울은 '우리'와 '너희'를 언급한 다음 '우리의' 기업을 이야기함으로써 유대인과 이방인이 기업을 함께 나눈다고 말합니다. 그러므로 이 구절은 민족적, 종교적 태생을 초월하여 하나님의 모든 백성

을 아우르는 이야기입니다. 바울은 특히 이 구절에서 우리가 어떻게 하나님의 백성이 되었고, 하나님이 왜 우리를 자기 백성으로 삼으셨는지 강조합니다. 그럼 이제 모든 일이 어디서 시작되고 어디서 끝나는지 살펴보도록 하겠습니다.

첫째, 우리는 어떻게 하나님의 백성이 되었을까요? 우리는 '하나님의 뜻에 따라' 하나님의 백성이 되었습니다. 모든 일은 하나님의 뜻에서 시작됩니다. 바울은 1장 초반부에서 비슷한 표현을 세 번이나 되풀이합니다. "그 기쁘신 뜻대로"(5절). "그 뜻의 비밀을 우리에게 알리신 것이요 그의 기뻐하심을 따라"(9절). "모든 일을 그의 뜻의 결정대로 일하시는 이의 계획을 따라"(11절). 하나님의 뜻과 하나님의 기뻐하심, 하나님의 계획이라는 단어가 계속 반복되는 것을 알 수 있습니다. 바울은 이런 표현들을 통해 우리가 우연히 또는 우리의 선택으로 하나님의 가족이 되는 것이 아니라는 사실을 강조합니다. 우리의 선택이 아니라 하나님의 선택이고 하나님의 뜻과 기뻐하심에 따른 결정입니다.

그렇다고 우리가 아무 일도 하지 않는다는 말은 아닙니다. 바울은 우리의 구원이 '하나님의 뜻에 따른 것'이라고 말하고 나서 우리가 진리의 말씀 곧 복음을 듣고 그리스도를 믿음으로써 약속하신 성령의 날인을 받았다고 말합니다(13절). 내주하시는 성령은 하나님이 우리에게 주신 날인이자 약속입니다. 결국에는 모든 기업이 우리 것이 되리라는 하나님의 보증입니다. 그러므로 어느 누구도 하나님의 뜻에 따라 결정되는 선택의 교리가 복음 전도나 믿음을 불필요한 것으로 전락시킨다고 말할 수 없습니다. 사실은 정반대입니다. 복음 전도가 성공할 수 있고 믿음이 생겨나는 것은 모두 다 하나님의 뜻이 있기 때문입니다. 복음 선포는 하나님이 정하신 수단입니다. 하나님은 복음 선포를 통해 그리스도 안에서 택하신 자들을 무지와 속박으로부터 해방시켜 자유롭게 예수님을 믿게 하고 하나님의 뜻을 이뤄가게 하십니다.

둘째, 하나님은 왜 우리를 자기 백성으로 삼으셨을까요? 하나님은 우리가 하나님의 영광을 찬미하는 사람이 되게 하려고 우리를 백성으로 삼으셨습니다. 바울이 1장 초반부에서 세 번이나 반복하는 표현이 하나 더 있습니다. "그의 은혜의 영광을 찬송하게 하려는 것이라"(6절). "그의 영광의 찬송이 되게 하려 하심이라"(12절). "그의 영광을 찬송하게 하려 하심이라"(14절). 올소울즈 교회에서 함께했던 동역자가 다른 곳으로 떠나면서 고맙게도 편지를 개봉할 때 쓰는 작은 칼을 선물로 주었습니다. 그 칼에는 '하나님의 영광을 찬송하게 하려고'라는 글귀가 새겨져 있습니다. 저는 책상 앞에 앉을 때마다 칼에 새겨진 글귀를 보고 저를 하나님의 백성으로 삼으신 뜻이 무엇인지 떠올리며 도전을 받습니다. 하나님의 영광을 찬송하게 하려고 하나님은 저를 자기 백성으로 삼으셨습니다.

이렇듯 우리는 하나님의 뜻에 따라 하나님의 백성이 되었고, 하나님이 우리를 자기 백성으로 삼으신 이유는 우리로 하나님의 영광을 찬송하게 하려는 것입니다. 우리가 그리스도 안에서 누리는 모든 것은 하나님에게서 왔고 하나님에게로 돌아갑니다. 하나님의 뜻 안에서 시작되고 하나님의 영광 안에서 끝납니다. 인간 중심으로 돌아가는 현대 사회에서는 이런 이야기를 거부하게 마련입니다. 자기중심적인 타락한 인간은 자신의 의지를 무한 신뢰하고 자신의 영광을 찬미하려는 욕망이 한이 없습니다. 그러나 하나님의 백성들이 그런 성향을 뒤집기 시작했습니다. 우리는 이제 자신을 아주 다른 시각으로 바라봅니다. 우리는 하나님의 은혜로 말미암아 하나님의 영광을 위해 살도록 부름 받았습니다. 나의 뜻을 이루고 나의 영광을 위해 사는 것이 아니라 하나님의 뜻을 행하고 하나님께 영광을 돌리기 위해 살도록 부름 받았습니다.

이제 기도로 이루어져 있는 다음 단락을 살펴보겠습니다(1:15-2:10). 모든 그리스도인은 신자이면서 사랑하는 사람이라는 점에 주목하십시오. "너희 믿음과 … 사랑을 나도 듣고 … 내가 기도할 때에 기억하며 너희로 말미암아 감사하기를 그치지 아니하고"(15-16절). 우리는 바울이 무엇을 위해 기도하는지 주목해야 합니다. 바울은 에베소에 있는 그리스도인들이 더 많은 복, 두 번째 복을 받게 해달라고 기도하지 않습니다. 오히려 그들이 이미 받은 복이 얼마나 큰지 알게 해달라고 기도합니다.

우리는 에베소서 1장이 어떻게 구성되어 있는지 잘 이해해야 합니다. 앞서 말했듯이 에베소서 1장은 찬양과 기도로 이루어져 있습니다. 바울은 "주 예수 그리스도의 아버지께서 그리스도 안에서 하늘에 속한 모든 신령한 복을 우리에게 주"셨다고 하나님을 찬양하고, 그리스도 안에서 우리에게 주신 복이 얼마나 풍성한지 우리로 깨닫게 해달라고 "우리 주 예수 그리스도의 하나님, 영광의 아버지께" 기도합니다. 나는 그리스도인이 건강한 삶을 영위하려면 이런 찬양과 기도를 쉬지 않아야 한다고 믿습니다. 그리스도 안에서 우리에게 모든 신령한 복을 주신 하나님을 찬양하고, 우리가 이 사실을 머리로 이해할 뿐 아니라 경험을 통해 알게 해달라고 기도하는 것은 참으로 중요합니다. 그런데 요즘에는 찬양과 기도의 균형을 잃어버린 그리스도인이 너무나 많습니다. 어떤 이들은 하나님이 그리스도 안에서 이미 우리에게 신령한 복을 모두 주셨다는 사실을 완전히 망각하고 새로운 복을 달라고 기도하기에 급급합니다. 또 어떤 이들은 정반대의 실수를 저지릅니다. 그들은 우리가 그리스도 안에 있으면 모든 것이 우리 것이라는 사실만 강조하고 자기만족에 빠져서 이미 받은 신령한 복을 더 깊이 알거나 경험하려 하지 않습니다. 우리는 이렇게 양극단으로 치달아서는 안 됩니다. 그리스도 안에서 우리에게 모든 신령한 복을 주신 하나님을 찬양하고, 이미 받은 이 복을 더 풍성히 경험하여 알게 해달라고 하나님께 기도해야 합니다. 찬양과 기도를 함께하면 삶의 균형을 잃을 리가 없습니다.

바울은 우리가 하나님이 주신 복의 의미를 이해하고 경험하여 알기를 바랍니다. 그래서 우리에게 '지혜와 계시의 영'을 주셔서 그리스도를 더 잘 알게 해달라고 하나님께 기도합니다(17절). 그리고 우리 마음의 눈을 밝혀달라고 기도합니다(18절). 우리 몸에 눈이 있듯이 우리 마음에도 눈이 있기 때문입니다. 성령을 통해 마음의 눈이 밝아지면, 우리는 하나님의 부르심과 기업과 능력이 얼마나 큰지 알게 됩니다. 그래서 바울은 우리가 "부르심의 소망이 무엇이며 … 기업의 영광의 풍성함이 무엇이며 … 우리에게 베푸신 능력의 지극히 크심이 어떠한지" 알게 해달라고 하나님께 기도하고 있습니다.

(a) 부르심의 소망. 하나님의 부르심을 이해하려면 그리스도인으

로서 우리의 삶이 시작되었던 때를 돌아보아야 합니다. 하나님이 우리를 부르셨을 때 그리스도인으로서 우리의 삶도 시작되었기 때문입니다. 그렇다면 부르심의 소망이란 무엇일까요? 다시 말해 하나님은 무엇을 바라고 우리를 부르신 것일까요? 하나님은 우리를 무작위로 부르시지도 않았고 아무 목적 없이 부르시지도 않았습니다. 하나님은 어떤 목적을 가지고 우리를 부르셨습니다. 이것이 부르심의 소망입니다. 신약성경에는 이 소망이 무엇인지 나와 있습니다. 하나님은 그리스도에게 속한 자가 되게 하려고 우리를 부르셨습니다. 하나님은 그리스도와 교제하도록 우리를 부르셨습니다. 하나님은 성도가 되게 하려고 우리를 부르셨습니다. 우리를 향한 하나님의 부르심은 거룩한 부르심이기 때문입니다. 하나님은 해방하려고 우리를 부르셨습니다. 하나님은 평강을 누리게 하려고 우리를 부르셨습니다. 하나님은 영화롭게 하려고 우리를 부르셨습니다. 또한 하나님은 고난을 받게 하려고 우리를 부르셨습니다. 하나님은 이런 소망을 가지고 우리를 부르셨습니다. 바울은 우리가 이 소망을 알기를 바랍니다.

(b) 기업의 영광. 어떤 이들은 이 기업이 하나님이 자기 백성들 가운데서 소유하시는 기업을 가리키는 것으로 이해합니다. 교회는 하나님의 기업이기 때문입니다. 그러나 제 생각은 다릅니다. 바울이 여기에서 말하는 기업은 하나님이 우리에게 주시는 기업을 가리킵니다. 골로새서 1장 12절에서 '성도의 기업'이라고 말한 그 기업을 가리킵니다. 그렇다면 하나님의 부르심은 그리스도인의 삶이 시작되었던 때를 돌아보는 말이고, 하나님의 기업은 그리스도인의 삶이 끝나고 하늘나라에서 상속을 받을 때를 바라보는 말입니다. 하나님의 자녀들은

하나님의 상속자들이고 언젠가 하나님의 기업은 우리의 것이 될 것이기 때문입니다. 성경은 그것이 어떤 모습일지 조금이나마 우리에게 보여줍니다. 그때에 우리의 몸과 성품은 그리스도처럼 변할 것입니다. 우리는 하나님을 보고 하나님을 경배할 것입니다. 우리는 하나님과 완전한 교제를 누릴 것이고, 더불어 우리끼리도 완전한 교제를 누릴 것입니다. 하나님의 기업을 수많은 성도들이 함께 모여 나눌 것이기 때문입니다. 바울은 우리 마음의 눈을 열어서 이 기업의 영광을 알게 해달라고 기도합니다. "성도 안에서 그 기업의 영광의 풍성함이 무엇인지" 알게 해달라고 말입니다.

(c) 능력의 크심. 바울은 특히 이 부분에 집중합니다. 하나님의 부르심이 그리스도인의 삶이 시작되었을 때를 돌아보고, 하나님의 기업이 끝을 바라보는 것이라면, 하나님의 능력은 그리스도인의 삶이 시작되어 끝날 때까지 이어지는 것입니다. 부르심의 소망을 이룰 수 있는 것은 하나님의 능력뿐입니다. 마지막 날 기업의 영광을 함께 나눌 때까지 우리를 안전하게 지켜줄 수 있는 것도 하나님의 능력뿐입니다. 바울은 하나님의 능력이 우리를 부르신 하나님의 소망을 이루고, 성도들이 기업의 영광을 나눌 그날까지 우리를 지키시기에 충분하다고 확신합니다. 그리고 우리도 이 사실을 확신하게 하려고 힘과 능력이라는 단어를 여러 번 반복해서 사용합니다. '힘의 위력', '우리에게 베푸신 능력', '그의 능력'이라는 표현이 이어집니다. 나아가 바울은 우리가 하나님의 능력이 '지극히 크다'는 사실을 알기를 바랍니다.

그러면 어떻게 우리는 하나님의 능력이 지극히 크다는 사실을 알게 될까요? 한 가지 방법은 바울이 기도하는 대로 마음의 눈이 밝아짐으로써 우리는 이 사실을 알게 됩니다. 성령이 영의 눈을 열어주지 않으시면, 우리는 하나님의 능력이 지극히 크다는 사실을 알지 못합니다. 그러나 성령의 내적, 주관적 조명만으로 우리가 하나님의 능력이 지극히 크다는 사실을 깨닫는 것은 아닙니다. 하나님도 예수 그리스도를 죽은 자들 가운데서 살리시고 하나님 오른편에 앉히심으로써, 그리고 죄와 허물로 죽은 우리를 그리스도 안에서 살리시고 일으키시고 하늘에 앉히심으로써 자신의 능력을 객관적, 대외적으로 우리에게 입증하셨습니다.

그렇다면 우선 그리스도를 다시 살리시고 높이신 하나님의 능력에 대해 살펴보겠습니다(19-23절). 바울은 20절에서 역사적 사건 두 가지를 언급합니다. 첫 번째는 하나님이 예수 그리스도를 죽은 자들 가운데서 다시 살리신 부활 사건입니다. 두 번째는 높이심, 즉 하나님이 예수 그리스도를 하늘에서 자기 오른편에 앉히시고 모든 악한 세력보다 뛰어나게 하시고 만물을 그의 발아래 복종시키신 사건입니다. 이 두 사건을 통해 하나님은 자신의 능력을 확실히 입증하셨습니다. 인간이 통제할 수 없는 두 가지 세력이 있다면, 그것은 바로 죽음과 악이기 때문입니다. 인간은 유한한 존재로서 언젠가 죽을 수밖에 없습니다. 죽음을 피할 수 있는 사람은 아무도 없습니다. 또한 인간은 타락한 존재로서 악을 이길 수 없습니다. 우리 힘으로는 죽음과 악을 이길 수 없습니다. 그러나 예수 그리스도 안에서 하나님은 죽음과 악을 모두 이기셨습니다. 하나님은 우리를 죽음과 악으로부터 구원하실 수 있는 유일한 분입니다.

(a) 그리스도는 죽음을 이기셨습니다. 죽음은 냉혹하고 가차 없는

적입니다. 언젠가는 우리 모두에게 죽음이 찾아옵니다. 얼마 전에 저는 나이 지긋한 여자 성도가 입원해 있는 병실을 방문했습니다. 갑작스레 병을 얻은 그녀는 병원에 도착하자마자 의사들을 비롯한 모든 사람이 병상에 둘러 모였었노라고 내게 말했습니다. 마치 자기가 곧 죽을 것이라고 생각하는 듯했습니다. "하지만 전 죽지 않기로 했어요!" 하고 그녀가 말했습니다. 분명 씩씩한 말이기는 하지만, 정확한 말은 아닙니다. 우리는 우리가 죽을 날을 결정할 수 없습니다. 얼마간 죽음을 미룰 수 있을지는 몰라도 죽음을 피할 수는 없습니다. 죽고 나면 우리 몸은 부패되고 분해됩니다. 그 무엇도 이 과정을 멈출 수 없습니다. 이집트의 미라도 결국에는 부스러져 티끌이 되고 맙니다. 방부 처리 기술이 아무리 뛰어난 장의사라도 시체가 부패하는 것을 끝까지 막을 도리는 없습니다. 우리는 흙이고, 흙으로 돌아갈 것입니다. 인간의 능력으로는 이것을 막을 수 없습니다. 더구나 죽은 사람을 다시 살릴 능력은 더더욱 없습니다. 그러나 하나님은 하셨습니다. 하나님은 예수 그리스도를 죽은 자들 가운데서 다시 살리셨습니다. 하나님은 자연스러운 부패 과정을 막으셨습니다. 하나님은 주의 거룩한 자가 썩지 않게 하셨습니다(행 2:27). 하나님은 단순히 이 과정을 뒤집어엎고 예수 그리스도를 소생시키신 것이 아니라 이 과정을 초월하셨습니다. 하나님은 예수 그리스도에게 완전히 새로운 생명을 주셨습니다. 그전까지 누구도 경험해본 적이 없고 지금껏 누구도 경험해보지 못한 무한하고 자유롭고 영광스러운 새 생명을 주셨습니다. 하나님은 예수 그리스도 안에서 죽음을 이기셨습니다.

　(b) 하나님은 악을 이기셨습니다. 하나님은 예수 그리스도를 자기

오른편에 앉히셨습니다. 하나님의 오른편은 최고의 영예와 집행 권한이 있는 자리입니다. 하나님은 그리스도를 "모든 통치와 권세와 능력과 주권과 이 세상뿐 아니라 오는 세상에 일컫는 모든 이름 위에 뛰어나게"(21절) 하셨습니다. 여기에서 '모든 통치와 권세와 능력과 주권'이란 악의 세력을 가리킵니다. 이들은 바울이 6장 12절에서 다시 언급한 "통치자들과 권세들과 이 어둠의 세상 주관자들과 하늘에 있는 악의 영들"입니다. 하나님은 그들을 그리스도의 발아래 굴복시키셨습니다. 그리고 그리스도를 "만물 위에 교회의 머리로 삼으셨"습니다. 교회는 그리스도의 몸이고 "만물 안에서 만물을 충만케 하시는 분의 충만함"입니다(22-23절).

이렇듯 하나님은 그리스도 안에서 자신의 '힘의 위력으로' 죽음과 악을 이기셨습니다. 그러니 우리가 어찌 하나님의 능력을 의심할 수 있겠습니까? 우리는 예수 그리스도의 부활과 높아지심을 보지 않았습니까? 예수 그리스도를 죽은 자들 가운데서 살리시고 자기 오른편에 앉히시고 만물을 그의 발아래에 복종하게 하신 하나님의 능력을 보지 않았습니까? 이것은 하나님의 능력을 입증한 확실한 역사적 사건입니다.

두 번째로, 그리스도와 함께 우리를 다시 살리시고 높이시는 하나님의 능력(2:1-10)을 살펴볼 차례입니다. 그리스도를 죽은 자 가운데서 살리신 하나님은 우리에게도 그 능력을 발휘하십니다. 이 단락을 살펴보기 전에 우리는 바울이 1장 19-20절에서 한 말에 주목해야 합니다. "그의 힘의 위력으로 역사하심을 따라 믿는 우리에게 베푸신 능력의 지극히 크심이 어떠한 것을 너희로 알게 하시기를 구하노라. 그의 능력이 그리스도 안에서 역사하사 죽은 자들 가운데서 다시 살리시고 하늘에서 자기의 오른편에 앉히사." 다시 말해 바울은 하나님이 그리스도를 죽은 자들 가운데서 살리셨을 때 그리스도 안에서 역사했던 하나님의 능력을 믿는 신자들인 우리에게 베푸시는 하나님의 능력 또한 지극히 크다는 사실을 우리가 알기를 바랍니다. 이 구절에 나오는 '우리'와 '그리스도'를 함께 생각해본 적이 있습니까? 바울은 지금 하나님이 '그리스도 안에서' 이루신 것을 믿는 신자들인 우리를 향한 하나님의 능력에 대해 말하고 있습니다. 바울은 의도적으로 그리스도와 우리를 나란히 배치하고 있습니다. 그리스도 안에서 나타났던 하나님의 능력이 우리 안에서도 나타날 수 있습니다. 하나님은 그리스도 안에서 죽음과 악을 이기셨던 것처럼 우리 안에서 죽음과 악을 이기십니다.

바울은 그리스도인이 경험하는 하나님의 지극히 크신 능력을 강조하고자 인간에 대한 비관론으로 바닥 깊숙이 내려갔다가 하나님에 대한 낙관론으로 솟아오릅니다. 성경은 이렇게 비관론과 낙관론, 절망과 믿음이 현실적으로 섞여 있습니다. 바울은 이 단락에서 타고난 인간과 은혜를 받은 인간을 생생히 대조합니다.

(a) 타고난 인간의 상태. 바울은 1-3절에서 모든 인간의 상태를 설명합니다. 바울이 묘사하는 인간의 상태는 인류 역사에서 특히 더 퇴폐적이었던 시대를 살던 사람들이나 사회 안에서 특별히 더 저급한 부류의 상태가 아닙니다. 바울은 지금 인간, 즉 모든 인간의 상태를 묘사하고 있습니다. 바울은 이방인을 가리켜 "너희는 허물과 죄 가운데서 이 세상의 풍조를 따랐다"고 지적한 다음, 유대인을 가리켜 "우

리도 다 그 가운데서 육체의 욕심을 따라 지내며 … 다른 이들과 같이 본질상 진노의 자녀이었"다고 말합니다. 이것이 보편적인 인간의 상태입니다.

첫째, 인간은 자신이 지은 죄와 허물로 죽었습니다. 바울이 4장 18절에서 묘사한 바에 따르면, 인간은 "하나님의 생명에서 떠나 있"는 자들입니다. 영원한 생명이란 하나님과의 교제를 말하는 것입니다. 그러므로 하나님으로부터 떠나 있는 것은 영적으로 죽어 있는 것을 의미합니다. 그리스도인이 아닌 사람들 중에도 더러는 아주 활기차 보이는 이들이 있습니다. 신체 건강한 운동선수나 사고 활동이 왕성한 학자나 성격이 쾌활한 영화배우를 보고 여러분은 생기 넘친다고 생각할 것입니다. 그러나 정말로 중요한 영역은 몸이나 정신이나 성격이 아니라 영혼입니다. 그들은 죽은 자들입니다. 예수 그리스도의 아름다움을 보지 못하는 맹인이고, 성령의 음성을 듣지 못하는 귀머거리입니다. 그들은 시체처럼 하나님께 반응하지 못합니다. 하나님이 없는 삶은 살아 있는 죽음입니다. 하나님 없이 사는 자들은 살아 있는 동안에도 죽은 자들입니다. 우리는 하나님이 하나님을 위해 살도록 창조하신 사람들이 하나님 없이 살아가는 끔찍한 비극에 가슴 아파해야 합니다. 하나님을 떠난 인간은 죽은 자입니다.

둘째, 인간은 세상과 육체와 마귀의 종입니다. 먼저 바울은 '이 세상 풍조'를 언급합니다. 세상 풍조란 최신 유행 또는 우리가 대중문화라고 부르는 것을 가리킵니다. 그다음에 바울은 '공중의 권세 잡은 자', '불순종의 아들들 가운데서 역사하는 영'을 언급합니다. 한마디로 마귀를 가리킵니다. 마지막으로 바울은 '육체의 욕심'과 '육체와 마음의 원하는 것'을 언급합니다. 이것은 인간의 타락한 본성을 가리킵니다. 이렇듯 그리스도 밖에 있는 모든 인간은 안팎에서 몰아치는 강한 영향력에 지배를 받습니다. 밖에는 세상이 있습니다. 하나님을 믿지 않는 세속 사회가 우리를 압박합니다. 안에는 육신, 즉 타락한 본성이 있습니다. 그리고 이 둘 너머에서 이 둘을 통해 활발하게 활동하는 악한 영이 있습니다. 마귀라 불리는 악한 영이 우리를 사로잡고 있습니다. 그렇다고 우리가 불순종의 아들들이라 불리는 원인을 세상과 육신, 마귀 탓으로 돌리고 책임을 면할 수 있는 것은 아닙니다. 새영어성경은 불순종의 아들들을 '하나님의 반역한 백성들'이라 번역했습니다. 우리는 하나님의 권위에 반항했고, 그리하여 사탄의 지배를 받게 되었습니다. 인간은 죽은 자입니다. 그리고 세상과 육신과 마귀의 종입니다.

셋째, 인간은 정죄를 받았습니다. 우리는 날 때부터 진노의 대상입니다. '진노의 자녀'라는 것은 이런 뜻입니다. 진노의 자녀라는 말은 히브리어 특유의 표현으로 하나님의 진노를 받는 대상이라는 뜻입니다. 하나님의 진노는 괴팍한 성질이나 앙심이나 반감이나 복수심을 말하는 게 아닙니다. 하나님의 진노는 악에 대한 순전하고 의롭고 뿌리 깊은 적의를 말합니다. 우리는 하나님의 진노와 정죄 아래 있습니다. 너무 비관적으로 들립니까? 물론 성경은 인간에 대해 이렇게만 이야기하지 않습니다. 인간은 하나님의 형상대로 창조되었습니다. 그러나 바울은 여기에서 그 사실은 조금도 언급하지 않습니다. 물론 바울도 그 사실을 믿습니다. 에베소서 4장 24절에서는 그리스도 안에서 "하나님을 따라 의와 진리의 거룩함으로 지으심을 받은 새 사람을 입으라"고 말하면서 그 사실을 언급하기도 합니다. 바울은 인간이 하나님의 형상대로 창조되었고, 타락한 뒤에도 그 흔적이 조금은 남아 있다고 믿습니다. 그럼에도 바울은 인간이 죽었고 세상과 육체와 마귀의 종이고 정죄를 받고 있다고 강조합니다.

사람들이 순진하게도 피상적인 치유책을 믿는 이유는 인간의 상태가 이렇게 심각하다는 사실을 모르기 때문입니다. 모든 국민이 일정한 교육을 받게 하는 것은 참으로 바람직한 일입니다. 공정한 사회를 세우는 것도 마찬가지입니다. 공정한 사회구조와 법률 체계는 만인에게 정의와 자유를 보장해줍니다. 보통교육을 실시하고 공정한 법률을 제정하는 행위는 모두 창조주 하나님을 기쁘게 합니다. 그러나 교육이나 입법으로 인간을 죽음과 종 노릇과 진노로부터 구원할 수는 없습니다. 근본적인 질병에는 근본적인 치료가 필요합니다. 피상적인 치유책으로는 심각한 상태에 빠진 인간을 구원할 수 없습니다. 죽었다면, 죽은 자들 가운데서 다시 살아나야 합니다. 종 노릇 하고 있다면, 해방되어야 합니다. 정죄 아래 있다면, 용서를 받아야 합니다. 하나님만이 이런 일을 하실 수 있습니다.

타고난 인간의 상태를 살펴봤으니 이제 은혜를 받은 인간에 대해 살펴보겠습니다.

(b) 하나님의 긍휼을 받은 사람. "그러나 하나님은"(4절, 새번역). 바울은 강렬하고 웅장한 역접 접속사로 인간이 처한 절망적인 상황과 하나님의 힘 있고 은혜롭고 탁월한 활동을 대조시킵니다. 그러니 이제 하나님이 어떤 일을 하셨는지 살펴보겠습니다. 바울은 세 개의 동사를 써서 하나님이 그리스도에게 행하신 일을 표현하고, '함께'라는

부사 하나를 덧붙여 그리스도에게 일어난 그 모든 일에 우리를 연결시킵니다. 첫째, 하나님은 우리를 그리스도와 함께 살리셨습니다(5절). 둘째, 하나님은 우리를 그리스도와 함께 일으키셨습니다(6절). 셋째, 하나님은 우리를 그리스도와 함께 하늘에 앉히셨습니다(6절). 이것은 부활, 승천, 우편에 앉으심이라는 세 가지 역사적 사건과 관련되어 있습니다. 우리는 사도신경을 통해 이 사실을 믿는다고 고백합니다. "사흘 만에 죽은 자 가운데서 다시 살아나셨으며, 하늘에 오르시어 전능하신 아버지 하나님 우편에 앉아 계시다가."

바울이 하는 말 중에 놀라운 부분은 그리스도에 관한 내용이 아니라 우리에 관한 내용입니다. 바울은 지금 우리가 부활하고 승천해서 하늘에 앉았다고 단언하고 있습니다. 우리는 그리스도와 함께 다시 살아났고 그리스도와 함께 승천해서 그리스도가 보좌에 앉아 계신 하늘에 그리스도와 함께 앉았습니다. 이것이 하나님이 행하신 일입니다. 하나님은 그리스도 안에서 우리를 살리시고 일으키시고 하늘에 앉히셨고 만물이 우리 발아래 복종하게 하셨습니다.

그러면 하나님은 왜 이런 일을 행하셨을까요? 바울은 하나님이 우리의 공로 때문이 아니라 분에 넘치는 하나님의 은혜로 말미암아 이런 일을 행하셨다고 강조합니다. 바울은 4절에서 하나님의 긍휼과 사랑을 이야기합니다. "긍휼이 풍성하신 하나님이 우리를 사랑하신 그 큰 사랑을 인하여." 7절에서는 하나님의 자비와 은혜를 이야기합니다. "이는 그리스도 예수 안에서 우리에게 자비하심으로써 그 은혜의 지극히 풍성함을 오는 여러 세대에 나타내려 하심이라." 이처럼 바울은 네 개의 단어를 써서 구원의 이유를 표현합니다. 하나님의 긍휼과 사랑과 자비와 은혜로 인해 하나님이 이런 일을 행하셨기 때문입니다. 이어서 바울은 8-9절에서 하나님이 이런 일을 행하신 이유가 우리의 행위 때문이 아니라고 강조합니다. 우리는 우리가 한 행위 때문이 아니라 분에 넘치는 하나님의 은혜에 의하여 믿음으로 말미암아 종 노릇과 죽음과 진노로부터 구원받았습니다. 그러므로 구원은 우리에게서 난 것이 아니라 하나님의 선물입니다. 우리가 칭찬받을 만한 행동을 해서 하나님이 우리를 구원하신 게 아닙니다. 우리의 믿음도 공로가 될 수 없습니다. 우리는 "은혜에 의하여 믿음으로 말미암아 구원을 받았으니"라는 말씀을 두고 믿음이 인간의 행위이고 구원이 일종의 거래인 것처럼 해석해서는 안 됩니다. 하나님이 은혜를 내놓고 우리가 믿음을 내놓음으로써 거래가 성사되어 구원이 이뤄진 것으로 해석해서는 안 됩니다. 믿음은 인간의 공로가 아니라 하나님의 선물입니다. 성경은 믿음의 유일한 목적이 예수 그리스도를 붙잡는 것이라고 분명히 밝힙니다. 마르틴 루터의 말대로 "믿음은 다른 게 아니라 귀중한 보석이신 예수 그리스도를 아는 것입니다." 바울은 10절에서 우리가 하나님의 작품이요 피조물이라고 말합니다. 구원은 하나님의 업적이지 우리의 업적이 아닙니다. 하나님은 선한 일을 하게 하려고 그리스도 예수 안에서 우리를 만드셨습니다. 구원은 하나님이 예수 그리스도 안에서 행하신 창조 작업입니다. 우리가 한 선한 행실 때문에 하나님이 그리스도 안에서 우리를 재창조하신 것이 아닙니다. 하나님이 선한 일을 하게 하려고 우리를 만드셨기 때문에 우리가 선한 일을 하는 것입니다.

이제 앞에서 배운 내용을 정리하고 말씀을 마무리하겠습니다. 오늘 말씀을 머리와 가슴에 새기기를 바랍니다. 바울은 우리 마음의 눈을 밝혀서 하나님이 우리에게 베푸신 능력의 지극히 크심을 알게 해달라고 기도합니다. 그리고 하나님이 자신의 능력을 객관적, 역사적으로 두 번이나 입증하셨다고 덧붙입니다. 먼저 하나님은 그리스도를 다시 살리시고 높이시고 죽음과 악을 비롯한 만물을 그리스도의 발아래 굴복시키심으로써 자신의 능력을 입증하셨습니다. 또한 그리스도 안에서 우리를 다시 살리시고 높이심으로써 자신의 능력을 입증하셨습니다. 하나님은 이미 우리 안에서 죽음을 이기셨습니다. 하나님은 우리를 살리시고 일으키시고 하나님 우편에 앉히셨습니다. 우리를 그리스도와 함께 보좌에 앉히시고 만물을 우리 발아래 굴복시키셨습니다. 이것이 하나님의 부활의 능력이고 죽음과 악을 이기는 능력입니다. 바울은 우리의 눈을 밝혀서 이런 사실을 알게 해달라고 하나님께 기도합니다.

여러분, 우리의 약한 데가 무엇입니까? 우리는 지금까지 하나님의 능력에 대해 이야기했습니다. 그렇다면 우리의 약한 데는 무엇입니까? 여러분과 내가 도무지 어쩌지 못하는 것은 무엇입니까? 저는 제가 제어하지 못하는 게 무엇인지 알고 있습니다. 여러분 힘으로 제어하지 못하는 것은 무엇입니까? 혀입니까, 성질입니까, 생각입니까, 정욕입니까, 야망입니까, 악의입니까, 시기심입니까? 우리 힘으로는 이런 것들을 제어하지 못합니다. 그런데 혹시 여러분은 하나님에게도 이런 것들을 통제할 힘이 없다고 생각하십니까? 예수 그리스도를 죽은 자들 가운데서 살리시고 하나님 오른편에 앉히신 분, 우리를 죽은 자들 가운데서 살리시고 승리하는 삶을 살도록 새 생명을 주시고 만물을 우리 발아래 굴복시키신 분에게 그런 능력이 없다고 생각하십니까? 그리스도 안에서 우리에게 복을 주신 하나님을 찬양하고, 우리 마음의 눈을 밝혀서 '약한 데서 온전하게' 하실 수 있는 하나님의 능력이 지극히 크심을 알게 해달라고 하나님께 기도합시다. 인간의 약함을 온전하게 하시는 부활의 능력을 알게 해달라고 기도합시다!

새 사회
에베소서 2:11-3:21

앞 장의 주제는 새 생명이었고 이 장의 주제는 새 사회입니다. 하나님이 예수 그리스도 안에서 우리에게 주신 새 생명을 살펴보았으니 하나님이 세우고 계신 새로운 사회이자 하나님의 가족인 교회에 대해 살펴보도록 합시다. 요즘 우리 사회에는 '소외'라는 말이 유행합니다. 많은 사람들, 특히 젊은이들이 소위 '시스템' 또는 '테크노크라시'에 환멸을 느끼고, 자신들이 사회로부터 소외되어 있다고 말합니다. 소외라는 말을 대중화한 사람은 카를 마르크스입니다. 케직사경회에서 마르크스 철학을 자세히 파고드는 것은 적합하지 않지만, 그가 말한 소외감이 무슨 뜻인지 이해할 필요는 있습니다. 마르크스는 프롤레타리아 계급이 직면한 진짜 역경은 경제적 소외라고 보았습니다. 노동자는 생명을 유지하고 욕구를 충족시키고자 노동 대상에 자신의 생명을 집어넣게 되는데, 그렇게 나온 생산물을 고용주가 판매하면 노동 대상에 투여된 노동자의 생명이 노동자로부터 떨어져 나가 그에게 낯설고 적대적인 힘이 됩니다. 즉 노동자가 자신이 만든 생산물로부터 소외되는 것입니다. 마르크스는 바로 여기에서 프롤레타리아 계급과 부르주아 계급의 투쟁이 시작된다고 보았습니다.

요즘에는 소외라는 단어가 생산물과 보상으로부터 노동자의 소외라는 의미보다는 경제적, 정치적 권력 행사로부터의 소외라는 의미로 더 많이 쓰입니다. 스코틀랜드에서 오신 분들은 어퍼 클라이드 조선소 노동조합 대변인이자 글래스고 대학교 이사를 역임한 지미 리드를 잘 알 것입니다. 지미 리드는 1972년에 글래스고 대학교 이사로 취임하면서 소외에 대해 언급한 바 있습니다. "소외라는 말은 자신이 눈에 보이지 않는 경제 세력의 희생자라 여기는 사람들의 외침입니다. 의사결정 과정에서 배제된 보통 사람들이 느끼는 좌절감입니다." 알다시피 요즘에 소외라는 말은 무력감을 표현하는 용어입니다. 소외로 인해 많은 사람들이 사회에 적의를 품은 혁명가로 변신하거나 사회 낙오자가 되었습니다.

성경은 카를 마르크스나 지미 리드보다 훨씬 전에 소외에 대해 이야기했습니다. 성경은 경제적, 정치적 소외보다 훨씬 더 심각한 두 가지 소외를 이야기합니다. 하나는 우리의 창조주이신 하나님으로부터의 소외이고, 또 하나는 피조물들 사이의 소외입니다. 많은 사람들이 편안함을 느껴야 할 세상에서 자신이 마치 낯선 이방인 같다고 느낍니다. 에베소서는 이 두 가지 소외를 넌지시 언급합니다. 실제로 사도 바울은 소외라는 용어를 써서 두 가지 상태를 표현합니다.

바울은 2장 초반부에서 인간이 하나님으로부터 소외되어 있다고 묘사합니다. 인간은 "허물과 죄로 죽었"다(1절)고 말합니다. 이는 바울이 4장 18절에서 "하나님의 생명에서 떠나 있"다고 말한 것과 같은 상태입니다. 그런가 하면 2장 후반부에서는 인간들이 서로로부터 소외되어 있다고 묘사합니다(11-22절). 특히 이방인을 가리켜 이스라엘 공동체에서 제외된 자라고 설명합니다(12절). 그리스도가 오시기 전 유대인과 이방인이 첨예하게 분열되어 있던 당시의 시대상을 우리가 정확히 이해하기란 거의 불가능합니다. 그러나 그 시대의 사회 분열과 소외감을 이해하려고 노력해볼 필요는 있습니다. 이방인들은 이중으로 소외되어 있었습니다. 하나님으로부터 소외되었고, 하나님의 백성들로부터 소외되었습니다. 흠정역의 표현을 빌리면 "중간에 막힌 담"이 있었고, 개역표준성경의 표현을 빌리면 "적대감이라는 담으로 분열"되어 있었습니다.

헤롯 왕이 지은 성전의 모습을 머릿속에 그려보겠습니다. 헤롯의 성전에는 중간에 분리 벽이 우뚝 서 있었습니다. 헤롯은 성전 건물을 높은 단 위에 건축했습니다. 단을 둘러싸고 제사장의 뜰이 있고, 제사장의 뜰 동쪽에 이스라엘의 뜰이 있고, 이스라엘의 뜰 동쪽에 여자들의 뜰이 있습니다. 이스라엘의 뜰과 여자들의 뜰은 각각 이스라엘 공동체에 속한 남녀 평신도들을 위한 공간입니다. 이 두 뜰은 모두 성전처럼 높은 단 위에 조성되어 있었습니다. 이 단에서 다섯 계단을 내려오고, 거기서 다시 열네 계단을 내려오면 이방인의 뜰이라 불리는 바깥뜰이 있었습니다. 그런데 이방인의 뜰과 높은 단으로 향하는 계단 사이를 1.5미터 높이의 두꺼운 석벽이 가로막고 있었습니다. 벽에는 헬라어와 라틴어로 쓴 경고문이 붙어 있었습니다. 침입하는 자가 있으면 고소하겠다는 경고가 아니었습니다. 침입자는 사형에 처하겠다는 무시무시한 경고였습니다. 지난 백 년 동안 두 개의 경고문이 발견되었는데, 거기에는 이렇게 쓰여 있었습니다. "외국인은 성전 주변 장벽 및 경내에 들어올 수 없다. 경고를 위반하고 들어왔다가 사형을 당할 경우 누구도 책임지지 않는다." 에베소서 2장 후반부의 배경에는 이런 시대상이 깔려 있습니다.

　모든 인간이 죄로 말미암아 하나님으로부터 소외되어 있었습니다. 성막이 그 상징이었습니다. 그런데 이방인들은 거기에 더하여 하나님의 백성들로부터도 소외되어 있었습니다. 성벽이 그 상징이었습니다. 성막과 성벽이라는 상징보다 더 끔찍한 것은 인간과 하나님 사이에서, 그리고 유대인과 이방인 사이에서 뿜어져 나오는 적의와 적대감이었습니다. 오늘 우리가 살펴보고 있는 영광스러운 주제는 우리 주 예수 그리스도가 이런 적의를 모두 소멸하셨다는 것입니다. "그는 우리의 화평이신지라. 둘로 하나를 만드사 원수 된 것 곧 중간에 막힌 담을 자기 육체로 허시고 … 또 십자가로 이 둘을 한 몸으로 하나님과 화목하게 하려 하심이라. 원수 된 것을 십자가로 소멸하시고"(14, 16절). 이렇게 예수 그리스도는 교회라는 새 사회를 세우고 그 안에서 인간과 인간(유대인과 이방인) 사이의 적의와 하나님과 인간 사이의 적의를 모두 소멸하셨습니다. 그 결과 새로운 인류, 새로운 사회가 창조되었습니다. 바울은 15절에서 이것을 '한 새 사람'이라고 부릅니다. 하나의 새 인류가 창조된 것입니다. 이 안에서 소외는 화해에 길을 내주고 적대감은 평안에 길을 내주었습니다.

　그럼 먼저 바울이 단언하는 내용을 살펴보겠습니다(2:11-22). 바울은 소외된 인류의 초상(11-12절)과 화목케 하시는 그리스도의 초상(13-18절), 교회라는 새로운 사회의 초상(19-22절)을 차례로 보여줍니다. 첫 번째 초상은 한때 우리의 모습이고, 두 번째 초상은 그리스도께서 이루신 일이고, 세 번째 초상은 지금 우리의 모습입니다.

(a) 소외된 인류 또는 한때 우리의 모습(11절). 바울은 그리스도가 오시기 전 이방인들이 살던 세상을 언급합니다. 할례당인 유대인들은 이방인을 가리켜 무할례당이라 부르고 도리를 저버린 사람들이라 일축했습니다. 바울은 12절에서 이들에게 다섯 가지 문제가 있다고 말합니다. 먼저 그들은 "그리스도 밖에 있었"습니다. 바울이 1장에서 '그리스도 안에' 있는 사람들이 받는 유익과 복에 대해 언급했던 바를 떠올려보십시오. 하나님이 그리스도 안에서 하늘에 속한 모든 신령한 복을 우리에게 주셨습니다. 그런데 이방인들은 그리스도 안에 있지 않았습니다. 그들은 그리스도 밖에 있었습니다. 또한 바울은 이방인을 가리켜 "이스라엘 나라 밖의 사람이라. 약속의 언약들에 대하여는 외인이요"라고 말합니다. 즉 그들은 하나님이 선택하시고 언약을 맺으신 백성의 일원이 아니었습니다. 이방인들은 이런 특권을 받지 못했습니다. 그들은 외인이었습니다. 또한 이방인들은 "소망이 없고 하나님도 없는 자"였습니다. 하나님은 언젠가 이방인들까지 품어 안으시려고 계획하셨고 그리 하시기로 약속하셨지만 그들은 그 사실을 알지 못했기에 아무 소망이 없었습니다. 그들은 소망이 없는 자들이었습니다. 또한 그들에게는 믿음이 없었습니다. 하나님은 자연을 통해, 하나님을 찬양하는 하늘과 땅의 아름다움을 통해 이방인들에게도 자신을 계시하셨지만, 그들은 본래 가지고 있던 하나님에 대한 지식을 억누르고 우상에 마음을 빼앗겼기 때문입니다. 이스라엘은 하나님을 알았지만, 이방인은 하나님을 알지 못했습니다.

이렇게 이방인들의 세계에는 다섯 가지가 결핍되어 있습니다. 윌리엄 핸드릭슨의 말대로 "그들은 그리스도도 없고, 나라도 없고, 친구도 없고, 의지할 곳도 없고, 소망도 없고, 하나님도 없었습니다." 바울이 13절에서 말한 대로 그들은 하나님과 하나님의 백성들로부터 소외된 채 멀리 떨어져 있었습니다.

그리스도인이 되기 전에 우리가 처해 있던 상황이 꼭 이랬습니다. 우리는 하나님과 하나님의 백성들로부터 소외되어 있었습니다. 그뿐 아니라 하나님의 권위에 반항하며 하나님에게 적의를 품고 있었습니다. 우리는 참 공동체에 대해 거의 알지 못했습니다. 지금도 그리스도의 몸 된 교회 밖에 있는 사람들은 베를린 장벽처럼 분리와 분열의 벽을 쌓고 있습니다. 그들은 보이지 않는 벽을 세웁니다. 인종과 피부색, 국가, 부족, 계급, 계층의 벽을 쌓습니다. 바울은 우리에게 예전의 모습을 기억하라고 거듭 권면합니다. 우리 주 예수 그리스도가 구원해 주시기 전까지 하나님으로부터 소외되고 우리들끼리 서로 소외되어 있던 그 시절을 생각하라고 말합니다.

(b) 그리스도가 행하신 일(13-18절). 소외된 인간의 초상을 살펴보았으니 이제 화목케 하시는 그리스도의 초상을 살펴보겠습니다. 바울은 우리에게 무슨 일이 일어났는지 한 문장으로 간략히 정리합니다. "이제는 전에 멀리 있던 너희가 그리스도 예수 안에서 그리스도의 피로 가까워졌느니라"(13절). 참으로 아름다운 문장입니다. 여기에서 우리는 '그리스도 예수 안에서', '그리스도의 피로'라는 표현을 놓쳐서는 안 됩니다. '그리스도의 피'는 그리스도가 우리를 대신하여 죽으신 것을 가리킵니다. 대속 죽음을 통해 그리스도는 화평을 이루셨습니다. '그리스도 안에서'는 우리와 그리스도의 개인적인 연합을 가리킵니다. 그리스도와 연합함으로써 우리는 화평을 누리게 되었습니다.

예수 그리스도가 우리의 화평이시기 때문입니다(14절). 그리스도는 하나님과 인간을 화해시키고 유대인과 이방인을 화해시키셨습니다. 둘로 하나를 만들고 중간에 막힌 담을 허셨습니다.

역사적으로 보자면, 바울이 이 편지를 쓰고 있을 당시는 중간에 막힌 담이 허물어지기 전입니다. 문자적으로나 역사적으로 볼 때 이방인을 배척하려고 쌓아올린 담은 여전히 건재했습니다. 이 담은 주후 70년이 되어서야 허물어졌습니다. 바울이 편지를 쓰고 있을 당시에는 아직 그대로 있었습니다. 그러나 하나님이 예수 그리스도의 사역을 이해하는 놀라운 통찰력을 주신 덕분에 바울은 예수님이 십자가에서 죽으신 주후 30년경에 이미 이 담이 허물어졌다고 말합니다. 그리스도는 막힌 담을 상징하던 율법을 자기 육체로 폐하셨습니다(15절).

그러면 예수 그리스도는 중간에 막힌 담을 어떻게 허무셨을까요? 이 일을 설명하는 15-16절에는 신학이 빼곡히 담겨 있습니다. 바울은 여기에서 '폐하다', '만들다', '화평케 하다'라는 동사를 사용합니다. 이 세 가지 동사에 집중하면, 바울이 15-16절에서 진술하는 까다로운 문장을 이해하는 데 도움이 될 것입니다. 그리스도는 하나의 새 사람을 만들고, 유대인과 이방인으로 분열되어 있던 인류를 화목하게 하고 하나님과 인간을 화목하게 하려고 법조문으로 된 계명의 율법을 폐하셨습니다.

그리스도가 하신 세 가지 일을 차근차근 살펴보겠습니다. 첫째로, 예수님은 계명의 율법을 폐하셨습니다. 예수님은 율법을 폐함으로써 중간에 막힌 담을 허무셨습니다. 얼핏 들으면 깜짝 놀랄 이야기입니다. 분명히 예수님은 산상수훈에서 자기가 율법을 폐하러 온 것이 아니라 완전하게 하려고 왔다고 말씀하셨으니 말입니다. 사람들은 이렇게 말할지도 모릅니다. "그것 봐. 내가 뭐랬어. 성경은 모순투성이야. 예수님은 자기가 율법을 폐하러 온 게 아니라고 하고, 바울은 예수님이 율법을 폐하셨대. 넌 누구 말을 믿어?" 사람들은 쉽게 이런 표면적인 차이를 지적합니다. 그러나 표면 아래를 들여다보면 예수님과 바울의 말은 다르지 않습니다. 예수님은 산상수훈에서 주로 도덕법을 언급하셨습니다. 예수님은 도덕법을 폐하러 오시지 않았습니다. 하나님의 도덕법은 지금도 여전히 그리스도인에게 구속력을 지닙니다. 우리는 하나님이 율법에 기록하신 도덕 계명에 순종해야 합니다. 마음대로 율법, 즉 도덕법을 어겨서는 안 됩니다. 예수님이 폐하신 율법은 주로 의식법입니다. 유대인과 이방인을 가르는 핵심 사안이었던 할례와 그리스도 안에서 성취된 물질 제사, 먹어도 되는 것과 먹지 말아야 할 것을 규정한 음식 규례 같은 것 말입니다. 이런 의식법이 유대인과 이방인 사이에 심각한 장벽이 되었습니다. 예수님은 이런 의식들을 폐하셨습니다.

물론 어떤 의미에서 예수님은 도덕법도 폐하셨습니다. 도덕법은 행동 기준이 될 뿐이지 구원의 근거가 될 수 없습니다. 구원의 근거로서의 율법은 폐지되었습니다. 우리는 도덕법을 지킨 공로로 구원받을 수 없습니다. 하나님과 화목케 된 자로서 이제 우리는 율법에 순종해야 합니다. 그러나 율법에 순종한다고 해서 의롭다 칭함을 받을 수 있는 것은 아닙니다. 예수님은 율법을 지키지 않는 자들에게 임하는 저주를 십자가에서 짊어지셨습니다. 그리고 우리를 율법의 정죄로부터 해방하셨습니다. 우리는 예수 그리스도 안에서 믿음을 통해 하나님께 받아들여졌습니다. 이는 놀라운 화해이자 하나 됨입니다. 우리는 문화나 인종에 상관없이 예수 그리스도를 믿음으로써 십자가 아래서 모두 하나입니다. 이렇듯 예수님은 계명의 율법을 폐하셨습니다. 한편으로는 의식법의 규례를 폐하시고 또 한편으로는 도덕법의 정죄를 폐하셨습니다.

예수님이 율법을 폐하신 이유는 유대인과 이방인을 하나의 새 사람으로 만들어 화평케 하기 위해서입니다. 둘째로, 예수님은 새로운 인류를 만드셨습니다. 지금 바울은 소극적인 사역에서 적극적인 사역으로 넘어가고 있습니다. 율법의 계명을 폐하는 소극적인 일에서 그리스도의 가족 안에서 하나의 새 인류를 창조하는 적극적인 일로 넘어가고 있습니다. 그런데 예수님은 이 일을 '자기 안에서' 하셨습니다(15절). 이 일은 예수 그리스도와의 연합, 예수 그리스도와의 관계를 통해 이뤄집니다. 이로써 우리는 오래된 막힌 담이 허물어지고 둘이 하나가 되는 새로운 연합을 경험합니다.

마지막으로, 예수님은 유대인과 이방인을 하나님과 화목하게 하셨습니다. "또 십자가로 이 둘을 한 몸으로 하나님과 화목하게 하려 하심이라. 원수 된 것을 십자가로 소멸하시고"(16절). 예수 그리스도의 십자가로 율법이 폐지되고 새로운 인류가 창조되어 하나님과 화목하게 되었습니다.

물론 모든 인류가 하나가 되고 화목케 된다는 뜻은 아닙니다. 유대인이든 이방인이든 출신 배경과 상관없이 '그리스도 안에' 있는 사람은 누구나 그리스도가 이루신 화평을 누린다는 말입니다. 바울이 이어서 하는 말에 주목합시다. 예수님은 십자가의 보혈로 화목하게 하시고 오셔서 평안을 전하십니다. 그러나 사람들이 평안을 누리려면 예수님이 전하는 화평의 소식을 받아들이고 믿어야 합니다. 예수님은 먼저 화평을 이루시고 그다음에 화평을 알리셨습니다. 화평을 이루신 것이 먼저이므로 평안을 전하시는 일은 예수님이 공생애 동안 하셨던 말씀 사역을 가리키는 것이 아니라 부활하신 주님이 나타나신 사건을 가리킵니다. 부활하신 예수님이 다락방에 나타나셨을 때 처음 하신 말씀은 "너희에게 평강이 있을지어다"였습니다. 평안을 전하는 일은 사도들과 사도들의 신앙을 계승한 교회를 통해 계속 이어져왔습니다.

우리가 사람들에게 평안을 선포할 때 우리를 통해 평안을 전하시는 분이 예수님이라니 참으로 멋지지 않습니까? 더구나 이 복된 소식은 먼 데 있는 이방인들과 가까운 데 있는 유대인들에게 똑같이 전해집니다. 복된 소식이 모든 사람에게 전해졌습니다. 그러므로 유대인이든 이방인이든 이 소식을 듣고 복음을 받아들인 사람들은 그리스도를 통해 한 성령 안에서 하나님 아버지께 함께 나아갑니다(18절). 이 성령은 우리를 거듭나게 하셨고 지금은 우리 안에 내주하시는 분입니다.

일전에 폴 리스Paul Rees가 삼위일체 교리를 '눈부신 수수께끼'라고 칭했는데, 우리가 하나님께 나아갈 때는 이 교리가 조금도 어렵게 느껴지지 않습니다. 우리는 성자 예수님의 화목케 하시는 사역을 통해, 그리고 우리에게 기도하는 법을 가르치고 우리 안에 내주하시며 '아바 아버지' 하고 부르짖는 성령을 통해 성부 하나님께 나아가는 일을 경험합니다.

그럼 이제 그 결과로 하나님이 만드시는 새로운 사회의 초상을 살펴보도록 합시다(19-21절). 바울은 19절에서 "그러므로 이제부터"라고 말을 잇습니다. 예수님이 십자가에서 화목을 이루시고 복된 소식을 전하신 결과 우리는 복음을 믿게 되었습니다. 이제 더 이상 우리는 예전과 같은 이방인이 아닙니다. 더 이상 외인이나 나그네, 소외된 자가 아닙니다. 법적 보호를 받지 못하고 잠시 머무는 체류자도 아닙니다. 우리의 신분은 극적으로 바뀌었습니다.

첫째, 우리는 하나님나라의 시민입니다. 여러분이 속한 나라가 없으면 여러분은 시민일 수 없습니다. 우리는 성도들, 즉 유대인과 동일한 시민입니다. 12절에 따르면 이방인들은 이스라엘 나라 밖의 사람으로 소외된 자였습니다. 그러나 이제는 이스라엘과 같은 시민입니다. 유대인과 이방인을 막론하고 하나님의 백성은 하나님나라의 동일한 시민입니다. 그곳에서 하나님은 은혜로 백성들을 다스리십니다.

둘째, 우리는 하나님의 가족입니다. 바울은 나라에서 가족으로 비유를 바꿉니다. 가족은 조금 더 친밀한 비유입니다. 나라와 가정은 다릅니다. 그리스도 예수 안에서 우리는 하나님나라의 시민일 뿐 아니라 하나님의 자녀로서 하나님의 가족입니다.

셋째, 우리는 주님 안에서 하나님의 거룩한 성전을 건축하는 돌입니다(20-22절). 이 성전을 한번 살펴보겠습니다. 성전의 토대는 사도들과 선지자들입니다(20절). 즉 이 성전은 그리스도가 교회에 말씀을 가르치라고 임명하신 사도들과 선지자들의 근본적이고 권위 있는 가르침을 토대로 세워집니다. 교회는 성경 진리 위에 세워집니다. 이는 곧 성경이 교회의 토대라는 뜻입니다. 교회는 선지자들과 사도들의 가르침 위에 세워지고, 선지자들과 사도들의 가르침은 성경 안에 기록되어 있습니다. 그리고 교회가 흔들리지 않게 떠받치는 모퉁잇돌은 예수 그리스도입니다. 베드로가 '살아 있는 돌'이라고 부른 돌들은 유대인과 이방인을 막론한 그리스도의 사람들입니다. "너희도 성령 안에서 하나님이 거하실 처소가 되기 위하여 그리스도 예수 안에서 함께 지어져가느니라"(22절). 이 건물의 본질은 성전입니다(21절). 이 건물을 짓는 목적은 "성령 안에서 하나님이 거하실 처소"(22절)가 되기 위함입니다. 살아 계신 하나님이 거하실 처소가 되게 하려는 것입니다.

사도의 가르침에 담긴 비밀을 추적해보니 참으로 놀랍지 않습니까. 얼마 전까지만 해도 우리는 이스라엘과 이스라엘의 하나님으로부터 소외되어 있었습니다(12절). 그런데 이제 그리스도 예수 안에서 가까워졌습니다(13절). 그리스도는 율법을 폐하시고 새로운 인류를 만드시고 이들을 하나님과 화목하게 하셨습니다. 그러므로 이제부터 우리는 외인도 아니고 나그네도 아닙니다(19절). 이제 우리는 하나님이 다스리는 나라의 시민이자 하나님이 사랑하시는 가족이고 하나님이 거하시는 성전입니다. 더 간단히 말하면, 우리는 소외되어 있다가 화목하게 되었습니다. 예수님이 우리를 집 안으로 들이셨습니다.

이것이 성경이 묘사하는 이상적인 그리스도인의 모습입니다. 그런데 실제 우리 모습은 어떻습니까? 우리의 경험은 성경의 진술과 사뭇 다릅니다. 심지어 교회 안에서조차 소외와 분열과 다툼이 종종 생깁니다. 때때로 그리스도인들은 그리스도가 허무신 옛 담이 있던 자리에 새로운 담을 쌓습니다. 흑인 차별의 담을 쌓고, 인종차별과 민족주의와 부족주의의 담을 쌓습니다. 계급과 계층을 나누는 담을 쌓고, 성직자와 평신도를 가르는 교권주의의 담을 쌓습니다. 이런 행위는 이중의 범죄입니다. 우선 이것은 예수 그리스도 앞에 죄를 짓는 행위입니다. 어떻게 우리가 감히 한 공동체 안에서 예수님이 이미 허무신 분열의 담을 다시 쌓는다는 말입니까? 또한 이것은 세상에 죄를 짓는 행위입니다. 담을 쌓는 행위는 세상이 그리스도를 믿지 못하게 막는 죄이기 때문입니다. 하나님은 자기 백성들이 의로운 공동체의 모범을 이 세상에 보여주기를 바라십니다. 하나님은 교회가 하나님나라의 표지가 되기를 바라십니다. 하나님이 사랑과 기쁨과 평안으로 다스리는 공동체의 모습이 어떠한지 보여주기를 바라십니다. 그런데 신앙의 디딤돌이 되어야 할 교회가 도리어 걸림돌이 되고 있다는 데 비극이 있습니다.

우리는 교회가 저지르는 이러한 죄에 예민하게 반응하며 가슴 아파해야 합니다. 이런 죄가 예수 그리스도와 세상의 마음을 상하게 한다는 사실을 알아야 합니다. 이런 일을 목격할 때마다 변명하거나 비난하기 급급했던 모습을 회개해야 합니다. 그리고 잘못을 바로잡기로 결심해야 합니다. 예수 그리스도의 교회는 원래의 목적대로 아버지 하나님과 형제자매를 사랑하는 가족이 되어야 합니다. 오늘날 우리에게 이보다 더 시급한 일이 무엇이 있을까요? 그리스도의 교회는 인류 공동체의 모범이 되어야 합니다. 하나님이 성령으로 거하실 처소가 되어야 합니다. 그렇게 될 때에야 사람들이 화평케 하시는 예수님을 믿을 것입니다. 그래야만 하나님이 자기 이름에 합당한 영광을 받으실 것입니다.

그리스도는 새로운 인류, 새로운 사회를 만드셨습니다. 바울은 그리스도가 십자가에서 행하신 일들을 이야기하고 나서 이제 자신의 사역으로 화제를 돌립니다.

바울은 하나님의 놀라운 사역에 자신이 어떻게 이바지했는지 이야기합니다(3:1-13).

바울은 1절에서 "그리스도 예수의 … 갇힌 자 된 나 바울"이라고 자신을 소개합니다. 인간적으로 보면 바울은 로마 황제의 죄수입니다. 하지만 바울은 결코 인간적인 견지에서 생각하고 말하지 않습니다. 바울은 인간의 일을 주관하시는 하나님의 주권을 믿습니다. 그래서 자신을 '그리스도 예수의 … 갇힌 자'라고 소개합니다. 바울은 투옥을 포함하여 자신의 모든 삶이 그리스도의 주권 아래 있다고 확신했습니다. 특히 바울은 이방인을 위하여 그리스도 예수의 갇힌 자가 되었습니다. 이방인에게 복음을 전하는 사역을 유대인들이 격렬히 반대한 탓에 바울이 체포되어 옥에 갇히고 재판을 받고 로마 황제에게 상소하는 상황에 처했기 때문입니다. 바울은 지금 자신이 해설하고 있는 이 주제 때문에 고난을 당하고 있습니다.

바울은 1-13절에서 두 번이나 '내게 주신 하나님의 은혜'라는 표현을 사용합니다. "너희를 위하여 내게 주신 하나님의 그 은혜의 경륜을 너희가 들었을 터이라"(2절). "이 복음을 위하여 그의 능력이 역사하시는 대로 내게 주신 하나님의 은혜의 선물을 따라 내가 일꾼이 되었노라"(7절). 하나님이 바울에게 주셨다는 은혜의 선물이란 과연 무엇일까요? 우선 바울은 2-3절에서 이 선물이 계시라고 말합니다. 바울은 은혜로 말미암아 무언가를 알게 되었습니다. 이어서 7-8절에서는 이 선물이 사명이라고 말합니다. 은혜로 말미암아 바울에게는 하나님이 자기에게 알리신 것을 다른 이들에게 알려야 할 책임이 생겼습니다. 첫 번째 것은 바울에게 계시된 비밀과 관련이 있고, 두 번째 것은 바울이 맡은 사역과 관련이 있습니다.

우선, 바울에게 임한 하나님의 계시 혹은 비밀(2-6절)을 살펴보겠습니다. 바울은 세 번이나 '비밀'이라는 말을 사용합니다(3, 4, 9절). 영어 성경은 헬라어 '뮈스테리온 musterion'을 미스터리 mystery로 번역했는데, 이 둘은 같은 의미가 아닙니다. 영어에서 미스터리란 비밀스럽고 음침하고 모호하고 난해한 것을 가리킵니다. 미스터리란 불가해하고 거의 이해할 수 없는 것을 가리킵니다. 그러나 헬라어 미스테리온은 여전히 비밀이기는 하지만 더 이상 철통 보안 속에 꽁꽁 숨겨둔 비밀이 아닙니다. 미스테리온은 공개된 비밀입니다. 지금까지 감추어져 있었지만 이제는 하나님의 계시로 드러난 것을 가리킵니다.

그렇다면 하나님이 바울에게 계시하셨다고 말하는 이 비밀은 무엇일까요? 바울은 4절에서 이것을 '그리스도의 비밀'이라고 부릅니다. 즉 이 비밀은 그리스도에 관한 비밀입니다. 바울은 이어서 6절에서 이 비밀이 무엇인지 설명합니다. 이 비밀은 이방인과 유대인이 그리스도 안에서 그리스도와 연합하여 한 사람이 되었다는 것입니다. 바울은 세 가지 표현을 나란히 배치하고 '함께'라는 부사를 세 번이나 사용합니다. 바울은 이방인이 그리스도 안에서 복음을 통해 유대인과 똑같은 복을 함께 나누는 공동 상속자가 되었다고 말합니다. 똑같은 몸의 지체가 되고, 똑같은 약속에 참여하는 자가 되었다고 말합니다. 요컨대 하나님이 바울에게 계시하신 그리스도의 비밀이란 그리스도와 연합함으로써 유대인과 이방인이 완전히 하나가 되는 것입니다.

구약성경은 하나님이 이방인들을 향한 계획을 가지고 있다고 계시했습니다. 하나님은 아브라함의 후손을 통해 땅의 모든 족속이 복을 받을 것이라고 아브라함에게 말씀하셨습니다. 또한 이스라엘을 이방의 빛으로 삼겠다고 이사야를 통해 말씀하셨습니다. 이처럼 구약성경은 이방인의 운명에 대해 말합니다. 그러나 하나님의 계획의 근본 성질은 계시하지 않았습니다. 구약성경은 신정 국가, 즉 하나님이 다스리는 유대 국가가 종식되고 국제 공동체인 그리스도의 교회로 대체될 것이라는 사실은 계시하지 않았습니다. 그리스도의 교회가 머리이신 예수 그리스도와 유기적으로 연결된 그리스도의 몸이 될 것이라는 사실은 계시하지 않았습니다. 유대인과 이방인이 아무런 차별 없이 그리스도를 통해 교회 안에 통합될 것이라는 사실은 계시하지 않았습니다. 그리스도와의 연합을 통해 유대인과 이방인이 완전히 하나가 된다는 사실은 완전히 새로운 비밀입니다. 하나님은 바울에게 이 비밀을 계시하셨고, 바울은 이 비밀을 이방인들에게 알렸습니다.

둘째로, 바울이 맡은 거룩한 사명(7-13절)을 보겠습니다. 바울의 사명은 하나님이 그에게 알리신 것을 다른 사람들에게 알리는 것입니다. "이 복음을 위하여 그의 능력이 역사하시는 대로 내게 주신 하나님의 은혜의 선물을 따라 내가 일꾼이 되었노라"(7절). 보다시피 복음을 전파하는 것이 바울의 사명입니다. 바울은 이 사명을 엄청난 특권으로 받아들였습니다. 바울은 자신이 "모든 성도 중에 지극히 작은 자보다 더 작은"(8절) 자라고 고백합니다. 바울은 최상급에 비교급을 더해 자신을 소개합니다. 바울은 지금 겸손한 척 위선을 떨고 있는 게 아닙니다. 바울은 실제로 자신의 무가치함을 절감하고 있습니다. 예전에 하나님의 교회를 핍박했기 때문이 아니라 하나님이 그에게 맡기신 사명이 너무나 엄청나기 때문입니다.

그러면 바울은 이 특권을 어떻게 묘사하고 있습니까? 바울은 8-10절에서 이 특권을 세 단계로 설명합니다.

(a) 그리스도의 풍성함을 이방인에게 전하는 것(8절). 바울이 이방인과 나누는 복된 소식은 예수님에 관한 소식, 그리스도의 풍성함에 관한 소식입니다. 오늘 모인 사람들 중에 혹시 예수님에게 가면 자기 인생이 가난해질 것이라고 생각하는 사람이 있습니까? 혹시 그런 사람이 있다면 부끄러운 줄 알아야 합니다! 우리가 예수 그리스도에게 가면, 예수님은 우리를 그지없이 풍요롭게 하십니다. 예수님은 자기에게 오는 자들에게 풍성함을 안겨주십니다. 그리스도의 풍성함은 측량할 수 없는 풍성함입니다. 주석가들은 아넥시크니아스토스*anexichni-astos*를 번역할 영어 단어를 찾으려고 애써왔습니다. 그리고 주로 'inexplorable(탐험할 수 없는)', 'untraceable(추적할 수 없는)', 'unfatomable(깊이를 잴 수 없는)', 'illimitable(한계가 없는)', 'unsearchable(헤아릴 수 없는)' 등으로 아넥시크니아스토스를 번역합니다. 문자적으로 아넥시크니아스토스는 '탐지해낼 수 없는'이라는 뜻입니다. 이를테면 대지처럼 너무 광대해서 다 탐험할 수 없고, 바다처럼 너무 깊어서 깊이를 잴 수 없다는 뜻입니다. 그리스도의 풍성함은 측량할 수 없습니다! 그리스도의 풍성함은 결코 다함이 없습니다. 이런 복된 소식을 선포하는 것이 바울의 사명입니다.

(b) 비밀을 모든 사람에게 드러내는 것(9절). 그리스도의 풍성함뿐 아니라 그리스도의 비밀을 이방인들(온 인류)과 나누는 것이 바울의

사명입니다. 한마디로 바울이 전하는 복음은 그리스도에 관한 복음인 동시에 교회에 관한 복음입니다. 교회는 하나님이 만들고 계신 새로운 인류입니다. 그리고 교회는 복음의 일부입니다. 바울은 감춰져 있다가 이제 드러난 이 비밀을 모든 사람이 알기를 바랍니다.

(c) 교회로 말미암아 하늘에 있는 통치자들과 권세들에게 하나님의 각종 지혜를 알게 하는 것(10절). 그리스도와 교회에 관한 복음을 선포하자 교회를 통해 하나님의 각종 지혜가 모습을 드러냈습니다. 이 헬라어 폴루포이킬로스*polupoikilos*는 태피스트리, 카펫, 아름다운 비단, 모자이크처럼 다채로운 것을 가리킵니다. 하나님이 각종 지혜로 창조하신 그리스도의 공동체는 문화와 국적과 인종이 다른 다양한 사람들로 구성되어 있습니다. 하늘에 있는 통치자들과 권세들은 이렇게 다채로운 공동체를 통해 하나님의 각종 지혜를 알게 됩니다. 그래서 교회의 출현을 지켜보는 천사들은 국적과 인종과 문화가 다른 공동체를 보고 하나님의 각종 지혜를 알아가고 있습니다. 참으로 놀라운 이야기입니다!

바울이 드리는 기도를 살펴보기 전에 두 가지 사실을 마음에 새겼으면 합니다. 첫 번째는 교회가 역사의 중심이라는 사실입니다. 여러분이 이 사실을 믿고 있는지 궁금합니다. 교회는 역사의 중심입니다. 바울은 11절에서 하나님의 영원한 뜻을 언급합니다. 하나님은 역사 속에서 예수 그리스도와 교회를 통해 일하고 계십니다. 하나의 새 인류, 하나님의 새로운 사회를 만들고 계십니다. 이 비밀이 역사의 중심입니다. 여러분은 역사를 어떻게 바라보고 있습니까? 역사의 핵심은 무엇입니까? 헨리 포드는 1919년에 〈시카고 트리뷴〉과 명예훼손 소송을 진행하면서 "역사는 속임수에 불과하다!"고 말했습니다. 여러분도 그렇게 생각하십니까? 역사는 두서없는 사건의 연속입니까, 의미 없이 전개되는 인생사에 불과할까요? 그렇지 않습니다. 잘 알고 있듯이 역사history는 그분의 이야기His story입니다. 역사는 하나님의 이야기입니다. 영원 전에 계획을 세우신 하나님이 역사적 사건들을 통해 일하시며 역사를 초월한 영원 속으로 나아가시는 이야기입니다. 역사 발전의 중심에는 예수 그리스도와 예수님이 구원하시고 화목케 하신 공동체이자 새 인류인 교회가 있습니다.

세상 역사가들과 성경의 시각은 실로 대조적입니다. 세속 역사는 왕과 왕비, 정치인, 장군, 그 밖의 요인要人들에게 집중합니다. 반면에 성경은 성도들, 잘 알려지지 않은 하나님의 백성들에게 집중합니다. 세속 역사는 전쟁과 전투, 평화 조약에 집중하지만, 성경은 예수 그리스도가 십자가에서 악한 세력을 이기신 결정적 승리에 집중합니다. 성경은 그리스도의 보혈로 비준한 평화 조약, 회개하고 믿은 모든 반역자들에게 내리는 주님의 사면령에 집중합니다. 세속 역사는 한 나라가 다른 나라를 정복하고 영토를 합병함으로써 세계지도가 바뀌는 것과 제국의 흥망성쇠에 집중합니다. 반면에 성경은 국경이 없는 다국적 공동체인 그리스도의 교회에 집중합니다. 세상의 모든 곳이 그리스도를 위한 곳이라고 주장합니다. 그리스도의 왕국은 다함이 없을 것이라고 말합니다. 하나님이 보시기에 역사의 중심은 교회입니다.

두 번째는 교회가 복음의 핵심이라는 사실입니다. 때로 우리는 너무나 개인적인 복음을 선포하곤 합니다. 예수님이 나를 위해 죽으셨다고만 말합니다. 물론 예수님은 나와 여러분을 위해 죽으셨습니다.

감사하게도 이것은 사실입니다. 하지만 그것이 다는 아닙니다. 복음은 그것이 전부가 아닙니다. 온전한 복음은 그리스도뿐 아니라 그리스도의 비밀에 관한 것입니다. 하나님의 새 인류인 그리스도의 공동체가 창조되는 이야기입니다. 우리는 예수님의 새로운 공동체로서 교회가 복음의 핵심이라는 사실을 확신해야 합니다.

그럼 이제 바울이 드리는 기도를 살펴봅시다(14-21절).

한 사람의 최고의 관심사가 무언지 알고 싶으면 그가 드리는 기도를 살펴보면 됩니다. 그가 기도할 때 가만히 귀를 기울여보십시오. 그러면 그의 가장 큰 관심사가 무엇인지 알 수 있습니다. 바울은 하나님께 영혼을 쏟아 부으며 진심으로 기도합니다.

바울은 2장에서 하나님이 그리스도 안에서 행하신 일을 자세히 설명했습니다. 하나님이 어떻게 끔찍한 소외를 끝내고 새로운 사회, 즉 구원받고 화목케 된 공동체를 만들고 계신지 이야기했습니다. 이제 바울은 하나님의 놀라운 계획이 사람들의 경험 속에서 온전히 이뤄지게 해달라고 기도합니다. 바울은 이렇게 기도를 시작합니다. "무릎을 꿇고 비노니." 유대인들은 기도할 때 보통 서서 기도했습니다. 예수님이 가르치신 바리새인과 세리의 비유를 보아도 둘 다 서서 기도합니다. 무릎을 꿇는 경우는 흔치 않았습니다. 무릎을 꿇는 자세는 아주 간절하다는 표현입니다. 예수님이 겟세마네 동산에서 무릎을 꿇고 땅에 얼굴을 대고 아버지 앞에 엎드리셨던 것처럼 말입니다. 지금 바울이 그렇게 하고 있습니다. 바울은 무릎을 꿇고 하나님 앞에 엎드렸습니다. 그만큼 간절했습니다. 성경은 우리가 기도할 때 특정한 자세를 취해야 한다고 말하지 않습니다. 무릎을 꿇고 기도할 수도 있고 서서 기도할 수도 있고 앉아서 기도할 수도 있습니다. 걸어가면서 기도할 수도 있고 누워서 기도할 수도 있습니다. 그러나 윌리엄 핸드릭슨은 "단정치 못한 자세로 기도하는 것을 주님은 싫어하신다"고 말합니다. 저도 여기에 동의합니다. 바울은 "내가 하늘과 땅에 있는 각 족속에게 이름을 주신 아버지 앞에 무릎을 꿇고 비노니"라고 말합니다. 바울은 형제자매로 이루어진 한 가족에 대해 말했습니다. 그리고 이제 이방인과 유대인이 형제자매를 이룬 가족의 아버지께 무릎을 꿇고 기도하고 있습니다. 이는 자연스러운 귀결입니다. 하늘과 땅에 있는 각 족속에게 이름을 주셨다는 말은 하늘과 땅에 있는 모든 가족들이 아니라 '일가권속'에게 이름을 주셨다는 뜻입니다. 그래야 '아버지'라는 칭호와 뜻이 맞습니다. 어쨌거나 바울은 지금 아버지께 기도하고 있습니다. 여기까지가 기도의 도입부에 해당합니다.

이제 기도의 요지를 살펴봅시다(16-19절). 저는 이 기도를 볼 때마다 계단이 떠오릅니다. 계단을 한 칸씩 오르듯 바울의 열망도 점점 커지기 때문입니다. 바울의 기도는 네 계단으로 이뤄져 있습니다. 첫 번째 계단의 핵심 단어는 강건입니다. "성령으로 말미암아 너희 속사람을 능력으로 강건하게 하시오며"(16절). 두 번째 계단의 핵심 단어는 사랑입니다. "너희가 사랑 가운데서 뿌리가 박히고"(17절). 세 번째 계단의 핵심 단어는 지식입니다. "능히 모든 성도와 함께 지식에 넘치는 그리스도의 사랑을 알고"(18절). 네 번째 계단의 핵심 단어는 충만입니다. "하나님의 모든 충만하신 것으로 너희에게 충만하게 하시기를 구하노라"(19절). 그럼 이제 이 네 가지 탄원을 간략히 살펴보도록 하겠습니다.

첫 번째, 강건에 대한 기도. 바울은 "성령으로 말미암아 우리 속사람을 능력으로 강건하게 하시고, 믿음으로 말미암아 그리스도께서 우리 마음에 계시게" 해달라고 기도합니다. 바울이 드리는 이 두 가지 간구는 서로 연결되어 있습니다. 둘 다 가장 깊은 곳에 있는 우리의 자아 또는 속사람 또는 마음과 관련되어 있습니다. 하나는 성령의 능력을, 또 하나는 그리스도의 내주하심을 언급합니다. 하지만 사실은 이 둘은 같은 경험을 이야기하는 것입니다. 바울은 제2위이신 성자와 제3위이신 성령을 따로 떼어서 생각하지 않습니다. 그리스도께서 우리 마음에 계시는 것과 성령이 우리 속사람을 강건하게 하시는 것은 같은 것입니다. 우리 마음에 거하시는 그리스도께서 성령을 통해 우리 속사람을 강건하게 하십니다.

두 번째, 사랑에 대한 기도. 바울은 우리 속사람이 강건해지게 해달라고 기도합니다. 우리가 강건해져서 서로 사랑하기를 바라기 때문입니다. 우리의 속사람이 강건해져야 새 인류, 새로운 사회를 사랑할 것이기 때문입니다. 새 인류는 사랑으로 서로 묶여 있습니다. 우리가 서로 사랑하려면 우리 속사람을 강건하게 하시는 성령의 능력이 필요합니다. 그래서 바울은 우리가 사랑 안에서 뿌리가 박히게 해달라고 기도합니다. 사랑은 우리의 삶이 뿌리 내리고 있는 터전입니다. 보다시피 바울은 식물에 관한 비유와 건축에 관한 비유를 결합시킵니다. 우리는 사랑의 토양에 뿌리를 내려야 합니다. 사랑의 토대 위에 기초를 세워야 합니다. 사랑이 그리스도인의 삶의 뿌리이자 토대가 되어야 합니다. 사랑은 그만큼 중요합니다.

세 번째, 지식에 대한 기도. 바울은 그리스도의 사랑이 지식에 넘치는 사랑이라고 말합니다. 우리의 지식으로는 그 사랑을 다 이해할 수 없다는 말입니다. 그럼에도 바울은 우리가 그리스도의 사랑의 '너비와 길이와 높이와 깊이'를 이해하게 해달라고 기도합니다. 현대 주석가들은 이 구절을 문자 그대로 해석하지 말라고 경고합니다. 하지만 저는 그리스도의 사랑이 유대인과 이방인을 다 끌어안을 만큼 넓고, 영원히 계속될 만큼 길고, 지극히 타락한 죄인에게도 닿을 만큼 깊고, 그를 하늘로 높일 만큼 높다고 생각합니다. 이것이 에베소서의 일관된 가르침입니다. 옛날 주석가들은 그리스도의 사랑의 너비와 길이와 높이와 깊이가 십자가에 나타나 있다고 보았습니다. 세로 막대의 한쪽은 땅을, 다른 한쪽은 하늘을 향해 있고, 가로 막대는 온 세상을 끌어안듯이 팔을 벌리고 있기 때문입니다. 바울은 우리가 그리스도의 사랑의 너비와 길이와 높이와 깊이를 알게 해달라고 기도합니다. 그런데 우리는 모든 성도와 함께할 때, 즉 바울이 편지를 쓰고 있는 하나님의 온 백성과 함께할 때에만 그리스도의 사랑을 능히 알 수 있습니다. 물론 혼자서도 그리스도의 사랑을 어느 정도는 알 수 있습니다. 하지만 경험이 제한되어 있기에 개인의 지식에는 한계가 있습니다. 하나님의 온전한 사랑을 이해하려면, 하나님의 온 백성이 함께해야 합니다. 그리스도의 사랑의 너비와 길이와 높이와 깊이를 알려면, 우리는 영원토록 이 사랑을 탐구해야 할 것입니다. 그리스도의 사랑은 지식을 초월하는 사랑이기 때문입니다. 그리스도의 풍성함이 측량할 수 없듯이 그리스도의 사랑도 다 알 수 없습니다.

　네 번째, 충만에 대한 기도. 바울은 하나님의 온갖 충만하심으로 우리가 충만해지기를 간구합니다. 이는 시간을 초월하여 영원을 바라보는 기도입니다. 물론 우리는 지금도 성령으로 충만해질 수 있습니다. 하지만 하나님의 온갖 충만하심으로 우리를 충만하게 해달라는 간구는 우리가 하늘나라에서 온전한 존재가 될 그날을 소망하는 기도입니다. 그때 비로소 우리는 하나님의 온갖 충만함으로 충만해질 것이기 때문입니다.

이제 마지막으로 기도의 결론을 살펴보겠습니다(20-21절). 바울은 하나님에게 기도에 응답하실 능력이 있다는 사실을 일곱 단계로 표현합니다. 첫째, 하나님은 역사하시고 일하십니다. 하나님은 게으르지도 않고 소극적이지도 않습니다. 하나님은 살아 역사하십니다. 하나님은 우리가 구하는 일을 하실 수 있습니다. 둘째, 하나님은 기도에 응답하십니다. 셋째, 하나님은 우리가 구하거나 생각한 것을 하실 수 있습니다. 때로 하나님은 우리가 기도하지 않고 생각만 한 것도 들어주십니다. 넷째, 하나님은 우리가 구하거나 생각한 '모든 것'을 하실 수 있습니다. 다섯째, 하나님은 우리가 구하거나 생각한 것보다 많은 것을 하실 수 있습니다. 여섯째, 하나님은 우리가 구하거나 기도한 것보다 훨씬 더 많은 것을 하실 수 있습니다. 일곱째, 하나님은 우리가 구하거나 생각한 모든 것에 더 넘치도록 하실 수 있습니다. J. B. 필립스는 이 구절을 '한이 없이 더' 하실 수 있다고 번역했습니다. 하나님은 "우리 가운데서 역사하시는 능력대로 우리가 구하거나 생각하는 모든 것에 더 넘치도록 능히 하실" 수 있는 분입니다. 하나님은 우리 개개인 안에서 일하시는 동시에 하나의 공동체인 우리 안에서 일하십니다. 하나님은 자기 백성들 안에 거하시고 자기 백성들을 성전으로 삼으십니다. 하나님의 능력은 예수 그리스도를 다시 살리고 자기 오른편에 앉히고 높이시는 부활의 능력입니다. 이 능력은 하나님에게서 나옵니다. 그러므로 하나님께서 영광을 받으셔야 합니다. 교회 안에서와 그리스도 예수 안에서, 몸 안에서와 머리 안에서, 신부 안에서와 신랑 안에서 하나님이 영광을 받으셔야 합니다. 교회는 화목케 된 공동체이고, 그리스도는 화목케 하시는 분입니다. 바울은 바로 그 "교회 안에서와 그리스도 예수 안에서 영광이 대대로 영원무궁하기를 원하노라"고 기도합니다.

바울의 기도는 비전의 성취에 관한 것입니다. 바울은 능력이 한이 없으신 하나님만이 구원받은 공동체 안에서 우리를 하나로 묶어줄 한없는 사랑을 주실 수 있다고 말합니다. 우리 다 함께 꿈을 꿉시다. 바울처럼 새 인류, 새 사회, 하나님의 새 가족에 관한 꿈을 꿉시다. 어떠한 차별도 없이 하나가 되어 하나님과 화평을 누리고 서로 화목한 새로운 사회를 꿈꿉시다. 그리고 이 꿈을 꾸고 이 환상을 볼 때마다 하나님의 능력으로만 이 꿈이 실현될 수 있다는 사실을 기억합시다.

새 기준
에베소서 4:1-5:21

사도 바울은 1-3장에서 하나님이 그리스도 안에서 우리에게 주신 새로운 생명과 그리스도를 통해 만들고 계신 새로운 사회를 묘사했습니다. 참으로 아름다운 비전입니다. 이제 바울은 하나님이 자기 백성들에게 기대하시는 새로운 기준에 대해 이야기를 시작합니다. 지금까지가 해설이었다면, 이제부터는 권면입니다. 지금까지 하나님이 행하신 일에 대해 설명했다면, 이제부터는 우리가 해야 할 일과 갖춰야 할 모습에 대해 권면합니다. 지금까지의 주제가 교리였다면, 이제부터는 윤리입니다. 바울은 그리스도인의 신앙에서 그리스도인의 삶으로 화제를 바꾸고 있습니다. 이제까지 배운 신학을 일상생활에서 실제적이고 구체적으로 실천하는 문제를 다룹니다.

바울은 "그러므로 … 내가"라는 말로 4장의 문을 엽니다. 바울은 이제껏 상세히 설명했던 새 생명과 새 사회에 관한 교리를 상기시키며 "그러므로 … 내가 너희를 권하노니 너희가 부르심을 받은 일에 합당하게 행하"라(1절)고 말합니다. 그렇다면 하나님의 부르심에 합당한 삶이란 어떤 것일까요? 3년 전 윈저공Duke of Winsor이 파리에서 사망했습니다. 그날 밤 영국 텔레비전에서는 윈저공의 인생을 다룬 아주 흥미로운 프로그램을 방영했습니다. 원저공이 젊은 시절에 촬영한 영상을 편집한 것이었습니다. 영상 속에서 원저공은 자신의 어린 시절과 가정교육, 짧은 재위 기간, 그리고 퇴위에 관한 이야기를 들려주었습니다. 그가 들려준 이야기 속에 잊지 못할 말이 하나 있습니다. "나의 아버지는 엄격한 규율주의자였어요." 당연히 원저공이 언급한 아버지는 조지 5세입니다. "내가 잘못을 저지르거나 처신을 잘못할 때면, '아들아, 네가 누군지 항상 기억해야 한다'고 꾸짖으셨죠." 다시 말하면 그가 영국의 왕세자이고 언젠가는 왕위에 오를 것이라는 사실을 기억하면, 왕세자 신분에 합당하게 행동하게 될 것이라는 말입니다. 그가 잘못된 행동을 한다면, 그것은 자신이 누구이고 자신의 신분이 무엇인지 잊은 탓입니다.

저는 우리가 매일 세상에 나갈 때마다 하늘에 계신 우리 아버지가 이렇게 말씀하신다고 생각합니다. "얘야, 네가 누군지 항상 기억해야 한다." 우리는 우리가 누구인지 기억하고 거기에 맞게 행동해야 합니다. 그렇다면 우리는 누구일까요? 우리는 하나님의 백성입니다. 하나님이 부르신 새로운 사회입니다. 그리고 새 사회에는 두 가지 특징이 있습니다. 첫째, 새 사회는 한 사람입니다. 화목케 된 한 사람, 유대인과 이방인으로 구성된 한 사람, 다양한 인종과 문화를 가진 이들로 구성된 한 사람입니다. 하나님의 유일한 한 가족입니다. 둘째, 새 사회는 거룩한 백성입니다. 새 사회는 세상과 구별됩니다. 새 사회는 하나님에게 속한 공동체입니다. 하나님의 백성은 한 사람이므로 자신의 하나 됨을 드러내 보여야 합니다. 또한 하나님의 백성은 거룩한 백성이므로 자신의 순결을 증명해 보여야 합니다. 하나 됨과 순결이 부르심에 합당한 삶의 본질인 이유가 여기에 있습니다. 우리는 하나님의 백성이되 한 사람입니다. 그러므로 하나 됨을 드러내야 합니다! 우리는 하나님의 백성이되 거룩한 백성입니다. 그러므로 거룩한 백성처럼 살아야 합니다! 하나님의 새로운 백성의 하나 됨과 순결이 오늘 우리가 살펴볼 주제입니다.

교회의 하나 됨 4:1-16

지난 반세기 동안 우리는 교회의 연합, 교회의 재통합과 전 세계 기독교인들의 재통합에 대해 많은 이야기를 나눴습니다. 저는 교회의 하나 됨을 다루는 오늘 본문을 다시 살펴보는 것이 그 논의에 도움이 될 것으로 생각합니다. 오늘 본문을 잘 살펴보면 잘못된 생각을 바로잡을 수 있을 것입니다. 바울은 하나님이 의도하신 하나 됨과 관련하여 네 가지 진리를 상세히 설명합니다. 교회의 하나 됨은 우리의 너그러운 행실에 달려 있습니다. 교회의 하나 됨은 한 분이신 하나님에게서 비롯됩니다. 교회의 하나 됨은 우리의 다양한 은사를 통해 풍성해집니다. 교회가 하나 되려면 우리가 성숙해져야 합니다. 따라서 오늘 주제의 핵심 단어는 너그러움과 하나 됨, 다양성, 성숙입니다.

첫째, 교회의 하나 됨은 우리의 행실에 달려 있습니다(1-2절). 바울은 3장 끝부분에서 우리가 사랑 가운데서 뿌리가 박히게 해달라고 하나님께 기도했습니다. 그리고 지금은 우리에게 사랑 가운데 행하라고 권면합니다. 기도와 권면이 함께합니다. 사도 바울은 너그러움을 먼저 이야기합니다. 우리 또한 너그러움을 먼저 이야기해야 합니다. 교회의 하나 됨을 이야기할 때 구조나 체계를 앞세우는 사람들이 많습니다. 저 역시 체계가 중요하다고 생각합니다. 체계가 잡히지 않은 교회가 과연 교회일 수 있을까요. 교회에는 최소한의 체계가 있어야 합니다. 그러나 우리는 체계를 먼저 생각해서는 안 됩니다. 바울은 도덕적 자질을 먼저 이야기합니다. 만일 도덕과 체계 중에서 하나를 선택해야 한다면, 도덕이 체계보다 더 중요합니다.

그러면 어떤 도덕적 자질이 필요할까요? 첫 번째로 자기를 낮추는 겸손이 필요합니다. 모든 불화 뒤에 교만이 도사리고 있다는 사실을 생각해본 적이 있습니까? 다른 사람을 멸시하는 자만심이나 존경받고 싶어 하는 허영심 때문에 공동체 안에서 다툼이 생긴다는 사실을 알고 있습니까? 저만 보아도 그렇습니다. 저 역시 저게 존경을 표하는 사람을 보면 기분이 좋아지고, 저를 하찮게 대하는 사람을 만나면 기분이 상합니다! 여러분은 어떻습니까? 이런 마음이 바로 허영심입니다. 불화가 생기는 관계 이면에는 언제나 허영심이 깔려 있습니다. 하나 됨의 비밀이 겸손인 이유가 여기에 있습니다. 헬라어 단어 '타페이노프로쉬네_tapeinophrosune_'는 '겸손한 마음'을 뜻합니다. 다른 사람들의 가치와 의의를 겸손히 인정하는 마음입니다. 그리스도 예수 안에 있었던 겸손한 마음을 의미합니다. 두 번째로는 온유함이 필요합니다. 온유는 자신을 다스릴 줄 알고 기꺼이 다른 사람을 섬기는 강인한 이들에게서 나타나는 온화함입니다. 세 번째로는 인내가 필요합니다. 인내란 누군가 나의 화를 돋워도 오래 참는 것입니다. 사실 교회 안에는 이런 부류가 무척 많습니다! 그런 사람들에 대해 오래 참아야 합니다. 네 번째로 서로 용납해야 합니다. 서로 용납하라는 말은 서로 참아주라는 말입니다. 마지막 다섯 번째로 사랑이 필요합니다. 사랑은 앞에 나온 네 가지 자질을 모두 포괄하며 그리스도인이 갖춰야 할 모든 미덕 가운데 최고로 꼽히는 미덕입니다. 사랑은 이웃의 행복을 위해 적극적으로 애쓰는 것입니다. 그리스도인의 너그러운 성품에서 비롯되지 않은 하나 됨으로는 하나님을 기쁘시게 할 수 없습니다.

둘째, 교회의 하나 됨은 하나님과의 하나 됨에서 나옵니다(3-6절). 바울은 3-6절에서 '하나'라는 단어를 무려 일곱 번이나 사용합니다. 몸도 하나고 성령도 한 분이고 소망도 하나고 믿음도 하나고 세례도 하나고 만유의 아버지이신 하나님도 한 분이십니다. 주의 깊게 살펴보면 일곱 번 중 세 번은 삼위 하나님을 언급하는 것을 알 수 있습니다. 나머지 네 번은 삼위 하나님과의 관계에서 우리가 경험하는 바를 언급합니다. 4절에서는 성령을, 5절에서는 우리 주 예수 그리스도를, 6절에서는 만유의 아버지이신 성부 하나님을 언급합니다. 그리스도인이 경험하는 하나 됨도 사실은 삼위 하나님의 하나 됨에서 비롯된 것입니다. 이 사실은 뒷부분에서 명확히 드러납니다. 그러므로 저는 여러분에게 다음 세 가지 사실을 자신 있게 말할 수 있습니다.

우선, 우리는 한 몸입니다. 그 이유는 성령이 한 분이시기 때문입니다. 바울은 4절에서 "몸이 하나요. 성령도 한 분이시니"라고 말합니다. 사실 이 말은 "성령이 한 분이시므로 그리스도의 몸도 하나다"라는 뜻입니다. 성령은 한 분뿐이십니다. 그 성령이 여러분 각 사람과 제 안에 거하신다면, 당연히 우리도 하나입니다. 한 분이신 성령은 한 몸에 생기를 불어넣으십니다. 몸 안에 내주하며 생기를 불어넣는 성령이 한 분이시므로 몸도 하나입니다.

또한 우리에게는 소망도 믿음도 세례도 하나입니다. 그 이유는 우리 주 예수 그리스도가 한 분이시기 때문입니다. 우리가 믿는 신앙의 대상은 누구입니까? 예수 그리스도입니다. 우리가 믿는 주님이 한 분이시므로 믿음도 오직 하나입니다. 우리가 받는 세례는 또 어떻습니까? 우리는 예수 그리스도 안에서 세례를 받습니다. 이렇듯 우리가 모두 예수 그리스도 안에서 세례를 받으므로 세례도 오직 하나입니다. 우리가 소망을 품는 대상은 누구입니까? 예수 그리스도입니다. 우리는 예수 그리스도가 영광 중에 다시 오시기를 소망합니다. 이렇듯 우리가 기다리는 대상이 예수 그리스도 한 분이시므로 소망도 오직 하나입니다. 우리가 믿고 세례를 받고 소망하는 대상이 한 분이시므로 믿음도 세례도 소망도 하나뿐입니다.

마지막으로 우리는 한 가족입니다. 그 이유는 만유 위에 계시고 만유를 통일하시고 만유 가운데 계신 만유의 아버지 하나님이 한 분이시기 때문입니다. 바꿔 말하면 한 분이신 성부 하나님이 하나의 가족을 만드시고, 한 분이신 우리 주 예수 그리스도가 하나의 믿음과 소망과 세례를 만드시고, 한 분이신 성령이 하나의 몸을 만드십니다. 그리스도의 가정은 오직 하나만 있을 수 있습니다. 그리스도인의 믿음과 소망과 세례도 하나만 있을 수 있습니다. 그리스도의 몸도 하나만 있을 수 있습니다. 하나님이 한 분이시기 때문입니다. 하나님을 여러 명으로 늘릴 수 없는 것과 마찬가지로 우리는 교회를 여러 개로 늘릴 수 없습니다. 하나님이 한 분뿐이십니까? 그러면 교회도 하나뿐입니다. 하나님의 하나 됨을 침범할 수 없습니까? 그렇다면 교회의 하나 됨도 깨뜨릴 수 없습니다. 하나님을 나눌 수 없듯이 교회도 나눌 수 없습니다.

여러분이 지금 무슨 생각을 하는지 압니다! 사도 바울이 단언하는 말을 듣고 나면 즉시 이런 의문이 떠오르게 마련입니다. "그렇다면 가시적 교회를 통합할 방법을 모색하는 것은 잘못된 일 아닌가요? 교회의 하나 됨이 깨뜨릴 수 없는 것이라면, 교회의 분열에 신경 쓸 필요가 있나요? 우리는 주변에서 교회가 분열하는 모습을 흔히 보는데 교회의 하나 됨을 깨뜨릴 수 없다는 성경의 주장은 이런 현상과 모순되는 것 아닌가요?" 이 질문에 답하려면 하나님과 우리가 생각하는 보이지 않는 실체로서의 교회의 하나 됨과 이에 모순되는 가시적 교회의 분열을 먼저 구분해야 합니다. 우리는 하나입니다. 하나님이 그렇게 말씀하셨습니다. 특별히 지금 우리는 케직사경회에서 우리가 하나임을 경험하고 있습니다. 그러나 외적으로 우리는 각기 다른 교회에 속해 있습니다. 때로는 우리가 속한 교회가 서로 힘을 겨루기도 합니다.

사도 바울도 이 사실을 인정합니다. 바울은 교회의 하나 됨을 힘주어 강조하는 이 단락에서도 분열의 가능성을 인정합니다. 우리가 건너뛰었던 3절을 살펴보겠습니다. "평안의 매는 줄로 성령이 하나 되게 하신 것을 힘써 지키라." 참으로 이상한 말입니다. 분명히 깨뜨릴 수 없다고 말한 교회의 하나 됨을 힘써 지키라고 권면하고 있으니 말입니다. 애초에 깨뜨릴 수 없는 것이라면, 교회의 하나 됨을 애써 지켜야 할 이유가 무엇이란 말입니까? 게다가 성령이 한 분이시고, 한 분이신 성령이 교회를 만들고 지키시는데, 성령이 하나 되게 하신 것을 힘써 지키라는 것은 대체 무슨 소리일까요? 무언가 이상하지 않습니까? 이 말씀을 어떻게 해석해야 할까요? 답은 하나입니다. 성령이 하나 되게 하신 것을 힘써 지키라는 말은 교회의 하나 됨을 눈에 보이게 지키라는 뜻입니다. 서로 화목하게 살면서 평안의 매는 줄로 교회의 하나 됨을 지키라는 뜻입니다. 하나님이 창조하셨고 인간도 마귀도 깨뜨릴 수 없는 교회의 하나 됨을 실제적이고 구체적인 사랑 안에서 지키라는 말입니다. 사람들이 교회의 하나 됨을 깨뜨릴 수 없다는 말을 듣고 역겨운 농담으로 여기는 대신 참되고 영광스러운 사실로 여길 수 있도록 우리는 교회의 하나 됨을 세상에 구체적으로 보여주어야 합니다.

이런 말을 해도 될지 모르겠지만, 저는 때로 우리가 케직사경회에서 "우리는 예수 그리스도 안에서 하나입니다" 하고 즐거워하다가도 사경회가 끝나면 다시 교파로 갈라져서 힘겨루기에 들어가지는 않을까 하는 생각에 마음이 아픕니다. 아버지와 어머니와 세 아들로 이뤄진 가족이 있다고 칩시다. 스미스 부부와 세 아들 톰, 딕, 해리가 있습니다. 이들이 한 가족이라는 데는 의심의 여지가 없습니다. 그런데 세월이 흐르면서 가정이 붕괴됩니다. 아버지와 어머니가 부부싸움 끝에 이혼합니다. 세 아들도 싸움에 동참합니다. 처음에는 부모와 싸우다 나중에는 자기들끼리 싸우고 갈라섭니다. 세 아들은 서로를 증오한 나머지 각기 다른 나라에 가서 삽니다. 만나지도 편지를 주고받지도 전화 통화를 하지도 않습니다. 서로 완전히 연락을 끊었습니다. 의절한 것도 모자라 개명 신청을 하고 이름까지 바꾸었습니다. 이보다 심각하게 깨어진 가족의 모습을 상상하기 어려울 정도입니다.

우리가 스미스 일가의 사촌이라고 칩시다. 그러면 우리는 이 상황에 어떻게 반응할까요? 별일 아니라는 듯 어깨를 으쓱하며 "괜찮아. 어쨌든 한 가족이라는 사실엔 변함없잖아"라고 말할 텐가요? 참으로 한심한 소리입니다. 하지만 사실입니다. 그들은 한 가족입니다. 그 무엇도 스미스 가족의 하나 됨을 깨뜨릴 수 없습니다. 여전히 아버지 어머니이고 아들이고 형제입니다. 결혼과 출산으로 말미암아 한 가족이 된 이들의 하나 됨은 그 무엇으로도 깨뜨릴 수 없습니다. 그렇다고 우리는 그 가정의 붕괴를 그대로 묵인할 것입니까? 그럴 수 없습니다. 우리는 이들을 화해시키기 위해 최선을 다할 것입니다. 평안의 매는 줄로 하나 됨을 지키라고 스미스 가족을 설득할 것입니다. 출생으로 말미암아 하나 된 사실을 밖으로 드러내 보여주라고 권면할 것입니다. 그리스도의 교회 안에서도 마찬가지입니다.

셋째, 교회는 우리의 다양한 은사를 통해 풍성해집니다(7-12절). 6절과 7절은 생생한 대조를 이룹니다. 바울은 6절에서 만유 위에 계시고 만유를 통일하시고 만유 가운데 계신 만유의 아버지 하나님을 이야기했습니다. 우리는 모두 아버지가 같습니다. 그런데 바울은 7절에서 "우리 각 사람에게 그리스도의 선물의 분량대로 은혜를 주셨나니"라고 말합니다. 우리 모두에 대해 이야기하다가 우리 각 사람에게로 화제를 돌립니다. 교회의 하나 됨을 이야기하다가 교회의 다양성으로 화제를 돌립니다. 바울은 지금 아주 성실하게 교회의 하나 됨에 대해 이야기하는 중입니다. 우리는 교회의 하나 됨을 칙칙하고 활기 없고 특색 없는 획일성으로 오해해서는 안 됩니다. 그리스도인들이 전부 천상의 공장에서 대량으로 찍어낸 복제품이라고 생각해서는 안 됩니다. 사실은 정반대입니다. 교회의 하나 됨은 지루하고 단조롭기는커녕 아주 흥미롭고 다채롭습니다. 우리가 서로 문화가 다르고 성격이 달라서만이 아니라 그리스도가 우리의 삶을 풍요롭게 하려고 나누어주시는 은사가 다양하기 때문입니다.

바울은 이 은사를 이야기합니다. 이 은사는 하나님이 주시는 은혜의 선물 charismata 입니다. 그러면 '카리스마타'란 무엇일까요? 오늘날에는 카리스마타를 둘러싸고 많은 이야기가 오갑니다. 다들 '은사 운동'이라는 말을 들어보았을 것입니다. 은사 운동이 많은 그리스도인과 교회들에게 복을 안겨준 것은 사실입니다. 그럼에도 나는 그들이 은사라는 용어를 그렇게 사용하는 것을 유감스럽게 생각합니다! 그 이유는 그들이 은사라는 용어를 교회의 특정 집단에 갖다 붙이는 크나큰 실수를 저질렀기 때문입니다. 은사는 일부 집단의 소유물이 아니라 교회 전체의 소유입니다. 온 교회는 은사 공동체입니다. 교회의 생명은 하나님의 영의 선물인 은사로 풍성해집니다. 온 교회는 그리스도의 몸이고, 몸의 모든 지체는 하나님과 사람을 섬기는 데 필요한 능력을 부여받았습니다.

그러면 우리는 이 구절을 통해 무엇을 알 수 있을까요? 크게 세 가지입니다. 먼저, 영적 은사를 주시는 분은 승천하신 그리스도입니다. 바울은 8절에서 시편 68편 18절을 인용하여 승천하신 예수님을 전쟁에서 승리하고 전리품과 포로를 한 아름 안고 개선가를 울리며 수도에 입성해 국민들에게 선물을 나누어주는 영웅에 비유합니다. 예수 그리스도는 전쟁에서 승리한 정복자처럼 사람들에게 은사를 나눠주십니다. 9절과 10절은 병렬구조를 이루고 있습니다. 바울은 '올라가셨다'는 건 그리스도가 이전에 '땅 아래 낮은 곳'에 내려오셨다는 것이 아니냐고 묻습니다. '땅 아래 낮은 곳'이 땅을 가리키는지 음부를 가리키는지는 중요하지 않습니다. 예수님은 승리하시고 모든 하늘 위에 오르셨습니다. 그리고 만물, 즉 우주를 충만하게 하십니다. 최고로 권위 있는 자리에 앉으셔서 교회에 은사를 나눠주십니다. 그러므로 은사를 오로지 성령의 은사로만 생각하고 성령 또는 성령에 대한 체험과 지나치게 밀착시켜서는 안 됩니다. 여기에서 바울은 은사를 가리켜 예수 그리스도의 선물이라고 말하고, 로마서 12장에서는 성부 하나님의 선물이라고 말하기 때문입니다. 우리는 삼위이신 성부 성자 성령을 나누어서는 안 됩니다. 삼위 하나님은 교회의 안녕을 위해 다방면에서 함께 일하십니다.

또한 은사의 성격은 아주 다양합니다. 7절에서 이야기했듯이 하나님은 우리 각 사람에게 그리스도가 나누어주시는 선물의 분량을 따라서 은혜를 주셨습니다. 바꿔 말하면 우리 모두에게 똑같은 은혜를 주셨지만, 다른 분량 또는 다른 선물로 은혜를 주셨습니다. 어떤 이들은 '성령의 아홉 가지 은사'에 대해 이야기합니다. 고린도전서 12장 4절에도 아홉 가지 목록이 나와 있습니다. 그런가 하면 또 어떤 이들은 방언과 예언과 치유라는 세 가지 은사에만 몰두합니다. 신약성경에는 모두 네 개의 목록이 나옵니다. 각 목록에 나오는 은사를 다 모으면 최소한 스무 개 정도는 됩니다. 게다가 신약성경은 그중 어느 목록도 완전한 목록이라고 말하지 않습니다.

바울은 본문에서 다섯 가지 은사를 언급합니다. 모두 교회를 세우는 데 필요한 가르치는 은사들입니다. 바울은 고린도전서 12장에서 그랬던 것처럼 사도와 선지자를 맨 처음 언급합니다. 고린도전서 12장

28절에서는 "첫째는 사도요 둘째는 선지자요 셋째는 교사요"라고 순서를 매겨 나열하기도 했습니다. 바울이 본문에서 말하는 사도는 열두 사도와 사도 바울 자신을 가리킵니다. 나중에는 예수님의 형제인 야고보도 사도가 되었습니다. 어쩌면 또 다른 사도가 한두 명 더 있을 수도 있습니다. 어쨌거나 그리스도의 사도는 고유한 권위를 지닌 소규모 집단입니다. 한편 선지자는 하나님에게 직접 받은 계시를 전하는 이들을 가리킵니다. 하나님은 선지자들을 통해 말씀하셨습니다. 그래서 선지자들은 이스라엘 백성에게 "여호와의 말씀이 내게 임하여 이르시되"라고 말할 수 있었습니다. 바울이 본문에서 말하는 사도와 선지자는 바로 이런 이들을 가리킵니다. 어제 아침에 우리는 2장 20절을 통해 사도와 선지자들의 가르침 위에 교회가 세워졌다는 사실을 배웠습니다. 일단 건물의 토대를 다지고 그 위에 상부구조를 올리고 나면 그걸로 끝입니다. 건물을 올리고 나서 토대를 다시 다지는 법은 없습니다. 이것은 건물과 건축에 대해 배우지 않아도 누구나 아는 상식입니다. 토대는 다져졌고 이미 완성되었습니다. 교회는 사도와 선지자들의 가르침 위에 세워졌습니다.

물론 오늘날에도 이차적인 의미에서는 사도의 은사가 있을 수 있습니다. 이를테면 개척 선교사나 교회 개척자가 여기에 속합니다. 신약성경은 그들을 '교회의 사자들'이라고 부릅니다. 그러나 그들은 그리스도의 사도는 아닙니다. 교회에서 파송한 교회의 사자들입니다. 마찬가지로 오늘날에도 말씀을 해설한다는 의미에서 선지자의 은사가 있을 수 있습니다. 말씀을 해설하고 권면하고 위로하는 이들이 여기에 속합니다. 그러나 오늘날의 교회에는 신약성경이 사도와 선지자라는 용어를 사용할 때 일차적으로 의미했던 사도나 선지자는 없습니다. 지금 우리에게 사도 바울이나 베드로, 요한과 같은 사도는 없습니다. "여호와의 말씀이 내게 임하여 이르시되"라고 말할 수 있는 성경의 선지자들과 같은 선지자가 지금은 없습니다. 오늘날에는 하나님의 말씀이 사람들에게 직접 임하지 않습니다. 그 대신 우리가 말씀 앞에 나아갑니다. 오늘날에는 하나님이 우리에게 직접 계시하지 않으십니다. 만일 오늘날에도 하나님이 직접 계시를 주신다면, 우리는 그 말씀을 정경에 추가해야 하고 온 교회는 그 가르침에 복종해야 할 것입니다. 오늘날 교회에는 사도 바울이 본문에서 언급한 일차적인 의미의 사도와 선지자는 없지만, 복된 소식을 선포하고 사람들을 그리스도에게로 인도하는 복음 전도자들이 있습니다. 교회를 섬기고 돌보는 목사들과 하나님의 말씀을 해설하는 교사들이 있습니다. 모두 가르치는 은사를 받은 자들입니다. 가르치는 은사는 이처럼 중요합니다. 바울이 사도와 선지자를 맨 처음 언급하는 것도 이 때문입니다.

마지막으로, 영적 은사를 주신 목적은 섬김에 있습니다. 바울은 12절에서 그리스도가 교회에 이런 은사를 주신 이유를 두 단계로 설명합니다. 그리스도가 교회에 은사를 주신 당면 목적은 성도를 온전하게 하여 봉사의 일을 하게 하기 위해서입니다. 새영어성경은 "하나님을 섬기는 일을 하도록 하나님의 백성을 준비시키기 위함이라"고 번역했습니다. 예수 그리스도는 목사들로 봉사의 일을 하게 할 뿐 아니라 봉사의 일을 할 수 있도록 성도들을 준비시키는 일을 하게 하려고 교회에 목사를 주셨습니다. 그래서 신약성경이 그리는 목사상은 모든 사역을 자기 손아귀에 넣고 평신도를 지배하는 사람이 아니라 하나님의 모든 백성이 자기 은사를 발견하고 계발하고 활용하도록 도우며 격려하는 사람입니다. 목사는 가르침과 훈련을 통해 이 일을 합니다. 목사는 평신도가 자유롭게 봉사의 일을 할 수 있도록 돕습니다. 그래서 모든 사역을 혼자 독점하지 않고 사역을 다각화합니다. 예수 그리스도는 가르치고 훈련하고 사역을 다각화하게 하려고, 그리하여 궁극적으로는 그리스도의 몸인 교회를 세우게 하려고 우리에게 목사를 주셨습니다.

이런 목적을 고려할 때 예수 그리스도가 주신 모든 은사는 다른 사람을 섬기는 섬김의 은사입니다. 이기적인 용도로 쓰라고 주신 것이 아니라 이타적인 용도로 쓰라고 주신 것입니다. 그리스도는 공동의 유익을 위해 우리에게 은사를 주셨습니다(고전 12:7). 그러므로 어떤 은사가 상대적으로 더 중요한가는 그 은사가 교회에 이바지하는 정도에 따라 평가해야 합니다. 교회를 더 많이 교화하고 세우는 은사가 더 중요한 은사입니다. 교회에서 가르치는 은사가 가장 중요한 이유도 여기에 있습니다. 하나님의 말씀을 가르치는 것만큼 그리스도의 교회를 세우는 것이 없기 때문입니다. 저는 우리가 은사에 관한 다음 세 가지 사실을 기억하기 바랍니다. 우선, 은사를 주시는 분은 승천하신 그리스도입니다. 또한 은사의 성격은 다양합니다. 마지막으로 은사를 주신 목적은 하나님의 백성을 준비시켜 봉사의 일을 하게 하고 그리스도의 몸을 세우는 데 있습니다.

넷째, 교회가 하나 되려면 우리가 성장해야 합니다. 교회는 그리스도의 몸입니다. 인간의 몸이 성장하듯 그리스도의 몸도 성장합니다. 바울은 13절에서 교회의 성장을 이렇게 묘사합니다. "우리가 다 하나님의 아들을 믿는 것과 아는 일에 하나가 되어 온전한 사람을 이루어 그리스도의 장성한 분량이 충만한 데까지 이르리니." 교회는 복음 전도자들의 사역을 통해 새로운 지체들이 더해짐으로써 규모가 커집니다. 또한 목사와 교사들의 사역을 통해 몸의 지체들이 발달하고 성숙해짐으로써 수준이 올라갑니다. 그러므로 복음 전도자와 목사 및 교사는 그리스도의 몸을 세우는 사람들입니다. 그리스도의 몸은 이들의 사역을 통해 성장합니다. 교회 전체의 성장은 그리스도의 몸을 이루는 각 지체들이 얼마나 성장하느냐에 달려 있습니다. 우리는 이 이상 더 어린아이로 있어서는 안 됩니다(14절). 어린아이들은 불안정합니다. 불안정한 그리스도인은 어린아이와 같습니다. 폭풍우 치는 바다에 떠 있는 작은 배처럼 바람과 파도에 따라 요동칩니다. 미성숙한 그리스도인은 간사한 교사들이 전하는 이상한 교리에 쉽게 흔들립니다. 그들은 자기가 무엇을 믿는지도 모릅니다. 그들은 교리적으로 매우 불안정합니다. 우리는 그들과 달리 사랑으로 진리를 말해야 합니다(15절). 미성숙한 그리스도인의 표지가 교리적 불안정이라면, 성숙한 그리스도인의 표지는 하나님이 계시하신 진리에 대한 확신, 그리고 사랑으로 진리를 굳게 붙잡고 참된 것을 말하는 능력이라 할 수 있습니다.

바울은 15-16절에서 이렇게 말합니다. "오직 사랑 안에서 참된 것을 하여 범사에 그에게까지 자랄지라. 그는 머리니 곧 그리스도라. 그에게서 온몸이 각 마디를 통하여 도움을 받음으로 연결되고 결합되어 각 지체의 분량대로 역사하여 그 몸을 자라게 하며 사랑 안에서 스스로 세우느니라." 16절에 담긴 놀라운 진리를 놓치지 마십시오. 바울은 사랑 안에서 몸이 세워진다고 말합니다. 어떤 이들은 진리를 위해 싸우려는 결심이 지나쳐 사랑이 없고 냉혹하고 험악한 사람이 되기도 합니다. 또 어떤 이들은 형제애를 발휘하려는 결심이 지나쳐 "형제에 대한 사랑으로 교리적 차이는 덮어두자"고 말하고 진리에 대해서는 그다지 신경 쓰지 않습니다. 둘 다 한쪽으로 치우쳐 균형을 잃었습니다. 이런 태도는 성경과 모순됩니다. 사랑으로 부드럽게 감싸지 않으면 진리는 딱딱해지기 쉽고, 진리로 견고해지지 않으면 사랑은 안이해지기 쉽습니다. 우리는 진리와 사랑을 함께 붙잡아야 합니다. 너무 어렵게 생각할 필요 없습니다. 진리의 성령이 사랑의 열매를 맺기 때문입니다.

이제 첫 번째 단락을 마무리하려 합니다. 우리는 이 단락을 살펴보면서 부르심에 합당하게 살라고 권면하는 바울의 말을 들었습니다. 바울이 하는 권면에 마음으로 동의한다면, 우리 안에는 교회의 현 상태에 대한 불만이 생겨야 마땅합니다. 우리들은 대부분 지나치게 보수적인 태도로 현재 상태에 만족하고 안주하려는 성향을 보입니다. 우리는 하나님이 원하시는 교회와 하나님이 만들고 계신 새 사회의 비전을 분명히 이해하려 하지 않습니다. 어떤 이들은 구조상의 연합과 약간의 겸손이나 온유, 인내, 사랑에 만족합니다. 또 어떤 이들은 신학 개념으로서의 하나 됨에 만족합니다. 그들은 신학적 사실을 강조하면서도 신학과 모순되는 가시적 교회의 분열에 대해서는 개의치 않습니다. 또 어떤 이들은 천편일률적인 획일성에 만족합니다. 그들은 하나님이 교회에 의도하신 다양성을 주목하지 않습니다. 또 어떤 이들은 교회의 현재 규모와 수준에 만족하고, 선교지를 개척하거나 지체들이 성장함으로써 교회가 성장하기를 열망하지 않습니다. 이는 모두 부르심에 합당하지 않은 모습입니다. 우리는 부르심에 합당하게 살기를 갈망해야 합니다. 성경이 우리 앞에 펼쳐 보인 아름다운 이상을 계속 갈구해야 합니다.

지금까지 교회의 하나 됨을 살펴보았으니 이제부터는 교회의 순결에 대해 살펴보겠습니다.

교회의 순결 4:17-5:21

교회는 하나 됨을 드러내는 '한 사람'일 뿐만 아니라 순결을 보여주는 '거룩한 백성'입니다. 바울은 17절 후반부에서 글의 요지를 이렇게 밝힙니다. "이제부터 너희는 이방인이 그 마음의 허망한 것으로 행함 같이 행하지 말라." 바울은 에베소 사람들에게 이렇게 말하고 있는 셈입니다. "더 이상 이방인처럼 행하지 말라. 한때 너희는 이방인처럼 행하며 살았다. 하지만 이제부터는 그리스도인처럼 살아야 한다. 너희는 다르다. 그러니 다르게 행동해야 한다. 하나님의 백성이라는 새로운 신분을 얻었으니 새로운 기준에 맞춰 살아야 한다."

먼저 바울은 기본 교리를 논합니다(17-24절). 그들의 이전 신분과 지금 신분이 어떻게 다른지 대조합니다. 17-19절에 따르면 그들은 허망한 마음으로 살았습니다. 또한 총명이 어두워져 있었습니다. 그들은 하나님의 진리에 무지하여 하나님의 생명에서 떠나 있었습니다. 모든 게 마음이 굳어진 탓이었습니다. 그들은 마음이 굳어져서 본래 가지고 있던 지식도 거부했습니다. 그리하여 감각 없는 자가 되어 자기 몸을 방탕에 내맡겼습니다. 완전히 무감각해져서 자제력을 모두 잃었습니다. 끔찍하게 타락했습니다! 마음이 굳어지자 총명이 어두워지고, 그러자 방탕해졌습니다. 이것이 그들의 이전 모습입니다.

그러나 이제 달라졌습니다. 바울은 이렇게 말합니다. "오직 너희는 그리스도를 그같이 배우지 아니하였느니라. 진리가 예수 안에 있는 것같이 너희가 참으로 그에게서 듣고 또한 그 안에서 가르침을 받았을진대"(20-21절). 보이십니까? 예수 그리스도 안에 있는 진리가 이교도들의 어두움 및 무지와 대조를 이루고 있습니다. 그들은 예수님에게서 진리를 듣고 배웠습니다. 그렇다면 예수님 안에 있는 진리란 무엇일까요? 그것은 곧 거듭남과 그로 말미암아 완전히 새로워진 삶에 관한 진리입니다(22-24절). 나는 개역표준성경의 번역을 대체로 좋아하는 편이지만, 한두 군데 마음에 들지 않는 부분이 있습니다. 그중 하나가 22-24절 본문입니다. 개역표준성경은 이 구절을 명령문으로 번역했습니다(한국어 성경인 개역개정과 새번역도 모두 명령문으로 번역했다-옮긴이). "옛 사람을 벗어버리라"(22절). "새롭게 되어"(23절). "새 사람을 입으라"(24절). 그러나 이는 심각한 실수입니다. 사람들에게 오해를 불러일으킬 소지가 다분한 바르지 못한 번역입니다. 에베소서와 골로새서는 같은 시기에 작성된 서신으로 둘 사이에는 병행 본문이 많습니다. 같은 내용을 다룬 골로새서 3장 9-10절을 보면, 바울은 골로새 사람들에게 이러이러한 일을 행하라고 명령하는 게 아닙니다. 골로새 사람들이 했던 일을 진술하고 있을 뿐입니다. 본문에서도 마찬가지입니다. 이것이 그리스도 예수 안에 있는 진리입니다. 그들은 그 진리를 배웠습니다. 즉 그들은 옛 사람을 벗어버리고 새 사람을 입어야 한다는 진리를 배웠습니다. 그들은 이 진리를 배웠고, 그대로 행했습니다. 지금 바울은 그들이 배우고 행했던 일을 다시금 상기시키고 있는 것입니다. 그들은 옛 사람, 부패한 본성, 옛 삶을 벗어버렸습니다. 또한 그들은 매일 심령이 새로워지기 위해 마음의 영을 새롭게 하라는 가르침을 받았습니다. (마음을 강조하고 있는 데 주의하십시오.) 또한 그들은 하나님이 거듭남을 통해 창조하신 새 사람, 새 자아, 새 본성을 입으라는 가르침을 받았습니다.

물론 그들은 자기 힘으로 새로 태어날 수 없습니다. 우리는 스스로 거듭날 수 없습니다. 우리에게 새로운 본성을 창조하시고 새 생명을 주시고 마음을 새롭게 하시는 분은 하나님입니다. 그러나 하나님이 그리스도 안에서 우리를 재창조하실 때 우리는 하나님이 하시는 일에 협력합니다. 옛 삶을 혐오하고 돌아섬으로써 옛 삶을 벗어버립니다. 그리고 하나님이 창조하신 새 삶, 새 본성을 입습니다. 새로운 삶을 두 팔 벌려 끌어안습니다. 한마디로 말하면, 중생은 하나님의 일이고 회개는 우리의 일입니다. 물론 우리는 하나님의 은혜가 있어야만 회개할 수 있습니다. 하나님은 거듭나게 하시고 우리는 회개합니다. 중생과 회개는 한 짝이라 떼어놓을 수 없습니다. 바울은 이 사실을 상기시키고 있습니다. "너희가 회심할 때 예수 그리스도 안에 있는 이 진리를 배우지 않았느냐. 너희는 옛 사람을 벗어버리고 새 사람을 입었습니다. 설마 이것을 잊은 건 아닐 테지?" 에베소 사람들은 자기가 배우고 행한 것을 끊임없이 기억해야 했습니다.

기본 신학에 대해 살펴보았으니 이제 구체적인 실례를 살펴봅시다

(4:24-5:21). "그런즉 거짓을 버리고"(25절). 바울이 앞에서 에베소 사람들에게 지금 옛 사람을 벗으라고 명령한 것이라면, 사실 25절은 의미 없는 말이 되고 맙니다. 아직 옛 사람을 벗어버리지 않은 자에게 예전 행실을 버리라는 말이 가당키나 합니까. 그들이 이미 옛 사람을 벗었기 때문에 옛 본성에 속한 예전 행실을 벗어버리라는 명령이 의미가 있는 것입니다. 바울은 옷을 입고 벗는 방식에 비유하여 옛 사람을 벗고 새 사람을 입는다는 표현을 씁니다. 우리가 어떤 종류의 옷을 입을지는 우리가 어떤 역할을 수행하느냐에 따라 달라집니다. 결혼식에 참석할 때는 결혼식에 어울리는 옷을 입고, 장례식에 참석할 때는 장례식에 어울리는 옷을 입습니다. 직업에 따라 옷이 결정되기도 합니다. 군인은 군복을 입고 항해사는 항해복을 입습니다. 변호사는 변호사답게 단정한 정장을 입고 수감자는 수의를 입습니다. 역할이 바뀌면 옷도 바뀝니다. 수감자가 형기를 마치고 출소할 때는 수의를 벗고 평상복을 입습니다. 군인이 제대하고 민간인이 되면 군복을 벗고 사복을 입습니다. 우리는 거듭나면서 옛 본성을 벗고 하나님이 창조하신 새 본성을 입었으므로 예전의 기준을 벗어버리고 새로운 기준을 입어야 합니다. 새 역할은 새 옷을 의미하고 새 삶은 새로운 생활방식을 의미합니다. 바울은 여섯 가지 구체적인 실례를 들어 설명합니다.

첫째, 거짓말 하지 말고 진리를 말하라(25절). 거짓말 하지 않는 것만으로는 충분하지 않습니다. 그리스도인은 정직해서 신뢰할 수 있는 사람이라는 평판을 얻어야 합니다. 우리 주변에 있는 사람들이 바로 우리가 사랑해야 할 우리의 이웃이기 때문입니다. 혹 상대가 교회에 속한 사람이라면, 그는 나의 형제이고 우리는 서로의 지체입니다. 우리가 지체로서 서로에게 속해 있다면, 어떻게 서로에게 정직하지 않을 수 있다는 말입니까? 친분은 신뢰를 바탕으로 쌓이고 신뢰는 진리를 바탕으로 쌓입니다. 거짓은 항상 교제의 뿌리를 갉아먹고 진리는 교제를 돈독하게 합니다.

둘째, 화를 내지 말고 마음에 품은 분이 의로운지 점검하라(26-27절). 바울은 긍정의 말로 26절을 시작합니다. "분을 내어도." 성경은 분노에도 의로운 분노와 죄가 되는 분노가 있다고 말합니다. 요즘 같은 세상에는 그리스도인다운 의로운 분노가 더욱더 필요합니다. 하나님은 절대로 하지 않으시는 방식으로 우리는 죄와 타협하기를 좋아합니다. 노골적인 악을 보고 분개하기는커녕 참고 용인합니다. 그러나 우리는 악을 보고 모른 척해서는 안 됩니다. 악을 보면 분노해야 합니다. 하나님은 죄를 미워하십니다. 그러므로 하나님의 백성인 우리도 죄를 미워해야 합니다. 그리고 그와 동시에 우리 자신이 타락한 인간이고 화를 절제하지 못하고 허영에 빠지기 쉬운 존재라는 사실을 기억해야 합니다. 바울이 본문에서 세 가지 단서를 덧붙이는 이유도 이 때문입니다. 바울은 먼저 "죄를 짓지 말라"고 권면합니다. 화를 내는 이유가 상대방에 대한 악의와 앙심, 교만과 복수심은 아닌지 점검하라는 말입니다. 또한 바울은 "해가 지도록 분을 품지 말라"고 권면합니다. 오랫동안 가슴에 분을 품고 원한을 키우지 말라는 말입니다. 분을 품은 마음에 조금이라도 죄가 될 만한 요소가 발견되면, 즉시 상대방에게 사과하고 그런 마음을 없애야 합니다. 마지막으로 바울은 "마귀에게 틈을 주지 말라"고 권면합니다. 마귀는 항상 우리가 분노하는 상황을 이용할 만반의 준비를 하고 기회를 노리기 때문입니다.

셋째, 도둑질하지 말고 수고하며 구제하라(28절). "도둑질하지 말라"는 계명은 십계명 중 여덟 번째 계명입니다. 그런데 바울은 이 계명에서 한 걸음 더 나아가 적극적으로 수고하고 구제하라고 말합니다. 도둑질하는 자가 도둑질을 그만두는 것으로는 충분하지 않습니다. 그는 자기 손으로 일을 해야 합니다. 열심히 정직하게 일해서 돈을 벌어야 합니다. 그리하면 그는 자신과 가족을 부양할 뿐만 아니라 가난한 사람들을 구제할 수 있게 됩니다. 이로써 도둑질을 하며 공동체에 기생하던 그가 이제는 공동체에 이바지하게 됩니다. 도둑을 자선가로 바꾸어놓을 수 있는 분은 오직 예수 그리스도뿐입니다.

넷째, 더러운 말을 하지 말고 선한 말을 하라(29절). 바울은 손으로 일하는 것에 대해 이야기한 다음 입에 주목합니다. 말은 하나님이 주신 근사한 선물입니다. 인간이 다른 동물들과 구별되는 능력 중의 하나입니다. 소는 음매하고 울 수 있고 개는 짖을 수 있고 당나귀는 시끄럽게 울 수 있고 돼지는 꿀꿀거릴 수 있고 새는 노래할 수 있습니다. 하지만 말을 할 수 있는 것은 인간뿐입니다. 말은 우리가 가진 하나님의 형상 중 하나입니다. 하나님은 말씀하십니다. 그분은 말씀하시는 하나님입니다. 하나님은 말씀으로 우리를 창조하셨습니다. 따라서 우리는 말이라는 귀한 선물을 건설적으로 사용해야 합니다. 악담을 하는 데 사용해서는 안 됩니다. 정직하지 못하고 천박하고 잔인한 말은 듣는 사람에게 상처가 됩니다. 우리는 더러운 말로 사람들에게 해를 끼치지 말고 선한 말로 유익을 끼쳐야 합니다. 야고보도 혀가 지닌 무서운 힘에 대해 이야기하지 않았습니까(약 3:1-12).

넷째, 성령을 근심하게 하지 말라(30절). 이 부분은 폴 리스 박사가 저녁 설교에서 이사야서를 강해하며 강조한 바 있습니다. 폴 리스 박사가 언급했듯이, 성령은 인격적인 분이시며 근심하실 수 있는 분입니다. 성령은 상처를 받으실 수도 있고 고통을 느끼실 수도 있습니다. 성령은 거룩한 영이시므로 거룩하지 않은 것을 보면 슬퍼하십니다. 우리가 4장 3-4절에서 살펴보았듯이 성령은 '한 분'이시므로 분열을 보면 마음 아파하십니다. 바울은 성령 안에서 우리가 구원의 날까지 인치심을 받았다고 말합니다. 우리는 그리스도인으로서 새 삶을 시작할 때 성령으로 인치심을 받았습니다. 내주하시는 성령은 하나님의 소유를 표시하는 도장입니다. 하나님은 우리가 하나님의 것이라는 표시로 우리에게 성령의 인을 치셨습니다. 바울이 말한 구원의 날이란 그리스도인의 삶이 끝날 때를 가리킵니다. 우리의 몸이 구속되고 구원이 완성되는 때를 가리킵니다. 그러므로 인치심과 구원은 순례의 처음과 끝입니다. 그 사이를 사는 동안 우리는 성령을 근심하게 하지 말아야 합니다. 거룩한 성품을 기르고, 우리의 불결함 때문에 성령이 근심하게 해서는 안 됩니다. 성령은 예민한 영이시고 죄를 꺼려하시기 때문입니다. 그러니 성령을 가슴 아프게 하지 마십시오. 성령을 기쁘게 하려고 애쓰십시오.

다섯째, 모질고 잔인하게 굴지 말고 친절을 베풀고 사랑하라(4:31-5:2). "너희는 모든 악독과 노함과 분냄과 떠드는 것과 비방하는 것을 모든 악의와 함께 버리고"(31절). 바울은 우리가 버려야 할 불쾌한 것들을 죽 열거합니다. 악독은 심술궂은 마음을 가리키고, 떠드는 것은 싸울 때 흥분해서 목소리를 높이고 소리치는 것을 가리킵니다. 비방은 뒤에서 입방아를 찧고 중상모략하는 것을 가리키고, 악의는 사람들이 잘못되기를 바라는 나쁜 마음을 가리킵니다. 우리는 이런 악한 습성을 완전히 버려야 합니다. 이런 악한 습성은 하나님이 창조하고 계신 새로운 삶과는 거리가 멉니다. 바울은 우리에게 이런 것들을 버리고 대신 "서로 친절하게 하며 불쌍히 여기며 서로 용서하기를 하나님이 그리스도 안에서 너희를 용서하심과 같이 하라"(32절)고 말합니다. 사람들이 잘되기를 바라고, 상냥한 마음으로 서로를 긍휼히 여기고, 하나님이 우리에게 은혜를 베푸신 것처럼 서로 은혜 가운데 행하라고 권면합니다. 그리고 이어서 "그러므로 사랑을 받는 자녀같이 너희는 하나님을 본받는 자가 되라"(5:1)고 말합니다. 하나님은 우리를 사랑하십니다. 그러므로 우리는 하나님을 본받아 서로 사랑해야 합니다. 하나님은 은혜로우십니다. 그러므로 우리는 하나님을 본받아 서로 은혜를 베풀어야 합니다. 그리고 예수 그리스도가 우리를 사랑하사 우리를 위하여 자기 몸을 내어주신 것과 같이 사랑 가운데서 행해야 합니다. 우리는 서로 사랑해야 합니다. 다른 사람을 섬기기 위해 기꺼이 자신을 내어주어야 합니다.

여섯째, 성을 농담거리로 삼지 말고 감사하라(5:3-4). 보다시피 바울은 사랑에 대해 말한 다음 우리가 정욕이라고 부르는 성적 도착에 대해 언급합니다. 바울은 음행과 온갖 더러운 것과 탐욕을 언급합니다(3절). 정욕은 아주 타락한 형태의 탐욕이기 때문입니다. 정욕은 나의 만족을 위해 다른 사람의 몸을 탐하는 것입니다. 바울은 음행과 온갖 더러운 것과 탐욕은 "너희 중에서 그 이름조차도 부르지 말라"고 말합니다. 우리는 이런 욕망을 탐닉하지 말아야 할뿐더러 이런 것들을 입에 올리지 말아야 합니다. 4절에서 바울은 상스러운 농담에 대해 언급하고 있습니다. "누추함과 어리석은 말이나 희롱의 말이 마땅치 아니하니." 누추함은 음란한 말을, 어리석은 말과 희롱의 말은 음탕한 농담을 가리킵니다. 이것들은 모두 더러운 마음에서 나온 더러운 말입니다. 바울은 이런 말 대신 "감사하는 말을 하라"고 권합니다. 문맥상으로 볼 때 바울은 지금 한 가지 주제를 가지고 이야기하고 있습니다. 성을 주제로 상스러운 농담을 하지 말고 성에 대해 감사하라고 말하고 있는 것입니다. 참으로 놀라운 대조입니다. 그리스도인이 상스러운 농담을 싫어하는 이유가 무엇이라고 생각하십니까? 그 이유는 우리가 비뚤어진 성 관념을 가지고 있어서 성을 부끄러워하거나 두려워하기 때문이 아닙니다. 하나님의 선물인 성을 고귀하게 여기기 때문입니다. 성을 포함하여 하나님이 주신 모든 선물은 농담의 대상이 아니라 감사의 대상입니다. 성을 농담거리로 삼는 사람은 성을 비하하게 마련입니다. 반대로 성에 대해 감사하는 사람은 성을 창조주 하나님이 주신 선물로서 귀하게 대하고 있는 것입니다.

잠시 개역표준성경에 두 번 등장하는 단어에 주목했으면 합니다. 3절 뒷부분에 보면 불결을 피하는 것이 "성도에게 마땅한 바니라"라는 구절이 나오고, 4절에는 상스럽고 음란한 말은 "마땅치 아니하니"라는 구절이 나옵니다. 헬라어 원문에는 3절과 4절에 각각 다른 단어가 쓰여 있습니다. 하지만 뜻은 대략 같습니다. 성도들, 즉 하나님의 백성들은 구별된 사람들입니다. 그들은 구별된 도덕 기준을 가지고 있습니다. 하나님의 백성들에게는 마땅한 것들, 즉 적절한 것들이 있습니다. 또한 하나님의 백성들에게는 마땅치 않은 것들, 즉 적절하지 않은 것들이 있습니다. 이것이 4장 전체를 관통하는 주제입니다. 무엇이 성도들의 행동 양식을 결정합니까? 바로 우리의 신분입니다. 우리는 하나님의 백성이라는 신분에 걸맞게 행동해야 합니다.

자, 그럼 이제 의에 대해 더 상세히 이야기하는 다음 단락으로 넘어가겠습니다.

첫째, 심판의 확실성. 바울은 5-7절에서 지엄한 심판을 언급하며 "음행하는 자나 더러운 자나 탐하는 자 곧 우상 숭배자는 다 그리스도와 하나님의 나라에서 기업을 얻지 못하리니"라고 말합니다. 하나님나라는 의의 나라이기 때문입니다. 다른 성경 구절을 참고할 때 본문은 유혹이 거세게 밀려오는 한순간을 이기지 못하고 부도덕한 행동에 빠졌다가 나중에 회개하고 용서받은 사람을 가리켜 하는 말이 아닙니다. 한평생 부도덕에 빠져 살다가 끝내 회개하지 않은 사람을 가리켜 하는 말입니다. 이런 사람들은 하나님나라에 들어갈 수 없습니다. 바울은 이어서 "누구든지 헛된 말로 너희를 속이지 못하게 하라"고 말합니다. 여러분도 알다시피 살면서 저지른 행동이나 회개 여부와 상관없이 모든 사람이 천국에 갈 것이라고 가르치는 이들이 있습니다. 그들은 헛된 말로 우리를 속입니다. 보편구원론은 거짓말입니다. 불순종한 자들에게는 하나님의 진노가 임할 것이기 때문입니다. 하나님나라는 의의 나라이고 불순종한 자들에게는 하나님의 진노가 임합니다. 그러므로 우리는 그런 사람들과 함께해서는 안 됩니다. 그런 사람들과 짝하지 마십시오. 그런 사람들과는 접촉도 하지 말라는 말이 아닙니다. 그들이 하는 행동에 동참하지 말라는 말입니다. 그들에게는 하나님의 진노가 임할 것이기 때문입니다.

둘째, 빛의 열매(8-14절). 이 단락에는 어두움과 빛에 관한 상징으로 가득합니다. 여기에서 바울은 "너희가 전에는 어둠이더니 이제는 주 안에서 빛이라. 빛의 자녀들처럼 행하라. 빛의 열매는 모든 착함과 의로움과 진실함에 있느니라"고 말합니다.

셋째, 지혜의 본질(15-17절). 바울은 그리스도인이 어리석은 자가 아니라 지혜로운 자라고 상정합니다. 그래서 15절에서 "그런즉 너희가 어떻게 행할지를 자세히 주의하여 지혜 없는 자같이 하지 말고 오직 지혜 있는 자같이 하여"라고 말합니다. 그리스도인으로서 합당한 삶을 살기 위해 애쓰라는 말입니다. 우리는 우리에게 중요해 보이는 것들을 행하기 위해 수고를 아끼지 말아야 합니다. 그리스도인으로서 합당하게 살기 위해 애써야 합니다. 새영어성경은 15절을 "어떻게 살아가야 할지를 세심히 살피라"고 번역했습니다. 그리스도인으로서 합당한 삶을 살고자 애쓰는 사람에게는 두 가지 특징이 나타납니다. 우선 그는 세월을 아낍니다(16절). 그는 시간이 소중하다는 것을 압니다. 시간은 한 번 지나면 다시 오지 않고 때는 악하다는 것을 압니다. 그래서 그는 쓸데없이 시간을 낭비하지 않습니다. 그는 쏜살같이 지나가는 기회를 놓치지 않고 붙잡습니다. 이처럼 지혜 있는 사람은 시간을 아껴 쓸 줄 압니다. 또한 그는 주의 뜻을 알아차립니다(17절). 그는 주의 뜻이 무엇인지 이해하려고 애씁니다. 하나님의 뜻 안에 지혜가 있는 줄 알기 때문입니다. 그는 성경을 통해 하나님의 백성들을 향한 하나님의 보편적인 뜻을 발견하고, 성경과 기도를 통해, 그리고 성도와의 대화와 하나님이 우리에게 주신 지성을 통해 개인을 향한 하나님의 특별한 뜻을 발견하는 것이 그 무엇보다 중요하다는 사실을 압니다. 지혜 있는 사람은 하나님의 뜻을 이해하는 사람입니다.

넷째, 성령 충만(18-24절). "오직 성령으로 충만함을 받으라"(18절). 이 문장은 수동명령 현재형으로 되어 있습니다. 이는 곧 계속해서 성령으로 충만함을 받으라는 뜻입니다. 성령 충만은 한 번 받으면 영원히 계속되는 경험이 아닙니다. 매일 새롭게 체험해야 할 경험입니다. 저는 매일, 하루에도 여러 번 성령으로 충만하게 해달라고 하나님께 기도합니다. 우리는 확정적으로 성령으로 인치심을 받았습니다. 그러나 끊임없이 성령으로 충만해져야 합니다. 새영어성경의 번역대로 "성령이 여러분을 충만히 채우게 하십시오." 그리고 계속해서 충만히 채우게 하십시오. 바울은 술 취함과 성령 충만을 비교해서 설명합니다. 술에 취한 사람이 술의 힘으로 살듯이 성령 충만한 그리스도인은 성령의 능력으로 살기 때문입니다. 그러나 비교는 여기까지입니다. 성령 충만이 술 취함처럼 자제력을 잃는 일종의 영적 도취라고 생각하면 큰 오산입니다. 사실은 정반대입니다. 성령으로 충만하면 절제할 줄 압니다. 절제는 성령의 열매입니다. 바울은 갈라디아서 5장에서 "오직 성령의 열매는 … 절제니"(22-23절)라고 분명히 말했습니다. 물론 오순절 날 성령으로 충만해진 그리스도인들을 보고 술에 취했다고 생각한 사람들이 있었던 것은 사실입니다. 그러나 몇몇 사람이 그렇게 생각한 이유는 성령으로 충만해진 자들의 입에서 자기가 알아듣지 못하는 방언이 터져 나왔기 때문입니다. 알아듣지 못하는 방언이 터지자 그들은 그리스도인들이 새 술에 취한 것으로 생각했습니다. 그러나 성령 충만과 술 취함은 전혀 다른 것입니다. 바울은 성령 충만과 술 취함을 비교한 다음에 그 결과를 대조시킵니다. 술에 취하면 방탕에 빠집니다. 술에 취한 사람들은 무모해지고 방탕해지고 통제가 불가능해져서 마치 짐승처럼 행동합니다. 그러나 성령으로 충만해지면 완전히 다른 결과가 나타납니다. 지나친 음주는 우리에게서 인간다움을 앗아갑니다. 반면에 성령에 충만해지면 우리는 좀 더 인간다워지고, 이 세상에서 유일한 참 인간이신 예수 그리스도를 닮아갑니다.

그래서 바울은 성령이 충만한 사람들이 맺는 열매를 열거합니다. 첫 번째는 교제입니다. "시와 찬송과 신령한 노래들로 서로 화답하며"(19절). 성령으로 충만해지면 말을 멈추고 노래한다는 뜻이 아닙니다. 본문에 나오는 찬송은 공예배를 염두에 두고 한 말입니다. 예배를 드릴 때 우리는 하나님을 찬양할 뿐 아니라 우리끼리 서로 권면합니다. 영국 성공회에서는 찬송가를 부를 때 "오라, 우리가 주께 노래하자" 하고 노래합니다. 그리고 실제로는 하나님을 찬양하는 대신 옆 사람을 보고 "와서 주께 노래합시다" 하고 말합니다. 신령한 노래로 서로 화답한다는 것은 바로 이런 교제를 뜻합니다.

두 번째는 예배입니다. "너희의 마음으로 주께 노래하며"(19절). J. B. 필립스는 이 구절을 "마음으로 주의 귓가에 노래하라"고 번역했습니다. 음악적 소양이 없어서 음정을 맞추는 것도 어려워하는 사람들에게는 이 구절이 얼마나 큰 위안이 되는지 모릅니다! 성령으로 충만한 그리스도인은 '마음속에' 기쁨의 노래를 가지고 있기 때문입니다.

세 번째는 감사입니다. "범사에 우리 주 예수 그리스도의 이름으로 항상 아버지 하나님께 감사하며"(20절). 투덜대는 마음은 성령 충만한 사람에게 어울리지 않습니다. 불평은 이스라엘 백성을 늘 따라다니는 죄였습니다. 성령으로 충만한 신자에게는 감사가 넘칩니다. 그러나 범사에 감사하란다고 악을 포함한 모든 것에 감사할 수는 없습니다. 우리는 성부 하나님의 선하심과 예수 그리스도의 이름에 부합하는 것들에만 감사할 수 있습니다. 성부 하나님 및 성자 하나님과 맞지 않는 것들에는 감사할 수 없습니다.

네 번째는 복종입니다. "그리스도를 경외함으로 피차 복종하라"(21절). 그리스도에게 복종하듯이 서로 복종하십시오. 우리 주변에는 성령으로 충만하다면서 공격적이고 콧대가 세고 건방진 사람이 가끔 있습니다. 그러나 정말로 성령으로 충만한 사람은 예수님이 그러셨던 것처럼 온유하고 온화합니다. 그가 온유한 까닭은 오로지 성령으로 충만한 덕분입니다.

바울이 교회의 하나 됨과 순결에 대해 다루면서 시종일관 하는 이야기가 있습니다. 오늘 살펴본 전체 본문에서 두드러지는 단어는 '합당하게'와 '마땅한'입니다. "그러므로 주 안에서 갇힌 내가 너희를 권하노니 너희가 부르심을 받은 일에 합당하게 행하여"(4:1). "음행과 온갖 더러운 것과 탐욕은 너희 중에서 그 이름조차도 부르지 말라. 이는 성도에게 마땅한 바니라"(5:3). 그리스도인의 삶은 하나님의 부르심에 합당하고 우리의 본분에 마땅하며 적절해야 합니다. 그러므로 우리는 반드시 우리가 누구인지 알아야 합니다. 교리는 중요하지 않다고 말하지 마십시오. 거룩한 삶을 살려면 교리가 꼭 필요합니다. 좋은 행실은 모두 좋은 교리에서 나옵니다. 우리는 우리가 누구인지 기억해야 합니다. 우리는 하나님의 백성입니다. 한 사람이고 거룩한 백성입니다. 그러므로 하나님의 백성답게 살아야 합니다. 하늘에 계신 우리 아버지가 매일 우리에게 하시는 말씀에 귀를 기울입시다. 아버지 하나님은 이렇게 말씀하십니다. "얘야, 네가 누군지 항상 기억해야 한다."

새 관계
에베소서 5:22-6:24

사도 바울은 에베소서를 통해 하나님이 그리스도 안에서 우리에게 주신 새로운 삶을 펼쳐보였습니다. 또한 하나님이 예수 그리스도를 통해 창조하고 계신 단 하나의 새로운 사회, 하나님이 그리스도를 통해 세우고 계신 화목케 되고 하나 된 새 인류의 모습을 보여주었습니다. 나아가 하나님이 새로운 사회에 기대하시는 새로운 기준, 특별히 교회의 하나 됨과 순결에 대해 이야기했습니다. 따라서 우리는 그리스도인으로서 하나님의 부르심에 합당한 삶을 살고, 구원받고 화목케 된 하나님의 백성으로서 우리의 신분에 걸맞은 삶을 살아야 합니다. 마지막으로 우리가 살펴볼 내용은 새로운 관계에 대한 것입니다.

바울은 그리스도인의 삶의 또 다른 측면 두 가지를 이야기합니다. 첫 번째는 아주 실제적이고 구체적이며 현실적인 가족 관계에 관한 것입니다. 두 번째는 우리가 맞부딪히는 적들, 그리고 그들과 싸울 때 필요한 전신 갑주에 관한 것입니다. 가정과 직장에서 우리가 맡은 책임과 영적 전투에서 우리가 맡은 책임은 다릅니다. 남편과 아내, 부모와 자식, 고용주와 고용인은 눈에 보이고 손으로 만질 수 있는 인간들입니다. 한편 우리를 대적하는 통치자들과 권세들은 눈에 보이지도 않고 손으로 만질 수도 없는 영적 존재들입니다. 그러나 우리가 믿는 기독교 신앙이 진정으로 가치가 있다면, 우리는 이 두 상황에 모두 대처할 수 있어야 합니다. 기독교 신앙은 매일 가정과 직장에서 그리스도인답게 행하는 법을 우리에게 가르쳐줄 수 있어야 합니다. 또한 우리가 넘어지지 않고 굳게 서서 마귀와 악한 세력들에 대항하여 싸울 수 있게 해주어야 합니다. 그러므로 이 시간에 저는 여러분과 가정에서의 조화와 영적 전투에서의 견고함이라는 두 가지 주제를 살펴보려 합니다.

가정에서의 조화

바울은 남편과 아내, 부모와 자식, 상전과 종이라는 관계를 언급하고 각각의 관계에서 형성되어야 할 호혜적 관계에 대해 이야기합니다. 이 세 관계는 가정생활이라는 주제에 모두 포함됩니다. 당시에는 노예도 가정의 일원이었기 때문입니다. 물론 우리 시대에 적용하자면 상전과 종의 관계는 가정생활보다는 직장생활이라는 주제에 더 적합하기는 합니다. 어쨌거나 바울은 세 관계를 예로 들어 복종에 대해 설명합니다. 개역표준성경에서는 이 단락이 "그리스도를 경외함으로 피차 복종하라"라는 구절로 시작됩니다. 따라서 문맥상 남편과 아내, 부모와 자식, 상전과 종의 사례는 이 구절을 부연 설명하는 내용이라 할 수 있습니다. 저는 이것이 올바른 번역이라 생각합니다. 바울은 남편보다 아내를 먼저 언급하며 "아내들이여, 자기 남편에게 복종하기를 주께 하듯 하라"(5:22)고 말합니다. 또한 부모보다 자식을 먼저 언급하며 "자녀들아, 주 안에서 너희 부모에게 순종하라"(6:1)고 말합니다. 그리고 상전보다 종을 먼저 언급하며 "종들아, 두려워하고 떨며 성실한 마음으로 육체의 상전에게 순종하기를 그리스도께 하듯 하라"(6:5)고 말합니다. 어쨌든 이 세 관계는 서로가 서로에게 복종해야 할 '보편적 의무'가 그리스도인에게 있다는 사실을 보여주는 구체적인 사례들입니다.

요즘 사람들은 권위에 복종한다는 개념을 아주 촌스럽게 생각합니다. 우리 시대는 해방의 시대입니다. 여성과 아동과 노동자의 해방을 외치는 시대입니다. 사회 안에 억압의 기미가 조금이라도 보이면 모두들 심히 분개합니다. 그리스도인으로서 우리는 이런 풍조에 어떻게 반응해야 할까요? 여러분이 이 질문에 어떻게 대답할지 참으로 궁금합니다! 저라면 이렇게 대답하겠습니다. 저는 우리가 이런 해방 운동을 일단 환영해야 한다고 생각합니다. 많은 문화권에서 여성들이 그동안 착취당해온 것만은 의심할 여지없는 사실이기 때문입니다. 여성들은 가정에서도 종과 같은 대우를 받았습니다. 우리는 성경의 분명한 가르침과 특정 문화가 여성에게 강요하는 것을 구분할 필요가 있습니다. 아시다시피 유대인 가정에서는 매일 다음과 같은 감사 기도를 드립니다. "저를 여자로 만들지 않으신 주 하나님께 감사합니다."

많은 문화권에서 여성들은 착취당해왔고 아이들 역시 억압과 억눌림을 당하곤 했습니다. 특히 빅토리아 시대의 영국에서 아이들은 얌전히 앉아 듣기만 해야 했습니다. 노동자들 역시 부당한 대우를 받을 때가 많았습니다. 부족한 임금을 받으며 열악한 생활을 이어갔고 의사 결정 과정에도 온전히 참여하지 못했습니다. 그동안 우리는 그리스도인으로서 말씀에 따라 앞장서 변화를 추구하는 대신 억압을 묵인하고 기존 체제를 영속화하는 데 이바지했습니다. 우리는 이런 사실을 정직하게 인정하고 부끄러워해야 합니다.

저는 이 본문이 착취와 억압으로부터 인간을 해방하려는 행동과 전혀 모순되지 않는다는 사실을 강조하고 싶습니다. 오히려 정반대입니다. 사실 여성과 아동과 노동자가 해방을 누리게 된 것은 예수 그리스도 덕분입니다. 여성이 멸시받던 시대에 예의를 갖춰 정중히 대한 사람이 바로 예수 그리스도입니다. 원치 않는 아이가 생기면 쓰레기 더미 속에 버리던 시대에 "어린아이들이 내게 오는 것을 용납하고 금하지 말라"(눅 18:16)고 말씀하신 분이 예수 그리스도입니다. "나는 섬기는 자로 너희 중에 있노라"(눅 22:27)고 말씀하시고, 무릎을 꿇고 제자들의 발을 씻기심으로 섬김이 고귀한 일임을 가르치신 분이 바로 예수 그리스도입니다. 우리는 그리스도인으로서 최소한 다음 세 가지 사실을 확신하고 단언해야 합니다. 첫째, 여성과 아동과 노동자는 존귀합니다. 둘째, 성별, 나이, 계층, 인종, 문화와 상관없이 모든 인간은 평등합니다. 모든 인간은 하나님의 형상대로 창조되었기 때문입니다. 셋째, 모든 신자는 하나님의 가족이자 그리스도의 몸의 지체로서 훨씬 더 긴밀히 연합되어 있습니다.

사도 바울이 에베소서 앞부분에서 하나님의 새로운 인류, 하나님의 새로운 사회에 대해 묘사했던 내용을 떠올려보십시오. 바울은 그리스도 안에서 유대인과 이방인이 완전히 하나라고 강조했습니다. 그런데 이제 와서 앞에서 전개한 논리를 뒤집고 스스로 모순되는 말을 할 리가 있겠습니까? 바울은 지금 막힌 담이 허물어진 새로운 사회 안에 성별과 나이와 계급의 벽을 새로 쌓아올리고 있는 것이 아닙니다. 바울은 갈라디아서 3장 28절에서 "너희는 유대인이나 헬라인이나 종이나 자유인이나 남자나 여자나 다 그리스도 예수 안에서 하나이니라"라고 분명히 말합니다. 에베소 사람들에게 보내는 이 편지에도 같은 논리가 깔려 있습니다. 성경은 성경으로 해석해야 합니다. 우리는 이 원칙에 따라 에베소서의 핵심 메시지를 뒤집어엎는 논리로 본문을 해석해서는 안 됩니다. 바울은 에베소서에서 하나님이 만들고 계신 단 하나의 새로운 사회에는 어떠한 구분이나 차별도 없다고 줄곧 말해왔습니다.

그러면 우리는 복종에 관한 이 어려운 가르침을 어떻게 해석해야 할까요? 먼저 아닌 것부터 짚고 넘어가겠습니다. 바울이 아내와 자녀와 종에게 복종하라고 명령하는 이유는 그들이 열등하다고 생각해서가 아닙니다. 열등함과는 아무 상관이 없습니다. 바울은 하나님의 형상대로 창조된 피조물로서 인간이 모두 평등하다는 사실과 예수 그리스도 안에서 우리가 모두 하나라는 사실을 가르치고 있는 것뿐입니다. 저는 마르틴 루터와 루터교도들이 명확히 이해하고 있는 바를 우리도 이해해야 한다고 믿습니다. 한편으로는 개인 간의 차이를 이해하고, 또 한편으로는 역할 또는 직책 간의 차이를 이해해야 한다는 말입니다.

예를 하나 들어보겠습니다. 법정에 두 사람이 있다고 가정해보십시오. 하나님이 보시기에 두 사람은 평등합니다. 하나님의 형상대로 창조된 피조물로서 똑같이 고귀한 존재입니다. 그러나 한 사람은 판사석에, 또 한 사람은 피고석에 앉아 있습니다. 하나님이 보시기에 두 사람은 평등합니다. 둘 다 하나님을 닮은 고귀한 존재입니다. 그러나 한 사람은 판사이고, 다른 한 사람은 피고인으로 판사 앞에 서 있습니다. 판사라는 직책 또는 역할 때문에 그는 다른 사람들이 복종해야 할 권위를 갖게 되었습니다. 남편과 아내, 부모와 자식, 상전과 종의 관계도 마찬가지입니다. 그들은 모두 하나님을 닮은 인간으로서 똑같이 고귀한 존재입니다. 그러나 하나님이 그들에게 주신 역할은 각기 다릅니다. 남편과 부모와 고용주는 직책 또는 역할로 말미암아 다른 사람이 복종해야 할 권위를 가지고 있습니다.

그러면 이 권위에 관하여 두 가지 질문이 떠오를 것입니다. 이 권위는 어디에서 왔습니까? 이 권위를 어떻게 사용해야 합니까? 우선 이 권위는 하나님에게서 나옵니다. 하나님은 자연과 사회와 교회 안에서 질서를 이루시는 분입니다. 사회의 질서를 잡는 것이 하나님의 뜻입니다. 하나님은 국가와 가정의 질서를 잡으시면서 권위가 있는 리더의 역할을 확립하셨습니다. 비록 인간이 행사하기는 하지만, 이 권위는 하나님이 주신 것이므로 다른 사람들은 성심껏 이 권위에 복종해야 합니다. 바울은 본문에서 명확히 말합니다. "아내들이여, 자기 남편에게 복종하기를 주께 하듯 하라"(5:22). 그 이유는 남편이라는 권위를 하나님이 주셨기 때문입니다. "자녀들아, 주 안에서 너희 부모에게 순종하라"(6:1). 그 이유는 부모라는 권위를 하나님이 주셨기 때문입니다. "종들아, 두려워하고 떨며 성실한 마음으로 육체의 상전에게 순종하기를 그리스도께 하듯 하라"(6:5). 그 이유는 육체의 상전이라는 권위를 하나님이 주셨기 때문입니다. 그러므로 우리는 남편과 상전과 부모 뒤에 있는 주님을 바라보아야 합니다. 주님이 그들에게 권위를 주셨습니다. 여러분이 그리스도에게 복종할 생각이라면, 그들에게도 복종해야 합니다. 그들이 행사하는 권위가 주님이 주신 권위이기 때문입니다.

그러나 권위에 대해 말할 때는 과장하지 않는 것이 중요합니다. 바울은 남편과 부모와 고용주의 권위에 한계가 없다고 말하지 않습니다. 바울의 말은 아내와 자녀와 노동자가 남편과 부모와 고용주에게 무조건 순종해야 한다는 뜻이 아닙니다. 바울은 지금 인간에게 위임된 하나님의 권위에 복종하라고 명령하고 있는 것입니다. 그러므로 하나님이 주신 권위를 인간이 오용하고, 하나님이 금하신 것을 명하거나 하나님이 명하신 것을 금하면, 우리는 더 이상 그에게 복종하기를 거부해야 합니다. 그런 상황에서 복종하는 것은 하나님께 불순종하는 것이 되기 때문입니다. 성경의 원리는 아주 명확합니다. 우리는 남편과 부모와 고용주의 권위에 복종하는 것이 하나님께 불순종이 되지 않는 한 그들의 권위에 복종해야 합니다. 그러나 그들에게 복종하는 것이 하나님께 불순종하는 것이 될 때에는 그들에게 복종하지 않는 것이 그리스도인으로서 우리가 해야 할 일입니다. 하나님께 순종하려면 하나님이 주신 권위를 오용하는 인간들에게 복종하지 말아야 하기 때문입니다. 성경에는 이런 실례가 여럿 나옵니다. 구약성경에는 다니엘, 사드락, 메삭, 아벳느고가 있고, 신약성경에는 베드로와 요한이 있습니다. 그들은 하나님의 권위에 순종하고자 인간의 권위에 순종하기를 거부했습니다. 그러나 이것은 예외에 속합니다. 하나님이 주신 권위에 겸손히 복종하는 것이 일반 원칙입니다.

둘째, 이 권위를 어떻게 사용해야 합니까? 하나님이 주신 권위는 다른 이들의 유익을 위해 사용해야 합니다. 이 단락에서 가장 놀라운 사실은 모든 관계에 상호 간의 의무가 있다는 점입니다. 아내는 남편에게 복종하고, 자녀는 부모에게 복종하고, 종은 상전에게 복종해야 합니다. 남편과 부모와 상전이 하나님에게 받은 권위가 복종을 요구하기 때문입니다. 그런데 바울은 여기서 멈추지 않고 남편과 부모와 상전의 의무에 대해 말합니다. 이 부분이 아주 중요합니다. 바울은 그들에게 권위를 행사하라고 말하지 않습니다. 놀랍지 않습니까? 오히려 바울은 권위를 부당하게 사용하지 말라고 음으로 양으로 경고합니다. 바울은 남편과 부모와 상전에게 지위를 남용하지 말라면서 상대방이 누려야 할 마땅한 권리를 보장하고 그들을 존중하라고 명령합니다. 남편은 아내를 사랑하고 돌보아야 하고, 부모는 자녀를 노엽게 하지 말고 다정하고 책임감 있게 양육해야 하며, 상전은 종을 위협하지 말고 정당하게 대우해야 합니다.

잠시 서론 부분을 정리해보겠습니다. 성경에서 말하는 권위는 압제와 동의어가 아닙니다. 하나님은 사회 안에 권위 또는 리더의 역할을 확립하셨습니다. 그러나 권위를 가진 사람은 모두 자기에게 그 권위를 위임하신 하나님은 물론이고 하나님의 형상대로 창조되었고 그 권위로 말미암아 유익을 얻어야 할 이들에게 책임감 있게 행동할 의무가 있습니다.

그럼 먼저 아내와 남편의 관계를 살펴봅시다(5:22-33). "아내들이여, 자기 남편에게 복종하기를 주께 하듯 하라. … 남편들아, 아내 사랑하기를 그리스도께서 교회를 사랑하시고 그 교회를 위하여 자신을 주심같이 하라"(22, 25절). 바울은 아내가 남편에게 복종해야 할 이유를 두 가지로 설명합니다. 첫 번째는 창조를 근거로, 두 번째는 구원을 근거로 듭니다. 바울은 남편이 아내의 머리라고 말합니다(23절). 본문에는 이렇게만 나와 있지만, 디모데전서 2장과 고린도전서 11장에는 더 자세한 설명이 나와 있습니다. 바울은 창조를 근거로 남편이 아내의 머리라고 말합니다. 여자가 남자 다음에, 남자에게서, 남자를 위해 창조되었다는 이유에서입니다. 창조를 근거로 이야기하고 있으므로 바울이 진술하는 내용은 영구적이고 보편적인 진리라 할 수 있습니다. 특정 문화권에만 적용되는 이야기가 아니라는 말입니다. 요즘에는 이런 말이 인기도 없고 유행에도 어울리지 않습니다. 그래도 우리는 이런 사실을 주장하기를 두려워하지 말아야 합니다. 인간의 성은 창조의 일부입니다. 남성성과 여성성은 생리적 차이뿐 아니라 정신적 차이를 대변합니다. 창조의 결과로 하나님은 남자, 특히 결혼한 남편에게 머리로서의 위치와 책임자의 자리, 권위와 책임을 주셨습니다. 아내는 남편의 권위에 반항하는 데서가 아니라 기쁘게 권위에 복종하는 데서 하나님이 주신 참된 역할을 찾을 수 있습니다. 하나님이 창조를 통해 세우신 이 질서는 어떤 문화도 파괴할 수 없습니다. 이렇듯 바울은 창조를 근거로 남편이 아내의 머리라고 말합니다.

다음은 구원에서 비롯된 논리입니다. 바울은 그리스도가 교회의 머리가 되심과 같이 남편이 아내의 머리가 된다고 말합니다. 창조가 남편과 아내의 관계를 설명한다면, 구원은 남편과 아내의 관계를 눈앞에 보여줍니다. "남편이 아내의 머리 됨이 그리스도께서 교회의 머리 됨과 같"습니다(5:23). 그래서 아내는 교회가 그리스도에게 하듯 범사에 자기 남편에게 복종해야 합니다(5:24). 아름답지 않습니까?

호혜적 관계 안에서 남편과 아내는 그리스도와 교회의 관계를 반영하고 드러냅니다. 바울은 "그가 바로 몸의 구주시니라"라고 말합니다. 이 구절은 머리가 된다는 의미가 책임감 없이 통치한다는 뜻이 아니라 필요한 것을 공급하고 보호한다는 뜻이라는 것을 보여줍니다.

바울은 이어서 남편들에게 아내를 사랑하라고 말합니다(5:25-33). 바울은 사랑에서 비롯되는 희생과 돌봄을 강조하고자 두 가지 은유를 사용합니다. 첫 번째는 그리스도의 사랑입니다(5:25-27). 예수님은 "물로 씻어 말씀으로 깨끗하게 하사 거룩하게 하시고", "자기 앞에 … 흠이 없게 하려고" 신부인 "교회를 위하여 자신을 주심"으로써 교회에 자신의 사랑을 보여주셨습니다. "물로 씻어 말씀으로 깨끗하게 하"셨다는 구절은 아마도 세례와 복음 선포를 가리키는 말일 것입니다. 남편들은 아내가 최고의 행복을 느끼도록 그리스도의 사랑으로 사랑해야 합니다. 그리고 이를 위해 자신을 희생할 만반의 채비를 갖춰야 합니다.

두 번째 은유는 자기 사랑입니다(28-33절). 우리가 이웃을 자신과 같이 사랑해야 하듯이 남편은 아내를 자기 몸과 같이 사랑해야 합니다. 남편과 아내는 한 몸이 되었기 때문입니다. 누구나 자기 육체를 미워하지 않고 육신을 먹여 살리고 돌보므로 "자기 아내를 사랑하는 자는 자기를 사랑하는 것"입니다(28절). 그래서 그리스도도 자기 몸인 교회를 사랑하십니다. 이어서 바울은 놀라운 말을 합니다. "그 둘이 한 육체가 될지니"(31절). 물론 이 구절은 결혼한 남편과 아내의 결합을 가리키는 말입니다. 하지만 새영어성경의 번역대로 "여기에는 놀라운 비밀이 숨겨져 있"습니다(32절). 이 구절이 그리스도와 교회의 연합을 가리키기 때문입니다.

바울은 "너희도 각각 자기의 아내 사랑하기를 자신같이 하고 아내도 자기 남편을 존경하라"(33절)고 남편과 아내의 관계를 요약합니다. 그러므로 아내를 향한 남편의 사랑의 기준은 그리스도의 사랑과 자기 사랑입니다. 남편은 그리스도가 교회를 사랑하시는 것처럼 아내를 사랑해야 합니다. 그에 비하면 자기 사랑이라는 두 번째 기준은 상당히 저급해 보이지만, 실은 그렇지 않습니다. 사실 이 구절은 인간의 타락한 본성을 꼬집는 인신공격성 논증이라 할 수 있습니다. 우리는 자신을 너무나 끔찍이 사랑하고, 그리하여 자신을 돌보기 위해 물불을 가리지 않는 존재이기 때문입니다.

바울의 가르침이 한없이 무겁게 느껴집니까? 그렇다면 아내들, 그리고 아직 결혼하지 않은 여자들에게 덧붙이고 싶은 말이 있습니다. 저는 아내의 복종을 다루는 본문 단락을 근거로 아주 멋진 사실 네 가지를 이야기하고 싶습니다. 첫 번째는 이 구절이 그리스도인의 보편적 의무를 보여주는 구체적 사례라는 사실입니다. 다시 말해서 "남편에게 복종하라"는 5장 22절은 "피차 복종하라"는 5장 21절을 뒷받침하는 실례입니다. 남편에게 복종하는 것이 아내의 의무라면, 동료 그리스도인으로서 아내에게 복종하는 것이 남편의 의무입니다. 우리는 모두 피차 복종해야 하기 때문입니다. 복종은 상호 간에 이뤄져야 합니다. 남편에 대한 아내의 복종은 그리스도인의 보편적인 의무를 보여주는 구체적 사례일 뿐입니다. 두 번째는 아내가 복종해야 하는 대상이 괴물이나 폭군이 아니라 사랑하는 사람이라는 사실입니다. 바울은 "아내들은 복종하고, 남편들은 지배하라!"라고 말하지 않습니다.

"아내들은 복종하고, 남편들은 사랑하라"고 말합니다. 만일 남편이 이 말씀을 영구적인 성경의 가르침이자 하나님의 뜻이라고 믿는다면, 그는 아내를 사랑함으로써 복종을 얻어야 합니다. 세 번째는 아내가 복종해야 하는 사람이 그리스도처럼 자신을 사랑하는 사람이라는 사실입니다. 복종하라는 명령이 너무 무겁게 들립니까? 성경의 가르침을 듣고 아내의 입장이 지나치게 불리하다고 생각하는 사람이 있을지 모릅니다. 하지만 솔직히 말해서 훨씬 더 어려운 역할을 떠맡은 사람은 오히려 남편입니다! 남편은 갈보리에서 자신을 내어주신 그리스도의 사랑으로 아내를 사랑해야 합니다. 그리스도가 십자가를 지셨던 그 사랑으로 아내를 사랑해야 합니다. 어느 쪽 기준이 더 높다고 생각하십니까? 네 번째는 복종이 사랑의 다른 측면이라는 사실입니다. 상호 간의 의무를 들여다볼 때 이는 틀림없는 사실입니다. "남편들은 사랑하고, 아내들은 복종하라." 물론 사랑은 사랑이고 복종은 복종입니다. 그런데 정말로 이 둘이 다른 것일까요? 사실 두 단어는 정의하기가 쉽지 않습니다. 복종한다는 것은 무슨 뜻일까요? 누군가에게 자신을 내어준다는 뜻 아닌가요? 사랑한다는 것은 무슨 뜻일까요? 역시 누군가에게 자신을 내어준다는 뜻 아닙니까? 사랑과 복종은 결혼생활에서 행복을 누리는 비결인 자기희생, 즉 자신을 내어주는 행위를 다르게 표현한 것입니다.

이제 자녀와 부모의 관계로 넘어가겠습니다(6:1-4). 바울은 "자녀들아, 주 안에서 너희 부모에게 순종하라. 이것이 옳으니라"(6:1)라고 말합니다. 부모에게 권위를 주신 이가 주님이기 때문입니다. 동서고금을 막론하고 부모에게 순종하는 것을 자연의 이치로 여깁니다. 성경은 우리에게 자연의 이치를 따르라고 명합니다. 십계명에서 다섯 번째 계명이 바로 "네 부모를 공경하라"입니다. 십계명은 하나님에 대한 의무를 다룬 다섯 가지 계명과 이웃에 대한 의무를 다룬 다섯 가지 계명으로 이루어져 있습니다. 부모를 공경하라는 계명은 하나님에 대한 의무를 이야기하는 마지막 계명입니다. 부모는 하나님의 자리 *in loco Dei*에 서서 하나님의 권위를 묵상하게 하는 존재이기 때문입니다. 적어도 어린 시절에는 그렇습니다. 그래서 어린 시절에 우리는 하나님께 복종하듯 부모에게 복종합니다. 바울은 이어서 "아비들아, 너희 자녀를 노엽게 하지 말라"(4절)고 말합니다. 비록 '아비들'이라고 부르고 있지만, 여기에는 당연히 어머니들도 포함됩니다. 새영어성경은 이 부분을 "너희 자녀를 자극하여 분노하게 하지 말라"고 번역합니다. 새국제성경NIV은 "너희 자녀를 성나게 하지 말라"고 번역합니다. 한마디로 부모라는 권위를 오용하여 짜증을 유발하거나 부당한 요구를 하거나 냉대나 학대 혹은 편애로 자녀들을 낙심하게 하지 말라는 말입니다(골 3:21 참조).

 자녀들은 부모에게 순종해야 합니다. 이는 분명한 사실입니다. 그러나 아이들에게도 자기 삶과 인격이 있습니다. 아이들은 존중받아야 합니다. 자녀들을 성나게 하거나 억압하거나 이용하지 마십시오. 아이들은 하나님의 형상대로 창조된 어엿한 인간으로서 인권을 가지고 있습니다. 그러므로 자녀들을 노엽게 하지 말고 양육해야 합니다. 장 칼뱅의 표현을 빌리면 주의 교훈과 훈계로 "애정을 듬뿍 담아 소중히 기르고", 핸드릭슨의 표현을 빌리면 "따뜻하게 길러야" 합니다. "주의 교훈과 훈계로"라는 단서에서 알 수 있듯이 자녀를 양육할 때는 정신지도와 도덕 훈련이 병행되어야 합니다. 대디 홀Daddy Hall이라는 이름으로 알려진 미국 감독교회 목사가 있습니다. '월스트리트의 주교'로 유명한 대디 홀은 1950년에 사망했는데, "나는 경건한 아버지와 단호한 어머니 곁에서 자랐다"는 말을 남겼습니다. 그리고 재치 있게도 미국 성조기에 그려진 줄과 별에 비유해 "어머니가 회초리를 드시면, 눈 앞에 별이 번쩍였다!"고 덧붙였습니다.

이제 종과 상전의 관계에 대해 살펴보겠습니다. 바울은 "종들아, … 육체의 상전에게 순종하라"고 말합니다. 육체의 상전 뒤에 하늘에 계신 우리 주 예수 그리스도가 계시기 때문입니다. 바울은 종에게 이야기하는 거의 모든 구절에서 예수 그리스도를 반복적으로 언급합니다. "육체의 상전에게 순종하기를 그리스도께 하듯 하라"(6:5). "눈가림만 하여 사람을 기쁘게 하는 자처럼 하지 말고 그리스도의 종들처럼"(6:6). "기쁜 마음으로 섬기기를 주께 하듯 하고 사람들에게 하듯 하지 말라"(6:7). "각 사람이 무슨 선을 행하든지 종이나 자유인이나 주께로부터 그대로 받을 줄을 앎이라"(6:8). 이런 말씀을 명확히 이해하면 주 예수 그리스도를 섬기는 것이 종의 주요 임무임을 깨닫게 됩니다. 그리고 이 사실을 깨달으면 육신의 상전을 섬기는 태도가 바뀝니다. 두려워하고 떨며 성실한 마음으로 순종하고(6:5), 누가 지켜볼 때에만 눈가림으로 일하지 않고 마음으로 하나님의 뜻을 행하고(6:6), 기쁜 마음으로 섬기게 됩니다(6:7). 이는 그가 육신의 상전 뒤에 계신 주님을 바라보기 때문입니다.

상전들도 이와 같은 태도로 종들을 존중해야 합니다(6:9). 존경받고 싶으면 먼저 종들을 존중해야 합니다. 바울은 상전들에게 종을 위협하지 말라고 경고합니다. 상전이라는 권위를 오용하여 불이익을 주겠다고 위협해서는 안 됩니다. 바울은 상전이 된 자들에게 엄숙히 말합니다. "그들의 주님이자 너희의 주님이신 분께서 하늘에 계시다는 것과 주님께서는 사람을 차별하여 대하지 않으신다"는 것을 기억하라고 말입니다.

이제 노예제도의 문제점에 대해 이야기해보겠습니다. 많은 사람들이 왜 신약성경은 노예제도를 정면으로 비판하지 않느냐고 묻습니다. 노예제도는 끔찍한 제도입니다. 노예가 다른 사람을 섬겨야 하는 신분이기 때문이 아닙니다. 섬김은 영예로운 일입니다. 노예제도가 끔찍한 이유는 인간을 인간의 소유라고 여기는 관념에 있습니다. 신약성경이 노예제도를 정면으로 비판하지 않는 이유는 아마도 당시 그리스·로마 세계에서 노예제도가 사회 구조의 큰 축을 담당하고 있어서 단번에 노예제도를 폐지하는 것이 오히려 사회 분열을 야기할 수 있다고 보았기 때문일 것입니다. 신약성경은 노예제도를 정면으로 비판하지도 않지만, 그렇다고 용인하지도 않습니다. 바울이 본문에서 다루고 있는 남편과 아내, 부모와 자식의 관계는 창조에 근거한 영구적 관계입니다. 그러나 노예제도는 창조에서 유래하지 않았습니다. 노예제도는 당시 문화의 일부였고 신약성경은 이 제도가 영구적인 제도라고 말하지 않습니다. 오히려 바울은 자유로운 몸이 될 기회가 있으면, 어떻게 해서든 기회를 잡으라고 충고합니다(고전 7:21). 또한 복음은 당시 사람들로서는 상상도 하지 못한 완전히 새로운 관계를 이야기함으로써 노예 해방의 씨를 뿌렸습니다. 바로 노예와 주인이 서로가 서로에게 의무를 다하게 한 것입니다. 알다시피 로마법상 노예를 사거나 상속한 주인에게는 노예에 대한 소유권이 있었습니다. 주인은 동물이나 가구를 소유하듯 노예를 소유했습니다. 그리고 소유주로서 노예에 대한 절대 권리를 가졌습니다. 무엇이든 마음대로 할 수 있었습니다. 대체로 주인들은 노예에게 상냥했습니다. 동물을 아끼는 이유와 같은 이유에서였습니다. 즉 노예는 소중한 재산이었습니다. 주인은 자기 이익을 위해 자산의 일부인 노예를 건사했습니다. 그러나 주인이 노예를 학대하고 때리고 고문하고 죽인대도 로마법으로는 그들을 막을 도리가 없었습니다. 노예는 주인에게 학대를 받아도 법으로 보상받을 수 없었습니다. 정의에 호소할 수 없었습니다. 로마법상 노예에게는 아무 권리가 없었기 때문입니다. 권리가 없으면 정의도 없는 법입니다.

　이러한 상황을 감안할 때 본문에서 바울이 하는 말은 참으로 놀랍기 그지없습니다. 바울은 노예에게 권리가 있다고 말합니다. 주인과 노예에게 호혜의 의무가 있다고 분명히 밝힙니다. 노예에게만 주인을 위해 일할 의무가 있는 것이 아니라 주인에게도 노예를 위해 힘쓸 의무가 있습니다. 노예에게 부과된 의무가 주인의 권리가 되듯이 주인에게 부과된 의무는 노예의 권리가 됩니다. 바울이 본문의 병행 본문인 골로새서 4장 1절에서 주인들에게 '의와 공평'으로 종을 대우하라고 말하는 것은 이 때문입니다. 바울의 말을 듣고 당시 사람들은 "의와 공평?" 하고 되물었을 것입니다. "대체 무슨 말을 하는 거요? 종에게 의와 공평을 베풀다니, 이 세상에 그런 법은 없소이다!" 그러나 바울은 말합니다. "너희는 정당하고 공정하게 종을 대우해야 한다"고 말입니다. 이는 시대를 앞서간 혁명적 사고였습니다.

저는 오늘날의 노사관계에도 같은 원칙이 적용된다고 생각합니다. 고용주와 고용인 모두에게 의무가 있습니다. 고용인은 좋은 노동력을 제공해야 하고, 고용주는 정당한 임금을 지불해야 합니다. 고용인의 의무는 곧 고용주의 권리이고, 고용주의 의무는 곧 고용인의 권리입니다. 좋은 노동력을 제공하는 것이 고용인의 의무라면, 좋은 노동력을 기대하는 것은 고용주의 권리입니다. 정당한 임금을 지불하는 것이 고용주의 의무라면, 정당한 임금을 기대하는 것은 고용인의 권리입니다. 문제를 지나치게 단순화한 측면이 있긴 하지만, 오늘날 노사관계에서 발생하는 문제는 양측이 각자의 권리만 앞세우는 데 원인이 있습니다. 바울은 우리에게 각자 맡은 바 의무에 집중하라고 말합니다. 상대방의 권리를 보호하는 데 마음을 쏟으라고 말합니다. 우리가 자신의 의무에 집중하고 상대방의 권리를 보호하는 데 초점을 맞추면 노사관계도 좋아질 것입니다.

지금까지 가정에서의 조화를 살펴보았으니 이제 영적 전투에서의 견고함에 대해 살펴보겠습니다.

영적 전투에서의 견고함

이제까지 바울은 가정에서의 조화와 교회의 하나 됨과 순결에 대해 이야기하면서 가정과 교회의 이상적인 모습을 펼쳐보였습니다. 이는 아주 바람직하고 아름다운 이상이기는 하나 쉽게 이룰 수 없는 목표입니다. 이렇듯 우리를 안고 하늘을 날듯 이상을 이야기하던 바울이 이번에는 쿵 하고 우리를 땅으로 곤두박질치게 만듭니다. 바울은 우리에게 이상과 다른 현실을 일깨웁니다. 보이지 않는 영적 전투가 벌어지고 있는 현실 말입니다. 바울은 우리에게 마귀와 마귀의 명령을 받는 통치자들과 권세들을 소개합니다. 마귀의 일대기나 어둠의 세력이 어디서 시작되었는지를 설명하지는 않습니다. 그들이 존재한다는 전제 아래 바로 본론으로 들어갑니다. 바울이 마귀에 대해 이야기하는 목적은 우리의 호기심을 충족시키기 위함이 아니라 그들이 품고 있는 적대감을 경고하기 위해서이기 때문입니다.

하나님의 계획이 새 사회를 창조하는 것이라면, 통치자들과 권세들은 새 사회를 파괴하기 위해 최선을 다할 것입니다. 하나님이 자기 백성들이 조화를 이루며 순결하게 살아가기 바라신다면, 마귀는 불화와 죄의 씨를 뿌리려 애쓸 것입니다. 우리는 바로 이런 통치자들 및 권세들과 싸우도록 부름을 받았습니다. 그러나 그전에 먼저 우리는 우리를 대적하는 이 적들이 얼마나 무시무시한 존재인지 알아야 합니다. 이 점을 분명히 알아야만 우리에게 하나님의 전신 갑주가 필요한 이유를 분명히 이해하게 될 테니 말입니다.

그러니 먼저 적들에 대해 살펴보도록 합시다. 전쟁에서 승리하려면 적을 알고 적의 위력을 인정해야 합니다. 만일 우리가 영적인 적들을 과소평가하면, 하나님의 전신 갑주를 입어야 할 필요성을 느끼지 못할 것입니다. 무기 하나 없이 맨몸으로 전투에 나섰다가 순식간에 수치스러운 패배를 당하고 말 것입니다. "우리의 씨름은 혈과 육을 상대하는 것이 아니요 통치자들과 권세들과 이 어둠의 세상 주관자들과 하늘에 있는 악의 영들을 상대함이라"(12절). 우리의 적은 인간이 아니라 마귀입니다. 마귀의 명령을 받는 악한 영, 이 세상의 신들과 군주들입니다.

그들에게는 세 가지 특징이 있습니다. 첫째, 그들에게는 권세가 있습니다. 그들은 통치자들과 권세들입니다. 이는 곧 그들이 권력을 휘두르는 자리에 있다는 말입니다. 그들은 세상 주관자들, 즉 코스모크라토라스_cosmocratoras_입니다. 그들은 전 세계에 영향력을 행사합니다. 그들은 하늘에 있는 영적 권세이자 주인입니다. 물론 여기에서 하늘이란 그들이 움직이는 보이지 않는 세계를 가리킵니다. 둘째, 그들은 악합니다. 권세 자체는 중립적인 것입니다. 권세는 좋게 쓰일 수도 있고 나쁘게 쓰일 수도 있습니다. 그런데 우리 원수들은 손에 쥔 권세를 건설적으로 쓰지 않고 파괴적으로 사용합니다. 선을 위해 쓰지 않고 악을 위해 씁니다. 그들은 이 어두운 세계의 지배자들이자 악한 영입니다. 정말이지 이들에게서는 도덕률이나 예법, 지고한 마음이나 세심함을 찾아볼 수 없습니다. 이들은 악의에 찬 계획을 인정사정없이 악랄하게 밀어붙입니다. 셋째, 그들은 교활합니다. 바울은 11절에서 '마귀의 간계'를 언급합니다. 고린도후서 2장 11절에서도 "우리는 그 계책을 알지 못하는 바가 아니로라"라고 말한 바 있습니다. 마귀는 드러내놓고 공격하지 않습니다. 빛보다 어둠을 좋아합니다. 본디 마귀는 어둠에 거하기를 좋아합니다. 그래서 마귀가 광명의 천사로 가장할 때 우리는 의심 없이 무방비 상태로 당하곤 합니다. 마귀는 이리입니다. 그러나 양으로 변장하고 양떼에 숨어듭니다. 마귀는 뱀처럼 간교합니다.

그러므로 우리는 죄를 지으라고 대담하게 유혹하는 것이 마귀의 유일한 무기라고 생각해서는 안 됩니다. 마귀는 우리를 속여서 실수하게 하고 뒤에서 온갖 '간계'를 부립니다. 4장 14절에서 '간사한 유혹'으로 번역된 이 단어는 거짓 선지자들의 교활함과 그들의 간교한 술수를 가리킬 때도 사용됩니다. 우리의 원수는 권세가 있고 악하고 교활합니다. 그러면 우리는 어떻게 해야 이런 원수의 공격에 대항할 수 있을까요? 우리는 너무 약하고 순진합니다. 그러나 우리가 수없이 실패하고 싸움에서 패배하는 이유는 약하고 순진해서만이 아닙니다. 우리의 적이 얼마나 힘이 있고 악하고 교활한지 잊어버리고 어리석게도 자만에 빠진 탓이 큽니다. 마귀의 권세와 악함과 교활함으로부터 우리를 방어하고 구할 수 있는 것은 하나님의 능력뿐입니다.

정말로 통치자들과 권세들은 강합니다. 그러나 하나님의 능력은 그보다 더 강합니다. 예수 그리스도를 "죽은 자들 가운데서 다시 살리시고 하늘에서 자기의 오른편에 앉히사 모든 통치와 권세와 능력과 주권과 이 세상뿐 아니라 오는 세상에 일컫는 모든 이름 위에 뛰어나게 하시고 또 만물을 그의 발아래에 복종하게 하"신(1:20-22) 것이 바로 하나님의 능력입니다. 하나님은 그리스도뿐 아니라 우리도 죽은 자들 가운데서 다시 살리시고 자기 오른편에 앉히시고 만물이 우리 발아래 복종하게 하십니다. 우리가 그리스도 안에 있으면, 통치자들과 권세들이 우리 발아래 복종합니다. 이것이 바울이 이 편지에서 말하고 있는 영광스러운 사실입니다.

통치자들과 권세들이 싸움을 벌이고 있는 하늘은 예수 그리스도가 다스리시고, 우리가 그리스도 안에서 다스리는 바로 그 하늘입니다. 그러므로 우리는 "주 안에서와 그 힘의 능력으로 강건"해져야(10절)

하고, "마귀의 간계를 능히 대적하기 위하여 하나님의 전신 갑주를 입"어야(11절) 합니다. 이 두 가지 명령은 균형을 강조하는 성경의 특성을 잘 보여주는 예입니다.

어떤 그리스도인들은 자신감이 지나친 나머지 혼자 힘으로 영적 전투에서 이길 수 있다고 생각합니다. 그런가 하면 또 다른 그리스도인들은 자기 불신에 빠진 나머지 영적 전투에서 본인이 할 수 있는 일이 아무것도 없다고 생각합니다. 둘 다 잘못되었습니다. 보다시피 10절과 11절에는 우리에게 권능을 주시는 하나님과 협력하는 우리 인간의 모습이 조화를 이루고 있습니다. 능력은 하나님의 것입니다. 그러나 우리는 그 안에서 강건해져야 합니다. "주 안에서 강건"해지라는 말은 "주 안에서와 그 힘의 능력으로 스스로를 강건케 하라"는 뜻입니다. 전신 갑주는 하나님의 것입니다. 그러나 우리 스스로 그것을 입어야 합니다. 우리는 우리에게 능력을 주시는 하나님과 힘을 합쳐 함께 싸워야 합니다.

적에 대해 살펴보았으니 이제 전신 갑주에 대해 살펴보겠습니다. 우리는 "하나님의 전신 갑주를 입어야" 합니다. 하나님의 전신 갑주라는 표현은 '파노플리아*panoplia*'를 번역한 것입니다. 전신 갑주는 보병이 전쟁터에서 사용하는 갖가지 장비를 가리킵니다. 바울은 군사가 갖춰야 할 여섯 가지 장비로 허리띠, 호심경, 신, 방패, 투구, 검을 언급합니다. 바울은 주변에서 로마 병사를 흔하게 볼 수 있었습니다. 사실 이 편지를 쓸 당시에도 바울의 한쪽 손목은 사슬로 묶여 있었습니다. 호위병이 전투에 나선 보병처럼 완전 무장을 하고 있었을 리는 없지만, 바울은 호위병을 보면서 그리스도의 군사들의 모습을 상상했을 것입니다.

서퍽 주 라벤햄에 있는 교회 목사였던 청교도 윌리엄 거널William Gurnall은 1655년에 "전신 갑주를 입은 그리스도인The Christian in Complete Armour"이라는 제목의 논문을 발표했습니다. 이 논문에는 다음과 같은 부제가 붙어 있습니다. "마귀에 대항하는 성도들의 싸움. 하나님과 하나님의 백성들의 대적에 대해, 그의 수법과 권세, 제국, 악, 주요 속셈에 대해 알아본다. 무기고가 열리면 그리스도인들은 그곳에서 전투용 무기를 지급받고 하나님의 전신 갑주를 입고 무기 사용법과 전쟁의 성질에 대해 배운다." 윌리엄 거널은 교구민들에게 바치는 헌사에서 교구민을 가리켜 "지극히 연약한" 사람들이라 칭하고, 자신을 가리켜 "부족하고 자격이 없는 목사"라 칭했으며, 이 논문을 가리켜 "아주 작은 선물"이라 소개했습니다. 그러나 제가 가지고 있는 1821년도 제8판을 기준으로 이 논문은 총 세 권, 261장章, 1,472쪽이라는 방대한 분량으로 이뤄져 있습니다! 총 11절의 성경 구절을 해설한 논문인데 말입니다! 그런데 지금 제가 이 본문을 해설하는 데 쓸 수 있는 시간은 겨우 9분에 불과합니다!

먼저 진리의 허리띠를 살펴보겠습니다. 병사들이 두르는 허리띠는 사실 속옷의 개념이었습니다. 그러나 행군할 때 방해를 받지 않으려면 꼭 필요한 장비였습니다. 허리띠를 꽉 조이면 힘과 자신감이 생겼습니다. 그리스도의 군사들에게 허리띠는 다름 아닌 진리입니다. 이 진리는 아마도 하나님이 계시하신 '그 진리'일 것입니다. 예수님이 "진리가 너희를 자유롭게 하리라"고 말씀하셨던 바로 '그 진리' 말입니다. 마귀의 거짓말을 이길 수 있는 것은 하나님의 진리뿐입니다. 그러나 헬라어 본문에는 정관사가 없습니다. '그 진리'가 아니라 그냥 '진리'라고만 나와 있습니다. 그래서 나는 이것이 우리가 거짓과 가장假裝과 수작을 버리고 되찾아야 할 신실함 또는 진실함을 가리킨다고 생각합니다. 우리는 신실하고 투명하고 진실한 사람이 되어야 합니다. 다른 이를 속이고 외식하는 자들은 마귀가 좋아하는 계략을 쓰고 마귀의 농간에 놀아나고 있는 것입니다. 마귀는 거짓말을 좋아합니다. 이와 반대로 그리스도인은 진리를 사랑합니다. 마귀의 농간에 놀아나서는 마귀를 이길 수 없습니다. 마귀를 이길 수 있는 유일한 방법은 투명한 진리뿐입니다. 마귀는 어둠을 좋아합니다. 그러나 그리스도인은 빛 가운데 행합니다.

진리의 허리띠 다음에는 의의 호심경이 나옵니다. 상체 앞판은 물론이고 뒤판까지 모두 덮어주는 호심경은 갑옷의 핵심이라 할 수 있습니다. 그리스도의 군사들에게 호심경은 다름 아닌 '의'입니다. 바울 서신에서 의*dikaiosune*는 대개 칭의를 의미합니다. 여기에서도 마찬가지로 은혜에 의하여 믿음으로 말미암아 의롭다 칭함을 받는 것을 가리킵니다. 우리의 의가 아니라 그리스도의 의로 의롭다 함을 얻는 것, 하나님 앞에서 정죄가 아니라 용납을 받는 것이야말로 우리를 비난하는 양심과 우리를 중상 모략하는 마귀의 공격을 막을 수 있는 중요한 장비입니다. 마귀는 우리의 양심을 공격합니다. 그러나 우리가 의롭다 칭함을 받은 한, 의의 호심경을 붙인 한, 우리는 마귀를 대적할 수 있습니다. 허나 한편으로 의의 호심경은 악한 길로 꾀어내는 마귀에게 맞서는 도덕적 의를 의미하기도 합니다.

세 번째는 복음의 신입니다. 발에 잘 맞는 튼튼한 신발이 없이 행군

할 수 있는 군인은 없습니다. 그리스도인에게도 신발이 필요합니다. 그 신은 다름 아닌 '평안의 복음'입니다. 여기에 나오는 소유격 '~의'가 주격인지 목적격인지는 분명하지 않습니다. 그러나 저는 이것을 목적격적 소유격으로 봅니다. 따라서 "평안의 복음이 준비한 것으로 신을 신으라"는 말은 평안의 복음을 다른 이들에게 전할 채비를 해야 한다는 뜻입니다. 우리는 항상 예수 그리스도를 전할 준비가 되어 있어야 합니다. 우리 속에 있는 소망에 관한 이유를 묻는 자에게 대답할 것을 항상 준비해야 합니다. 그리스도를 전할 준비가 되어 있어야만 적을 무찌르고 몰아낼 수 있습니다.

네 번째는 믿음의 방패입니다. 믿음의 방패 앞에 '모든 것 위에'라는 수식어가 붙어 있지만, 저는 이 수식 어구를 '이 모든 것에 더하여'라고 해석하는 것이 맞다고 생각합니다. "이 모든 것에 더하여 믿음의 방패를 손에 드십시오"(16절, 새번역). 여기서 말하는 방패는 작고 동그란 방패가 아니라 로마 병사들이 쓰던 가로 0.8미터, 세로 1.2미터에 달하는 긴 직사각형으로 몸 전체를 가릴 수 있는 방패를 가리킵니다. 그렇다면 그리스도의 군사들을 보호하고 마귀의 '불화살'을 막아 꺼버릴 수 있는 방패는 과연 무엇일까요? 바울은 그것이 믿음이라고 말합니다. 그리스도인의 믿음 말입니다. 어쩌면 충실하고 믿음직한 우리의 성품을 가리키는 말일 수도 있습니다. 그러나 저는 이것이 하나님을 믿는 믿음이라고 믿습니다. 히브리서 11장에 따르면, 선조들은 믿음으로 나라들을 이기기도 하고 의를 행하기도 하고 약속을 받기도 하고 사자들의 입을 막기도 하며 불의 세력을 멸하기도 했습니다. 마귀의 불화살은 결코 믿음의 방패를 뚫지 못합니다.

다섯 번째는 구원의 투구입니다. 로마 병사들이 쓰던 투구는 보호 장비인 동시에 장신구였습니다. 투구에는 아름다운 깃털 장식이 달려 있었습니다. 데살로니가전서 5장 8절에서 바울은 그리스도인 병사들의 투구가 '구원의 소망'이라고 말한 바 있습니다. 그러므로 본문에서 말하는 구원의 투구가 우리가 이미 받아서 현재 누리고 있는 구원이든, 마지막 날에 받게 될 완전하고 최종적인 구원에 대한 확신에 찬 기대이든, 우리를 구원하시는 하나님의 능력이 영혼의 적에게서 우리를 보호해줄 강력한 방어물이라는 사실에는 의문의 여지가 없습니다. 찰스 하지Charles Hodge는 에베소서 강해에서 이렇게 말했습니다. "그리스도인을 치장하고 보호하는 것, 그리스도인으로 하여금 확신과 기쁨 속에 고개를 들게 하는 것, 그것은 바로 그가 구원받았다는 사실이다." 구원의 투구는 "나는 구원받았다. 그리고 구원받을 것이다"라는 확신입니다. 그리고 이 확신이야말로 우리가 적에게 대항하는 힘입니다.

여섯 번째는 성령의 검입니다. 전신 갑주를 구성하는 여섯 가지 장비 중에 방어는 물론이고 공격에 사용할 수 있는 유일한 장비가 바로 여섯 번째 무기입니다. 성령의 검은 하나님의 말씀입니다. 그리고 하나님은 말씀하신 대로 행하십니다. 하나님의 말씀은 인간의 말과 다르기 때문입니다. 성령의 검에는 힘이 있습니다. 성령의 검은 하나님이 뜻하신 바를 이룹니다. 하나님은 뜻하신 바를 이루기 위해 성령의 검을 보내십니다. 마귀가 유대 광야에서 예수님을 유혹할 때 예수님은 이 검을 사용하셨습니다. 또한 이 검은 '성령'의 검입니다. 성령은 유혹의 순간에도 복음을 전하는 순간에도 이 검을 사용하십니다. 우리가 예수 그리스도를 위하여 마귀를 물리치기 위해 세상에 나가고 그리스도를 위해 사람들을 얻을 때 우리에게는 하나님의 말씀인 성령의 검이 필요합니다.

이렇게 여섯 가지 장비가 모여서 하나님의 전신 갑주를 이룹니다. 그리고 우리는 이 전신 갑주를 입어야 합니다. 하나님이 이렇듯 전신 갑주를 마련해주셨으니 우리에게는 실패를 변명할 여지가 없습니다. 바울은 전신 갑주를 입으라고 이야기한 다음 18-20절에서 기도에 대해 이야기합니다. 기도가 또 하나의 보조 무기여서가 아니라 이 모든 무기를 사용하려면 기도가 필요하기 때문입니다. 바울은 "모든 기도와 간구를 하되 항상 성령 안에서 기도하"라고 말합니다. 우리가 기도하게 하고 우리에게 기도를 가르치시는 분이 성령이기 때문입니다. 말씀이 곧 성령이 휘두르는 검이기 때문입니다. 기도와 말씀은 영혼의 무기로 늘 함께합니다. 나아가 바울은 자신을 위해 기도해달라고 부탁합니다. 횡설수설하는 말 때문에 사람들이 이해하지 못하는 것이 없도록, 복음의 비밀을 알리는 것을 두려워해서 무언가를 숨기는 일이 없도록 하나님께서 자기에게 발표력과 담대함, 명쾌함과 용기 주시기를 기도하라고 부탁합니다. 바울은 복음을 전하는 사신이나 사슬에 매인 사신입니다. 그러나 비록 손이 사슬에 묶여 있어도 바울은 입을 열어 복음의 비밀을 알릴 수 있기를 간절히 바랍니다.

끝인사

두기고는 아마도 바울이 이 편지를 받아쓰게 하고 아시아에 있는 교회에 전달하게 한 사람일 것입니다. 이제 두기고는 이 편지를 들고 아시아에 있는 교회에 가서 바울의 소식을 전하고 성도들을 격려할 것입니다. 23-24절에서 바울은 평안과 믿음을 겸한 사랑이 그들에게 임하기를 바랍니다. 그리고 "모든 자에게 은혜가 있을지어다"라고 말합니다. 처음에서도 바울은 "하나님 우리 아버지와 주 예수 그리스도로부터 은혜와 평강이 너희에게 있을지어다"라는 말로 편지를 시작했습니다. 그리고 이제 처음과 마찬가지로 "아버지 하나님과 주 예수 그리스도께로부터 평안과 믿음을 겸한 사랑이 형제들에게 있을지어다. 우리 주 예수 그리스도를 변함없이 사랑하는 모든 자에게 은혜가 있을지어다"라는 말로 글을 마무리합니다. 앞에서도 말했지만 평안과 은혜는 이 서신을 가장 잘 요약해주는 단어입니다. 평안은 예수 그리스도가 이루신 위대한 과업입니다. 예수님은 우리를 하나님과 화해시키고, 하나님이 창조하고 계신 새 사회 안에서 우리들이 서로 화목하게 하셨습니다. 그런가 하면 은혜는 예수 그리스도가 화목을 이루신 이유이자 방법입니다. 그러니 "형제들에게 평안이 있을지어다"라는 끝 인사는 아주 적절한 표현입니다. 바울은 지금 하나님의 새 사회이자 하나님의 가족인 우리들이 아버지 하나님과 평화를 누리고 형제자매로서 서로 평화를 누리며 살아가기를 바라고 기도하고 있는 것입니다. 이 소망은 오직 은혜를 통해서만 이루어질 수 있습니다.

지금까지 우리는 참으로 감명 깊은 사도 바울의 서신을 함께 살펴보았습니다. 설교를 마치면서 사도 바울이 성도들에게 한 마지막 인사를 저도 감히 여러분에게 전하려 합니다. "평안이 형제들에게 있을지어다. 모든 자에게 은혜가 있을지어다."

복음과 교회
데살로니가전서 1-5장

1978
John Stott

그리스도인의 복음 전도:
복음은 어떻게 전파되는가
데살로니가전서 1장

바울은 1장에서 교회(1-4절)와 복음(5-10절)에 대해 이야기합니다. 복음이 창립한 하나님의 교회에 대해 언급하고 하나님의 복음과 나아가 교회가 복음을 전파하는 방법에 대해 이야기합니다.

하나님의 교회 1-4절

데살로니가 교회를 설명하는 바울의 표현은 참으로 놀랍기 그지없습니다. 데살로니가 교회는 불과 몇 달 전에 세워진 교회입니다. 교인들은 이제 막 회심한 자들입니다. 그들은 온갖 핍박 속에 이제 겨우 싹이 튼 신념과 기준을 시험받고 있었습니다. 이쯤 되면 불안하게 흔들리는 교회의 모습이 머릿속에 그려질 것입니다. 그러나 아니었습니다. 데살로니가 교회는 흔들리지 않았습니다. 바울은 데살로니가 교회가 견고하다고 확신했습니다. 그는 세 가지 면에서 이 교회가 하나님의 교회라는 사실을 알고 있었던 것입니다.

1. 데살로니가 교회는 하나님 아버지와 주 예수 그리스도 안에 있

는 공동체입니다. 1절에서 바울은 이렇게 말합니다. "바울과 실루아노와 디모데는 하나님 아버지와 주 예수 그리스도 안에 있는 데살로니가인의 교회에 편지하노니 은혜와 평강이 너희에게 있을지어다." 바울은 은연중에 하나님 아버지와 주 예수 그리스도가 교회가 지닌 능력의 원천이라고 말합니다. 예수 그리스도가 죽으시고 부활하신 지 벌써 20년이 지났습니다! 이제 사람들은 당연하게 하나님 아버지와 예수 그리스도를 함께 생각했습니다. 따라서 바울은 이 사실을 따로 논증할 필요가 없었습니다. 바울은 나중에 쓴 편지에서 교회를 '하나님의 교회'로 묘사하곤 했습니다. 이를테면 "고린도에 있는 하나님의 교회"라는 식으로 말입니다. 이 편지에서도 데살로니가에 있는 하나님의 교회라고 말해도 되었을 것입니다. 그런데 특이하게도 바울은 '하나님 안에' 있는 '데살로니가인의' 교회라고 말합니다. 둘 다 맞는 말입니다. 모든 교회는 거주지가 두 곳입니다. 교회는 하나님 안에 사는 동시에 이 세상 속에서 살아갑니다. 바울이 데살로니가 교회를 이렇게 독특하게 묘사한 이유가 무엇이라고 생각하십니까? 어쩌면 바울은 데살로니가 교인들이 느끼는 불안을 알고 있었는지 모릅니다. 비록 세상 사람들에게 핍박받고 있지만 하나님 안에서 안전하다는 사실을 그들에게 상기시키고 싶었는지 모릅니다. 모든 교회의 생명과 능력은 하나님에게서 나옵니다. 바울은 서두에서 데살로니가 교인들에게 은혜와 평강이 있기를 바랍니다. 하나님과의 화목, 그리고 성도들 간의 화목을 통해 누리는 하나님의 샬롬 *shalom*보다 우리에게 더 큰 복은 없습니다. 자격 없는 우리에게 값없이 평강을 주시고 계속 누리게 하시는 하나님의 은혜보다 더 큰 복은 없습니다.

이렇듯 교회는 하나님 아버지와 주 예수 그리스도 안에 있는 공동체입니다. 하나님 안에 뿌리를 내리고 하나님에게서 생명과 능력을 공급받는 공동체입니다.

2. 데살로니가 교회는 믿음과 소망과 사랑으로 구별되는 공동체입니다. 바울은 2-3절에서 이렇게 말합니다. "우리가 너희 모두로 말미암아 항상 하나님께 감사하며 기도할 때에 너희를 기억함은 너희의 믿음의 역사와 사랑의 수고와 우리 주 예수 그리스도에 대한 소망의 인내를 우리 하나님 아버지 앞에서 끊임없이 기억함이니." 기억과 감사와 기도는 경건생활에서 늘 함께하는 요소입니다. 혹시 우리 중에 중년이나 노년에 접어들어 기억이 흐릿해지는 사람이 있다면 기억을 되살려달라고 기도해야 합니다! 사람들과 그들의 이름과 얼굴과 형편을 기억할 때 우리는 그들로 말미암아 하나님께 감사하고 그들을 위하여 기도하고 싶어지기 때문입니다.

바울은 특별히 믿음과 소망과 사랑이라는 세 가지 미덕으로 데살로니가 교회를 기억합니다. 믿음과 소망과 사랑은 참된 그리스도인의 삶에서 떼려야 뗄 수 없는 특징입니다. 알다시피 바울은 고린도전서 13장에서 이 세 가지 미덕을 강조한 바 있습니다. 그러면 우리 자신은 어떻습니까? 우리는 참된 그리스도인입니까? 우리가 참된 그리스도인인지 아닌지는 우리에게 믿음과 사랑과 소망이 있는지 여부에 달려 있습니다. 예수 그리스도로 말미암아 하나님께 신실하게 헌신하고 있습니까? 교회 안에서나 밖에서나 사람들을 사랑하고 있습니까? 우리 주 예수 그리스도가 영광 중에 다시 오실 그날을 소망하고 있습니까? 예외 없이 모든 그리스도인은 믿는 자이며 사랑하는 자이며 소망하는 자입니다. (근거 없이 그저 좋은 일이 일어나기를 바라는 낙관주의자라는 말이 아닙니다. 소망은 낙관과 전혀 다릅니다. 주님의 재림을 갈망하고 확실한 약속을 의지하는 것이 소망입니다.) 그러므로 믿음과 사랑과 소망은 우리가 성령으로 말미암아 거듭났다는 확실한 증거입니다. 믿음과 사랑과 소망은 우리를 변화시키고 삶의 방향을 완전히 바꾸어놓습니다. 그래서 우리는 어느샌가 믿음 안에서 하나님이 계신 하늘을 향해 나아가고, 사랑 안에서 사람들이 있는 세상 밖으로 나아가고, 소망 안에서 그리스도의 재림을 바라보며 나아갑니다.

바울이 믿음과 소망과 사랑을 두고 강조하는 것이 또 하나 있습니다. 믿음과 소망과 사랑은 생산적입니다. 얼핏 추상적으로 들리지만, 실상 이 셋은 구체적이고 실제적인 열매를 맺습니다. 하나님을 믿는 믿음은 우리로 선한 일을 하게 합니다. 행함이 없는 믿음은 거짓입니다. 그리스도인은 머리 위 하늘만 바라보느라 현실에는 관심이 없는 사람들이 아닙니다. 대체 누가 바울과 야고보가 하는 말이 다르다고 주장합니까? 전혀 다르지 않습니다. 두 사람 다 믿음이 행동으로 이어진다고 말합니다. 사람들을 향한 사랑은 우리로 수고하게 합니다. 사랑의 수고를 기꺼이 감당하게 합니다. 사랑하는 사람을 위해 수고하지 않는다면, 우리의 사랑은 거짓입니다. 한낱 감상에 불과합니다. 그리스도의 재림을 바라는 소망은 우리로 인내하게 합니다. 핍박 속에서도 그리스도가 다시 오실 날을 참고 기다리게 합니다. 인내하지 않는다면, 우리는 진실로 주님의 재림을 고대하며 기다리고 있는 것이 아닙니다. 새국제성경은 이 구절을 "너희 믿음이 낳은 행위와 사랑이 시킨 수고와 우리 주 예수 그리스도에 대한 소망이 불어넣은 인내"

라고 아주 명료하게 번역하고 있습니다. 참 믿음과 참 소망과 참 사랑이라면, 이 셋은 그리스도인의 삶에 아주 풍성한 열매를 맺습니다.

3. 데살로니가 교회는 하나님의 사랑과 선택을 받은 공동체입니다. 바울은 4절에서 이렇게 말합니다. "하나님의 사랑하심을 받은 형제들아, 너희를 택하심을 아노라." 신약성경과 구약성경은 하나님이 자기 백성을 사랑하시기에 택하셨다고 가르칩니다. 그래서 성경에서 하나님의 사랑과 선택은 언제나 함께 나옵니다. 신명기 7장 7-8절에서 모세가 이스라엘 백성에게 한 말에서도 이 점을 확인할 수 있습니다.

> 여호와께서 너희를 기뻐하시고 너희를 택하심은 너희가 다른 민족보다 수효가 많기 때문이 아니니라. 너희는 오히려 모든 민족 중에 가장 적으니라. 여호와께서 다만 너희를 사랑하심으로 말미암아 또는 너희의 조상들에게 하신 맹세를 지키려 하심으로 말미암아 자기의 권능의 손으로 너희를 인도하여 내시되 너희를 그 종 되었던 집에서 애굽 왕 바로의 손에서 속량하셨나니.

하나님은 여러분을 사랑하시기 때문에 사랑하십니다. 하나님의 사랑 말고는 그분의 사랑을 설명할 도리가 없습니다. 마찬가지로 하나님의 사랑 말고는 그분의 택하심을 설명할 도리가 없습니다. "하나님의 사랑하심을 받은 형제들아, 너희를 택하심을 아노라." 하나님이 여러분을 사랑하셨습니다. 하나님이 여러분을 선택하셨습니다. 이것은 우리가 온전히 이해할 수 없는 신비입니다.

이렇듯 바울은 데살로니가 교인들에게 하나님이 그들을 사랑하셨고 선택하셨다고 말합니다. 놀라운 이야기입니다. 그러나 4절이 정말 놀라운 이유는 따로 있습니다. 바울은 하나님이 그들을 택하신 것을 자기가 안다고 말합니다. 바울은 어떻게 데살로니가 교인들이 택하심을 받은 하나님의 백성이라고 그리 확신할 수 있었던 것일까요? 이어지는 구절에 답이 나와 있습니다. 복음이 그들에게 이를 때에 말로만 이른 것이 아니라 능력과 함께 이르렀고 그래서 그들은 능력을 받았습니다. 이 능력은 그들의 삶 속에 열매를 맺었습니다. 믿음의 행위와 사랑의 수고와 소망의 인내를 맺었습니다. 이 때문에 바울은 그들이 택하심을 받았다는 사실을 알았습니다. 그들의 삶 속에서 능력이 나타났습니다. 바울이 그들에게 복음을 전하자 그들은 복음에 반응했고 복음으로 말미암아 변화되었습니다.

알다시피 우리는 선택의 교리를 핑계 삼아 복음을 전하거나 거룩하게 살려는 노력을 포기할 수 없습니다. 오히려 정반대입니다. 복음 전도를 통해 하나님의 택하심이 드러납니다. 거룩한 삶이야말로 택하심을 받았다는 증거입니다. 복음에 반응하고 거룩하게 성장해갈 때 비로소 우리가 하나님의 택하심을 받은 자들이라는 사실이 확연히 드러납니다.

그렇다면 우리는 본문에서 무엇을 배워야 할까요? 제가 강조하고 싶은 것은 이것입니다. 교회는 하나님의 교회입니다. 이것이 교회의 정체성입니다. 우리는 바울의 시각을 배워야 합니다. 바울에게 교회는 공통의 관심사로 결속된 종교 모임이 아닙니다. 바울에 대한 충성심 하나로 끈끈히 연결된 추종자 집단도 아닙니다. 교회는 하나님의 교회입니다. 하나님이 사랑하고 택하신 사람들, 하나님에게서 생명과 능력을 얻는 사람들, 믿음의 행위와 사랑의 수고와 인내의 소망으로 거룩한 삶을 살아가는 사람들입니다. 오늘날과 같은 인본주의 시대에 교회에서 목사와 리더로 섬기고 있는 사람들은 특히 더 조심하고 자신을 돌아보아야 합니다. 우리가 지금 바울처럼 하나님 중심으로 생각하며 살아가고 있는지 살펴보아야 합니다. 우리는 교회를 교회 되게 하는 핵심이 하나님과의 관계라는 사실을 명심해야 합니다. 교회와 우리의 관계나 성도 간의 관계, 섬기도록 부름을 받은 세상과의 관계도 부차적인 것에 불과합니다. 사랑을 베풀고 생명과 능력을 주시는 하나님과의 관계가 교회의 핵심입니다. 우리가 교회의 견고함을 확신할 수 있는 이유도 바로 이 때문입니다.

하나님의 복음 5-10절

다음으로 살펴볼 것은 하나님의 복음입니다. 보다시피 바울은 하나님의 교회와 하나님의 복음을 따로 떼어 생각하지 않습니다. 5-10절에서 바울은 복음이 어떻게 전파되었는지 세 단계로 이야기합니다.

1. 복음이 그들에게 이르렀습니다(5절). 그렇다고 복음이 저절로 그들에게 이른 것은 아닙니다. 바울과 실루아노와 디모데가 데살로니가인들에게 복음을 전했기에 복음이 그들에게 이른 것입니다. 세 사람이 데살로니가에 도착하기 전에는 그곳에 그리스도의 교회가 없었습니다. 바울과 실루아노와 디모데는 데살로니가에 교회가 세워지고 뿌리 내리는 것을 보고 그곳을 떠났습니다. 복음이 전파되자 데살로

니가에 교회가 세워졌습니다. 이어서 바울은 자신이 복음을 어떻게 전파했는지 설명합니다.

바울은 '말로' 복음을 선포했습니다. 복음은 말입니다. 바울은 6절에서 복음을 '말'이라고 부릅니다. 복음은 하나님의 말씀이자 주님의 말씀입니다. 복음에는 특별한 내용이 담겨 있습니다. 그리고 이 내용은 성경 안에서 찾을 수 있습니다. 복음은 말을 통해 사람들에게 이릅니다. 말로만 이르는 것은 아니지만 말이 있어야 이를 수 있습니다!

복음은 '능력으로' 이르렀습니다. 인간의 말은 약하고 무력합니다. 사람들이 다른 이의 말에 항상 귀를 쫑긋 세우는 것은 아닙니다. 귀를 기울여 듣는다고 해서 항상 그 말을 이해하는 것도 아닙니다. 설령 이해한다고 해도 누구나 그 말에 따라 사는 것은 아닙니다. 따라서 말은 하나님의 능력으로 전해져야 합니다. 그렇지 않으면 듣는 사람의 생각과 양심과 의지에 도달하지 못합니다. 복음은 말과 능력으로 임했습니다.

복음은 '확신으로' 임했습니다. 능력이 복음 전파의 객관적 결과를 가리킨다면, 확신은 선포자의 주관적 상태를 가리킵니다. 선포자는 자기가 선포하는 메시지를 확신합니다. 그 메시지의 진실성과 타당성을 확신합니다. 그래서 담대하게 복음을 선포합니다. 그런데 요즘 선포자들 중에는 이런 확신과 용기가 없는 이들이 상당합니다.

복음은 '성령 안에서' 선포되었습니다. 성령을 맨 마지막에 이야기하는 이유는 나머지 세 가지가 모두 성령 안에 포함된다고 보기 때문입니다. 진리와 확신과 능력은 모두 성령에게서 나옵니다. 성령은 우리가 메시지를 명료하게 표현할 수 있도록 우리의 생각을 조명하시는 분입니다. 성령은 우리가 복음 진리를 굳게 믿고 확신 가운데 복음을 선포할 수 있도록 우리 안에서 증거하시는 분입니다. 성령은 듣는 사람들이 회개와 믿음으로 반응할 수 있도록 능력으로 깨닫게 하시는 분입니다. 이렇듯 참된 선포의 세 가지 특징이 모두 성령에게서 나옵니다.

오늘날의 강단에도 이런 자질을 지닌 설교자들이 필요합니다! 메시지를 지닌 사람, 확신이 있는 사람, 능력의 사람, 성령의 사람, "우리 복음이 너희에게 말로만 이른 것이 아니라 능력과 성령과 큰 확신으로 된 것"이라고 말하는 사람 말입니다!

2. 그들이 말씀을 받아들였습니다(6-7절). 즉 메시지를 이해하고 믿고 순종하도록 성령이 그들의 마음을 열어주셨습니다. 여기에도 우리가 주목해야 할 네 가지 요점이 있습니다.

그들은 '많은 환난 가운데서' 말씀을 받아들였습니다. 데살로니가에는 말씀을 선포하지 못하게 방해하는 세력이 상당했습니다. 말씀을 선포하는 자들과 말씀을 듣는 자들 모두 핍박을 받았습니다. 그런 와중에도 데살로니가인들은 복음을 기꺼이 받아들였습니다.

그들은 '성령의 기쁨으로' 말씀을 받아들였습니다. 바울은 분명히 성령을 언급하고 있습니다. 이 부분을 놓쳐서는 안 됩니다. 선포자 안에서 일하시는 성령과 복음을 듣는 사람 안에서 일하시는 성령은 동일한 분입니다. 성령은 항상 전하는 자와 듣는 자가 화합하게 하십니다. 그리고 거기에는 기쁨이 있습니다. 기쁨이 성령의 열매이기 때문입니다. 복음이 선포되고 사람들이 복음에 반응하는 곳에는 항상 기쁨이 있습니다. 하늘에 있는 천사들 사이에도 기쁨이 있고, 이 땅에 있는 하나님의 백성들 사이에도 기쁨이 있습니다.

그들은 '우리와 주를 본받는 자'가 되었습니다. 즉 그들은 환난과 기쁨을 경험하는 가운데 모든 삶 속에서 사도들을 본받았고, 그리하여 사도들이 본받는 그리스도를 본받는 자가 되었습니다. 말씀을 받아들이는 것 안에 이 모든 것이 포함되어 있습니다. 말씀을 받아들인다는 것은 단순히 머리로 수긍한다는 의미가 아닙니다. 삶이 완전히 변화되는 것을 의미합니다.

마지막으로 그들은 '모든 믿는 자의 본'이 되었습니다. 그리스도를 본받는 자들이 다른 이들의 본이 된다니, 참으로 놀랍지 않습니까? 이는 복음을 받아들이는 자들에게 임하는 유익한 결과입니다. 복음을 받아들이는 자는 심한 핍박도 받지만, 성령이 주시는 내밀한 기쁨을 누리고 그리스도와 사도들을 본받는 자가 되어 완전히 변화된 삶을 살고 스스로 믿는 자들의 본이 됩니다.

3. 주의 말씀이 그들에게로부터 들렸습니다(8-10절). 여기 사용된 헬라어 엑세케오_execheo_는 '소리가 나다, 울리다, 울려 퍼지다, 쿵 하고 울리다'라는 뜻입니다. 헬라어판 구약성경에서는 종이나 수금, 나팔, 그 밖의 요란한 소리를 언급할 때 이 단어가 쓰였습니다. 신약성경에서는 "소리 나는 구리와 울리는 꽹과리"를 언급하는 구절과 누가복음 21장처럼 바다와 파도의 성난 소리를 언급할 때 사용되었습니다. 바울이 복음 선포를 종소리에 비유했든 나팔소리에 비유했든, 어쨌거나 복음은 요란한 소리를 냈고 그 소리가 마게도냐와 아가야에 울려 퍼졌습니다. 나라 곳곳에 반향을 일으키며 산과 골짜기에 메아리쳤습니다. 데살로니가 교인들은 복된 소식을 듣고 가만히 있을 수 없었습니

다! 게다가 데살로니가는 항구도시이자 수도였고 그래서 전략적 요충지였습니다. 복음의 사신들이 데살로니가에서 복음을 전하자 이곳에서부터 복음이 빠르고 넓게 퍼져나갔습니다.

그러나 이것이 전부가 아닙니다. 8절에서 바울은 이렇게 말합니다. "주의 말씀이 너희에게로부터 마게도냐와 아가야에만 들릴 뿐 아니라 하나님을 향하는 너희 믿음의 소문이 각처에 퍼졌으므로 우리는 아무 말도 할 것이 없노라." 다시 말해, "너희가 복음을 전파하고 복음을 전할 사신들을 파송했을 뿐 아니라 하나님을 믿는 너희 믿음에 대한 소문이 각처에 두루 퍼졌으니 우리가 더 말할 필요가 없다"는 말입니다.

저는 여기에 우리가 배워야 할 중요한 교훈이 있다고 생각합니다. 우리는 미디어에 관심이 많은 시대에 살고 있습니다. 대중매체의 위력이 얼마나 대단한지 잘 알고 있습니다. 그래서 복음을 전할 때 인쇄물과 영화와 라디오와 텔레비전 같은 매체를 사용하고 싶어 합니다. 또한 마땅히 그래야 합니다. 우리 그리스도인들은 이용할 수 있는 현대 매체를 최대한 활용해야 합니다. 그러나 그보다 훨씬 더 효과적인 매체가 있다는 사실을 잊어서는 안 됩니다. 이 매체는 아주 단순하고 자연스럽고 돈도 안 듭니다. 그게 과연 무엇일까요? 그것은 바로 '거룩한 소문'입니다. 복된 소식이 사람들에게 어떤 영향을 끼쳤는지 신이 나서 퍼뜨리는 것입니다. "그게 한 사람을 완전히 바꾸어놓았다는데 아세요?" "데살로니가에서 무슨 일이 벌어지고 있대요. 새로운 사회가 생겨나고 있대요. 들어보셨어요?" 복음은 이렇게 퍼져나갑니다!

돈 안 드는 이런 소문은 엄청난 효과가 있었습니다. 데살로니가인들은 복음을 전파하기 위해 굳이 매체를 동원할 필요도 없었습니다. 그런데 바울은 여기서 한 걸음 더 나아가 "우리는 아무 말도 할 것이 없노라" 하고 말합니다. 데살로니가 교인들의 믿음에 관한 소문이 널리 퍼져서 선교사들이 복음을 전하러 다닐 필요가 없었다는 말입니다! 선교사들이 없어도 메시지는 퍼져 나갔고 모든 사람이 이미 복음을 알고 있는 것처럼 보였습니다. 물론 정말로 바울이 그곳에 자신들이 더 이상 필요치 않다고 생각한 것은 아닙니다. 정말 그랬다면 휴가라도 내고 쉬었을지도 모릅니다. 그러나 바울은 계속해서 복음을 전했습니다. 특히 아직 그리스도를 알지 못하는 곳에 복음을 전했습니다. 그럼에도 바울은 말합니다. "우리는 아무 말도 할 것이 없노라." 그 정도로 데살로니가로부터 복된 소식이 자연스럽게 퍼져 나가고 있었던 것입니다.

그러면 데살로니가로부터 퍼져 나가고 있던 복된 소식은 정확히 무엇이었을까요? 8절에서 바울은 그것을 '하나님을 향하는 너희 믿음의 소문'이라고 말합니다. 사람들은 바로 그 이야기를 듣고 있었습니다. 그런데 바울은 마지막 9-10절에서 하나님을 향하는 그들의 믿음을 세 부분으로 이야기합니다. 신약성경에서 회심의 의미를 이처럼 간결하게 묘사한 구절도 드뭅니다. 바울에 따르면 회심에는 최소한 세 가지가 포함됩니다. 첫째는 우상을 버리고 하나님께 돌아오는 것이고, 둘째는 살아 계시고 참되신 하나님을 섬기는 것이고, 셋째는 하나님의 아들이 하늘로부터 강림하시기를 기다리는 것입니다. 여기에 나오는 세 동사 '돌아오다', '섬기다', '기다리다'에 신약성경이 말하는 회심의 의미가 요약되어 있습니다.

첫째, 단호히 우상을 버리는 것입니다. 충성의 대상이 바뀌는 근본적인 변화가 일어난 것입니다. 우상은 피조물입니다. 사람의 손과 행위, 거짓이 빚어낸 작품입니다. 우상은 많으며 눈으로 볼 수 있습니다. 반면에 하나님은 우주 만물과 온 인류를 창조하신 창조자이십니다. 하나님은 살아 계시고 참되시며 눈으로 볼 수 없습니다. 전통적으로 부족들이 섬기던 우상은 그들의 생각과 삶을 지배했습니다. 수 세기 동안 부족들은 두려움에 사로잡혀 우상을 떠받들고 살았습니다. 우상에게서 벗어난다는 생각만으로도 덜컥 겁이 났습니다. 우상들이 앙심을 품고 해코지를 하지는 않을까 두려웠기 때문입니다. 이는 서구 세계도 마찬가지입니다. 훨씬 더 교묘하게 하나님의 자리를 대신하고 있는 우상들이 우리의 삶을 지배하고 있습니다. 권력이나 명예나 돈에 대한 야망으로 가득 찬 사람들을 생각해보십시오. 일에 집착하는 사람들, 섹스나 알코올에 중독된 사람들을 생각해보십시오. 이런 것들도 다 우상입니다. 이것들 역시 우리에게 충성을 다하라고 요구하기 때문입니다. 우상 숭배자는 자기가 섬기는 우상에 중독된 포로입니다.

그런데 그랬던 사람이 어느 순간 살아 계신 하나님이 주시는 해방을 맛보더니 자신의 삶을 지배하던 우상을 버리고 하나님께 돌아옵니다. 예수 그리스도를 만나자 우상의 마력이 깨지고, 살아 계시고 참되신 하나님의 크신 능력이 나타납니다. 이에 놀란 사람들은 경외심으로 가득 차서 "우상의 세력이 무너졌다"는 소식을 전파합니다.

둘째, 적극적으로 하나님을 섬기는 것입니다. 우상을 버렸다는 사람들이 하나님을 섬기지 않으면, 그 말은 명백한 거짓입니다. 우상에게서 돌아서는 소극적인 의미로만 회심을 생각해서는 안 됩니다. 하나님을 섬기며 새로운 삶을 사는 적극적인 의미까지 생각해야 합니다. 우리는 우상을 버리고 살아 계시고 참되신 하나님을 섬기기 위해 하나님께 돌아왔습니다. 우상의 종이었다가 이제 하나님의 종이 되었습니다. 여기에 진정한 해방이 있습니다. 진정한 회심에는 이중의 해방이 포함되어 있습니다. 첫째는 우리가 전에 굴복했던 우상의 세력으로부터 해방되는 것이고, 둘째는 살아 계시고 참되신 하나님을 섬기는 해방을 맛보는 것입니다. 하나님을 섬길 때에야 인간은 비로소 참된 자유를 누릴 수 있기 때문입니다.

셋째, 인내하며 그리스도를 기다리는 것입니다. 그리스도인의 삶에는 기다림과 섬김이 늘 함께합니다. 참으로 놀라운 이야기입니다. 섬김은 적극적인 행위이고 기다림은 소극적인 행위입니다. 섬김은 이 땅에서 그리스도를 위하여 바쁘게 살아가는 것입니다. 반면에 기다림은 하늘로부터 강림하실 그리스도를 갈망하는 것입니다. 섬김과 기다림을 이어주는 이 구절에는 아주 중요한 의미가 담겨 있습니다. 우리는 열심히 일하고 섬겨야 합니다. 그러나 아무리 열심히 일하고 섬겨도 우리가 할 수 있는 일에는 한계가 있습니다. 그래서 우리는 하늘로부터 강림하실 그리스도를 기다려야 합니다. 그때에 비로소 하나님이 정의롭고 평화롭게 이 세상을 통치하실 것이기 때문입니다. 그러나 다시 오실 그리스도를 인내하며 기다리는 동안에도 우리는 열심히 일해야 합니다. 이렇듯 살아 계시고 참되신 하나님을 섬기는 섬김과 다시 오실 그리스도를 기다리는 기다림이 우리 삶에 함께합니다. 섬김과 기다림이 함께할 때 비로소 우리는 우리 힘으로 모든 것을 할 수 있다고 여기는 주제넘은 생각과 자신은 아무것도 할 수 없다는 낙담으로부터 벗어날 수 있습니다. 그렇다면 우리가 하늘로부터 하나님의 아들이 강림하실 것이라고 확신할 수 있는 이유는 무엇일까요? 그것은 바로 하나님이 그를 "죽은 자들 가운데서 다시 살리"셨기 때문입니다(10절).

이제 마게도냐와 아가야를 넘어 각처에 울려 퍼진 데살로니가인들에 관한 이야기를 정리해보겠습니다. 이들의 이야기를 통해 우리는 회심의 본질이 우상을 버리고 하나님께 돌아와 살아 계신 하나님을 섬기고 그리스도를 기다리는 데 있다는 사실을 알게 되었습니다. 이것이 그리스도인의 회심입니다. 아무리 시간이 흘러도 회심의 본질은 변치 않습니다. 언제나 똑같습니다. 물론 살아 계신 하나님을 섬기는 방식은 달라질 수 있습니다. 그러나 우상을 섬기던 과거를 단호히 끊어내고, 살아 계신 하나님을 섬기며 해방을 맛보고, 부푼 마음으로 그리스도가 강림하실 그날을 기다리는 일은 변치 않습니다. 이런 돌이킴과 섬김과 기다림이 없는 자는 결코 회심했다고 할 수 없습니다.

마지막으로 교회와 복음의 필수불가결한 관계에 대해 살펴보려 합니다. 교회와 복음은 나눌 수도 없거니와 나누어서도 안 됩니다. 참된 교회는 복음 교회이고, 오늘날 이 세상에는 복음 교회가 절실히 필요합니다. 복음과 교회의 관계에서 중요한 요소가 두 가지 있습니다.

1. 복음을 받은 교회는 반드시 복음을 전해야 합니다. 여러분은 여기에 동의하십니까? 데살로니가전서 1장에서 가장 중요한 것은 순서입니다. 먼저 복음이 그들에게 이르렀고, 그들이 복음을 받았고, 복음이 그들에게로부터 울려 퍼졌습니다. 모든 교회는 복음이 울려 퍼지

게 하는 공명판이 되어야 합니다. 하나님은 지극한 단순한 방법으로 복음이 퍼져 나가게 하십니다. 복음을 받은 교회가 복음을 퍼뜨리는 것입니다. 만일 교회가 하나님의 계획을 충실히 따랐다면, 이 세상은 이미 오래전에 복음화되었을 것입니다.

2. 복음을 전하는 교회는 복음을 구체적으로 실현해야 합니다. 앞에서 살펴보았듯이 데살로니가인들은 단순히 주의 말씀을 전하기만 한 것이 아닙니다. 하나님을 향하는 그들의 믿음에 관한 소문이 각처에 퍼져나갔습니다. 그들에게 무슨 일이 일어났는지에 관한 거룩한 소문이 곳곳에 퍼졌습니다. 귀가 솔깃한 이야기였습니다. 소문을 들은 사람들이 실상을 확인하려고 데살로니가에 와서 그들의 변화된 모습을 보고 그들이 전하는 말을 확신했습니다. 캐넌 더글러스 웹스터 Canon Douglas Webster가 이런 말을 했습니다.

> 복음을 전달하는 일은 듣는 것뿐 아니라 보는 것을 통해서도 이뤄진다. 청각과 시각의 이중 요소는 성경 곳곳에 함께 나타난다. 형상과 말씀, 환상과 목소리, 눈먼 자가 눈을 뜨고 귀먹은 자가 듣게 되는 일이 늘 함께했다. 예수님은 하나님의 말씀이자 하나님의 형상이시다. 말씀이 눈에 보이게 되었고, 형상이 귀에 들리게 되었다. 복음을 전하는 소리는 확실히 들린다. 그런데 복음을 삶으로 보여주는 사람들은 대체 어디에 있는가?

답은 복음 교회 안에 있습니다. 복음의 능력으로 변화된 공동체 안에 있습니다.

어떠한 교회도 복음을 삶으로 구현하지 않고는 복음을 전할 수 없습니다. 입으로 고백하는 내용과 삶으로 고백하는 내용이 모순된다면, 제아무리 열성적인 신앙 고백으로도 말과 삶의 간극을 메울 수 없습니다. 교회는 말하는 대로 살아야 합니다. 해방의 복음을 삶으로 구현해야 합니다. 하나님이 교회 안에 있는 우리에게 힘을 주셔서 복음을 받아들이고 널리 전하게 하시기를, 또한 믿음과 사랑과 소망과 기쁨과 평화가 있는 삶으로 복음을 구체적으로 살아내게 하시기를 간절히 바랍니다.

그리스도인의 사역:
목회자는 어떻게 말씀과 성도를 섬겨야 하는가
데살로니가전서 2-3장

최근 그리스도인의 사역을 둘러싸고 제기되는 근본적인 질문이 있습니다. 사람들은 바울이 말한 예수 그리스도의 좋은 일꾼이란 어떤 사람을 가리키는 것이냐고 묻습니다. 목회자들을 가리키는 것입니까? 그렇다면 그들에게 필요한 자격과 의무는 무엇입니까? 이런 질문이 새삼스러운 것은 아니지만, 저는 그 어느 때보다 요즘 이 질문에 답할 필요가 있다고 생각합니다.

2-3장에서 사도 바울은 태도와 행동으로 사역의 모범을 보여줍니다. 그래서 이번 시간에는 목사에 대해 살펴보려 합니다. 그러나 단순히 목사의 직분에 대해서만이 아니라 교회 안에서 감독의 역할을 하는 다양한 사역에 대해서도 함께 생각해보았으면 합니다. 물론 바울은 사도였고 실루아노와 디모데는 선교사였습니다. 그러나 그들이 행한 모든 사역이 목사의 일이기만 한 것은 아닙니다. 저는 이들의 사역을 통해 사역의 원리를 발견할 수 있다고 생각합니다.

먼저 본문의 역사적 배경을 살펴보겠습니다. 데살로니가에서 복음을 대적하던 세력들은 바울이 데살로니가에서 갑자기 사라진 것을 두고 비난을 퍼부었습니다. "그에게는 진정성이 없다. 얻을 게 있으니까 일하는 것뿐이다. 상황이 여의치 않자 뒤도 안 돌아보고 도망친 것도 그 때문이다. 그는 데살로니가에 있는 교회는 안중에도 없었다." 사람들은 바울에 대해 이렇게 이야기했습니다. 매일같이 이런 비방이 쏟아지니 데살로니가에 있는 그리스도인들 중에도 사도 바울이 정말 신실한 사람인지 의심하는 이들이 생겨났을 것입니다. 그래서 바울은 이런 비판을 염두에 두고 데살로니가를 방문한 시기(2:1-16)는 물론이고 그 후(2:17-3:13)에도 자신의 사역을 설명하고 변호합니다.

바울은 2장 1-2절에서 먼저 두 가지를 이야기합니다. 바울의 사역에 나타난 이 두 특성은 그리스도인의 사역에서 공통으로 나타나는 특성입니다. 첫 번째는 바울이 행한 사역의 공개성입니다. 앞에서 바울은 데살로니가 교회에 이렇게 말했습니다. "우리가 너희 가운데서 너희를 위하여 어떤 사람이 된 것은 너희가 아는 바와 같으니라"(1:5). 2장에서 바울은 이 사실을 더 힘주어 강조합니다. 바울은 데살로니가에서 그가 행한 사역이 공개적인 사역이었다고 말합니다. 그에게는 숨기는 것이 전혀 없었습니다. 2장 1절과 9-11절에서 바울은 "너희가 친히 아나니", "너희가 기억하리니", "너희가 증인이요", "너희도 아는 바와 같이"라는 표현을 반복합니다. 사도 바울과 같이 하나님과 사람들 앞에서 공개적으로 사역하는 그리스도인들은 복이 있습니다. 사람들이 그가 하는 사역을 잘 알고 있는 이, 사람들 앞에 숨기는 것도 부끄러운 것도 없는 이, 하나님과 사람들이 나의 증인이라고 공공연히 말할 수 있는 이는 복이 있습니다. 하나님이 우리의 증인이십니다. 여러분이 우리의 증인입니다. 모든 사역이 다 공개되어 있습니다. 요즘 같은 시대에는 이런 투명성이 더욱더 필요합니다.

바울의 사역에 나타난 두 번째 특성은 그가 겪은 고난입니다. 바울은 데살로니가에 오기 전에 빌립보에서 고난과 능욕을 당했다고 말합니다. 바울은 로마 시민인데도 옥에 갇히고 매질을 당했습니다. 데살로니가에 와서도 심한 반대에 부딪혔습니다. 그러나 이런 고난도 바울을 막지는 못했습니다. 오히려 바울은 심한 반대 속에서도 하나님 안에서 담대하게 하나님의 복음을 전했습니다. 사람들은 자기가 믿는 것을 위해서만 고난을 감수하는 법입니다. 바울이 자신의 신실함을 증명하기 위하여 그가 사람들 앞에 공개적으로 행한 사역과 그동안 겪은 고난을 예로 드는 것도 그 때문입니다.

사역에 대한 네 가지 비유

바울은 서두에서 사역의 두 가지 특성을 이야기한 다음 생생한 비유를 들어 자신의 사역을 설명합니다.

1. 청지기(3-4절). 청지기는 귀중한 보물을 위탁받아서 지키는 사람입니다. 바울이 위탁받은 보물은 복음이었습니다. 1절에서 바울은 데살로니가인들에게 "형제들아, 우리가 너희 가운데 들어간 것이 헛되지 않은 줄을 너희가 친히 아나니"라고 말합니다. 바울에게는 데살로니가를 방문한 목적이 있었습니다. 데살로니가 사람들에게 하나님의 복음을 전하고자 그곳을 방문했던 것입니다. 바울은 빈손으로 오지 않고 복음을 들고 데살로니가에 방문한 자신을 청지기에 비유합니다. 바울은 하나님에게 복음이라는 보물을 위탁받았다는 막중한 책임

감을 느끼며 사역을 감당했습니다. 그래서 그는 단호하게 말합니다. "우리의 권면은 간사함이나 부정에서 난 것이 아니요 속임수로 하는 것도 아니라"(3절). 바꾸어 말하면 "우리가 전한 메시지는 진실하고 우리의 동기는 순수하며 방식은 공명정대하다"는 얘기입니다.

바울은 하나님께서 그에게 맡기신 책임이 얼마나 막중한지 절절히 느끼고 있습니다. 바울이 하는 말에 주의를 기울여보십시오. 바울은 모든 것을 하나님 중심으로 생각하고 있습니다. 하나님께서 그를 '옳게 여기'셨습니다(4절). 그래서 그에게 복음을 위탁하셨습니다. 여기 사용된 헬라어 도키마조$_{dokimazo}$는 '시험해서 진짜인지 알아내다'라는 뜻입니다. 사람뿐 아니라 주화가 위폐인지 아닌지 확인할 때도 사용하는 단어입니다. 목회자 후보생들은 목사 안수를 받기 전에 거쳐야 하는 최종 시험을 중요하게 생각합니다. 그러나 바울은 인간의 시험이 아니라 하나님의 시험에 집중했습니다. 그 시험은 끝이 없는 시험입니다. 영원히 계속됩니다. 그래서 우리는 언제라도 그 시험에 낙방할 수 있습니다. 그렇게 되면 선반 한쪽에 치워져 더 이상 전능하신 하나님께 쓰임을 받지 못합니다.

하나님은 늘 우리의 마음을 감찰하십니다. 그래서 바울은 하나님을 기쁘시게 하는 일에만 전념합니다. "우리가 이와 같이 말함은 사람을 기쁘게 하려 함이 아니요 오직 우리 마음을 감찰하시는 하나님을 기쁘시게 하려 함이라"(4절). 우리는 우리의 마음을 감찰하시는 하나님을 기쁘시게 하는 일에 전념해야 합니다. 이것이 사역을 잘하는 비결입니다. 하나님 중심으로 생각하는 것보다 더 좋은 비결은 없습니다. 목회자들은 교회나 윗사람이 아니라 하나님께 책임을 맡은 사람들입니다. 우리를 감찰하고 부르고 임명하고 메시지를 주고 청지기로 삼고 신실하게 복음을 지키라고 명하고 지금도 끊임없이 감찰하는 이는 교회나 장로들이 아니라 하나님입니다. 따라서 우리가 맡은 바 책임을 다해야 할 분도 하나님입니다. 어떤 면에서 보면 참 난감한 일이 아닐 수 없습니다. 하나님의 기준은 너무나 높으니 말입니다. 그러나 또 어떤 면에서는 근심할 것이 하나도 없습니다. 하나님은 그 어떤 인간이나 교회보다 자비로운 재판관이시니 말입니다. 하나님은 긍휼이 많으시고 온유하십니다. 사람이 아니라 하나님 앞에서 책임을 진다는 것은 우리가 인간의 가혹한 비판과 격렬한 반대를 피할 수 있다는 말입니다.

2. 아이를 기르는 어머니(5-8절). 바울은 7절에서 이렇게 말합니다. "우리는 그리스도의 사도로서 마땅히 권위를 주장할 수 있으나 도리어 너희 가운데서 유순한 자가 되어 유모가 자기 자녀를 기름과 같이 하였으니." 본문에 쓰인 헬라어 단어는 어머니를 의미하는 것 같습니다. 다시금 바울은 아닌 것부터 이야기합니다. 바울은 복음 사역을 하는 동기가 그들을 사랑하기 때문이라고 말하기 전에 먼저 자신에게 불순한 동기가 없다고 선언합니다. "우리가 아무 때에도 아첨하는 말이나 탐심의 탈을 쓰지 아니한 것을 하나님이 증언하시느니라. 또한 우리는 너희에게서든지 다른 이에게서든지 사람에게서는 영광을 구하지 아니하였노라"(5-6절). 보다시피 바울은 두 가지 잘못된 동기를 언급합니다. 하나는 물질에 대한 탐욕이고 또 하나는 명예에 대한 야망입니다. 바울은 자신에게는 이런 이기적인 동기가 없다고 말합니다. 바울은 그런 동기로 복음 사역을 하는 것이 아니었습니다. 그가

사역을 하는 동기는 따로 있습니다. "너희 가운데서 유순한 자가 되어 유모가 자기 자녀를 기름과 같이 하였으니"(7절). 바울과 같이 강인하고 남자다운 사람이 자신의 사역을 설명하기 위해 섬세하고 여성적인 비유를 사용하다니 참으로 멋지지 않습니까?

게다가 이는 참으로 적절한 비유입니다. 아이를 기르는 어머니의 특징이 무엇입니까? 바울은 가장 먼저 유순함을 언급합니다. 목사들은 반대에 부딪힐 때 권위를 과시하거나 권력을 행사하기 쉽습니다. 그러나 바울은 그러지 않았습니다. 바울은 반대에 부딪혀서도 유순함을 잃지 않았습니다. 주의 종은 다투거나 횡포를 부려서는 안 됩니다(딤후 2:24). 그런데 바울은 어머니처럼 유순하기만 한 것이 아니라 사랑을 쏟고 희생했습니다. 8절을 보십시오. 바울은 데살로니가 사람들에게 하나님의 복음뿐 아니라 자기 목숨까지도 기쁘게 내줄 생각이었습니다. 의무 때문에 할 수 없이 그런 것이 아닙니다. 바울은 그들을 사랑했습니다. 어머니처럼 그들을 섬기기 원했습니다. 어머니는 자식에게 필요한 것을 채우는 데 온 삶을 바칩니다. 가정은 아이들을 중심으로 돌아갑니다. 데살로니가에서 이제 막 회심한 그리스도인들을 바라보는 바울의 심정이 그랬습니다. 우리 역시 그래야 합니다. 섬김의 자리에 있는 우리에게는 더 많은 유순함과 희생과 사랑이 필요합니다.

3. 아버지(9-12절). 11절에서는 아버지가 나옵니다. 어머니와 아버지의 비유를 함께 사용하다니 놀라운 일입니다. 다시 한 번 바울은 하지 않은 것에 대해 이야기합니다. 바울은 데살로니가 교인들에게 폐를 끼치지 않으려고 애썼습니다(9절). 그래서 복음을 전하는 와중에

도 생계를 위해 일했습니다. 아마도 야손에게 숙식비를 지불하려면 일을 해야 했을 것입니다. 바울은 천막을 만들어 팔며 밤낮으로 일했습니다. 아마도 낮에는 복음을 전하고 밤에는 천막을 만들었을 것입니다. 데살로니가 그리스도인들은 바울의 이런 수고와 고생을 기억했습니다(9절). 수고와 고생은 모두 육체적 노력을 가리키는 말입니다. 나아가 데살로니가인들과 하나님은 바울이 흠 잡힐 데 없이 처신하는 것을 똑똑히 지켜보았습니다.

11절에 나온 비유를 주의 깊게 살펴보면, 바울이 아버지로서 자식들을 가르쳐야 할 책임을 염두에 두고 있다는 사실을 알 수 있습니다. 아버지로서의 사역에는 권면과 위로와 경계가 포함됩니다. 바울이 그들을 권면하고 격려하고 경고하는 이유는 그들이 하나님의 나라와 영광에 이르게 하시는 하나님께 합당한 모습으로 살아가기를 바라기 때문입니다.

자녀가 자신이 누구이고 어떻게 살아야 하는지 알도록 교육하고 가르치고 양육하는 아버지가 있습니다. 그렇다고 바울이 어머니와 아버지의 비유를 통해 성 역할에 대한 고정관념을 되살리고 있다고 지레짐작할 필요는 없습니다. 성경은 그런 고정관념을 부추기지도 않거니와 중요한 점은 바울이 자신의 사역을 설명하면서 아버지와 어머니의 역할을 함께 이야기하고 있다는 점입니다. 바울은 데살로니가 교인들을 자기 자녀처럼 돌보고 사랑하고, 그들을 위해 희생하고 섬기고 먹이고, 주의 교훈과 훈계로 유순하되 단호하게 그들을 양육해야 할 책임을 느끼고 있습니다. 이것이 목사가 갖춰야 할 이상적인 모습입니다.

4. 선포자(13-16절). 신약성경에서 설교자를 가리키는 가장 흔한 단어가 선포자이고, 설교를 의미하는 가장 흔한 단어가 '선포하다, 전하다'라는 단어입니다. 바울도 9절에서 바로 그 단어를 사용합니다. "너희 아무에게도 폐를 끼치지 아니하려고 밤낮으로 일하면서 너희에게 하나님의 복음을 전하였노라." 다시 말해서 선포자 또는 반포자처럼 복음을 선포했다는 말입니다.

바울은 여기에서 데살로니가 교인들에게 가르쳤던 메시지에 초점을 맞춥니다. 그리고 그들에게 말씀을 전할 때 그들이 그 말씀을 하나님의 말씀으로 받아들인 것에 대하여 끊임없이 감사합니다. "너희가 우리에게 들은 바 하나님의 말씀을 받을 때에 사람의 말로 받지 아니하고 하나님의 말씀으로 받음이니 진실로 그러하도다. 이 말씀이 또한 너희 믿는 자 가운데에서 역사하느니라"(13절).

참으로 멋진 구절입니다. 우리가 성경, 특히 신약성경의 권위를 이해할 때 정말로 중요한 구절입니다. 13절에서 바울은 사도들이 전한 메시지가 하나님의 말씀이라고 확실히 이야기하고 있습니다. 바울은 다른 서신에서 그랬던 것처럼 사도의 권위를 강조하는 말로 이 편지를 시작하지도 않았고, 사도로서 재정 지원을 요구할 권리마저 포기했습니다(7절). 그러나 지금 바울은 자신에게 사도로서 가르치는 권위가 있다는 사실을 데살로니가 교인들에게 상기시키고 있습니다. 그가 전하는 말은 하나님의 말씀이었고, 데살로니가 교인들 역시 바울이 전하는 말을 하나님의 말씀으로 받아들였습니다.

우리가 잘 알고 있듯이 구약의 선지자들은 자신이 하나님의 말씀을 전하는 자라고 늘 이야기했습니다. 그런데 13절에서 바울은 그에

상응하는 이야기를 합니다. 신약의 사도인 바울이 지금 자신의 가르침이 하나님의 말씀이라고 주장하고 있는 것입니다. 바울은 데살로니가 교인들이 자기가 한 말을 하나님의 말씀으로 떠받든다고 질책하지 않습니다. 오히려 그가 전한 메시지를 하나님의 말씀으로 받아들인 것을 두고 끊임없이 하나님께 감사합니다. 이는 바울이 사도로서 자신의 권위를 분명히 인식하고 있었다는 뜻입니다. 그는 자신이 사도이고, 자신이 전하는 말이 하나님의 말씀인 것을 알았습니다.

또한 바울은 13절 끝에서 하나님의 말씀이 "믿는 자 가운데에서 역사"한다고 덧붙입니다. 하나님의 말씀은 참될 뿐 아니라 힘이 있습니다. 믿는 자들 가운데서 살아 움직입니다. 하나님의 말씀에 마법과 같은 힘이 있다는 말이 아닙니다. 오히려 정반대입니다. 믿음으로 받아들이지 않는 한 하나님의 말씀은 어떠한 변화도 일으키지 않습니다. 하나님의 말씀은 믿는 자들 가운데서만 힘을 발휘하고 믿는 자들을 변화시킵니다. 그러니 신약성경에 소중히 간직된 사도들의 가르침이 하나님의 말씀이라는 사실을 기뻐합시다. 이 말씀이 하나님의 말씀인 것을 믿고 믿음으로 받아들이는 자들 가운데서 말씀이 역사한다는 사실을 기뻐하고 즐거워합시다.

바울은 14절에서 데살로니가인들에게 어떤 일이 일어났는지 이야기합니다. 하나님의 말씀을 받아들인 데살로니가 사람들은 "유대에 있는 하나님의 교회들을 본받은 자"가 되었습니다. 그들은 유대에 있는 하나님의 교회들을 본받아 하나님의 말씀을 받아들이고 복음을 위하여 고난을 받았습니다. 데살로니가 그리스도인들은 대부분 이방인들이었습니다. 그들은 유대에 있는 그리스도인들이 동족인 유대인들에게 핍박을 당했던 것처럼 동족인 데살로니가인들에게 핍박을 받았습니다. 바울은 15-16절에서 당시 복음에 반대했던 유대인들에 대해 이야기합니다. 그들은 복음을 전하지 못하게 막았고, 그래서 이방인들이 구원을 받지 못하게 방해하고 있었습니다. 바울은 이것이 끔찍한 일이라고 여겼습니다. 다른 사람들이 구원받지 못하게 막는 것, 다른 사람들이 복음을 듣지 못하게 막는 것은 이 세상에서 인간이 저지를 수 있는 가장 끔찍한 일입니다. 그리하여 그들은 자기들의 죄의 분량을 채우고 있다고 바울은 말합니다. 마침내 하나님의 진노가 그들에게 이를 것이라고 말합니다.

본문을 읽을 때 주의할 것이 있습니다. 알다시피 바울 역시 그리스도인을 박해하던 유대인이었습니다. 그는 유대인임을 자랑스러워했습니다. 동족인 유대인들이 구원받기를 간절히 소망했습니다. 나중에 바울은 로마에 있는 그리스도인들에게 보내는 편지에서 유대인들이 구원을 받을 수 있다면 자신이 저주를 받아 그리스도에게서 끊어질지라도 달게 받겠다고 말합니다. 그리고 하나님이 자기 동족인 유대인들을 버리지 않으시고 결국에는 그들을 구원하실 거라고 가르칩니다(롬 9-11장). 따라서 우리는 데살로니가전서 2장 15-16절과 로마서 9-11장 사이에서 균형을 유지해야 합니다. 성경은 성경으로 해석해야 합니다. 이 원리가 중요하다는 사실을 입증하는 좋은 예가 바로 이 두 본문입니다. 따라서 바울이 로마서를 쓸 때 갑자기 마음을 바꾸었다고 보아서는 안 됩니다. 데살로니가전서에서 바울이 유대인에게 품고 있던 앙심이나 그리스도의 영과 양립할 수 없는 무언가가 드러났다고 해석해서도 안 됩니다. 본문에서 바울은 반유대주의를 정당화하고 있는 것이 아닙니다. 그저 적나라한 사실을 이야기하고 있는 것뿐입니다. 당시 유대인 대다수가 예수 그리스도를 거부하고 복음에 반대하고 이방인들이 구원받는 것을 방해했다는 사실을 말하고 있는 것뿐입니다. 이 일은 아주 심각한 문제라고, 예수님이 말씀하신 대로 하나님의 진노가 그들에게 이를 것이라고 말하고 있는 것뿐입니다.

목사의 책임

이제 이 네 가지 비유를 가지고 주제를 좁혀서 목회 사역의 핵심 기능에 대해 살펴보도록 하겠습니다. 먼저 하나님에 대한 두 가지 책임이 있습니다. 첫 번째는 하나님의 말씀에 대한 책임이고, 두 번째는 하나님의 백성들에 대한 책임입니다. 청지기와 선포자의 비유는 하나님의 말씀에 대한 책임에 속하고, 어머니와 아버지의 비유는 하나님의 백성들에 대한 책임을 가리킵니다. 이제 이것을 하나씩 살펴보도록 합시다.

1. 하나님의 말씀에 대한 책임. 1장에서 우리는 하나님의 말씀이 퍼져나가는 것을 살펴보았습니다. 하나님의 말씀이 교회에 이르자 교회가 이 말씀을 받아들이고 다시 말씀을 널리 퍼뜨렸습니다. 2장에서 바울은 여기서 한 걸음 더 나아가 이 메시지를 정의합니다. 바울은 2절과 8절, 9절에서 이 메시지를 '하나님의 복음'이라고 부르고, 13절에서는 두 번에 걸쳐 '하나님의 말씀'이라고 부릅니다. 다시 말해서 바울은 그가 전하는 메시지가 하나님에게서 나온 것이라는 사실을 굳게

확신했습니다. 1장 5절에서 바울이 '우리 복음'이라고 부른 그의 복음은 바로 하나님의 복음입니다. 바울이 전한 메시지는 바울이 지어낸 말이 아니었습니다. 따라서 우리는 바울이 하는 말은 어디까지나 그의 의견일 뿐이라고 반박할 수 없습니다. 바울은 자신의 의견을 이야기하고 있는 것이 아닙니다. 바울은 사도였고, 하나님의 복음을 위탁받은 청지기였고, 복음을 전하라는 명령을 받은 선포자였습니다. 모든 사역은 사람들과 나누어야 할 메시지를 하나님께 위임받았다는 확신에서 시작됩니다. 메시지를 나누려면 우리가 먼저 믿어야 합니다. 이 확신은 피터 버거 Peter Berger가 '하나님의 소문들'이라고 부른 것이 아니라 삶 속에 도덕적 열매를 맺는 하나님의 복음에 대한 확신입니다. 그런데 오늘날에는 교회 안에서도 이런 확신을 찾아보기가 어렵습니다. 목사 안수를 받을 때 복음을 지키고 가르치기로 엄숙히 선서했던 믿음을 저버리는 교회 지도자들의 이야기가 심심찮게 들립니다. 유명한 신학자들이 부끄러운 줄도 모르고 기독교의 기본 원리를 부정하고 있습니다. 몇 년 전에는 살아 계신 하나님의 인격을 부인하는 것이 유행하기도 했습니다. 요즘에는 나사렛 예수의 신성을 부인하고, 선심이라도 쓰듯이 예수가 이 세상에서 살았던 가장 훌륭한 인간이라고 말하는 것이 유행하고 있습니다. 하나님의 말씀은 자신 없게 설교하고 자기의 말은 자신 있게 이야기하는 목사들도 있습니다. 이런 행위는 교회에 수치가 되고 이 세상에 거치는 것이 됩니다.

진정한 사역자가 갖추어야 할 첫 번째 자질은 하나님이 그리스도 안에서 말씀하신 것을 굳게 확신하는 것입니다. 그리스도에 대한 성경의 증언을 확신하는 것입니다. 성경이 모든 세대를 교육하기 위해서 기록된 하나님의 말씀이며, 믿는 자들 가운데서 역사하는 힘이 있다는 사실을 확신하는 것입니다. 우리는 우리가 보살펴야 할 사람들을 위하여 이 말씀을 지키고 연구하고 해설하고 적용해야 합니다. 이것이 우리가 해야 할 일입니다.

2. 하나님의 백성들에 대한 책임. 그리스도인 사역자는 말씀 사역자이자 교회 사역자입니다. 부모에 빗대어 데살로니가 교인들을 향한 지극한 사랑을 표현했던 바울은 뒤에 나오는 구절(2:17-3:13)에서 무의식중에 그 사랑을 묘사합니다. 이 부분을 제대로 이해하려면 역사적 배경을 알아야 합니다. 당시 바울은 데살로니가를 급하게 떠난 뒤 돌아오지 않은 일로 심한 비난을 받고 있었습니다. 사람들은 바울이 데살로니가 교회는 신경도 쓰지 않는다고 비난했습니다. 바울은 이런 비난에 대해 다음과 같이 반박합니다.

첫째, 바울은 데살로니가에 다시 가고 싶어 했습니다(2:17-20). 바울은 사람들이 퍼붓는 비난이 사실이 아니라고 단호히 말합니다. 바울은 내키지 않는 마음으로 데살로니가를 떠났습니다. 본문에 사용된 헬라어 동사 아포르파니조*aporphanizo*는 '우리가 너희로부터 고아가 되었다'라는 뜻입니다. 바울은 마음으로 그들을 떠난 적이 없었습니다. 어떻게든 그들에게 다시 돌아가려고 애썼습니다(17절). 바울이 데살로니가에 돌아가지 못한 이유가 고린도에서 진행 중인 사역 때문이었는지 혹은 질병 때문이었는지 아니면 다른 여건 때문이었는지, 그것도 아니면 바울이 하고자 했던 일을 하지 못하게 사탄이 방해한 탓이었는지는 알 수 없습니다. 어쨌거나 바울은 데살로니가 교인들에게 "너희는 우리의 영광이요 기쁨이니라"라고 말합니다. 그만큼 바울은 데살로니가에 돌아가고 싶어 했습니다.

둘째, 바울은 디모데를 그들에게 보냈습니다(3:1-15). 바울의 입장에서 보면 이것은 진정한 희생이었습니다. 바울에게는 디모데가 필요했습니다. 바울은 디모데가 옆에서 힘이 되어주기를 바랐습니다. 그럼에도 기꺼이 데살로니가에 디모데를 보내고 아덴에 홀로 남았습니다. 데살로니가 소식을 기다리면서 행여나 교회가 박해를 견디지 못하고 쓰러지지는 않았을까 노심초사하던 바울은 차라리 외로운 것이 낫겠다 싶어서 사랑하는 디모데를 떠나보냈습니다. 바울이 느꼈을 초조함을 한번 상상해보십시오. 그 초조함에서 벗어나고자, 그리고 데살로니가 교인들을 격려하고자 바울은 디모데를 보냈던 것입니다(3-4절).

셋째, 바울은 디모데가 들고 온 좋은 소식을 듣고 몹시 기뻐했습니다(3:6-10). 디모데가 소식을 들고 온 일은 최근의 일인 듯합니다. 디모데가 돌아와서 아덴에 남아 있던 바울을 찾았고 고린도에서 그와 합류했습니다. 그리고 바울은 디모데가 가져온 소식을 듣고 진심으로 기뻐했습니다. 헬라어 원문을 그대로 해석하면 6절은 "디모데가 너희에게로부터 와서 너희 믿음과 사랑의 '복된 소식'을 우리에게 전했다"라는 뜻입니다. 신약성경에서 이 단어가 세속적인 희소식을 가리키는 사례는 여기뿐입니다. 소식을 들은 바울은 "너희가 주 안에 굳게 선즉 우리가 이제는 살리라"(8절)라고 말합니다. 이 얼마나 엄청난 말입니까! 바울은 지금 "내 목숨이 너희에게 달려 있다. 너희가 살아야 내가 산다. 너희가 주 안에 곧게 서야 내가 산다"고 말하고 있는 셈입니다. 나아가 바울은 데살로니가 교인들로 말미암아 누리는 기쁨과 감사를 하나님 앞에 온전히 다 표현할 수 없다고 말합니다(9-10절).

넷째, 바울은 그동안 그들을 위해 기도하고 있었습니다(3:11-13). 10절에서 바울은 데살로니가 교인들을 방문하여 그들의 얼굴을 볼 수 있게 해달라고 밤낮으로 기도했다고 말합니다. 11절에서 바울은 실제로 그렇게 기도합니다. "하나님 우리 아버지와 우리 주 예수는 우리 길을 너희에게로 갈 수 있게 하시오며." (놀랍게도 헬라어 원문에는 주어가 복수인데 동사는 단수형입니다.) 바울은 이 기도에 응답을 받았습니다. 그는 예루살렘으로 돌아가는 3차 선교여행에서 마게도냐를 다시 방문했습니다. 더불어 바울은 주께서 "너희도 피차간과 모든 사람에 대한 사랑이 더욱 많아 넘치게" 하시기를 바란다고 기도를 이어갑니다.

참된 목사는 모름지기 이런 마음을 가져야 합니다. 바울은 데살로니가에 있는 그리스도인들을 사랑했습니다. 그들은 바울이 선교여행 중에 알게 된 수천 명 중 일부였습니다. 그러나 바울은 그들을 사랑했고 다시 만나기를 간절히 바랐습니다. 소식을 듣지 못하자 노심초사했고 좋은 소식을 듣자 몹시 기뻐했습니다. 바울의 마음이 그들을 향하고 있었습니다. 한마디로 그들이 살아야 바울이 살 수 있었습니다. "너희가 주 안에 굳게 선즉 우리가 이제는 살리라." 제 자신에게 묻고 싶습니다. "이 마음이 어떤 마음인지 아는가? 이런 사랑, 이런 갈망, 피가 마르는 이런 초조함, 이렇듯 열렬한 기도를 경험해보았는가?" 우리 모두 이 질문에 답할 수 있어야 합니다. "너희가 주 안에 굳게 선즉 우리가 이제는 살리라." 이것은 부모가 할 법한 말입니다. 자기 자녀를 생각하고 자녀에 대해 이야기할 때, 자녀를 몹시 그리워할 때,

어쩔 수 없이 자녀와 떨어져 있을 때 부모가 할 법한 말입니다. 이처럼 바울은 부모의 심정으로 그들을 사랑했습니다.

본문에는 목회 사역에서 반드시 갖춰야 할 자질 두 가지가 나와 있습니다. 하나는 하나님의 말씀에 대한 믿음이고 또 하나는 하나님의 백성들을 향한 사랑입니다. 목회자에게는 복음에 대한 헌신과 교회에 대한 헌신이 필요합니다. 진리에 대한 헌신과 사랑에 대한 헌신이 필요합니다. 따라서 우리는 목회 사역을 앞두고 훈련받고 있는 이들을 위하여 기도해야 합니다. 미래의 목사들을 훈련하는 책임을 맡은 이들을 위하여 기도해야 합니다. 회중을 지도할 책임을 맡은 자들과 모든 목사들을 위하여 기도해야 합니다. 사도 바울처럼 청지기 겸 선포자의 신실함과 부모의 사랑을 지닌 목회자를 교회에 허락해달라고 기도해야 합니다. 2장 8절에서 바울이 고백한 것처럼 목회자들이 하나님의 복음뿐 아니라 자기 목숨까지도 줄 수 있는 자가 되도록, 하나님의 복음뿐 아니라 하나님의 백성들에게 헌신하는 자가 되도록 기도해야 합니다. 하나님께서 우리들의 교회에 이런 목회자를 주시기를 간절히 바랍니다.

그리스도인의 기준:
어떻게 하나님을 더 기쁘시게 할까
데살로니가전서 4장

현대 복음주의 기독교의 가장 큰 약점 중 하나는 도덕을 경시하는 것입니다. 한마디로 그리스도인의 도덕에 대해 실제적으로 가르치지 않습니다. 그래서 사람들은 그리스도인이 복음을 따라 사는 자들이 아니라 복음을 설교만 하는 자들이라고 생각합니다. 그리스도인은 정직하고 단순하며 자족할 줄 알고 안정된 가정을 일구는 사람들로 알려져야 마땅하나 현실은 그렇지 못합니다. 가장 큰 이유는 교회가 도덕을 제대로 가르치지 않기 때문입니다. 우리는 행여 율법주의자라는 딱지가 붙을까 겁을 먹고 복음을 설교하는 데에만 몰두합니다. 그리고 짐짓 경건한 척 말합니다. "우리는 법 아래 있지 않습니다." 마치 그것이 우리가 율법을 무시해도 좋다는 뜻인 것처럼 말입니다.

그러나 바울은 이와는 정반대의 태도를 취합니다. 바울은 모든 편지에서 도덕 지침을 상세히 풀어놓을 뿐 아니라 회심한 지 얼마 안 된 사람들에게도 도덕을 가르칩니다. 그 예로 데살로니가전서 4장 1절, 2절, 6절, 11절을 보겠습니다. 바울은 자신이 데살로니가에 있을 때 그리스도인들에게 가르쳤던 도덕을 네 번이나 언급합니다.

바울이 데살로니가에 얼마나 머물렀는지는 알 수 없습니다. 누가에 따르면 유대인들과 회당에서 세 번의 안식일을 함께 보냈다고 합니다. 그러니 이방인 선교지에서도 몇 주, 길게는 몇 달간 머물렀을지도 모릅니다. 어쨌든 아주 오래 있지는 않았을 것입니다. 바울은 사람들이 회심하면 몇 주간 복음뿐 아니라 선한 삶에 대해서도 가르쳤습니다. 바울은 예수 그리스도를 믿어야 할 필요성뿐 아니라 선한 일을 해야 할 필요성을 함께 가르쳤습니다. 선한 행실이 없다면, 예수 그리스도를 믿는다는 말의 진정성을 의심할 수밖에 없다고 가르쳤습니다.

오늘날 우리는 진지하게 예수님과 사도들이 보인 본을 따라야 합니다. 점점 더 사회와 문화가 기독교에서 이탈하고 있는 유럽에서는 더욱 시급히 분명하고 실제적이고 현실적인 도덕을 가르칠 필요가 있습니다. 우리는 지금 지나치게 관대하고 상대적이고 비도덕적인 환경에서 살아가고 있습니다. 따라서 시급히 그리스도인의 도덕을 가르쳐야 합니다. 어쩌면 바울이 직접 가르치고 편지를 썼던 그리스·로마 사회보다 지금 우리 사회가 훨씬 더 부패하고 부도덕한지도 모릅니다. 물론 우리는 도덕을 가르칠 때도 권위를 가지고 가르쳐야 합니다. 앞에서 살펴보았듯이 바울은 그가 전한 복음이 하나님의 말씀이었다고 말했습니다(2:13). 그리고 지금 바울은 도덕에 관한 가르침이 주 예수 그리스도 안에서 주어진 것이라면, 복음과 마찬가지로 권위가 있다고 말하고 있습니다(4:1-2). "그러므로 저버리는 자는 사람을 저버림이 아니요 너희에게 그의 성령을 주신 하나님을 저버림이니라"(8절).

데살로니가전서 4장을 보면 뚜렷이 구분되는 단락 세 개가 나옵니다. 데살로니가 교회에 있는 세 그룹에 전하는 권면으로, 하나는 성적 절제(3-8절)를, 또 하나는 형제애(9-12절)를, 마지막은 사별(13-

18절)을 다루고 있습니다. 바울이 이 세 가지 주제를 선택한 이유를 확실히 알 수는 없습니다. 아마도 5장 14절에서 언급한 게으른 자들과 마음이 약한 자들과 힘이 없는 자들을 생각하고 한 말일 것입니다. 그러니 이 세 부류를 차례로 살펴보겠습니다.

1. 연약한 자들(3-8절). 일반적인 그리스도인, 특별히 복음주의 그리스도인들은 성에 집착한다는 소리를 자주 듣습니다. 그래서 도덕이라는 단어를 들을 때마다 그것이 성적 도덕을 의미한다고 생각합니다. 세간의 비판을 의식한 우리 그리스도인들은 성 문제를 좀 더 현실적으로 생각할 필요가 있다고 말합니다. 알다시피 성은 하나님이 창조하신 인간의 일부입니다. 따라서 하나님이 주신 좋은 선물이 맞습니다. 그러나 우리는 인간의 타락으로 말미암아 성이 뒤틀리고 왜곡되었으며 이 때문에 하나님이 주신 본능이 가장 과격한 충동으로 전락했다는 사실도 알고 있습니다. 그래서 성욕을 억제하지 못하면 성이 인간의 존엄성은 물론이고 공동체와 인격과 성숙함을 파괴하고 맙니다. 통제 불능의 성욕은 아주 파괴적입니다.

바울은 성이 하나님의 선물이나 타락으로 말미암아 더럽혀졌다고 인정합니다. 그래서 성과 관련하여 두 가지 원리를 가르칩니다.

첫째, 성적 사랑은 하나님이 허락하신 범위, 즉 혼인 관계 안에서만 이뤄져야 합니다. 3-4절을 살펴보겠습니다. 4절을 어떻게 번역해야 하는지를 두고 번역자들과 주석가들 사이에 의견이 분분합니다. 그러나 대다수 주석가들은 개역표준성경의 번역을 지지합니다. "각각 거룩함과 존귀함으로 자기의 아내 대할 줄을 알고." 저 역시 개역표준성경을 토대로 이 구절을 해설할 생각입니다.

성경은 현실적인 책입니다. 인간의 성욕이 강하다는 사실을 부인하지 않습니다. 성경은 혼인 관계가 인간이 타락하기 훨씬 전인 태초에 하나님이 피조물들에게 주신 은혜로운 관계라고 가르칩니다. 그리고 하나님이 혼인 관계 안에서만 성적 사랑을 경험하고 즐기게 하셨다고 말합니다. 즐긴다는 말이 거슬립니까? 아가서를 읽어보면 성적 사랑을 즐긴다는 말이 맞는 표현이라는 것을 알 수 있습니다. 성경은 혼인 관계 밖에서 이뤄지는 성적 경험을 금지합니다.

이쯤에서 독신인 사람들, 그래서 하나님이 성적 사랑을 허락하신 혼인 관계에 있지 않은 사람들을 위해 한마디 덧붙이고 넘어가야 할 것 같습니다. 이런 사람들은 어떻게 해야 할까요?

우선 우리는 하나님의 가르침을 받아들여야 합니다. 받아들이기 어렵더라도 이것이 우리와 사회를 위하여 선하신 뜻으로 정하신 원리라고 받아들여야 합니다. 하나님이 성적 사랑을 혼인 관계 안에서만 허락하셨습니다. 이 기준을 기쁘게 받아들이면 불만과 억눌림과 신경과민에 시달리지 않아도 됩니다. 그러나 이 기준을 거부하면 불만과 억눌림과 신경과민에 시달리게 마련입니다. 우리는 끓어오르는 에너지를 많은 사람들과 나누는 애정 어린 관계에 쏟거나 다른 이들을 사랑하며 섬기는 일에 쏟을 수 있어야 합니다. 인간에게는 본성적인 외로움과 그로 말미암은 격렬한 고통이 있습니다. 그럼에도 기쁘게 하나님과 사람들을 사랑하고 섬기면서 놀라운 성취감을 맛볼 수 있다는 사실을 증언해줄 독신 남성과 여성들이 많이 있습니다. 하나님은 오로지 혼인 관계 안에서만 성적 사랑을 허락하셨습니다. 이것이 바울의 첫 번째 가르침입니다.

둘째, 성적 사랑은 하나님이 정하신 방식으로 이뤄져야 합니다. 혼인 관계는 합법적으로 색욕을 해결할 수 있는 관계가 아닙니다. 하나님은 혼인 관계 안에서 성적 사랑을 허락하셨습니다. 그러나 이 사실이 혼인 관계 안에서는 무엇이든 허용된다는 뜻은 아닙니다. 우리는 때로 일방적으로 성관계를 요구하며 배우자에게 상처를 주고 폭력을 휘두르고 학대하는 이야기를 듣곤 합니다. 이 점에서 바울이 4-6절에서 가르친 내용을 유심히 살펴볼 필요가 있습니다. "각각 거룩함과 존귀함으로 자기의 아내 대할 줄을 알고 하나님을 모르는 이방인과 같이 색욕을 따르지 말고 이 일에 분수를 넘어서 형제를 해하지 말라. 이는 우리가 너희에게 미리 말하고 증언한 것과 같이 이 모든 일에 주께서 신원하여 주심이라." 여기 나온 '이 일에'라는 표현도 다양하게 번역합니다. 어떤 번역본은 '이런 일에in this matter'라고 번역하고 또 어떤 번역본은 '일을 할 때in business'라고 번역합니다. 저는 개역표준성경처럼 '이런 일에'라고 번역하는 것이 옳다고 생각합니다. 본문에서 바울이 금지하고 있는 행위는 배우자를 존귀하게 대하지 않는 행위이기 때문입니다. 바울은 이기적으로 배우자를 이용하는 모든 행위를 금하고 있습니다. 알다시피 사랑과 색욕은 다릅니다. 이기심 없이 사랑과 존경을 표현하는 욕망과 타인을 소유하려는 이기적 욕망은 다릅니다. 성공회에서 예전에 사용하던 《일반 기도서 *The Book of Common Prayer*》에는 이런 혼인 기도가 실려 있었습니다. "나의 몸으로 당신을 흠모합니다."

6절 끝부분에서 바울은 "이 모든 일에 주께서 신원하여 주심이라"고 말합니다. 주님은 우리가 침실에서 나누는 행위까지 모두 살펴보십니다. 주님은 성적 착취를 포함하여 모든 유형의 착취를 싫어하십니다. 인간의 법으로는 그런 행위를 벌하지 못할지라도 하나님의 법정에서는 그에 대한 징벌이 있습니다.

마지막으로 바울은 하나님이 우리를 부르신 이유가 더러움에 빠져 살게 하시려는 것이 아니라 거룩함에 이르게 하시려는 것이라고 말합니다. 그러므로 이 경고를 저버리는 사람은 사람을 저버리는 것이 아니라 우리에게 성령을 주시는 하나님을 저버리는 것이라고 말합니다.

이것이 연약한 자들에게 가르치는 성 도덕입니다. 우리는 오직 혼인 관계 안에서만 서로를 존귀하게 대하며 성적 사랑을 나누어야 합니다. 아주 기본적이면서도 분명하고 솔직하며 권위가 있고 거리낌이 없는 지침입니다. 아주 솔직하면서도 이제 막 회심한 자들에게 꼭 필요한 가르침입니다.

이 단락은 신학자들이 '신학적 윤리학'라고 부르는 단락입니다. 한마디로 신학에서 나온 윤리학이라는 말입니다. 이방인들이 색욕을 절제하지 못하는 이유가 뭘까요? 그 이유는 그들이 하나님을 모르기 때문입니다(5절). 그리스도인들은 그들과 다르게 행동합니다. 그 이유는 우리가 하나님을 알고 하나님이 거룩한 분이심을 알기 때문입니다. 이것이 이 단락의 핵심입니다.

이전 시간에 우리는 모든 사역의 중심이 하나님이라는 사실을 살펴보았습니다. 저는 이 원리를 그리스도인의 도덕에도 그대로 적용하고 싶습니다. 1절과 3절, 6절, 7절, 8절을 보십시오. 이 짧은 구절에서 바울은 하나님의 뜻과 하나님의 심판, 하나님의 부르심, 하나님의 성령을 모두 이야기합니다. 그리고 이 사실을 근거로 우리에게 하나님을 더욱더 기쁘시게 하라고 말합니다. 이제 우리는 하나님의 부르심과 하나님의 뜻과 하나님의 성령과 하나님의 심판에 대해 알고 있습니다. 이제 더 이상 무지하지 않습니다. 이것들은 그리스도인의 믿음과 삶의 주춧돌입니다. 이제 우리는 하나님의 부르심과 뜻과 성령과 심판에 대해 전부 알고 있습니다. 이 모든 것이 거룩함과 관련이 있습니다. 더불어 하나님을 기쁘시게 하려면 어떻게 살아야 하는지를 보여줍니다. 우리는 하나님의 부르심이 거룩한 부르심이고, 하나님의 뜻은 우리가 거룩하게 사는 것이고, 성령은 거룩한 영이고 그는 부정한 것을 심판하신다는 사실을 기억해야 합니다. 이런 사실을 기억하고 그리스도인답게 생각하면, 거룩함 가운데 하나님을 더욱더 기쁘게 해드리고 싶어집니다.

2. 게으른 자들(9-12절). 데살로니가 교회 안에는 또 다른 권면이 필요한 부류가 있었습니다. 5장 14절에서 바울은 그들을 가리켜 '아타크토이$_{ataktoi}$'라고 부릅니다. 고전 헬라어에서 이 단어는 규율이 잡히지 않은 군인들을 가리킬 때 사용하던 단어입니다. 그래서 흠정역은 이 단어를 무질서하게 행하는 자들이라고 번역했고, 사람들은 수세기 동안 데살로니가 교회에 무질서하고 비협조적인 부류가 있었을 것이라고 생각했습니다. 그런데 이 단어를 일상에서 사용할 때는 다른 의미로 썼다는 사실이 최근에 밝혀졌습니다. 바로 무단 결석하는 사람들을 가리킬 때 이 단어를 사용했습니다. 아마도 데살로니가 교회에는 일하지 않고 노는 부류가 있었던 것 같습니다. 즉 그들은 흠정역에서 번역한 대로 '무질서한' 사람들이 아니라 개역표준성경에서 번역한 대로 '게으른' 사람들이었습니다. 본문에서 이 단어가 직접 사

용되지는 않았지만, 바울이 데살로니가서의 다른 곳에서 이 단어를 사용할 때는 게으르다는 의미로 사용한 것으로 보입니다.

어쩌면 그들은 그리스도의 재림에 관한 바울의 가르침을 오해한 나머지 재림이 임박한 것으로 생각하고 생업을 포기했는지도 모릅니다. 바울은 그들에게 분명히 말합니다. 자신이 데살로니가에 있을 때처럼 흥분하지 말고 조용하게 살기를 힘쓰고 자기 일에 전념하고 자기 손으로 일을 하라고 권면합니다. 그리고 교회 밖에 있는 사람들에게 존경을 받을 수 있도록 품위 있게 살고 아무에게도 신세 지는 일이 없도록 하라고 당부합니다. 바울은 그들에게 '필라델피아$_{philadelphia}$', 즉 가족을 결집시키는 형제애의 관점에서 호소합니다. 바울이 특별히 이 단어를 사용하는 이유는 우리가 그리스도 안에서 한 형제이기 때문입니다. 하나님이 아버지이신 줄 아는 사람들이 형제자매로서 서로를 사랑하는 것은 자연스러운 일입니다. 그래서 바울은 여기에 관해 더 쓸 필요가 없었습니다. "형제 사랑에 관하여는 너희에게 쓸 것이 없음은 너희들 자신이 하나님의 가르치심을 받아 서로 사랑함이라"(9절). 실제로 그들은 마게도냐에 있는 모든 형제들을 사랑했습니다. 그리스 북부에 있는 교회들이 어떻게 서로를 알았는지 참으로 흥미롭습니다. 어쨌거나 그들은 서로 사랑했습니다. 그래서 형제 사랑에 관해서는 더 쓸 것이 없다면서도 바울은 10절에서 '더욱더' 서로 사랑하라고 말합니다. 특히 생계를 위해 열심히 일을 해서 형제에게 신세 지는 일이 없게 하라고, 그리하여 형제에 대한 사랑을 표현하라고 권면합니다.

그런데 오늘날 이 권면을 적용할 때는 주의해야 할 점이 있습니다.

일자리를 잃고 실업수당을 받는 모든 사람에게 무신경하게 이 교훈을 들이대서는 안 됩니다. 실업은 복잡한 사회 문제이자 경기 불황으로 나타나는 증상입니다. 바울이 본문에서 비판하는 대상은 일자리를 찾지 못해서 실직 상태에 있는 사람이 아니라 일하기 싫다고 게으름을 피우는 사람입니다. 바울은 우리에게 일을 하려는 마음과 의지를 가지라고 말합니다. 형제에게 빌붙어 살지 않는 것도 일종의 형제 사랑입니다.

3. 마음이 약한 자들(13-18절). 5장 14절에서 바울은 "마음이 약한 자들을 격려하라"고 말합니다. 아마도 바울은 사별의 아픔을 겪는 사람들을 가리켜 이 표현을 사용했을 것입니다.

사별은 인간이 겪어야 하는 아주 가슴 아픈 경험입니다. 여러분도 대부분 사별을 경험해보았을 것입니다. 아무리 믿음이 견고해도 가까운 친척이나 친구를 잃으면 심리적으로나 정서적으로 심한 타격을 받게 마련입니다. 아픔을 극복하고 마음을 다잡기까지 몇 달 혹은 몇 년이 걸리기도 합니다. 사별을 하면 고통스러운 질문이 떠오르기도 합니다. "사랑하는 이에게 무슨 일이 일어났을까? 그 사람은 괜찮을까?" 단순한 호기심일 수도 있고, 먼저 떠나보낸 사람에 대한 걱정일 수도 있고, 문득 죽음이 두려워져서 드는 생각일 수도 있습니다. 충분히 이해할 만한 궁금증입니다. 데살로니가 교인들은 이런 단순한 궁금증 외에도 신학적 의문을 품고 있었습니다. 바울은 주 예수 그리스도가 그의 백성들을 자기가 있는 곳으로 데려가기 위해 다시 오실 거라고 가르쳤습니다. 바울이 예수님의 재림 시기를 단정적으로 이야기했을 리는 없지만, 어쨌거나 데살로니가 교인들 중 일부가 예수님이 곧 오실 것으로 기대하고 있었던 것 같습니다. 앞에서 보았듯이 재림이 임박했다는 생각에 일손을 놓아버린 이들이 있었습니다. 그런가 하면 또 한쪽에는 친구를 잃고 괴로워하는 이들이 있었습니다. 그들은 어느 누구도 죽기 전에 예수님이 다시 오실 것으로 생각했다가 가까운 이가 죽자 혼란스러웠습니다. "예수님이 다시 오실 때 죽은 자들은 어떻게 될까? 그들이 살아 있는 우리보다 불리한 입장에 처할까?" 마음속에 이런 의문이 고개를 들었습니다. 그래서 바울은 13절에서 이 질문에 답변합니다.

바울은 그리스도인의 죽음을 두고 잠을 잔다고 표현합니다. '자는 자들'이라는 표현은 아마도 잠을 자는 것처럼 무덤 안에 누워 있는 몸을 가리키는 말일 것입니다. 예수님도 죽음이 일시적이라는 뜻으로 잠을 자다가 깨어난다는 표현을 사용하셨습니다. 본문에서 바울은 슬퍼하는 것 자체를 금하는 것이 아닙니다. 13절을 잘못 해석해서는 안 됩니다. 애통하는 것은 자연스럽고 필요한 일입니다. 예수님도 나사로의 무덤 앞에서 우셨으니 우리도 사랑하는 이의 죽음 앞에서 얼마든지 울 수 있습니다. 바울이 본문에서 금하는 것은 소망이 없는 자들처럼 슬퍼하는 것입니다. 그리스도인과 믿지 않는 자들의 슬픔에는 차이가 있습니다. 스토아 학파와 에피쿠로스 학파는 죽음 이후의 삶을 부정했습니다. 그들과 달리 우리에게는 소망이 있습니다. 예수님이 다시 오실 것이라는 소망, 15절에 나오는 '파루시아*parousia*', 즉 강림에 대한 소망이 있습니다. 파루시아는 고위 관리의 방문을 가리키는 관청 용어였습니다. 이 단어를 통해 바울은 예수님의 재림이 '임금'으로서의 방문, 왕 중의 왕으로서의 방문이라는 사실을 암시하려

했는지도 모릅니다. 유대인들이 바울이 한 말을 비꼬며 이 사람들이 "다른 임금 곧 예수라 하는 이가 있다 하더이다"(행 17:7)라고 말한 데에서 알 수 있듯이 바울은 데살로니가에서 예수님의 왕권을 선포했습니다. 본문에서도 바울은 왕이 다시 오실 테니 준비해야 한다고 말합니다.

그러나 그리스도인의 소망은 왕이신 예수 그리스도가 다시 오시는 것만이 아닙니다. 왕이신 예수님은 오실 때 신하들과 함께 오십니다. 14절과 16절을 보십시오. 예수님은 죽은 그리스도인들과 천사들을 함께 데리고 오실 것입니다. 하나님은 죽은 그리스도인들과 살아 있는 그리스도인들을 차별하지 않으십니다. 하나님은 예수님과 함께 죽은 그리스도인들을 데리고 오실 것입니다. 이 얼마나 영광스러운 일입니까! 바울은 이 구절을 통해 그리스도인의 소망을 다음과 같이 네 가지로 설명하고 있습니다.

주께서 친히 하늘로부터 강림하실 것이다(16절). 우리는 이것을 재림이라고 부릅니다. 주께서 영광 중에 강림하실 것입니다.

그리스도 안에서 죽은 자들이 먼저 일어날 것이다(16절). 이것이 부활입니다. 14절에서 살펴본 대로 죽은 그리스도인들이 부활하면 하나님이 그들을 그리스도와 함께 데리고 오실 것입니다.

우리 살아남은 자도 끌어올려질 것이다(17절). 우리는 이것을 휴거라고 부릅니다. 그리스도가 우리를 붙잡아서 끌어올리실 것이기 때문입니다. 라틴어로는 랍투스*raptus*인데 '붙잡다'라는 뜻으로 헬라어로도 같은 뜻입니다.

그리하여 우리가 항상 주와 함께 있으리라(17절). 저는 이것을 재

연합이라고 부릅니다. 우리는 죽은 자들과 함께 구름 속으로 이끌려 올라가서 공중에서 주님을 영접하고 주님과 항상 함께 있게 될 것입니다. "그러므로 이러한 말로 서로 위로하라"(18절)고 바울은 권면합니다.

이 얼마나 영광스러운 교리입니까. 성경 여러 곳에서 이 사건에 관해 이야기하지만, 무엇보다 확실한 사실은 이 일이 기뻐할 일이라는 것입니다.

바울이 교리를 가르친 이유는 데살로니가 교인들의 고민을 풀어주기 위해서만이 아닙니다. 바울은 교리를 통해 우리가 그리스도인으로서의 삶을 영위하고 예수 그리스도 안에서 성장하는 두 가지 방법을 일깨워주고 있습니다.

1. 우리는 하나님을 더욱더 기쁘게 해드려야 합니다. 우리는 이것을 율법이나 의무로 생각하지 않고 사랑으로 생각해야 합니다. 하늘에 계신 우리 아버지는 우리를 창조하시고 구원하시고 자녀 삼으시고 우리 안에 성령을 주셔서 내주하게 하시고 우리를 사랑하십니다. 그래서 우리도 하나님을 사랑합니다. 하나님과의 관계가 견고하면, 당연히 우리는 하나님을 기쁘게 해드리고 싶어 합니다. 하나님을 알면 알수록 우리는 영적으로 예민해집니다. 그러면 도덕적 딜레마에 빠질 때마다 "나의 아버지 하나님이 이것을 기뻐하실까?"라는 질문을 하게 됩니다.

2. 이러한 말로 서로 위로하십시오. 우리는 모두 낙심할 때가 있습니다. 낙담하고 믿음을 잃어버릴 때가 있습니다. 바울은 그러한 때에 서로 위로하라고 말합니다. 5장 11절에서는 "피차 권면하고 서로 덕

을 세우라"고 말합니다. 물론 우리가 낙심할 때 하나님이 우리 안에 계신 성령을 통해 우리를 은밀히 위로하십니다. 하나님은 설교 사역을 통해서도 우리를 위로하십니다. 그러나 하나님은 무엇보다 하나님의 교회가 서로 위로하는 공동체가 되기를 원하십니다. 서로 돌보는 공동체가 되기를 바라십니다! 서로 위로하고 피차 격려하십시오. 서로 덕을 세우고 서로 의지하십시오. 그리스도인 공동체는 '서로'가 아주 중요합니다. 하나님을 기쁘게 하고 서로 격려함으로써 우리가 성숙한 그리스도인으로 성장해가기 때문입니다.

그리스도인의 공동체:
교회 가정 안에서 어떻게 서로를 돌볼 것인가
데살로니가전서 5장

우리는 모두 예수 그리스도의 교회에 관심이 있습니다. 모두들 교회 갱신에 관심이 있습니다. 그러면 갱신된 교회는 과연 어떤 모습일까요? 하나님의 백성인 우리가 하나님의 말씀에 따라 살고 하나님의 성령으로 충만해지면 과연 어떤 모습일까요? 데살로니가전서 마지막 장에서 바울은 그리스도인이 어떻게 행해야 하는지를 보여주는 아름다운 그림을 두 가지 제시합니다. 첫째, 우리는 빛의 자녀입니다(1-11절). 둘째, 우리는 하나님 가정의 형제자매입니다(12-28절).

우리는 빛의 자녀다 1-11절

앞에 나온 단락처럼 이 단락도 재림과 관련이 있습니다. 그래서 두 단락이 같은 주제를 다루고 있다고 보고 두 단락을 똑같이 취급하는 이들도 있습니다. 이 단락은 인간의 마음, 특히 그리스도인의 마음을 사로잡는 두 가지 문제를 이해하는 데 도움이 됩니다. 첫 번째는 사별의 문제입니다. 죽은 다음에는 무슨 일이 벌어질까요? 내가 사랑하던 사람들은 어디에 있을까요? 그들은 괜찮을까요? 다시 만날 수 있는 걸까요? 두 번째는 심판의 문제입니다. 이 세상이 끝나면 무슨 일이 벌어질까요? 그날에는 심판이 있을까요? 심판이 있다면 우리는 심판에 대비할 수 있을까요?

실제로 데살로니가에 있는 그리스도인들은 이런 문제를 염려했습니다. 그리고 오늘을 사는 우리들도 이런 문제를 염려하기는 마찬가지입니다. 현실적인 목사인 바울은 이러한 두려움에 주의를 기울였습니다. 앞 장에서 살펴보았듯이 바울은 4장 13-18절에서 사별과 죽은 그리스도인의 문제를 다루었습니다. 그리고 오늘 5장 1-11절에서는 심판과 살아 있는 그리스도인의 문제를 다룹니다. 어떻게 해야 우리는 심판자이신 그리스도의 재림에 대비할 수 있을까요?

1-3절에는 문제가 나와 있습니다. 데살로니가 교인들은 때와 시기를 물었습니다. 쓸데없는 호기심에서 비롯된 질문이 아니었습니다. 그들은 주님이 오시는 날이 심판의 날이라는 것을 알고 있었습니다. 그래서 주님이 언제 오실지 알면 준비를 더 잘할 수 있을 것으로 생각했습니다. 그러나 바울은 주님이 재림하시는 날짜를 아는 것이 해답이 될 수 없다고 말합니다. 주의 날은 밤에 도둑같이 이를 것이고(예수님도 같은 표현을 사용하신 적이 있습니다), 임신한 여자에게 해산의 고통이 이름과 같이 이를 것입니다. 둘 다 주의 날이 갑자기 이를 거라는 사실을 알려주지만, 이 둘은 상당한 차이가 있습니다. 도둑이 오는 것은 예기치 못한 일이지만, 해산의 고통은 예상했던 일입니다. 본문에서 바울이 강조하고 있는 것은 피하지 못한다는 사실입니다. 임신을 하면 언젠가 해산의 고통이 있을 것을 예상할 수는 있지만 피할

길은 없습니다. 따라서 이 두 가지 비유는 심판자이신 예수님의 재림이 도둑처럼 갑작스럽고 예기치 못하게 들이닥칠 것이고, 해산의 고통처럼 갑작스럽고 피할 수 없다는 사실을 말해줍니다. 첫 번째 경우에는 예고가 없고 두 번째 경우에는 피할 길이 없습니다. 이게 문제입니다. 날짜를 알 수 없다면, 예수님은 예기치 못하고 피할 수 없게 불현듯 오실 텐데 어떻게 대비할 수 있다는 말입니까?

바울은 이 질문에 대하여 그리스도인이라면 날짜를 모른다고 비관할 필요가 없다고 설명합니다. 그 이유가 4-5절에 분명히 나와 있습니다. 저는 여러분이 바울의 말을 제대로 이해하기를 바랍니다. 그래서 이 부분을 좀 더 상세히 설명하려 합니다.

도둑의 방문이 갑작스러운 이유는 그들이 밤에 오기 때문입니다. 밤은 어둡습니다. 대다수 사람들이 잠을 자고 있습니다. 깨어 있더라도 파티에 가고 없거나 술에 취해 있을 가능성이 큽니다. 사람들은 어둠과 잠과 술에 취해 도둑이 들 때 대비하지 못합니다. 예수님이 오시는 것도 이와 같습니다. 예수님이 어두움 가운데 오시겠습니까, 아니면 빛 가운데 오시겠습니까? 답은 둘 다입니다. 예수님은 어둠 가운데, 그리고 빛 가운데 오실 것입니다. 어둠 속에 있는 믿지 않는 자들에게는 주의 날이 어둠 가운데 닥칠 것입니다. 그러나 그리스도인들은 어떠합니까? 바울은 "형제들아, 너희는 어둠에 있지 아니하매"라고 말합니다. 그렇습니다. 우리는 빛 가운데 있습니다.

성경은 인류 역사를 두 시대로 나눕니다. 구약성경은 이 두 시대를 현 시대와 다가올 시대, 즉 악한 시대와 메시아의 시대라고 불렀습니다. 때로는 이 두 시대를 밤과 낮으로 제시하기도 합니다. 예를 들어 누가복음 1장에서 요한의 아버지 사가랴가 노래한 대로 그날에는 "돋는 해가 위로부터 우리에게 임할" 것입니다. 성경은 또한 오랫동안 기다려온 메시아가 오실 때에 새 시대가 밝을 것이라고 가르칩니다. 예수님은 새 시대의 여명입니다. 동시에 옛 시대는 아직 끝나지 않았습니다. 요한일서 2장 8절 말씀처럼 어둠이 지나가는 중에 참 빛이 벌써 비치고 있는 것입니다. 이것이 핵심입니다. 두 시대가 지금 교차하고 있습니다. 믿지 않는 자들은 옛 시대에 속해 있습니다. 그들은 여전히 어둠 속에 있습니다. 그러나 예수 그리스도에게 속한 자들은 새 시대에 들어가 빛의 자녀가 되었습니다. 우리는 이미 다가오는 시대의 능력을 맛보았습니다. 예수 그리스도가 영광 중에 다시 오실 때 두 시대가 교차하는 지금의 상황도 끝날 것입니다.

그러므로 그리스도의 재림에 대비할 수 있느냐 없느냐는 우리가 어느 시대에 속해 있는지에 달려 있습니다. 여러분은 어느 시대에 속해 있습니까? 여전히 어둠 가운데 있습니까, 아니면 빛 가운데 있습니까?

이 두 시대에 관한 성경의 가르침을 이해하면, 4-8절 말씀이 명료해집니다. 4-8절에서는 낮과 밤의 이미지가 계속 이어집니다. 다가오는 날은 낮입니다. 우리는 밤의 자녀가 아닙니다. 그러니 세상의 다른 사람들처럼 잠을 자서는 안 됩니다. 깨어 있어야 하고 정신을 차려야 합니다. "우리는 낮에 속하였으니(그리스도가 오실 때 밝는 낮을 가리키는 표현으로 이 구절이 아주 중요합니다) 정신을 차리고 믿음과 사랑의 호심경을 붙이고 구원의 소망의 투구를 쓰자." 부디 제대로 이해했기를 바랍니다. 우리가 그리스도인이고 그리스도에게 속해 있다면, 우리는 새로운 빛의 시대에 들어갔습니다. 따라서 우리가 하는 행동도 낮 시간에 합당해야 합니다. 잠을 자거나 파자마를 입은 채 살아서는 안 됩니다. 항상 깨어 있고 일어나서 정신을 차리고 경계하고 빛의 갑옷을 입어야 합니다. 우리는 낮에 속한 사람이기 때문입니다. 그러므로 우리는 주님이 오시는 날을 준비할 수 있습니다. 그날은 예기치 못하게 불현듯 닥칠 테지만, 놀라지 않을 것입니다. 우리는 준비가 되어 있기 때문입니다.

앞에 나온 단락처럼 이 단락은 서로 격려하라는 권면으로 끝납니다. 11절을 보면 4장의 18절과 비슷한 권면이 나옵니다. 앞 장에서 살펴보았듯이 그리스도의 교회는 서로 위로하고 덕을 세우고 격려하는 공동체입니다. '이러한 말로 서로 위로'하는 공동체입니다.

위로를 이야기하다 보니 욥기에 나오는 교훈과 욥을 위로하려고 찾아온 친구들이 떠오릅니다. 처음에 그들은 욥을 찾아와서 밤낮 이레 동안을 욥과 함께 땅바닥에 앉아 있으면서도 욥이 겪는 고통이 너무도 처참한 것을 보고 섣불리 입을 열지 않았습니다. 그때만 해도 우리는 그들이 진정한 위로자라고 믿었습니다. 그러나 일주일이 지나자 누군가 더 이상 참지 못하고 입을 열었습니다. 그때부터 그들은 뻔하고도 냉정한 말을 욥에게 퍼부었습니다. 하나님이 나타나셔서 그들이 하는 말에 반박하시기 전까지 그들은 욥에게 달갑지 않은 위로를 계속했습니다. 말을 한 것 자체가 실수는 아니었습니다. 터무니없는 말을 한 것이 실수였습니다. 일반적으로 말은 격려가 되고 위로가 됩니다. 우리는 우리가 기억하고 있는 기독교 교리에서 얼마든지 훌륭한 위로를 끌어낼 수 있습니다.

바울이 사별과 심판에 관하여 염려하는 데살로니가 교인들에게 서로 위로하고 격려할 때 나누라고 한 말은 그저 마음을 다독이는 알맹이 없는 말이 아니라 복음 진리입니다. 바울은 "너희가 알지 못하기를 바라지 않는다. 나는 너희가 이 진리를 알고 기억하기를 바란다"고 말합니다. 이 진리란 무엇입니까? 그리스도의 재림도 그중 하나입니다. 앞 장에서 살펴본 문단과 지금 이 문단에서 바울이 언급하고 있는 것이 바로 그리스도의 재림입니다. 그러나 그들이 위로를 끌어내야 하는 진리는 그리스도가 다시 오실 것이라는 진리만이 아닙니다. 다시 오실 그분이 죽었다가 다시 살아나신 바로 그 예수라는 진리가 더 중요합니다. 이 진리가 두 단락의 핵심입니다. 4장 14절로 돌아가보십시오. 다시 오실 때 예수님은 죽은 자들을 데리고 오실 것입니다. 그런데 오실 그분은 죽었다가 다시 살아나신 분입니다. 5장 9-10절을 보십시오. 우리의 구원을 완성하시러 오시는 그분은 우리를 위하여 죽으셨던 분입니다. 죽은 자든 살아 있는 자든 우리는 그분과 함께 살 것입니다. 십자가에 죽으셨을 때 그분은 죄와 사망이라는 인류의 두 대적을 극복하셨습니다. 우리가 그리스도 예수와 연합하는 한 죄도 사망도 우리를 그리스도에게서 끊을 수 없습니다. 그 무엇도 그리스도와 우리 사이에 끼어들 수 없습니다. 이것이 중요합니다. 4장 14절과 5장 10절을 읽어보겠습니다. "우리가 예수께서 죽으셨다가 다시 살아나심을 믿을진대 이와 같이 예수 안에서 자는 자들도 하나님이 그와 함께 데리고 오시리라." "예수께서 우리를 위하여 죽으사 우리로 하여금 깨어 있든지 자든지 자기와 함께 살게 하려 하셨느니라." 예수와 '함께'라는 표현이 똑같이 반복되는 게 보입니까? 예수 그리스도의 죽음과 부활이 이룬 최고의 업적은 우리를 그리스도와 연합시키는 것입니다. 사망도 사별도 심판도 그 무엇도 그리스도와의 연합을 깨뜨릴 수 없습니다. "그러므로 이러한 말로 서로 위로하십시오."

우리는 하나님 가정의 형제자매다 12-28절

이 단락의 핵심 단어는 '형제들'입니다. '형제'는 신약성경에서 그리스도인을 가리킬 때 사용하는 가장 보편적인 단어입니다. 데살로니가전서를 통틀어 열일곱 번 나오는데, 이 단락에서만 12절, 14절, 25절, 26절, 27절에서 각각 한 번씩 다섯 번이나 나옵니다. 이 단어는 우리가 하나님 가정의 일원이며 서로에게 속해 있다는 사실을 증언해줍니다. 우리는 낮에 속해 있을 뿐 아니라 가정에도 속해 있습니다. 이 사실은 교회 안에서 우리의 관계와 삶과 행동에 심오한 영향을 끼칩니다. 그래서 바울은 오늘 본문에서 지역 교회의 삶을 세 가지 측면에서 설명하면서 중요한 교훈을 던집니다.

1. 목사의 직위(12-13절). 역사적으로 예수 그리스도의 교회는 이 부분에서 성경적이지 않은 양극단을 오가며 휘청거렸습니다. 때로는 극단적인 교권주의를 향해 내달렸습니다. 성직자들이 사역의 주도권을 쥐고 평신도들 위에 군림하며 회중에게 과장되고 적절치 못한 공경을 받았습니다. 평신도들은 말 그대로 가만히 앉아만 있었습니다. 일요일에 교회에 나와 빈자리를 채우고 헌금하는 것 말고는 할 수 있는 일이 없었습니다. 성직자들이 하나님의 백성들을 짓눌렀습니다.

이에 대한 반작용으로 반교권주의라는 극단으로 내달리기도 했습니다. 감사하게도 지금 우리는 교회가 그리스도의 몸이고, 그리스도인은 몸을 이루는 지체이고, 모든 지체가 각자 은사대로 함께 사역한다는 평신도 사역의 개념을 회복하고 있습니다. 그런데 온 지체가 함께 사역한다는 이 개념을 회복하는 과정에서 평신도 사역이라는 개념을 지나치게 확대한 나머지 이렇게 말하는 이들도 있습니다. "교회에는 성직자가 필요 없다. 이제 우리 모두가 사역자다. 그러니 이들을 정리하자. 성직자가 없는 게 더 낫다." 이 역시 성경에서 벗어나 극단으로 치우친 생각입니다. 모든 교회에는 회중을 감독하는 목회자의 자리가 있습니다. 그럼 이제 바울이 이 둘 사이에서 어떻게 균형을 이루는지 살펴보겠습니다. 바울이 목사들에 대해, 그리고 목사를 대하는 회중의 태도에 대해 무엇이라 말하는지 귀를 기울여보십시오.

바울은 목사들을 묘사하면서 세 가지 표현을 사용합니다. 첫째, 목사는 "너희 가운데서 수고하는" 자입니다. 의미 있는 표현입니다. 어떤 이들은 목사가 한가한 직위라고 생각합니다. 그러나 바울은 목사가 그리스도인들 사이에서 수고한다고 말합니다. 본문에 나오는 헬라어 코피아오$_{kopiao}$는 노고를 의미합니다. 바울이 천막을 제작하는 일을 설명할 때 사용했던 단어로 잔 근육과 쏟아지는 땀방울을 연상시키는 단어입니다.

둘째, 목사는 "주 안에서 너희를 다스리는" 자입니다. 바울은 이 표현에서 흥미로운 동사를 사용합니다. 여기 사용된 헬라어 프로이스테미$_{proistemi}$는 '주재하다, 지도하다, 다스리다'라는 뜻으로 관료나 감독관, 관리자, 최고위자를 언급할 때 사용됩니다. 그런데 이 동사에는

'보호하다, 돌보다, 돕다'라는 의미도 담겨 있습니다. 그래서 가정을 관리하면서 자녀를 돌보는 부모를 언급할 때 사용됩니다. 따라서 이 단어에는 관리와 돌봄의 의미가 함께 담겨 있다고 보아야 합니다. 이 동사에서 마음대로 권위의 개념을 없앨 수도 없지만, 권위를 지닌 자는 부모가 자녀를 돌보듯 보살펴야 할 책임이 있다는 사실도 잊어서는 안 됩니다. 먼저 된 자가 나중 되고, 지도자가 종이 되고, 주인이 노예가 된다고 가르치신 예수님의 말씀을 잊어서는 안 됩니다.

셋째, 목사는 "너희를 권하는 자"입니다. 가르치는 사역 안에는 훈계하고 견책하는 일까지 포함되어 있습니다.

바울은 교회 안에서 지도자의 역할을 하는 이들을 염두에 두고 이런 이야기를 하고 있는 것이 분명합니다. 그렇다면 회중은 이들에게 어떤 태도를 취해야 할까요? 그들을 멸시하지도 말고 그들에게 굽실거리지도 말아야 합니다. 그들이 하는 일을 생각해서 사랑으로 그들을 귀히 여기고 감사하며 극진히 존경해야 합니다(13절). 다시 말해서 그들을 귀히 여기고 존경해야 하는 이유는 목사로서 그들이 하는 일 때문입니다.

알다시피 목사와 회중이 마찰을 빚는 교회가 많이 있습니다. 너무나도 서글픈 일입니다. 성직자와 평신도, 목사와 교인들이 교회라는 가정 안에서 하나님이 각 사람을 각기 다른 사역으로 부르셨다는 사실을 인정하는 교회는 복이 있습니다. 목회자가 자신의 절대 권력을 위해서가 아니라 성도를 사랑하고 돌보기 위해 권위를 행사하는 교회는 복이 있습니다. 회중이 교회 지도자들에게 하나님이 정하신 사역을 하는 데 필요한 존경과 사랑을 주는 교회는 복이 있습니다. 그들은 화목하게 살아갈 것입니다.

2. 교제(14-15절). 바울은 데살로니가 교인들에게 교회 지도자들을 사랑으로 귀히 여기라고 권면한 다음 모든 지체가 서로 돌보아야 할 책임이 있다고 말합니다. 중요한 대목입니다. 바울이 여기에서 말하는 형제 안에는 당연히 목회자들도 포함됩니다. 바울은 지금 회중 전체에게 권면하고 있는 것입니다. 바울은 앞에서 게으른 자들과 마음이 약한 자들과 힘이 없는 자들을 우선 권면했습니다. 그리고 이제는 모든 지체들에게 게으른 자들을 권면하며 마음이 약한 자들을 격려하고 힘이 없는 자들을 붙들어주며 모든 사람에게 오래 참으라고 말합니다. 어느 가정에나 말썽 부리는 자녀가 있듯이 그들은 하나님의 가정에서 문제를 일으키는 자녀들입니다. 교리를 이해하는 면에서나 성격과 행실 면에서 문제가 있는 사람들입니다.

물론 어떤 면에서 우리는 모두 문제가 있는 자녀들입니다. 그러므로 그들이 다루기 어렵고 귀찮다고 아우성쳐서는 안 됩니다. 오히려 그들에 대해 오래 참고 기다려야 합니다. 바울이 제시하는 교회의 모습은 서로 위로하는 공동체일 뿐 아니라 서로 힘을 북돋아주는 공동체, 진짜 가족의 모습입니다.

바울은 이렇게 특정 부류에 대해 이야기한 다음 일반적인 교제에 대해 이야기를 이어갑니다. 15절을 보면 예수 그리스도를 따르는 사람들이 하지 말아야 할 행동이 나옵니다. "누구에게든지 악으로 악을 갚지 말라." 바울은 이어서 모든 사람에게 선을 행하려고 노력하라고 권면합니다. 이 얼마나 놀라운 권면입니까! 모든 교회가 명심해야 할 권면입니다. 바울은 모든 지체가 예수 그리스도의 가르침을 따라야 할 책임이 있다고 말합니다. 그리스도의 가르침을 따라야 할 책임은 목사에게만 있는 것이 아닙니다. 바울은 이 권면을 목사만이 아니라 모든 형제에게 하고 있습니다. 하나님의 가정에 속한 형제들은 서로 돌보아야 할 책임이 있습니다.

3. 예배(16-28절). 처음 이 단락을 읽는 사람들은 이것이 공예배에 관한 권면이라고 생각하지 못할 수도 있습니다. 그러나 저는 바울이 공적인 상황을 염두에 두고 권면하고 있는 것이라고 생각합니다. 모든 동사가 복수형으로 되어 있기 때문입니다. 더욱이 20절에서 언급하는 예언은 분명 공적인 일입니다. 26절에 나오는 거룩한 입맞춤도 혼자서는 할 수 없습니다. 게다가 27절에서 바울은 이 편지를 모든 형제에게 읽어주라고 말합니다. 그래서 나는 바울이 회중이 함께 모여서 예배하는 모습을 염두에 두고 이 권면을 한 것이라고 생각합니다. 공예배는 교회 생활에서 아주 중요한 부분입니다. 바울은 여기에 대해 몇 가지를 가르칩니다.

첫째, 항상 기뻐하라(16절). 물론 이것을 그리스도인을 향한 일반적인 권면으로 해석할 수도 있습니다. 그러나 빌립보서 4장 4절에 나온 권면을 기억할 것입니다. 사도 바울은 빌립보서에서 "주 안에서 항상 기뻐하라"고 말합니다. 그런데 우리가 주 안에서 기뻐하는 때는 대부분 함께 모여서 주를 찬양하고 예배할 때입니다. 이 권면은 시편을 비롯하여 구약성경에 자주 나오는 권면을 떠오르게 합니다. 그래서 저는 이것이 단순히 기쁜 마음으로 살라는 권면이 아니라고 생각합니다. 이 구절은 주 앞에 기쁘게 나와서 예배하라고 부르는 초대입니다. 우리는 종종 엄숙하다 못해 침울한 분위기에서 예배하곤 합니다. 그러나 모든 예배는 하나님이 예수 그리스도를 통해 이루신 일들을 기뻐하고 찬양하는 시간이 되어야 합니다. 오르간과 트럼펫과 기타와 노래로 찬양합시다! 즐거운 소리로 하나님을 찬양합시다! 바울은 우리에게 주 안에서 항상 기뻐하라고 말합니다.

둘째, 쉬지 말고 기도하라(17절). 바울은 이 권면을 한 다음 25절에서 "형제들아, 우리를 위하여 기도하라"고 덧붙입니다. 예배에서 빠져서는 안 되는 요소가 찬양과 기도입니다. 예배 시간에는 중보 기도를 더 세심하게 준비해야 합니다. 중보 기도를 목회자보다 평신도들에게 맡기는 편이 나을 때도 있습니다. 평신도들이 목회자보다 중보 기도를 더 잘할 수 있습니다. 세상과 거리를 두고 있는 목회자들보다는 평신도들이 세상에서 벌어지는 일을 더 잘 알기 때문입니다.

셋째, 범사에 감사하라(18절). 공예배에 찬양과 기도만 있는 것은 아닙니다. 감사도 빠뜨릴 수 없는 요소입니다. 성공회 예배에는 '일반 감사'를 드리는 시간이 있습니다. 그 시간에 우리는 우리를 창조하시고 보호하시고 삶에 복을 주신 것에 감사하고, 무엇보다 예수 그리스도를 통해 이 세상을 구원하시는 하나님의 값없는 사랑에 감사합니다. 성찬식에 감사가 빠지면 성찬식이 아닙니다. 성찬은 예배의 심장이자 감사를 표현하는 방식입니다. 이 외에도 우리는 성도들 각자가 알고 있는 특별한 복에 대해서 특별히 감사해야 합니다. 우리는 범사에 감사해야 합니다. '모든 상황에 대해서' 감사해야 한다는 말이 아니라 '모든 상황에' 감사해야 한다는 말입니다. 그러고 싶은 마음이 생기지 않을 때에도 찬양하고 기도하고 감사해야 합니다. "이것이 그리스도 예수 안에서 너희를 향하신 하나님의 뜻"이기 때문입니다. 찬양과 기도와 감사는 공예배에서 빠져서는 안 되는 요소입니다.

넷째, 하나님의 말씀에 귀를 기울이라(20-22절). "예언을 멸시하지 말라"(20절). 초대 교회에는 예언자가 많았던 것 같습니다. 오순절파와 은사주의 그리스도인들은 요즘에도 하나님이 자기 백성들에게 예언을 보내고 계신다고 주장합니다. 이는 상당히 논란이 많은 주제이지만, 이런 논쟁에 뛰어들고 싶지는 않습니다. 다만 세심하게 생각하고 기도하려고 애써온 이 문제에 관하여 개인적인 생각을 나누려 합니다.

신약성경이 기록되기 이전에 하나님이 교회에 선지자를 보내셔야 했다는 주장은 충분히 수긍할 수 있습니다. 그 당시에는 하나님의 말씀이 사도들과 선지자들을 통해 교회에 임했습니다. 그들은 살아 있고 오류가 없는 선생들이었습니다. 그러나 오늘날에는 상황이 완전히 다르다는 사실을 우리 모두 인정해야 합니다. 우리에게는 기록된 하나님의 말씀이 있습니다. 분명 오늘날에는 바울이나 베드로나 요한에 견줄 수 있는 사도들이 없습니다. 오늘날에는 성경 속 선지자들과 견줄 수 있는 선지자들이 없습니다. 그렇지 않다면 우리는 그들이 하는 말을 성경에 추가하고, 모든 교회가 그들이 하는 말에 순종해야 마땅합니다. 하지만 그렇지 않습니다. 성경에서 말하는 일차적 의미의 사도와 선지자는 더 이상 존재하지 않습니다. 바울은 사도와 선지자를 가리켜 '교회의 터'라고 부릅니다(엡 2:20). 교회의 터는 그들의 가르침이고, 그들의 가르침은 완성되었습니다. 여기에는 논란의 여지가 없습니다.

그렇다면 오늘날에도 부차적인 예언의 은사는 존재하는가 하는 문제가 남습니다. 분명히 하나님은 일부 사람들에게 성경과 세상, 또는 특정한 상황에 처한 특정한 사람들을 이해하는 남다른 통찰력을 주십니다. 이러한 통찰력을 선지자적 통찰력 또는 예언의 은사라고 표현해도 좋을 것입니다.

어쨌든 바울은 예언을 멸시하지 말라고 권면하고 있습니다. 우리는 하나님이 말씀하셨다고 주장하는 메시지를 멸시해서는 안 됩니다. 귀를 기울여 듣고 성경을 토대로 그들이 하는 말이 타당한지 헤아려야 합니다. 메시지를 전하는 사람의 성품이 어떠한지, 그가 전하는 메시지가 교회에 얼마나 덕이 되는지를 보고 분간해야 합니다. 그들이 하는 말을 헤아려 좋은 것을 취하고(21절), 악은 어떤 모양이라도 버려야(22절) 합니다.

27절에서 바울은 이 편지를 모든 형제에게 읽어주라고 강한 어조로 말합니다. 놀랄 만한 이야기입니다. 당시 교회에서는 구약성경을 읽고 있었습니다. 초대 교회 그리스도인들이 회당에 모이면 구약성경을 읽는 것이 관례였습니다. 그런데 지금 바울이 회중이 모인 자리에서 자기가 보낸 편지를 읽으라고 말하고 있습니다! 이는 곧 사도 바울이 이 편지를 구약성경과 동등하게 보았다는 뜻입니다. 게다가 그는 자신의 가르침을 따져보거나 걸러서 들으라고 말하지도 않습니다. 예언자의 말을 들을 때는 쭉정이를 걸러내기 위해 체가 필요했지만, 이번에는 그럴 필요가 없습니다. 데살로니가 교인들은 바울이 편지에 쓴 모든 말에 귀를 기울여야 했습니다. 바울의 가르침을 믿고 순종해야 했습니다. 이렇듯 바울은 자신의 권위를 예언하는 자들의 권위 위에 두고 있습니다. 그러므로 오늘날 부차적인 예언의 은사나 선지자적 통찰력을 지닌 사람이 있다 하더라도 교회가 훨씬 더 중요하게 들어야 할 것은 신약성경 안에 기록된 사도들의 가르침입니다. 우리가 모일 때마다 읽고 해설해야 할 것은 성경입니다.

따라서 공예배에는 항상 상호보완적인 두 가지 요소가 있어야 합니다. 한편으로는 주께 찬양하고 기도하고 감사해야 하며, 또 한편으로는 주의 말씀에 귀를 기울여야 합니다. 하나님은 자기 백성에게 말씀을 통해 말씀하시고, 하나님의 백성들은 찬양과 기도와 감사로 반응합니다. 예배 내내 하나님의 말씀과 백성들의 반응이 시계추처럼 리듬감 있게 오가야 합니다. 또한 우리는 말씀을 듣고 반응하는 가운데 역사하시는 성령의 주권을 인정해야 합니다.

"성령을 소멸하지 말며"(19절). 여러 가지 권면 한가운데 이 권면이 들어 있습니다. '소멸하다'에 해당하는 헬라어 단어는 등이나 불을 끌 때 사용하는 단어입니다. 성령은 빛이자 불입니다. 그러니 성령을 소멸해서는 안 됩니다. 성령이 우리 마음을 환히 밝히게 합시다. 성령이 우리 마음을 따뜻하게 하고 불붙이시게 합시다. 성령이 회중 안에서 자유롭게 말씀하시고 일하시게 해야 합니다. 오늘날 우리가 드리는 예배에는 형식과 의식과 격식이 너무나 많습니다. 전통적인 교파일수록 특히 더합니다. 성령의 손발을 꽁꽁 묶고 재갈을 물려놓습니다. 예배에는 일정한 형식도 필요하지만, 즉흥성과 자유도 필요합니다. 이 두 가지가 잘 결합되면 예배가 더 풍성해질 것입니다.

바울은 편지 말미에서 목회와 교제와 예배를 언급하며 목가적인 교회의 모습을 제시합니다. 그리고 목회자와 평신도의 관계, 형제들 간의 관계, 하나님과의 관계에 대해 이야기합니다. 목회자들을 존경하고 사랑하며, 지체들끼리 서로 돌보고 격려하며, 하나님의 말씀을 듣고 반응하라고 가르칩니다. 이 단락의 핵심 단어는 '형제들'입니다. 겸손한 마음으로 회중이 자신의 형제들이라는 사실을 인정하면 목회에 변화가 일어납니다. 우리가 서로 거룩하게 입 맞추고 서로가 서로에게 속해 있다는 사실을 인정하면 교제에 변화가 일어납니다. "형제들아, 우리를 위하여 기도하라", "모든 형제에게 이 편지를 읽어주라"라고 말하면 예배가 달라집니다.

그러나 이런 형제애와 가정생활을 가능하게 하는 것은 하나님의 말씀뿐입니다. 그러므로 우리는 23절에 주목해야 합니다. 바울은 "평강의 하나님이 친히 너희를 온전히 거룩하게 하시고 또 너희의 온 영과 혼과 몸이 우리 주 예수 그리스도께서 강림하실 때에 흠 없게 보전되기를 원하노라"라고 말합니다. 우리를 온전히 거룩하게 하시는 분은 평강의 하나님이며, 미쁘신 하나님(24절)이며, 은혜로우신 하나님(28절)입니다.

우리가 섬기는 교회가 복음을 받아들이고 선포하고 구현하는 참된 복음 교회라면, 진정한 하나님의 가족이라면, 교회를 구성하는 우리는 하나님을 예배하고 서로 사랑해야 합니다. 그리고 그것을 가능하게 하는 것은 하나님의 평강과 신실함과 은혜뿐입니다. 그러므로 우리는 우리 자신과 형제들과 교회가 하나님의 사랑 안에 거하도록 서로 권면해야 합니다.

예수 그리스도의 주 되심

로마서 14장

1978

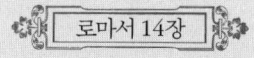

John Stott

성경에서 마스터키가 되는 교리가 무엇이냐고 묻는다면, 여러분이 뭐라고 답할지 궁금합니다. 공책을 펴고 서로 답안을 비교해보는 것도 재미있을 것 같습니다. 하나님의 주권이라고 답하는 이들도 있을 테고, 예수 그리스도의 십자가라고 답하는 이들도 있을 것입니다. 그런가 하면 성령 충만이 가장 중요하다고 말하는 이들도 있을 것입니다. 모두 다 중요한 교리입니다. 그러나 저는 그 무엇보다 '예수 그리스도의 주 되심'이 가장 중요하다고 생각합니다.

　기독교 교리의 핵심은 "예수 그리스도는 주님이시다"라는 단호한 말 속에 담겨 있습니다. 이 교리가 그리스도인의 믿음과 행동과 경험의 중심이 되지 않으면 무언가가 잘 맞지 않습니다. 예수 그리스도가 주라는 사실을 알고 인정할 때 비로소 우리가 믿는 모든 교리와 행동과 경험이 아귀가 맞습니다. 그리고 이로써 우리는 그리스도인의 삶을 하나로 통합하는 비밀을 발견합니다. 그리스도의 주 되심은 놀라운 해방을 안겨주는 교리입니다. 예수 그리스도가 주님이심을 인정할 때 우리는 온전해지고 자유로워집니다.

　1. 주님과 우리의 관계(롬 14:7-9). 예수 그리스도를 주로 인정할

때 그리스도와 우리의 관계가 바로 섭니다. "우리 중에 누구든지 자기를 위하여 사는 자가 없고 자기를 위하여 죽는 자도 없도다. 우리가 살아도 주를 위하여 살고 죽어도 주를 위하여 죽나니 그러므로 사나 죽으나 우리가 주의 것이로다"(7-8절). 사도 바울은 두 가지 삶을 이야기합니다. 우리는 모두 주를 위해 사는 사람들입니다. 물론 여기에서 '우리'는 그리스도인을 가리킵니다. 믿지 않는 사람들은 '우리'에 해당하지 않습니다. 그들은 자기를 위하여 살고 자기를 위하여 죽는 사람들입니다. 이것이 믿지 않는 자들의 실상입니다. 그들은 자기중심적이고 오로지 자신에게만 관심이 있습니다. 예수 그리스도가 우리를 해방시키기 전까지 우리 역시 그랬습니다. 그러나 그리스도인이 된 후 이런 삶은 생각조차 할 수 없게 되었습니다. 그리스도인의 모든 경험은 예수 그리스도를 중심으로 이뤄집니다. 그리스도인에게는 그리스도가 다스리지 않는 삶의 영역이 하나도 없습니다. 그러면 그리스도는 어떻게 우리의 주가 되셨을까요? 9절에서 바울은 이렇게 말합니다. "이를 위하여 그리스도께서 죽었다가 다시 살아나셨으니 곧 죽은 자와 산 자의 ＿＿＿＿가 되려 하심이라"(9절). 만일 여러분이 이 성경 구절을 몰랐다면, 빈칸에 어떤 단어를 채우겠습니까? 아마도 99퍼센트는 '구원자'를 떠올릴 것입니다. 그리스도가 죽었다가 다시 살아나셨다면, 당연히 우리의 구원자가 되기 위해서가 아니겠습니까? 그런데 바울은 그렇게 말하지 않습니다. 바울은 그리스도가 우리의 주가 되시려고 죽었다가 다시 살아나셨다고 말합니다.

예수 그리스도를 구원자로는 받아들이면서 그분이 우리의 주님이 되신다는 사실에 대해서는 무한정 답변을 유보하는 것이 가능할까요? 말도 안 되는 생각입니다. 신약성경은 그런 기독교를 알지 못합니다. 우리에게는 예수 그리스도 한 분뿐입니다. 예수 그리스도는 우리 주님이시며 구원자이십니다. 그리스도를 받아들인다는 것은 그분을 우리의 구원자이자 주님으로 받아들이는 것입니다. 그리스도가 우리의 구원자라는 사실만 인정하고 주님이라는 사실은 받아들이지 않는 것은 상상도 할 수 없는 일입니다. 그런 일은 있을 수 없습니다. 예수 그리스도가 우리의 유일한 구원자이신 이유는 그분이 우리의 주님이시기 때문입니다. 예수 그리스도가 하나님의 오른편에 앉으셔서 거듭난 죄인들을 의롭다 하시고 성령을 주시는 이유는 그분에게 그럴 권한이 있기 때문입니다. 하나님이 합치신 것을 나누어서는 안 됩니다. 예수 그리스도가 죽었다가 다시 살아나신 목적을 부인해서는 안 됩니다. 예수 그리스도는 죽은 자와 산 자의 주가 되기 위하여 죽었다가 다시 살아나셨습니다.

예수 그리스도는 분명 죽은 그리스도인들의 주님이십니다. 죽은 그리스도인들은 예수 그리스도가 자기의 주가 되시는 것을 억울해하지 않습니다. 예수 그리스도가 주님이시라는 사실에 기뻐하며 보좌에 앉으신 어린양을 찬양합니다. 그러나 그리스도가 죽었다가 다시 살아나신 것은 죽은 자들만의 주가 되기 위해서가 아닙니다. 그리스도는 죽은 사람에게도 산 사람에게도 다 주가 되시려고 죽었다가 다시 살아나셨습니다. 따라서 이 땅에 있는 그리스도인들도 하늘에 있는 신자들 못지않게 그리스도를 영화롭게 하기 위하여 살아야 합니다. 주이신 예수 그리스도에게 우리의 삶을 온전히 내어맡겨야 합니다. 그리스도가 우리의 주님이심을 진심으로 기뻐하고 그리스도에게 온전히 충성해야 합니다. 모든 것이 주의 것입니다. 모든 것이 우리 주 그리스도 예수의 다스림을 받습니다. 예수 그리스도를 주로 인정할 때 비로소 그리스도와 우리의 관계가 바로 섭니다.

2. 성도들 간의 관계(롬 14장). 그리스도를 주로 인정하면, 우리들의 관계 또한 바로 섭니다. 로마서 14장을 알고 있습니까? 로마서 14장에서 바울은 주로 연약한 형제들에 관해 이야기합니다. 미숙하고 지나치게 양심의 가책을 느끼는 형제들에 관한 이야기입니다. 로마에 있는 교회에는 양심의 가책을 심하게 느끼는 그리스도인들과 그렇지 않은 그리스도인들이 있었습니다. 사람들은 고기를 먹어도 되는지를 놓고 갈등했습니다. 고기를 먹어도 아무 문제없다고 생각하는 이들이 있는가 하면, 고기를 먹어서는 안 된다는 생각에 채식주의자가 된 이들도 있었습니다. 그런가 하면 어떤 날이 다른 날보다 더 좋고 중요하다고 여기는 사람들과 모든 날이 똑같다고 생각하는 이들이 있었습니다. 로마에 있는 교회 안에서 이렇게 특정한 음식과 날을 두고 의견이 갈렸습니다.

사실 이렇게 사소한 일을 놓고 의견이 갈리는 것 자체는 문제가 되지 않습니다. 주요 교리와 신앙의 본질에 대해서는 모두 동의해야 하지만, 사소한 문제에 대해서는 얼마든지 서로 다른 견해를 가질 수 있습니다. 하늘나라에 가기 전까지는 서로 의견을 달리하는 일들이 있을 수밖에 없습니다. 따라서 그리스도인들은 그리스도의 가정 안에서 서로 아량을 베푸는 법을 배워야 합니다. 일반 가정에서도 서로의 별난 부분을 너그럽게 보아 넘기는 법을 배우지 않습니까?

사도 바울이 지적한 것은 사소한 의견 차이가 있다는 사실 자체가 아니라 생각이 다른 지체들을 대하는 그들의 태도였습니다. 그들은 서로를 업신여기며 비판했습니다(2-3절). 이 부분을 좀 더 살펴보겠습니다. 사도 바울이 무어라고 말합니까? 바울은 로마에 있는 교회가 처한 상황을 어떻게 다룹니까? 바울은 이 문제를 신학적으로 다룹니다. 바울은 로마에 있는 그리스도인들에게 서로 친절하고 너그럽게 대하라고 호소하지 않습니다. 바울은 그들이 까맣게 잊고 적용할 생각조차 못하고 있는 교리 하나를 상기시킵니다.

우리에게는 형제를 업신여길 권한이 없습니다. 우리에게는 그리스도의 종을 비판할 권한이 없습니다(4절). 이 구절을 오해하지 마십시오. 바울은 중도적인 입장을 취하고 있는 것이 아닙니다. 바울은 이 문제에 대해 분명한 입장을 가지고 있었습니다. 바울은 채식주의자가 아니었습니다. 우상에게 제물로 바쳤던 고기를 먹어서는 안 될 이유가 없다고 보았습니다. 우상은 아무것도 아니라는 것을 알고 있었기 때문입니다. 그래서 바울은 감사하는 마음으로 아무 거리낌 없이 그런 고기를 먹을 수 있었습니다. 그런데도 바울은 행동을 삼갔습니다. 자신은 양심에 아무 거리낌이 없었지만, 연약한 형제자매가 있는 곳에서는 스스로 행동을 삼갔습니다. 행여나 자신의 행동을 보고 연약한 형제들이 걸려 넘어질 수도 있기 때문입니다. 혹시 연약한 형제가 걸려 넘어질 만한 행동을 하고 있다면, 여러분은 죄를 짓고 있는 셈입니다. 바울은 그리스도인들이 그런 행동을 하지 않기를 바랐습니다. 설령 연약한 형제들의 양심이 지나치게 예민해서 오판하는 것이라 해도 마찬가지입니다. 성경은 인간의 양심을 아주 중요하게 생각합니다. 그들의 양심이 지나치게 예민하고 잘 몰라서 그럴 때에도 우리는 그들의 양심을 존중해야 합니다.

교회 안에서 성도들이 올바른 관계를 맺으려면 예수 그리스도가 주님이시라는 사실을 기억해야 합니다. 의견 차이가 있을 때에는 특히 이 사실을 기억해야 합니다. 생각이 다르다고 형제를 업신여기거나 비판해서는 안 됩니다. 그런 행동은 성도 간의 교제를 깨는 행위일 뿐 아니라 예수 그리스도가 주님이시라는 사실을 부인하는 행위입니다. 우리 주 예수 그리스도에게서 주인으로서의 특권을 빼앗으려는 불손한 시도입니다. 우리는 자신에게 이렇게 말해야 합니다. "내가 대체 뭐라고 다른 지체들의 주인이자 심판자 역할을 하려 하는가? 나의 주님이 예수 그리스도이듯 다른 지체들의 주님이요 심판자는 예수 그리스도이다. 그들은 자기 행동을 스스로 책임질 것이다. 그들의 주님이신 그리스도가 하실 일에 내가 참견해서는 안 된다." 이런 자세로 지체들을 대하면, 교회 안에서 우리의 관계는 한결 좋아질 것입니다. 우리는 형제들을 책임지는 사람이 아닙니다. 우리는 형제들의 주인도 재판관도 아닙니다. 우리는 그리스도 앞에서 똑같은 위치에 있습니다. 예수 그리스도를 주로 인정하면, 그 즉시 우리의 관계도 바로 섭니다.

3. 바깥세상과의 관계. 예수 그리스도를 주로 인정하면, 그리스도를 거부하며 믿지 않는 이 세상과의 관계도 바로잡힙니다. 11절을 살펴보겠습니다. 바울은 이사야의 말을 자주 인용합니다. 10-12절은 심판에 관한 내용입니다. 우리는 주님이시며 심판자이신 그리스도 앞에서 각각 자기 일을 사실대로 아뢰어야 합니다. 따라서 서로에게 주인이나 재판관 행세를 해서는 안 됩니다. 그런데 본문에는 더 넓은 의

미가 담겨 있습니다. 실제로 바울은 본문에 인용한 이사야 45장 22-23절을 다른 곳에서 다른 의미로 인용합니다. 이사야 45장 22-23절은 선교에 관한 놀라운 비전을 담고 있는 구절입니다. 이사야 선지자는 이스라엘뿐 아니라 모든 족속이 하나님께 돌아와 구원을 받는 것이 하나님의 뜻이라고 말합니다. 바울은 다른 본문에서 이 구절을 예수 그리스도에게 적용합니다.

빌립보서 2장 9-11절을 보면 하나님이 그리스도를 지극히 높여 모든 이름 위에 뛰어난 이름을 주사 "모든 무릎을 예수의 이름에 꿇게 하시고 모든 입으로 예수 그리스도를 주라 시인하게" 하실 것이라고 하는 내용이 나옵니다. 이보다 더 지고한 선교의 동기가 있을까요? 우리는 복음을 전하라는 명령에 순종하기 위해서만이 아니라 길을 잃고 헤매는 세상을 향한 사랑 때문에 복음을 전해야 합니다. 예수 그리스도는 만유의 주이십니다. 하나님이 그를 지극히 높여서 자기 오른편에 앉히셨습니다. 하나님이 그에게 모든 나라를 다스릴 권세를 주셨습니다. 부활하신 그리스도가 마태복음 28장 18절에서 "하늘과 땅의 모든 권세를 내게 주셨"다고 말씀하신 이유도 그 때문입니다. 그렇습니다. 하나님이 복음을 전하게 하시는 이유는 모든 이들이 예수 그리스도 앞에 무릎을 꿇고 입으로 그리스도를 주라 시인해야 하기 때문입니다. 우리는 예수 그리스도가 영광을 받으시도록 세상에 나가서 온 힘을 다해 그리스도를 알려야 합니다. 예수 그리스도를 주로 인정하면, 세상과의 관계가 바로 섭니다.

하나님은 예수 그리스도를 죽은 자들 가운데서 다시 살아나게 하시고 승천하게 하셔서 하나님 오른편에 앉히심으로써 모든 피조물의 주가 되게 하셨습니다. 하늘과 땅의 모든 권세를 예수 그리스도에게 주셨습니다. 죽은 그리스도인들은 그리스도를 주로 인정하고 하늘에서 주님을 경배하고 있습니다. 그런데 이 땅에는 아직 그리스도를 주로 인정하지 않는 이들이 있습니다. 그러나 그리스도는 죽은 사람에게도 산 사람에게도 모두 주가 되시려고 죽었다가 다시 살아나셨습니다. 그러므로 나는 그리스도를 구원자로 받아들이면서도 주님으로 받아들이기를 망설이는 사람들에게 묻고 싶습니다. 그리스도가 헛되이 죽으시고 살아나셨다고 생각하십니까?

기독교의 핵심 교리는 '그리스도의 주 되심'입니다. 이 교리는 퍼즐의 마지막 조각이자 아치 꼭대기의 쐐기돌이자 자물쇠의 마지막 번호와 같습니다. 예수 그리스도를 주로 인정하면 모든 것이 들어맞습니다. 그리스도와의 관계도, 성도들의 관계도, 세상과의 관계도 제자리를 찾습니다.

예수 그리스도가 여러분의 주님이십니까? 아니면 이런저런 방식으로 그리스도가 주님이시라는 사실을 부인하고 있습니까? 그리스도의 가르침을 거부하고 도덕 명령에 불순종하고 그분의 섭리에 반발하는 행위는 모두 예수 그리스도가 주님이심을 부인하는 행위입니다. 다른 지체들을 쥐고 흔들면서 통제하려 하거나 그들을 업신여기거나 재판관의 자리에 서려 하는 행위도 모두 예수 그리스도가 주님이심을 부인하는 행위입니다. 그리스도를 인정하지 않는 세상 사람들에게 복음을 전해야 할 사명을 저버리는 행위도 예수 그리스도가 주님이심을 부인하는 행위입니다. 그리고 어떤 식으로든 그리스도의 주 되심을 부인하는 것은 그리스도가 죽었다가 다시 살아나신 목적을 외면하는 것입니다. 그리스도가 죽었다가 다시 살아나신 것은 죽은 자와 산 자의 주가 되려 하심이기 때문입니다.

어떤 식으로든 그동안 망설이고 있던 것들을 그리스도에게 다 내어맡기겠습니까? 예수님은 "누구든지 나를 따라오려거든 자기를 부인하고 자기 십자가를 지고 나를 따를 것이니라"고 말씀하셨습니다. 그리스도의 주 되심을 부인하는 것은 있지도 않은 어둠에 몸을 숨기고 돌아다니는 것이나 다름없습니다. 예수 그리스도가 주님이심을 인정하는 것은 실재하는 햇빛으로 나오는 것이고, 오늘밤 우리가 살펴본 본문을 삶으로 구현하는 것입니다.

그리스도인 지도자로 부르심
고린도전서 1-4장

2000
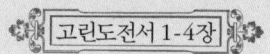
John Stott

교회의 이중성
고린도전서 1:1-17

서론

고린도전서를 중심으로 앞으로 다섯 번에 걸쳐 복음과 교회와 사역에 대해 살펴보려고 합니다. 시리즈 제목은 '그리스도인 지도자로 부르심'입니다. 우리는 저마다 지도자의 역할을 합니다. 우리 중에는 부모인 사람도 있고 교사인 사람도 있고 목사인 사람도 있고 모임의 리더인 사람도 있습니다. 모양은 달라도 저마다 리더십을 발휘하는 자리에 있습니다. 케직사경회에 모인 우리를 하나로 모으는 힘이 무엇일까 생각해보았습니다. 우리에게는 교회에 헌신한 사람들이라는 공통점이 있습니다. 물론 우리는 그리스도에게 헌신한 사람들입니다. 그리스도 안에서 우리는 하나입니다. 그러나 또한 우리는 그리스도의 몸인 교회에 헌신하고 있는 사람들입니다. 인종도 다르고 국적도 다르고 문화도 다르지만, 우리는 모두 그리스도인이 모인 공동체의 일원입니다. 나는 어느 교회에도 속하지 않은 그리스도인이라고 말하는 사람이 부디 없기를 바랍니다. 신약성경은 그런 기형아를 알지 못합니다. 우리가 교회에 헌신하는 이유는 하나님이 교회에 헌신하시기 때문입니다. 하나님은 고립된 개인을 구원한 다음 계속 외롭게 내버려두기를 원하지 않으십니다. 하나님은 교회를 세우기 원하십니다. 디도서 2장 14절에 나와 있듯이 그리스도가 우리를 위하여 죽으신 이유는 모든 불법에서 우리를 속량하실 뿐 아니라 우리를 깨끗하게 하사 선한 일을 열심히 하는 백성이 되게 하시기 위해서입니다.

바울이 본문에서 묘사하는 교회의 모습은 참으로 이중적입니다. 역설이 아닐 수 없습니다. 교회가 말하는 교회의 모습과 사람들 눈에 보이는 교회의 모습 사이에 팽팽한 긴장감이 감돌고 있습니다. 거룩한 이상과 지극히 인간적인 현실이, 그리스도의 신부에 관한 낭만적인 이야기와 추하고 다투기 좋아하고 거룩하지도 낭만적이지도 않은 사람들의 실상이 팽팽히 맞서고 있습니다. 하늘에서 최종적으로 이루게 될 영화로운 모습과 영광과는 거리가 먼 지금 우리의 행실이 긴장을 일으키고 있습니다. 이것이 교회의 이중성입니다.

사도 바울은 편지의 발신인과 수신인을 각각 "하나님의 뜻을 따라 그리스도 예수의 사도로 부르심을 받은 바울", "고린도에 있는 하나님의 교회"라고 설명합니다. 그리스도의 사도가 하나님의 교회에 편지를 쓰고 있는 것입니다.

바울 자신에 대한 묘사(1절)

바울은 열세 편의 서신 중 아홉 편에서 자신이 하나님의 뜻으로 말미암아 그리스도 예수의 사도가 되었다고 소개합니다. 이 '사도'라는 말을 우리는 어떻게 이해해야 할까요? 신약성경에서 이 단어는 세 가지 의미로 사용됩니다.

첫 번째는 예수님의 제자들을 가리키는 말로 딱 한 번 사용되었습니다. 예수님은 제자들에게 "보냄을 받은 자가 보낸 자보다 크지 못하나니"(요 13:16)라고 말씀하셨습니다. 여기에서 '보냄을 받은 자'에 해당하는 헬라어 단어가 '아포스탈로스*apostalos*'입니다. 흔히 '사도'로 번역되는 단어입니다. 보냄을 받은 자는 보낸 자보다 크지 못합니다. 우리는 모두 예수 그리스도의 복음을 다른 사람들과 나누라는 사도적 사명을 띠고 이 세상에 보냄을 받았습니다.

두 번째는 '교회의 사도들'을 가리키는 말로 서너 번 사용되었습니다. 그리스도의 사도들이 아니라 교회의 사도들입니다. 이들은 특정한 사명을 띠고 특정한 교회에 보냄을 받은 자들입니다. 우리는 이런 사람들을 선교사 또는 선교 동역자라고 부르는데, 바울은 에바브로디도를 가리켜 빌립보 교회의 '아포스탈로스'라고 부릅니다. 바울에 따르면 에바브로디도는 "너희 사자로 내가 쓸 것을 돕는 자", 교회의 사도입니다(빌 2:25). 고린도후서 8장 23절에도 "여러 교회의 사자들"이라는 표현이 나오는데, 헬라어 원문대로라면 '교회의 사도들'이라는 뜻입니다.

세 번째는 열두 제자와 바울과 야고보를 가리키는 말로 사용되었습니다. 신약성경에서 사도라는 말을 사용할 때는 대부분 열두 제자와 관련이 있습니다. 예수님이 그들을 사도로 칭하셨고 나중에 바울과 야고보가 여기에 추가되었습니다. 그들은 교회의 사도가 아니라 예수 그리스도의 사도입니다. 그들에게는 다른 이들과 다른 독특한 특징이 있습니다.

(a) 그들은 인간이나 교회가 아니라 예수 그리스도에게 직접 사도

로 선택받고 부르심을 받고 임명되었습니다.

(b) 그들은 역사적 예수를 직접 목격한 사람들입니다. 3년간 예수 그리스도의 공생애를 곁에서 목격했거나 적어도 그리스도의 부활을 목격한 자들입니다. 바울이 사도가 될 수 있었던 이유는 부활하신 주님을 보았기 때문입니다(고전 9:1). "내가 사도가 아닙니까?" 하고 바울은 말합니다. 역사적 예수를 보지 못했다면, 바울은 사도가 될 수 없었을 것입니다.

(c) 그들은 성령의 특별한 감동을 약속받았습니다. 예수님은 "보혜사 곧 아버지께서 내 이름으로 보내실 성령 그가 너희에게 모든 것을 가르치고 내가 너희에게 말한 모든 것을 생각나게 하리라"(요 14:26)고 약속하셨습니다. "진리의 성령이 오시면 그가 너희를 모든 진리 가운데로 인도하시리니"(요 16:13)라고 약속하셨습니다. 이 놀라운 약속은 사도들이 신약성경을 쓰는 과정에서 온전히 이루어졌습니다.

이들이 그리스도의 사도라는 독특한 지위를 유지하고, 그리스도의 사도로서의 독특한 권위를 갖고, 그래서 그들이 쓴 신약성경이 독특한 권위를 갖습니다. 이것이 참으로 중요합니다. 신약성경은 바로 사도들의 가르침입니다. 신약성경에 담긴 그들의 가르침은 확정된 형태로 우리에게 전수되었습니다.

자유주의자들은 때로 경솔하고 어리석은 말을 하곤 합니다. "글쎄, 그건 어디까지나 바울의 생각이고 내 생각은 이렇습니다. 바울은 1세기에 그리스도를 목격한 증인이고, 나는 21세기의 증인입니다." 그러면서 그들은 자기에게 사도들의 권위에 맞먹는 권위가 있다고 주장합니다. 최근 한 성공회 주교는 "우리가 성경을 썼습니다. 그러니 우리는 성경을 고쳐 쓸 수도 있습니다"라고 말했습니다. 미안하지만 틀렸습니다. 우리는 성경을 쓰지 않았습니다! 성경의 저자들은 교회의 이름으로 성경을 기록한 것이 아닙니다. 그들은 하나님의 이름으로 교회에 성경을 남겼습니다. 구약 시대 선지자들이 하나님의 이름으로 성경을 기록했듯이 신약 시대 사도들은 그리스도의 이름으로 성경을 기록했습니다. 우리가 그들의 가르침을 사람의 말이 아니라 하나님의 말씀으로 받아들이는 이유도 그 때문입니다.

지금부터 우리는 고린도전서 1-4장을 살펴볼 것입니다. 말씀을 공부할 때는 여러해살이풀이 가득한 화단을 돌아다니는 정원사처럼 마음에 드는 꽃은 뽑아 화분에 담고 마음에 들지 않는 꽃은 그냥 지나치는 태도를 취해서는 안 됩니다. 신약성경이 오류에 빠지기 쉬운 인간들이 쓴 오류가 있을 수 있는 기록이라고 생각해서는 안 됩니다. 모든 구절을 하나님의 말씀으로 인정하고 받아들여야 합니다. 말씀의 권위 앞에 겸손히 무릎을 꿇고 믿음과 순종의 자세로 하나님이 하시는 말씀에 귀를 기울여야 합니다. 신약성경은 사도들의 가르침이고, 사도들은 하나님의 말씀을 가르치기 때문입니다.

바울은 그리스도의 사도로 부르심을 받았습니다. 1절에서 바울은 소스데네도 언급하지만, 그를 두고는 사도라고 하지 않고 그냥 '형제'라고 말합니다. 소스데네는 바울과 같은 사도가 아니었습니다. 나로서는 지극히 신중하게 하는 말이지만, 사실 지금은 교회 안에 더 이상 사도가 없다고 말하려면 용기가 필요합니다. 물론 사도의 사역을 한다고 말할 수 있는 사람들은 있습니다. 이를테면 주교나 감독, 개척 선교사, 교회 개척자가 여기에 속합니다. 그러나 사도 바울이나 사도

요한, 사도 베드로에 견줄 만한 사도는 없습니다. 만일 요즘에도 그런 사도가 있다면, 그들의 가르침을 신약성경에 추가해야 마땅할 것입니다. 오늘날의 교회에는 사도의 권위를 지닌 사람은 아무도 없습니다. 이것이 그리스도의 사도들만 갖는 특징이고, 우리는 신약성경을 기록한 그들의 권위에 복종해야 합니다.

고린도 교회에 대한 묘사(2절)

'고린도에 있는 하나님의 교회'라는 표현은 얼핏 들으면 아무 문제가 없어 보이지만, 찬찬히 생각해보면 아주 놀라운 이야기입니다. 그런 도시에 그런 공동체가 있다니 기이하지 않습니까? 고린도에 있는 하나님의 교회라니요. 그렇다면 먼저 고린도라는 도시에 대해 알아봐야 할 것 같습니다. 고린도 지협에 자리하고 있는 이 도시는 전략적 요충지였습니다. 남북으로는 육로를, 동서로는 해로를 끼고 있었습니다. 제조업 도시이자 무역의 중심지였고 요즘으로 치면 올림픽과 같은 스포츠 경기를 2년마다 개최했습니다. 또한 고린도는 종교색이 짙은 도시였습니다. 고린도 뒤쪽에 있는 아크로코린트에는 아프로디테 신전이 버티고 있었고, 도심 한가운데에는 아폴로 신전이 버티고 있었습니다. 또한 고린도는 부도덕한 도시였습니다. '고린도화하다'라는 말이 부도덕한 삶을 산다는 뜻으로 쓰일 정도였습니다. 고린도는 로마 제국 아시아 주의 수도였기 때문에 정치적으로도 중요했습니다. 한마디로 고린도는 분주하고 부유하고 번화하고 방탕한 도시였습니다. 상인과 선원, 순례자와 운동선수, 관광객과 창녀로 북적였습니다.

그런데 이런 이교도의 도시에 사도 바울이 '하나님의 교회'라고 부르는 이들이 살고 있었습니다. 지극히 인간적인 공동체 한가운데에 하나님의 공동체가 자리하고 있었습니다. 그들은 고린도라는 인간적인 공동체에 소속되어 있는 동시에 하나님의 교회라는 거룩한 공동체에 소속되어 있었습니다. 악취 나는 진흙 속에서 향기로운 꽃이 자라나는 것에 비길 만큼 기이하고 놀라운 일이었습니다. 그들이 거하고 있는 두 거주지, 즉 그리스도와 고린도 사이에 긴장감이 흐르고 있습니다. 실재적인 거룩함과 잠재적인 거룩함, 객관적인 부르심과 주관적인 부르심이 팽팽한 긴장감을 만들어내고 있습니다. 하나님은 거룩하게 살라고 우리를 부르시고, 우리는 하나님께 거룩하게 해달라고 간청합니다. 하나님은 거룩한 백성이 되라고 우리를 부르시고, 우리는 하나님께 하나님의 이름에 걸맞은 유일한 하나님이 되어달라고 간청합니다. 하나님이 하나님이 되셔야만, 우리도 하나님이 의도하셨던 참 인간의 모습에 가까워질 수 있기 때문입니다.

이처럼 신약성경은 교회와 구원의 이중성에 대해 이야기합니다. 우리는 그리스도의 초림과 재림 사이에서 살고 있습니다. 그리스도가 처음 오셨을 때 하신 일과 다시 오실 때 하실 일 사이에서 살고 있습니다. 우리는 우리 가운데 임한 하나님나라와 임하고 있는 하나님나라 사이에서 살고 있습니다. 이미 시작된 하나님나라와 아직 오지 않은 완성된 하나님나라 사이에서 살고 있습니다. 우리의 이런 삶을 이해하는 데 핵심이 되는 본문이 고린도전서입니다. "어메이징 그레이스"를 작곡한 존 뉴턴John Newton이 언젠가 이런 말을 했습니다. "지금의 나는 내가 마땅히 되어야 할 나도 아니고 내가 되고 싶은 나도 아닙니다. 지금의 나는 내세에 내가 되고 싶은 내가 아니지만, 그렇다고 예전의 나도 아닙니다. 나는 하나님의 은혜로 오늘의 내가 되었습니다."

하나님의 뜻을 따라 그리스도 예수의 사도로 부르심을 받은 바울과 고린도에 대해 살펴보았으니 이제 이 둘을 함께 들여다봄으로써 바울과 고린도 교회의 관계를 알아보도록 합시다. 이 둘은 친밀하고 오래되고 다정하고 개인적이고 목회적인 관계를 맺고 있습니다. 바울과 고린도 교회의 관계는 주후 50년에 시작되었습니다. 바울은 2차 선교 여행 중에 고린도를 처음 방문했고 거기에 교회를 세웠습니다. 고린도전서 3장에 나온 비유를 빌려 말하자면, 바울이 고린도에 교회를 심었고 아볼로가 물을 주었습니다. 바울이 교회의 터를 다졌고 다른 이들이 그 터 위에 건물을 세웠습니다. 바울이 아비가 되었고 다른 이들이 후견인과 스승이 되었습니다. 바울은 수년간 고린도를 세 번 이상 방문했고, 비록 남아 있는 편지는 두 개뿐이지만 최소한 네 번 이상 고린도 교회에 편지를 썼습니다.

서두가 너무 길다고 생각할지도 모르지만, 본문으로 들어가기 전에 배경을 이해할 필요가 있어서 편지 발신인과 수신인에 대해 대략 살펴보았습니다. 이제 본문으로 들어가겠습니다. 바울은 먼저 교회에 인사하고(1-3절), 하나님께 감사한 다음(4-9절), 교회를 권면합니다(10-17절). 그리고 이렇게 인사와 감사, 권면으로 이루어진 세 단락에서 각각 그리스도인 공동체의 특징을 하나씩 끌어냅니다. 첫 번째는 거룩함이고, 두 번째는 은사, 세 번째는 연합입니다. 그럼 이 세 가지 특징을 하나씩 살펴보겠습니다.

교회에 건네는 인사 1-3절

인사말에서 바울은 교회의 거룩함을 강조합니다. 고린도에 있는 하나님의 교회라고 불렸던 이들을 가리켜 이번에는 그리스도 예수 안에서 거룩하여진 이들이라고 부릅니다. 완료 시제를 쓴 이유는 그들이 이미 그리스도 예수 안에서 거룩해진 사람들이기 때문입니다. 그런데 바울은 또한 그들이 성도라 부르심을 받은 자들, 거룩해지라고 부르심을 받은 자들이라고 말합니다. 여기에서 이중성이 드러납니다. 교회는 이미 거룩해졌는데 아직 거룩하지 않습니다. "우리의 주 곧 그들과 우리의 주 되신 예수 그리스도의 이름을 부르는 모든 자들"이 다 그러합니다. 하나님의 교회인 그리스도인 공동체는 이스라엘처럼 하나님의 거룩한 백성입니다. 교회 지체들은 하나님께 속한 자들로 따로 구별된 자들입니다. 하나님이 그들을 자기 백성으로 특별히 선택하셨습니다. 그들은 따로 구별되었고 거룩해졌으며 오직 하나님께 속해 있습니다. 그런데 또 한편으로 그리스도인 공동체에는 불결함이 아직 많이 남아 있습니다. 여전히 다투고 교만을 드러내고 안일함에 빠지고 부도덕한 일을 저지릅니다. 서로를 고소하고 공예배에서 무질서한 모습을 보이고 자기가 받은 은사를 자랑합니다. 고린도에 있는 이 거룩한 교회는 사실 하나도 거룩하지 않습니다. 이것이 첫 번째 이중성입니다.

교회를 향한 감사 4-9절

감사의 말을 전하면서 바울은 교회가 받은 은사를 강조합니다. 고린도 교회에 흠이 많은데도 바울은 좋은 점부터 이야기합니다. 4절에서 바울은 "내가 너희를 위하여 항상 하나님께 감사하노니"라고 말합니다. 바울이 하나님께 감사하는 이유가 무엇일까요? 우선, 바울은 그리스도 예수 안에서 고린도 교회에 주신 하나님의 은혜로 말미암아 감사합니다(4절). 이것은 틀림없이 고린도에 있는 그리스도인들이 받은 구원을 가리켜 하는 말입니다. 하나님의 은혜가 그들에게 임하여 그들을 구원했습니다. 다음으로 바울은 고린도 교회가 그리스도 안에서 모든 면에 풍족하게 된 것에 대하여 감사합니다(5절). 온갖 언변과 온갖 지식이 늘어난 것에 감사합니다. 마지막으로 바울은 그리스도에 관한 증언이 그들 가운데서 튼튼하게 자리 잡은 것을 두고 감사합니다(6절). 바울이 그리스도에 관하여 가르친 모든 것이 그들의 경험 속에서 사실로 입증되었습니다. 이렇듯 바울은 그들이 받은 하나님의 은혜와 모든 면에 풍족하게 된 것과 그리스도에 관한 자신의 증언이 그들 가운데서 견고해진 것을 두고 하나님께 감사하고 있습니다. 그들은 모든 은사에 부족함이 없었습니다(7절).

놀라운 이야기입니다. 지금까지의 이야기만 들으면 고린도 교회가 완벽해 보입니다. 모든 면에서 풍족하고 부족함이 전혀 없습니다. 물론 각 사람이 모든 은사를 전부 가지고 있는 것은 아닙니다. 고린도전서 12장에 잘 나와 있듯이 다양한 은사가 다양한 사람에게 주어졌습니다. 신약성경에서 언급하는 은사를 모두 합하면 무려 21가지에 이

럽니다. 따라서 개개인이 각자 모든 은사를 소유하고 있는 것은 아니지만, 각 교회는 필요한 은사를 모두 가지고 있습니다. 그러나 이야기는 여기서 끝이 아닙니다.

고린도 교회는 그리스도 안에서 은혜와 은사를 받고 모든 면에 풍족하게 되어 부족한 것이 하나도 없었습니다. 그렇다고 책망할 것이 없는 상태는 아직 아니었습니다. 그들이 우리 주 예수 그리스도의 나타나심을 간절히 기다리는 이유도 이 때문입니다. 그리스도가 이 땅에 오셔서 그들에게 모든 것을 주셨는데도 그들은 그리스도가 다시 오시기를 기다리고 있습니다. 그때에야 비로소 그들이 책망할 것이 없는 자들이 될 것이기 때문입니다. 마지막 날에 그들이 흠잡을 데 없는 사람으로 설 수 있도록 주님께서 그들을 끝까지 견고하게 세워주실 것입니다. 그렇다면 우리는 이것을 어떻게 확신할까요? 그것은 우리의 믿음 때문이 아니라 하나님의 미쁘심 때문입니다. "너희를 불러 그의 아들 예수 그리스도 우리 주와 더불어 교제하게 하시는 하나님은 미쁘시도다"(9절). 하나님은 우리에게 허락하신 그리스도와의 교제를 언젠가 완전하게 하실 것입니다. 하나님이 우리를 부르신 일은 과거에 일어난 사건이고, 그리스도와의 교제는 우리가 현재 누리고 있는 경험입니다. 그러면 그리스도와의 교제가 언젠가 완전해지리라는 사실을 확신하는 근거는 무엇일까요? 그것은 바로 하나님이 미쁘신 분이라는 사실입니다. 이처럼 바울은 9절에서 과거와 현재와 미래의 일을 이야기합니다. 이것이 교회의 두 번째 이중성입니다. 교회는 완전하나 아직 완전하지 않습니다. 우리가 예수 그리스도의 나타나심을 간절히 기다리는 이유도 이 때문입니다.

교회를 향한 권면 10-17절

고린도 교회 성도들에게 권면하면서 바울은 교회의 연합을 강조합니다. 여기에도 교회의 이중성이 있습니다. 연합을 이뤘다는 고린도 교회가 지금 나뉘어 있습니다. 현실과 이상 사이에 팽팽한 긴장이 흐르고 있습니다. 2절을 다시 살펴보겠습니다. 바울은 고린도에 있는 교회가 하나님의 교회들이 아니라 하나님의 교회라고 말합니다. 고린도에 가정 교회가 여럿 있었는지 우리로서는 알 수 없지만, 바울은 고린도 있는 교회를 '하나님의 교회'라고 말합니다. 고린도 교회는 나뉘지 않은 하나의 교회입니다. 하나님은 이렇게 말씀하십니다. "나에게는 단 하나의 교회가 있다. 이 교회는 그리스도의 몸이다. 성령이 거하는 전이다. 오직 하나의 교회, 나의 교회만 있다." 바울이 에베소서 4장에서 말한 대로 오직 하나의 가족만 있습니다. 아버지가 한 분이시기 때문입니다. 오직 하나의 몸만 있습니다. 그 몸에 내주하시는 성령이 한 분이시기 때문입니다. 오직 하나의 믿음, 하나의 소망, 하나의 세례만 있습니다. 우리가 믿는 예수 그리스도가 한 분이시고, 우리가 소망 중에 기다리는 예수 그리스도가 한 분이시고, 우리가 세례를 통하여 연합하는 예수 그리스도가 한 분이시기 때문입니다. 한 분이신 아버지가 하나의 가정을 만드시고, 한 분이신 그리스도가 하나의 믿음과 소망과 세례를 만드시고, 한 분이신 성령이 한 몸을 만드십니다. 케직사경회에서 우리가 증언하는 교회는 오직 하나입니다. 그래서 나중에 바울은 "너희는 하나님의 밭이다. 너희는 하나님의 성전이다. 너희는 그리스도의 몸이다"라고 말합니다. 밭과 성전과 몸은 모두 교회의 연합을 선언하는 말입니다.

그런데 우리는 하나인 교회를 나누어놓았습니다. 하나인 교회를 무수한 개인으로 나눠버렸습니다. 오직 하나뿐인 하나님의 교회를 여러 개로 나누어놓았습니다. 우리는 이것을 부끄러워해야 합니다. 글로에의 집 사람들이 바울에게 전한 소식에 따르면, 하나였던 고린도 교회가 당파를 지어 나뉘었습니다. 그래서 고린도 교회의 일로 말미암아 감사했던 바울이 이제 그들에게 호소합니다. 그들에게 긍정적인 평가를 내렸던 바울이 이제 그들을 꾸짖고 있습니다.

바울의 권면에서 우리는 무엇을 배울 수 있을까요? 바울은 고린도 교회를 '형제들'이라고 부릅니다(10-11절). 그들이 하나님의 가족이라는 사실과 하나님의 가정 안에서 모든 그리스도인은 한 형제라는 사실을 상기시킵니다. 문제는 하나님의 가족 구성원인 그들이 지금 행동으로 그 사실을 부정하고 있다는 점입니다. 여기에서 우리는 바울이 누구의 이름으로 권면하고 있는지 주목해야 합니다. 바울은 오직 우리 주 예수 그리스도의 이름으로 고린도 교회를 권면합니다. 이 이름은 모든 이름 위에 있는 이름이며, 모든 신자들이 부르는 이름이고(2절), 우리가 세례를 받은 바로 그 이름입니다(13, 15절). 고린도 교회 교인들은 인간의 이름을 불렀습니다. 저마다 "나는 바울에게, 나는 아볼로에게, 나는 게바에게 속한 자"라고 주장했습니다. 그러나 4-5세기의 위대한 교부 크리소스톰이 지적한 대로 "바울은 그들을 그리스도의 이름에 못 박고 있습니다." 바울과 아볼로와 베드로에게 쏟는 관심을 오직 한 분이신 예수 그리스도에게 돌리고 있습니다.

바울은 10절에서 다시 고린도 교회에 호소합니다. "모두가 같은 말을 하고 너희 가운데 분쟁이 없이 같은 마음과 같은 뜻으로 온전히 합하라." 이미 분쟁이 있는데도 바울은 "너희 가운데 분쟁이 없게" 하라고, "같은 마음과 같은 생각으로 뭉치라"고 말합니다. 그리고 11절에서 글로에의 집 사람들에게 들은 분쟁에 대해 좀 더 상세히 거론한 다음 12절에서 단호히 말합니다. "너희가 각각 이르되 나는 바울에게, 나는 아볼로에게, 나는 게바에게, 나는 그리스도에게 속한 자라 한다는 것이니 그리스도께서 어찌 나뉘었느냐. 바울이 너희를 위하여 십자가에 못 박혔으며 바울의 이름으로 너희가 세례를 받았느냐."

고린도 교회 안에서 바울파와 아볼로파와 베드로파를 자처했던 파당의 정체에 대해서는 많은 이야기가 오가고 있습니다. 어떤 이들은 각 파당이 신학적인 문제로 갈등했다고 보고 그 부분을 밝히려고 애씁니다. 그중 가장 유명한 이론이 19세기 독일 튀빙겐 대학의 신약학 교수 바우어F. C. Baur가 제시한 이론입니다. 바우어는 초대교회에 사도 바울이 이끄는 이방인파와 베드로가 이끄는 유대파가 있었다고 주장합니다. 그는 바울파와 베드로파, 이방인파와 유대파 사이에 다툼과 반목이 있었다고 보고, 이를 토대로 신약성경 전체를 해석했습니다. 바우어 교수가 이런 주장의 근거로 제시하는 본문이 지금 우리가 살펴보고 있는 고린도전서입니다. 그러나 본문에는 고린도 교회가 신학이나 교리 문제로 분열되었다는 증거가 없습니다. 사실 그들은 원리 때문이 아니라 사람 때문에 분열되었습니다. 그들은 서로 다른 지도자를 숭배하면서 자기네 지도자가 낫다며 자랑하고 우쭐해하고 서로 시기하는 통에 분열되었던 것입니다. 바울은 이런 소식을 듣고 심히 괴로웠습니다. 바울은 그들의 형제였습니다. 바울은 그들을 '나의 형제들'이라고 부릅니다. 바울은 그들의 주인이 아닙니다. 따라서 그들은 바울에게 속한 자라고 생각하면 안 되는 것이었습니다. 만일 교회에서 누가 누구에게 속해 있다면, 바울이 그들에게 속해 있는 것이지 그들이 바울에게 속해 있는 것이 아닙니다.

그렇다면 "나는 그리스도에게 속한 자라" 하고 외치는 경우는 어떨까요? 어떻게 고린도 교회 안에 있는 특정 당파가 우리 주 예수 그리스도를 독점한 양 "나는 그리스도에게 속한 자라"라고 말할 수 있을까요? 모든 그리스도인은 그리스도에게 속한 자입니다. 교회 안에 있는 특정 계파나 파당이 아니라 모든 그리스도인이 그리스도에게 속해 있습니다. 따라서 나는 고린도 교회 안에 "나는 바울에게, 나는 아볼로에게, 나는 베드로에게 속한 자"라고 자랑하는 세 부류의 파당이 있었던 것은 맞지만, "나는 그리스도에게 속한 자라"라고 외치는 파당이 있었다고는 보지 않습니다. 이 말은 바울이 고린도 교회의 소식을 듣고 화가 나서 던진 말입니다. "너희가 말하기를 나는 바울에게, 나는 아볼로에게, 나는 베드로에게 속한 자라고 하는데, 나로 말하면 한낱 인간 지도자가 아니라 그리스도에게 속한 자다."

이는 심각한 일이었습니다. 교리적 차이 때문에 분열이 시작된 것은 아니었지만, 결과적으로 그리스도와의 관계, 복음과의 관계, 세례와의 관계에 엄청난 차이가 생기고 말았습니다. 이 사실을 입증하고자 바울은 13절에서 세 가지 질문을 던집니다. 우리는 이 세 질문에 단호히 "아니오!"라고 대답해야 합니다.

(a) "그리스도께서 나뉘었는가?" J. B. 필립스는 이 구절을 "한 분 이상의 그리스도가 계시는가? 다른 그리스도가 많이 계시는가?"라고

번역합니다. C. K. 바렛C. K. Barrett은 이 구절을 "그리스도가 나뉘었는가? 그리스도를 나누어 교회 안에 있는 여러 집단이 몇 조각씩 나눠 가졌는가?"라고 번역합니다. 그런 일은 절대로 있을 수 없습니다. 그리스도는 오직 한 분이십니다.

(b) "바울이 너희를 위하여 십자가에 못 박혔는가?" 바울 안에서 구원을 받았고 바울이 십자가에 못 박혔다고 믿습니까? 아닙니다! 터무니없는 생각입니다. 우리를 위하여 십자가에 못 박히신 분은 예수 그리스도입니다. 우리가 믿어야 할 구원자는 예수 그리스도뿐입니다.

(c) "바울의 이름으로 너희가 세례를 받았는가?" 당연히 아닙니다! 세례는 그리스도에게 충성하는 것입니다. 우리는 그리스도 안에서 세례를 받았습니다. 로마서 6장에서 사도 바울이 분명히 말하듯이 우리는 그의 죽으심과 부활하심 안에서 그리스도와 합하여 세례를 받았습니다. 따라서 고린도 교회에서 벌어진 분열은 복음의 본질을 훼손시키는 행위였습니다. 그리스도가 한 분이시라는 사실을 부인하는 행위였습니다. 우리의 구원자가 되기 위하여 죽으신 분이 예수 그리스도 한 분이시고, 그리스도의 이름으로 우리가 세례를 받았다는 사실을 부인하는 행위였습니다. 교회가 분열되면 그리스도의 품위, 그리스도의 십자가, 그리스도의 이름이 모두 위태로워집니다. 고린도 교회 교인들은 그리스도를 모욕하고 있었습니다. 그리스도를 그분의 자리에서 몰아내고 한낱 인간을 그 자리에 대신 앉히고 있었습니다.

그럼 이제 14-17절로 넘어가겠습니다. 바울은 이 단락에서 세례 문제를 조금 더 다룹니다. 고린도에 있는 그리스도인들은 자기가 세례를 통해 연합하게 된 그리스도 예수를 희생시키고, 실제로 자기를 데리고 물에 들어가거나 물을 뿌림으로써 세례를 베푼 인간을 높이고 있었습니다. 쓸데없는 것을 강조한 탓입니다. 이런 소식을 전해 듣고 바울은 하나님의 섭리에 감사합니다. "나는 그리스보와 가이오 외에는 너희 중 아무에게도 내가 세례를 베풀지 아니한 것을 감사하노니 이는 아무도 나의 이름으로 세례를 받았다 말하지 못하게 하려 함이라. 내가 또한 스데바나 집 사람에게 세례를 베풀었고 그 외에는 다른 누구에게 세례를 베풀었는지 알지 못하노라"(14-16절). 누구에게 세례를 받았는지는 하나도 중요하지 않습니다. 세례에서 중요한 것은 우리에게 세례를 베푼 사람이 아니라 세례를 통해 우리가 연합하게 된 예수 그리스도입니다. 이어서 바울은 그리스도가 자기를 보내신 이유가 세례를 베풀게 하려는 것이 아니라 복음을 전하게 하려는 것이라고 덧붙입니다(17절).

바울은 지금 세례를 폄하하고 있는 것이 아닙니다. 바울은 세례를 제정하신 분이 예수 그리스도라는 사실을 알고 있고, 사람들에게 세례를 주라고 명하신 예수님의 명령을 잊지 않았습니다. 로마서 6장을 읽어보면 알 수 있듯이 바울은 세례를 중요하게 생각했습니다. 그러나 그리스도의 사도인 바울의 전문 분야는 세례 집전이 아니라 복음 전파였습니다. 바울은 지역 교회 목사가 아니라 개척 설교자였습니다. 바울의 전문 분야는 복음을 가시적으로 드러내는 세례가 아니라 복음 전파였습니다.

더구나 바울이 맡은 전도 사역은 말의 지혜로 하는 것이 아니었습니다. 복음을 말의 지혜로 전하지 않는 이유는 그리스도의 십자가가 헛되지 않게 하기 위해서입니다. 17절에서 바울은 자신이 두 가지를 포기했다고 말합니다. 먼저 그는 그리스도의 십자가를 위하여 세상의 지혜를 포기했습니다. 그는 세상의 지혜가 아니라 그리스도의 십자가를 설교했습니다. 또한 그는 고대 그리스·로마에서 유행하던 현란한 수사학을 포기했습니다. 바울은 인간의 수사학 대신 성령의 능력을 의지했습니다. 내용 면에서는 인간의 철학을 포기하고 형식 면에서는 인간의 수사학을 포기했습니다. 여기에 대해서는 뒤에 더 자세히 나옵니다. 19세기 중반에 출간한 주석에서 찰스 하지는 이렇게 말했습니다. "바울은 헬라 학파를 따르는 철학자도 아니었고 수사학자도 아니었다."

결론

혹시나 여러분이 교회의 이중성을 없애야 한다고 생각하지는 않을까 염려됩니다. 성경적인 그리스도인은 완벽주의자가 아닙니다. 우리는 교회가 이 땅에서 완벽해지기를 바라서는 안 됩니다. 빌리 그레이엄Billy Graham이 이런 말을 했습니다. "부디 완벽한 교회를 찾아라. 그런 교회를 찾으면 거길 다녀라. 그러나 당신이 들어간 순간 그 교회는 더 이상 완벽하지 않다는 사실을 기억하라." 또한 성경적인 그리스도인은 패배주의자나 비관주의자가 아닙니다. 그리스도인은 공동체 안에 있는 죄와 실수를 보고 별것 아니라는 듯 용인해서는 안 됩니다.

완벽주의자에게는 이렇게 말해야 합니다. "교리적, 도덕적으로 교회의 순결을 추구하는 것은 바람직한 일이다. 그러나 이 세상에서 교회가 완벽해질 수 있다고 생각하는 것은 잘못이다. 그리스도가 오셔서 교회를 그리스도의 신부로 세우사 티나 주름 잡힌 것이 없이 거룩하고 흠이 없게 하시기 전까지 교회는 결코 완벽해질 수 없다." 패배주의자와 비관주의자들에게는 이렇게 말해야 합니다. "교회 안에 죄와 실수가 있을 수 있다는 사실을 인정하는 것은 잘한 일이다. 공동체의 죄를 못 본 척하고 완벽한 척하지 않는 것은 잘하는 일이다. 하지만 죄를 용인하는 것은 잘못이다." 잘못된 것을 보면 징계해야 하고 극단적인 경우에는 공동체에서 내보내야 합니다. 예수 그리스도가 하나님의 아들임을 부인하고 성육신을 부인하는 것은 적그리스도입니다. 적그리스도와는 교제할 수 없습니다. 하나님의 은혜의 복음을 부인하거나 반박하는 행위는 저주를 받아야 마땅합니다. 바울은 복음을 부인하는 자들을 심판해달라고 하나님께 촉구합니다. 그리스도의 품위와 사역에 관해서는 어떠한 실수나 죄도 용인해서는 안 됩니다.

   이것이 교회의 이중성입니다. 교회는 거룩해졌으나 여전히 죄가 있고 거룩해지라는 부르심을 받았습니다. 교회는 모든 면에 풍족하게 되었으나 여전히 결함이 있고 그리스도의 재림을 간절히 기다리고 있습니다. 교회는 연합되었고 하나님의 교회는 하나뿐이나 여전히 쓸데없이 분열되어 있습니다. 이렇듯 우리는 이미 임한 하나님나라와 임하고 있는 하나님나라 사이에서 살고 있습니다. 거룩한 이상과 지극히 인간적인 현실 사이에서, 이미 이루어진 것과 아직 완성되지 않은 것 사이에서 살고 있습니다. 그리스도가 다시 오실 때에야 비로소 이상이 현실이 되고, 교회의 이중성이 사라질 것입니다. 할렐루야!

약함을 통한 능력
고린도전서 1:18-2:5

서론

본문에서 능력을 언급한 다섯 절을 먼저 찾아보겠습니다.

"그리스도께서 나를 보내심은 세례를 베풀게 하려 하심이 아니요 오직 복음을 전하게 하려 하심이로되 말의 지혜로 하지 아니함은 그리스도의 십자가[십자가의 능력]가 헛되지 않게 하려 함이라"(1:17).

"십자가의 도가 멸망하는 자들에게는 미련한 것이요 구원을 받는 우리에게는 하나님의 능력이라"(1:18).

"오직 부르심을 받은 자들에게는 유대인이나 헬라인이나 그리스도는 하나님의 능력이요 하나님의 지혜니라"(1:24).

"내 말과 내 전도함이 설득력 있는 지혜의 말로 하지 아니하고 다만 성령의 나타나심과 능력으로 하여"(2:4).

"너희 믿음이 사람의 지혜에 있지 아니하고 다만 하나님의 능력에 있게 하려 하였노라"(2:5).

고린도후서에도 능력을 언급한 구절이 나옵니다.

"우리가 이 보배를 질그릇에 가졌으니 이는 심히 큰 능력은 하나님께 있고 우리에게 있지 아니함을 알게 하려 함이라"(4:7).
"나에게 이르시기를 내 은혜가 네게 족하도다. 이는 내 능력이 약한 데서 온전하여짐이라 하신지라. 그러므로 도리어 크게 기뻐함으로 나의 여러 약한 것들에 대하여 자랑하리니 이는 그리스도의 능력이 내게 머물게 하려 함이라"(12:9).

위에 있는 구절은 모두 능력을 언급하는 구절들입니다. 모두 하나님의 능력이나 그리스도의 능력, 십자가의 능력, 성령의 능력을 언급하고 있습니다.

사람들은 능력을 이야기하면 금세 솔깃해합니다. 우리가 살고 있는 이 세상이 능력을 떠받드는 탓입니다. 돈과 명예와 영향력을 손에 넣으려는 야망 뒤에는 능력에 대한 욕망이 도사리고 있습니다. 어디에서나 능력에 대한 갈망을 엿볼 수 있습니다. 정치계와 공직 생활은 물론이고 사업과 산업, 직장 생활, 무당이나 주술사가 은밀한 능력을 이용해 돈을 벌던 원시 사회에서도 능력에 대한 갈망이 나타납니다.

그리고 불행히 교회 안에서도 능력에 대한 갈망을 엿볼 수 있습니다. 고위 성직자들 사이에서 권력 투쟁이 벌어지기도 하고 교파 간에 분쟁이 일어나기도 합니다. 일부 교회에서는 성직자가 모든 권력을 손에 쥐고 평신도들이나 젊은이들과 나누려 하지 않습니다. 전 세계에 걸쳐 제국의 확장을 꿈꾸는 선교 단체도 있습니다. 아담의 후손이 차지하기에는 너무나 위험한 설교단에서도 능력에 대한 갈증을 엿볼 수 있습니다. 능력은 알코올보다 취하기 쉽고 마약보다 중독성이 강합니다. 액튼 경Lord Acton이 지적한 대로 "권력은 부패하기 쉽고 절대권력은 절대적으로 부패합니다."

액튼 경은 19세기 정치인으로 윌리엄 글래드스턴William Gladstone 수상의 친구이자 고문이었습니다. 그는 권력에 대한 욕망 때문에 민주주의가 훼손되는 모습을 보고 무척 괴로워했습니다. 로마 가톨릭 교도였던 액튼 경은 1870년에 1차 바티칸 공의회에서 교황의 무오성을 결의하자 극렬히 반대했습니다. 액튼 경은 당시 권력이 교회를 부패시키고 있는 것이라 생각했습니다.

로마 가톨릭에서 복음주의권으로 눈을 돌리면 능력에 굶주린 복음주의자들이 눈에 들어옵니다. 성령의 능력을 갈구하는 모습도 보입니다. 솔직히 이야기해보십시오. 우리는 대체 무엇 때문에 능력을 받고 싶어 하는 것일까요? 정말로 복음의 증인이 되기 위하여 능력을 받고 싶어 하는 것일까요? 정말로 거룩해지기 위해서 능력을 받고 싶어 하는 것일까요? 겸손히 섬기기 위해서 능력을 받고 싶어 하는 것이 맞습니까? 혹시 자기 자신을 드러내려는 야망 때문에 능력을 탐하는 것은 아닙니까? 거드름을 피우기 위해 능력을 갖고 싶어 하는 것은 아닙니까? 사람들에게 깊은 인상을 남기고 사람들을 지배하고 조종하기 위해 능력을 탐하는 것은 아닙니까? 능력에 대한 욕망은 너무나 위험합니다. 능력을 탐하다 보면 복음주의가 겉모습만 그럴싸하게 치장된 제국주의로 전락할 수 있습니다. 하나님나라를 세우는 대신 인간의 제국을 세울 수 있습니다. 그리스도인이 꿈꿀 수 있는 제국주의는 오직 하나뿐입니다. 우리의 구원자이신 주 예수 그리스도가 다스리시는 나라에 대한 열망 말입니다. 그 외에 다른 제국주의는 모두 죄악입니다.

성경은 권력을 휘두르는 것에 대해 분명히 경고하고 있습니다. 구약성경에서 유대 왕 웃시야는 "기이한 도우심을 얻어 강성하여졌"습니다. 그런데 힘이 세지자 교만해지더니 악한 일을 저질렀습니다. 이와 반대로 신약성경에서 우리 주 예수 그리스도는 겸손함과 약함의 상징입니다. 예수님은 이렇게 말씀하셨습니다.

> 이방인의 집권자들이 그들을 임의로 주관하고 그 고관들이 그들에게 권세를 부리는 줄을 너희가 알거니와 너희 중에는 그렇지 않을지니 너희 중에 누구든지 크고자 하는 자는 너희를 섬기는 자가 되고 너희 중에 누구든지 으뜸이 되고자 하는 자는 모든 사람의 종이 되어야 하리라. 인자가 온 것은 섬김을 받으려 함이 아니라 도리어 섬기려 하고 자기 목숨을 많은 사람의 대속물로 주려 함이니라(막 10:42-45).

다시 말해 예수님은 능력을 행사하기 위해서가 아니라 능력을 포기하기 위해 오셨습니다. 섬김을 받으러 오신 것이 아니라 도리어 섬기고 주기 위해서 오셨습니다.

세상의 지성은 기독교가 겸손함과 약함을 강조할 때 가장 크게 반발합니다. 세상의 지혜는 겸손이 아니라 능력을 귀히 여깁니다. 사실은 우리들도 능력을 중시하는 니체의 철학에 생각보다 깊이 빠져 있습니다. 아리아인의 융성을 꿈꾸던 니체는 아리아인을 강인하고 사내

답고 권세 있는 자들이 되게 해줄 능력을 숭배했습니다. 니체는 연약하다는 이유로 예수님을 경멸했습니다. 니체의 이상은 '위버멘쉬Übermensh', 즉 초인이었습니다. 반대로 예수님의 이상은 어린아이였습니다. 초인과 어린아이 사이에서 타협할 수 있는 여지는 없습니다. 둘 중 하나를 선택해야 합니다.

본문을 이해하려면 능력에 대한 이런 욕망을 염두에 두어야 합니다. 고린도서의 핵심 주제는 세상의 능력과는 전혀 다른 약함을 통한 능력입니다.

사도 바울은 이 원리를 세 가지로 제시합니다.

(1) 복음 안에 나타난 약함을 통한 능력(1:17-25). 십자가의 약함이 하나님의 능력이기 때문이다.
(2) 회심한 자들에게 나타난 약함을 통한 능력(1:26-31). 하나님은 약한 것들을 택하여 강한 것들을 부끄럽게 하신다.
(3) 복음 전도자 바울에게 나타난 약함을 통한 능력(2:1, 5). 바울은 성령의 능력이 나타나기를 바라며 약하고 떨리는 마음으로 사람들에게 복음을 전했다(3-4절).

이처럼 복음과 회심자와 선포자, 다시 말해 복음과 복음을 받아들이는 사람과 복음을 전하는 자가 동일한 원리를 나타냅니다. 하나님의 능력은 인간의 약함 가운데 나타납니다. 이것이 고린도전서의 주제입니다. 우리가 이 원리를 받아들이고 이 원리에 따라 살게 되기를 바랍니다.

복음 안에 나타난 약함을 통한 능력 1:17-25

메시지를 전달하는 사람은 누구나 두 가지 질문에 답해야 합니다. "무엇을 말할 것인가?" "어떻게 말할 것인가?" 첫 번째 질문은 전달하는 메시지의 내용을 묻는 것이고, 두 번째 질문은 메시지를 전달하는 방식을 묻는 것입니다. 1세기 그리스·로마 문화에서 이 질문을 던지면 바로 답이 튀어나왔습니다. 전달할 것은 철학이었고 전달하는 방법은 수사학이었습니다. 즉 말씨와 표현을 정교하게 다듬어야 했습니다. 그러나 바울은 망설임 없이 이 둘을 다 포기했습니다. 바울은 '말의 지혜'로 복음을 선포하지 않기로 했습니다(17절). 인간의 철학 대신 십자가를 전했고, 인간의 수사학 대신 성령의 능력을 의지했습니다. 십자가는 하나님의 능력인 동시에 하나님의 지혜였습니다. 바울은 이 사실을 18-21절에서, 그리고 22절과 25절에서 계속 반복합니다. 그만큼 중요하기 때문입니다.

먼저 21절에서 바울은 이 세상이 자기 지혜로 하나님을 알지 못한다고, 하나님은 전도의 미련한 것으로 믿는 자들을 구원하기를 기뻐하신다고 말합니다. 그리고 22-25절에서는 십자가의 미련함과 약함을 통한 능력이라는 주제를 조금 더 풀어 설명합니다. 본문에서 바울은 인간을 세 부류로 나누고 결정적인 차이를 설명합니다.

첫째, 유대인은 표적을 구한다(22절). 유대인은 로마 군대를 지중해에 몰아넣어 몰살시키고 이스라엘이 잃어버린 주권을 되찾아줄 정치적 메시아를 고대하고 있었습니다. 그래서 혁명가나 메시아를 자처하는 사람에게는 항상 확실한 증거를 대라고 요구했습니다. "우리가 메시아에게 기대하는 일을 할 수 있다는 표적을 보여라. 로마군을 이 땅에서 몰아낼 수 있다는 표적을 보여라." 유대인들이 예수님에게 "선생님이여, 우리에게 표적 보여주시기를 원하나이다"라고 말한 이유도 그 때문입니다.

둘째, 헬라인은 지혜를 찾는다(22절). 그리스에는 예전부터 철학이 발달되어 있었습니다. 헬라인들은 생각의 자유를 신봉했습니다. 그래서 조리 있어 보이기만 하면 새로운 사상과 추측에 열심히 귀를 기울였습니다. 유대인들이 능력을 구하듯 헬라인들은 지혜를 찾았습니다.

셋째, 유대인과 이방인을 막론하고 그리스도인들은 십자가에 못 박힌 그리스도를 전한다(23절). 동사에 주목하십시오. 유대인은 구하고 헬라인들은 찾지만, 그리스도인은 전합니다. 그리스도인이 전하는 것은 우리를 위해 십자가에 못 박히신 메시아입니다. 십자가에 못 박힌 메시아 말입니다! 전혀 어울리지 않는 둘을 결합시킨 말입니다. 로마군을 이 땅에서 몰아낼 메시아가 어떻게 십자가에 못 박힐 수 있단 말입니까? 메시아라는 단어는 능력, 영광, 승리를 의미하는 반면, 십자가형을 당한다는 것은 약함, 굴욕, 패배를 의미합니다. 둘은 전혀 어울리지 않습니다.

사람들은 십자가에 못 박힌 그리스도를 전하는 메시지에 다양하게 반응했습니다. 유대인에게 십자가에 못 박힌 그리스도는 거리끼는 것이었습니다. 그들은 말을 타고 군대를 이끄는 군사적 메시아를 기대하고 있었습니다. 그런데 한심하게 십자가에 못 박힌 약골이 메시아라니 말이 됩니까. 유대 민족의 자존심을 짓밟고 모욕하는 말이었습니다. 어떻게 하나님이 보낸 메시아가 하나님의 백성에게 정죄를 받고 생을 마감할 수 있단 말입니까? 어떻게 메시아가 하나님의 저주를 받고 십자가에 못 박혀 죽을 수 있단 말입니까? 있을 수 없는 일이었습니다. 십자가에 못 박힌 메시아는 상상도 할 수 없었습니다. 메시아와 십자가는 함께할 수 없는 단어였습니다. 메시아가 십자가에 못 박힌다는 것은 말도 안 되는 소리였습니다. 능력을 숭배하는 유대인에게 십자가는 거리끼는 것이었습니다.

그런가 하면 이방인에게 십자가에 못 박힌 그리스도는 미련한 것이었습니다. 고대 로마에서 십자가형은 단순히 고통스러운 처형 방식이기만 한 것이 아니었습니다. 노예나 범죄자들과 같은 사회의 쓰레기들이나 당하는 치욕이었습니다. 자유인이나 로마 시민이 십자가형을 당하는 경우는 없었습니다. 하나님의 아들이 십자가에 매달려 죽는 것은 상상도 할 수 없었습니다. 고대 로마의 웅변가 키케로가 이런 말을 했습니다. "로마 시민이 십자가에 매달려 처형당하는 경우는 없기에 로마 시민에게는 십자가라는 것 자체가 존재하지 않았다. 그들은 십자가형에 대해 생각조차 하지 않았다. 십자가에 달리는 모습을 볼 일도 거기에 대해 이야기하는 소리를 들을 일도 없었다." 따라서 그들에게는 십자가에 못 박혀 죽는다는 개념이 너무나 끔찍했습니다.

그러나 유대인이든 이방인이든 하나님의 백성이라 불리는 사람들에게는 십자가에 못 박힌 그리스도가 약함이 아니라 하나님의 능력입니다(24절). 미련한 것이 아니라 하나님의 지혜입니다. "하나님의 어리석음이 사람보다 지혜롭고 하나님의 약하심이 사람보다 강하니라"(25절).

우리가 살펴보고 있는 이 본문은 지금 우리에게 정말로 적합한 말씀입니다. 1세기에 살던 유대인이나 헬라인은 이미 사라지고 없지만, 지금 이 시대에도 그들과 같은 부류의 사람이 너무나 많습니다. 니체처럼 능력을 숭배하는 사람들에게 십자가는 여전히 거리끼는 것입니다. 그들은 자기 힘으로 하늘나라에 갈 수 있다고 자신합니다. 설령 자기 힘으로 구원을 얻을 수 없다 하더라도 최소한 구원을 받는 데 이바지할 수는 있다고 자신합니다. 40대에 생을 마감한 캔터베리의 대주교 윌리엄 템플William Temple은 죽기 전까지 이렇게 말했습니다. "행여 구원에 이바지한 요소가 내게 있다면, 그것은 구원을 받아야 할 필요성, 즉 죄뿐이다." 구원은 전적으로 하나님의 선물입니다. 우리는 거저 주시는 이 선물을 겸손하게 받아야 합니다.

케임브리지 대학에 다닐 때 친구에게 이 사실을 설명하려고 애썼던 기억이 납니다. 말솜씨가 좋고 귀족적인 분위기가 풍기는 학생이었습니다. 저는 그에게 구원을 받기 위해 그가 할 수 있는 일이 아무것도 없다고 말하고 있었습니다. 그런데 느닷없이 그가 고래고래 소리쳤습니다. "소름끼치게 싫어! 싫어! 싫다고!" 어안이 벙벙했습니다. 제가 그에게 소름끼치는 이야기를 했다는 생각은 꿈에도 하지 못했습니다. 하지만 그날 그런 경험을 하게 해주신 것에 대해 하나님께 감사했습니다. 그 일을 계기로 인간의 마음이 얼마나 교만한지 어렴풋이나마 알게 되었기 때문입니다. 우리는 능력을 너무나 사랑하기에 자기 힘으로 구원에 이르고 싶어 합니다. 그러나 십자가는 그것이 불가능하다고 말합니다. 그리스도는 우리를 구원하기 위해 이 땅에 오셔서 십자가에 못 박혀 죽으셨습니다. 우리 힘으로는 구원을 얻을 수 없기 때문입니다. 그래서 도덕적으로 거만한 사람들에게 십자가는 거리끼는 것입니다.

십자가는 지적으로 거만한 사람들에게도 미련한 것입니다. 옥스퍼드 대학 철학자 앨프리드 에이어Alfred Ayer는 기독교를 싫어했고 틈만 나면 복음을 모욕했습니다. 논리실증주의의 선구자로 불리는 그는 《언어, 진리, 논리Language, Truth and Logic》라는 책에서 이렇게 말했습니다. "역사상 존재했던 모든 종교 중에 기독교를 최악으로 꼽을 만한 타당한 이유가 있다. 기독교는 원죄와 대속이라는 교리에 의존하는데, 이 교리는 지적으로는 경멸스럽고 도덕적으로는 가당치 않다." 이것이 우리가 소중히 여기는 복음입니다. 지적으로 볼 때 경멸스럽고 도덕적으로 볼 때 가당치 않습니다. 이것이 복음을 바라보는 세상의 지혜입니다.

하나님의 백성에게 십자가는 약함이 아니라 능력이고, 미련한 것이 아니라 지혜입니다. 십자가는 하나님의 능력입니다. 하나님은 십자가를 통해 스스로 구원에 이를 수 없는 인간들을 구원하시기 때문입니다. 십자가는 하나님의 지혜입니다. 하나님은 십자가를 통해 죄와 죄책이라는 우리의 문제만이 아니라 하나님 자신의 문제도 해결하셨기 때문입니다. 하나님의 문제 혹은 하나님의 딜레마라는 말은 틀린 말이 아닙니다. 우리는 이 딜레마를 피할 수 없습니다. 하나님의 딜레마는 하나님의 성품, 즉 하나님의 거룩한 사랑에서 비롯된 것입니다. 어떻게 죄인들을 향한 사랑을 포기하지 않고, 죄를 심판하고 벌하는 거룩한 성품을 드러낼 것입니까? 어떻게 죄를 심판하는 의로움을 포기하지 않고 죄인들을 용서하는 사랑의 성품을 드러낼 것입니까? 어떻게 해야 정의로운 하나님이자 구원자가 될 수 있습니까? 이 질문에 대한 하나님의 대답이 바로 십자가입니다. 하나님은 십자가에서 우리 대신 죄를 짊어지고 우리를 대신해 죽으셨으며 우리가 진 빚을 대신 갚으셨습니다. 하나님은 십자가에서 의로우심(롬 3:25)과 사랑(롬 5:8)을 모두 나타내셨습니다. 그리고 이렇게 의로우심과 사랑을 나타내시는 가운데 하나님의 지혜를 드러내셨습니다. 하나님의 지혜는 십자가의 미련함에서 나타나고, 하나님의 능력은 십자가의 약함에서 나타납니다.

회심한 자들에게 나타난 약함을 통한 능력 1:26-31

바울은 고린도에 있는 그리스도인들에게 복음과 복음의 약함에 대해 생각하라고 말했습니다. 이제 바울은 그들에게 자기 자신과 자신의 약함에 대해 생각하라고 말합니다. 고린도에 있는 그리스도인들의 처지를 살펴보십시오. "형제들아, 너희를 부르심을 보라. 육체를 따라 지혜로운 자가 많지 아니하며 능한 자가 많지 아니하며 문벌 좋은 자가 많지 아니하도다"(26절). 고린도에 있는 그리스도인들은 교육을 많이 받은 사람들도 아니었고 사회에서 영향력이 있는 사람들도 아니었습니다. 그들은 특별히 지혜롭거나 능력이 있는 사람들이 아니었습니다. 사실은 그 반대였습니다. "그러나 하나님께서 세상의 미련한 것들을 택하사 지혜 있는 자들을 부끄럽게 하려 하시고 세상의 약한 것들을 택하사 강한 것들을 부끄럽게 하려 하시며 하나님께서 세상의 천한 것들과 멸시받는 것들과 없는 것들을 택하사 있는 것들을 폐하려

하시나니"(27-28절). 앞에 나왔던 미련함을 통한 지혜, 약함을 통한 능력이 똑같이 반복됩니다.

하나님이 이런 일을 행하시는 이유는 무엇일까요? 하나님은 왜 약하고 어리석고 천한 사람들을 택하셨을까요? 그 이유는 누구도 하나님 앞에서 자랑하지 못하게 하기 위해서입니다. 구원은 오로지 하나님에게 속한 것임을 분명하게 드러내기 위해서입니다. 그들은 아름다운 깃털을 펼쳐 보이며 자기 힘으로 하늘에 이르렀다고 과시하는 공작새처럼 거들먹거릴 수 없습니다. 하나님은 그 누구도 자기 앞에서 자랑하지 못하게 하시려고 약하고 어리석은 자들을 선택하셨습니다. 그들은 "하나님께로부터 나서 그리스도 예수 안에 있"습니다(30절). 그들이 스스로 그리스도와 연합한 것이 아니라 하나님이 그들을 그리스도와 연합하게 하셨습니다. 그리하여 예수 그리스도는 우리를 위하여 하나님의 지혜가 되셨습니다. 우리를 의롭게 하시고 거룩하게 하시고 영화롭게 하시는 하나님의 능력이 되셨습니다. 과거와 현재와 미래의 구원, 즉 칭의와 성화와 영화는 모두 십자가를 통해 나타난 하나님의 순전한 은혜와 지혜와 능력에서 나온 것입니다. 이 얼마나 놀라운 이야기입니까! 바울은 예레미야 9장을 인용하여 이렇게 말합니다. "자랑하는 자는 주 안에서 자랑하라"(31절). 하나님 외에는 자랑할 수 있는 것이 아무것도 없습니다.

본문을 통해 우리는 고린도에서 회심한 사람들이 대부분 사회 하류층이라는 것을 알 수 있습니다. 그들은 지식인도 유력 인사도 귀족도 아니었습니다. 대부분 교육을 받지 못하고 힘이 없는 자들이었습니다. 사회에서 멸시받는 자들이었습니다. 아마도 대부분은 노예였을 것입니다. 복음이 그들에게 이르러 그들을 구원하고 변화시켰다는 사실은 '약함을 통한 능력'의 원리를 잘 보여줍니다. 그렇다고 하나님이 똑똑하거나 부유하거나 영향력이 있거나 명망이 높은 사람들은 구원하지 않으신다는 말입니까? 그렇지 않습니다. 바울이 대표적인 예외다. 그는 다소에 살던 지식인이었습니다. 아주 지적이고 상류층에 속하던 바울도 구원받았습니다. 누가가 사도행전 18장에서 이야기하듯 고린도에서 살던 회당장 그리스보도 회심했습니다. 로마서 16장 23절에는 "나와 온 교회를 돌보아주는 가이오도 너희에게 문안하고 이 성의 재무관 에라스도와 형제 구아도도 너희에게 문안하느니라"라는 구절도 나옵니다. 가이오는 온 교회를 돌볼 수 있을 만큼 부자였고, 에라스도는 도시의 재무를 맡고 있는 고위 관리였습니다. 유대에 있는 가난한 교회를 넉넉히 후원하라고 권면하는 것으로 보아 고린도에도 부유한 그리스도인이 있었을 것입니다. 따라서 하나님이 많이 배우고 부유하고 힘 있는 사람들을 구원하지 않으신다고 말할 수는 없습니다. 바울은 "지혜로운 자가 많지 아니하며 능한 자가 많지 아니하며 문벌 좋은 자가 많지 아니하도다"라고 말할 뿐 그런 사람이 아예 없다고 말하지 않습니다. 18세기 복음주의자이자 웨슬리와 휫필드의 친구로서 영국 상류층에 복음을 전하려고 애썼던 백작부인 셀리나는 "many라는 글자에 들어 있는 'm'으로 말미암아 하나님께 감사한다"고 말했습니다.

그렇다면 우리는 어떤 결론을 내려야 할까요? 학생이나 전문가와 같은 엘리트 집단에 복음을 전하는 것은 잘못된 일입니까? 그렇지 않습니다. 바울이 말하려는 요지는 하나님의 능력이 약한 자들을 구원하는 데서 나타난다는 것입니다. 그러므로 강한 자들이 구원받기를 원한다면, 먼저 약해져야 합니다. 자기 힘으로 구원에 이를 수 없다는 사실을 인정해야 합니다. 사회에서 영향력이 있고 부유하고 아무리 똑똑하더라도 자기 힘으로는 구원에 이를 수 없다는 사실을 겸손하게 인정해야 합니다. 인간은 자기 힘으로 구원에 이를 수 없을뿐더러 티끌만큼도 구원에 이바지할 수 없습니다. 이 사실을 인정하지 않으면 하나님의 은혜가 임하지 않을 것입니다. 예수님이 말씀하셨듯이 하나님나라는 어린아이들의 것입니다. 따라서 어른이 하나님나라에 들어가려면 어린아이와 같이 되어야 합니다. 어린아이들과 어린아이와 같이 자기를 낮추는 자들만 하나님나라의 시민이 될 수 있기 때문입니다(마 18:3-4 참고). 루터는 이 사실을 아주 잘 알고 있었습니다. "갇힌 자만이 자유하게 될 것이고, 가난한 자만이 부유해질 것이고, 약한 자만이 강해질 것이고, 겸손한 자만이 높임을 받을 것이고, 비어 있는 곳만 채워질 것이고, 아무것도 아닌 것만이 무언가가 될 것이다."

복음 전도자에게 나타난 약함을 통한 능력 2:1-5

고린도에서 회심한 자들만 약하고 힘이 없었던 것이 아니라 사도 바울도 약하고 힘이 없었습니다. 허드슨 테일러Hudson Taylor는 이렇게 이야기했습니다. "하나님의 거인들은 하나같이 약한 사람들이었습니다." 스스로 지극히 큰 사도라 여기던 거짓 교사들과는 너무나 다른 모습입니다. 거짓 교사들은 사도 바울과 전혀 다른 부류였습니다. 그들은 교만하고 거만했으며 자신만만했습니다. 자신의 지혜와 권위와 능력을 자랑했습니다.

여기서 우리는 당시의 문화적 배경에 주목해야 합니다. 그리스·로마 세계에서는 수사학이 아주 체계적인 학문이었습니다. 고등 교육에서 가장 우선시하는 과목이 수사학이었습니다. 사람들은 토론회나 법정이나 장례식에서 현란한 수사법을 동원했습니다. 대중은 현란한 수사를 즐겼습니다. 도널드 카슨Donald Carson 박사가 지적한 대로 "당시 수사학의 인기가 얼마나 대단했는지 21세기를 사는 우리로서는 제대로 이해하기 어려울 정도"입니다. 나중에는 수사학 자체를 즐겼습니다. 진지한 내용 없이 그저 현란한 말을 주고받는 것만으로도 즐거워했습니다. 소피스트는 본래 말의 요지보다 표현법을, 내용보다 형식을 강조하던 그 시대의 웅변가였습니다.

상황이 이렇다 보니 고린도에 있는 그리스도인들도 수사학을 중시하는 문화에 동화되어 있었습니다. 그들은 바울의 연설을 세상의 기준으로 평가했습니다. 그러나 바울은 내용보다 형식에 초점을 맞추어 청중을 즐겁게 하는 수사학을 사용하지 않기로 결심했습니다. 바울은 두 가지를 포기했습니다. "말의 지혜로 하지 아니하고"(1:7), "말과 지혜의 아름다운 것으로 아니하기로"(2:1) 결심했습니다. 두 구절에서 바울은 같은 단어를 사용합니다. 소피아(*sophia*, 지혜)는 인간의 철학을 가리키고, 로고스(*logos*, 표현)는 인간의 수사학을 가리킵니다. 바울은 헬라인들의 철학과 수사학을 사용하지 않기로 했습니다. 고린도인들은 소피아와 로고스를 둘 다 사랑했지만, 바울은 둘 다 거부했습니다. 인간의 철학 대신에 "예수 그리스도와 그가 십자가에 못 박히신 것 외에는 아무것도 알지 아니하기로 작정"하였습니다(2:2). 인간의 수사학을 동원하는 대신에 "약하고 두려워하고 심히 떨면서"(3절) 사람들에게 복음을 전했습니다. J. B. 필립스는 이 부분을 "초조해하고 떨면서"라고 번역했습니다. 바울은 성령이 자기 입에 해야 할 말을 주시기를 기대하며 사람들 앞에 섰습니다.

그런데 요즘 복음을 전하는 사람들에게는 이런 모습이 없는 것 같습니다. 우리는 약한 모습으로 사람들 앞에 서지 않습니다. 신학교에서 설교학을 가르치는 교수들은 두려워 떠는 학생들에게 자신감을 불어넣는 데 열중합니다. 만일 바울이 우리 시대에 신학교에 등록한다면, 전도유망한 학생이라는 평가를 받기는 어려울 것입니다! 어쩌면 어른스러워져야 한다고 바울을 꾸짖을지도 모릅니다. "바울, 초조해 할 필요 없네. 성령으로 충만해지는 것이 뭔지 모르나? 강해져야 하네. 자신감을 갖고 담대해져야 하네!" 그러나 바울은 우리와 달랐습니다. 바울은 자신이 두려워한다는 사실을 인정하기를 두려워하지 않았습니다. 바울은 약하고 두려워하고 심히 떨면서 사람들 앞에 섰습니다. 바울은 아주 똑똑하고 강인했습니다. 하지만 육체적으로 허약했고 정서적으로 연약했습니다. 육체에 가시가 있었습니다(고후 12:7). 2세기 전승에 따르면 바울은 볼품이 없고 키가 작고 심지어 못생겼습니다. 대머리에 숯검정 눈썹에 안짱다리에 매부리코였습니다. 사람들은 바울을 두고 직접 보면 나약하고 말주변도 변변치 못하다고 비난했습니다(고후 10:10).

바울에게는 이목을 끄는 외모도 귀를 기울일 만한 말솜씨도 없었습니다. 그래서 바울은 끊임없이 인간의 약함을 통해 일하시는 하나님의 능력을 의지했습니다. 바울은 이것을 '성령의 나타나심과 능력'이라고 불렀습니다. 주석가들은 이것이 정말로 성령의 능력이 나타나는 것이라고 생각하는 것 같습니다. 사람들이 회심할 때는 항상 예수 그리스도와 사탄이 능력을 겨루는 일이 일어나게 마련이고, 그 가운데 그리스도의 우월한 능력이 드러나기 때문입니다. 성령은 연약한 우리가 전하는 말이 듣는 이의 마음과 생각과 양심과 의지에 이르게 하셔서 그들이 보고 믿게 하십니다. 이것이 '아포데익시스*apodeixis*', 성령의 나타나심과 능력입니다.

이 말을 타고난 성격을 숨기거나 약한 척하라는 말로 오해해서는 안 됩니다. 이 말은 약해 보이도록 노력하라는 말도, 논증을 포기하라는 말도 아닙니다. 누가는 바울이 고린도를 비롯한 여러 도시에서 계속 논증했다고 말합니다. 성령은 증거에도 '불구하고' 사람들이 그리스도를 믿게 하시는 것이 아닙니다. 증거를 주목하도록 눈을 열어주심으로써 증거 '때문에' 믿게 하십니다. 논증과 성령의 사역은 서로 양립할 수 없는 관계가 아닙니다. 성령은 우리가 논증하는 진리를 이용해 사람들을 그리스도에게 인도하십니다. 성격이 아무리 좋아도, 말주변이 아무리 뛰어나도, 그 밖의 다른 능력이 아무리 많아도, 그런 것으로는 영혼을 구원할 수 없습니다. 우리는 이 사실을 명심하되 복음을 전하는 일을 포기해서는 안 됩니다. 하나님의 능력만이 눈먼 자를 보게 할 수 있고, 죽은 자를 살릴 수 있습니다. 하나님은 성령의 능력 안에서 선포되는, 십자가에 못 박힌 그리스도의 복음을 통해서 이 일을 하십니다.

그러므로 우리는 십자가의 복음을 증거하고 성령의 능력을 의지해야 합니다. 제 이야기를 하는 것을 좋아하지는 않지만, 바울이 이 편지에 쓴 것과 비슷한 일을 경험한 적이 있습니다. 여러 해 전인 1958년 경에 오스트레일리아 시드니 대학교에서 선교 대회를 인도했습니다. 그런데 마지막 날인 주일 오후에 목소리가 나오지 않았습니다. 어떻게 해야 할지 막막했지만, 어쨌든 최선을 다하기로 했습니다. 리더를 맡은 학생들이 제게 손을 얹고 고린도후서 12장 말씀을 붙들고 저를 위해 기도했습니다. "도리어 크게 기뻐함으로 나의 여러 약한 것들에 대하여 자랑하리니 이는 그리스도의 능력으로 내게 머물게 하려 함이라"(고후 12:9). 학생들은 이 말씀이 실현되게 해달라고, 제 약함을 통해 그리스도의 능력이 나타나게 해달라고 기도했습니다. 저는 까마귀처럼 꺽꺽거리며 복음을 전했고, 초청의 시간이 되자 수많은 학생들이 일어나 그리스도를 영접했습니다. 그 후로 약 열 번 정도 오스트레일리아를 방문했는데, 그때마다 누군가 제게 이렇게 말하곤 했습니다. "시드니 대학교 대강당에서 열렸던 선교 대회 기억하세요? 저는 그날 밤 회심했답니다." 이 일을 계기로 저는 인간의 약함 가운데 하나님의 능력이 나타난다는 사실을 다시 한 번 깨달았습니다.

요약

고린도인들에게 보낸 편지의 핵심 주제는 약함을 통한 능력입니다. 우리는 두려움과 떨림으로 가득한 약한 선포자가 전하고, 사회적으로 멸시받는 약한 청중이 받아들이는, 십자가라는 약한 메시지를 가지고 있습니다. 그러나 이런 약함을 통해 하나님의 능력이 나타났습니다. 지금도 마찬가지입니다.

결론

유대 광야에서 마귀가 능력을 주겠다고 제안했을 때 예수님이 거절하신 것을 기억하십니까? 그 대신 예수님은 십자가의 궁극적인 약함과 치욕에 자신을 내어주셨습니다. 요한계시록 4-7장에 따르면, 하늘 문이 열릴 때 요한이 처음으로 본 것은 능력의 상징인 보좌였습니다. 성부 하나님의 보좌에 죽임을 당한 어린양이 앉아 있었습니다. 권력의 보좌에 약함의 상징이 앉아 있었던 것입니다. 십자가에 달리신 하나님과 보좌에 앉으신 어린양을 통해 극명하게 드러난 '약함을 통한 능력'이야말로 기독교의 핵심입니다. 그리스도 예수의 겸손이 우리에게 있기를 바랍니다. 교회에는 보좌에 앉으신 어린양을 본 지도자, 약함을 통해 능력이 가장 잘 나타난다는 사실을 알고 어디든 어린양이 가는 대로 따라가는 지도자가 필요합니다.

성령과 성경
고린도전서 2:6-16

서론

바울은 본문에서 성령의 인격과 사역을 매우 강조합니다. 직간접적으로 성령이 언급되는 것만 열 번입니다. 특히 바울은 진리의 영으로서 성령의 가르치는 사역을 강조합니다. 본문은 신약성경에서 성령과 말씀의 관계를 다루는 아주 중요한 본문입니다. 우리는 성령과 성경이 관련이 있다는 사실을 다들 알고 있습니다. 성경은 성령의 창의적 산물이기 때문입니다. 니케아 신경을 인용하자면 성령은 선지자들을 통해 말씀하셨습니다. 베드로후서에는 "오직 성령의 감동하심을 받은 사람들이 하나님께 받아 말한 것임이라"(1:21)라고 나와 있습니다. 우리는 오늘 본문을 통해 성령과 말씀의 정확한 관계와 성경이 기록될 때 성령이 하신 역할을 살펴보려 합니다.

말씀을 상세히 살피기 전에 성경 해석 원리에 따라 문맥 안에서 본문을 바라볼 필요가 있습니다. 보다시피 고린도전서 2장 6절에서 논거가 바뀝니다. 이때까지 바울은 복음의 미련함을 강조했습니다. 그런데 2장 6절에서는 "우리가 온전한 자들 중에서는 지혜를 말하노니"

라고 말합니다. 앞에서 한 말을 뒤집고 있는 것이 아닙니다. F. F. 브루스는 고린도전서 주석에서 이렇게 설명합니다. "바울이 여기에서 말하는 지혜는 십자가에 달리신 그리스도에 관한 구원의 메시지에 덧붙이는 무언가를 의미하는 것이 아니다. 이 지혜는 하나님의 지혜가 나타난 십자가에 달리신 그리스도 안에 있다. 여기에서 지혜는 십자가에 못 박히신 그리스도 안에 집약되어 있는 하나님의 뜻을 자세히 풀어놓는 것을 말한다." 그런데 바울은 "우리가 온전한 자들 중에서는 지혜를 말하노니"라고 말한 뒤 사람들이 오해하지 않도록 세 가지 조건을 바로 덧붙입니다.

(a) 이 지혜는 성숙한 사람들을 위한 지혜다. '성숙한'으로 번역된 헬라어는 '텔레이오스$_{teleios}$'입니다. 이 지혜는 거듭나지 않은 사람들을 위한 것이 아닙니다. 그리스도 안에 있는 어린아이들을 위한 것도 아닙니다. 이 지혜는 젖이 아니라 단단한 음식이기 때문에 소화하기가 쉽지 않습니다. 이 지혜는 하나님의 구원 계획을 온전히 이해하고 싶어 하는 성숙한 그리스도인을 위한 것입니다.

(b) 이 지혜는 하나님에게서 나오는 지혜다. 이것은 이 시대나 이 세상의 지혜가 아닙니다. 인간의 철학도 아니고 이 세상에서 없어질 통치자들의 지혜도 아닙니다. 7절에 나와 있듯이 이것은 하나님에게서 나오는 지혜입니다.

(c) 이 지혜는 우리의 영광을 위하여 미리 정하신 지혜다. 바울은 헬라어 '독사$_{doxa}$'를 사용하는데, 이 단어는 본래 영화를 가리키는, 종말과 관련된 단어입니다. 우리가 그리스도의 영광에 참여하고 나아가 우리의 몸도 영화로워지는 것과 관련이 있습니다. 그러므로 성숙한

사람들을 위한 하나님의 지혜는 칭의에 관한 복된 소식뿐 아니라 영화에 관한 복된 소식까지 포함됩니다. 우리가 하나님의 영광에 참여함으로써 온전해지는 것을 의미합니다.

이는 전도할 때 선포하는 메시지와 그리스도인을 양육할 때 가르치는 메시지가 차이가 있다는 뜻입니다. 전도할 때 우리는 하나님의 지혜이자 능력인 십자가의 미련함을 선포합니다. 우리는 예수 그리스도와 그가 십자가에 못 박히신 것 외에는 아무것도 알지 않기로 작정합니다. 이 메시지, 즉 복음 또는 케리그마를 통해 하나님은 믿는 자들을 구원하십니다. 이것이 복음 전도이고, 십자가에 못 박히신 그리스도야말로 이 메시지의 핵심입니다. 그러나 그리스도인을 양육할 때는 영화를 비롯하여 하나님의 계획을 모두 이해하도록 가르칩니다.

이것이 7절에 나오는 "은밀한 가운데 있는 하나님의 지혜"입니다. 이 지혜는 계시를 통해서만 알 수 있습니다. 바울은 9절에서 이사야 64장 4절을 인용하여 "하나님이 자기를 사랑하는 자들을 위하여 예비하신 모든 것은 눈으로 보지 못하고 귀로 듣지 못하고 사람의 마음으로 생각하지도 못하였다"라고 말합니다. 하나님의 지혜는 우리의 눈으로 보고 귀로 듣고 마음으로 생각할 수 있는 것이 아닙니다. 과학적인 연구나 문학적 상상력을 통해 이해할 수 있는 것도 아닙니다. 하나님의 지혜는 유한하고 타락한 데다 오류에 빠지기 쉬운 인간의 마음으로 생각할 수 없는 것입니다. 우리는 하나님이 알려주시는 경우에만 이 지혜를 알 수 있습니다. 그리고 하나님은 그렇게 하셨습니다. "오직 하나님이 성령으로 이것을 우리에게 보이셨으니"(고전 2:10). 많은 이들이 9절에서 멈추지만, 우리는 항상 10절까지 나아가야 합니다. 이 지혜는 우리의 눈과 귀와 마음으로 알 수 있는 것이 아니라 하나님이 성령을 통해 계시하시는 것입니다.

잠시 계시의 필요성에 대해 생각해보겠습니다. 바울은 인간의 지성으로도 하나님의 지혜를 이해할 수 없다고 말합니다. 인간의 지성을 폄하하는 말이 아닙니다. 실증과학 분야에서는 인간의 지성으로 많은 것을 이루어낼 수 있지만, 하나님의 지혜는 너무나 깊어서 인간의 지성으로는 미처 파악할 수 없다는 말입니다. 고린도전서 2장 9-10절과 비슷한 본문이 구약성경에도 나옵니다. "이는 내 생각이 너희의 생각과 다르며 내 길은 너희의 길과 다름이니라. 여호와의 말씀이니라. 이는 하늘이 땅보다 높음같이 내 길은 너희의 길보다 높으며 내 생각은 너희의 생각보다 높음이니라"(사 55:8-9). 하늘이 땅보다 높다는 말은 무한하다는 뜻입니다. 그 어떤 사다리를 타고 올라가도 우리가 하나님의 무한한 생각에 이를 수는 없습니다. 우리의 좁디좁은 생각으로는 하나님의 무한한 생각을 헤아릴 수 없다면, 어떻게 해야 하나님의 생각을 알 수 있을까요? 하나님이 침묵을 지키시는 한 우리는 하나님의 생각을 알 도리가 없습니다. 하나님이 말씀해주시지 않는 한 우리는 결코 하나님의 생각과 마음을 알 수 없습니다. 사람들 사이에서도 상대방이 침묵을 지키면 그 사람의 생각을 읽어낼 수 없는데, 하물며 하나님이 침묵하시면 어떻게 우리가 하나님의 생각을 읽을 수 있겠습니까? 그러나 하나님은 말씀하셨습니다. 여러분은 지금 제가 무슨 생각을 하는지 알고 있습니다. 제가 입을 열어 제 생각을 말하고 있기 때문입니다. 하나님도 그렇게 하셨습니다. 입을 열어 마음에 있는 은밀한 생각을 말씀하셨습니다. 하나님이 말씀하셨습니다. 그래서 우리는 하나님의 생각을 압니다.

"오직 하나님이 성령으로 이것을 우리에게 보이셨으니"(10절). 헬라어 원문에는 '우리'라는 단어가 강조되어 있습니다. '우리'가 모든 그리스도인을 가리킬 리는 없습니다. 모든 그리스도인이 직접 계시를 받는 사람은 아니기 때문입니다. 여기에서 말하는 '우리'는 바울을 비롯한 사도들을 가리킵니다. "그것을 읽으면 내가 그리스도의 비밀을 깨달은 것을 너희가 알 수 있으리라. 이제 그의 거룩한 사도들과 선지자들에게 성령으로 나타내신 것같이 다른 세대에서는 사람의 아들들에게 알리지 아니하셨으니"라는 에베소서 3장 4-5절이 떠오릅니다. 사도들과 선지자들은 교회의 터입니다. 사도들과 선지자들의 터 위에 교회가 세워졌습니다(엡 2:20 참조). 바울은 이어지는 구절에서 계시를 전달하는 성령의 사역을 네 단계로 설명합니다.

살피시는 영 2:10-11

'살피다'라는 동사는 성령이 인격적이라는 사실을 보여줍니다. 여러분에게 지성이 없다면, 살피거나 조사할 수 없습니다. 지성이 있다면, 여러분은 틀림없이 사람입니다. 우리가 진리를 추구할 수 있는 것은 우리가 인간이기 때문입니다. 컴퓨터도 입력된 자료를 분석할 수는 있지만, 진정한 연구가 이뤄지려면 독창적인 조사와 성찰이 동반되어야 합니다. 성령은 하나님의 깊은 경륜까지 살피시는 분입니다. 따라서 우리는 성령을 비인격적인 존재로 여겨서는 안 됩니다. 예수님이 분명히 말씀하셨듯이 성령은 인격이십니다. 성령은 인격이시기 때문에 생각할 수 있는 지성을 가지고 계십니다.

바울은 계시 사역에서 나타나는 성령의 독특한 능력을 설명하기 위해 두 가지 그림을 제시합니다.

성령은 하나님의 깊은 것까지 살피신다(10절)

'조사하다'라는 의미의 헬라어 '에류나오*ereunao*'는 예수님이 성경을 연구하는 유대인들을 언급할 때 사용하신 단어입니다(요 5:39 참조). 에류나오는 열심히 연구하고 조사하는 것을 가리킵니다. 몰튼과 밀리건은 《헬라어 성경 어휘 *Vocabulary of the Greek Testament*》에서 주후 3세기에 작성된 파피루스를 인용하는데, 거기서 조사자는 여행자들의 수하물을 조사하는 세관원을 가리킵니다. '깊은 것'으로 번역된 헬라어 '타 바테*ta bathe*'는 주후 2세기에 하나님의 깊은 것을 전수받았다고 주장하던 영지주의 이단이 즐겨 사용하던 단어입니다. 바울은 하나님의 깊은 것은 오직 성령만이 살피실 수 있다고 말합니다. 오직 성령만이 하나님의 깊은 것을 조사하실 수 있습니다. 바울은 성령을 끊임없이 알고 싶어 하는 연구자, 전능하신 하나님의 한없이 깊은 경륜을 헤아리는 심해 잠수부로 묘사하고 있습니다. 성령은 하나님의 무한하심을 탐구하는 분입니다.

성령은 하나님의 생각을 아신다(11절)

"사람의 일을 사람의 속에 있는 영 외에 누가 알리요. 이와 같이 하나님의 일도 하나님의 영 외에는 아무도 알지 못하느니라." 사람의 일이란 우리가 인간다움이라고 부르는 것을 가리킵니다. 인간이 아니고는 인간다운 것이 무엇인지 이해하지 못합니다. 개미는 인간다운 것이 무엇인지 상상도 하지 못합니다. 개구리와 토끼, 침팬지도 마찬가지입니다. 심지어 인간도 다른 인간을 온전히 이해하지 못합니다. 사춘기 시절에 우리는 "아무도 나를 이해하지 못해!" 하고 자주 불평하곤 했습니다. 맞는 말입니다! 나를 온전히 이해해주는 사람은 아무도 없습니다. 심지어 자기 자신조차도 온전히 이해하지 못합니다. 그래도 우리 인간은 어느 정도는 자기 자신을 알고 인간다운 것이 무엇인지 압니다. 바울은 인간의 이런 자기이해 개념을 성령에게 적용합니다. "이와 같이 하나님의 일도 하나님의 영 외에는 아무도 알지 못하느니라"(11절). 성령은 하나님의 자기이해와 관련이 있습니다. 인간이 아니고는 인간을 이해할 수 없듯이 하나님이 아니고는 하나님을 이해할 수 없습니다. 오직 하나님만이 하나님을 아십니다. 하나님은 무한하신 분이기 때문입니다.

성령에 관한 첫 번째 진리를 요약하면 다음과 같습니다. 성령은 하나님의 깊은 것을 살피시고 하나님의 일을 아십니다. 성령이 하나님이기 때문에 유일무이한 방식으로 하나님을 이해하신다는 뜻입니다. 그렇다면 성령은 살피고 알아낸 바를 가지고 무슨 일을 하셨을까요? 성령은 성령만이 할 수 있는 일, 즉 계시하시는 일을 하셨습니다. 성령만이 하나님을 아시기에 성령만이 하나님을 계시하실 수 있습니다. 살피시는 성령이 계시하시는 성령이 되었습니다.

계시하시는 영 2:12

성령은 살피고 알아낸 것을 계시하십니다. 성령의 계시 사역을 우리는 10절에서 이미 살펴보았습니다. "오직 하나님이 성령으로 이것을 우리에게 보이셨으니." 하나님이 성령을 통해 사도들에게 이것을 계시하셨습니다. 이 말을 조금 더 풀어 설명한 12절을 주의 깊게 살펴보겠습니다. "우리가 세상의 영을 받지 아니하고 오직 하나님으로부터 온 영을 받았으니 이는 우리로 하여금 하나님께서 우리에게 은혜로 주신 것들을 알게 하려 하심이라." 여기서 '우리'는 역시 사도들을 가리키고, 하나님으로부터 온 영은 살피시고 아시는 성령을 가리킵니다. 하나님은 '우리'가 하나님이 값없이 주신 것들을 이해할 수 있도록 성령을 주셨습니다. 하나님이 사도들에게 주신 선물은 하나가 아니라 두 개입니다.

첫째, 그들은 하나님이 거저 주신 구원을 받았습니다. 하나님은 우리에게 무엇을 거저 주셨습니까? 영생, 바로 구원입니다. 둘째, 하나님은 사도들이 이 구원을 이해할 수 있도록 하나님의 영을 주셨습니다. 사도 바울은 하나님의 두 가지 선물을 받은 대표적인 예입니다. 먼저 구원을 선물 받았고, 이 선물을 이해하게 해주는 성령을 선물 받았습니다.

바울의 편지는 우리에게 은혜의 복음을 가장 잘 해설해줍니다. 하나님이 어떻게 자격이 없는 사람들을 사랑하셨는지, 심판을 받아 마땅한 우리 같은 죄인들을 위해 어떻게 자기 아들을 보내어 죽게 하셨는지, 그 아들을 어떻게 죽은 자 가운데서 살리어 그가 헛되이 죽지 않았다는 사실을 보여주셨는지, 내적인 믿음과 외적인 세례로 우리가 어떻게 그리스도의 죽으심과 부활하심 안에서 그리스도와 연합하게 되었는지 설명해줍니다. 바울의 감동적인 설명은 우리의 생각을 넓혀주고 가슴을 뜨겁게 합니다. 바울은 어떻게 이 놀라운 교리를 모두 이해했을까요? 어떻게 구원을 이처럼 종합적으로 설명할 수 있었을까요? 그것은 바울이 구원을 받았고, 자신이 경험한 구원을 해석하도록 성령을 받았기 때문입니다. 살피시는 성령이 계시하시는 성령이 되셔서 성경 저자들에게 하나님을 알리셨습니다.

영감을 주시는 영 2:13

바울은 이어서 "우리가 이것을 말하거니와"(13절)라고 덧붙입니다. 개역표준성경에서는 이 구절을 "우리가 이것을 전하거니와"라고 번역합니다. 성령이 사도들에게 계시해서 이해하게 된 하나님의 구원 계획을 이제 바울이 고린도에 있는 그리스도인들에게 전하고 있는 것입니다. 바꾸어 말하면, 사도들에게 하나님의 구원 계획을 계시하셨던 성령이 이제 그 계획을 사도들을 통해 다른 이들에게 전달하시는 것입니다. 성령이 스스로 살피어 알게 된 하나님의 계획을 자기만 알고 있지 않고 사도들에게 계시했던 것처럼, 사도들도 성령에게 받은 계시를 자기만 알고 있지 않고 다른 이들에게 전달했습니다. 사도들은 자기들이 하나님의 계시를 위탁받은 자들이라는 사실을 알고 있었습니다. 따라서 하나님의 계시를 자기들만 독점할 수 없었습니다. 진리는 나누라고 주신 것입니다. 그래서 사도들은 자기들이 성령에게 받은 것을 다른 사람들에게 전했습니다.

그렇다면 그들은 성령에게 계시받은 이 진리를 어떻게 전했을까요? 13절을 읽어보겠습니다. "사람의 지혜가 가르친 말로 아니하고 오직 성령께서 가르치신 것으로 하니 영적인 일은 영적인 것으로 분별하느니라." 하나님의 깊은 것을 살피시고 사도들에게 하나님의 비밀을 계시하셨던 바로 그 성령이 이제 다른 사람들에게 전달할 말을 사도들에게 가르치십니다. 지금 바울은 우리가 '축자 영감'이라고 부르는 것을 이야기하고 있습니다. 축자 영감이란 사도들이 메시지를 전달할 때 사용했던 바로 그 단어들을 하나님으로부터 받았다는 것입니다. 사도들이 사용한 단어들은 성령이 주신 것입니다. 사실 요즘에는 축자영감설이 별로 인기가 없습니다. 그러나 저는 이것이 오해에서 비롯된 것은 아닌지 의심스럽습니다. 사실 사람들이 거북해하는 것은 축자 영감의 진정한 의미가 아니라 자기들이 멋대로 만들어낸 의미입니다.

이 문제는 상당히 중요하기 때문에 이 자리에서 축자 영감이 무엇을 의미하는지 짚고 넘어가려 합니다. 먼저 축자 영감의 의미가 아닌 것 세 가지부터 살펴보고 축자 영감의 의미를 밝히도록 하겠습니다.

(a) 축자 영감이란 성경에 쓰여 있는 모든 단어가 문자 그대로의 의미라는 뜻이 아닙니다. 모든 단어가 문자 그대로의 의미라고 보는 것은 축자 영감을 사전적으로 정의한 것에 불과합니다. 축자 영감은 그런 뜻이 아닙니다. 성경 저자들은 아주 다양한 문학 양식으로 글을 썼습니다. 어떤 이는 역사로, 어떤 이는 시로, 어떤 이는 격언으로, 어

떤 이는 편지로, 어떤 이는 묵시로 기록했습니다. 성경에는 약 스무 종류의 문학 양식이 들어 있습니다. 그리고 이런 문학 양식들 중 문자 그대로 해석해야 하는 것은 하나도 없습니다. 각각의 책은 그 책을 기록할 때 저자가 차용한 양식에 따라 해석해야 합니다. 역사는 역사로, 예언은 예언으로, 시는 시로 해석하는 게 맞습니다. 영감을 받은 것은 단어의 자연스러운 의미입니다. 문자 그대로의 의미든 비유적 의미든 성경 저자들이 해당 단어를 쓸 때 의도했던 자연스러운 의미 말입니다. 그중에는 저자가 의도적으로 비유로 말하는 것도 있습니다. 예를 들어 시편 19편을 보면 다음과 같은 구절이 나옵니다. "하늘이 하나님의 영광을 선포하고 궁창이 그의 손으로 하신 일을 나타내는도다"(1절). "하나님이 해를 위하여 하늘에 장막을 베푸셨도다"(4절). "해는 그의 신방에서 나오는 신랑과 같고 그의 길을 달리기 기뻐하는 장사 같아서 하늘 이 끝에서 나와서 하늘 저 끝까지 운행함이여. 그의 열기에서 피할 자가 없도다"(5-6절). 여기에서 시인은 해를 장막에 거하는 자, 신랑, 장사에 비유합니다. 시편 19편에 나오는 이런 표현을 문자 그대로 해석하는 사람은 없을 것입니다. 성경 저자가 애초에 그렇게 의도하지 않은 한, 성경에 나오는 단어를 문자 그대로 해석하지 않도록 주의해야 합니다.

예수님도 자신이 비유로 말씀하신 것을 문자적으로 해석하지 말라고 경고하셨습니다. "사람이 거듭나지 아니하면 하나님의 나라를 볼 수 없다"는 예수님의 말씀을 듣고 니고데모는 이렇게 물었습니다. "사람이 늙었는데, 그가 어떻게 태어날 수 있겠습니까? 어머니 뱃속에 다시 들어갔다가 태어날 수야 없지 않습니까"(요 3:4, 새번역). 그러자 예수님은 말씀을 문자 그대로 해석하지 말라고 하셨습니다. 예수님은 지금 육체적인 거듭남을 이야기하는 게 아니라고 말입니다. 사마리아 여인을 만났을 때 예수님은 이렇게 말씀하셨습니다. "네가 만일 하나님의 선물과 또 네게 물 좀 달라 하는 이가 누구인 줄 알았더라면 네가 그에게 구하였을 것이요 그가 생수를 네게 주었으리라"(요 4:10). 그러자 사마리아 여인은 그 말을 곧이곧대로 알아 듣고 이렇게 물었습니다. "주여, 물 길을 그릇도 없고 이 우물은 깊은데 어디서 당신이 그 생수를 얻겠사옵나이까"(요 4:11). 그때도 예수님은 말씀을 문자 그대로 해석하지 말라고 하셨습니다. 예수님은 지금 영생을 이야기하고 있는 것이라고 말입니다. 생수는 어디까지나 비유였습니다. 따라서 우리는 성경 저자가 차용한 문학 양식을 이해해야 합니다. 축자 영감이란 모든 단어가 문자 그대로의 의미라는 뜻이 아닙니다.

(b) 축자 영감은 말을 그대로 받아썼다는 의미가 아닙니다. 기독교가 성경을 이해하는 방식은 이슬람교가 코란을 이해하는 방식과 상당히 다릅니다. 무슬림은 알라가 천사 가브리엘을 통해 마호메트에게 코란을 아랍어로 받아쓰게 했다고 믿습니다. 마호메트는 단순히 받아쓰는 자에 불과합니다. 그러나 그리스도인들은 성경 저자들이 단순히 하나님의 말씀을 받아썼다고 믿지 않습니다. 우리는 성경 저자들이 인간의 능력을 지닌 사람이라고 믿습니다. 그들은 단순히 하나님의 말씀을 받아쓰는 기계가 아닙니다. 그들은 저마다 고유한 양식으로 글을 썼고 강조하는 신학도 달랐습니다. 영감을 받는 과정에서도 저자 고유의 특성은 없어지거나 파괴되지 않았습니다. 게다가 많은 저자들이 역사가였습니다. 얼마나 많은 성경이 역사를 기록하고 있는지

알고 있습니까? 창세기, 출애굽기, 레위기, 민수기, 신명기, 여호수아, 사사기, 룻기, 사무엘기, 열왕기, 역대기가 다 역사서입니다. 마태복음, 마가복음, 누가복음, 요한복음, 사도행전도 역사서입니다. 이 책의 저자들이 기록한 역사가 모두 초자연적으로 계시되었다고 생각해서는 안 됩니다. 그들은 직접 역사를 연구했습니다. 누가도 그렇게 말합니다. 누가복음 1장 1-4절에서 누가는 모든 일을 근원부터 자세히 조사했다고 말합니다. 하나님의 계시와 역사 연구는 양립할 수 없는 관계가 아닙니다. 이 사실을 기억해야 합니다. 축자 영감은 말을 그대로 받아썼다는 의미가 아닙니다.

(c) 축자 영감은 성경에 나오는 모든 본문이 문맥과 상관없이 사실이라는 의미가 아닙니다. 로잔 언약은 "성경이 단언하는 모든 것에는 오류가 없다"라고 선언합니다. 그러나 성경에 포함된 모든 내용이 성경이 하는 말은 아닙니다. 이것을 가장 잘 보여주는 예가 욥을 위로하려고 찾아온 친구들이 늘어놓은 장황한 연설입니다. 그들이 한 말 중에 하나님의 말씀이라고 할 수 있는 말은 하나도 없습니다. 그들은 욥이 하나님에게 벌을 받고 있는 것이라고 말합니다. 그러나 욥기 1-2장은 욥이 죄인이 아니라 의로운 사람이라고 말합니다. 욥은 하나님을 경외하며 악에서 떠난 사람입니다. 욥기 마지막 장인 42장에서 하나님은 욥의 친구들에게 "너희가 나를 가리켜 말한 것이 내 종 욥의 말 같이 옳지 못함이니라"(7절)라고 말씀하십니다. 하나님은 그들이 욥에게 했던 말을 반박하십니다. 따라서 욥의 친구들이 했던 말을 성경에 포함시킨 것은 그들이 한 말을 지지하기 위해서가 아니라 부인하기 위해서입니다. 오해하지 마십시오. 욥기는 오류가 없는 하나님의

말씀이 맞습니다. 그러나 각각의 본문을 문맥에서 따로 떼어내면 하나님의 말씀이 아닙니다.

(d) 축자 영감이란 성령이 문학 양식에 맞게, 저자가 사용한 단어의 분명하고 자연스러운 의미에 맞게, 특정 문맥과 저자의 의도에 맞게 성경 저자들을 통해 말씀하신 것이 오류가 없는 사실이라는 뜻입니다. 축자 영감이 무엇을 의미하는지 제대로 이해하면 축자 영감을 부끄러워할 이유도 두려워할 이유도 없습니다. 단어는 중요합니다. 단어는 문장을 세우는 벽돌입니다. 정확한 단어를 선택하지 않으면 정확한 메시지를 전달할 수 없습니다. 저는 이 자리에 서기 전에 강의를 미리 준비했습니다. 부정확한 말로 여러분을 혼란스럽게 해서는 안 되기 때문입니다. 제게는 전달해야 할 정확한 메시지가 있습니다. 그래서 그 메시지를 전달하기 위해 정확한 단어를 골랐습니다. 하나님에게나 우리에게나 단어는 중요합니다. 19세기에 찰스 킹슬리Charles Kingsley가 한 말이 있습니다. "이렇게 영광스러운 단어들은 인간만이 누리는 권리다. 단어가 없었다면 개가 다른 개의 마음과 감정을 이해하는 수준과 우리가 다른 사람의 마음과 생각을 이해하는 수준이 크게 다르지 않았을 것이다." 우리는 항상 단어로 생각합니다. 단어가 없으면 우리가 하는 생각은 그저 맹목적인 갈망에 불과할 것입니다. 자신도 이해할 수 없는 감정에 불과할 것입니다.

하나님의 깊은 것을 살피시고 하나님의 일을 아시고 자신이 알아낸 것을 사도들에게 계시하셨던 바로 그 성령이 사도들을 통해 다른 사람들에게 계시를 전달하십니다. 이에 대해 감사합시다! 성령은 사도들을 통해 말씀으로 말씀하셨습니다. 사도들이 성경에 기록한 말은 성령이 그들에게 한 말입니다. 성경의 저자는 둘입니다. 저자이신 하나님이 인간 저자들을 통해 말씀하셨습니다. 이것이 영감의 의미입니다.

조명하시는 영 2:13-16

그렇다면 사도 바울에게 이 편지를 받아 읽는 사람들은 어떨까요? 편지에 기록된 내용을 스스로 이해해야 할까요? 그렇지 않습니다. 이 편지를 쓴 사도 안에 역사하신 바로 그 성령이 편지를 받아 읽는 사람들 안에서도 역사하십니다. 성령은 사도들에게 영감을 주시며 전달 과정 내내 역사하십니다. 성령은 사도들에게 영감을 주시지 우리에게 영감을 주시지 않습니다. 설교하고 가르칠 때 우리는 영감을 받지 않습니다. 그러나 성령은 우리가 성령의 영감으로 된 하나님의 말씀을 이해할 수 있도록 우리의 마음을 조명하십니다. 13절 뒷부분에 이 내용이 암시되어 있습니다. 새국제성경은 이 구절을 "신령한 진리를 신령한 말로 표현하느니라"라고 번역했습니다. 이 구절은 복잡하고 조금은 수수께끼 같은 구절입니다. 영어 성경은 이 구절을 저마다 다르게 해설합니다. 그러나 저는 '결합하다'라는 의미로 쓰이는 동사 '수크리노*sugkrino*'가 본문에서는 '설명하다'라는 뜻으로 쓰였다고 봅니다. 구약성경을 헬라어로 옮긴 칠십인역에서 '수크리노'는 대개 이 의미로 쓰입니다. 따라서 "성령을 소유한 자들에게 신령한 진리를 설명하느니라"라고 번역한 개역표준성경이 옳은 번역입니다. 다시 말해서 성령은 성경을 쓴 저자들만 소유하는 것이 아닙니다. 성경을 읽는 독자들도 성령을 소유합니다. 다시 말하지만 성령은 성경의 저자인 선지자들과 사도들에게만 영감을 주십니다. 말씀을 선포하는 우리들은 영감을 받았다거나 영감을 받아야 한다고 주장해서는 안 됩니다. 그러나 성경의 저자들에게 영감을 주신 성령은 성경을 조명하고 해설하는 일도 하십니다.

이 둘을 구분해야 합니다. 계시와 영감은 객관적인 단어입니다. 계시와 영감은 성령이 베일을 걷으시고 그리스도와 그리스도에 대한 증언을 계시하시는 객관적인 과정을 가리킵니다. 반면에 조명은 성령이 그리스도 안에서와 성경 안에서 우리에게 주신 계시를 이해할 수 있도록 우리의 마음을 밝히시는 주관적인 과정입니다. 이렇게 생각해보십시오. 여러분이 초상화를 공개하는 자리에 눈가리개를 한 친구를 데려왔다고 가정해보십시오. 그림은 천이 덮여 있고 친구는 눈가리개를 하고 있습니다. 그 친구가 초상화 밑에 새겨진 글을 읽으려면 두 가지 과정이 필요합니다. 우선 그림을 덮고 있는 천을 걷어야 합니다. 그러나 아직 눈가리개를 하고 있는 탓에 그 친구는 여전히 글을 읽을 수 없습니다. 그러므로 글을 읽으려면 눈가리개를 벗겨야 합니다. 이것이 조명입니다. 천을 걷는 것이 계시와 영감이라면, 조명은 성령이 지금 하시는 사역입니다.

14절과 15절에서 바울은 이 진리를 조금 더 풀어 설명합니다. 14절은 '프슈키코스 *psuchikos*', 즉 육에 속한 사람 혹은 자연에 속한 사람을 언급합니다. 반면에 15절은 '프뉴마티코스 *pneumatikos*', 즉 신령한 자 또는 거듭난 신자를 언급합니다. 성령을 소유한 사람은 모든 것을 판단합니다. 전지하거나 무오한 존재가 된다는 뜻이 아니라 전에는 영적으로 눈이 멀어 보지 못하던 것들을 이제 이해하게 되었다는 뜻입니다. 그는 이전에 이해하지 못하던 것들을 이해합니다. 설령 자신은 누구에게도 이해받지 못한다 하더라도 말입니다. 이 부분을 자세히 설명하기는 어렵지만, 이렇게 이해하면 됩니다. 그리스도인에게는 다른 사람들 눈에 수수께끼처럼 보이는 부분이 있습니다. 세상 사람들이 경험하거나 이해하지 못하는 영적 생활의 비밀이 있기 때문입니다.

그렇다면 거듭난 사람과 거듭나지 못한 사람은 무엇이 다를까요? 모든 것이 다릅니다. 우리가 하나님의 말씀을 이해하는 데서 자라가게 하시는 분은 우리 안에 거하시며 우리 마음을 밝히시는 성령입니다. 그리스도인은 공통적으로 성령의 조명을 경험합니다. 10대 시절에 저는 성경을 읽곤 했습니다. 어머니가 저와 누이들에게 그렇게 하라고 가르쳤기 때문입니다. 저는 어머니를 공경하는 마음으로 계속 성경을 읽었지만, 제게는 성경이 도저히 이해할 수 없는 말투성이였습니다. 성경을 읽으면서도 무슨 말인지 이해하지 못했습니다. 그리스도를 영접하고 거듭나자 모든 것이 명료해졌다고는 말할 수 없습니다. 지금도 마찬가지입니다. 하지만 거듭나자 이전과 확연히 다르게 말씀이 이해되기 시작했습니다. 18세기 복음주의자 윌리엄 그림셔William Grimshaw는 회심한 뒤 이렇게 말했습니다. "설령 하나님이 지금 우리가 읽는 성경을 회수해가시고 다른 성경을 내려주신다고 해도 거듭나기 전보다 더 성경이 낯설게 느껴지지는 않을 것이다." 성경은 새로운 책, 우리의 길을 밝히는 등불이 됩니다.

잠시 다른 이야기를 조금 해보겠습니다. 이 시점에서 여러분 마음 속에 이런 질문이 고개를 들 것입니다. "성령이 우리 마음을 조명하고 밝히시는 영이라면, 우리가 지금보다 더 많은 것에서 일치해야 하는 것 아닐까? 우리는 왜 여전히 의견 차이를 보일까? 성령이 당신의 마음과 나의 마음을 밝힌다면, 지금보다 더 많은 부분에서 일치해야 하지 않을까?" 제 대답은 이렇습니다. 우리에게는 일치하지 않는 것보다 일치하는 부분이 훨씬 많습니다. 그렇지 않다면 지금 이렇게 케직사경회에 오지도 않았을 것입니다. 우리는 그리스도 예수 안에서 하나입니다. 우리가 믿는 내용을 종이에 적어서 비교해보면 아마도 90퍼센트에서 95퍼센트는 일치할 것입니다. 그리고 다음과 같은 조건만 충족된다면, 우리는 더 많은 부분에서 일치할 것입니다.

(1) 먼저 성경의 권위를 받아들여야 합니다. 교회 내에서 벌어지는 가장 고통스러운 분열은 개혁 교회와 비개혁 교회, 즉 성경에 복종하기로 결심한 교회와 유보적인 태도를 보이는 교회 사이에서 나타납니다.

(2) 하나님이 성경을 주신 가장 큰 목적이 구원자이신 그리스도를 증거하기 위해서임을 기억해야 합니다. 성경의 핵심 진리는 오직 은혜에 의하여 믿음으로 말미암아 그리스도 안에서 구원을 얻는다는 것입니다. 성경은 이 진리를 확실하고 명료하게 증거합니다. 여기에는 다른 해석이 끼어들 여지가 없습니다. 해석의 여지가 있는 부분은 부차적인 문제들입니다.

(3) 건전한 성경 해석 원리를 개발해야 합니다. 종종 이런 말을 듣곤 합니다. "성경을 이렇게도 저렇게도 해석할 수 있습니다." 맞는 말

입니다. 여러분에게 원칙이나 양심이 없다면, 마음 내키는 대로 성경을 끌어다 쓸 수 있습니다. 그러나 성경을 해석할 때 양심을 지킨다면, 성경이 여러분을 통제한다는 걸 알게 될 것입니다.

(4) 함께 성경을 연구해야 합니다. 교회는 성경을 해석하는 공동체입니다. 하나님은 이 공동체 안에서 하나님의 말씀을 해석하게 하셨습니다. 혼자 성경을 읽는 것도 좋지만, 모임에 가서 사람들과 함께 읽는 것이 더 좋습니다. 그래야 서로가 서로를 도울 수 있습니다. 특히 문화가 다른 사람들이 함께 모이면, 우리가 보지 못하는 것을 다른 이의 눈으로 볼 수 있습니다. "능히 모든 성도와 함께 지식에 넘치는 그리스도의 사랑을 알라"(엡 3:18)는 말은 바로 이런 뜻입니다. 우리에게는 서로가 필요합니다.

(5) 겸손하고 열린 마음으로 성경 본문을 대해야 합니다. 하나님이 우리가 세워놓은 문화적 방어벽을 뚫고 우리를 변화시킬 수 있도록 열린 마음으로 성경을 대해야 합니다. 닫힌 마음으로 성경을 대하면, 하나님의 말씀이 천둥소리를 내도 듣지 못합니다. 들리는 소리라고는 기존에 가지고 있던 문화적 편견이 내는 메아리뿐입니다. 하나님이 우리의 눈을 열어주시지 않으면, 우리는 보고 싶은 것만 보고 말 것입니다. 하나님은 이렇게 말씀하실지도 모릅니다. "내가 너에게 들려줄 놀라운 이야기가 있다고 생각하지 않느냐? 상당히 충격적인 이야기가 있다. 들을 준비가 되어 있느냐?" 그러면 우리는 이렇게 말합니다. "아뇨, 안 돼요! 제가 성경을 읽는 건 위로받고 싶어서예요. 골치 아픈 이야기를 들으려고 성경을 읽는 게 아니에요." 그렇게 우리는 편견을 가지고 성경을 대합니다. 기꺼이 배울 마음이 없습니다. 편견이 없

고 겸손하고 열린 마음으로 성경을 대하면, 하나님이 우리에게 보여 주시는 것들을 모두 이해하게 됩니다. 성령은 오늘도 우리 마음을 조명하는 일을 하고 계십니다.

결론

찰스 시므온Charles Simeon의 이야기로 설교를 마치려 합니다. 시므온은 20세기 초에 54년간 케임브리지 교구 목사로 섬겼습니다. 그가 이런 이야기를 했습니다. "해가 나오지 않은 흐린 날 정원에 나가 해시계를 보면, 보이는 건 숫자뿐이다. 아무리 봐도 시간을 알 수 없다. 그러나 구름 사이로 해가 고개를 내밀고 해시계를 비추면, 바로 시간이 표시된다." 죄로 말미암아 나와 하나님 사이에 구름이 낀 날 성경을 읽으면, 어떤 메시지도 들어오지 않습니다. 하얀 것은 종이요 까만 것은 글자일 뿐입니다. 그러나 성령의 햇빛이 내 어두운 마음의 페이지를 뚫고 나오고 하나님이 "빛이 있으라" 하고 말씀하시면, 메시지가 드러나고 성령이 밝히지 않았다면 받아들이지 못했을 메시지를 받아들이게 됩니다. 말씀과 성령은 서로에게 속해 있습니다. 성령이 없으면 말씀도 없습니다. 성령의 검은 하나님의 말씀입니다. 하나님이 짝지어놓은 성령과 말씀을 나누지 맙시다.

삼위일체와 교회
고린도전서 3장

서론

3장을 시작하면서 사도 바울은 고린도에 있는 그리스도인 공동체의 분열을 언급했습니다. 그러면서 이 분열이 시기 및 다툼과 같은 죄뿐 아니라 교회를 잘못 이해한 탓이라고 말했습니다. 교회관이 제대로 정립되어 있었다면, 교회 지도자들에 관해서도 올바른 시각을 가졌을 것이라는 말입니다. 실제로 고린도에 있는 그리스도인들이 교회를 더 귀하게 여겼다면, 교회 지도자들을 그렇게 대단한 양 떠받들지 않았을 것입니다. 지도자들의 이름을 운운하며 나는 누구에게 속한 자라고 자랑하지 않았을 것입니다.

교회관을 이야기하는 고린도전서 3장은 신약성경에서 상당히 중요한 장입니다. 복음주의자들은 단호한 개인주의자인데다 교회관이 빈약하다는 비난을 종종 듣습니다. 이것이 사실이라면, 우리는 그리스도인 공동체를 세상에 있는 공동체와 다르게 보는 신약성경의 교회관에서 한참 벗어나 있는 셈입니다. 부디 우리가 교회에 대하여 균형 잡히고 겸손하고 성경적인 시각을 갖기를 바랍니다.

2장과 3장의 연결 고리는 분명합니다. 2장 14절에서 바울은 신령한 사람만이 성령의 일을 분별할 수 있다고 말했습니다. 그리고 지금은 고린도인들이 신령하지 않다고 아주 직설적으로 이야기합니다. "형제들아, 내가 신령한 자들을 대함과 같이 너희에게 말할 수 없어서 육신에 속한 자 곧 그리스도 안에서 어린아이들을 대함과 같이 하노라"(3:1). 신국제성경은 '육신에 속한'에 해당하는 헬라어 '사르키노이*sarkinoi*'를 'worldly'라고 번역했는데, 이것은 적절한 번역이 아닙니다. 바울은 지금 세상*cosmos*이 아니라 육신*sarx*을 이야기하고 있기 때문입니다. 여기에서 육신은 당연히 자기중심적이고 자신에게 관대한 우리의 타락한 본성을 가리킵니다. 바울이 고린도에 있는 그리스도인들을 '사르키노이'라고 부르는 이유는 그들이 회심하지 않아서가 아닙니다. 만일 그런 의미였다면 2장 14절에서 성령을 소유하지 못한 사람들을 언급할 때 사용했던 '프슈키코이*psuchikoi*'를 썼을 것입니다. 그들은 성령을 소유하고 있었습니다. 바울은 그들을 가리켜 '형제들'이라고 부릅니다. 그러나 그들은 성령을 따라 사는 신령한 그리스도인은 아니었습니다. 그래서 바울은 성령을 따라 사는 사람과 육신을 따라 사는 사람의 차이를 이야기하면서 고린도인들을 가리켜 '사르키노이'라는 단어를 사용합니다. 성령을 따라 사는 사람과 육신을 따라 사는 사람의 차이는 갈라디아서 5장과 로마서 8장에도 나와 있습니다.

바울은 3장 1절 끝부분에서 똑같은 내용을 조금 다른 방식으로 이야기합니다. 바울은 고린도에 있는 그리스도인들이 육신에 속한 자일 뿐 아니라 그리스도 안에서 어린아이와 같은 자들이라고 말합니다.

그들은 성령으로 거듭났지만, 여전히 그리스도 안에서 어린아이$_{nepios}$입니다. 그들은 아직 성숙하지 않습니다. '성숙한'을 의미하는 '텔레이오스$_{teleios}$'는 바울이 2장 6절에서 사용했던 단어입니다. 도널드 카슨은 고린도인들이 "영적으로 용납할 수 없을 정도로 형편없이 미성숙했다"고 말합니다. 이것이 고린도에 있는 그리스도인들의 상태였습니다. 바울이 지금 우리의 모습을 보면 똑같이 이야기하지 않을까 두렵습니다. 우리는 교회가 성장했다는 통계를 보고 기뻐합니다. 그 성장이 깊이가 없는 경우가 많다는 사실은 기억하지 않습니다. 오늘날 그리스도인 공동체에서도 천박하고 미성숙한 모습이 곳곳에서 발견됩니다. 그렇다면 바울은 무엇을 기준으로 고린도에 있는 그리스도인들이 육에 속한 자이고 미성숙한 어린아이와 같다고 말하는 것일까요? 어린아이인지 아닌지 구별하는 기준은 두 가지입니다.

음식(2절)

"내가 너희를 젖으로 먹이고 밥으로 아니하였노니 이는 너희가 감당하지 못하였음이거니와 지금도 못하리라"(2절). 아기가 태어나면 쉽게 소화할 수 있는 젖을 먹다가 점차 단단한 음식으로 넘어갑니다. 바울은 고린도에 있는 그리스도인들에게 복음의 기초가 되는 영적인 젖을 먹여야 했습니다. 아직 단단한 음식을 먹을 준비가 되어 있지 않았기 때문입니다. 그들에게는 지식이 있었고 영적 은사도 풍부했지만, 신앙생활에서 여전히 초보적인 수준을 벗어나지 못했습니다. C. K. 바렛은 고린도전서 주석에서 단단한 음식을 가리켜 "고린도인들이 지키기 어려운 말"이라고 설명했습니다. 고린도인들은 자기 모습에

만족했습니다. 그런데 바울은 그들에게 미성숙한 어린아이라고 말합니다. 그렇다면 단단한 음식과 젖은 어떤 차이가 있을까요? 바울은 지금 십자가가 그리스도인이 성장하면 졸업해야 할 초보적인 가르침이라고 말하고 있는 것이 아닙니다. 우리가 갈보리 학교를 졸업할 일은 없습니다. C. H. 하지는 이렇게 말합니다. "단단한 음식과 젖은 가르치는 내용을 얼마만큼 철저하게 설명하느냐 단순하게 설명하느냐에 달려 있다." 고든 피Gordon Fee는 이렇게 말합니다. "바울에 따르면, 그리스도의 십자가는 젖이기도 하고 단단한 음식이기도 하다. 구원에 관한 복된 소식을 초보적으로 풀어내면 젖이고, 그리스도의 십자가에 바탕을 둔 그리스도인의 삶을 상세히 풀어내면 단단한 음식이다." 이 점을 이해해야 합니다. 영적으로 성숙해진다고 해서 십자가에서 졸업하는 것이 아닙니다. 십자가 안에서 더 깊게 자라가는 것입니다. 따라서 젖을 계속 먹어야 한다는 점은 고린도에 있는 그리스도인들이 그리스도 안에서 아직 어린아이라는 첫 번째 증거입니다.

행동(3절)

그리스도인의 성숙을 평가하는 두 번째 기준은 행동입니다. 바울은 이렇게 묻고 있습니다. "너희 가운데 시기와 분쟁이 있으니 어찌 육신에 속하여 사람을 따라 행함이 아니리요"(3절). 맞는 말입니다. 갈라디아서 5장에 나와 있듯이 시기와 분쟁은 육체의 일입니다. 자기중심적이고 자신에게 관대한 우리의 타락한 본성이 하는 일입니다. 이어서 바울은 이렇게 덧붙입니다. "서로 시기하고 다툰다니, 너희가 육의 사람이 아니냐?" 이 말은 곧 그들이 하나님의 기준이 아니라 인간의 기준에 따라 행동하고 있다는 말입니다. "어떤 이는 말하되 나는 바울에게라 하고 다른 이는 나는 아볼로에게라 하니 너희가 육의 사람이 아니리요"(4절). 그들은 경건한 시각이 아니라 인간적인 시각을 가지고 있었습니다. 눈치채셨는지 모르겠지만, 바울은 고린도에 있는 그리스도인의 잘못을 세 가지로 이야기하고 있습니다.

(1) 영을 따라 행하지 않고 육을 따라 행했다. 성령을 따라 살지 않고 이기적인 본성을 따라 살았다.
(2) 어린아이처럼 미성숙하게 행동했다. 프로이트가 말한 이른바 유아기적 퇴행을 겪고 있었다. 성장해야 하는데 자꾸만 유년기로 돌아가고 있었다.
(3) 거룩하게 살지 않고 인간적으로 살았다. 사고방식이 경건하지 못했다.

그 증거가 그들이 먹는 음식과 도덕적이지 못한 행동이었습니다. 그들은 교리적으로 여전히 A, B, C를 배우고 있었고 시기하고 다퉜습니다.

저는 여기 모인 사람들이 교회의 성숙에 관심을 기울이기를 바랍니다. 이 자리에는 교회 지도자들이 많이 있기 때문입니다. 여러분에게 묻고 싶습니다. 여러분은 골로새서 1장 28-29절 말씀을 알고 있습니까? "우리가 그를 전파하여 각 사람을 권하고 모든 지혜로 각 사람을 가르침은 각 사람을 그리스도 안에서 완전한 자로 세우려 함이니 이를 위하여 나도 내 속에서 능력으로 역사하시는 이의 역사를 따라 힘을 다하여 수고하노라." 나는 교회 지도자들이 이 두 구절을 사역의 모토로 삼아야 한다고 생각합니다. 우리는 바울이 선교사이자 교회 설립자이며 복음 전도자라고 생각합니다. 그러나 바울은 교회를 세우는 데만 관심이 있었던 것이 아닙니다. 교회가 그리스도 안에서 자라게 하는 데도 지대한 관심이 있었습니다. 바울은 모든 그리스도인이 그리스도 안에서 자라가기를 소망했습니다. 우리는 그리스도 안에서 모두가 성숙해지게 하는 지혜로 모든 사람에게 경고하고 가르치며 그리스도를 선포해야 합니다. 모든 신자가 그리스도 안에서 성숙해지는 것을 사역의 모토로 삼아야 합니다. 하나님이 우리더러 섬기게 하신 회중이 그리스도 안에서 성숙해지는 것을 사역의 목표로 삼아야 합니다.

바울은 문제를 더 깊이 파고들면서 고린도에 있는 그리스도인들이 교회를 잘못 이해하고 있다고, 그래서 잘못된 행동을 하고 있다고 말합니다. 그러면서 교회를 세 가지에 비유합니다.

너희는 하나님의 밭이다 5-9절

먼저 농사에 관한 비유가 나옵니다. 바울은 화가 나서 묻습니다. "그런즉 아볼로는 무엇이며 바울은 무엇이냐"(5절). 바울은 "우리가 누구라고 생각합니까?" 하고 예의를 갖춰 묻지 않습니다. 중성 명사를 사용해서 "우리가 '무엇'이라고 생각하기에 우리를 그렇게 떠받드느냐?"라고 묻습니다. J. B. 라이트풋J. B. Lightfoot 주교가 지적한 대로입니다. "중성 명사는 남성 명사보다 훨씬 단호하다. 경멸의 의미가 훨씬 더 강하다." 그런 다음 바울은 5절에서 자신과 아볼로가 어떤 사람인지 밝힙니다. "아볼로와 나는 너희를 믿게 한 일꾼에 불과하다. 우리는 너희가 충성을 바쳐야 하는 주인이 아니라 한낱 종에 불과하다. 우리는 너희가 믿는 믿음의 대상이 아니다. 우리는 너희가 그리스도를 믿게 하려고 하나님이 사용하신 도구일 뿐이다. 우리는 주님께서 우리에게 각각 맡겨주신 대로 일을 했을 뿐이다." 따라서 고린도 교회 교인들이든 그들의 지도자든 자랑할 것이 아무것도 없었습니다.

6-8절에서 사도 바울은 농사에 빗대어 자기와 아볼로가 교회에서 하는 일을 설명합니다. 밭이 수확물을 내려면 해야 하는 일이 세 가지 있습니다. 먼저 씨를 심고, 둘째 물을 주고, 셋째 싹이 트게 하는 일입니다. 즉 파종과 관개, 성장이 필요합니다. 그러면 이것을 어떻게 고린도 교회에 적용할 수 있을까요? 바울은 6절에서 시간순으로 설명합니다. "나는 심었고"(6절). 바울은 "내가 먼저 고린도에 왔다"고 말합니다. 바울은 주후 50년경 2차 선교 여행 중에 고린도에 도착했습니다. 그리고 고린도에 씨를 심었습니다. 교회를 세웠습니다. 그 후에 아볼로가 가서 바울이 심어놓은 씨앗에 물을 주었습니다. 두 사람이 씨를 심고 물을 주는 일을 했습니다. 교회를 개척하는 일을 한 것입니다. 그리고 하나님이 그 교회를 자라나게 하셨습니다(6절).

헬라어 원문에 나오는 동사의 시제에 주목합시다. '심었다'의 시제는 부정 과거입니다. 바울은 고린도에 도착해서 자기 일을 하고 떠났습니다. 그다음에 아볼로가 와서 물을 주었습니다. '물을 주다'의 시제도 부정 과거입니다. 아볼로도 물을 주고 떠났습니다. 그리고 하나님이 자라나게 하셨습니다. 그런데 '자라나게 하다'라는 동사는 부정과거가 아니라 미완료 시제입니다. 바울이 씨를 심고 있을 때도 아볼로가 물을 주고 있을 때에도 하나님은 언제나 씨앗이 싹을 틔우고 자라나게 하고 계셨습니다. 하나님이 씨앗을 자라나게 하지 않으셨다면, 바울과 아볼로가 일을 해도 아무 소용이 없었을 것입니다.

이제 바울은 씨를 심고 물을 주고 자라나게 한 장본인, 즉 자신과 아볼로와 하나님을 비교합니다. "그런즉 심는 이나 물 주는 이는 아무 것도 아니로되 오직 자라게 하시는 이는 하나님뿐이니라"(7절). 고린도에 복음을 전하고 교회를 세우는 일에서 심는 사람과 물 주는 사람은 사실 아무것도 아닙니다. 씨를 심고 물을 주는 일은 특별한 기술이 필요 없는 기계적인 일입니다. 누구나 할 수 있습니다. 씨를 심고 물을 주는 일에는 전문 지식이 필요하지 않습니다. 정말로 중요한 일은 싹이 트고 열매를 맺게 하는 일입니다. 이 일을 할 수 있는 인간은 아무도 없습니다. 바울이 사도의 권위로 할 수 있는 일도 아니고, 아볼로가 성경 지식과 유창한 화술로 할 수 있는 일도 아닙니다. 자라게 하시는 이는 하나님뿐입니다.

이어지는 구절에서 바울은 고린도인들이 하는 행동이 얼마나 어리석은지 보여줍니다. 지금까지 바울은 씨를 심는 자와 물을 주는 자는 하나도 중요하지 않다고 말했습니다. 따라서 그들의 사역을 칭송하는 것은 어리석은 일입니다. 바울과 아볼로는 한 가지 목적을 가지고 있었습니다. 한 사람은 씨를 심고 한 사람은 물을 주었지만, 둘 다 같은 목적을 위해 일했습니다. 바로 좋은 열매를 수확하는 것입니다. 따라서 두 사람을 경쟁시키는 것은 어리석기 짝이 없는 일입니다. 더구나 두 사람은 각자 일한 대로 자기의 상을 받을 것입니다(8절). 하나님이 심판의 날에 그들에게 상을 주실 것입니다. 그러니 지금 바울이 어떻다 아볼로가 어떻다 말하며 심판의 날에 받을 상을 예상하는 것은 어리석은 일입니다. 바울은 9절에서 이렇게 결론을 내립니다. "우리는 하나님의 동역자들이요 너희는 하나님의 밭이요 하나님의 집이니라." 바울은 한낱 인간에 불과한 지도자들을 낮추기 위해 애쓰고 있으므로 '하나님의 동역자'라는 말이 하나님과 함께 일하는 특권을 지닌 사람들이라는 의미일 리는 없습니다. 즉 "아볼로와 나는 하나님을 섬기는 동역자다"라는 뜻입니다. 바울은 지금 하나님과 함께 일하는 특권을 이야기하는 것이 아닙니다. 개정영어성경REB에서 번역한 대로 "우리는 하나님을 섬기는 동역자다"라는 뜻입니다.

이 비유에서 우리는 무엇을 배울 수 있을까요? 밭의 비유가 그리스도인의 사역에 대해 모든 것을 가르쳐주지는 않습니다. 비유를 지나치게 확장해서 해석하는 것은 위험합니다. 교회는 밭이므로 밭에서 일어나는 모든 일이 교회에서도 그대로 일어난다고 주장해서는 안 됩니다. 오히려 비유의 요지가 무엇인지 알아보아야 합니다. 이 비유는 각자 맡은 역할에 따라 주어지는 영적 은사나 복음 전도자와 선교사, 목사에게 따라오는 명예에 대해서는 아무것도 이야기하지 않습니다. 신약성경에서 이 부분에 대해 가르치는 성경 구절은 따로 있습니다. 밭의 비유가 전달하려는 요지는 자라나게 하시는 하나님에 비하면 일꾼인 우리가 하는 일은 별로 중요하지 않다는 것입니다. 하나님은 일을 할당하시고, 자라나게 하시고, 일꾼들에게 상을 주십니다. 따라서 우리는 교회 지도자나 함께 일하는 일꾼들이 아니라 하나님께 영광을 돌려야 합니다. 이 기본 원리만 기억해도 교회가 훨씬 더 조화롭고 행복한 공동체가 될 것입니다. 하나님에 비하면 우리는 아무것도 아닙니다.

너희는 하나님의 집이다 9-16절

다음에는 건축에 관한 비유가 나옵니다. 밭을 일구든 건물을 세우든 우리는 팀입니다. 농사를 짓는 한 팀이고 건축을 하는 한 팀입니다. 우리는 혼자 일하지 않습니다. 우리는 지금 같은 회사에서 공동의 목적을 위해 일하고 있습니다. 밭에서 한 사람은 심고 한 사람은 물을 주듯 건축 현장에서 한 사람은 터를 닦고 한 사람은 그 위에 건물을 세웁니다. 그러나 두 비유가 말하는 요점이 정확히 똑같지는 않습니다. 바울이 밭의 비유에서 강조한 것은 자라나게 하시는 분은 하나님뿐이라는 점입니다. 집의 비유에서 강조하는 것은 십자가에 못 박히신 예수 그리스도만이 이 건물의 터라는 점입니다.

그래서 바울은 다시 한 번 이 비유를 자신과 아볼로와 고린도에 있는 다른 지도자들에게 적용시킵니다. "내게 주신 하나님의 은혜를 따라." 이 말은 바울 서신에서 다섯 번이나 나옵니다. 바울은 자기가 예수 그리스도의 사도로 임명되었다고 이야기할 때 이 말을 하곤 했습니다. "내게 주신 하나님의 은혜를 따라 내가 지혜로운 건축자와 같이 터를 닦아두매"(10절). 바울은 자기가 지혜로운 건축자라고 말합니다. 지금 바울은 참된 지혜는 예수 그리스도라는 사실을 다시 한 번 말하고 있습니다. 설령 그것이 어떤 사람들에게는 미련해 보일지라도 말입니다. 바울은 고린도에서 십자가에 못 박히신 그리스도를 전하는 개척 사역을 했습니다. 이어서 바울은 이렇게 말합니다. "다른 이가 그 위에 세우나 그러나 각각 어떻게 그 위에 세울까를 조심할지니라"(11절). 여기에서는 아볼로의 이름을 거론하지 않습니다. 바울이 가고 나서 여러 교사가 고린도에 이르렀기 때문입니다. 개중에는 좋은 교사도 있고 나쁜 교사도 있었습니다. 참된 교사도 있고 거짓 교사도 있었습니다.

바울은 교사인 우리 모두에게 조심하라고 경고합니다. 이것이 이 비유의 요지입니다. 바울은 터와 터 위에 세우는 건물에 대해 경고합니다. 터 위에 건물을 세울 때는 어떻게 세울지 조심해야 합니다. 대체 무엇을 조심하라는 것일까요? 무엇보다 먼저 터에 관해 생각해야 합니다. 일단 터를 세운 뒤에는 손을 대면 안 됩니다. 터를 파내거나 다시 닦으려고 해서는 안 됩니다. 터는 오직 하나뿐이고 누구도 예수 그리스도 외에 다른 터를 닦을 수 없기 때문입니다. "이 닦아둔 것 외에 능히 다른 터를 닦아둘 자가 없으니 이 터는 곧 예수 그리스도라"(11절). 다른 예수가 아니라 사도가 증거하는 진짜 예수, 십자가에 못 박혀 죽으셨다가 다시 살아나셔서 다스리고 계신 예수 그리스도만이 교회의 터입니다. C. K. 바렛은 이렇게 말했습니다. "바울은 다른 터 위에 공동체를 세우는 것이 불가능하다고 말하는 것이 아니라 그런 공동체는 교회가 아니라고 말하는 것이다. 예수 그리스도라는 유일한 터 위에 세워진 것만 교회다."

이제 건물로 넘어가겠습니다. 건축자들은 건물을 세우는 데 사용할 재료를 고를 때에도 조심해야 합니다. 건물을 짓는 재료는 대개 두 종류입니다. 첫 번째는 금이나 은이나 보석 같은 재료입니다. 아마 진짜 보석이 아니라 대리석처럼 값이 나가는 돌을 가리키는 말일 것입니다. 금이나 은이나 보석은 값이 비싸고 내구성이 있는 재료로 시험과 심판의 날에도 견딜 수 있는 참된 가르침을 가리킵니다. 두 번째는 나무나 풀이나 짚처럼 값이 싸고 썩기 쉬운 재료로 거짓 가르침이나 세상의 지혜를 가리킵니다. 건축자가 어떤 재료를 썼는지는 심판의 날에 불로 시험하면 훤히 밝혀질 것입니다(13절). 교사가 가르친 가르침이 참인지 거짓인지 불이 시험하여 드러낼 것입니다.

불로 시험하면 어떤 결과가 나올까요? 재료가 두 종류이니 나올 수 있는 결과도 두 종류입니다. 금이나 은이나 대리석처럼 견고한 재료로 지은 건물은 불로 시험해도 살아남을 것이고 건축자는 상을 받을 것입니다(14절). 그러나 나무나 풀이나 짚처럼 불이 잘 붙는 재료로 지은 건물은 불에 타 없어질 것입니다. 그의 가르침은 살아남지 못할 것이고 가치 없는 것으로 밝혀질 것입니다. 또한 그는 상을 받지 못할 것입니다. 하나님의 은혜로 그 사람은 구원을 받을 테지만 불 속을 헤치고 나오듯 가까스로 구원받을 것입니다. 그가 가르친 것이 모두 타 버리더라도 그 사람은 구원받을 것입니다. 여기에 연옥에 대한 암시는 없습니다. 여기서 말하는 불은 연옥의 불이 아닙니다. 이 단락에서 바울이 거론하는 대상은 교사들이지 모든 신자가 아닙니다. 로마 가톨릭 교도들은 모든 신자가 연옥을 거쳐야 한다고 믿습니다. 하지만 이 불의 목적은 연옥에서처럼 정결하게 하는 것이 아니라 가르침을 시험하고 심판하는 것입니다.

바울은 본문에서 모든 그리스도인 교사에게 엄중히 경고합니다. 가르치는 사역은 아주 중요합니다. 가르침은 교회를 온전하게 세워가기 위한 것입니다. 따라서 우리는 우리의 가르침이 진짜인지 확인해야 합니다. 우리가 가르치는 것이 참되고 성경적이고 균형이 잡혀 있다면, 금과 은, 대리석으로 집을 짓고 있는 셈입니다. 그러니 불의 시험에도 살아남을 것입니다. 그러나 우리가 가르치는 것이 비성경적인 세상의 지혜라면, 나무나 풀이나 짚으로 집을 짓고 있는 셈입니다. 그러니 불의 시험에서 살아남지 못할 것입니다. 이렇듯 우리의 가르침이 교회에 복이 될 수도 있고 해가 될 수도 있습니다. 따라서 그리스도인 교사들은 조심해야 합니다. 가르치는 내용에 더 주의를 기울이고 예민해져야 합니다.

너희는 하나님의 성전이다 16-17절

이 비유는 앞에 나온 건축에 관한 비유를 확장한 것입니다. 성전도 건물이기 때문입니다. 그러나 성전은 아주 특별한 건물입니다. 바울은 지성소를 생각하고 이 비유를 다르게 전개합니다. 그래서 이 비유는 종교에 관한 비유입니다. 바울은 16절에서 너희가 하나님의 성전인 것을 알지 못하느냐고 묻습니다. 고린도전서에서만 "알지 못하느냐?"라는 질문이 열 번이나 나옵니다. 바울은 지식이 아주 중요하다고 생각합니다. "너희 몸이 성령의 전인 줄을 알지 못하느냐?" "너희가 그리스도에게 속한 줄 알지 못하느냐?" "지역 교회가 하나님의 성소인 줄을 너희가 알지 못하느냐?" "너희가 이것을 알지 못하느냐?" 바울이 하려는 말은 너희가 이것을 알았더라면 다르게 행동했을 것이라는 말입니다. 거룩하게 살고 싶으면 알아야 합니다. 지식이 성화의 비결입니다. 우리는 우리 몸이 성령이 거하시는 전인 줄을 알고 받아들이고 이해하고 그에 걸맞게 행동해야 합니다. 그러면 삶이 달라집니다. 바울은 고린도에 있는 그리스도인들이 성숙해지지 못한 이유가 이러한 사실을 몰랐거나 잊어버린 탓이라고 보았습니다.

예루살렘에 있는 성전과 지성소의 핵심은 예전 성막과 마찬가지로 그곳에 하나님이 거하셨다는 점입니다. "내가 그들 중에 거할" 것이다(출 25:8)라고 하나님은 말씀하셨습니다. 하나님은 하나님이 거기 거하신다는 상징인 셰키나*shekinah*의 영광이 지성소 안에 있으면서 지성소를 비출 거라고 약속하셨습니다. 재건한 성전을 두고 하나님은 약속하셨습니다. "그 성읍의 이름을 여호와 삼마라 하리라"(겔 48:35). 구약성경에는 이런 사실이 아주 명확히 나와 있습니다.

신약성경에서 하나님의 전 또는 하나님이 거하시는 곳은 건물이 아니라 사람입니다. 그리스도인 개개인의 몸이 하나님의 전입니다. "너희 몸이 성령의 전인 줄을 알지 못하느냐?" 물론 16절에 나와 있듯이 지역 교회도 하나님의 전입니다. 에베소서 2장 22절에는 이런 사실이 직접 언급되어 있습니다. "너희도 성령 안에서 하나님이 거하실 처소가 되기 위하여 그리스도 예수 안에서 함께 지어져가느니라." 이처럼 각 그리스도인의 몸과 지역 교회와 전 세계적인 교회 공동체가 하나님이 거하시는 전으로 불립니다. 오늘날 하나님의 성소인 교회 안에는 이교 신전에 있는 형상도 없고 셰키나의 영광 같은 상징도 없지만, 하나님의 성령이 계십니다. 교회가 신성한 이유는 성령 하나님이 거하시는 전이기 때문입니다.

물론 교회는 건물이 아니라 사람을 의미합니다. 하나님은 건물 안에 거하시는 것이 아니라 언약 백성들 안에 거하십니다. 결코 버리지 않겠다고 약속하신 구원받은 백성들 안에 거하십니다. 구약 시대에 장막이 움직일 때마다 하나님이 함께 움직이셨던 것처럼 하나님의 백성들이 어디에 있든 하나님도 거기 계십니다. 우리는 장막을 떠날 때 하나님을 떠나지만, 하나님은 우리를 떠나지 않으십니다. 하나님은 자기 백성과 늘 함께하십니다. 특히 수많은 사람이 함께 모여 예배할 때 하나님은 그리스도로 말미암아 성령을 통하여 그들 가운데 계십니다.

하나님이 거하시는 전인 그리스도인 공동체는 신성하기 때문에 어떤 식으로든 망신을 당해서는 안 됩니다. 시기와 분쟁으로 나뉘어서도 안 되고, 거짓 가르침에 속아서도 안 되고, 부도덕한 행동으로 더럽혀져서도 안 됩니다. 이런 행위는 하나님의 전인 그리스도인 공동체를 파괴하는 신성 모독입니다. 바울이 17절에서 "누구든지 하나님의 성전을 더럽히면 하나님이 그 사람을 멸하시리라"라고 말하는 이유도 이 때문입니다. 이것은 고린도 교회에 보내는 편지에서 바울이 한 말 중에 가장 엄한 말입니다. 성전을 더럽히는 사람은 진정한 신자일 수 없습니다. 이름뿐인 그리스도인이 틀림없습니다. 성전을 더럽히는 자는 하나님이 멸하실 것입니다. 멸망은 곧 지옥을 의미합니다. 신약성경에서는 지옥을 '멸망'으로 언급하기 때문입니다.

우리는 교회가 하나님의 전이라는 사실을 항상 기억해야 합니다.

지역 교회에 우리가 달가워하지 않는 사람들이 있을 수도 있지만, 그들을 볼 때면 마음속으로 이렇게 속삭여야 합니다. "너희는 살아 계신 하나님의 전이다. 하나님이 그리스도로 말미암아 성령을 통하여 너희 안에 거하신다." 그 사람들은 우리가 사랑해야 할 하나님의 전입니다.

본문에서 바울이 삼위일체 하나님을 이야기하고 있다는 사실을 알아챘으리라 믿습니다. 바울은 교회와의 관계에서 성부, 성자, 성령 하나님의 역할을 강조하고 인간의 역할이 대단치 않다고 말합니다. 하나님의 밭인 교회에 가장 중요한 것은 자라나게 하시는 하나님입니다. 하나님의 집인 교회에 가장 중요한 것은 유일한 터이신 예수 그리스도입니다. 하나님의 전인 교회에 가장 중요한 것은 그곳에 거하시는 성령입니다. 이것이 사도 바울의 교회관입니다. 교회가 싹이 트고 자라나는 것은 성부 하나님 덕분입니다. 또한 교회는 성자 하나님의 터 위에 세워지고 성령 하나님이 그 안에 거하십니다. 이처럼 교회는 삼위일체 하나님이 함께하시는 독특한 공동체입니다. 이 세상에 교회와 조금이라도 비슷한 공동체는 아무것도 없습니다.

18-23절에서 바울은 지혜와 어리석음에 대해 말하면서 교회를 바라보는 경건한 시각을 정리합니다. 하나님의 지혜 속에는 교회라는 새로운 공동체도 들어 있습니다. 따라서 고린도에 있는 그리스도인들이 한낱 인간일 뿐인 지도자들을 높임으로써 하나님의 교회를 하찮게 만든다면, 그들은 지혜가 아니라 어리석음을 드러내고 있는 것입니다. "아무도 자신을 속이지 말라. 너희 중에 누구든지 이 세상에서 지혜 있는 줄로 생각하거든 어리석은 자가 되라. 그리하여야 지혜로운 자가 되리라. 이 세상 지혜는 하나님께 어리석은 것이니 기록된바 하

나님은 지혜 있는 자들로 하여금 자기 꾀에 빠지게 하시는 이라 하였고"(18-19절). 바울은 지혜를 이야기하는 구약의 시편과 욥기를 인용하고 있습니다. 두 구절 모두 하나님이 세상의 지혜를 거부하신다고 말합니다.

그러면 어떻게 해야 할까요? 고린도에 있는 그리스도인들은 인간의 지혜로 자랑하고 자기중심적으로 생각하고 행동하던 것을 회개해야 했습니다. "누구든지 사람을 자랑하지 말라"(21절)는 말을 명심하고 겸손을 배워야 했습니다. 21절은 이번 장의 절정을 이루는 구절입니다. 바울은 고린도 교회 사람들이 지도자를 자랑하고 그들에게 속한 자라고 으스대지만, 사실은 정반대라고 말합니다. "만물이 다 너희 것임이라. 바울이나 아볼로나 게바나 세계나 … 다 너희의 것이요"(21-22절). 그들이 지도자에게 속한 것이 아니라 지도자들이 그들에게 속해 있다는 말입니다. 바울은 고린도인들에게 "나는 바울에게, 나는 아볼로에게 속한 자라고 말하지 말라. 너희가 그들의 것이 아니라 바울과 아볼로와 베드로가 너희 것이기 때문이다"라고 말하고 있습니다. 그들의 지도자만 그들의 것이 아닙니다. 세계나 생명이나 사망이나 지금 것이나 장래 것이 다 그들의 것입니다. 이처럼 만물이 우리 것인 이유는 우리가 그리스도에게 속해 있고 만물이 그리스도에게 속해 있기 때문입니다. 그리스도는 만물의 상속자이고 우리는 그리스도 안에 있습니다. 따라서 우리는 그리스도와 함께하는 상속자입니다. 그리스도가 상속하는 모든 것을 우리가 상속할 것입니다.

요즘에도 그리스도인 공동체에서 누가 누구에게 속해 있는가 하는 질문이 오갑니다. 50년도 더 전에 영국 성공회에서 부제副祭로 임명받은 뒤 저는 주교에게 편지를 쓸 때 '나의 주'라는 서두로 시작하고 '저는 당신의 주권에 복종하는 종입니다'라고 마무리하라고 배웠습니다. 그러나 처음에 몇 번 관례를 따르다가 곧 그만두었습니다. 누가 누구에게 복종하는 종이어야 한다면, 그가 나의 종이라고 생각했기 때문입니다!

마찬가지로 목사들이 교회를 두고 소유격을 써서 '내 교회', '내 신도', '내 회중'이라고 말하는 것이 과연 지혜로운 일인지 의문입니다. 성도들은 목회자들에게 속한 자가 아니기 때문입니다. 목회자에게는 회중에 대한 소유권이 없습니다. 목회자를 가리켜 '그들의 사역자', '그들의 목사'라고 부르는 것은 성경적이지만, 목회자가 회중을 가리켜 '우리 사람'이라고 불러서는 안 됩니다. 회중을 언급할 때는 훨씬 더 겸손한 자세로 이렇게 말해야 할 것입니다. "그들은 하나님이 우리더러 섬기게 하신 사람들이고 저는 그들의 종입니다. 그들은 제 것이 아닙니다."

결론

우리는 교회를 성경적으로 이해해야 합니다. 그래야만 교회 지도자들에 대해서도 제대로 이해할 수 있기 때문입니다. 지도자들 입장에서 교회를 규정해서는 안 됩니다. 오히려 교회 입장에서 지도자들을 규정해야 합니다. 우리는 교회가 한낱 인간일 뿐인 지도자들이 권력을 휘두르고 대우를 받는 여타의 법인들처럼 그저 인간이 만든 단체인 양 생각하는 세속적인 교회관을 버려야 합니다. 나아가 교회가 다른 공동체들과 구별되는 독특한 공동체이며 회심한 하나님의 백성이자 구원받은 하나님의 백성이라는 경건한 시각을 가져야 합니다. 사역자들은 교회를 겸손하게 섬기고, 교회는 사람을 자랑하는 일이 없어야 합니다. 자랑할 것은 삼위일체 하나님뿐입니다. 씨앗을 자라게 하시는 성부 하나님, 교회의 유일한 터이신 성자 하나님, 신자 안에 거하시며 공동체를 거룩하게 하시는 성령 하나님만 자랑해야 합니다. "누구든지 사람을 자랑하지 말라"(21절). "자랑하는 자는 주 안에서 자랑하라"(1:31).

사역의 본
고린도전서 4장

서론

목회 사역의 본질이 무엇인지 혼란스러워하는 사람들이 많습니다. 성직자라는 단어를 쓰는 게 적당한지 모르겠지만, 과연 성직자란 무엇일까요? 사제나 장로, 목사, 선지자, 설교자, 심리치료사입니까? 그게 아니면 관리자나 조력자, 운영자, 사회복지사, 예배 사회자, 복음 전도자입니까? 이렇게 볼 수도 저렇게 볼 수도 있습니다. 사실 이런 혼란은 그리 새삼스러운 것이 아닙니다. 오랜 세월 교회는 교권주의와 반교권주의라는 양극단으로 치우쳤습니다.

역사적으로 예수 그리스도의 교회는 이 부분에서 성경적이지 않은 양극단을 오가며 휘청거렸습니다. 때로는 극단적인 교권주의를 향해 내달렸습니다. 교권주의로 치달을 때에는 성직자들을 받들어 모시며 숭배하다시피 했습니다. 반교권주의로 치달을 때에는 성직자들을 아래로 끌어내리고 불필요한 존재라 선언했습니다. 세계 곳곳에서 많은 교회가 그리스도의 몸을 이루는 지체들이 함께 사역한다는 바울의 교리를 회복했습니다. 그런데 평신도 사역을 강조하다 보니 급진적인 질문을 던지는 이들이 생겨났습니다. 더 이상 성직자가 필요할까요? 성직자가 너무 많은 것은 아닐까요? 성직자가 없으면 교회가 더 건강해지지 않을까요? 그러면 우리 모두가 사역을 더 잘할 수 있지 않을까요? 성직 폐지를 위해 단체라도 설립해야 하지 않을까요? 마크 트웨인Mark Twain이 쓴 유명한 소설 《허클베리 핀의 모험The Adventures of Huckleberry Finn》에서 허클베리는 얼마 전에 세상을 떠난 피터 영감의 막내조카 조애너와 이런 대화를 나눕니다. 허클베리는 조애너에게 하비 목사의 교회에 목사가 열일곱 명이나 된다면서 이렇게 덧붙입니다. "그들 모두가 같은 날에 설교하는 게 아니야. 한 명만 하는 거야." "그럼 다른 목사님들은 뭘 하지?" "별로 하는 일 없어. 하는 일 없이 서성대거나 헌금 접시를 돌리거나. 그저 이런 일 저런 일 하는 거지. 하지만 꼭 집어서 하는 일은 별로 없어." "저런! 그럼 그들은 뭣 때문에 있는 거지?" "모양을 갖추려는 거지. 넌 정말 아무것도 모르니?"

성직자가 무얼 하는 사람인지에 대한 혼란은 교회가 생겨날 때부터 있었습니다. 특정 지도자를 지지하며 여러 파당으로 나뉘어 다투던 1세기 고린도 교회를 떠올려보십시오. 바울은 이런 인물 숭배를 끔찍이 혐오했습니다. "어떤 사람은 나는 바울 편이다 하고, 또 다른 사람은 나는 아볼로 편이다 한다는데, 그렇다면 아볼로는 무엇이고, 바울은 무엇이냐?"(3:4-5 참조) 4장에서 바울은 고린도 교회 사람들에게 던진 이 질문에 이렇게 답합니다. "사람이 마땅히 우리를 그리스도의 일꾼이요 하나님의 비밀을 맡은 자로 여길지어다"(1절). 이어서 바울은 목회자의 진정한 리더십에 대해 네 가지로 이야기합니다. 그리스도의 사도인 자신을 가리켜 한 말이지만, 오늘날의 목회자들에게도 적용되는 이야기입니다.

그리스도의 일꾼 1, 3절

목회자는 말씀 사역자이자 교회 사역자이기 전에 그리스도의 일꾼이 되어야 합니다. 목회자는 주 예수 그리스도와 인격적인 관계를 맺어야 합니다. 바울이 여기에서 사용한 '일꾼'이라는 단어는 미천한 신분을 나타내는 단어입니다. 그래서 한 주석가는 이 구절을 "우리는 그리스도의 부하다"라고 번역했습니다. 물론 신약성경에는 목사직이 고귀하다는 점을 강조하는 본문도 있습니다. 이를테면 디모데전서 3장 1절에서 바울은 이렇게 말합니다. "사람이 감독의 직분을 얻으려 함은 선한 일을 사모하는 것이라." 목회자가 되는 것은 고귀한 일입니다. 바울은 목회자들이 하는 일을 생각해서 사랑으로 그들을 귀히 여기고 감사하며 극진히 존경하라고 교회에 권면하기도 했습니다. 그럼에도 바울은 자신의 사역을 설명하면서 명예로운 호칭 대신 미천한 호칭을 사용합니다. 개정영어성경은 이 구절을 "우리는 그리스도의 하급자다"라고 번역합니다. 기독교 사역과 리더십의 기본은 겸손하게 우리 주 예수 그리스도와 인격적인 관계를 맺는 것입니다. 매일 기도하면서 그리스도를 향한 헌신을 표현하고, 매일 순종하면서 그리스도를 향한 사랑을 드러내야 합니다.

더불어 우리는 우리가 하는 사역에 대하여 그리스도에게 해명해야 할 책임이 있습니다. 그리스도는 우리의 주님이고 심판자이기 때문입니다. 이 사실에 우리는 한편으로 위안을 받고 또 한편으로 도전을 받습니다. 위안이 되는 이유를 바울은 이렇게 설명합니다. "너희에게나 다른 사람에게나 판단 받는 것이 내게는 매우 작은 일이라. 나도 나를 판단하지 아니하노니"(4:3). 그리고 이어서 이렇게 말합니다. "내가 자책할 아무것도 깨닫지 못하나 이로 말미암아 의롭다 함을 얻지 못하노라. 다만 나를 심판하실 이는 주시니라"(4절). 내 양심이 나의 결백을 증명할지라도 나를 심판하실 이는 주님이시라는 말입니다. "그러므로 때가 이르기 전 곧 주께서 오시기까지 아무것도 판단하지 말라"(5절). 그리스도가 심판자이시기 때문에 우리는 서로를 판단해서는 안 됩니다. 예수님이 산상수훈에서 말씀하신 대로 심판을 받지 않으려거든 남을 심판하지 말아야 합니다(마 7:1).

이 말은 비판 능력을 사용하지 말라는 뜻이 아닙니다. 마치 자기가 다른 이의 심판자인 양 사람을 심판하는 자리에 서지 말라는 뜻입니다. 우리는 그들의 심판자가 아니기 때문입니다. 때가 이르면 그리스도가 어둠 속에 감춰져 있는 것들을 환히 나타내시고 마음속에 숨겨둔 동기를 드러내실 것입니다. 그리스도 앞에서 감출 수 있는 것은 아무것도 없습니다. 따라서 잘못된 판결로 말미암아 정의가 땅에 떨어질 염려가 없습니다. 우리들이 살아온 삶의 내력까지 밝히 드러날 것입니다. 그러면 우리는 각자 그리스도에게 칭찬을 받거나 질책을 받을 것입니다.

6절에서 바울은 "내가 여러분을 위하여 이 모든 일을 나와 아볼로에게 적용하여 설명하였으니 기록된 말씀의 범위를 벗어나지 말라는 격언의 뜻을 우리에게서 배우라"고 말합니다. 기록된 말씀이란 성경을 가리킵니다. 바울은 계속해서 이야기합니다. "너희가 각자 자기가 영향을 받은 지도자를 자랑한다면, 그것은 너희가 기록된 말씀, 즉 성경의 범위를 벗어나는 것이다. 어느 한쪽의 편을 들어 다른 쪽을 얕보면서 비교하지 마라." 비교하는 것은 혐오스러운 행동입니다. 다음에 바울은 몇 가지 질문을 던집니다. "누가 너를 남달리 구별하였느냐. 네게 있는 것 중에 받지 아니한 것이 무엇이냐. 네가 받았은즉 어찌하여 받지 아니한 것같이 자랑하느냐"(7절). 자랑하다니, 말도 안 됩니다. 바울은 이 단락을 통해 우리는 그리스도의 일꾼으로서 우리가 하는 사역에 대하여 그리스도에게 해명할 책임이 있다고 강조합니다.

오해하지 마십시오. 당연히 우리는 사람들이 하는 비판에 귀를 기울여야 합니다. 은폐하려 하거나 귀를 막아서는 안 됩니다. 비판을 듣는 것은 고통스럽습니다. 사람들이 하는 말이 사실이 아니거나 부당하거나 모진 경우에는 특히 더합니다. 그러나 사람들이 비판하는 말에 귀를 기울이더라도 우리가 해명해야 할 대상은 그리스도라는 사실을 잊어서는 안 됩니다. 우리 주 예수 그리스도는 그 어떤 인간이나 위원회나 심의회나 교회 회의보다 자비로우십니다. 사역을 하다 보면 가끔 익명의 편지를 받을 때가 있습니다. 저도 꽤 많이 받았습니다. 그럴 때는 편지 내용을 너무 심각하게 생각해서는 안 됩니다. 자신의 신분을 밝힐 용기가 없는 사람이 하는 비판은 가볍게 넘겨야 합니다. 20세기 말에 시티템플에서 사역했던 조지프 파커Joseph Parker의 이야기를 들어보았습니까? 어느 날 파커가 강대상으로 올라가는데 회중석에 있던 여자가 그에게 종이를 한 장 던졌습니다. 파커는 종이를 주워서 펼쳐 보았습니다. '바보!'라는 두 글자가 쓰여 있었습니다. 파커는 다음과 같은 말로 설교를 시작했습니다. "살면서 익명의 편지를 많이 받았습니다. 예전에 받은 편지에는 본문만 있고 발신자 서명이 없었는데, 오늘은 처음으로 본문은 없고 발신자 서명만 있는 편지를 받았네요." 사람들이 하는 비판에 귀를 기울이되 익명으로 오는 편지까지 심각하게 받아들일 필요는 없습니다. 우리가 해명을 해야 할 대상은 하나님이지 인간이 아닙니다.

그러나 그리스도에게 해명할 책임이 있다는 사실이 한편으로는 도전이 되기도 합니다. 그리스도의 기준은 높고 거룩하기 때문입니다. 목회자가 하는 대부분의 일은 사람들에게 보이지 않고 감시를 받지도 않습니다. 그러나 우리는 항상 하나님의 임재 안에 있습니다. 이 사실을 기억하면 해이해지거나 경솔해지지 않을 것입니다. 예수 그리스도가 우리를 지켜보고 계시고, 언젠가 그리스도에게 우리가 한 일을 해명해야 한다는 사실을 기억하면, 그분의 임재 안에서 최대한 바르게 살아갈 것입니다. 우리는 그리스도에게 해명해야 할 책임이 있는 그분의 부하들입니다.

계시의 청지기 1-2절

그리스도의 일꾼으로서의 일반적인 책임에 대해 이야기하던 바울은 이제 조금 더 특별한 청지기로서의 책임에 대해 이야기합니다. 청지기에 해당하는 헬라어 오이코노모이$_{oikonomoi}$라는 단어가 본문에 나오지는 않습니다. 하지만 청지기의 개념은 분명히 제시되어 있습니다. "우리를 … 하나님의 비밀을 맡은 자로 여길지어다"(1절). 개역표준성경은 이 구절을 "우리는 하나님의 비밀의 청지기다"라고 번역합니다. 청지기는 나누어주는 사람입니다. 집안일을 맡아보는 청지기는 집주인에게 음식과 옷을 받아서 식구들에게 나누어줍니다. 하나님은 우리에게 하나님의 계시를 맡기셨고 우리는 이 계시를 나눕니다. 교회에서 다른 사람들에게 하나님의 계시를 가르칩니다. 우리가 맡고 있는 하나님의 비밀이란 하나님이 계시하신 비밀을 말합니다. 전에는 감추어져 있다가 지금 계시된 비밀, 계시를 통해서만 알 수 있는 진리, 그리스도와 구원에 관한 진리, 유대인과 이방인을 막론하고 우리가 똑같이 그리스도의 몸을 이루는 지체라는 사실입니다. 교회 안에서 유대인과 이방인이 하나라는 사실은 바울이 계시받은 놀라운 비밀 중 하나입니다. 사도들은 지금 신약성경에 포함된 이 진리들을 위탁받은 최초의 청지기였습니다. "오직 하나님이 성령으로 이것을 우리에게 보이셨으니"(2:10). '하나님의 비밀을 맡은 자'는 일차적으로 사도들을 가리키는 말이지만, 오늘날 그리스도인 목회자들과 교사들에게도 적용됩니다. 하나님은 교회에 있는 다른 사람들에게 해설하고 가르치도록 우리에게 성경을 맡기셨습니다. 이 사실은 세 가지를 상기시킵니다.

(1) 목사는 원래 교사다. 신약성경은 이 사실을 분명히 밝히고 있습니다. 대표적인 예가 디모데전서 3장입니다. 디모데전서 3장에서 바울은 감독이 갖춰야 할 열한 가지 자질을 이야기하는데, 그중 아홉 가지는 도덕적 자질에 관한 것입니다. 이를테면 술을 즐기지 않고 너그럽고 돈을 사랑하지 않아야 한다고 말합니다. 전문적인 자질에 해

당하는 조건은 딱 한 번 나오는데, 가르치기를 잘해야 한다는 것입니다. 목회 사역이 가르치는 사역이 아니라면, 목회자 후보생들이 가르치는 은사를 받을 필요도 없을 것입니다. 목회 사역은 가르치는 사역입니다. 가르치는 은사가 없는 사람은 목회자가 되면 안 됩니다. 목사는 원래 교사입니다.

(2) 우리는 하나님이 우리에게 맡기신 진리를 가르쳐야 한다. 마음대로 메시지를 만들어내서는 안 됩니다. 우리가 가르쳐야 할 메시지는 하나님이 우리에게 맡기신 진리입니다.

(3) 우리는 하나님이 우리에게 맡기신 성경을 신실하게 지켜야 한다. 개정영어성경은 2절을 "청지기는 자기가 믿을 만한 사람이라는 것을 증명해야 한다"라고 번역합니다. 청지기에게는 신뢰가 있어야 합니다. 신임을 받아 신약성경의 위탁자로 임명받은 자들은 자기의 신실함을 증명해야 합니다. 그러나 신실한 청지기가 되기는 어려워도 신실하지 못한 청지기가 되기는 쉽습니다. 우리는 오늘날 그리스도인의 공동체 안에도 신실하지 못한 청지기가 많이 있다는 사실을 인정해야 합니다. 그들은 말씀의 권위를 부인하고, 하나님의 말씀이 아니라 자기 생각을 가르치기 좋아하고, 말씀을 공부하지 않고, 이 시대가 직면한 문제에 말씀을 적용하지 못하고, 마음대로 의미를 조작하고, 자기 입맛에 따라 말씀을 취하거나 버리고, 명백한 성경의 가르침을 반박하고 말씀이 있어야 할 자리에 자신의 진부한 생각을 채워 넣고, 극악하게도 도덕적 가르침에 불순종합니다. 신실함을 잃어버린 청지기가 이리 많으니 세상에서 교회가 맥을 못 추는 것도 이상한 일이 아닙니다.

도널드 코건Donald Coggan은 설교자인 동시에 하나님의 말씀을 굳게 믿는 훌륭한 신자였습니다. 설교에 관한 책을 세 권 썼는데, 그중《은혜의 청지기Stewards of Grace》라는 책에 이런 말이 나옵니다.

그리스도인 설교자에게는 넘지 말아야 할 선이 있다. 강단에 설 때 그는 전적으로 자유로운 인간이 아니다. 전능하신 하나님이 넘지 말아야 할 한계를 정해주셨다. 설교자는 마음대로 메시지를 만들어내거나 취사선택할 수 없다. 하나님이 그에게 말씀을 위탁하신 이유는 청중에게 말씀을 선포하고 해설하고 권면하게 하기 위해서다. 참으로 감명 깊은 복음의 독재 아래로 들어가는 것은 멋진 일이다.

하나님이 우리에게 정해두신 한계는 사실 우리를 위한 것입니다. 우리는 오로지 말씀만 해설해야 합니다. 우리는 그리스도의 일꾼이자 계시의 청지기입니다.

다음에 나오는 이야기는 상당히 충격적이니 각오하는 게 좋습니다.

만물의 찌꺼기 8-13절

바울은 주제를 생생하게 풀어 설명하고자 고린도인들에게 익숙한 그리스·로마 문화에서 세 가지 비유를 끌어다 씁니다. 먼저 바울은 원형경기장으로 우리를 안내합니다. 그곳에서는 죄수들이 검투사나 야생 동물과 싸우고 있습니다. 다음으로 바울은 부엌으로 들어갑니다. 부엌에서는 사람들이 바닥을 쓸고 더러운 냄비에서 찌꺼기를 긁어내고 있습니다. 마지막으로 바울은 전염병에 감염된 도시로 우리를 안내합니다. 그곳에서 사람들은 전염병이 물러가게 해달라고 이방 신들에게 양을 제물로 바치고 있습니다. 그럼 이제 이 비유들을 간략히 살펴보도록 합시다.

바울은 우리를 원형경기장으로 안내합니다. "하나님이 사도인 우리를 죽이기로 작정된 자같이 끄트머리에 두셨으매"(9절). 흥분한 관중들로 가득 찬 경기장을 상상해보십시오. 하루 종일 경기가 이어집니다. 열기가 한껏 달아오르고 경기가 막바지에 이르면 사자들을 풀어놓은 경기장에 죄수들을 던지거나 검투사들과 싸우게 합니다. 한 주석가는 이 구절을 이렇게 풀어 씁니다. "하나님이 사도인 우리를 경기장에서 죽음을 맞아야 하는 죄수들처럼 그날 마지막 경기에 참가하게 하셨다." 그리하여 "우리는 세계 곧 천사와 사람에게 구경거리가 되었노라"(9절).

의도적으로 바울은 자기만족에 빠져 우쭐대는 고린도 교회 사람들과 자신을 대조시킵니다. "너희가 이미 배부르며 이미 풍성하며 우리 없이도 왕이 되었도다"(8절). 빈정대며 하는 말이 아닙니다. 그들은 '이미' 필요한 것을 모두 가졌고 '이미' 부요해졌습니다. 바울은 현재적 종말론을 암시하는 '이미'라는 단어를 두 번이나 사용합니다. 세 번째 문구에도 '이미'가 함축되어 있습니다. 그들은 개인적으로 작은 천년왕국을 누리고 있었습니다. 먹고 마시고 잔치하고 다스리고 기념했습니다. 바울은 자기도 그 잔치에 참여할 수 있었으면 좋겠다고, 그들과 함께 왕이 되었으면 좋겠다고 말합니다. 그러나 바울은 영광을 얻는 유일한 길은 고난을 받는 것뿐이라고 넌지시 말합니다. 이 고난은 그리스도를 위하여, 그리고 그리스도를 따르는 사람들을 위하여 받는 고난입니다. 바울은 자기가 그리스도 때문에 사형을 선고받고 원형경기장에 던져진 구경거리와 같다고 말합니다. 너희는 왕인데 우리는 죄수라고 말합니다. 고린도에 있는 그리스도인들과 자신을 극명하게 대조시키고 있습니다.

이어서 우리를 부엌으로 데려간 바울은 아주 특이한 헬라어 단어 두 개를 사용합니다. "우리가 지금까지 세상의 더러운 것과 만물의 찌꺼기같이 되었도다"(13절). '페리코타르미타$_{perichotharmita}$'는 쓸어 모은 쓰레기나 헹군 물에 떠다니는 찌끼를 의미하고, '페립세마$_{peripseema}$'는 더러운 냄비에서 긁어낸 것을 의미합니다. 어떤 주석가는 이 구절을 "개수통이나 홈통에서 제거한 오물"이라고 해석했습니다. 예의나 고상함과는 거리가 먼 표현입니다. 바울은 교회 지도자들이 만물의 찌꺼기같이 되었다고 말합니다.

바울이 그다음에 우리를 데려가는 곳은 전염병에 걸린 도시입니다. 사람들은 신들이 진노한 탓에 전염병이 퍼졌다고 추측하고 이방 신들을 달래고자 마을에서 마녀를 찾아내 바다에 던져 죽게 만듭니다. 사람들은 이런 희생양을 만물의 찌꺼기, 세상의 쓰레기라고 불렀습니다. 바울은 우리가 바로 그렇다고 말합니다.

이례적인 표현입니다. 10-13절에서 바울은 조금 더 풀어서 설명합니다. 바울은 자기만족에 빠진 고린도 교회 사람들과 고난을 당하는 자신을 대조시키고 있습니다. 바울은 그리스도를 위하여 조롱거리가 되었습니다. "우리는 그리스도 때문에 어리석으나 너희는 그리스도 안에서 지혜롭고 우리는 약하나 너희는 강하고"(10절). 고린도전서 1장에서 나왔던 약함과 강함, 지혜와 어리석음을 다시 언급하고 있습니다. 바울은 계속해서 말합니다. "너희는 존귀하나 우리는 비천하여 우리 주인처럼 멸시와 냉대를 받는다. 우리는 주리고 목마르고 헐벗고 얻어맞고 정처 없이 떠돌아다니고 박해를 받고 비방을 받는다. 우리는 우리 손으로 일을 하면서 고된 노동을 한다. 우리는 이 세상으로부터 거부당하는 만물의 찌꺼기다"(10-13절 참조). 호수와 산으로 둘러싸인 곳에서 안전하고 편안하게 말씀을 듣고 있는 우리와는 참으로 거리가 먼 이야기처럼 들립니다. 이 말씀을 우리에게 적용하기 쉽지 않다는 것은 우리가 신약성경으로부터 그만큼 멀리 떠나 있다는 뜻일지도 모릅니다. 요즘에는 다원주의에 빠진 세속 문화에서도 목사가 되는 것을 꽤 괜찮은 일이라고 생각합니다. 믿지 않는 사람들조차 목사가 상당히 괜찮은 직업이라고 생각합니다. 그러나 늘 그랬던 것은 아닙니다. 또 그것을 당연하게 받아들여서도 안 됩니다.

지금 우리는 예수님의 말씀을 다시 되새길 필요가 있습니다. "모든 사람이 너희를 칭찬하면 화가 있도다"(눅 6:26). 인기 많은 설교자가 되고 싶은 유혹에 빠지지 않도록 조심하십시오. 인기도 많으면서 신실하기까지 한 설교자가 되는 것이 과연 가능할지 나로서는 의문입니다. 신실함을 포기하고 인기를 좇든지, 인기를 포기하고 신실한 목회자가 되기로 결심하든지 둘 중 하나를 선택해야 합니다. 두 마리 토끼를 동시에 잡는 것은 불가능합니다. 십자가는 여전히 누군가에게는 거리끼는 것이고 누군가에게는 미련한 것이기 때문입니다. 그렇다면 복음은 왜 이리 인기가 없을까요? 충성스럽고 신실하게 복음을 설교하고 가르치면 고난을 받는 이유가 뭘까요? 왜 조롱거리가 될까요? 사람들이 복음을 그토록 역겨워하는 이유는 뭘까요? 도움이 될지 모르겠지만, 이 질문에 세 가지로 답할 수 있습니다.

(1) 복음은 영생을 거저 줍니다. "죄의 삯은 사망이요, 하나님의 은사는 그리스도 예수 우리 주 안에 있는 영생이니라"(롬 6:23). 그런데 우리는 거저 받는 것을 좋아하지 않는 거만한 족속입니다. 앞에서 살펴보았듯이 구원을 얻기 위해 우리가 할 수 있는 일은 아무것도 없습니다. 구원을 성취하기 위해, 혹은 구원에 조금이라도 이바지하기 위해 우리가 할 수 있는 일은 아무것도 없습니다. 구원과 영생은 눈곱만큼의 자격도 공로도 없는 인간에게 하나님이 값없이 주시는 선물입니다. 우리가 이바지한 것이 있다면 우리의 죄뿐입니다. 그런데 인간은 이것을 참을 수 없는 굴욕이라 느낍니다.

(2) 복음은 예수 그리스도 안에만 구원이 있고, 예수 그리스도만이 유일한 구원자라고 선포합니다. 그리스도의 성육신과 속죄와 부활은 유일무이한 것입니다. 하나님이면서 인간인 지도자는 예수뿐입니다. 역사상 세상의 죄를 위하여 죽은 지도자는 예수뿐입니다. 죽은 자 가운데서 살아나시고 죽음을 이기신 지도자는 예수뿐입니다. 그러므로 우리는 예수님이 '위대하다'라고 말하는 데서 만족해서는 안 됩니다. 알렉산드로스 대왕도 위대하고 나폴레옹도 위대하고 샤를마뉴도 위대하다고 볼 수 있습니다. 하지만 예수님은 아닙니다. 예수님은 위대한 분이 아니라 유일하신 분입니다. 예수님 같은 분은 어디에도 없습니다. 그 누구도 예수님의 경쟁자나 라이벌이 될 수 없습니다. 예수님은 유일하신 분입니다. 다원주의 사회는 이런 배타성을 몹시 싫어합

니다. 다원주의와 포스트모더니즘은 우리 모두가 자기만의 진리를 가지고 있으나 자신의 진리를 받아들이도록 누군가를 설득하려 해서는 안 된다고 강조합니다. 보편적인 진리나 모든 사람에게 옳은 객관적인 진리 따위는 존재하지 않는다고 여깁니다. 그러나 기독교는 정반대로 말합니다. 하나님은 "내가 곧 길이요 진리요 생명이라"고 말씀하신 예수 그리스도 안에서 진리를 계시하셨습니다. 예수 그리스도의 유일성과 궁극성을 신실하게 가르치면, 우리는 그 때문에 고난을 받을 것입니다. 다원주의와 포스트모더니즘이 점점 더 넓게 퍼지면, 우리는 더욱더 고난을 받을 것입니다.

(3) 복음은 거룩함을 요구합니다. 구원의 근거로서가 아니라 구원의 증거로 거룩함을 요구합니다. 복음은 주님이신 예수 그리스도에게 우리를 온전히 내어맡기라고 요구합니다. 그리스도의 도덕 기준을 받아들이라고 말합니다. 그러나 우리는 예수님이 우리를 위해 도덕 기준을 낮춰주시기를 바랍니다. 자기만의 기준을 세우고 싶어 해서 예수님의 기준에 맞추라고 하면 억울해합니다.

복음에는 사람들이 싫어하는 것이 세 가지 있습니다. 사람들은 구원을 값없이 주고 그리스도만이 유일한 구원자라고 말하고 높은 도덕 수준을 요구하는 복음을 싫어합니다. 제2차 세계대전 기간에 히틀러를 암살하려다 실패한 뒤 옥살이를 하다가 1945년 4월에 처형당한 루터교 목사 디트리히 본회퍼는 《나를 따르라》에서 "고난은 진정한 그리스도인의 배지다"라고 말했습니다. 놀라운 말입니다. 다들 배지가 무엇인지 알 것입니다. 사람들은 자기가 어디에 소속되어 있는지를 드러내기 위해 배지를 답니다. 예수 그리스도의 사회에 소속되어 있다는 사실을 드러내고 싶을 때 우리는 어떤 배지를 달아야 할까요? 바로 고난입니다.

루터는 고난을 참된 교회의 표지 중 하나로 여겼습니다. 아우구스부르크 신앙고백을 준비하면서 작성한 비망록에도 "교회는 복음을 위하여 핍박받고 순교당한 사람들의 공동체"라고 정의한 문구가 나옵니다. 제자도는 고난받는 그리스도에게 충성을 바치는 것을 의미합니다. 그러므로 그리스도인이 고난을 받으라는 부르심을 받았다는 사실은 전혀 놀라운 일이 아닙니다. 또 다른 루터교 목사 마르틴 니묄러 Martin Niemöller는 이렇게 말했습니다. "박해를 받지 않는 교회가 있다면, 그 교회는 자기가 정말 교회가 맞는지 자문해보아야 한다." 우리도 마찬가지입니다. 삶 속에서 그리스도를 위하여 고난을 받을 준비가 되어 있는지, 이 놀라운 일들을 실제로 경험하고 있는지 자문해보아야 합니다.

교회 가족의 아버지 14-21절

마지막 단락에서 사도 바울은 고린도인들을 "내 사랑하는 자녀"(14절)라고 부릅니다. 그 말은 곧 자신이 아버지라는 말입니다. 바울은 이 편지를 쓰는 이유가 그들을 부끄럽게 하려는 것이 아니라 권면하려는 것이라고 말합니다. 그러면서 그들을 훈육하는 스승은 수없이 많아도 그들을 사랑하는 아버지는 많지 않다고 덧붙입니다(15절). 반면에 바울은 그리스도 안에서 복음으로 말미암아 그들의 영적 아버지가 되었습니다. 그러니 자기를 본받으라고 바울은 말합니다. 그리고 디모데를 보내니 디모데가 하는 말을 잘 듣고 그를 본받으라고 말합니다(17절).

자기가 고린도 교회의 영적 아버지라는 바울의 주장에 당혹스러운 표정을 짓는 사람들이 많을 것입니다. 예수님이 마태복음 23장 9절에서 "땅에 있는 자를 아버지라 하지 말라. 너희의 아버지는 한 분이시니 곧 하늘에 계신 이시니라"라고 말씀하셨기 때문입니다. 물론 우리는 다 집에 아버지가 있습니다. 예수님의 말씀은 교회 안에서 누군가를 아버지라고 부르지 말라는 말입니다. 그런데 바울은 자기가 아버지라고 말합니다. 그렇다면 지금 바울은 예수님이 하신 말씀을 반박하고 있는 것일까요? 그렇지 않습니다. 바울은 지금 예수님이 하지 말라고 말씀하신 일을 하고 있는 것이 아닙니다.

예수님은 교회 안에서 어린아이가 아버지에게 의존하듯 누군가에게 의존하지도 말고 다른 사람이 우리에게 그렇게 의존하기를 바라지도 말라고 말씀하신 것입니다. 그리스도인은 서로 의지하며 성장해야 합니다. 그리스도인 공동체든 유교 집단이든 아프리카 부족사회든 누구도 도전할 수 없는 권위를 지닌 스승이나 선생이나 추장은 없습니다. 예수님은 우리에게 아버지로서의 권위를 손에 쥐고 사람들을 좌지우지하지 말라고 금하신 것입니다. 본문에서 바울이 언급하는 것은 권위가 아니라 자녀들을 향한 아버지의 사랑입니다. 그러므로 바울은 예수님의 말씀과 모순되는 말을 하고 있는 것이 아닙니다. 실제로 데살로니가전서 2장 5절에서 바울은 자신을 아버지는 물론이고 아이를 기르는 어머니에 비유합니다. 아버지와 어머니처럼 교인들을 사랑하는 목사의 사랑과 온유함, 자기희생을 보여주는 아름다운 비유입니다.

물론 교회에는 훈육이 필요합니다. 바울이 고린도전서 5장에서 하듯이 책망할 것은 책망하고 가르칠 것은 가르쳐야 합니다. 그러나 그리스도인 지도자의 진정한 특징은 엄격함이 아니라 온유함입니다. 우리는 우리가 섬겨야 하는 사람들에게 아버지와 어머니가 되어야 합니다. 교인들이 두려워 벌벌 떨 정도로 엄격한 사람이 되어서는 안 됩니다. 바울은 고린도에 있는 그리스도인들에게 묻습니다. "너희가 무엇을 원하느냐. 내가 매를 가지고 너희에게 나아가랴, 사랑과 온유한 마음으로 나아가랴"(21절). 그러나 이 질문에는 답을 제시하지 않습니다. 이 질문에 대한 대답과 선택은 고린도인들의 몫이기 때문입니다.

세계 곳곳에 있는 교회들을 방문해보면 목회자들에게 권력은 지나치게 많고 온유함은 부족하다는 생각이 듭니다. 스승이 너무나 많습니다. 예수님의 가르침을 무시하고 강압적으로 일하는 독재자가 너무나 많습니다. 자기가 신자들의 목사가 아니라 목사들의 교황이라도 되는 양 행동하는 사람이 너무나 많습니다. 권한은 줄이고 사랑과 온유함은 늘려야 합니다. 제임스 스터커James Stalker는 《목사와 목사의 모범 The Preacher and His Models》이라는 책에서 이렇게 말합니다.

> 처음 교회에 적응했을 때 아무도 내게 말해주지 않았고 나 역시 기대하지 않았던 경험을 하게 되었다. 나는 회중과 사랑에 빠졌다. 달리 어떻게 표현해야 할지 모르겠다. 이전에 경험했던 그 어떤 사랑보다 진실한 사랑이었다. 교인들을 위해 무언가를 하는 것이 기쁘고 행복했다.

결론

바울은 본문을 통해 교회 지도자가 어떤 존재인지 보여주었습니다. "우리는 그리스도의 부하입니다. 우리는 계시의 청지기입니다. 우리는 만물의 찌꺼기입니다. 우리는 교회 가족의 아버지이자 어머니입니다." 이 넷의 공통분모는 바로 겸손입니다. 우리의 상관인 그리스도 앞에서의 겸손, 우리가 위탁받은 성경 앞에서의 겸손, 우리를 핍박하는 세상 앞에서의 겸손, 우리가 사랑하고 섬겨야 할 회중 앞에서의 겸손!

여러분이 맡은 사역에 하나님이 풍성한 복을 주시기를 기도합니다. 사도 바울이 고린도후서 10장 1절에서 말한 "그리스도의 온유와 관용"이 우리 사역자들의 가장 큰 특징이 되기를 바랍니다.

더 그리스도처럼

존 스토트의 고별 설교

2007

John Stott

오래전 어린 그리스도인으로서 다음과 같은 문제를 놓고 고민했던 것이 생생히 기억납니다. 제 친구들 중에도 같은 문제로 고민하는 이들이 있었습니다. "하나님은 자기 백성들에게 어떤 목적을 가지고 계실까? 우리가 회심했고, 그리스도 안에서 구원받고 새 생명을 얻었다고 치자. 그렇다면, 그다음에는 무엇이 있을까?" 물론 우리는 "사람의 제일가는 목적은 하나님을 영화롭게 하고 영원토록 그분을 즐거워하는 것"이라는 웨스트민스터 소요리문답의 유명한 문항을 알고 있었습니다. 우리는 이 진리를 알았고 또 믿었습니다. 또한 우리는 "하나님을 사랑하고 네 이웃을 사랑하라"는 더 간략한 문항을 곱씹어보기도 했습니다. 그러나 둘 중 어느 것도, 머릿속에 떠오르는 그 어떤 구절도 우리에게 충분한 답이 되지 못했습니다. 그래서 저는 순례자로서 이 땅에서의 삶이 끝나가는 이때에 제 마음이 안식을 얻은 말씀을 여러분과 나누려고 합니다. 하나님은 자기 백성들이 그리스도를 본받기를 바라십니다. 그리스도의 형상을 본받는 것, 이것이 바로 하나님이 자기 백성들에게 품으신 뜻입니다.

　다음과 같이 말씀을 전하려 합니다. 먼저, 그리스도를 본받으라는 부르심에 대한 성경적 근거를 제시하겠습니다. 그런 다음 신약성경에서 우리가 따라야 할 모본을 살펴보고, 마지막으로 몇 가지 실제적인 결론을 도출할 것입니다. 이 모든 것이 그리스도를 본받는 것과 관련되어 있습니다.

먼저 그리스도를 본받으라는 부르심의 성경적 근거를 살펴보겠습니다. 근거가 되는 본문은 하나가 아닙니다. 하나의 본문에 압축하기에는 무리가 있습니다. 그리스도를 본받으라는 부르심은 우리가 그리스도인으로서 생각하고 살아갈 때 함께 붙들어야 할 세 개의 본문에 근거를 두고 있습니다. 바로 로마서 8장 29절, 고린도후서 3장 18절, 요한일서 3장 2절입니다. 지금부터 이 세 개의 본문을 간략히 살펴봅시다.

로마서 8장 29절은 "하나님이 미리 아신 자들을 또한 그 아들의 형상을 본받게 하기 위하여 미리 정하셨으니"라고 말합니다. 즉, 우리가 그리스도를 본받도록 미리 정하셨다는 말입니다. 우리는 아담이 타락했을 때, 하나님이 아담을 지으실 적에 주신 그분의 형상을 전부는 아니어도 상당 부분 잃어버렸다는 것을 알고 있습니다. 그런데 하나님이 그리스도 안에서 이 형상을 회복시켜주셨습니다. 하나님의 형상을 본받는 것은 그리스도처럼 되는 것을 의미합니다. 그리스도처럼 되는 것, 이것이 바로 하나님이 영원 전에 우리에게 정하신 목적입니다.

두 번째로 살펴볼 본문은 고린도후서 3장 18절입니다. "우리가 다 수건을 벗은 얼굴로 거울을 보는 것같이 주의 영광을 보매 그와 같은 형상으로 변화하여 영광에서 영광에 이르니 곧 주의 영으로 말미암음이니라." 우리로 하여금 영광에서 영광으로 변화되게 하시는 분은 바로 우리 안에 내주하시는 성령입니다. 실로 놀라운 말입니다. 눈치채셨습니까? 사도 바울은 지금 과거에서 현재로, 미리 정하신 하나님의 예정에서 성령을 통해 변화되는 우리의 현재적 변화로 시선을 돌리고 있습니다. 우리가 그리스도의 형상을 본받도록 하나님이 영원 전에 미리 정하셨다고 말하던 바울은 이제 성령을 통해 우리를 그리스도의 형상으로 변화시키시는 하나님의 역사적 사역에 대해 말합니다.

세 번째로 살펴볼 본문은 요한일서 3장 2절입니다. "사랑하는 자들아 우리가 지금은 하나님의 자녀라. 장래에 어떻게 될지는 아직 나타나지 아니하였으나 그가 나타나시면 우리가 그와 같을 줄을 아는 것은 그의 참모습 그대로 볼 것이기 때문이니." 마지막 날에 우리가 어떻게 될지 우리는 자세히 알지 못합니다. 하지만 우리가 그리스도의 형상으로 변화하리라는 것만은 확실히 압니다. 그리고 이것으로 충분합니다. 그날에 우리가 그리스도의 형상으로 변화되어 영원히 그리스도와 함께할 것이라는 영광스러운 진리 외에 우리가 더 알아야 할 것은 없습니다.

이처럼 성경에는 과거, 현재, 미래, 세 가지 관점이 나옵니다. 그리고 셋 다 같은 방향을 가리키고 있습니다. 영원 전에 정하신 하나님의 목적 안에서 우리는 그리스도의 형상을 본받도록 예정되었습니다. 하나님의 역사적 목적 안에서 우리는 성령을 통해 그리스도의 형상으로 변화되고 있습니다. 그리고 하나님의 최종 목적 또는 종말론적 목적 안에서 우리는 그리스도의 참모습을 그대로 보고 그리스도와 같아질 것입니다. 영원한 목적과 역사적 목적과 종말론적 목적, 이 세 가지는 그리스도를 본받는 동일한 목표를 향하고 있습니다. 이것이 바로 하나님이 자기 백성들에게 품고 계신 목적입니다. 이것이 그리스도를 본받으라는 부르심의 성경적 근거이자 하나님이 자기 백성들에게 품고 계신 계획입니다.

그렇다면 이제 신약성경에서 우리가 따라야 할 그리스도의 모본을 살펴봅시다. 먼저, 사도 요한이 요한일서 2장 6절에서 했던 것처럼 개요를 먼저 밝히는 것이 중요합니다. "그의 안에 산다고 하는 자는 그가 행하시는 대로 자기도 행할지니라." 다시 말해서 우리가 그리스도인을 표방한다면, 우리는 그리스도를 본받아야 한다는 말입니다. 신약성경에 나온 첫 번째 모본은 다음과 같습니다. 우리는 그리스도의 성육신을 본받아 그리스도처럼 되어야 합니다.

여러분 중에는 이런 생각에 소스라치며 경계하는 사람도 있을 것입니다. 아마도 이렇게 반문할지 모릅니다. 성육신은 유일무이한 사건으로 어떤 식으로든 흉내 낼 수 없는 것 아닌가? 이 질문에 답하자면, 그렇기도 하고 그렇지 않기도 합니다. 맞습니다. 성육신은 유일무이한 사건입니다. 하나님의 아들이 나사렛 예수 안에서 단번에 영원히 인성을 입으셨다는 의미에서 볼 때 성육신은 반복될 수 없는 유일무이한 사건입니다. 그러나 다른 의미에서 보면 그렇지 않습니다. 그리스도의 성육신에 나타난 하나님의 놀라운 은혜를 우리 모두가 본받아야 한다는 의미에서 볼 때 성육신은 유일무이한 사건이 아니라 보편적인 사건입니다. 우리는 모두 하늘에서 지상에 내려오신 그리스도의 낮아지심을 본받도록 부르심을 받았습니다. 바울이 빌립보서 2장

5-8절에서 다음과 같이 말한 것도 이 때문입니다. "너희 안에 이 마음을 품으라. 곧 그리스도 예수의 마음이니 그는 근본 하나님의 본체시나 하나님과 동등됨을 취할 것으로 여기지 아니하시고 오히려 자기를 비워 종의 형체를 가지사 사람들과 같이 되셨고 사람의 모양으로 나타나사 자기를 낮추시고 죽기까지 복종하셨으니 곧 십자가에 죽으심이라." 우리는 성육신 뒤에 숨어 있는 이 놀라운 겸손을 본받아야 합니다.

둘째, 우리는 그리스도의 섬김을 본받아야 합니다. 이제 그리스도의 성육신에서 그리스도의 섬김의 삶으로 시선을 돌리려 합니다. 그의 탄생에서 그의 삶으로, 시작에서 끝으로 눈을 돌리려 합니다. 예수님이 제자들과 마지막 밤을 보냈던 다락방으로 함께 가봅시다. 요한복음 13장에는 이렇게 기록되어 있습니다. "저녁 잡수시던 자리에서 일어나 겉옷을 벗고 수건을 가져다가 허리에 두르시고 이에 대야에 물을 떠서 제자들의 발을 씻으시고 그 두르신 수건으로 닦기를 시작하여 … 그들의 발을 씻으신 후에 옷을 입으시고 다시 앉아 그들에게 이르시되 … 내가 주와 또는 선생이 되어 너희 발을 씻었으니 너희도 서로 발을 씻어주는 것이 옳으니라. 내가 너희에게 행한 것같이 너희도 행하게 하려 하여 본을 보였노라"(4, 5, 12, 14절). 이 본문에서 '본'이라는 단어에 주목하십시오.

어떤 그리스도인들은 예수님의 이 명령을 문자적으로 받아들여 한 달에 한 번 또는 성 목요일에 성찬을 나누며 세족식을 합니다. 물론 그렇게 할 수도 있습니다. 그러나 우리들은 대부분 예수님의 이 명령을 문화적 측면에서 해석합니다. 예수님의 문화에서 발을 씻기는 일은 통상 노예들이 하는 일이었습니다. 그러니 우리는 우리의 문화에서 서로를 섬길 때 그 어느 것도 너무 천하거나 모멸스러워 할 수 없는 일이라고 여겨서는 안 됩니다.

셋째, 우리는 그리스도의 사랑을 본받아야 합니다. 특별히 에베소서 5장 2절을 살펴봅시다. "그리스도께서 너희를 사랑하신 것같이 너희도 사랑 가운데서 행하라. 그는 우리를 위하여 자신을 버리사 향기로운 제물과 희생제물로 하나님께 드리셨느니라." 이 본문은 두 부분으로 이루어져 있습니다. 바로 이 점에 주목해야 합니다. 첫 번째 부분은 "사랑 가운데서 행하라"는 구절입니다. 우리가 하는 모든 행실은 사랑이 특징이 되어야 한다는 말입니다. 이어서 바울은 두 번째 부분에서 그리스도가 "우리를 위하여 자신을 버리셨다"고 말합니다. 그런데 이 구절의 시제는 진행형이 아니라 부정과거로 되어 있습니다. 이것은 명백히 그리스도의 십자가를 가리킵니다. 바울은 지금 그리스도의 죽음을 보고 그리스도를 본받으라고, 자기를 내어주는 갈보리의 사랑으로 사랑하라고 우리를 권면하고 있는 것입니다. 우리가 본받아야 할 세 가지 모본이 어떻게 전개되는지에 주목하십시오. 바울은 성육신하신 그리스도를 본받으라고, 제자들의 발을 씻어주신 그리스도를 본받으라고, 십자가에서 자신을 내어주신 그리스도를 본받으라고 우리에게 강권하고 있습니다. 그리스도의 삶에 있었던 이 세 가지 사건은 그리스도를 본받는 것이 실제로 무엇을 의미하는지 분명하게 보여줍니다.

넷째, 우리는 오래 참고 견디는 그리스도의 인내를 본받아야 합니다. 이 모본에 대해서는 바울이 아니라 베드로의 가르침을 살펴보려 합니다. 베드로는 베드로전서 곳곳에서 그리스도의 고난에 빗대어 우리의 고난을 암시합니다. 베드로가 이 편지를 쓸 당시 박해가 시작되었기 때문입니다. 특별히 베드로전서 2장에서 베드로는 그리스도인 사환들에게 부당하게 고난을 받아도 참고 악을 악으로 갚지 말라고 권면합니다. 그리고 바로 이것을 위하여 우리가 부르심을 받았노라고, 그리스도가 "너희를 위하여 고난을 받으사 너희에게 본을 끼쳐 그 자취를 따라오게 하셨"(21절)다고 말합니다. 여기에서 다시 한 번 '본'이라는 단어가 나옵니다. 부당하게 고난을 받을 때 그리스도를 본받으라는 이 부르심은 전 세계 많은 문화권에서 박해가 심해지는 요즘 그 의미가 더 깊어지고 있습니다.

　마지막으로 우리는 그리스도의 선교를 본받아야 합니다. 이제까지 바울과 베드로의 가르침을 살펴보았는데, 이번에는 요한이 기록한 예수님의 가르침을 살펴보겠습니다. 요한복음 17장에서 예수님은 "아버지께서 나를 세상에 보내신 것같이 나도 그들을 세상에 보내었고"(18절)라고 기도하십니다. 여기에서 '그들'은 바로 '우리'입니다. 예수님은 요한복음 20장 21절에서도 제자들에게 사역을 위임하시며 이렇게 말씀하십니다. "아버지께서 나를 보내신 것같이 나도 너희를 보내노라." 실로 중요한 말씀입니다. 이것은 요한 버전의 지상명령일 뿐 아니라 이 세상에서 제자들이 복음을 전할 때 그리스도처럼 복음을 전해야 한다는 가르침을 담고 있습니다. 어떤 면에서 그래야 할까요? 이 본문에서 핵심 구절은 "세상에 보내었고"입니다. 그리스도가 우리의 세상에 들어오셨으니 우리는 다른 사람들의 세상에 들어가야 합니다. 대주교 마이클 램지Michael Ramsey가 오래전에 이 부분을 다음과 같이 유려하게 설명했습니다. "의심하는 자들이 하는 의심과 질문하는 자들이 던지는 질문과 길을 잃은 자들이 느끼는 외로움 속에 들어가 애정 어린 연민으로 그들과 함께할 때 비로소 우리는 믿음을 말하고 권하는 것입니다."

다른 사람들의 세상에 들어가는 것, 이것이 바로 성육신적 복음전도입니다. 진짜 선교는 모두 성육신적 선교입니다. 우리는 그리스도의 선교를 본받아야 합니다. 이렇게 우리는 그리스도의 성육신과 섬김과 사랑과 인내와 선교를 본받아야 합니다.

이제 그리스도를 본받는 것의 실제적인 결과 세 가지를 간략히 살펴보겠습니다.

첫 번째로 그리스도를 본받는 것과 고난의 신비에 대해 살펴봅시다. 고난은 그 자체로 거대한 주제이고 그리스도인은 다양한 방식으로 고난을 이해합니다. 그중에서도 대표적인 것이, 하나님이 우리를 그리스도의 형상으로 빚으시는 과정의 하나로 고난을 이해하는 것입니다. 실망할 때든, 좌절할 때든, 괴로운 일을 당할 때든 우리는 로마서 8장 28-29절에 비추어 고난을 이해해야 합니다. 로마서 8장 28절에 따르면, 하나님은 항상 모든 일이 자기 백성에게 선이 되도록 일하십니다. 그리고 29절에 따르면, 이 선한 목적은 바로 우리로 그리스도의 형상을 본받게 하는 것입니다.

두 번째는 그리스도를 본받는 것과 복음전도의 도전입니다. 제가 그랬듯이 여러분은 아마 이렇게 묻고 싶을 것입니다. "복음을 전하려는 우리의 노력이 이렇게 자주 실패하는 이유가 뭘까?" 이유를 찾자면 여러 가지가 있을 테고, 문제를 지나치게 단순화하는 것도 좋아하지 않지만, 그래도 가장 큰 이유는 우리가 우리 입으로 전하는 그리스도를 닮지 않았기 때문입니다. 존 풀턴John Poulton은 《오늘날의 복음전도*A Today Sort of Evangelism*》라는 통찰력 있는 소책자에서 이렇게 썼습니다.

"자기가 말하는 대로 사는 자들이 하는 설교가 가장 효과적이다. 그들이 곧 메시지다. 그리스도인은 자기가 말하는 대로 살아야 한다. 사람들에게 전달되는 것은 우리가 하는 말이나 생각이 아니라 우리의 존재 자체다. 진정성은 마음속 깊이 전해지게 마련이다. 사람들에게 전달되는 것은 그 사람의 진정성이다."

이것이 그리스도를 본받는 것입니다. 예를 하나 더 들어보겠습니다. 인도에서 힌두교 신자인 교수가 자기 학생들 중에 그리스도인이 있는 것을 알고 그에게 말했습니다. "만일 너희 그리스도인이 예수 그리스도처럼 산다면, 인도는 내일이면 너희 휘하에 들어갈 것이다." 저도 그렇게 생각합니다. 우리 그리스도인이 그리스도처럼 산다면, 오늘이라도 인도는 우리 휘하에 들어올 것입니다. 한때 무슬림이었던 이스칸다르 야디드Iskandar Jadeed 목사는 이렇게 말했습니다. "모든 그리스도인이 그리스도인이라면, 다시 말해 모든 그리스도인이 그리스도와 같다면, 오늘날 이슬람은 없을 것입니다."

이것은 세 번째, 즉 그리스도를 본받는 것과 내주하시는 성령의 관계로 자연스럽게 이어집니다. 오늘밤 우리는 '그리스도처럼 되는 것'에 대해 많은 이야기를 나눴습니다. 그런데 이게 과연 가능한 일인가요? 우리 힘으로는 불가능합니다. 그래서 하나님은 우리에게 성령을 주셨습니다. 성령으로 우리 안에 거하며 우리 속사람을 변화시키게 하셨습니다. 1940년대 대주교 윌리엄 템플은 셰익스피어를 예로 들어 이렇게 설명했습니다.

"나에게 〈햄릿〉이나 〈리어 왕〉 같은 희곡을 던져주고 그런 작품을 쓰라고 해봤자 아무 소용없다. 셰익스피어나 그런 작품을 쓸 수 있지 나는 쓸 수 없다. 나에게 예수님의 삶을 보여주면서 그런 삶을 살라고 해봤자 아무 소용없다. 예수님은 그렇게 사실 수 있었지만 나는 그럴 수 없다. 그러나 셰익스피어의 천재성이 내 안에 들어와 산다면, 나도 얼마든지 그런 희곡을 쓸 수 있다. 성령이 내 안에 들어오시면, 나도 예수님 같은 삶을 살 수 있다."

이제 말씀을 마칠 시간입니다. 지금까지 살펴본 내용을 간략히 정리해봅시다. 우리를 향한 하나님의 목적은 우리가 그리스도를 본받는 것입니다. 이를 위해 하나님은 우리를 성령으로 충만하게 하십니다. 다시 말해서, 이 일은 성부와 성자와 성령 하나님이 함께 하시는 일입니다.